Gondring/Wagner
Facility Management

Facility Management
Handbuch für Studium und Praxis

von

Prof. Dr. Hanspeter Gondring FRICS

und

Dipl.-Kfm. Thomas Wagner MRICS CIWM

2., vollständig überarbeitete Auflage

Verlag Franz Vahlen München

ISBN 978 3 8006 3836 9

© 2012 Verlag Franz Vahlen GmbH
Wilhelmstraße 9, 80801 München
Satz: Fotosatz H. Buck
Zweikirchener Str. 7, 84036 Kumhausen
Druck und Bindung: Beltz Bad Langensalza GmbH
Neustädter Str. 1–4, 99947 Bad Langensalza
Umschlaggestaltung: simmel-artwork
Bildnachweis: Fotolia, Frankfurter Hochhäuser © Heino Pattschull
Gedruckt auf säurefreiem, alterungsbeständigem Papier
(hergestellt aus chlorfrei gebleichtem Zellstoff)

Vorwort zur 2. Auflage

Nachdem die 1. Auflage großen Zuspruch sowohl von der Praxis, aber auch von den Hochschulen und insbesondere von den Studierenden erhalten hat, waren wir sehr motiviert, das Buch zu überarbeiten und in eine 2. Auflage zu bringen. Das Thema Facility Management ist mehr denn je aktuell, denn gerade in transaktionsärmeren Phasen ist das Management und die Bewirtschaftung von Immobilien nicht nur ein Kerngeschäft, sondern auch wesentlich für die Stabilisierung der Immobilienrendite. In der 2. Auflage wurde das Buch redaktionell überarbeitet, die rechtlichen Grundlagen auf den neuesten Stand gebracht, die inhaltliche und konzeptionelle Weiterentwicklung des Facility Management durch die Fachverbände, durch die Praxis und die Wissenschaft aufgenommen und das Kapitel Lebenszykluskosten völlig neu überarbeitet. Wir haben Frau Senta-Lorena Metzger B.A. und Herrn Tom Hagel B.A. zu danken, die mit ihren Bachelorarbeiten wesentlich zu inhaltlichen Überarbeitung beigetragen haben. Ebenso gehört unser Dank den wissenschaftlichen Mitarbeiterinnen, Frau Athena Widmann, Frau Natalie Delmer und Frau Maxi-Franziska Schiemann, für ihr unermüdliches Engagement und ihre akribische Arbeit beim „Feinschliff" des Buches. Schließlich bedanken wir uns herzlich bei Frau Heike Wagner für die grafische Neugestaltung und bei Herrn Michael Moritz von der WISAG für die spannenden Einblicke in die Praxis des infrastrukturellen Gebäudemanagements.

Unseren Lesern wünschen wir einen „Mehrwert", praktische Anregungen und ein besseres Verständnis der Zusammenhänge der einzelnen Teilgebiete des FM durch dieses Buch. Wie immer freuen wir uns über Kritik und Anregungen, auch Lob ist sehr willkommen.

Stuttgart/Hamburg, im November 2011　　　　　　　　　　Hanspeter Gondring
　　　　　　　　　　　　　　　　　　　　　　　　　　　　　Thomas Wagner

Vorwort zur 1. Auflage

Der deutsche Immobilienmarkt gewinnt zunehmend an Attraktivität, insbesondere für ausländische Investoren. Dadurch gleichen sich Marktstruktur und Anforderungen an die Marktteilnehmer mehr und mehr den internationalen Standards an. Neue Produkte, verfeinerte oder gänzlich andere Methoden, neue Managementansätze werden mit der Öffnung des deutschen Immobilienmarktes importiert und verändern sowohl die Sicht auf die Immobilie als auch den Umgang mit der Immobile. Erfreulicherweise entwickelt sich die Immobile trotz ihrer großen Unterschiede zu anderen Kapitalmarktprodukten zu einer eigenständigen Asset Klasse, die immer stärker in den Fokus der Kapitalmärkte rückt. Dies bringt jedoch auch wachsende Anforderungen an ein Immobilienmanagement und Reporting nach professionellen Standards mit sich.

Vorwort

Ein wichtiger Bestandteil des modernen Immobilienmanagements ist das Facility Management. Dieses beschäftigt sich mit der Bewirtschaftung von Immobilien in kaufmännischer, technischer und infrastruktureller Hinsicht. Dabei betrachtet das Facility Management nicht nur die Nutzungsphase, sondern berücksichtigt sämtliche Stationen des Immobilien-Lebenszyklus von der Planung bis zum Abriss und versucht aus der Analyse der Interdependenzen zwischen den einzelnen Lebenszyklusphasen eine optimale Strategie für Planung, Realisierung und Nutzung abzuleiten.

Das Facility Management als relativ junge Disziplin der Immobilienwirtschaft ist sowohl in der theoretischen Diskussion als auch in der praktischen Umsetzung einer dynamischen Entwicklung unterworfen. Orientierten sich die Methoden des Facility Managements bislang eher an technischen Qualitätsnormen und Kostengrößen so rücken durch die wachsende Bedeutung der Immobilie als kapitalmarktfähige Anlage zunehmend Renditeaspekte in den Fokus des Facility Managements. Nur wenn sich der Erfolg der operativen Bewirtschaftung von Immobilien an den gleichen Steuerungskennzahlen bemisst, wie der Erfolg für den Investor, können die Potenziale von Immobilien zielgerichtet und konsequent genutzt werden. Der Gedanke der Ausrichtung des Facility Managements an der Steigerung von Immobilienwert und Immobilienrendite wird in diesem Buch erstmals unter dem Begriff „Wertorientiertes Facility Management" diskutiert.

Das vorliegende Buch ist eine Einführung, Vertiefung und Nachschlagewerk für Studierende der Immobilienwirtschaft, der Bauwirtschaft, der Architektur, sowie für Praktiker im Immobilienmanagement. Es bietet einen umfassenden, systematischen Überblick über die Teilbereiche des Facility Managements und zeigt die Anknüpfungspunkte und Interdependenzen zu den übrigen Bereichen des Real Estate Managements auf.

Das Buch entstand aus der Zusammenarbeit zwischen Wissenschaft und Praxis. Wir danken den Studierenden im höheren Semester der Studienrichtung Immobilienwirtschaft an der Dualen Hochschule Baden-Württemberg Stuttgart (Cooperative State University Stuttgart) ehemals Berufsakademie Stuttgart, für ihre engagierte Mitarbeit an diesem Buch und die Zurverfügungstellung ihrer Diplomarbeiten, die die Basis für das Buch bilden. Für die unbürokratische Bereitstellung der entsprechenden Richtlinien und Regelwerke sei der GEFMA (German Facility Management Association) ebenfalls Dank gesagt.

Wir hoffen, unseren Lesern ein anregendes und lehrreiches Buch an die Hand zu geben und freuen uns über Anregungen und Kritik, aber auch über Lob.

Stuttgart/Hamburg, im Juni 2007 Hanspeter Gondring
Thomas Wagner

Inhaltsverzeichnis

Vorwort	V
Abbildungsverzeichnis	XIX
1 Entwicklung des Facility Managements	1
1.1 Einführung	3
1.2 Die historische Entwicklung des Facility Managements	3
1.2.1 Erste Ansätze	3
1.2.2 Die Entstehungsgründe des Facility Managements	6
1.2.3 Die Funktion des Facility Managers	7
1.2.4 Lehre und Ausbildung	8
1.3 Die Entwicklung des Facility Managements – ein internationaler Vergleich	10
1.3.1 Facility Management in den USA	10
1.3.2 Facility Management in Europa	11
1.3.2.1 Facility Management in Deutschland	11
1.3.2.2 Facility Management in Großbritannien	11
1.3.2.3 Facility Management in Frankreich und den Niederlanden	12
2 Begriff und organisatorische Einordnung des Facility Managements	13
2.1 Einführung	15
2.2 Begriffsbestimmung „Facility Management"	15
2.2.1 Ansätze der Begriffsbestimmung	15
2.2.1.1 Definition DIN (DIN EN 15221-1)	15
2.2.1.2 Definition GEFMA (GEFMA 100-1)	15
2.2.1.3 Definition IFMA	16
2.2.1.4 Definition VDMA	16
2.2.1.5 Definition Gebäudemanagement (DIN 32736)	16
2.2.2 Vergleich und Bewertung der verschiedenen Ansätze	17
2.2.3 Die Funktionsbereiche des Facility Managements	20
2.2.3.1 Strategisches versus operatives Facility Management	20
2.2.3.2 Kaufmännisches Gebäudemanagement	22
2.2.3.3 Technisches Gebäudemanagement	23
2.2.3.4 Infrastrukturelles Gebäudemanagement	23
2.2.3.5 Flächenmanagement	24
2.3 Einordnung des Facility Managements im Real Estate Management	24
2.3.1 Definition und Zielsystem des Real Estate Managements	24
2.3.2 Abgrenzung der verschiedenen Funktionen des Real Estate Managements	25
2.3.2.1 Portfolio Management	26
2.3.2.2 Asset Management	27
2.3.2.3 Corporate Real Estate Management	29

Inhaltsverzeichnis

2.3.2.4 Facility Management	30
2.3.2.5 Gebäudemanagement	30
2.4 Ziele und Erfolgsfaktoren im Facility Management	31
2.4.1 Unterschiedliche Rollen und Interessen im Facility Management-Prozess	31
2.4.2 Ziele von Non Property Companies (Eigennutzer)	32
2.4.3 Ziele von Property Companies (Eigentümer)	33
2.4.4 Ziele von Mietern (Nutzern)	33
2.4.5 Ziele von Facility Management-Dienstleistern	33
2.4.6 Zielkonflikte und mögliche Lösungsansätze	35
3 Der normative Rahmen des Facility Managements	**37**
3.1 Einführung	39
3.2 Normengebende Institute im Facility Management	39
3.2.1 German Facility Management Association – Deutscher Verband für Facility Management e.V. (GEFMA)	39
3.2.2 RealFM e.V. Association for Real Estate- and Facility Managers	42
3.2.3 Verband Deutscher Maschinen- und Anlagenbau e.V. (VDMA)	43
3.2.4 Deutsches Institut für Normung e.V. (DIN)	44
3.2.4.1 Ebenen der Normungsarbeit	45
3.2.4.2 Bedeutung der Normnummern	46
3.2.5 Weitere wichtige Regelsetzer im Facility Management	47
3.3 Überblick der Normen und Richtlinien	49
3.3.1 Vergleich DIN 32736 und GEFMA 100	49
3.3.2 Normen und Regelwerke	51
3.3.2.1 Facility Management (Allg. Definitionen/Grundlagen)	51
3.3.2.2 Technisches Gebäudemanagement	51
3.3.2.3 Kaufmännisches Gebäudemanagement	52
3.3.2.4 Flächenmanagement	53
3.3.2.5 Sonstige Aspekte des Facility Managements	53
3.4 Gesetze und rechtliche Aspekte im Facility Management	55
3.4.1 Betreibermodelle im Facility Management	55
3.4.1.1 Verträge des Betreibermodells	55
3.4.1.2 Betreiberverantwortung im Facility Management	56
3.4.1.3 Die speziellen Pflichten des Gebäudebetreibers	57
3.4.2 Voraussetzungen und Grundlagen des Arbeitsschutzrechts	58
3.4.2.1 Das Arbeitsschutzrecht	58
3.4.2.2 Das Arbeitsschutzgesetz	59
3.4.3 Die Arbeitsschutzverordnungen	60
3.4.3.1 Arbeitsstättenverordnung	60
3.4.3.2 Baustellenverordnung	60
3.4.3.3 Bildschirmarbeitsverordnung	60
3.4.3.4 Biostoffverordnung	61
3.4.3.5 Gefahrstoffverordnung	61
3.4.3.6 Lastenhandhabungsverordnung	61
3.4.3.7 PSA-Benutzungsverordnung	61
3.4.3.8 Die Betriebssicherheitsverordnung	61

3.4.4	Die Bauordnungen und Brandschauverordnungen der Länder	62
3.4.5	Das Geräte- und Produktsicherheitsgesetz	64
3.4.6	Die Unfallverhütungsvorschriften	65
3.4.7	Unternehmenspflichten gegenüber der Umwelt	66
3.4.7.1	Der Immissionsschutz	66
3.4.7.2	Der Klimaschutz	67
3.4.7.3	Der Bodenschutz	67
3.4.7.4	Der Gewässerschutz	68

4 Kaufmännisches Gebäudemanagement 69
- 4.1 Einführung 71
- 4.2 Objektbuchhaltung 71
  - 4.2.1 Allgemeine Grundlagen der Objektbuchhaltung 71
  - 4.2.2 Prozessablauf Objektbuchhaltung Miete/Nebenkosten ... 73
  - 4.2.3 Abrechnung der Betriebs- und Heizkosten 74
    - 4.2.3.1 Grundlagen 74
    - 4.2.3.2 Verteilungsschlüssel der Nebenkostenumlage 78
    - 4.2.3.3 Fallbeispiel Nebenkostenabrechnung 80
- 4.3 Vertragsmanagement 82
  - 4.3.1 Gewerbemietvertragsmanagement 82
    - 4.3.1.1 Einpflege in die EDV 82
    - 4.3.1.2 Elemente des Mietvertragsmanagements 82
  - 4.3.2 Vertragsmanagement von Dienstleistungsverträgen 85
    - 4.3.2.1 Verantwortliche für die Vertragsarbeit 85
    - 4.3.2.2 Methoden und Werkzeuge der Vertragsarbeit 86
    - 4.3.2.3 Vertragsdauer 87
    - 4.3.2.4 Haftung und Versicherung während der Vertragslaufzeit .. 88
    - 4.3.2.5 Vertragsbeendigung 88
- 4.4 Kosten- und Leistungsrechnung im Facility Management 89
  - 4.4.1 Grundlagen der Kostenrechnung 89
    - 4.4.1.1 Kostenartenrechnung 91
    - 4.4.1.2 Kostenstellenrechnung 94
    - 4.4.1.3 Kostenträgerrechnung 94
  - 4.4.2 Vollkostenrechnung 95
    - 4.4.2.1 Kostenartenrechnung 95
    - 4.4.2.2 Kostenstellenrechnung 96
    - 4.4.2.3 Kostenträgerrechnung 98
  - 4.4.3 Teilkostenrechnung 99
    - 4.4.3.1 Kostenartenrechnung 99
    - 4.4.3.2 Kostenstellenrechnung 99
    - 4.4.3.3 Kostenträgerrechnung 100
    - 4.4.3.4 Teilkostenrechnung auf Basis relativer Einzelkosten ... 103
  - 4.4.4 Prozesskostenrechnung/Activity Based Accounting 105
    - 4.4.4.1 Prozesskostenstellenrechnung 106
    - 4.4.4.2 Kostenträgerstückrechnung/Kalkulation 108
  - 4.4.5 Spezifische Aspekte des Facility Managements 110

Inhaltsverzeichnis

4.5 Controlling und Reporting im Facility Management	111
4.5.1 Ziele des Controllings im Facility Management	111
4.5.2 Aufbau des Controllings im Facility Management	111
4.5.3 Strategisches Controlling	112
4.5.4 Operatives Controlling	114
4.5.5 Controlling in der Entstehungsphase einer Immobilie	116
4.5.6 Controlling in der Nutzungsphase einer Immobilie	116
4.5.7 Controllingprozesse	117
4.5.8 Controlling von Betriebskosten/Betriebskostenmanagement	119
4.5.9 Reporting im Facility Management	121
4.5.9.1 Grundlagen des FM-Reporting	121
4.5.9.2 Balanced Scorecard	123
4.6 Benchmarking	125
4.6.1 Benchmarking im Facility Management	125
4.6.1.1 Arten des Benchmarking	126
4.6.1.2 Der Benchmarking-Prozess	128
4.6.2 Benchmarking als Instrument des Betriebs- und Nebenkostenmanagements	131
4.6.2.1 OSCAR (Jones Lang LaSalle/CREIS)	131
4.6.2.2 Immobench (Treureal)	132
4.6.2.3 Key-Report Office (BNP Paribas Real Estate Germany)	133
4.6.2.4 ATGA	134
4.6.3 Benchmark-Studie: Leistungsumfang und Vergütungsstruktur im KGM	135
4.6.3.1 Vorgehensweise	135
4.6.3.2 Ergebnisse zum KGM-Leistungsspektrum	136
4.6.3.3 Ergebnisse zum KGM-Vergütungsspektrum	136
4.6.3.4 Ausblick auf zukünftige Entwicklungen	138
5 Technisches Gebäudemanagement	139
5.1 Einführung	141
5.2 Ziele und Methoden des Technischen Gebäudemanagements	141
5.2.1 Begriffsbestimmung/Ziele	141
5.2.2 Die Methodik des technischen Gebäudemanagements	142
5.3 Inhalte des technischen Gebäudemanagements	143
5.4 Leistungsbereiche des technischen Gebäudemanagements	144
5.4.1 Betreiben	144
5.4.2 Instandhalten	145
5.4.2.1 Definition Instandhaltung	145
5.4.2.2 Ziele der Instandhaltung	148
5.4.2.3 Instandhaltungsprozess	149
5.4.2.4 Instandhaltungsmanagement	149
5.4.3 Dokumentation	151
5.4.4 Energiemanagement	153
5.4.4.1 Definition Energiemanagement	153
5.4.4.2 Ziele und Aufgaben des Energiemanagements	154
5.4.4.3 Instrumente des Energiemanagements	155

5.4.4.4	Optimales Betreiben	155
5.4.4.5	Finanzierungsmodelle für Energieeinsparungen	158
5.4.5	Informationsmanagement	159
5.4.6	Modernisierung des Gebäudebestandes	160
5.4.6.1	Definition und Ziel der Modernisierung	160
5.4.6.2	Abgrenzung Modernisierung/Sanierung	162
5.4.7	Verfolgen der technischen Gewährleistung	162

6 Infrastrukturelles Gebäudemanagement … 165

- 6.1 Einführung … 167
- 6.2 Definition und Grundlagen des infrastrukturellen Gebäudemanagements … 167
  - 6.2.1 Definition des infrastrukturellen Gebäudemanagements gem. DIN 32736 … 168
  - 6.2.2 Inhalte des infrastrukturellen Gebäudemanagements gem. DIN 32736 … 168
  - 6.2.3 Inhalte des infrastrukturellen Gebäudemanagements gem. GEFMA 100-1 … 173
- 6.3 Ausgewählte Leistungsbereiche des infrastrukturellen Gebäudemanagements … 174
  - 6.3.1 Verpflegungsdienste … 174
  - 6.3.2 Gebäudereinigung … 175
  - 6.3.3 Umzugsdienste … 177
    - 6.3.3.1 Umzugs-Projektteam … 179
    - 6.3.3.2 Raumplanung … 179
    - 6.3.3.3 Objektbegehung … 180
    - 6.3.3.4 Logistisches Konzept … 180
    - 6.3.3.5 Nacharbeiten … 181
  - 6.3.4 Sicherheitsdienste … 182
    - 6.3.4.1 Personalanforderungen … 183
    - 6.3.4.2 Ausarbeiten eines Sicherheitskonzepts … 183
    - 6.3.4.3 Einzelne Sicherheitsdienstleistungen … 184
    - 6.3.4.4 Gebäudesicherheit … 186
    - 6.3.4.5 Rechtliche Aspekte … 188
  - 6.3.5 Bürodienste … 190
    - 6.3.5.1 Telefonzentrale … 190
    - 6.3.5.2 DV-Dienste … 190
    - 6.3.5.3 Postdienste … 191
    - 6.3.5.4 Kopier- und Druckdienste … 191
    - 6.3.5.5 Sekretariatsdienste … 191
    - 6.3.5.6 Reisedienste … 192
    - 6.3.5.7 Zentralarchiv … 192
  - 6.3.6 Gebäude- und Servicedienste … 192
    - 6.3.6.1 Gärtnerdienste … 192
    - 6.3.6.2 Empfangs- und Pförtnerdienste … 193
    - 6.3.6.3 Parkraummanagement … 193
    - 6.3.6.4 Entsorgungsdienste … 193

Inhaltsverzeichnis

      6.3.6.5 Geld- und Wertdienste 194
      6.3.6.6 Fuhrparkmanagement 194
  6.4 IGM im Bereich von Krankenhäusern und Kliniken 195
    6.4.1 Primäre und sekundäre Prozesse in Krankenhäusern und
          Kliniken 195
    6.4.2 Gebäudemanagement in Krankenhäusern und Kliniken 197
    6.4.3 Aufgaben und Ziele des IGM in Krankenhäusern und Kliniken 198
      6.4.3.1 Desinfektionsdienst/Zentralsterilisation 199
      6.4.3.2 Bettenaufbereitung 200
      6.4.3.3 Speiseversorgung 201
      6.4.3.4 Wäscheversorgung 202
      6.4.3.5 Reinigung 202
      6.4.3.6 Zutrittskontrolle/Schlüsseldienst 203
      6.4.3.7 Transportdienst 205
      6.4.3.8 Patientenbegleitservice 205
    6.4.4 Wertschöpfung in Krankenhäusern mit Hilfe des IGM 206
  6.5 Infrastrukturelles Gebäudemanagement auf Flughäfen 206
    6.5.1 Funktion von Flughäfen 207
    6.5.2 Gebäudemanagement an Flughäfen 208
    6.5.3 Aufgaben des IGM an Flughäfen 208
      6.5.3.1 Flugzeugabfertigung 208
      6.5.3.2 Sicherheitsdienst 211
      6.5.3.3 Loungeservices 213
      6.5.3.4 Pushback 213
      6.5.3.5 Boarding Support 214
      6.5.3.6 Non-Aviation und Airport Retailing 214

7 Flächenmanagement 217
  7.1 Einführung 219
  7.2 Eingliederung und Grundlagen des Flächenmanagements 219
    7.2.1 Eingliederung des Flächenmanagements im Facility
          Management 219
    7.2.2 Grundlagen des Flächenmanagements 220
    7.2.3 Leistungen des Flächenmanagements 221
    7.2.4 Internes Mietmodell als Werkzeug im Flächenmanagement ... 222
  7.3 Ziele des Flächenmanagements 223
    7.3.1 Ziele aus der Sicht des Nutzers oder Mieters 223
    7.3.2 Ziele aus der Sicht des Vermieters 223
    7.3.3 Ziele aus der Sicht des Investors 225
  7.4 Flächendefinitionen 225
    7.4.1 Allgemeine Flächendefinitionen 225
    7.4.2 Grundflächendefinition nach DIN 277 226
    7.4.3 Mietflächenrichtlinien nach gif (MF-G) 228
    7.4.4 Büroarbeitsplatzflächen nach DIN 4543-1 231
    7.4.5 Flächenbestimmung nach GEFMA 233
  7.5 Büroformen im Hinblick auf das Flächenmanagement 234
    7.5.1 Historie 234

	7.5.2	Büroformen	238
	7.5.3	Büroflexibilität	243
	7.5.4	Praxisbeispiel der Landesbank Baden-Württemberg	244
7.6		Kennzahlen im Flächenmanagement (Flächencontrolling)	247
	7.6.1	Kennzahlengruppen	247
	7.6.2	Mögliche Kennzahlenbildung	248
	7.6.3	Büroflächenkennzahlen in der Praxis	251
7.7		Prozessablauf eines effizienten Flächenmanagements	252
	7.7.1	Hauptprozesse des Flächenmanagements	252
	7.7.2	Nebenprozesse des Flächenmanagements	254

8 Facility Management im Immobilien-Lebenszyklus … 255

8.1	Einführung		257
8.2	Grundlagen des Life-Cycle-Cost-Ansatzes (LCCA)		258
	8.2.1	Wesentliche Inhalte des LCCA	258
	8.2.2	Ziele und Fragestellungen des Life-Cycle-Cost-Ansatzes	259
8.3	Elemente des Life-Cycle-Cost-Ansatzes		261
	8.3.1	Ansätze zur Lebenszyklusbetrachtung der Immobilie	261
	8.3.2	Entstehungsphase	265
	8.3.3	Nutzungsphase	266
	8.3.4	Verwertungsphase	268
8.4	Investitionsrechnung und Lebenszykluskostenermittlung		269
	8.4.1	Investitionsrechnung	269
		8.4.1.1 Statische Investitionsrechenverfahren	270
		8.4.1.2 Dynamische Investitionsrechenverfahren	273
		8.4.1.3 Vollständiger Finanzplan (VoFi)	276
	8.4.2	Berechnung der Lebenszykluskosten	278
	8.4.3	Prognosemethoden zur Ermittlung von Nutzungskosten	280
	8.4.4	Kritische Betrachtung der Lebenszykluskostenermittlung	281
8.5	Facility Management im Immobilienlebenszyklus		281
	8.5.1	Einflussmöglichkeiten in der Entstehungsphase	282
		8.5.1.1 Facility Management während der Planung	283
		8.5.1.2 Facility Management während der Realisierung	288
	8.5.2	Facility Management in der Nutzungsphase	289
		8.5.2.1 Instandhaltung/Modernisierung/Umbau	289
	8.5.3	Einflussmöglichkeiten in der Verwertungsphase	293
		8.5.3.1 Facility Management im Verkauf	293
		8.5.3.2 Facility Management beim Abriss	293
8.6	Fallbeispiel: Facility Management im Immobilien-Lebenszyklus		294
	8.6.1	Ausgangssituation	294
	8.6.2	Fragestellung	295
	8.6.3	Lösungsansatz	296

9 Nachhaltige Immobilien zwischen Energieeffizienz und Wirtschaftlichkeit … 299

9.1	Einleitung	301
9.2	Nachhaltigkeit in der Immobilienwirtschaft	301

Inhaltsverzeichnis

9.2.1	Dimensionen der Nachhaltigkeit	301
9.2.1.1	Ökologische Nachhaltigkeit	302
9.2.1.2	Ökonomische Nachhaltigkeit	303
9.2.1.3	Soziale Nachhaltigkeit	303
9.2.2	Immobilienwirtschaftliche Begriffe für Nachhaltigkeit	304
9.3	Unterstützer der nachhaltigen Entwicklung	306
9.3.1	Der Staat	306
9.3.1.1	Die Energieeinsparverordnung (EnEV)	306
9.3.1.2	Das Erneuerbare-Energien-Wärmegesetz (EEWärmeG)	307
9.3.2	Unternehmen und Investoren	307
9.3.2.1	Corporate Social Responsibility	308
9.3.2.2	Socially Responsible Investment	310
9.3.2.3	Responsible Property Investment	312
9.4	Bemessungsgrundlagen der Nachhaltigkeit	312
9.4.1	BREEAM	313
9.4.2	LEED	314
9.4.3	DGNB	315
9.5	Energieeffizienz und Wirtschaftlichkeit von nachhaltigen Immobilien	317
9.5.1	Anforderungen an nachhaltige Immobilien	319
9.5.2	Vorteile von nachhaltigen Gebäuden	320
9.5.3	Einfluss der Nachhaltigkeit auf die Rendite einer Immobilie	323
9.6	Immobilieninvestments und Nachhaltigkeitsaspekte	323
9.6.1	Der Markt für nachhaltige Immobilieninvestments	323
9.6.2	Strategien für nachhaltiges Immobilieninvestment	325
9.6.3	„Grüne" Immobilienfonds	327
9.6.4	Chancen und Risiken nachhaltiger Immobilieninvestments	330
10	Wertorientiertes Facility Management	333
10.1	Einführung	335
10.2	Grundlagen des Wertorientierten Facility Managements	335
10.2.1	Ziele und Elemente	335
10.2.2	Einführungsbeispiel zum Wertorientierten Facility Management	337
10.3	Bilanzierung nach HGB und IFRS – Auswirkung auf das Immobilienmanagement	340
10.3.1	Bilanzierung nach HGB – Auswirkung auf die Wertansätze von Immobilien	340
10.3.1.1	Adressaten des Jahresabschlusses	340
10.3.1.2	Zweck und Bestandteil der Rechnungslegung	341
10.3.1.3	Bilanzierungs- und Bewertungsgrundsätze	341
10.3.2	Bilanzierung nach IFRS – Auswirkung auf die Wertansätze von Immobilien	347
10.3.2.1	Ziele und Adressaten der IFRS	347
10.3.2.2	Bilanzierungs- und Bewertungsgrundsätze	348
10.4	Einfluss des Facility Managements auf Cashflow und Ertragswert	356
10.4.1	Renditeorientierte Ausrichtung im Facility Management	356

10.4.2 Fallbeispiel Büroimmobilie 361
10.4.2.1 Ausgangssituation 361
10.4.2.2 Fall 1: Anschlussvermietung ohne Mietsteigerung 362
10.4.2.3 Fall 2: Anschlussvermietung mit Flächenoptimierung 363
10.4.2.4 Fall 3: Einsparung von Bewirtschaftungskosten durch Investition... 364
10.4.2.5 Auswirkungen der Facility Management-Maßnahmen auf Rendite, Cashflow und Bilanz und Erfolgsrechnung 365
10.4.3 Treiber der Immobilienrendite 366
10.5 Auswirkung des Wertorientierten Facility Managements auf die Rolle des Facility Managers 367

11 Organisatorische Aspekte des Facility Managements 369
11.1 Einführung 371
11.2 Einführung von Facility Management im Unternehmen 372
11.2.1 Konzept und Projektplanung zur Einführung von FM 372
11.2.1.1 Rahmenbedingungen................................. 372
11.2.1.2 Strategische Zielsetzung von Projektmanagement im FM... 373
11.2.2 Die Organisation des FM-Projekts 374
11.2.3 Die Methoden und Werkzeuge des Projektmanagements im FM 375
11.2.4 Zeitplanung und Terminüberwachung...................... 376
11.2.5 Das Prozessmanagement 377
11.2.6 Erfolgsfaktoren für die Einführung von FM 377
11.3 Aspekte der Aufbauorganisation 379
11.3.1 Vorbemerkung... 379
11.3.2 Funktionalorganisation 380
11.3.3 Divisionalorganisation.................................... 381
11.3.4 Matrixorganisation 383
11.4 Aspekte der Prozessorganisation 385
11.4.1 Abgrenzung zur Ablauforganisation 385
11.4.2 Instrumente und Ziele der Prozessorganisation 386
11.5 Outsourcing 387
11.5.1 Ziele und Inhalt des Outsourcing 387
11.5.2 Die Make-or-Buy-Entscheidung 389
11.5.3 Formen des Outsourcing 390
11.5.3.1 Internes Outsourcing 391
11.5.4 Bestandteile von Outsourcing-Verträgen 396
11.5.4.1 Vorbemerkungen................................... 397
11.5.4.2 Besetzung der Clearingstelle........................ 398
11.5.4.3 Pflichten der Vertragspartner 398
11.5.4.4 Vergütung... 401
11.5.4.5 Vertragsdauer und Kündigung...................... 402
11.5.4.6 Rückabwicklung und Vertragsende.................. 402
11.5.5 Auswahl der Outsourcing-Variante 404
11.5.6 Vor- und Nachteile des Outsourcing 406
11.5.7 Erfolgsfaktoren zur Abwicklung einer Outsourcing-Maßnahme 409

Inhaltsverzeichnis

12 Ausschreibung und Vergabe von Facility Management-Leistungen	411
12.1 Einführung	413
12.2 Vergabeprozess bei Facility Management-Dienstleistungen	413
12.2.1 Festlegung der Vergabestrategie	413
12.2.1.1 Leistungsvergabe nach Losen	413
12.2.1.2 Einzel-/Generalvergabe	414
12.2.2 Grundlagen der Ausschreibung	415
12.2.2.1 Rechtliche Grundlagen	415
12.2.2.2 Vergabeverfahren	416
12.2.2.3 Ausschreibungsbasis	418
12.2.3 Erstellung der Ausschreibung für FM-Dienstleistungen	420
12.2.3.1 Ausschreibungsformen	421
12.2.3.2 Bieterauswahl	423
12.2.4 Durchführung der Vergabe	427
12.2.4.1 Eröffnungstermin	427
12.2.4.2 Prüfung der Angebote	428
12.2.4.3 Wertung der Angebote	428
12.2.4.4 Verhandlungen mit den Bietern (Vergabeverhandlung)	429
12.2.4.5 Zuschlag und Auftragserteilung	429
12.3 Vertragsgestaltung von FM-Dienstleistungen	429
12.3.1 Vertragsarten	429
12.3.1.1 Verträge auf Basis des BGB	430
12.3.1.2 Verträge auf Basis VOB, VOL und VOF	432
12.3.1.3 Verträge besonderer Art	432
12.3.1.4 Vertragskonstellationen im Facility Management	434
13 Der Markt für Facility Management	439
13.1 Einführung	441
13.2 Struktur des Marktes für Facility Management in Deutschland	441
13.2.1 Marktvolumen und Teilmärkte	441
13.2.2 Besonderheiten des Marktes für FM-Dienstleistungen	443
13.2.3 Wettbewerbssituation	444
13.2.4 Gewinnmargen	450
13.2.5 Marktrisiken	451
13.2.6 Internationaler Marktvergleich	451
13.3 Anbieter und Nachfrager von Facility Management-Dienstleistungen	454
13.3.1 Strategische Ausrichtung der FM-Dienstleister	454
13.3.2 Unternehmensgröße und Geschäftsfelder von FM-Anbietern	455
13.3.3 Struktur, Ziele und Präferenzen der Kunden auf dem Markt für Facility Management	456
13.3.4 Ausblick auf neue Kunden und Geschäftsfelder	459
13.4 Produkte und Vergütungen im Facility Management	461
13.4.1 Produktschwerpunkte, Produktstruktur und Produktdifferenzierung	461

13.4.2 Vergütungsstruktur von FM-Dienstleistungen am deutschen
Markt 463
13.4.3 Ausblick auf neue Produkte im Bereich FM 464

14 DV-Unterstützung im Facility Management 467
14.1 Einführung 469
14.2 Inhalte und Ziele des Datenmanagements 470
 14.2.1 Inhalte des Datenmanagements 471
 14.2.2 Ziele des Datenmanagements 473
14.3 Anforderungen an Datenerhebung, Datenpflege und Datenauswertung 474
 14.3.1 Analyse der Systemanforderung 476
 14.3.2 Datenstandards 477
 14.3.3 Vernetzung mit anderen Datenbeständen 479
 14.3.4 Integration ergänzender Softwarelösungen 480
 14.3.5 Umsetzung in ein Informationsmanagement 482
14.4 CAFM-Systeme 483
 14.4.1 Erstellung eines Anforderungsprofils 487
 14.4.2 Wahl der richtigen Module 491
 14.4.3 Leistungsspektrum gängiger CAFM-Systeme 491
 14.4.4 Spektrum der FM-Prozesse, die eine CAFM-Unterstützung
 erfordern 496
 14.4.5 Vorteile und Potenziale im CAFM 501
 14.4.6 Nachteile und aktuelle Problemstellungen im CAFM 503
 14.4.7 DV-Systeme im Vergleich 504
 14.4.8 Vorgehensweise bei einer CAFM-Einführung im Unternehmen 506
14.5 Bewertung der Kosten-/Nutzen-Relation von FM-Systemen 509

Literaturverzeichnis 513

Stichwortverzeichnis 523

Abbildungsverzeichnis

Abb. 1:	Die Entwicklung des Facility Managements im Zeitablauf	5
Abb. 2:	Die Ausbildungspyramide nach GEFMA	9
Abb. 3:	Funktionseinordnung Facility Management	18
Abb. 4:	Integrales Modell des Facility Managements	20
Abb. 5:	Strategisches und operatives Facility Management	21
Abb. 6:	Steuerungsebenen im Real Estate Management	26
Abb. 7:	Leistungsspektrum des Asset Managers	28
Abb. 8:	Zielsystem der Beteiligten am Facility Management-Prozess	36
Abb. 9:	Vergleich zwischen GEFMA 100 und DIN 32736 im Bereich des technischen, infrastrukturellen und kaufmännischen Gebäudemanagements	50
Abb. 10:	Umfang und Ziele der gesetzlichen Verantwortung am Beispiel der Betreiberverantwortung	57
Abb. 11:	Prozessablauf Objektbuchhaltung	73
Abb. 12:	Abgrenzung zwischen Betriebs- und Nebenkosten nach GEFMA/gif 210-1	75
Abb. 13:	Umlegbarkeit der Kosten der Instandhaltung	76
Abb. 14:	Geltungsbereich rechtlicher Grundlagen für Betriebskosten	78
Abb. 15:	Lösungsvorschlag Nebenkostenabrechnung	81
Abb. 16:	Grundschema der Kosten- und Leistungsrechnung	90
Abb. 17:	Grobgliederung der Gebäudenutzungskosten nach DIN 18 960	92
Abb. 18:	Schema eines GAB	97
Abb. 19:	Verrechnungstechnischer Ablauf der Vollkostenrechnung	98
Abb. 20:	Bezugsgrößenhierachie eines Wohnungsbauunternehmens	101
Abb. 21:	Beispiel einer mehrstufigen Deckungsbeitragsrechnung mit Ausweis von Fixkostenzuschlägen auf Deckungsbeiträge	102
Abb. 22:	Beispiel einer mehrstufigen Deckungsbeitragsrechnung mit Ausweis von Fixkostenzuschlägen bezogen auf variable Kosten	103
Abb. 23:	Beispiel einer mehrfach gestuften Ergebnisrechnung nach Riebel	105
Abb. 24:	Ablauf der Prozesskostenrechnung	106
Abb. 25:	Prozessorientierte Kalkulation	109
Abb. 26:	Kalkulationsbeispiel eines FM-Prozesses	109
Abb. 27:	Kostenrechnungsstruktur mit Berücksichtigung von FM-Aspekten	110

Abbildungsverzeichnis

Abb. 28:	Messbarkeiten von Controllinggegenständen	112
Abb. 29:	Controllingvergleich strategisch – operativ	113
Abb. 30:	Beispiel einer SWOT-Analyse	114
Abb. 31:	Aspekte des FM-Controllings im Immobilien-Lebenszyklus	115
Abb. 32:	Der Regelkreis im Controlling	117
Abb. 33:	Bestandteile eines effizienten Steuerungssystems	118
Abb. 34:	Kostenzuordnung im Nebenkosten-Benchmarking	121
Abb. 35:	Beispiel einer BSC für Immobilienunternehmen	124
Abb. 36:	Bildung von Kennzahlen	128
Abb. 37:	5-Phasen-Modell des Benchmarking	128
Abb. 38:	Kennwerte von Nebenkosten nach OSCAR 2010	132
Abb. 39:	Leistungsinhalte der KGM-Grundvergütung	136
Abb. 40:	Benchmark KGM-Grundvergütung	137
Abb. 41:	Einflussgrößen auf die Höhe der KGM-Vergütung	138
Abb. 42:	Vergleich der Leistungsinhalte des technischen Gebäudemanagements	143
Abb. 43:	Leistungsbereich „Betreiben" nach GEFMA 100-2	145
Abb. 44:	Gliederung der Instandhaltungsmaßnahmen und deren Ziele	145
Abb. 45:	Kostenauswirkung durch Wartung, Inspektion und Verbesserung	148
Abb. 46:	Instandhaltungsprozess	149
Abb. 47:	Vergleich verschiedener Instandhaltungsstrategien	151
Abb. 48:	Leistungsbereich „Dokumentation" nach GEFMA 100-2	152
Abb. 49:	Leistungsbereich „Energiemanagement" nach GEFMA 100-2	153
Abb. 50:	Optimales Betreiben – Maßnahmen	156
Abb. 51:	Grundlegender Ansatz des Energiemanagements	158
Abb. 52:	Leistungsbereich „FM-Tools" nach GEFMA 100-2	159
Abb. 53:	Leistungsbereich „Modernisierung" nach GEFMA 100-2	161
Abb. 54:	Leistungsbereich „Mängelansprüche" nach GEFMA 100-2	163
Abb. 55:	Inhalte des IGM nach DIN	173
Abb. 56:	Kennzahlen für Reinigungsdienstleistungen	176
Abb. 57:	Ablaufdiagramm Umzug	178
Abb. 58:	Umzugs-Lageplan	181
Abb. 59:	Leistungen des Umzugsmanagements	182
Abb. 60:	Leistungsbild der Sicherheitsdienste	183
Abb. 61:	Kostenverteilung im Bereich von Krankenhäusern	196
Abb. 62:	Leistungen des IGM im Bereich von Krankenhäusern	198
Abb. 63:	Funktionsweise des Transponders	204

Abbildungsverzeichnis

Abb. 64:	Leistungsspektrum IGM an Flughäfen	209
Abb. 65:	Mobiles Informationssystem für den Ladeverkehr	211
Abb. 66:	Mobiler Grenzkontrollschalter	212
Abb. 67:	Push-Back-Services	214
Abb. 68:	Strukturierungsmöglichkeiten einer Bestandsfläche	224
Abb. 69:	Vereinfachte Flächendarstellung nach DIN 277-2	226
Abb. 70:	Flächenarten nach gif (MF-G)	229
Abb. 71:	Mietflächenschema nach gif	230
Abb. 72:	Rental Area Diagramm nach gif (RA-C)	231
Abb. 73:	Arbeitsplatzflächen (Mindestbedarf) im Vergleich	233
Abb. 74:	Larking Building 1904, Buffalo	235
Abb. 75:	Seagram Building 1958, New York	236
Abb. 76:	Beispiel eines Großraumbüros, 1960	236
Abb. 77:	Grundriss eines Gruppenbüros	239
Abb. 78:	Beispiel eines Ein-Personen-Zellenbüros	240
Abb. 79:	Grundrissvarianten eines Zwei-Personen-Zellenbüros	240
Abb. 80:	Grundriss eines Kombibüros	241
Abb. 81:	Grundriss eines Teambüros/Business Club	243
Abb. 82:	Neubau der Landesbank Baden-Württemberg in Stuttgart	245
Abb. 83:	Standardarbeitsplatz im Neubau der LBBW in Stuttgart	245
Abb. 84:	Denkerzelle, Grundmodel und Lounge des LBBW Neubaus	246
Abb. 85:	Motivation in Abhängigkeit von der Büroform	247
Abb. 86:	Büroflächenkennziffern ausgewählter Branchen	251
Abb. 87:	Büroflächenkennziffer je Büroform	252
Abb. 88:	Stark vereinfachter Hauptprozess im Flächenmanagement	252
Abb. 89:	Nebenprozessbeispiel im Flächenmanagement	253
Abb. 90:	Übersicht der Lebenszykluskosten in der Literatur	257
Abb. 91:	Charakterisierung der Lebenszykluskosten	258
Abb. 92:	Linearer Lebenszyklus der GEFMA	260
Abb. 93:	HOAI-Phasenmodell nach Kahlen	262
Abb. 94:	Lebenszyklusdarstellung	263
Abb. 95:	Integrales Polyzyklenmodell nach Riegel	264
Abb. 96:	Zyklische Darstellung von GEFMA	264
Abb. 97:	Stufen der Entstehungsphase	266
Abb. 98:	Lebensdauer der verschiedenen Gebäudebestandteile	267
Abb. 99:	Nutzungsdauer einzelner Gebäudekomponenten und des Gebäudes	268

Abbildungsverzeichnis

Abb. 100:	Statische und dynamische Verfahren der Investitionsrechnung	270
Abb. 101:	Bestimmung interner Zinsfuß nach der Regula falsi	274
Abb. 102:	Ausgewählte Meilensteine des FM innerhalb des Immobilien-Lebenszyklus	282
Abb. 103:	Kostenverlauf und seine Beeinflussbarkeit im Zeitstrahl	284
Abb. 104:	FM-Leistungsbild während der HOAI-Phasen (I)	285
Abb. 105:	FM-Leistungsbild während der HOAI-Phasen (II)	286
Abb. 106:	Beispiel: Lebenszykluskosten von Bodenbelägen	287
Abb. 107:	Wirtschaftlichkeitsvergleich zweier Heizungsanlagen	291
Abb. 108:	Tabelle Rentenbarwertfaktoren (Kalkulationszins 5,0 %)	291
Abb. 109:	Gesamtkostenverlauf der Investitionsalternativen	292
Abb. 110:	Fallbeispiel Lebenszyklus – Cashflow-Profil Anlagen	295
Abb. 111:	Fallbeispiel Lebenszyklus – Barwertberechnung	297
Abb. 112:	Das magische Dreieck der Nachhaltigkeit	302
Abb. 113:	Corporate Responsibility und Nachhaltigkeit	310
Abb. 114:	Zertifizierungssysteme für nachhaltige Gebäude	313
Abb. 115:	Vergleich LEED und DGNB Zertifizierung	316
Abb. 116:	Komplexität nachhaltiger Immobilienqualität	318
Abb. 117:	Wirtschaftliche Vorteile von nachhaltigen Immobilien	320
Abb. 118:	Ausblick für nachhaltige Immobilien in Deutschland	325
Abb. 119:	Erwarteter Anteil Green Buildings bei „grünen" Immobilienfonds	327
Abb. 120:	Aspekte des Wertorientierten Facility Managements	339
Abb. 121:	Schema zur Ermittlung der Anschaffungskosten	342
Abb. 122:	Entwicklung des Buchwerts einer Immobilie im Anlagevermögen	346
Abb. 123:	Entwicklung des tatsächlichen Werts und des Buchwerts einer Immobilie im Anlagevermögen	347
Abb. 124:	Adressaten und Funktionen nach IFRS	348
Abb. 125:	Entscheidungsbaum zur Klassifizierung von Immobilien nach IAS 40	349
Abb. 126:	Folgebewertung nach IAS 16	351
Abb. 127:	Beispielbilanzen IAS 16 – Neubewertung Grund und Boden	352
Abb. 128:	Beispielbilanzen IAS 16 – Neubewertung Gebäude	353
Abb. 129:	Folgebewertung nach IAS 40 von Immobilien, die als Finanzinvestitionen gehalten werden	355
Abb. 130:	Erfolgswirksame Verrechnung von Wertänderungen	356
Abb. 131:	Grundbegriffe des Rechnungswesens	357

Abbildungsverzeichnis

Abb. 132:	Rendite von operativem Cashflow und Free-Cashflow	360
Abb. 133:	Cashflow-Rendite	361
Abb. 134:	Einflussgrößen auf den Total Return von Immobilien	367
Abb. 135:	Rahmenbedingungen der Organisation des FM	373
Abb. 136:	Prozessablauf Einführung FM	378
Abb. 137:	Eingliederungsvarianten des FM in die Unternehmensorganisation	380
Abb. 138:	Grundmodell der funktionalen Organisation des Facility Managements...	381
Abb. 139:	Grundmodell einer produktorientierten Organisation des FM	382
Abb. 140:	Grundmodell eines regional-orientierten FM	382
Abb. 141:	Grundmodell einer Matrixorganisation des FM	383
Abb. 142:	Geplanter Fremdvergabeanteil in Prozent vom Gesamtvolumen (Datenerhebung 1998)	388
Abb. 143:	Vorteile und Nachteile der „Make-or-Buy" Entscheidung.....	390
Abb. 144:	Motive für die Einrichtung eines Cost-Centers	393
Abb. 145:	Die wesentlichen Vor- und Nachteile einer FM-Tochtergesellschaft..	394
Abb. 146:	Grundsätze der allgemeinen Vertragsgestaltung	396
Abb. 147:	Vertragsgliederung mit Vertragsrahmen und Anhängen	397
Abb. 148:	Vertragspflichten für Auftraggeber und Auftragnehmer	399
Abb. 149:	Übersicht der Verjährungsfristen..........................	400
Abb. 150:	Bestandteile einer Rückabwicklung........................	403
Abb. 151:	Auslagerungspotentiale von Funktionen	404
Abb. 152:	Auslagerungen mit Kostenberücksichtigung................	405
Abb. 153:	Vergleich einiger Kriterien beim internen und externen Outsourcing...	406
Abb. 154:	Vor- und Nachteile des Outsourcing	409
Abb. 155:	Ablauf Ausschreibung und Vergabe von FM-Leistungen	414
Abb. 156:	Übersicht über die Vergaberichtlinien der EU	418
Abb. 157:	Vergabeverfahren	418
Abb. 158:	Vor- und Nachteile von Ausschreibungsgrundlagen	419
Abb. 159:	Schritte der Anbieterauswahl	423
Abb. 160:	Bestandteile der B.I.L.D-Methode..........................	426
Abb. 161:	Gliederungsschema eines Leistungsverzeichnisses	426
Abb. 162:	Beispiel Preisspiegel Hausmeisterausschreibung	428
Abb. 163:	Übersicht zu möglichen Arten eines FM-Vertrages...........	430
Abb. 164:	Vergleich zwischen Dienst- und Werkvertrag	431

Abbildungsverzeichnis

Abb. 165:	Abgrenzung von Instandhaltung und Instandsetzung bei Betriebsstörungen.................................	435
Abb. 166:	Segmentierung des FM Marktvolumens 2005 nach den Nachfragern...	443
Abb. 167:	Entwicklung Hochtief FM	446
Abb. 168:	Entwicklung Bilfinger Berger FM	448
Abb. 169:	Marktvolumen der großen FM-Märkte 2005 in Europa	453
Abb. 170:	Die Top 25 FM-Anbieter nach Umsatz in Deutschland........	457
Abb. 171:	Aufgaben des Datenmanagements........................	471
Abb. 172:	FM-Datenbasis bei Übernahme von Bestandsobjekten	475
Abb. 173:	Standards für das Datenmanagement.....................	477
Abb. 174:	Datenstandard – Dokumentationsvorgabe für Projektbeteiligte	478
Abb. 175:	CAFM im Umfeld ergänzender Software...................	481
Abb. 176:	Basis des CAFM-Systems................................	484
Abb. 177:	Beispiel eines Middleware-Konzepts......................	487
Abb. 178:	Anforderungen an eine CAFM-Software	488
Abb. 179:	Leistungsspektrum CAFM-Systeme I (allgemeine Aspekte)...	493
Abb. 180:	Leistungsspektrum CAFM-Systeme II (spezifische Aspekte) ..	495
Abb. 181:	Entwicklungstrends von ERP- und CAFM-Software	505
Abb. 182:	Vorgehensweise bei der Einführung eines CAFM-Systems....	507
Abb. 183:	Diagramm zur Einordnung der RoI-Treiber................	510
Abb. 184:	RoI-Treiber sortiert nach hohem RoI und schneller Umsetzbarkeit	511

Entwicklung des Facility Managements

1.1 Einführung

Das Facility Management hat sich seit Mitte der 1950er Jahre in den Vereinigten Staaten und ab Mitte der 1980er Jahre auch in Deutschland zunehmend etabliert. Anfangs waren es hauptsächlich die Unternehmen aus dem technischen und infrastrukturellen Bereich, die das Facility Management als Chance für sich entdeckten und ihre Angebotspalette um Facility Management-Dienstleistungen erweiterten. Seitdem hat sich die Struktur des Marktes für FM-Dienstleistungen verändert. Obwohl das infrastrukturelle Facility Management noch immer den Hauptteil des Gesamtmarktes beherrscht, werden die extern erbrachten, integrierten Dienstleistungen zunehmend stärker nachgefragt, während das Marktpotential zu stagnieren scheint.

Insgesamt lässt sich ein Trend hin zu Generaldienstleistern erkennen. Das bedeutet, dass viele Unternehmen, die Facility Management-Leistungen in Anspruch nehmen möchten, bevorzugt einen einzigen Generalisten beauftragen, der die gesamte Dienstleistungspalette im Facility Management-Bereich abdecken kann. Dadurch lässt sich der Koordinations- und Kontrollaufwand reduzieren.

1.2 Die historische Entwicklung des Facility Managements

1.2.1 Erste Ansätze

Mitte der 1950er Jahre wurde der gedankliche Grundstein für das Facility Management gelegt. Zu dieser Zeit wurde das Facility Management mit dem Ziel verfolgt, die Produktivität in Betriebsführung und Instandhaltung zu verbessern[1].

Ursprünglich befasste sich erstmals die Fluggesellschaft Pan-American-World-Services, die als erstes externes Facility Management-Unternehmen auf dem Markt gilt und einen neuen Typus der US-amerikanischen Bürowelt entwickelten, mit dem Facility Management. Den Anstoß zu den Überlegungen der Pan-American-World-Services gab 1952 die US-Air Force. Die US-Air Force gab dem Unternehmen den Auftrag, die Facilities der Eastern Test Range zu betreiben, zu managen und für deren Instandhaltung zu sorgen[2].

1978 veranstaltete die Hermann Miller Corporation, der damals weltweit größte Möbelhersteller, in Ann Arbor, Michigan, eine Konferenz mit dem Titel „Facilities Impact on Productivity". Die Hermann Miller Corporation lud dazu

---
[1] Vgl. Nävy, J. (2002), S. 40.
[2] Vgl. Lochmann, H.-D./Köllgen, R. (Hrsg.) (1998), S. 44.

alle ihre Kunden ein, um mit ihnen die gemachten Erfahrungen auszutauschen. Aufgrund dieser Konferenz und dem dabei getroffenen Beschluss, eine Arbeitsgruppe zu gründen, um die Grundlagen des FM genauer zu analysieren, wurde 1979 in Ann Arbor das Facility Management Institute (FMI) durch Dave Armstrong gegründet und die Wissenschaft begann, sich mit dem Thema Facility Management auseinander zu setzen[3]. Spezialisten aus unterschiedlichen Fachrichtungen untersuchten, ob der Arbeitsprozess durch die Gebäude, in denen die Menschen arbeiten, beeinflusst wird. Das Institut machte es sich zur Aufgabe, das bestmögliche Management zur Ausstattung und Einrichtung in Unternehmen zu entwickeln.

Im Jahre 1980 gründeten 40 professionelle Facility Manager auf einer Veranstaltung des FMI die National Facility Management Association (NFMA). Die NFMA verzeichnete einen starken Zulauf und hatte bereits im dritten Jahr 1.200 Mitglieder. 1982 wurde Kanada in den Verband aufgenommen.

Aufgrund dieser Internationalisierung und dem raschen Wachstum wurde die NFMA in IFMA, International Facility Management Association, umbenannt. Die IFMA ist inzwischen weltweit tätig und hat den Sitz der Organisation von Ann Arbor nach Houston, Texas verlegt. Die heute in den Vereinigten Staaten als berufsständische Organisation anerkannte Institution hat mittlerweile über 19.500 Mitglieder aus 78 verschiedenen Ländern. Zudem achtet die IFMA darauf, dass 75 % ihrer Mitglieder aktive Facility Manager sind.

Die IFMA verfolgt das Ziel, die öffentliche Anerkennung des Berufes des Facility Managers als Ausbildungsberuf zu etablieren und eine internationale Organisation für die Vertretung der Berufsinteressen von Facility Managern zu schaffen.

Nachdem sich das Facility Management in den Vereinigten Staaten etabliert hatte, wurde es Mitte der 1980er Jahre auch in Europa zunehmend bekannter. Vorreiter in Europa war Großbritannien. Dort griff der englische Architekt Francis Duffy den Gedanken des Facility Managements erstmals auf. Daraufhin wurden im Jahr 1985 die Association of Facility Managements (AFM) und das Institute of Administrative Management/Facilities Management Group (IAM/FMG) in Großbritannien und 1990 ein European Network in Glasgow gegründet[4].

Nachdem auch in Holland 1987 das Facility Management eingeführt wurde, zog Deutschland 1989 nach und gründete den nationalen Verband German Facility Management Association (GEFMA), der heute rund 700 Mitglieder zählt. Ziel der GEFMA war und ist es, in Deutschland die Aktivitäten des Facility Management zu fördern und die unterschiedlichen Aussagen der am Markt beteiligten zu einer einheitlichen Formulierung zu bündeln[5]. Zudem engagiert sich die GEFMA stark für die Aus- und Weiterbildungen im Bereich des Facility Managements und zertifiziert Ausbildungsstätten, die nach den von der GEFMA entwickelten Richtlinien lehren[6].

---

[3] Vgl. Facility Management, Schriftenreihe des Zentralverbandes des deutschen Handwerks, 2002 Heft 58, S. 13.
[4] Vgl. Nävy, J. (2002), S. 41.
[5] Vgl. Schneider, H. (2004), S. 3.
[6] Vgl. Nävy, J. (2002), S. 41.

1.2 Die historische Entwicklung des Facility Managements

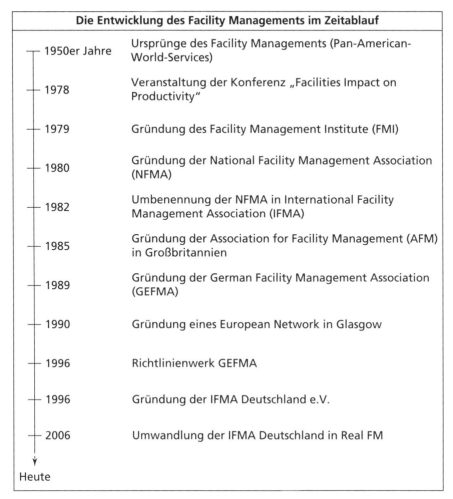

Abb. 1: Die Entwicklung des Facility Managements im Zeitablauf

Der Markt für Facility Management entwickelte sich in Deutschland stark heterogen und wurde in den Folgejahren überwiegend von CAD-Anbietern und Dienstleistern, die schon mit FM-Teilleistungen in Unternehmen vertreten waren, beherrscht. Die klassische Form der Unternehmensberater fehlte jedoch vollständig. Aus diesem Grund konnten anfangs keine unterstützenden Beratungen zur Integration von Facility Management in Unternehmen angeboten werden und infolgedessen stagnierte die Entwicklung in diesem Bereich des Facility Managements[7].

Bei der Entwicklung wurde die GEFMA zunächst durch ihre starke Anbieterorientierung gebremst. Doch nach einer umfassenden Neuorientierung im Jahr 1996 entwickelte sie sich seitdem zum marktprägenden Institut für Facility

---

[7] Vgl. Zechel, P. (2002), S. 26.

1 Entwicklung des Facility Managements

Management in Deutschland und verzeichnete einen starken Zulauf bei den Mitgliederzahlen. Im gleichen Jahr brachte die GEFMA ein erstes umfassendes Richtlinienwerk heraus, das helfen sollte, Facility Management in Deutschland zu etablieren. Das Richtlinienwerk ist eine umfangreiche Beschreibung des Facility Managements in Deutschland und soll Anwendern und Anbietern eine Hilfestellung bieten[8]. In den letzten Jahren befasste sich die GEFMA auch vermehrt mit den zunehmend wichtiger werdenden Themen Prozessverantwortung, Vermarktung von FM-Leistungen und Qualitätsmanagement[9].

Im Dezember 1996 wurde die IFMA Deutschland in München als Interessenvertretung der in der deutschen Wirtschaft und Verwaltung tätigen Facility Manager gegründet. Sie bildete den deutschen Gegenpart zur IFMA in den Vereinigten Staaten Auch ihr Ziel war es, sowohl das Berufsbild als auch die Aus- und Weiterbildung des Facility Managers zu unterstützen und voran zu treiben[10]. Anders als die GEFMA widmete sich die IFMA Deutschland schwerpunktmäßig dem Benchmarking, dem Marketing, dem Instandhaltungsmanagement, der CFM-Zertifizierung und dem Facility Management in der Wohnungswirtschaft, in Krankenhäusern und in Industriestandorten. Im November 2006 ging aus der IFMA Deutschland der Berufsverband RealFM e.V. Association for Real Estate and Facility Managers mit Sitz in Berlin hervor.

1.2.2 Die Entstehungsgründe des Facility Managements

Dass es nötig wurde, auch in Europa und speziell in Deutschland den Gedanken des Facility Managements aufzunehmen, hat unterschiedliche Gründe.

Durch Studien in diesem Bereich ist bewiesen, dass die während der Nutzungsphase anfallenden Belastungen (Bewirtschaftskosten), die Kosten für die Konzeption, die Planung und die Realisierung eines Gebäudes um ein Mehrfaches übersteigen können. Da das Facility Management durch gezielten Fokus auf die Nutzungskosten erstmals die Möglichkeit bot, die objektbezogenen Kosten zu senken, eröffnete sich für viele Unternehmen die Chance eines neuen Geschäftzweiges. Vor allem vielen Bauunternehmen bot sich durch das Facility Management die Möglichkeit, die sinkenden Umsätze der finanziell angeschlagenen Baubranche durch Dienstleistungen im Facility Management-Bereich zu kompensieren. Den Nutzern hingegen eröffnete sich eine neue Gelegenheit, durch die Anwendung von Facility Management, ihre Kosten zu senken.

Diese optimalen Voraussetzungen verhalfen dem Facility Management auch in Deutschland zu einer positiven Entwicklung. Aufgrund dieser Informationen definiert sich die Zielgruppe des Facility Managements im Immobilienbereich als Unternehmen, die für die Planung, den kostengünstigen Betrieb und die Werterhaltung einer Immobilie verantwortlich sind. Der Einsatz von Facility Management-Leistungen ist besonders für große Gebäude und Gebäudekomplexe effektiv.

---

[8] Vgl. Nävy, J. (2002), S. 41.
[9] Vgl. GEFMA e.V.
[10] Vgl. Schneider, H. (2004), S. 13.

1.2 Die historische Entwicklung des Facility Managements

Wissenschaftlich können die Gründe für das Entstehen folgendermaßen erklärt werden: Aufgrund der Insuffizienzen der arbeitsteiligen Planungs- und Bewirtschaftungspraxis bei Anlagen und Gebäuden, sowie der durch die rasante Entwicklung der Computer- und Softwaretechnik entstandenen Möglichkeit der IT-Integration, wurde nach systemtheoretisch abgesicherten Planungskonzepten gesucht[11]. Praktisch lässt sich diese Entwicklung auf heute übertragen und wie folgt erklären:

1. Sachanlagen stellen eine strategische Ressource für die Erhaltung und Steigerung der Wettbewerbsfähigkeit dar. Hierbei ist die Churn-Rate (Veränderungsrate) relevant. Immobilien haben heute eine technische Lebensdauer von bis zu 100 Jahren. In diesen 100 Jahren werden die Immobilien immer wieder in bestimmten Zyklen umgebaut. Da in manchen stark im globalen Wettbewerb stehenden Branchen (z. B. IT- und Automobiltechnik) Umstrukturierungszeiträume von 2–3 Jahren möglich sind, würde sich hier eine Churn-Rate von 40 ergeben. Das bedeutet, dass ein Gebäude innerhalb seiner technischen Lebensdauer 40mal umgeplant und verändert werden würde.

2. Eine weiterer Grund für die zunehmende Bedeutung des Facility Managements ergibt sich aus den steigenden Kosten für Grund und Boden und die Erstellung und Nutzung von Immobilien. Vor dem Hintergrund eines steigenden, globalen Wettbewerbsdrucks und dem Zwang zur Kostensenkung, stellen hohe Nutzungskosten viele Unternehmen vor finanzielle Probleme. Diese Probleme können mit Hilfe von gut geschulten Facility Managern gelöst werden.

3. Nicht zu vernachlässigen ist die rasante Entwicklung der Datenverarbeitung und der Informationstechnologie. Sie bietet den Unternehmen die Möglichkeit, ihre Daten und Sachressourcen zu erfassen, zu bewerten und auch zu steuern. Früher war dies nur durch den Einsatz aufwändiger Großrechner möglich und ist heute mit kostengünstigen PC-Systemen zu realisieren[12].

1.2.3 Die Funktion des Facility Managers

Beim Facility Management steht die ganzheitliche Betrachtung des Lebenszyklus einer Immobilie im Mittelpunkt, mit dem Ziel einer Gestaltung von Wertschöpfungsketten zur gewinnoptimierenden Bewirtschaftung eines Objektes. Mit Hilfe des Facility Managements sollen alle kostenrelevanten Prozesse und die damit verbundenen Leistungen, die nicht zum Kernprodukt gehören, analysiert und optimiert werden. An diesen praktischen Inhalten des Facility Managements sollte sich die theoretische Aus- und Weiterbildung von Arbeitskräften orientieren.

Ein Facility Manager muss Fertigkeiten und Fähigkeiten im operativen Bereich des Dienstleistungs- und Beratungsmanagement besitzen, denn künftig wird Facility Management am Markt überwiegend als eine Methode verstanden, die auf das kostenminimierende Management von Dienstleistungen in der Nut-

---

[11] Vgl. Hoffmann, F. (1992), S. 1f.
[12] Vgl. ebenda, S. 44.

1 Entwicklung des Facility Managements

zungsphase unter Ausnutzung von Synergieeffekten und unter Ausweitung auf die Projektphase von Anlagen und Infrastrukturen, abzielt[13].

Da das Kernziel des Facility Managements darin liegt, für alte Lösungen, neue, intelligente, weil arbeitsteilige Lösungen anzubieten, ist es ebenfalls nützlich, den Facility Manager mit strategischen Qualifikationen auszustatten, wenn die Firmenleitung die Konzentration auf die Kernkompetenz und folglich das Outsourcing von Unterstützungsleistungen fordert.

Zudem entwickelt sich der Beruf des Facility Managers immer mehr hin zu einem Generalisten und weg vom Spezialisten. Dieser Trend entsteht durch die Erkenntnis, dass es zur optimalen Unterstützung des Kernproduktes nicht reicht, einzelne Arbeitsabläufe zu verbessern, sondern dass alle Prozesse optimiert werden müssen. Dies wiederum setzt eine breit gefächerte Kenntnis aller Geschäftsbereiche voraus. Diese Entwicklung zum Generalisten erfordert eine Persönlichkeit, die über Methodenkompetenz sowie über eine Befähigung zur Mitarbeiterführung in Projektmanagementorganisationen, verfügt[14].

Da der Erfolg eines Facility Management-Projektes von der Akzeptanz der Projekte bei der Unternehmensleitung, den Personalvertretungen und den Mitarbeitern abhängt, sollten dem Facility Manager während der Ausbildung Überzeugungs- und Motivationsfähigkeit und eine starke Kunden- und Dienstleistungsorientierung vermittelt werden.

1.2.4 Lehre und Ausbildung

Mitte der 1990er Jahre beginnen sich auch Entwicklungen bei Ausbildung und Lehre in Deutschland abzuzeichnen. Heute gibt es, laut einer Analyse der IFMA Deutschland, ungefähr 100 deutschsprachige Angebote für Aus- und Weiterbildung im Bereich Facility Management. Qualifizierungsmöglichkeiten auf dem Gebiet des Facility Managements werden in der Bundesrepublik sowohl von privaten Ausbildungsstätten als auch von Veranstaltern von Managementkonferenzen angeboten.

Im Hochschulbereich bieten einige Universitäten und Fachhochschulen Facility Management als Studienfächer oder als Studiengänge an. Meist sind diese Studienangebote Wirtschaftsingenieur-Studiengänge oder eine Vertiefung der Gebäudetechnik.

Inzwischen hat sich im Bereich der Aus- und Weiterbildung der Ansatz der Ausbildungspyramide nach GEFMA bewährt. Mit Hilfe der Richtlinien der GEFMA besteht in Deutschland eine weitgehende Normierung der Ausbildung. Die GEFMA zertifiziert Hochschulen und Universitäten, die nach den vorgegebenen Richtlinien ausbilden.

---

[13] Vgl. Zehrer, H., Unterlagen der GEFMA Deutscher Verband für Facility Management e.V. zum Thema Qualifizierung im Facility Management – Anspruch und Bedarf, Angebote und Orientierungshilfen.
[14] Vgl. Nävy, J. (2002), S. 47.

1.2 Die historische Entwicklung des Facility Managements

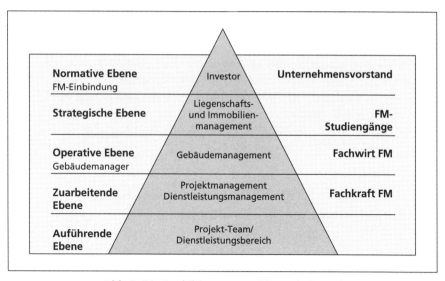

Abb. 2: Die Ausbildungspyramide nach GEFMA

Da im Bereich des operativen Geschäfts weiterhin Spezialisten mit der Fähigkeit, ihre speziellen Gewerke in das ganzheitlich orientierte Facility Management-Projekt einordnen zu können, gesucht werden, wird die Ausbildung zur Fachkraft FM angeboten. Dieser Ausbildungszweig ist speziell für Personen, die bereits über eine abgeschlossene Ausbildung in einem speziellen Sektor verfügen. Bei der Fortbildung zur **Fachkraft FM** wird der Schwerpunkt bei der Vermittlung von Zusammenhängen verschiedener Geschäftsbereiche, gesetzt.

Des Weiteren wird die Fortbildung zum **Fachwirt FM** angeboten, der ebenfalls auf der operativen Ebene agiert. Allerdings wird der Fachwirt FM in der Praxis als Objektleiter gesehen, der als Generalist ein Team von Spezialisten führt und der mit der Koordination von Dienstleistungen vor Ort befasst ist. Diese Qualifikation ist die häufigste Ausbildung für alle, die sich im Bereich des Facility Managements weiterbilden möchten, unabhängig von der Vorerfahrung und dem bisherigen Ausbildungsstand.

Zudem haben sich im Bereich der operativen Ebene bereits Vertiefungsrichtungen entwickelt. Es gibt inzwischen, passend zur Marktentwicklung, Vertiefungen für das allgemeine Gebäudemanagement, das industrielle und das kommunale Facility Management sowie das Krankenhausservice-Management, die als von der GEFMA zertifizierte Weiterbildungen angeboten werden.

Als Aus- und Weiterbildungsmöglichkeit im strategischen Bereich des Facility Managements als Aufgabe in der Unternehmensführung, bietet sich das Vollzeitstudium zum **Diplom Facility Manager** an, wobei das Diplom zwischenzeitlich meist durch den Bachelor- oder Mastertitel ersetzt wurde. In diesem Studium wird flächendeckend in den verschiedenen Fachbereichen Maschinenbau, Architektur, Bauingenieurwesen, Betriebswirtschaft, Informatik und auch Ökotrophologie gelehrt. Einige Hochschulen haben ihre Studien- und Aufbaustudiengänge bereits von der GEFMA zertifizieren lassen.

1 Entwicklung des Facility Managements

Für bereits berufstätige Personen mit dem Wunsch nach einer Zusatzqualifikation, bilden die Zertifikatsstudiengänge eine attraktive Möglichkeit zur Weiterbildung. In diesem Fall können Berufstätige ohne abgeschlossenes Hochschulstudium nach dem erfolgreichen Abschluss eines berufsbegleitenden Fernstudiengangs das Zertifikat zum zertifizierten Facility Manager erwerben.

Neben diesen zertifizierten Lehrgängen außerhalb des akademischen Bereichs, gibt es viele reguläre Studiengänge an Universitäten, Technischen Hochschulen und Fachhochschulen, die entsprechende Diplom- bzw. Bachelor- und Master-Studiengänge anbieten.

1.3 Die Entwicklung des Facility Managements – ein internationaler Vergleich

1.3.1 Facility Management in den USA

Dass das Facility Management ein wichtiges strategisches Instrument zur Steigerung der Kundenzufriedenheit und zur Kostenreduzierung ist, wurde in den Vereinigten Staaten 10 Jahre früher erkannt als in Deutschland. In den USA wird Facility Management als Dienstleistung angesehen, in deren Mittelpunkt die Zufriedenheit des Kunden steht, der in der Rolle des Nutzers eines Objektes auftritt. Dem Kunden wird die Verfügbarkeit von Flächen und technischen Einrichtungen angeboten und auch umfangreiche, speziell auf das Unternehmen des Auftragnehmers oder dessen Mitarbeiter zugeschnittene Dienstleistungen[15]. Das Verständnis von Facility Management ist in den USA anders als in Deutschland, sehr viel stärker an der Arbeitsorganisation und dem Flächenmanagement ausgerichtet.

Die Gebäudetechnik ist in den USA i. d. R. weniger kompliziert als in Deutschland, da in den Vereinigten Staaten oft eine standardisierte und einfacher zu handhabende technische Ausstattung genutzt wird. Aus diesem Grund steht in den USA weniger die Gebäudetechnik im Mittelpunkt als vielmehr die Verbindung von Kundenzufriedenheit und Wirtschaftlichkeit.

Ein Vorteil der USA bei der Entwicklung des Facility Managements war und ist auch, dass in den Vereinigten Staaten ein anderes gesetzliches Umfeld, ein größerer Spielraum bei Personalveränderungen und niedrigere Hemmschwellen bei Veränderungen gewachsener Strukturen bestehen. Das bietet die Möglichkeit, die erkannten Schwachstellen schneller und effektiver zu beseitigen und erfolgreiche Lösungen zu finden und umzusetzen[16].

---

[15] Vgl. Schneider, H. (2004), S. 7.
[16] Vgl. ebenda, S. 8.

1.3.2 Facility Management in Europa

1.3.2.1 Facility Management in Deutschland

Im Gegensatz zu den Vereinigten Staaten steht in der Bundesrepublik die Gebäudetechnik im Mittelpunkt. Diese Entwicklung beruht darauf, dass seit Anfang der 1990er Jahre gerade Unternehmen der Bau- und Anlagenbranche den Begriff des Gebäudemanagements geprägt haben. Sie versuchten damals, die einbrechenden Umsätze im Baugewerbe durch diesen Geschäftszweig zu kompensieren. Hinzu kommt, dass es in Deutschland eine lange Tradition im Bereich der Technik, ein umfangreiches Angebot hoch entwickelter Produkte und Leistungen und starke Arbeiterverbände gibt.

Allerdings gab es auch klare Defizite bei der Wirtschaftlichkeit der Gebäudetechnik in Deutschland. Zum einen wurden vielfach in der Praxis die Lebenszykluskosten (die nicht zuletzt von der Bauweise und der Architektur bestimmt werden) und Anforderungen der zukünftigen Nutzer an die Immobilie nicht ausreichend berücksichtigt, zum anderen stand der hohe Stand der Technik hierzulande in einem erkennbaren Gegensatz zu der, immer noch durch das Zunftwesen geprägten, handwerklichen Errichtung, Reparatur und Wartung von Objekten[17]. Zudem hat diese fest gefügte Denkweise dazu beigetragen, dass in Deutschland erst viel später als in den USA erkannt wurde, dass das Facility Management eine strategische Aufgabe ist. Auch die lange Zeit bestehenden Schwächen in der Ausbildung qualifizierter Facility Manager haben in Deutschland zu einer langsameren Entwicklung des Facility Managements als bspw. in den USA geführt.

1.3.2.2 Facility Management in Großbritannien

Die intensiven Verbindungen zwischen Großbritannien und den USA haben dazu geführt, dass auch die Entwicklungen im Bereich des Facility Managements ähnlich sind. Anders ist in Großbritannien, dass dort der wesentliche Treiber des Facility Managements die öffentliche Hand ist. Durch die Privatisierung von Immobilienprojekten, durch PPP (Public Private Partnership) und durch PFI (Private Finance Initiative) in Großbritannien, kam es zu einem hohen Outsourcing-Anteil durch die öffentlichen Hand. Dabei wurden die Bauprojekte einschließlich Finanzierung, Planung, Erstellung und Betrieb über 20 Jahre vertraglich fixiert.

Das Benchmarking hat sich in Großbritannien als Kriterium für ein funktionierendes Facility Management etabliert. Großbritannien hat zudem viele Richtlinien und Normen der EU übernommen und verfügt deshalb über erheblich mehr Rahmenbedingungen als bspw. die Vereinigten Staaten, die nur wenige Vorgaben haben.

---

[17] Vgl. Schneider, H. (2004), S. 8.

1.3.2.3 Facility Management in Frankreich und den Niederlanden

Die wesentlichen Treiber des Facility Managements (Utilisation) in Frankreich sind die teilweise noch in staatlicher Hand befindlichen Energieversorgungsunternehmen. Damit einher geht das Verständnis, dass Utilisation und Outsourcing in Frankreich gleichzusetzen sind. In der Handelsnation Holland hingegen wird das Facility Management durch die Kunden- und Kostenorientierung geprägt. Daraus resultiert, dass das Facility Management sehr serviceorientiert ist und für die optimale Steuerung Benchmarks zur Kosten- und Leistungskontrolle benötigt werden. In Holland existiert zudem ein Facility Management-Standard, der Leistungen und Kostenstrukturen beschreibt.

2 Begriff und organisatorische Einordnung des Facility Managements

2.1 Einführung

Die Immobilienwirtschaft als eine der jüngsten Wirtschafts- und Wissenschaftsdisziplinen in Deutschland ist geprägt durch stetige Veränderungsprozesse des Immobilienmarktes. Darum bilden sich in diesem Bereich stets neue Begrifflichkeiten, für die es zum Teil unterschiedliche Definitionen gibt. Die Begrifflichkeiten müssen definiert und abgegrenzt werden, wobei Gemeinsamkeiten und Unterschiede sowie fließende Übergänge der einzelnen immobilienwirtschaftlichen Ansätze (Portfolio Management, Corporate Real Estate Management, Real Estate Management, Facility Management, Gebäudemanagement, Asset Management) aufgezeigt werden.

2.2 Begriffsbestimmung „Facility Management"

2.2.1 Ansätze der Begriffsbestimmung

2.2.1.1 Definition DIN (DIN EN 15221-1)

FM-Definition der DIN (Deutsches Institut für Normung):

[Facility Management ist definiert als] *„Integration von Prozessen innerhalb einer Organisation zur Erbringung und Entwicklung der vereinbarten Leistungen, welche zur Unterstützung und Verbesserung der Effektivität der Hauptaktivitäten der Organisation dienen."*

„Der Anwendungsbereich des Facility Managements kann in Bezug auf den Bedarf des Auftraggebers in zwei Hauptgruppen unterteilt werden:
- *Fläche und Infrastruktur*
- *Mensch und Organisation*

[...] Das Grundprinzip des Facility Managements besteht im ganzheitlichen Management auf strategischer und taktischer Ebene, um die Erbringung der vereinbarten Unterstützungsleistungen (Facility Services) zu koordinieren. Dies erfordert spezielle Facility Management-Kompetenzen und unterscheidet das Facility Management von der isolierten Erbringung einer oder mehrerer Dienstleistungen."[18]

2.2.1.2 Definition GEFMA (GEFMA 100-1)

FM-Definition der GEFMA (German Facility Management Association) – Deutscher Verband für Facility Management:

„Facility Management (FM) ist eine Managementdisziplin, die durch ergebnisorientierte Handhabung von Facilities und Services im Rahmen geplanter, gesteuerter und beherrschter Facility Prozesse eine Befriedigung der Grundbedürfnisse von Menschen

---

[18] Vgl. DIN Deutsches Institut für Normung e.V., DIN EN 15221-1, 01/2007, S. 5 ff.

am Arbeitsplatz, Unterstützung der Unternehmens-Kernprozesse und Erhöhung der Kapitalrentabilität bewirkt. Hiezu dient die permanente Analyse und Optimierung der kostenrelevanten Vorgänge rund um bauliche und technische Anlagen, Einrichtungen und im Unternehmen erbrachte (Dienst-)Leistungen, die nicht zum Kerngeschäft gehören."[19]

2.2.1.3 Definition IFMA

FM-Definition der IFMA (International Facility Management Association) – Internationaler Verband für Facility Management:

„Facility Management ist eine Disziplin, die Gebäude, Ausstattungen und technische Hilfsmittel eines Arbeitsplatzes und den Arbeitsablauf der Organisation koordiniert. Ein effizientes Facility Management-Programm muss Vorgaben von Verwaltung, Architektur, Design und die Kenntnisse der Verhaltens- und Ingenieurwissenschaften integrieren. [...]."[20]

2.2.1.4 Definition VDMA

FM-Definition der AIG (Arbeitsgemeinschaft Instandhaltung und Gebäudetechnik) im Verein Deutscher Maschinen- und Anlagenbau (VDMA):

„Facility Management ist die Gesamtheit aller Leistungen zur optimalen Nutzung der betrieblichen Infrastruktur auf der Grundlage einer ganzheitlichen Strategie. Betrachtet wird der gesamte Lebenszyklus, von der Planung und Erstellung bis zum Abriss. Ziel ist die Erhöhung der Wirtschaftlichkeit, die Werterhaltung, die Optimierung der Gebäudenutzung und die Minimierung des Ressourceneinsatzes zum Schutz der Umwelt. Facility Management umfasst gebäudeabhängige und gebäudeunabhängige Leistungen."[21]

2.2.1.5 Definition Gebäudemanagement (DIN 32736)

Das Deutsche Institut für Normung e.V. (DIN) hat sich mit der Definition des Begriffs Gebäudemanagement in der DIN 32736 weitgehend an die Formulierung der VDMA angelehnt:

[Gebäudemanagement wird bezeichnet als] „Gesamtheit aller Leistungen zum Betreiben und Bewirtschaften von Gebäuden einschließlich der baulichen und technischen Anlagen auf der Grundlage ganzheitlicher Strategien. Dazu gehören auch die infrastrukturellen und kaufmännischen Leistungen.

Gebäudemanagement zielt auf die strategische Konzeption, Organisation und Kontrolle, hin zu einer integralen Ausrichtung der traditionell additiv erbrachten einzelnen Leistungen.

Das Gebäudemanagement gliedert sich in die drei Leistungsbereiche: Technisches Gebäudemanagement TGM, Infrastrukturelles Gebäudemanagement IGM und Kaufmännisches Gebäudemanagement KGM. In allen drei Leistungsbereichen können flä-

---

[19] Vgl. GEFMA (German Facility Management Association), GEFMA-Richtlinie 100-1 (2004), Facility Management-Grundlagen, Entwurf 07/2004, S. 3.
[20] Diederichs, C. J. (2006), S. 554.
[21] Heinz, T. (2002), Was ist Facility Management? – Versuch einer Definition, in: Feyerabend, F.-K./Grabatin, G. (Hrsg.) (2002), S. 19–38, hier: S. 22.

chenbezogene Leistungen enthalten sein. Darüber hinaus bestehen Schnittstellen zum Flächenmanagement des Immobilien-Eigentümers und Nutzers.

Betrachtet wird die gesamte Nutzungsphase eines oder mehrerer Gebäude mit dem Ziel der Erhöhung der Wirtschaftlichkeit, der Werterhaltung, der Optimierung der Gebäudenutzung und der Minimierung des Ressourceneinsatzes unter Berücksichtigung des Umweltschutzes. Die Optimierung der Leistungen erhöht die Qualität und Wirtschaftlichkeit von Gebäude und Betrieb und die damit verbundenen Prozesse. Dabei fließen Erfahrungen und Informationen aus dem nutzungsbegleitenden Betreiben und Bewirtschaften in die Planung von Umbauten bzw. Neubauten zurück. Aus diesem Grund können auch Leistungen des Gebäudemanagements bereits in Bauprojekten zur Anwendung kommen."[22]

2.2.2 Vergleich und Bewertung der verschiedenen Ansätze

Für den Begriff „Facility Management" existiert keine einheitliche Definition, lediglich verschiedene Ansätze der Begriffsbestimmung haben sich herausgebildet. Die gemeinsame Grundlinie der Definitionsansätze ist der Bezug zur Unternehmensorganisation (Unterstützung der Kernprozesse) bzw. zum Gebäude sowie die Forderung nach einer integrativen Verknüpfung der gebäudebezogenen Prozesse. Darüber hinaus unterscheiden sich die einzelnen Ansätze jedoch in den inhaltlichen Akzenten.

Die Definition der DIN 15221-1 stellt die Effizienzsteigerung der betrieblichen Unterstützungsprozesse eines Unternehmens in den Vordergrund. Dabei fokussiert sich das Facility Management – abhängig vom Bedarf des Auftraggebers – sowohl auf die Facilities (Fläche und Infrastruktur) als auch auf den Nutzer (Mensch und Organisation). Als hauptsächliche Vorteile des Facility Management-Einsatzes in Organisationen sieht die DIN:[23]

- Eindeutige und transparente Kommunikation zwischen Bedarfsseite und Angebotsseite durch Zuordnung eigens dafür zuständiger Personen als alleinige Ansprechstellen für alle in einer Facility Management-Vereinbarung festgelegten Dienstleistungen;
- Die möglichst effektive Nutzung von Synergien zwischen verschiedenen Dienstleistungen, die zur Steigerung der Leistungsfähigkeit und zur Senkung der Kosten einer Organisation beitragen;
- Ein einfaches und leicht zu handhabendes Konzept der internen und externen Verantwortung für Dienstleistungen, basierend auf strategischen Entscheidungen, die zu systematischen Eigen- oder Fremdleistungsvergaben führt;
- Reduzierung von Konflikten zwischen internen und externen Leistungserbringern;
- Die Integration und Koordination aller erforderlichen Dienstleistungen;
- Transparentes Wissen und Informationen zu Leistungsniveaus und deren Kosten. Beides soll den Nutzern klar vermittelt werden können;

---

[22] DIN Deutsches Institut für Normung e.V., DIN 32736, 08/2000, S. 1.
[23] DIN Deutsches Institut für Normung e.V. (2007), a. a. O., S. 4.

- Verbesserung der Nachhaltigkeit einer Organisation durch Implementierung einer Lebenszyklusbetrachtung für die Facilities.

Die DIN 15221-1 unterscheidet dabei zwischen der strategischen, taktischen und operativen Ebene des Facility Managements. Die Leistungen auf der operativen Ebene werden typischerweise unter dem Begriff des Gebäudemanagements zusammengefasst.

Die Definition der GEFMA baut im Wesentlichen auf den Kerngedanken der Definition der DIN 32736 auf, stellt jedoch das Wesen des Facility Managements als Managementdisziplin heraus und erweitert den Effizienzgrundsatz um die Investorensicht (Erhöhung der Kapitalrentabilität). Es geht dabei um den permanenten Prozess der Analyse und Optimierung der Immobilie bezüglich Funktion und Kosten vor dem Hintergrund der Unterstützung des Kerngeschäfts des Unternehmens.[24]

Bei der Definition der IFMA steht die Koordination der Gebäudefunktionen, des Arbeitsplatzes und der Unternehmensorganisation im Vordergrund. Facility Management wird als Programm definiert, das die Vorgaben von Architekten, Ingenieuren, Organisationsspezialisten und Verhaltenswissenschaftlern interdisziplinär integriert.

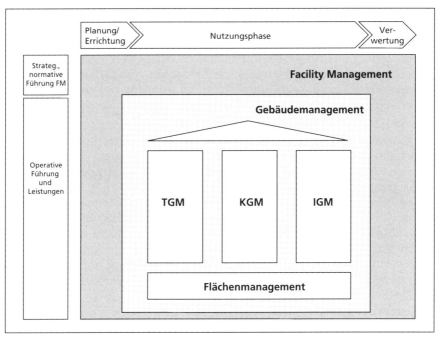

Abb. 3: Funktionseinordnung Facility Management[25]

---

[24] Vgl. Ulbricht, T. (2005), S. 514.
[25] Vgl. GEFMA 100-1 (2004), S. 12.

Die VDMA hingegen, die im Zuge der Industrialisierung als „Verein Rheinisch-Westfälische Maschinenbauanstalt" gegründet wurde, sieht die Minimierung des Ressourceneinsatzes zum Schutz der Umwelt als Oberziel. Im Vordergrund steht dabei ebenfalls die Unterstützung der Kernprozesse. Die Grundlage ist eine ganzheitliche Strategie, die den gesamten Lebenszyklus der Immobilie im Blick hat. Die Definition Gebäudemanagement der DIN 32736 baut auf der Formulierung der VDMA auf und unterscheidet als Teilfunktionen das Technische Gebäudemanagement (TGM), das Infrastrukturelle Gebäudemanagement (IGM) und das Kaufmännische Gebäudemanagement (KGM). Das Flächenmanagement wird dabei als Querschnittsfunktion für die vorgenannten Teilfunktionen interpretiert.

In der GEFMA 100-1 werden diese Funktionsbereiche des Gebäudemanagements in den Gesamtkontext des Facility Managements eingeordnet. Dabei wird das Gebäudemanagement als operativer Teilbereich des Facility Managements während der Nutzungsphase angesehen. Der Blickwinkel des Facility Managements geht allerdings darüber hinaus, indem zusätzlich die Planungs- bzw. Errichtungs- und die Verwertungsphase, sowie strategische Funktionselemente betrachtet werden.

Wesentlicher Kritikpunkt an dem funktional aufgeteilten Säulenmodell der DIN 32736 für das Gebäudemanagement ist die reine Spartengliederung. Diese behindert vor allem die wichtige Prozessorientierung des Facility Managements und zwar dahingehend, dass es eine Reihe durchaus spartenübergreifender Prozesse gibt, die sich in der Praxis herauskristallisiert haben und auch im Lebenszyklusansatz der GEFMA 100-1 verdeutlicht werden. Ein Beispiel ist die Einordnung von Energielieferverträgen in das kaufmännische Gebäudemanagement. Es werden u. U. wertvolle Kosteneinsparpotenziale verschenkt, wenn Energieeinkauf als rein kaufmännische Aufgabe angesehen wird. Diese Gefahr besteht insbesondere bei getrennter Vergabe oder Verantwortungszuordnung von technischem und kaufmännischem Gebäudemanagement.[26]

Die verschiedenen Richtlinienwerke sind im Sinne von Leistungsbeschreibungen zu verstehen. Für die Darstellung hierarchischer Strukturen zusätzlich zur Leistungsbeschreibung wird ein anderes Modell betrachtet. Darin sind zu unterscheiden:

- Übergeordnete Leistungen (siehe GEFMA 100-1)
- Leistungen mit Basisfunktion: Flächenmanagement sowie Kosten- und Leistungsrechnung
- Originäre Bewirtschaftungsleistungen
- Steuerungsinstrumente (d. h. spezielle Methoden, wie die vorgenannten Leistungen im Sinne eines integralen Ansatzes zu erbringen sind).[27]

Das bedeutet, dass das kaufmännische Gebäudemanagement in drei voneinander zu trennende Komplexe unterteilt wird:

- Basisfunktion, die im wesentlichen als die Kosten- und Leistungsrechnung aufgefasst werden kann

---

[26] Vgl. Krimmling, J. (2010), S. 70.
[27] Vgl. ebenda.

2 Begriff und organisatorische Einordnung des Facility Managements

- Originäre Bewirtschaftungsleistungen, die vom Charakter her durchaus vergleichbar sind mit Dienstleistungen beim TGM und IGM
- Kostensteuerungsinstrumente (Controlling und Benchmarking).

Controlling und Benchmarking sind weniger als Dienstleistung an sich zu verstehen, sondern vielmehr als Methoden, die die oben genannte Kostenorientierung des FM praktisch zum Ausdruck bringen.[28]

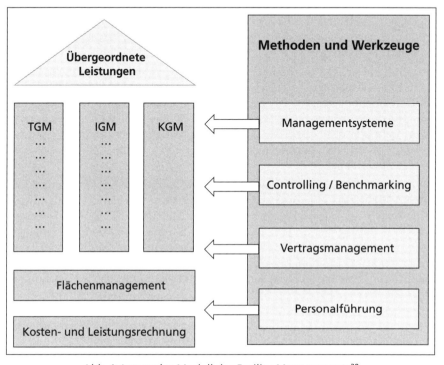

Abb. 4: Integrales Modell des Facility Managements[29]

2.2.3 Die Funktionsbereiche des Facility Managements

2.2.3.1 Strategisches versus operatives Facility Management

Die funktionale Ausrichtung des Facility Management-Ansatzes lässt sich grundsätzlich in die strategische und die operative Ebene untergliedern. Je nach Betrachtungsebene resultieren unterschiedliche Methodenansätze und Prozesse in der Anwendung des Facility Managements[30].

Der **strategische Entscheidungshorizont** ist langfristig und orientiert sich am gesamten Lebenszyklus des Gebäudes. Ausgangspunkt sind strategische Ziel-

---

[28] Vgl. Krimmling, J. (2010), S. 71.
[29] Vgl. ebenda.
[30] Vgl. ebenda, S. 29f.

2.2 Begriffsbestimmung „Facility Management"

stellungen des Unternehmens und des Immobilienmanagements (Corporate Real Estate Management (CREM).

Die strategische Ebene des FM umfasst die Planung und Errichtung von Gebäuden und im weiteren Sinne aller Facilities sowie die Gestaltung des FM-Gesamtprozesses selbst. Das strategische Facility Management nimmt die Steuerungs- und Koordinationsfunktion für die operativen Bereiche und Funktionen des Gebäudemanagements wahr.

Die strategische Planung des Facility Managers muss außerdem festlegen, in welchem Umfang und ob überhaupt Leistungsbereiche des Unternehmens im Rahmen von Outsourcing ausgegliedert werden sollen. Des Weiteren beinhaltet die strategische Ebene des Facility Managements auch ein Informations- und Wissensmanagement, das die Aufgabe hat, alle für das Facility Management notwendigen Informationen zu sammeln und zu systematisieren, damit alle betroffenen Bereiche im Unternehmen darauf zugreifen können. Schließlich ist es Aufgabe des strategischen Facility Managements Betreiberkonzepte sowie Dienstleistungen zu entwickeln und ggf. ein CAFM-System einzuführen, bzw. den aktuellen Bedürfnissen anzupassen.

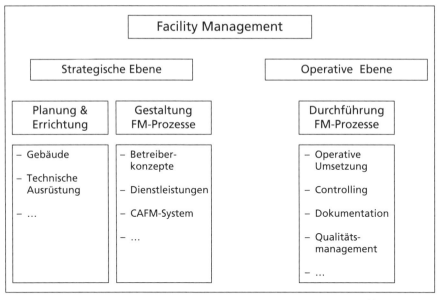

Abb. 5: Strategisches und operatives Facility Management[31]

Die **operative Ebene** des Facility Managements betrifft die Aufgaben des laufenden Betriebs und umfasst u. a. die folgenden Komponenten:

1. Organisation und Umsetzung von FM-Prozessen,
2. Controlling & Benchmarking,

---

[31] Vgl. Krimmling, J. (2010), S. 30.

3. Kostenzuordnung,
4. Dokumentation,
5. Qualitätsmanagement,
6. Marketing.

Eine wichtige Grundlage für die operative Abwicklung des Facility Managements sind formalisierte Managementsysteme, betriebswirtschaftliche Steuerungssysteme (Kostenrechnung & Controlling) und Unterstützung durch geeignete IT-Systeme (z. B. CAFM-Systeme).[32]

2.2.3.2 Kaufmännisches Gebäudemanagement

Die **Objektbuchhaltung** innerhalb des Facility Managements dient im Wesentlichen der Erfassung und Pflege aller Bestands- und Vertragsdaten. Dazu gehören ebenso die Abrechnungen der Kapitalkosten, Mieten, Abschreibungen, Steuern, Versicherungen und der sonstigen Betriebs- und Nebenkosten. Um diesen Aufgaben nachzukommen muss eine entsprechende Kontoführung in der Finanzbuchhaltung erfolgen. Die Prüfung, Veranlassung und Überwachung der einzelnen Geschäftsvorfälle in diesem Zusammenhang gehören ebenso dazu.[33]

Die Aufgabe der **Kosten- und Leistungsrechnung** (KLR) besteht in der Erfassung aller anfallenden Kosten und Leistungen. Die Kostenerfassung erfolgt durch die verursachungsgerechte Zuordnung. Ferner werden die Kosten im Hinblick auf bestimmte Zielvorgaben mit Hilfe moderner Methoden gesteuert. Dazu gehören das **Controlling** sowie **Benchmarking**. Die Kostenrechnung innerhalb des KGM beinhaltet nicht nur die Darstellung der Kosten, deren Analyse und Controlling, sondern auch die kontinuierliche Optimierung. Die Kontinuität soll darin bestehen, laufend die Potenziale zu identifizieren und zu heben. Die oberste Zielsetzung der Wirtschaftlichkeit erfordert den konsequenten Einsatz der KLR und des Controllings. Die Kosteneffizienz in der Immobilienbereitstellung kann zum Erfolg einer Immobilie entscheidend beitragen.[34] In Anlehnung an die DIN 18960 kann nach immobilienspezifischen Kostenarten innerhalb der Kostengruppen wie Kapitalkosten, Verwaltungskosten, Betriebskosten und Bauunterhalt unterteilt werden. Diese systematische Unterteilung ermöglicht die Erfassung nach Kostenstellen bzw. -trägern. Die Kostenstellenrechnung zeigt, in welchen betrieblichen Bereichen der in der Kostenrechnung erfasste Werteverzehr ermittelt wurde.

Das **Vertragswesen** innerhalb des KGM umfasst die Vertragsgestaltung, Vertragsüberwachung und Änderungen von Mietverträgen, Versorgungsverträgen und zunehmend auch Verträgen mit externen Dienstleistern. Aufgrund der Vielfältigkeit von Verträgen und fehlender Standardisierung ist eine sowohl horizontal als auch vertikal breite Rechtskompetenz erforderlich. Aufgrund der fehlenden gesetzlichen Normierungen und der Vielfalt der zu vergebenden Leistungen innerhalb des FM, ist der Facility Manager mit einer sehr detail-

---
[32] Vgl. Krimmling, J. (2010), S. 30.
[33] Vgl. Pierschke, B. (2005), S. 301.
[34] Vgl. Gondring, H. (2004), S. 527.

lierten Vertragsgestaltung, die individuell formulierte Leistungsbeschreibungen basiert, konfrontiert. Dabei werden zunehmend genormte Begriffe und Richtlinien genutzt, um Missverständnisse bei Leistungsvereinbarungen zu umgehen.[35] Im operativen Bereich des Vertragswesens geht es darum, Fristen zu verfolgen, die ordentliche Leistungserbringung und rechtzeitige Vertragsverlängerung bzw. -kündigung zu gewährleisten. Aus den Vorgaben des technischen Gebäudemanagements wird der Medienbedarf anhand von entsprechenden Prozessen in Form von Verträgen formuliert bzw. ausgestaltet. Die Datengrundlage über die Quantität, Qualität und Art der Medien wird in den Verträgen verarbeitet und entsprechende Leistungen können vergeben werden.

2.2.3.3 Technisches Gebäudemanagement

Das **technische Gebäudemanagement** umfasst alle Leistungen und Maßnahmen zur Gewährleistung der kontinuierlichen und wirtschaftlichen Nutzung der technischen Ausstattung einer Immobilie. Dabei werden technische Entwicklungen und Neuerungen berücksichtigt, um die Nutzungspotenziale zu erhalten bzw. zu steigern.[36] Die Zielsetzung liegt darin, die Anforderungen des Nutzers mit einem hohen Maß an Zuverlässigkeit zu gewährleisten und dabei die Aspekte des kaufmännischen Gebäudemanagements nicht zu vernachlässigen.[37] Zu den erforderlichen Leistungen gehören **Betriebsführung**, **Instandhaltung**, **Modernisierung** und **Energiemanagement**. Die einzelnen Bereiche können nochmals aus zahlreichen Einzelleistungen bestehen und setzen sich je Leistungsbild aus den entsprechenden Tätigkeiten zusammen.

2.2.3.4 Infrastrukturelles Gebäudemanagement

Das **infrastrukturelle Gebäudemanagement** umfasst geschäftsunterstützende Dienstleistungen bei der Nutzung von Gebäuden. Darunter können DV-Dienste, Gebäudedienste, soziale Dienste und Bürodienste fallen. Unter **DV-Dienste** wird die Gesamtheit der Maßnahmen zum Aufbau, zur Inbetriebnahme und Aufrechterhaltung der elektronischen Datenerfassung verstanden. Dazu können Aktualisierungen von Software oder Anpassung von Systemen an neue Bedürfnisse gezählt werden, aber auch die Schulung und Einweisung in DV-Systeme. Die **Gebäudedienste** befassen sich mit der Sicherheit und Sauberkeit einer Liegenschaft. Somit gehören dazu Reinigungsdienste, Sicherheitsdienste, Gärtnertätigkeiten, Winterdienste und Hausmeisterdienste. Unter **soziale Dienste** fällt die Verpflegung, Bereitstellung und Gestaltung von Aufenthaltsräumen[38] oder Kinderbetreuung. Zu den **Bürodiensten** können Telefonzentralen, Call-Center, Empfangsdienste sowie Kopier- und Postdienste gehören.

---

[35] Vgl. Pierschke, B. (2005), a. a. O., S. 304f.
[36] Vgl. Preuß, N./Schöne, L. (2003), S. 28.
[37] Vgl. Gänßmantel, J., u. a., (2005), S. 36.
[38] Vgl. Diederichs, C. J. (2006), S. 584.

2.2.3.5 Flächenmanagement

Das **Flächenmanagement** wird oft dem infrastrukturellen Gebäudemanagement zugeordnet, da es sich mit dem Leistungsbereich organisatorisch überschneidet.[39] Außerdem kann es als Basis für die Bereiche KFM, TFM und IFM betrachtet werden. Die Grundlage des Flächenmanagements liegt in der Bestandsaufnahme von Grundstücks- und Gebäudeflächen hinsichtlich ihrer Struktur, Zusammensetzung und Belegung. Durch die Bereitstellung der Informationen können optimaler Flächenbedarf und optimale Flächengestaltung ermittelt werden. Unter Berücksichtigung einzelner Kostenträger können entsprechende Maßnahmen zur Optimierung der Flächenproduktivität getroffen werden. Solche Maßnahmen sind im Rahmen des Flächenmanagements z. B. Umzugsplanungen und -durchführungen. CAFM-Systeme dienen als Hilfsmittel und ermöglichen durch Visualisierung und Simulation eine besonders effiziente Flächenplanung.[40] Die Konfiguration, Bereitstellung und Abstimmung von Flächen auf die Wertschöpfungsprozesse des Nutzers gehören ebenso zum Kernstück des Flächenmanagements. Die Effizienz der Wertschöpfung kann von der Verfügbarkeit und Ausstattung der Flächen beeinflusst werden.[41]

2.3 Einordnung des Facility Managements im Real Estate Management

2.3.1 Definition und Zielsystem des Real Estate Managements

Das **Immobilienmanagement** (**Real Estate Management**) als die direkte Steuerung eines immobilienbezogenen Wertschöpfungsprozesses verfolgt durch eine möglichst optimale Kombination und Allokation aller Ressourcen das Ziel, ein auf die Immobilie bezogenes Leistungs- und Erfolgspotenzial zu identifizieren und den Wert einer Immobilie für den Eigentümer/Investor bzw. den Nutzen für den Immobiliennutzer zu steigern. Vor diesem Hintergrund kann das Immobilienmanagement als eine Kombination von originären leistungsbezogenen Managementfunktionen zusammengefasst werden, die unmittelbar die Planung, Steuerung, Organisation und Kontrolle umfassen, sowie den phasenspezifischen Managementfunktionen, wie z. B. Projektentwicklung und Facility Management. Darüber hinaus umfasst es funktionale Managementelemente, wie bspw. die Immobilieninvestition oder bei Fremdnutzung eines Objektes das Immobilienmarketing zum Absatz der Flächenleistung durch Verkauf oder Vermietung.[42]

---

[39] Vgl. Gondring, H. (2004), S. 489f.
[40] Vgl. Preuß, N./Schöne, L. (2003), S. 235.
[41] Vgl. Albert, K., (2005), S. 1–3.
[42] Vgl. Homann, K., (2001), S. 380–395.

2.3 Einordnung des Facility Management im Real Estate Managements

Da das Real Estate Management von unterschiedlichen Sichten aufgrund der verschiedenen Beteiligten (z. Bsp. Eigentümer, Nutzer) am REM-Prozess geprägt ist, verfolgt es mehrere unterschiedliche Zielrichtungen, die in einem Zielsystem integrierbar sind. Das Zielsystem des Real Estate Managements soll nunmehr den wirtschaftlichen Erfolg einer Immobilie in den Fokus stellen. Dabei liegt das zentrale Erfolgspotenzial einer Immobilie in ihrer Kosteneffizienz auf der einen, sowie deren nachhaltig erzielbaren Erträgen auf der anderen Seite.

Diese zwei Oberziele gehören, neben den Zielen der Wertschöpfung, -erhaltung und -steigerung, der Performanceoptimierung bzw. der Erzielung einer optimalen Portfolioperformance unter Bildung eines risikoeffizienten Portfolios, zu den finanzwirtschaftlichen Zielen im Zielsystem des Real Estate Managements. Diese ökonomischen Ziele werden im Corporate Real Estate Management weiterhin in leistungswirtschaftliche Ziele untergliedert, da hier in erster Linie der Leistungsbeitrag der Immobilie im Prozess der betrieblichen Leistungserstellung im Vordergrund steht. Diese umfassen bspw. die Nutzungsflexibilität oder die Sicherung der Funktionsfähigkeit und sind somit weitestgehend auf den Nutzer ausgerichtet.

2.3.2 Abgrenzung der verschiedenen Funktionen des Real Estate Managements

Innerhalb des Real Estate Managements lassen sich einzelne Teilfunktionen bestimmen. Über die begriffliche Abgrenzung dieser Teilfunktionen untereinander gibt es weder in der immobilienwirtschaftlichen Literatur und noch weniger in der Praxis der Immobilienwirtschaft einen eindeutigen Konsens. Es kommt hinzu, dass bestimmte Begriffe wie Asset oder Portfolio Management in der Kapitalmarkttheorie anders interpretiert werden als im immobilienwirtschaftlichen Kontext. Trotzdem wird versucht, eine Abgrenzung der verschiedenen Teilfunktionen des Real Estate Management anhand bestimmter Kriterien vorzunehmen. So lässt sich bspw. schon aus den unterschiedlichen Betrachtungsebenen im Real Estate Management (vgl. Abb. 6) eine Differenzierung der einzelnen immobilienwirtschaftlichen Disziplinen ableiten. Dabei ist eine Unterscheidung zwischen der Betreuung von Anlageimmobilien und dem Management von (selbst genutzten) Unternehmensimmobilien sinnvoll.

Das **Fund Management** sowie das **Real Estate Asset Management** sind Funktionen, die im Zusammenhang mit Anlageimmobilien die Entscheidungsprozesse auf Investoren-Ebene unterstützen und umsetzen. Neben den immobilienspezifischen Parametern spielen hier auch rechtliche (Gesellschaftsform), steuerliche und Finanzierungs-Aspekte eine wichtige Rolle.

Das **Portfolio Management** fokussiert die optimale Ausrichtung der Entscheidungsparameter auf den Gesamtbestand an Immobilien. Insbesondere die effiziente Diversifizierung des Immobilienportfolios nach Rendite- bzw. Risikoaspekten steht hier im Vordergrund. Das **Facility Management** und das **Gebäudemanagement** sind Funktionen, die im Zusammenhang mit Anlageimmobilien Entscheidungsprozesse auf Objekt-Ebene unterstützen und umsetzen. Dabei geht der Fokus des Facility Managements durch den alle Lebenszyklusphasen berücksichtigenden Blickwinkel über das Aktionsfeld des Gebäudemanagements hinaus, das sich nur auf die Nutzungsphase konzentriert.

Im Bereich von (selbst genutzten) Unternehmensimmobilien sind i. d. R. die immobilienwirtschaftlichen Funktionen des **Corporate Real Estate Managements** und des **Facility Managements** implementiert. Dabei ist die Abgrenzung dieser Teilfunktionen je nach konkreter Organisationsstruktur des Unternehmens nicht immer eindeutig möglich. Grundsätzlich gibt jedoch das Corporate Real Estate Management die strategische Zielrichtung für das Management von Unternehmensimmobilien vor, die sich aus der Strategie des Gesamtunternehmens ableitet. Das Facility Management kann hier sowohl strategische als auch operative Aspekte umfassen.

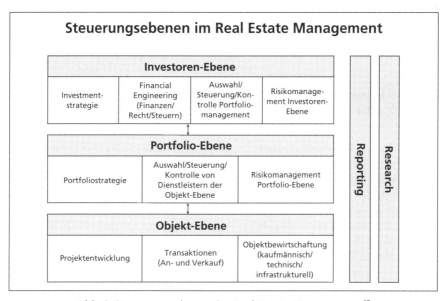

Abb. 6: Steuerungsebenen im Real Estate Management[43]

2.3.2.1 Portfolio Management

Real Estate Portfolio Management kann aufgrund seiner zwingend strategischen Ausrichtung und der universellen Gesamtbestandssichtweise als Rahmen der anderen Methoden im Real Estate Management aufgefasst werden. Es ist jedoch keine übergeordnete Funktion, sondern ein integrierender Ansatz, der die anderen Verfahren als Voraussetzung für seine Funktionsfähigkeit benötigt. Immobilien Portfolio Management kann bezeichnet werden als komplexer, kontinuierlicher und systematischer Prozess der Analyse, Planung, Steuerung und Kontrolle von Immobilienbeständen, der die Transparenz für

---
[43] gif e.V., (2002).

2.3 Einordnung des Facility Management im Real Estate Managements

den Immobilieninvestor erhöhen soll, um eine Balance zwischen den Erträgen und den damit verbundenen Risiken von Immobilienanlage und Managemententscheidungen für das gesamte Immobilienportfolio herzustellen.[44]

1952 zeigte Harry M. Markowitz, wie Kapitalanleger ihre Aktienportfolien aufgrund erwarteter Renditen und der damit verbundenen Risiken optimal gestalten können. Diese Erkenntnisse bilden bis heute die Grundlage für die Arbeit von Anlageportfoliomanagern. Im Sinne der modernen Portfoliotheorie beurteilen Kapitalanleger Investitionen anhand des Rendite-/Risiko-Profils. Dabei ergibt sich das Risiko einer Anlage aus der erwarteten Schwankung der Renditen (Varianz) und der Korrelation der Renditen zueinander. Aufgrund der in Aktien- und Anleihemärkten öffentlich vorhandenen Informationen bezüglich historischer Daten und Prognosen, lassen sich Schätzungen der erwarteten Renditen und Risiken ableiten. Diese Verfahrensweise ist jedoch auf Immobilien nicht ohne Weiteres übertragbar.[45]

An- und Verkäufe im Immobilienmarkt geschehen nicht kontinuierlich wie an der Börse. Gutachterwerte werden nicht permanent erneuert. Informationen zur Wertentwicklung sind deshalb nur zeitlich versetzt verfügbar. Bei Mietinformationen ist für Investoren eine Analyse häufig ebenfalls erschwert. Angaben zu Leerständen nach Nutzungsarten oder zu den vermietbaren Flächen sind häufig gar nicht oder nur mit erheblicher Zeitverzögerung erhältlich. Eine weitere Hürde für die Bildung verlässlicher Indices im Immobilienbereich ist die Heterogenität von Immobilien. Immobilienwerte werden maßgeblich durch Makro- und Mikrolagen oder auch Mietverträge geprägt. Ein Immobilienindex kann unmöglich alle Einflussfaktoren auf den Wert darstellen. Trotzdem bieten Immobilien gegenüber Aktienanlagen auch Vorteile im Hinblick auf die Anwendung der Methoden der modernen Portfoliotheorie. Hier sind insbesondere die geringere Schwankung und bessere Prognosemöglichkeit der Cashflows (Mieterträge) zu nennen.

2.3.2.2 Asset Management

Seine Ursprünge hat das **Asset Management (AM)** in der Vermögensverwaltung. Vermögende Privatkunden können ihre Wertpapierportfolios (nach bestimmten Vorgaben wie Risiko oder Mindestrendite) durch die Bank verwalten lassen. Diese übernimmt dann auf Zeit die „Eigentümer- bzw. Anlegerposition" und reagiert entsprechend auf die Märkte durch Verkäufe und Käufe von Wertpapieren mit dem Ziel, die Rendite-Risiko-Position mindestens zu halten. Beim Asset Management für Immobilien (**Real Estate Asset Management**) muss dieser Ansatz jedoch erweitert werden.[46]

Aktien oder Anleihen können in ein Portfolio aufgenommen werden und entwickeln sich dann eigenständig (zum Positiven oder Negativen). Dies ist nicht der Fall bei Immobilien. Grundstücke und Gebäude erfordern ein aktives Management. Dabei müssen bspw. Märkte und Mieter analysiert, Mieter akquiriert und

---
[44] Vgl. Wellner, K. (2003), S. 47.
[45] Vgl. Arnold, M., Wagner T., (2007), S. 34–36.
[46] Vgl. ebenda, S. 35.

gebunden, die Immobilie fachmännisch und kostenbewusst instand gehalten und Kaufangebote ausgewertet werden. Es sind unternehmerische Entscheidungen im Sinne der Investoren zu treffen. Nur durch Asset Manager lassen sich die Investitionsziele der Kapitalanleger optimal verwirklichen.

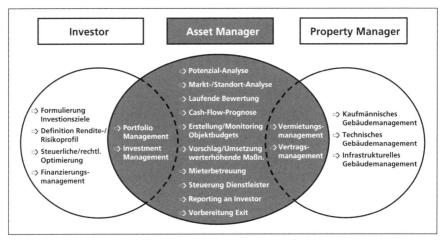

Abb. 7: Leistungsspektrum des Asset Managers[47]

Das REAM steht dabei in einem engen Bezug zum Portfolio Management und ist als Analyse- und Entscheidungsinstrument der Vermögensverwaltung strategisch und taktisch ausgerichtet. Ziel des Real Estate Asset Managements ist die Optimierung des Immobilienbesitzes als Finanzwert[48] unter Berücksichtigung der Eigentümerinteressen. Die dabei unterstützenden Elemente des Real Estate Asset Managements sind z. B. das Entwickeln von Potenzialen zur Wertsteigerung der Immobilie, das Analysieren von Objektrisiken, die Steuerung und das Controlling von Instandhaltungs- und Restrukturierungsmaßnahmen, Cashflow Prognosen, sowie die Vorbereitung möglicher Exitstrategien. Diese Aspekte gehören u. a. zu den Aufgabenfeldern eines Asset Managers.

Auf dem deutschen Immobilienmarkt hat sich das Real Estate Asset Management bei weitem noch nicht so sehr verbreitet wie bspw. das Facility Management oder das Portfolio Management, jedoch gibt es genügend Gründe für die Notwendigkeit eines REAM auf nationaler Ebene, wie z. B. die zunehmende Präsenz ausländischer Investoren und die Einführung von REITs (Real Estate Investment Trusts).[49]

Durch das Real Estate Asset Management werden neue Herausforderungen an das Immobilienmanagement gestellt. Strategie ist es nicht mehr, die Immobilien zu verwalten und sie im Bestand zu halten, sondern aktive Wertschöpfung und die Vorbereitung des Exits zu betreiben.

---

[47] Vgl. Wagner, T. (2006a), S. 60.
[48] Vgl. Wellner, K. (2003), S. 46.
[49] Vgl. Wagner, T. (2005b), S. 57–59.

2.3 Einordnung des Facility Management im Real Estate Managements

2.3.2.3 Corporate Real Estate Management

Das **Corporate Real Estate Management** wurde ursprünglich als Konzept für Immobilien von Nonproperty Companies (Industrieunternehmungen, Handelsunternehmungen etc.) zur Optimierung der unternehmenseigenen, betriebsnotwendigen und nicht betriebsnotwendigen Immobilien im Rahmen einer Gesamtunternehmungskonzeption entwickelt.[50] Da das Corporate Real Estate Management (CREM) auf die strategische Ebene ausgerichtet ist, wird es häufig auch als „**Strategic Corporate Real Estate Management**" bezeichnet.

Dies gilt sowohl für privatwirtschaftliche als auch für öffentliche Unternehmungen. Im Bezug auf die Anwendung des Corporate Real Estate Managements bei öffentlichen Einrichtungen wird das CREM als **Public Real Estate Management (PREM)** bezeichnet. Im Gegensatz zum CREM ist das PREM darauf ausgerichtet, die Immobilienbestände im Hinblick auf öffentliche Güter und Dienstleistungen zu optimieren.[51]

Bis Ende der 1980er Jahre kam dem Produktionsfaktor Boden (Liegenschaften und Immobilien) von Industrie- und Handelsunternehmen nur eine geringe Bedeutung in Bezug auf den Erfolg der Unternehmungen zu. Dies änderte sich Anfang der 90er Jahre.[52] Der im Zuge der Globalisierung stetig wachsende Kosten- und Wettbewerbsdruck für Unternehmen veränderte die Sichtweisen und definierte die Ressource Immobilie als Produktionsfaktor neu. Das Management erkannte zunehmend, dass die Nutzung von Immobilien die gleichen Wirtschaftlichkeitsanforderungen wie die produktionstechnischen Anlagen erfüllen und einen Beitrag zum Unternehmenserfolg leisten müssen.[53] So wurde offensichtlich, dass in den Immobilien enormes Potenzial vorhanden ist, das sich auf den Unternehmenswert und den Cashflow auswirken kann.

Zentrales Ziel des Corporate Real Estate Management ist es, diese Potenziale aufzudecken und ein effektives Ressourcenmanagement zu betreiben. Da die Ziele des CREM an den Zielen des Unternehmens ausgerichtet sein müssen, ist es das oberste Ziel der Gewinnmaximierung, durch Kostenminimierung den Grad der Liquidität zu erhöhen.

Im Vergleich zum Facility Management gibt es zwar inhaltliche Überschneidungen, aber die Betrachtungsweise der Immobilie unterscheidet die Ansätze voneinander. So liegt der Fokus im CREM auf der Beurteilung des gesamten Immobilienportfolios von Non Property Companies und zwar auf betriebswirtschaftlicher und unternehmensstrategischer Ebene. Beim FM steht der Aspekt des Nutzers stärker im Vordergrund, während im CREM die Sicht des Eigentümers – der aber auch gleichzeitig Nutzer sein kann – dominiert.

Die Verbindung des Corporate Real Estate Managements mit dem Portfolio Management (PM) ist sinnvoll bei nicht-betriebsnotwendigen Immobilien und Grundstücken einer Unternehmung, denn nur diese sind mit den Methoden

---

[50] Vgl. Wellner, K. (2003), S. 44.
[51] Vgl. Preuß, N./Schöne, L. (2003), S. 21.
[52] Vgl. Preugschat, F., (2001), S. 356f.
[53] Vgl. Diederichs, C. J. (2006), S. 355.

des PM ohne Einschränkung optimierbar.[54] Die Begründung liegt darin, das betriebsnotwendige Immobilien, auch wenn sie sich als unrentabel erweisen, nicht verkauft werden können, da sie zum Kerngeschäft des Unternehmers gehören.

2.3.2.4 Facility Management

Der Blickwinkel des **Facility Managements** richtet sich zunächst auf alle kostenrelevanten Vorgänge, die zunächst zu analysieren sind, um sie dann zu optimieren. Gleiches gilt für die optimale Ausrichtung der Immobilie und der Arbeitsplätze auf den entsprechenden Nutzer.

Im Unterschied zum Asset Management, bei dem die Interessen des Eigentümers im Vordergrund stehen, sind beim Facility Management die Interessen des Nutzers der Immobilie ein Schwerpunkt der Betrachtungen, denn im FM geht es zunächst um die Gesamtheit aller Leistungen, die zur optimalen Nutzung der Immobilien beitragen, einschließlich eines Dienstleistungsmanagement für den Immobiliennutzer.[55]

Das Facility Management orientiert sich im Gegensatz zu Asset Management und Corporate Real Estate Management an Kostengrößen und technischen Qualitätsnormen. Das Facility Management betrachtet jedoch die technischen Determinanten und die damit verbundenen Kostenwirkungen ganzheitlich über den gesamten Lebenszyklus der Immobilie. So ist es notwendig, dass das Facility Management bereits in der Projektentwicklungsphase mit einbezogen wird.

Die Datenbasis für die einzelne Immobilie, die im Rahmen des kaufmännischen FM gelegt wird, ist die Grundlage für die weiterführenden Funktionen des Real Estate Management (Controlling, Asset Management, Portfolio Management und CREM).

2.3.2.5 Gebäudemanagement

Als Teilbereich des Facility Managements ist nach DIN 32736 das **Gebäudemanagement (GM)** zu nennen. Es umfasst alle Leistungen zum Betreiben und Bewirtschaften eines Gebäudes, einschließlich seiner baulichen und technischen Anlagen, auf Grundlage einer ganzheitlichen Strategie. Dabei gliedert sich das Gebäudemanagement in das **technische Gebäudemanagement (TGM)**, das **kaufmännische Gebäudemanagement (KGM)**, das **infrastrukturelles Gebäudemanagement (IGM)** und das **Flächenmanagement (FLM)**.

Das Gebäudemanagement wird als der operative Bereich des Facility Managements verstanden, das ausschließlich in der Nutzungsphase des Immobilienlebenszyklus Anwendung findet. Der Leistungsumfang des Gebäudemanagements wird im FM nach Sicht der GEFMA sowohl in Bezug auf die Phasen des Immobilien-Lebenszyklus als auch in Bezug auf die Entscheidungsebenen erweitert. D. h. im Facility Management werden neben der Nutzungsphase auch

---

[54] Vgl. Wellner, K. (2003), S. 45.
[55] Vgl. Brauer, K.-U., (2005), S. 13.

die vor- und nachgelagerten Lebenszyklusphasen integriert und die rein operative Betrachtung um die strategische und normative Ebene erweitert.

2.4 Ziele und Erfolgsfaktoren im Facility Management

2.4.1 Unterschiedliche Rollen und Interessen im Facility Management-Prozess

Die professionelle Auseinandersetzung des Facility Managements mit dem Immobilienlebenszyklus verlangt den Beteiligten eine funktionsübergreifende Sicht auf die Immobilie ab. Die Anforderungen an Investoren, Planer, Bauunternehmen und Nutzer werden komplexer und spezifischer. Die bessere Kontrolle von Geld- und Informationsflüssen und die Verbesserung der Ressourceneffizienz rücken in den Mittelpunkt der Planung.[56]

Aufgrund der Eigenart von Immobilien und der unterschiedlichen Interessen von Beteiligten wird das Immobilienmanagement zu einem komplexen Projekt, wenn dabei die Interessen aller berücksichtigt werden sollen. Unterschiedliche Beteiligte am FM-Prozess verfolgen dabei unterschiedliche Ziele.

Zwar sind die Interessen des **Nutzers** und **Investors** nicht zwangsweise gegenläufig, jedoch ist eine stärkere Berücksichtigung der Interessen des Nutzers meist mit zusätzlichen Investitionsausgaben für den Investor verbunden. Dies kann den Cashflow und damit die Rendite des Investors verringern. Andererseits kann eine konsequente Ausrichtung an den Bedürfnissen des Nutzers auch zu einer Bindung des Nutzers an die Immobilie und damit zu einer Verringerung der Ertragsschwankung aus dem Objekt führen.

Die Aufgabe des **Facility Managers** ist es, einerseits ein bereits bestehendes Objekt optimal zu bewirtschaften und zu verwalten. Andererseits sollte der Facility Manager bei Projektentwicklungen im Sinne eines reibungslosen und effizienten Gebäudebetriebs bereits in der Planungsphase mit einbezogen werden. Dabei kann der Facility Manager die Interessen des Eigentümers/Investors/Bauherrn und des Nutzers vertreten.

Auftraggeber bzw. Kunde des Facility Managers kann sowohl der Eigentümer (bei Eigennutzung) als auch der Nutzer (bei Fremdnutzung) des betreffenden Gebäudes sein. Für ein erfolgreiches Facility Management ist es Aufgabe des Investors, optimal nutzbare Flächen bereitzustellen, während der Nutzer die Anforderungen für eine optimale Nutzung und Bewirtschaftung sowie das Betreiben der Flächen stellt und diese mit dem Facility Manager als Bindeglied bearbeitet (z. B. durch Erarbeitung eines Maßnahmenkatalogs im Rahmen eines strategischen FM-Masterplans).[57]

Da das Facility Management auf einen ganzheitlichen Denkansatz ausgerichtet ist und den gesamten Lebenszyklus betrachtet, gibt es weitere Akteure, mit

---

[56] Vgl. Friedrichs, K. (2000), S. 59.
[57] Vgl. Ghahremani, A. (1998), S. 17f.

denen das Facility Management bzw. der Facility Manager in Beziehung stehen sollte. Hier sind bspw. **Planungsbeteiligte** wie Ingenieure und Architekten, sowie Gebäudetechniker und Handwerker, Bauunternehmungen und Entsorger zu nennen. Die Begründung für die Einbeziehung des FM ist darin zu sehen, dass nicht nur Kosten der Bauphase berücksichtigt werden, sondern auch diejenigen Kosten die während der Nutzung anfallen können. Die Nutzungskosten können dann bereits durch die frühe Einbeziehung von Facility Management beeinflusst werden. Außerdem ist es für den Facility Manager möglich, die Einhaltung des Kostenbudgets der jeweiligen Nutzer abzuschätzen (Nutzungskostenermittlung). Diese kann definiert werden als eine Vorausberechnung der künftig entstehenden Nutzungskosten (bei Neubauten) oder als die Feststellung der tatsächlichen Nutzungskosten (bei bestehenden Objekten).[58]

2.4.2 Ziele von Non Property Companies (Eigennutzer)

Non Property Companies sind Unternehmen, deren Kerngeschäftsfeld nicht das Immobiliengeschäft ist. Dazu gehören bspw. große Industrieunternehmen, die Fabrikanlagen, Erweiterungs- und Ausbauflächen in ihrem Eigentum halten. Nicht selten liegt der Anteil des in Immobilien gebundenen Kapitals zwischen 20% und 30% der Bilanzsumme, womit der gehaltene Immobilienbestand nicht unwesentlich den Unternehmenserfolg mitbestimmen kann. Vor diesem Hintergrund müssen diese Unternehmen sich ebenfalls einer effizienten Immobilienbewirtschaftung stellen.

Die Unternehmen leiten den Shareholder Value aus internen Finanzdaten ab und errechnen ihn auf Basis von sogenannten Werttreibern (Value Drivers)[59]. Beispiele für Werttreiber sind: die Wachstumsrate des Umsatzes, Investitionen ins Umlauf- und Anlagevermögen, Kapitalkosten, die betriebliche Gewinnmarge u. a. Der Shareholder Value erfasst in seiner Eigenschaft der strategischen Unternehmenssteuerung auch die Immobilie.[60]

Das Immobilienvermögen von deutschen Unternehmen mit einer Summe von über 2 Billionen Euro macht einen großen Teil der Aktiva aus. Das verdeutlicht die Notwendigkeit eines aktiven und wertorientierten Managements der Immobilienbestände. Zum Gebot des Shareholder Values gehört es demzufolge, dass sowohl die betriebsnotwendigen als auch die nicht betriebsnotwendigen Immobilien eines Non Property Unternehmens einen Beitrag zum Shareholder Value, also zur Erhöhung des Unternehmenswertes leisten müssen.

Eine Option zur Erhöhung des Shareholder Values ist der steueroptimierte Verkauf von nicht betriebsnotwendigen Immobilien. Eine weitere Möglichkeit ist die Ausgliederung von Immobilien über das Sale-and-Lease-back-Verfahren. Dabei handelt es sich um einen Verkauf von betriebsnotwendigen Immobilien an eine Leasinggesellschaft, von der die Immobilien wieder zurückgemietet werden. Das durch das Sale-and-Lease-back-Verfahren frei gewordene Kapital

---

[58] Vgl. GEFMA-Richtlinie 200 (2004), S. 2.
[59] Vgl. Gondring, H. (2004), S. 815.
[60] Vgl. Kinzer, C.-M., (2003), S. 3.

2.4 Ziele und Erfolgsfaktoren im Facility Management

kann effizient im Kerngeschäft der Unternehmung oder zur Tilgung der vorhandenen Schulden verwendet werden.

2.4.3 Ziele von Property Companies (Eigentümer)

Property Companies sind Unternehmen, die Immobilien als Kapitalanlage mit dem Ziel halten, eine optimale Rendite bei einem bestimmten Risikoniveau aus der Immobilienanlage zu erzielen. Für diese Unternehmen ist die Immobilie ein Vermögenswert (Asset), der an der Erreichung der Zielvorgaben der Kapitalanleger gemessen wird. Wichtige Parameter für die Rendite sind die Vermietung, die Wertentwicklung und die Kostenwirtschaftlichkeit der Immobilie. Diese Rendite beeinflussenden Größen können durch das Facility Management maßgebend bestimmt werden.

Im Rahmen des Facility Managements spielen die Verwaltung und Bewirtschaftung in Bezug auf die Werterhaltung im FM eine zentrale Rolle. Dies liegt an der Erkenntnis, dass nur durch eine effiziente und professionelle Gebäudebewirtschaftung (professionelles Facility Management) Erfolge im Sinne der Wertschaffung, -erhaltung, und -steigerung generiert werden können.

2.4.4 Ziele von Mietern (Nutzern)

Bei Mietern bzw. Nutzern der Immobilie steht neben den Aspekten der Nutzungsqualität bzw. -effizienz der Kostenaspekt im Mittelpunkt der Betrachtungen. Allerdings sehen die Mieter im Gegensatz zu den Eigentümern keine vorrangige Priorität bei der Werterhaltung, sondern sie erwarten vom Facility Management einen optimalen Service. Das bedeutet, dass der Servicegedanke in Verbindung mit der Kostensenkung im Vordergrund steht.

Der Nutzer profitiert somit vom effizienten Einsatz von Ressourcen und genießt die durch den Einsatz des Facility Managements verringerten Gebäude- und Servicekosten über den gesamten Lebenszyklus hinweg. Durch verursachungsgerechte Abrechnung der Kosten ergibt sich eine höhere Transparenz und eine objektivierte Entscheidungsgrundlage.

Wesentlich kann z. B. die Raumplanung sein. Hier erhält der Nutzer ein entsprechend durchdachtes Arbeitsplatzprogramm, das optimal auf die Kernprozesse des Unternehmens abgestimmt ist. Durch die professionelle Betreuung entstehen höhere Standards bezüglich Sicherheit und Service.

2.4.5 Ziele von Facility Management-Dienstleistern

FM-Dienstleister sollten nach dem Prinzip der Kunden- und Serviceorientierung bestrebt sein, die Wünsche der Kunden bzw. Nutzer zu erfüllen. Im kurzfristigen Kontext ist jedoch die Zielsetzung des FM-Dienstleisters an der Maximierung der Gewinnspanne ausgerichtet, die sich aus der Differenz zwischen Umsatz und den mit der Umsatzerzielung verbundenen Kosten ergibt.

2 Begriff und organisatorische Einordnung des Facility Managements

Da bei den meisten FM-Dienstleistungen der Kapitaleinsatz gering ist, besteht der überwiegende Anteil des Kostenblocks aus Personalkosten. Unter starkem Wettbewerbsdruck sind FM-Dienstleister der Versuchung ausgesetzt, die Kosten des zur Leistungserbringung eingesetzten Personals durch Reduzierung von Personalstärke bzw. Mitarbeiterqualifikation (ungelernte Arbeitskräfte) zu optimieren. Im mittel- bzw. langfristigen Kontext führt dies aber zu Qualitätseinbußen in der Leistungserbringung und zum Verlust von Marktanteilen wegen nachhaltiger Unzufriedenheit der Kunden.

Bei den zu erbringenden Facility Management-Leistungen ist also neben den Preisen der Qualitätsaspekt für die Facility Management-Dienstleistung relevant. Nicht nur weil die Qualität Bestandteil der zu erbringenden Dienstleistung ist, sondern auch, weil in Zeiten des verstärkten Wettbewerbs die Qualität ein entscheidender Wettbewerbsvorteil ist.

Qualitätsnormen und Qualitätsrichtlinien zum Qualitätsmanagement wurden bereits von verschiedenen Institutionen veröffentlicht, wie z. B. von der VDI/DGQ 550071, die die Vorgehensweisen und Methoden der Einführung eines Total Quality Management (TQM) und die Umsetzung des Qualitätsmanagement beschreibt, der ISO 9001, bei der für die Qualitätsdefinitionen die Kriterien der Zertifizierung gelten und der GEFMA-Richtlinie 700, die das Qualitätsmanagement für das FM weiter präzisiert und dabei den Kunden in den Mittelpunkt stellt.[61]

Die Qualität muss ständig überwacht und gemessen werden. Ein Facility Management-Dienstleister sollte sich dabei sowohl an objektiven als auch an subjektiven Qualitätskriterien orientieren[62]:

Beispiele für objektive Qualitätskriterien:

- Einhaltung der gesetzlich vorgeschriebenen Normen,
- Erfüllung der in den Leistungsverz. beschriebenen Anforderungen,
- Unterstützung des Kernprozesses der Unternehmung,
- Kostensenkung des FM,
- Umweltschonende Tätigkeiten und Techniken

Beispiele für subjektive Qualitätskriterien:

Während früher die Produktqualität als alleiniger Qualitätsaspekt gegolten hat, hat sich das Qualitätsverständnis auf die Prozess- und Unternehmensqualität weiterentwickelt und wird an den Kundenwünschen gemessen, d. h. Qualität ist, was der Kunde erwartet. Dieser Aspekt spiegelt sich auch in dem umfassenden Qualitätsverständnis des Facility Managements wieder (vgl. GEFMA-Richtlinie 700):

---

[61] Vgl. Schneider, H. (2004), S. 113f.
[62] Vgl. ebenda, S. 111f.

2.4 Ziele und Erfolgsfaktoren im Facility Management

- Qualität i.S. der Erfüllung der Kundenanforderungen,
- Qualität i.S. der Übernahme von Verantwortung für die wirksame Unterstützung der Kunden-Kernprozesse in technischer, wirtschaftlicher und rechtl. Hinsicht,
- Qualität i.S. der Beherrschung von Risiken,
- Qualität i.S. der Bewahrung von Gesundheit und Wohlbefinden von Menschen

Die Zielsetzung des Facility Managements im Rahmen seiner Qualitätsorientierung ist somit, die Anforderungen von Kunden, Gesetzgebern, Behörden und anderen Beteiligten systematisch zu ermitteln, zu verstehen und zu erfüllen, sowie dadurch einen Nutzen und Mehrwert zu schaffen und den Geschäftserfolg von Auftraggeber und Auftragnehmer zu unterstützen.[63]

2.4.6 Zielkonflikte und mögliche Lösungsansätze

Aufgrund der unterschiedlichen Ziele der Beteiligten können Lösungskonflikte im Hinblick auf die FM-Prozesse entstehen. Das FM richtet den Fokus auf die Nutzenoptimierung des Gebäudes während des gesamten Lebenszyklus. Gebäude der modernen Wissensgesellschaft müssen neue Anforderungen erfüllen. Flexibilität, Drittverwendung, Ökologie und Kommunikation etc. sind von Bedeutung. Die zahlreichen ökologischen Aspekte mögen für den Investor zunächst eine untergeordnete Rolle spielen, können aber z. B. im Energiebereich als eine willkommene Synergie betrachtet werden.[64] Auf der anderen Seite können sich ökologische Aspekte aus einem Zwang heraus entwickeln und somit Mehrkosten für den Investor verursachen, ohne dass ein Mehrnutzen dadurch entsteht. Daher sind solche Investitionen auf ihre Vorteilhaftigkeit im Einzelnen zu prüfen.

Für den Investor können sich die Erzielung der gewünschten Rendite und der frühzeitige Einsatz des FM als ein Zielkonflikt darstellen. Deswegen wird FM von Bauherren teilweise in der Entstehungsphase noch nicht eingesetzt, da es mit Kosten verbunden ist (z. B. für Berater, Planungsänderungen, zusätzliche bauliche Ausstattung etc.). Dabei könnten optimierende Maßnahmen mit potenziellen Nutzern bzw. Betreibern frühzeitig diskutiert und realisiert werden. So kann der Investor Vorteile anderen Marktteilnehmern gegenüber erzielen. Dieses Vorgehen bedarf der Kompetenz und Weitblick des Investors um die Vorteile für sich und den Nutzer zu erkennen. Mögliche Einsparungen und Amortisationsdauer können errechnet und begründet werden (vgl. Lebenszykluskosten-Ansatz).[65]

Durch das professionelle Management wird das Gebäude in seiner Qualität und Nutzungseffizienz länger erhalten und es erhöht sich damit der Vermögenswert des Investors. Bausubstanz, Anlagen und Einrichtungen werden

---
[63] Vgl. Schneider, H. (2004), S. 1.
[64] Vgl. Glauche, U. (2003), S. 17f.
[65] Vgl. Küpper, M. (2006), S. 14.

2 Begriff und organisatorische Einordnung des Facility Managements

kontrolliert instand gehalten und gewährleisten eine höhere Zuverlässigkeit. Die vorausschauende Planung von Kosten während des Lebenszyklus verringert die Unsicherheit und ermöglicht eine quantifizierbare Erwartungshaltung (GEFMA-Richtlinie 650–2). Wenn sich der Nutzer bereits in der Planungsphase für eine Immobilie entscheidet, hat er die Möglichkeit die Vorzüge des FM zweifach für sich zu nutzen. Einerseits in der Planung bei der Gestaltung des späteren Arbeitsortes, andererseits kann er frühzeitig den Grundstein für eine kostenoptimierte Betriebsphase legen.

Eine konkrete Zielvorgabe ist eine wichtige Grundlage für die Aufgabenstellung an den Facility Manager. Das Repertoire des FM ist breit gefächert und kann in unterschiedlichem Maße in Anspruch genommen werden. Erst wenn die Zielvorgabe formuliert ist, kann das Instrument entsprechend angewandt werden. Es wird dabei auch von einem Facility Management-Konzept gesprochen, das für eine planmäßige und optimierende Vorgehensweise über den gesamten Zyklus notwendig ist.[66]

Um die Zielsetzung auch tatsächlich erreichen zu können, müssen in der Planungsphase die Kompetenzen und Verantwortung entsprechend verteilt werden. Es genügt nicht, den Facility Manager als eine „kritische Stimme" im Hintergrund innerhalb der Beteiligten zu platzieren. Widerstände einer konventionellen Organisation verhindern oft die Umsetzung eines gesamtheitlichen FM-Konzeptes in vollem Umfang. Daher ist die Organisation der Beteiligten am Planungsprozess auf die Zielkongruenz zu überprüfen.

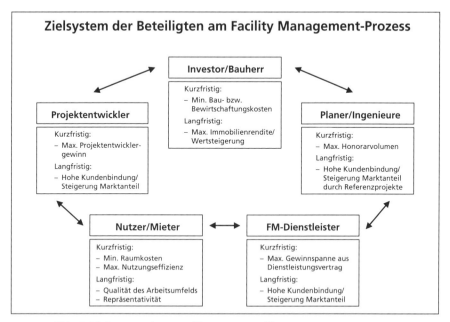

Abb. 8: Zielsystem der Beteiligten am Facility Management-Prozess

---

[66] Vgl. Stadloeder, P (2005), S. 354.

Der normative Rahmen des Facility Managements

3

3.1 Einführung

Das Facility Management versucht, alle auf eine Immobilie einwirkenden Faktoren – Mensch, Arbeitsplatz, Geschäftsprozesse – in einen einheitlichen Managementprozess zu integrieren und optimal aufeinander abzustimmen. Daraus ergibt sich die Grundlage für den normativen Rahmen im Facility Management. Der Zweck der Normen- und Richtlinienarbeit besteht darin, eine Vereinheitlichung zu ermöglichen, die eine übergreifende Verständigung über technische oder organisatorische Sachverhalte zulässt. Es liegen zahlreiche technische Normen und Regelwerke für die Planung, Erstellung, Nutzung und den Rückbau von Objekten vor, aber auch für Dienste, die nicht unmittelbar zur Gebäudetechnik gehören. Sie kommen von Normungsinstituten, Berufsverbänden, Berufsgenossenschaften und anderen Institutionen[67].

3.2 Normengebende Institute im Facility Management

3.2.1 German Facility Management Association – Deutscher Verband für Facility Management e.V. (GEFMA)

Die German Facility Management Association, kurz GEFMA, wurde 1989 als ein Netzwerk für Marktteilnehmer im Bereich des Facility Managements von nur acht Mitgliedern gegründet und hat die Rechtsform eines Vereins mit Vorstand und Geschäftsführung. Die Bestimmungen des Vereins sind in einer Satzung festgeschrieben. Die Mitglieder haben sich von Anfang an dem Ziel gewidmet, den Bekanntheitsgrad des Facility Managements in Deutschland zu steigern und das FM stetig weiterzuentwickeln. Nach turbulenten Anfängen des Verbandes und starken Fluktuationen in den Mitgliederzahlen zeigt die GEFMA mittlerweile eine sehr positive Entwicklung.

Heute hat die GEFMA rund 700 Mitglieder, wobei es sich dabei sowohl um natürliche wie auch juristische Personen handelt. Die heterogene Struktur der Marktteilnehmer spiegelt sich in den verschiedenen Verbandsmitgliedern wieder. Mitglieder kommen u. a. aus den Bereichen Systemdienstleistung, Technisches-, Infrastrukturelles- und Kaufmännisches Gebäudemanagement, Liegenschaftsmanagement, Consulting und Finanzdienstleistung sowie Lehre und Forschung. Auch viele Investoren und Nutzer von Facility Management Dienstleistungen sind Mitglieder geworden. Mit ihren Mitgliedsbeiträgen stellen die Mitglieder sicher, dass die GEFMA frei von Einzelinteressen ist und eine unabhängige Verbandsarbeit leisten kann. Der Verband ist aufgrund seiner differenzierten Mitgliederstruktur keine klassische Fach-, Arbeitnehmer- oder Arbeitgeberorganisation sondern definiert sich vielmehr als ein Branchenver-

---

[67] Vgl. Schneider, H. (2004), S. 313.

band, der die Interessen aller Mitglieder vertritt und als Vermittler dient um ein möglichst professionelles und erfolgreiches FM am Markt zu etablieren.

Zweimal im Jahr treffen sich die Mitglieder zu einem Verbandsmeeting. Diese Mitgliederversammlung stellt das oberste Organ des Verbandes dar und wählt u. a. den Vorstand und die Rechnungsprüfer. Des Weiteren dient sie dazu, Ziele und Anliegen zu besprechen, Informationen auszutauschen, über aktuelle Entwicklungen zu kommunizieren und Beschlüsse zu fassen. Die Mitgliederversammlungen haben sich zunehmend zu Branchentreffs entwickelt und sind fast immer mit Fortbildungsseminaren verbunden. Auch Nichtmitglieder haben die Möglichkeit, an den Mitgliederversammlungen als Gäste teilzunehmen. Die Basis des GEFMA Netzwerks bilden die Regionalkreise und die Junior Lounges. Der regelmäßige Austausch und die Diskussion in den Regionalkreisen zählen zu den Aktivitäten des Verbandes. Die Junior Lounges richten sich seit 2008 speziell an Studenten und Nachwuchskräfte im Facility Management. Hierbei vergibt die GEFMA Förderpreise an hoch qualifizierte Nachwuchskräfte für deren wissenschaftliche Leistungen und Projektarbeiten.

Neben den Mitgliederversammlungen, den Regionalkreisen und den Junior Lounges sind auch die Arbeitskreise ein wichtiges Organ der GEFMA. Bereits mit Gründung der GEFMA haben sich die ersten Arbeitskreise für Facility Management gebildet. Die Mitglieder der Arbeitskreise werden vom Vorstand berufen und von einem Sprecher geleitet. In den Arbeitskreisen bringen Experten des Facility Managements ihr Wissen ein, nutzen Synergien und generieren neue fachliche Erkenntnisse für alle Marktbeteiligten. In der Vergangenheit haben Arbeitskreise der GEFMA einiges zur Akzeptanz und Verbreitung des FM in Deutschland beigetragen. Am Anfang standen Arbeitskreise für Marketing, Aus- und Weiterbildung sowie die Entwicklung von Richtlinien. Mittlerweile gibt es auch Arbeitskreise für Qualitätssicherung, Computer Aided Facility Management (CAFM), Nutzer von Facility Management, Banken und Versicherungen, FM in Krankenhäusern sowie für Integrale Prozess-Verantwortung (IPV). Neben den Arbeitskreisen gibt es für die Behandlung besonderer Themen auch temporäre Projektgruppen, die sich bei Bedarf mit einem Thema speziell beschäftigen.

Eine besondere Rolle und Bedeutung kommt dem Arbeitskreis für Richtlinien zu. Dieser hat sich in der Vergangenheit erfolgreich darum bemüht, ein Richtlinienwerk zu erstellen, das eine Basis für alle qualifizierten Dienstleistungen rund um das Facility Management und eine Normierungsvorlage für das FM in Deutschland darstellt. Die Richtlinien der GEFMA sind mittlerweile weitgehend zu einem Branchenkonsens in Deutschland geworden. Eine detaillierte und aktuelle Übersicht über die GEFMA Richtlinien sind über die Homepage der GEFMA e.V. (www.gefma.de) zu finden. Dieses Gesamtverzeichnis der GEFMA informiert über die Bezugspreise und den aktuellen Bearbeitungsstatus der Richtlinien.

Die GEFMA Richtlinie 100 beschrieb 1996 erstmals den deutschen Markt für Facility Management und stieß damals bereits auf reges Interesse. Diese Richtlinie dient bis heute als Basis für kunden- und prozessorientiertes FM in Deutschland. Des Weiteren gibt es noch zahlreiche andere Richtlinien, u. a. zu Themen

3.2 Normengebende Institute im Facility Management

wie Leistungsspektren des Facility Managements, Lebenszykluskosten- und Prozesskostenrechnung im FM, Musterverträge für das Gebäudemanagement und Musterleistungsverzeichnisse für Anbieter, Betreiberverantwortung im FM, Studiengänge, Aus- und Weiterbildung für Facility Manager, gesetzliche Mindestanforderungen, usw.

Der Verband hat in der Vergangenheit immer versucht, eine aktive Öffentlichkeitsarbeit für das Facility Management zu betreiben und dient den Fachmedien als wichtiger Ansprechpartner. Die GEFMA pflegt einen engen Kontakt zu Politik und Wissenschaft in Deutschland und ist außerdem im Bereich Messen, Veranstaltungen, Tagungen und Seminare sehr aktiv. Sie half dabei, die FM-Messe am neuen Standort in Frankfurt zu etablieren und zum zentralen Branchenevent auszubauen. Auf der Expo Real in München hat sie den FM-Tag mitgestaltet, der mittlerweile eine Institution ist, sich steigenden Interesses erfreut und bereits Gastgeber der European Facility Management Conference war.

Die aktuellen Ziele der GEFMA sind, in aktuellen und zukünftigen Projekten, weiterhin Standards für Qualität, stabile Rahmenbedingungen und Sicherheit im Facility Management zu entwickeln, einen möglichst großen Wissenstransfer zu leisten und als Netzwerk zu fungieren um eine einheitliche Wertekultur und neues Wissen im FM zu schaffen. Außerdem ist es das erklärte Ziel der GEFMA und ihrer Verbandsmitglieder, eine möglichst professionelle und an den Bedürfnissen der Menschen ausgerichtete Bewirtschaftung der Immobilien zu gewährleisten. Die GEFMA versucht dabei, zwischen Kunden und Anbietern zu vermitteln, damit eine möglichst faire und langfristige Zusammenarbeit zum Nutzen aller auf dem deutschen Facility Management Markt stattfindet, der FM-Gedanke in Deutschland weiter verbreitet wird und der Markt für FM weiter wächst. Um diese Ziele zu erreichen arbeitet die GEFMA, z. B. in Bereichen wie Vertragswesen und Leistungsverzeichnisse, u. a. mit der IFMA zusammen.

In der folgenden Aufzählung ist das aktuelle Richtlinienwesen der GEFMA als Kurzgliederung wiedergegeben:

- Die Richtlinien der Reihe 100 ff. beinhalten **Definition, Struktur und Beschreibung** vom Facility Management im Allgemeinen und Leistungsbilder von Einzelleistungen im Besonderen;
- Die Richtlinien der Reihe 200 ff. befassen sich mit **Kosten**, Kostenrechnung, Kostengliederung;
- Die Richtlinien 300 ff. sind für **FM-Recht** vorgesehen;
- Die Reihe 400 beschäftigt sich mit **Computer Aided Facility Management** (CAFM);
- Die Richtlinien GEFMA 500 ff. enthalten Hinweise für **Ausschreibung und Vertragsgestaltung** bei Fremdvergabe von Dienstleistungen;
- GEFMA 600 ff. ist für das Thema **Aus- und Weiterbildung** im Bereich Facility Management vorgesehen;
- GEFMA 700 beschäftigt sich mit den **Qualitätsaspekten**;
- Der Nummernkreis GEFMA 800 beschreibt **branchenspezifische Richtlinien** (z. B. FM im Gesundheitswesen);

- GEFMA 900 ff. sind sonstige Veröffentlichungen des Verbandes, wie **Verzeichnisse, Studien, Marktübersichten** oder dergleichen [68]

3.2.2 RealFM e.V. Association for Real Estate- and Facility Managers

Die RealFM e.V. Association for Real Estate- and Facility Managers (www.realfm.de) ist ein gemeinnütziger Verein der aus der IFMA Deutschland e.V. hervorging. Die Gründung der IFMA Deutschland e.V. erfolgte im Dezember 1996 als deutscher Ableger der International Facility Management Association (IFMA), mit Sitz in Houston (Texas). Mit der Gründung des Facility Management Institute (FMI) in Michigan in den 70er Jahren begann sich die amerikanische Wirtschaft intensiv mit dem Thema Facility Management zu beschäftigen. Dies führte 1980 zur Gründung der National Facility Management Association in den USA welche 1983 in International Facility Management Association, kurz IFMA, umbenannt wurde. Weltweit verfügt die IFMA über mehr als 19.500 Mitglieder und stellt somit ein enormes Netzwerk dar. Die Mitglieder sind in 130 Abteilungen (Chaptern) organisiert, von denen sich allein 112 in den USA befinden.

IFMA Deutschland e.V. hatte anlässlich einer außerordentlichen Mitgliederversammlung am 13. November 2006 in Frankfurt a. Main die Neugründung von RealFM e.V., Association for Real Estate- and Facility Managers, einstimmig beschlossen. Der neue Verband ist ausschließlich den nationalen Mitgliedschaften vorbehalten, während IFMA Deutschland e.V. nach wie vor die international aktiven Mitglieder betreuen sollte. Begründet wurde der Schritt mit der Reaktion auf den Wunsch der Mitglieder nach einer nationalen Mitgliedschaft. So sollte das Profil als Berufsverband für Facility Management und Real Estate Management in Deutschland geschärft werden. Die Gründungsversammlung der RealFM e.V. hat darüber hinaus Junior Mitgliedschaften für Berufseinsteiger sowie firmengebundene Personenmitgliedschaften beschlossen.

Ihre Alleinstellung im deutschen Markt sehen Geschäftsführung und Präsidium von RealFM e.V. in der Mitgliederstruktur, den persönlichen Mitgliedschaften und in der nach wie vor europäischen Ausrichtung begründet. Gem. Vereinssatzung sind 75 % der Mitglieder so genannte Professionals. Gemeint sind Facility Manager, die für den Eigentümer oder Nutzer in Industrieunternehmen im strategischen Management aktiv tätig sind. Nur 25 % der Mitglieder sind externe Dienstleister oder Berater.

Aufgabe und Ziel des Verbandes ist es, den Beruf von Real Estate- und Facility Managern in Deutschland und europaweit zu fördern und ihn in Wirtschaft, Politik und in der Öffentlichkeit weiter zu etablieren. Der Verband hat sich die folgenden Ziele gesetzt:

- Entwickeln und Pflegen des Netzwerkes für Real Estate- und Facility Manager auf nationaler und internationaler Ebene

---

[68] Vgl. Zehrer, H./Sasse, E. (Hrsg.) (2005), S. 7.

3.2 Normengebende Institute im Facility Management

- Fördern der Aus- und Weiterbildung für Real Estate- und Facility Manager sowie fachliches und personelles Unterstützen entsprechender Programme und Projekte
- Entwicklung von Normen, Standards und Werkzeugen für Real Estate- und Facility Management
- Fördern des Wissens- und Erfahrungsaustausches in Konferenzen, Seminaren und Veranstaltungen auf deutschsprachiger und europäischer Ebene
- Etablieren von Partnerschaften mit Organisationen des Real Estate- und Facility Managements in Deutschland, Europa und weltweit
- Motivieren und Fördern des Nachwuchses zum akademischen Studium des Real Estate- und Facility Managements
- Schaffen einer Plattform zur Zusammenarbeit mit Firmen, Hochschulen, Öffentlichkeit, Politik und Verbänden entsprechender Berufsgruppen

Das Anliegen von RealFM e.V. ist es, gemeinsam mit anderen Verbänden Standards und Produkte zu entwickeln, um den Berufsstand des Real Estate- und Facility Managers sowie den entsprechenden Markt weiter zu etablieren und voran zu bringen. Kooperationen, die dem Gesamtmarkt nutzen (wie z. B. Themen wie Ausbildungs- und Qualitätsstandards), sollten aus Sicht RealFM e.V. von allen partnerschaftlich entwickelt und getragen werden.

3.2.3 Verband Deutscher Maschinen- und Anlagenbau e.V. (VDMA)

Der VDMA (Verband Deutscher Maschinen- und Anlagenbau e.V.) ist ein bedeutender Verbandsdienstleister und bietet das größte Branchennetzwerk der Investitionsgüterindustrie in Europa. Der VDMA vertritt rund 3.000 vorrangig mittelständische Mitgliedsunternehmen der Investitionsgüterindustrie und ist damit einer der mitgliederstärksten und bedeutendsten Industrieverbände in Europa.

Mit einem Umsatz von rund 143 Milliarden Euro und 865.000 Beschäftigten im Jahr 2005 gehört der Maschinen- und Anlagenbau zu den größten Branchen und wichtigsten Arbeitgebern in Deutschland. Fast zwei Drittel der deutschen Produktion gehen in den Export. Im VDMA bildet sich die gesamte Prozesskette ab – von Einzelkomponenten bis zur Anlage, vom Systemlieferanten über den Systemintegrator bis zum Dienstleister. Diese Prozesskette zeigt die vielfältigen Kunden-Lieferanten-Beziehungen entlang der Wertschöpfungskette und ermöglicht eine branchenspezifische, wie auch eine übergreifende Zusammenarbeit.

Die technischen Spezifikationen des deutschen Maschinenbaus spiegeln sich in den VDMA-Einheitsblättern wieder, die von VDMA-Mitgliedsfirmen zu den neuesten technischen Entwicklungen als so genannte überbetriebliche Werknorm erarbeitet werden. VDMA-Einheitsblätter werden immer dann erstellt, wenn der VDMA ein Bedürfnis zur Vereinheitlichung auf einem Gebiet des Maschinen- und Anlagenbaus feststellt, auf dem weder eine DIN-Norm existiert noch Normungsvorhaben bestehen. Ein VDMA-Einheitsblatt ist also eine

Empfehlung dieses privatrechtlichen Vereins mit dem Ziel der einheitlichen Anwendung und der späteren Übernahme als Normvorhaben.

Daraus ergeben sich die VDMA-Einheitsblätter als Richtlinien, die gegebenenfalls später in DIN-Normen überführt werden. Sie beinhalten z. B. Angaben zu:

- Technischen Anforderungen an Ausführung und Betrieb von Maschinen,
- Qualitäts- und Sicherheitsanforderungen,
- Emissions-, Betriebs- und Wartungsvorschriften,
- Abnahmeprüfungen,

die unter Bezugnahme auf einschlägige Normen, Richtlinien etc. erstellt wurden.

Eine wichtige Richtliniengrundlage stellt die Arbeitsgemeinschaft Instandhaltung Gebäudetechnik (AIG) dar, die ein Zusammenschluss namhafter Fachunternehmen unter dem Dach des Fachverbandes „Allgemeine Lufttechnik" im VDMA ist. Die Mitgliedsunternehmen bieten umfassende Leistungen rund um das Gebäude und den darin enthaltenen technischen Anlagen an. Das Leistungsspektrum umfasst neben der Instandhaltung gebäudetechnischer Anlagen (Wartung, Inspektion und Instandsetzung) den Betrieb kompletter Anlagensysteme. Auf der Basis ihres Know-hows sind sie kompetente Partner für die Modernisierung technischer Anlagen und das Energiemanagement. Die AIG-Mitgliedsfirmen sind außerdem Anbieter in den Bereichen Gebäudemanagement, Facility Management und Performance Contracting. Einige Unternehmen haben sich spezialisiert und sind in Teilbereichen tätig. Andere hingegen decken das gesamte Spektrum ab und bieten somit alles aus einer Hand.

Aufgabe der AIG ist es, die gemeinsamen wirtschaftlichen und technischen Interessen ihrer Mitgliedsunternehmen wahrzunehmen. Die AIG ist Plattform für den Erfahrungsaustausch untereinander, fördert die Zusammenarbeit mit anderen Fachkreisen und beteiligt sich aktiv an der Erarbeitung von Norm- und Regelwerken. Bekannte Beispiele sind VDMA 24186 zur Wartung von technischen Anlagen und Ausrüstungen in Gebäuden und VDMA 24198 über das Performance Contracting. Wie das Beispiel DIN 32736 „Gebäudemanagement" – basierend auf dem gleichnamigen VDMA-Einheitsblatt 24196 – zeigt, sind VDMA-Einheitsblätter vielfach Basis für nationale und internationale Normen. Die Bearbeitung spezieller Fachthemen und -fragen erfolgt in Arbeitsgruppen.

3.2.4 Deutsches Institut für Normung e.V. (DIN)

Das Deutsche Institut für Normung e.V. (DIN) ist auf Grundlage seiner Satzung und auf der Grundlage des mit der Bundesrepublik Deutschland geschlossenen Normenvertrags vom 5. Juni 1976, die für die Normungsarbeit zuständige Institution in Deutschland.[69]

---

[69] Vgl. Die Deutsche Normungsstrategie, DIN Deutsches Institut für Normung e.V., 2006, S. 12.

3.2 Normengebende Institute im Facility Management

Derzeit existieren über 26.000 gültige DIN-Normen. Die DIN-Normen definieren sich als Normen, die vom Deutschen Institut für Normung, mit Sitz in Berlin, in seinen Ausschüssen aufgestellt und von ihm unter dem Verbandszeichen DIN herausgegeben werden. Dieser eingetragene gemeinnützige Verein vertritt die deutschen Interessen in den europäischen und weltweiten Normungsorganisationen CEN/CENELEC und ISO/IEC.

Die technische Normung ist in Deutschland eine Aufgabe der Selbstverwaltung von an der Normung interessierten Kreisen. Das DIN ist dabei für alle an einer Normung Interessierten zuständig. An ihm wird der Stand der Technik ermittelt und unter Berücksichtigung neuester Erkenntnisse niedergeschrieben.

Das Deutsche Institut für Normung orientiert sich an zehn Grundsätzen:
- Freiwilligkeit
- Öffentlichkeit
- Beteiligung aller interessierten Kreise
- Konsens
- Einheitlichkeit und Widerspruchsfreiheit
- Sachbezogenheit
- Ausrichtung am Stand der Technik
- Ausrichtung an den wirtschaftlichen Gegebenheiten
- Ausrichtung am allgemeinen Nutzen
- Internationalität

Die Beachtung dieser Grundsätze hat den DIN-Normen eine allgemeine Anerkennung gebracht, so dass DIN-Normen heute einen Maßstab für ein einwandfreies Verhalten bilden.

Die für das Facility Management einschlägigen Normen sind die DIN EN 15221-1, „Facility Management-Begriffe" und die DIN 32736, die unter dem Titel „Gebäudemanagement-Begriffe und Leistungen" mit dem Beiblatt „Gegenüberstellung von Leistungen" geführt wird. Ursprünglich befanden sich die Begriffsdefinitionen und Leistungsbeschreibungen des Gebäudemanagements in der VDMA 24196. Sie sind aber im Jahre 2000 in ihren wesentlichen Teilen als DIN 32736 in den Normenkatalog des Deutschen Instituts für Normen (DIN) übernommen worden.

3.2.4.1 Ebenen der Normungsarbeit

Die „Nationale Normung"

Die Normung in Deutschland stellt eine planmäßige Gemeinschaftsarbeit der so genannten interessierten Kreise dar. Diese bestehen hauptsächlich aus Experten der Bereiche Unternehmen, Handel, Hochschulen, Verbraucher, Handwerk, Prüfinstituten, Behörden. Die von den Experten betriebene Normungsarbeit erfolgt in Normenausschüssen und Arbeitsgruppen innerhalb der DIN, des Deutschen Instituts für Normung e.V.

Die „Europäische Normung"

Die Europäische Normung wird im Rahmen der drei Organisationen CEN, CENELEC und ETSI durchgeführt. CEN bezeichnet sich als ein System formaler Prozesse zur Herstellung von Normen, das durch die 28 nationalen Mitgliedsorganisationen getragen wird. Die nationalen Mitgliedsorganisationen stimmen über Europäische Normen ab und implementieren diese. Die Normungsorganisationen haben – ausgenommen ETSI – je Land nur ein Mitglied. Dieses eine Mitglied hat die gesamten Normungsinteressen des jeweiligen Landes zu vertreten, wobei hier die Stimmenanzahl an der Wirtschaftskraft des jeweiligen Mitgliedslandes gemessen wird.

Die deutschen Interessen in Europa werden durch das DIN (das Deutsche Institut für Normung e.V.) vertreten. Die Europäische Normung hat zum Ziel, die Harmonisierung der nationalen Normen in den Mitgliedsländern durch einheitliche Einführung von Europäischen Normen herbeizuführen. Durch das System der europäischen Normung sollen im europäischen Binnenmarkt Handelshemmnisse abgebaut und zugleich übergreifende einheitliche Rahmen- und Wettbewerbsbedingungen geschaffen werden.

Die „Internationale Normung"

Die Internationale Normung erfolgt im Rahmen der drei Organisationen ISO, IEC und ITU. ISO und IEC haben je Land nur ein Mitglied, das die gesamten Normungsinteressen des jeweiligen Landes vertritt. Für Deutschland ist das Deutsche Institut für Normung e.V. Mitglied der ISO. Die Organisation ISO (International Organization for Standardization) ist ein Zusammenschluss der nationalen Normungsorganisation aus über 140 Ländern[70].

3.2.4.2 Bedeutung der Normnummern

Der Ursprung einer Norm ist an der jeweiligen Normnummer zu erkennen:

DIN: Ist eine DIN-Norm, die ausschließlich oder überwiegend nationale Bedeutung hat, oder sogar als Vorstufe zu einem internationalen Dokument veröffentlicht wird.

DIN EN: Diese Normnummer kennzeichnet eine Europäische Norm (EN), die in Deutschland übernommen wurde. Hier gilt der Grundsatz, dass alle Europäischen Normen unverändert von allen Mitgliedern der CEN und CENELEC übernommen werden müssen.

DIN EN ISO: Diese Abkürzung steht für eine Norm, die unter der Federführung von ISO oder CEN entwickelt wurde, dann aber bei beiden Organisationen veröffentlicht wird. Die Übernahme als nationale Norm ist Pflicht.

DIN IEC: Diese Normnummer beschreibt die unveränderte Übernahme einer IEC-Norm.

DIN ISO: Diese Norm-Abkürzung beschreibt eine unveränderte Übernahme einer ISO-Norm.

---

[70] Vgl. Zehrer, H./Sasse, E. (Hrsg.) (2005), S. 5.

DIN VDE: Hierbei handelt es sich hauptsächlich um Themen der Elektrotechnik, Elektronik und Informationstechnik, die gemeinsam von DIN und VDE bearbeitet und entwickelt werden.

3.2.5 Weitere wichtige Regelsetzer im Facility Management

Neben den Organisationen, die Richtlinien bzw. anerkannte Regelwerke für das Facility Management aufstellen, gibt es noch weitere tragende Regelsetzer. Diese Verbände und Institutionen haben durch ihre Veröffentlichungen einen wichtigen regelnden Charakter für das Facility Management.

AGI Arbeitsgemeinschaft Industriebau e.V.

Die Arbeitsgemeinschaft Industriebau ist der Zusammenschluss von rund 100 Bauabteilungen führender deutscher Industrieunternehmen. In den AGI-Arbeitsblättern werden die Erfahrungen und das Fachwissen namhafter Bauexperten gebündelt.

AHO Ausschuss der Verbände und Kammern der Ingenieure und Architekten für die Honorarordnung e.V.

Der AHO Ausschuss der Verbände und Kammern der Ingenieure und Architekten für die Honorarordnung e.V., hervorgegangen aus dem bereits 1923 gegründeten AGO, ist der Zusammenschluss der maßgeblichen Ingenieurverbände, der Länderingenieurkammern Deutschlands sowie der Architektenkammern von Baden-Württemberg, Bayern, Bremen und Hessen, um die Honorar- und Wettbewerbsinteressen von Ingenieuren und Architekten zu vertreten. Hauptaufgaben des AHO sind der Erhalt und die Weiterentwicklung der Honorarordnung für Architekten und Ingenieure – HOAI.

Die HOAI wurde geschaffen, um für die geistig-schöpferischen Leistungen der Planer eine angemessene Honorarfindung zu ermöglichen und gleichzeitig dem Auftraggeber, dessen Treuhänder der Planer ist, Kostensicherheit zu geben. Für die notwendige Anpassung der HOAI an die wirtschaftlichen, technischen und gesellschaftlichen Entwicklungen tritt der AHO ein.

Der AHO steht in ständigem Dialog mit dem Verordnungsgeber sowie mit den öffentlichen und privaten Auftraggebern, um sich für ein Honorar- und Vergabewesen einzusetzen, das den Interessen von Auftragnehmern und Auftraggebern gleichermaßen gerecht wird.

Tragende Elemente der Facharbeit des AHO sind seine Fachkommissionen, in denen fachlich hoch qualifizierte Ingenieure und Architekten neben der Diskussion von Einzel- und Grundsatzfragen zum Honorarrecht, die bestehenden Leistungsbilder der HOAI weiterentwickeln sowie neue Leistungsbilder erarbeiten. Die Ergebnisse dieser ehrenamtlichen Arbeit finden sich u. a. in den Heften der Grünen Schriftenreihe des AHO wieder.

AMEV Arbeitskreis Maschinen- und Elektrotechnik staatlicher und kommunaler Verwaltungen

Der „Arbeitskreis Maschinen- und Elektrotechnik staatlicher und kommunaler Verwaltungen" (AMEV) hat die Aufgabe, die Bauverwaltungen des Bundes, der Länder und der kommunalen Selbstverwaltungskörperschaften beim Planen, Bauen und Betreiben ihrer Anlagen der Technischen Gebäudeausrüstung (TGA) zu unterstützen. Die Arbeitskreise des AMEV erarbeiten aktuelle Empfehlungen für betriebstechnische Anlagen und bieten auch einen Informationsaustausch zu Energieeinsparung und Klima- und Umweltschutz. Weiterhin informiert der AMEV über wichtige Themenbereiche und gibt Hinweise zu neuen Arbeitshilfen und Vorschriften.

DKIN Deutsches Komitee Instandhaltung

Das DKIN vertritt die Belange der Instandhaltung gegenüber entsprechenden Institutionen im In- und Ausland. Die Tätigkeit erstreckt sich auf das Gebiet der Bundesrepublik Deutschland und mittelbar über die Mitgliedschaft in der EFNMS (European Federation of National Maintenance Societies) auf ganz Europa.

gif Gesellschaft für Immobilienwirtschaftliche Forschung e.V.

Die Gesellschaft für Immobilienwirtschaftliche Forschung e.V. wurde am 15. Oktober 1993 gegründet und hatte 2011 über 1.300 Mitglieder. Sie vertritt einen interdisziplinären Ansatz und strebt die Zusammenführung von Theorie und Praxis an. Dies geschieht vor allem in den Arbeitskreisen, die zur Klärung wichtiger immobilienwirtschaftlicher Fragestellungen und zur Verbesserung der Markttransparenz beitragen. Auf Initiative der Mitglieder werden Arbeitskreise gebildet, in denen sachkundige gif-Mitglieder mit Experten anderer Verbände und Organisationen zusammentreffen. Ziel ist nach Möglichkeit die Verabschiedung einer Richtlinie oder Empfehlung, die durch Branchenkonsens zum Standard bei der praktischen Anwendung wird.

Die gif e.V. tauscht sich kontinuierlich mit anderen Organisationen in Deutschland, die ähnliche Fragen wie sie bearbeiten, oder Verbänden, die gleiche Arbeitsfelder besetzen, aus.

Dadurch werden ein Informationstransfer und eine Koordination der immobilienwirtschaftlichen Forschung ermöglicht. Die hier erzielten Ergebnisse werden regelmäßig der Öffentlichkeit vorgestellt.

VDI Verein deutscher Ingenieure

Der VDI pflegt und entwickelt ein lebendiges Netzwerk auf regionaler, nationaler und internationaler Ebene. Die regionale Struktur des VDI umfasst 45 VDI-Bezirksvereine mit rund 100 Bezirksgruppen sowie 15 Landesvertretungen. In den Bezirksvereinen vermitteln etwa 600 Arbeitskreise und 5.400 Veranstaltungen jährlich über 200.000 Teilnehmern Fachinformationen und fördern den Erfahrungsaustausch wie auch die persönlichen Kontakte der Ingenieure auf regionaler Ebene. In den Landesvertretungen koordiniert der VDI die Zusammenarbeit mit der Politik und den Behörden einzelner Bundesländer. International kooperiert der VDI mit mehreren Ingenieurvereinen, um die Erfahrungen von Ingenieuren in aller Welt zusammenzubringen; in 15 Ländern sind VDI-Freundeskreise tätig.

Der VDI verbindet Technik und Wissenschaft. Die Grundlage für die technisch-wissenschaftliche Arbeit sind die 22 VDI-Fachgesellschaften mit ihren über 10.000 ehrenamtlich tätigen Mitgliedern, in denen in über 800 Ausschüssen neueste technische Entwicklungen aufgegriffen und der Öffentlichkeit zur Verfügung gestellt werden, bspw. durch die VDI-Richtlinien, den anerkannten Regeln zum Stand der Technik.

3.3 Überblick der Normen und Richtlinien

3.3.1 Vergleich DIN 32736 und GEFMA 100

Die für das Facility Management einschlägige Norm stellt, neben der DIN EN 15221-1 „Facility Management – Teil 1: Begriffe" die DIN 32736 dar, welche unter dem Titel „Gebäudemanagement – Begriffe und Leistungen" mit dem Beiblatt „Gegenüberstellung von Leistungen" geführt wird. Das Pendant bilden die GEFMA-Richtlinien der Reihe 100 ff. Denn diese beinhalten die Definition, Struktur und Beschreibung von Facility Management im Allgemeinen und die jeweiligen Leistungsbilder von Einzelleistungen im Besonderen.

Der tabellarische Vergleich orientiert sich an der Aufteilung des Facility Managements in: Technisches Gebäudemanagement, infrastrukturelles Gebäudemanagement, kaufmännisches Gebäudemanagement und Flächenmanagement.

	GEFMA 100	DIN 32736
Technisches Gebäudemanagement	– Technisches Objektmanagement – Betriebsführung Technik – Unterhaltung (Instandsetzung) – Energiemanagement – Versorgung – Transportdienste (techn. Leistungen) – Sonstige technische Leistungen	– Betreiben – Dokumentieren – Energiemanagement – Informationsmanagement – Modernisierung – Sanierung – Umbau – Verfolgen von technischer Gewährleistung

3 Der normative Rahmen des Facility Managements

	GEFMA 100	DIN 32736
Infrastrukturelles Gebäudemanagement	– Flächenmanagement – Reinigungsdienste – Sicherheitsdienste – Hausmeisterdienste – Dienste in Außenanlagen – Speiseverpflegung/ Kantine – Wäschereidienst – Umzugsmanagement – Entsorgung – Büro-Service – Sonstige Dienste	– Catering – DV-Dienstleistungen – Gärtnerdienste – Hausmeisterdienste – Interne Postdienste – Kopier- und Druckereidienste – Parkraumbetreiberdienste – Reinigungs- und Pflegedienste – Sicherheitsdienste – Umzugsdienste – Waren- und Logistikdienste – Winterdienste – Zentrale Kommunikationsdienste – Entsorgung – Versorgung
Kaufmännisches Gebäudemanagement	– Kostenabrechnung und Controlling (Verwaltung) – Objektbuchhaltung (gebäudebezogen) – Vertragsmanagement (gebäudebezogen) – Vermarktung von Mietflächen – Sonstige kaufmännische Dienste (gebäudebezogen)	– Beschaffungsmanagement – Kostenplanung und -kontrolle – Objektbuchhaltung – Vertragsmanagement
Flächenmanagement		– Benutzerorientiertes Flächenmanagement – Anlageorientiertes Flächenmanagement – Immobilienwirtschaftlich orientiertes Flächenmanagement – Serviceorientiertes Flächenmanagement – Dokumentation

Abb. 9: Vergleich zwischen GEFMA 100 und DIN 32736 im Bereich des technischen, infrastrukturellen und kaufmännischen Gebäudemanagements[71]

---

[71] Vgl. Kaufmann, C. (2003), S. 41.

3.3.2 Normen und Regelwerke

Für einen Überblick werden die für das Facility Management wichtigen Normen und Regelwerke aufgeführt. Es ist an dieser Stelle nicht möglich eine abschließende Aufzählung aller relevanten Normen und Regelwerke, die für das Facility Management von Bedeutung sind, darzustellen. Dafür sind diese zu zahlreich und unterliegen einem ständigen Wandel.

3.3.2.1 Facility Management (Allg. Definitionen/Grundlagen)

In den anfänglichen Normen und Regelwerken stehen die Begriffsdefinitionen bzw. die Grundlagen des Facility Managements im Vordergrund. Das bedeutet, dass sie sich auf den kompletten Bereich des Facility Managements beziehen. Hierbei werden bspw. Umfang und Leistungsspektrum definiert.

DIN EN 15221-1	01/2007	Facility Management – Begriffe
DIN EN 15221-2	01/2007	Leitfaden zur Ausarbeitung von Facility Management-Vereinbarungen
DIN 32736	08/2000	Gebäudemanagement – Begriffe und Leistungen
GEFMA 100-1	07/2004	FM; Grundlagen
GEFMA 100-2	07/2004	FM; Leistungsspektrum
GEFMA 110	01/2009	Einführung von Facility Management
GEFMA 910	01/2007	Normen und Richtlinien im FM
VDI 6009 Bl. 1	10/2002	Facility Management: Anwendungsbeispiele aus dem Gebäudemanagement
VDI 6009 Bl. 2	12/2003	Einführung von Gebäudemanagement für mehrere Liegenschaften

3.3.2.2 Technisches Gebäudemanagement

Das technische Gebäudemanagement umfasst die Planung, den Betrieb und die Instandhaltung der kompletten technischen Infrastruktur eines Gebäudes. Dazu gehören Heizungs- und Lüftungssysteme, Sanitär- und Klimaanlagen, Elektro- und Computertechnik sowie in vielen Fällen moderne Überwachungssysteme. Das Management dieser Gewerke erfordert vielfältige Kenntnisse der Gebäudeleit- und Systemtechnik. Dabei müssen Änderungen in den Nutzeranforderungen ständig mitberücksichtigt werden. Die Hauptanforderung an das technische Gebäudemanagement ist ein kostenoptimales und flexibles Bedienen und Instandhalten der technischen Einrichtungen. Ausgewählte Normen und Regelwerke des technischen Gebäudemanagements sind:

DIN 31051	07/2003	Grundlagen der Instandhaltung
DIN 32541	05/1977	Betreiben von Maschinen und vergleichbaren technischen Arbeitsmitteln
DIN 6779-12	07/2003	Kennzeichnungssystematik für technische Produkte
DIN EN ISO 14001	06/2005	Energiemanagementsysteme – Anforderungen mit Anleitung zur Anwendung
GEFMA 450	02/2009	Gebäudeautomation im FM
GEFMA 970	10/2008	Marktübersicht Gebäudeautomation
GEFMA 124-1	11/2009	Energiemanagement – Grundlagen, Leistungsbild
GEFMA 124-2	11/2009	Energiemanagement – Methoden
AMEV	2001	Technisches Gebäudemanagement als Teilaufgabe des Facility Managements
VDI 3801	06/2000	Betreiben von raumlufttechnischen Anlagen
VDI 3810	06/1997	Betreiben von heiztechnischen Anlagen
VDI 2888	12/1999	Zustandsorientierte Instandhaltung
VDI 2890	11/1986	Planmäßige Instandhaltung
VDI 2892	06/2006	Ersatzteilwesen in der Instandhaltung
VDI 2067 Bl. 1	09/2000	Wirtschaftlichkeit gebäudetechn. Anlagen, Grundlagen/Kostenberechnung
VDI 4661	09/2003	Energiekennwerte – Definitionen, Begriffe, Methodik
VDMA-AIG Nr. 17	10/2001	Effizienz und Wirtschaftlichkeit raumlufttechn. Geräte und Anlagen

3.3.2.3 Kaufmännisches Gebäudemanagement

Das kaufmännische Gebäudemanagement umfasst die unterstützenden betriebswirtschaftlichen Dienstleistungen zur Nutzung von Liegenschaften und Gebäuden. Folgende Normen beziehen sich auf diesen Bereich:

DIN 276	06/1993	Kosten im Hochbau
DIN 18960	08/1999	Nutzungskosten im Hochbau
DIN 4713	12/1980	Verbrauchsabhängige Wärmekostenabrechnung
GEFMA 200	07/2004	Kosten im Facility Management
GEFMA 230	05/2008	Prozesskostenrechnung im FM – Grundlagen

GEFMA/gif 210	12/2006	Betriebs- und Nebenkosten bei gewerblichem Raum
GEFMA/gif 220	09/2010	Lebenszykluskostenrechnung im FM
GEFMA 240	02/2011	Benchmarking in der Immobilienwirtschaft
GEFMA 950	10/2009	FM Benchmarking Bericht 2009
VDI 2896	10/1994	Instandhaltungscontrolling innerhalb der Anlagenwirtschaft
VDI 2067	2005	Berechnung der Kosten von Wärmeversorgungsanlagen
VDI 2893	05/2006	Auswahl und Bildung von Kennzahlen für die Instandhaltung
VDI 6025	11/1996	Betriebswirtschaftliche Berechnungen für Investitionsgüter und Anlagen
BetrKV	01/2004	Betriebskostenverordnung

3.3.2.4 Flächenmanagement

Das Flächenmanagement durchläuft alle Lebensphasen eines Gebäudes. Es stellt ein Management aller genutzten Flächen eines Objektes hinsichtlich Mehrung des Nutzens und Reduzierung des Aufwandes bei Projektierung, Planung, Erstellung, Nutzung und Rückbau dar. Die Flächenarten nach DIN 277 sind „absichtsneutral" definiert (d.h. sie dienen keiner Vermarktung der Flächen, z.B. Vermietung, Verkauf). Sie strukturieren die unterschiedlichen Grundflächen eines Objektes hinsichtlich der unterschiedlichen Nutzungen. Alle übrigen aufgelisteten Flächendefinitionen beziehen sich weitgehend auf die DIN 277-Flächenarten und wurden gem. des Aspektes der Vermarktung/Bewirtschaftung der Grundflächen eines Objektes aufgestellt (z.B. Vermietung, Verkauf, Förderung bei Schaffung von Wohnflächen).

DIN 277 1–3	02/2005	Grundflächen und Rauminhalte von Bauwerken im Hochbau, Teil 1–3
DIN 4543–1	09/1994	Büroarbeitsplätze, Teil 1
DIN 16555	12/2002	Flächen für Kommunikationsarbeitsplätze in Büro- und Verwaltungsgebäuden
gif MF-G	2004	Richtlinie zur Berechnung der Mietfläche für gewerblichen Raum
GEFMA 130	06/1996	Flächenmanagement, Leistungsbild
WoFlV	01/2004	Wohnflächenverordnung

3.3.2.5 Sonstige Aspekte des Facility Managements

Die nachfolgenden Normen und Regelwerke beziehen sich auf Querschnittsfunktionen im Facility Management wie bspw. das Datenmanagement (CAFM),

3 Der normative Rahmen des Facility Managements

das Qualitätsmanagement, sowie Ausschreibung und Vergabe von Betreiberdienstleistungen.

Qualitätsmanagement		
DIN EN ISO 9000	12/2005	Qualitätsmanagementsysteme – Grundlagen und Begriffe
DIN EN ISO 9001	10/2007	Qualitätsmanagementsysteme – Anforderungen
DIN EN ISO 9004	12/2000	Qualitätsmanagementsysteme – Leitfaden zur Leistungsverbesserung
GEFMA 700	04/2005	Qualitätsorientierung im FM
GEFMA 700	12/2006	FM-Excellence – Grundlagen für ein branchenspezifisches Qualitätsprogramm

Computer Aided Facility Management (CAFM)		
GEFMA 400	07/2007	CAFM; Computer Aided Facility Management
GEFMA 410	07/2007	Schnittstellen zur IT-Integration von CAFM-Systemen
GEFMA 420	07/2007	Einführung eines CAFM-Systems
GEFMA 460	05/2010	Wirtschaftlichkeit von CAFM-Systemen
VDI 6009 Bl. 3	12/2003	Einführung eines Computer Aided Facility Management-Systems (CAFM)
VDI 6027 Bl. 1	10/1999	Anforderungen an den Datenaustausch von CADSystemen
VDI 3966	10/1997	Datenerfassung für die rechnergestützte Betreuung von Standorten, Gebäuden u. Einrichtungen

Betreiberkonzepte/Contracting		
GEFMA 540	09/2007	Energie-Contracting – Erfolgsfaktoren und Umsetzung
GEFMA 190	01/2004	Betreiberverantwortung im Facility Management
GEFMA 510	05/2006	Mustervertrag Gebäudemanagement Version 2.0
GEFMA 520	01/2009	Standardleistungsverzeichnis Facility Services
VDMA 24198	02/2000	Performance-Contracting

3.4 Gesetze und rechtliche Aspekte im Facility Management

3.4.1 Betreibermodelle im Facility Management

Im Rahmen der Vermarktung von Großprojekten gehen angesichts der Wettbewerbssituation immer mehr Vermieter dazu über, neben der bloßen Vermietung von Räumen und Gebäuden ein umfangreiches Servicepaket anzubieten. Bei Bedarf wird das Büro gereinigt, für die Angestellten ist eine Kantine vorgesehen, ein Shuttle-Service steht bereit und am Eingang achten uniformierte Wachleute darauf, wer das Haus betritt. Auf der einen Seite wird die Vermietbarkeit einer Immobilie durch modernes Facility Management gesteigert, auf der anderen Seite erleidet der Vermieter u. U. erhebliche steuerliche Nachteile, wenn er durch derartige Serviceleistungen die Grenze zur Gewerblichkeit überschreitet.

Aber grundsätzlich führt nicht jede Nebenleistung zur Gewerblichkeit der Einkünfte. Letztlich kommt es hier nur darauf an, die Serviceleistung für den Mieter nicht vom Vermieter, sondern von Dritten erbringen zu lassen. Hier bietet sich das **„Betreibermodell"** an. Dabei besteht für den Vermieter noch der Vorteil, dass er gegenüber dem Mieter nicht die Verantwortung bezüglich der Ausführung der Serviceleistungen zu tragen hat.

Beim Betreibermodell schließt der Eigentümer einer Immobilie mit einem „Betreiber" einen Vertrag über die Erbringung von Dienstleistungen gegenüber den eigenen Mitarbeitern, oder bei fremd genutzten Immobilien – dies ist der Regelfall – gegenüber den Mietern. Zumeist liefert der Betreiber dabei für den Eigentümer unentgeltlich die gesamten hierfür erforderlichen Dienstleistungen. Die Begleichung der entstehenden Kosten liegt beim Mieter im mietvertraglich geregelten Rahmen. Für den Eigentümer hat diese Variante den weiteren Vorteil, dass er die Attraktivität und den Marktwert der Immobilie erhöhen kann, ohne dafür zusätzliche Investitionskosten tragen zu müssen.

3.4.1.1 Verträge des Betreibermodells

Der Eigentümer schließt zunächst mit dem Betreiber einen Vertrag über die Errichtung und den Betrieb der Einrichtung ab. Dieser Vertrag regelt abschließend die Bauausführungen und enthält die allgemeinen Rahmenbedingungen für die Serviceleistungen. Im Anschluss an den Vertrag zwischen Eigentümer und Betreiber schließt der Betreiber mit den Mietern/Nutzern der Immobilien Verträge über die Erbringung von Dienstleistungen ab.

An diesen Verträgen ist der Eigentümer i. d. R. nicht beteiligt. Der Vertrag muss von dem Betreiber aber so gestaltet werden, dass er den Regelungen seines Vertrages mit dem Eigentümer nicht widerspricht. Schließlich kann das Betreibermodell auch Auswirkungen auf das Rechtsverhältnis zwischen Eigentümer und Nutzern haben. Die Ausstattung des Mietgegenstandes ist an das Betreibermodell anzupassen.

3.4.1.2 Betreiberverantwortung im Facility Management

Die Anforderungen des Gesetzgebers an die sorgfältige Wahrnehmung von Verantwortung durch Unternehmen und die darin handelnden Personen haben sich in den letzten Jahren laufend verschärft. Ursache dieser Entwicklung sind mehrere Faktoren: Die fortschreitende Harmonisierung der europäischen Gesetzgebung mit der entsprechenden Umsetzung in nationales Recht führt zu einer Aktualisierung und Angleichung von Vorschriften, bspw. zum Arbeitsschutz auf hohem Niveau. Im Zuge der Deregulierung werden bisherige Aufgaben der Überwachungsorganisationen (TÜV) auf die Unternehmen selbst übertragen[72]. Der Gesetzgeber erlegt demjenigen besondere Pflichten auf, der

- ein Grundstück mit einem Gebäude im Eigentum hat;
- Gebäude mit gebäudetechnischen Anlagen betreibt;
- als Arbeitgeber fungiert, das heißt Arbeitnehmer beschäftigt;
- Arbeitsplätze und/oder Arbeitsmittel (einschließlich überwachungsbedürftiger Anlagen) bereitstellt.

Nachdem diese Fälle innerhalb des Facility Managements auftreten können, müssen die hier handelnden Unternehmen und Personen entsprechend ihrer gesetzlichen Verantwortung vorsorgen (vgl. GEFMA-Richtlinie 190 – Betreiberverantwortung im FM).

Betreiberverantwortung

Die Betreiberverantwortung umfasst als Überbegriff die gesetzlichen Betreiberpflichten für gebäudebetreibende Unternehmen und die darin handelnden Personen. Weiterhin fällt hierunter das latente Risiko der Pflichtverletzung (als aktive pflichtwidrige Handlung oder pflichtwidrige Unterlassung), des Verschuldens (als persönliche Vorwerfbarkeit im Sinne von Vorsatz oder Fahrlässigkeit), sowie die möglichen Rechtsfolgen für Unternehmen und Personen.

Organisationspflicht

Im § 3 Abs. 2 des Arbeitsschutzgesetzes wird explizit von den Arbeitgebern verlangt, dass „für eine geeignete Organisation zu sorgen und die erforderlichen Mittel bereitzustellen" sind. Diese sich daraus ergebenden Pflichten liegen in der Führungsebene eines Unternehmens und werden in abgeschwächter Form an die hierarchisch Unterstellten weitergegeben. Zu den wichtigsten Pflichten einer Unternehmensleitung zählen:

- Aufbauorganisation festlegen;
- Geeignete Führungskräfte einsetzen;
- Betriebsbeauftragte bestellen;
- Ablauforganisation festlegen;
- Anweisungen organisieren etc.

---

[72] Vgl. Glauche; U. (2003), Betreiberverantwortung im Facility Management.

3.4 Gesetze und rechtliche Aspekte im Facility Management

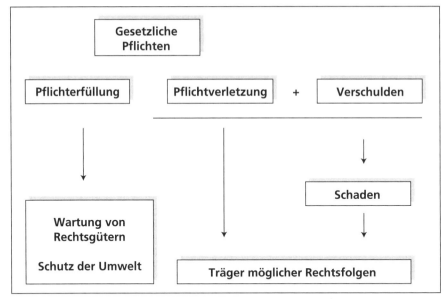

Abb. 10: Umfang und Ziele der gesetzlichen Verantwortung am Beispiel der Betreiberverantwortung[73]

3.4.1.3 Die speziellen Pflichten des Gebäudebetreibers

Beim gewerblichen Betrieb von Gebäuden und gebäudetechnischen Anlagen bestehen zunächst die allgemeinen Pflichten, wie sie gemeinhin bei jeder Ausübung einer Geschäftstätigkeit gelten, insbesondere in Verbindung mit der Beschäftigung von Arbeitnehmern. Diese allgemeinen (das heißt nicht betreiberspezifischen) Pflichten dienen insbesondere dem Arbeitsschutz und beruhen auf Rechtsgrundlagen:

- Bürgerliches Gesetzbuch – BGB
- Siebtes Sozialgesetzbuch – SGB VII
- Arbeitsschutzgesetz – ArbSchG
- Arbeitssicherheitsgesetz – AsiG
- Unfallverhütungsvorschrift – UVV[74]

Aus dem Umstand, dass von dem Betrieb eines Gebäudes oder einer gebäudetechnischen Anlage besondere Gefahren ausgehen können, die die Sicherheit Dritter oder der Umwelt beeinträchtigen könnten, ergeben sich speziell darauf ausgerichtete Pflichten.

Die hier einschlägigen und auch wichtigsten Rechtsgrundlagen für das Betreiben von Gebäuden und gebäudetechnischen Anlagen sind:

---

[73] Vgl. GEFMA-Richtlinie 190, S. 3.
[74] Vgl. Glauche U. (2003), Betreiberverantwortung im Facility Management.

- Betriebssicherheitsverordnung – BetrSichV
- Brandschauverordnung der Bundesländer
- Gerätesicherheitsgesetz – GSG
- Technische Prüfungsordnung der Länder
- Versammlungsstättenverordnung der Bundesländer
- Hochhausverordnung der Bundesländer

Diese Pflichten werden ergänzt, wenn der Betreiber Arbeitsstätten betreibt. Hierbei sind Büro-/Bildschirmarbeitsplätze für die Angestellten oder Werkstattarbeitsplätze für das Betriebspersonal gemeint. Dafür gelten entsprechende speziellere Betreiberpflichten. Die hier einschlägigen Vorschriften sind:

- Arbeitsstättenverordnung – ArbStättV
- Arbeitsstättenrichtlinien – ASR

Aus städtischen Satzungen sowie behördlichen Vorschriften können sich hier noch weitere Pflichten ergeben.

3.4.2 Voraussetzungen und Grundlagen des Arbeitsschutzrechts

Das Arbeitsverhältnis begründet – wie auch bei anderen Vertragsverhältnissen – Schutzpflichten für die einzelnen Vertragsparteien. Grundsätzlich sind die Schutzpflichten, die den Arbeitgeber betreffen, gesetzlich geregelt.

3.4.2.1 Das Arbeitsschutzrecht

Obliegenheit des Arbeitgebers ist es in erster Linie, die organisatorischen Voraussetzungen des Arbeitsschutzes zu schaffen und die Durchführung des Arbeitsschutzes zu überwachen (vgl. §3 ArbSchG)[75]. Zu unterscheiden ist das technische und das soziale Arbeitsschutzrecht. Für das Facility Management nimmt die technische Seite eine größere Bedeutung ein.

Der technische Arbeitsschutz betrifft die Verhütung von Gefahren für Leben und Gesundheit der Beschäftigten, die u.a. von Betriebseinrichtungen, technischen Arbeitsmitteln (Geräte, Maschinen, Anlagen), chemischen und biologischen Arbeitsstoffen, Lärm und Vibration, der Gestaltung der Arbeitsstätten und Arbeitsplätze, sowie von Arbeits- und Fertigungsverfahren ausgehen und die zu Unfällen bei der Arbeit oder zu arbeitsbedingten Erkrankungen einschließlich Berufskrankheiten führen können. Die jeweiligen Vorschriften sind über eine Vielzahl von Gesetzen und Verordnungen verstreut[76].

---

[75] Vgl. Michalski, M. (2005), S. 302, Rdnr. 1221.
[76] Vgl. Kittner, M. (Hrsg.) (2005), S. 1664.

3.4 Gesetze und rechtliche Aspekte im Facility Management

3.4.2.2 Das Arbeitsschutzgesetz

Grundsätzlich sind die Maßnahmen der Arbeitsplatzgestaltung unter Beachtung der einschlägigen gesetzlichen Vorschriften zu treffen. Gesetzliche Vorschriften für den Arbeitsschutz stellt das Arbeitsschutzgesetz auf Basis der europäischen Rahmenrichtlinien dar. Hierdurch gelten in Deutschland einheitliche Grundvorschriften für alle Beschäftigungsgruppen. Der Arbeitsschutzbegriff umfasst die Unfallverhütung, arbeitsbedingte Gesundheitsgefahren sowie Maßnahmen zur menschengerechten Arbeitsgestaltung.

Im Facility Management gilt es, neben Kosteneinsparungen und der Schaffung einer erhöhten Funktionalität des Arbeitsplatzes, auch die gesetzlichen Regelungen zum Arbeits- und Gesundheitsschutz zu beachten. Das Arbeitsschutzgesetz von 1996 hat die so genannten Arbeitsschutz-Rahmenrichtlinien der EG (89/391/EWG) in nationales Recht umgesetzt. Es enthält die grundlegenden Normen des Betriebs- oder Gefahrenschutzes. Zentrales Gesetzesziel ist es, entsprechend den Vorgaben des EG-Rechts die Sicherheit und den Gesundheitsschutz der Beschäftigten durch Maßnahmen des Arbeitsschutzes zu verbessern. Zugleich werden erstmals Grundpflichten im betrieblichen Arbeitsschutz und ein moderner Arbeitsschutzbegriff, der die Verhütung von Unfällen bei der Arbeit und arbeitsbedingte Gesundheitsgefahren umfasst und auch Maßnahmen zur menschengerechten Gestaltung der Arbeit einschließt, einheitlich im deutschen Recht verankert[77].

Die Pflicht des Facility Managements ist es, die vorwiegend aus dem technischen Arbeitsschutzrecht bestehenden Pflichten, die dem Arbeitgeber auferlegt sind, schon in die Planung eines Objektes mit einzubeziehen und die Vorschriften ordnungsgemäß in die Praxis umzusetzen. Hier ist das Facility Management angehalten, schon während der Bauphase in Hinblick auf die Vorschriften unterstützend und beratend einzuwirken.

Das Arbeitsschutzgesetz verpflichtet den Arbeitgeber

- Angaben zur Betriebsstruktur (Arbeitsbereiche, Tätigkeiten, Personen),
- das Ergebnis der Gefährdungsbeurteilung,
- die festgelegten Maßnahmen des Arbeitsschutzes,
- das Ergebnis der Überprüfung der Wirksamkeit der Maßnahmen

zu dokumentieren[78].

Besondere Arbeitsschutzprobleme werden von Spezialgesetzen und hier nach gestützten Verordnungen geregelt, z. B. ArbSchG, Gerätesicherheitsgesetz, Chemikaliengesetz usw.[79]

---
[77] Vgl. Michalski, M. (2005), S. 309 f., Rdnr. 1246.
[78] Vgl. Galonska J./Erblöh F. (2000), Punkt 9.1.4.
[79] Vgl. Dütz, W./Jung, H. (2004), S. 228, Rdnr. 449.

3.4.3 Die Arbeitsschutzverordnungen

Weitere wesentliche Bedeutung für das Facility Management haben die Arbeitsschutzverordnungen. Hierbei wird es durch §§ 18 und 19 ArbSchG ermöglicht, weitere staatliche Arbeitsschutzregelungen zu erlassen.

3.4.3.1 Arbeitsstättenverordnung

Der Geltungsbereich der Arbeitsstättenverordnung bezieht sich auf die Arbeitsstätten, die gleichzeitig dem Arbeitsschutz unterliegen. Die Arbeitsstättenverordnung 2004 setzt sich zusammen aus den Vorschriften von § 1 bis § 8 und dem dazu gehörenden Anhang.

Im Paragraphenteil befinden sich die allgemeinen, grundlegenden Anforderungen an die Arbeitsstätten sowie deren Verfahrensvorschriften. Als wesentliches Hilfsmittel zur Umsetzung in der Praxis stehen die vom Bundesministerium für Wirtschaft und Arbeit bekannt gegebenen Arbeitsstätten-Richtlinien (ASR) zur Verfügung. Sie fassen allgemein anerkannte sicherheitstechnische, arbeitsmedizinische und hygienische Regeln sowie sonstige arbeitswissenschaftliche Erkenntnisse übersichtlich und praxisgerecht zusammen. Derzeit existieren insgesamt 30 verschiedene ASR.

Ausgewählte wichtige Vorschriften der Arbeitsstättenverordnung für das Facility Management sind:

- Gestaltung von Fußböden, Türen, Verkehrswegen (ASR 8/1, ASR 10/1 und 10/5, ASR 17/1,2)
- Ausstattung mit Feuerlöschern (ASR 13/1,2)
- Mittel für die Erste Hilfe (ASR 39/1,3)
- Einrichtung von Sanitär- und Pausenräumen (ASR 35/1–4, ASR 37/1, ASR 29/1–4) ...

Grundsätzlich werden die allgemeinen Vorschriften des ArbSchG in Hinblick auf Sicherheit und Gesundheitsschutz der Beschäftigten durch die Arbeitsstättenverordnungen ergänzt.

Weitere Konkretisierungen, die für das Facility Management von Bedeutung sind, finden sich in den Verordnungen der jeweiligen Bereiche.

3.4.3.2 Baustellenverordnung

§ 1 Abs. 1 der Baustellenverordnung stellt für den Bauherren schon in der Phase der Planung eines Bauvorhabens die Pflicht dar, die allgemeinen Grundsätze nach § 4 ArbSchG zu berücksichtigen. Somit hat hier auch das Facility Management die Pflicht, diese Grundsätze mit zu berücksichtigen und zu wahren.

3.4.3.3 Bildschirmarbeitsverordnung

Die Einrichtung und der Betrieb von Bildschirmarbeitsplätzen ergibt sich aus § 2 BildscharbV. Die Bildschirmarbeitsverordnung beinhaltet besondere gesetzliche

3.4 Gesetze und rechtliche Aspekte im Facility Management

Regelungen zur Gefährdungsbeurteilung des Arbeitgebers (§ 3 BildscharbV), zu geeigneten Arbeitsschutzmaßnahmen (§ 4 BildscharbV), Arbeitsunterbrechungen (§ 5 BildscharbV) und augenärztlichen Untersuchungen (§ 5 BildscharbV)[80]. Es ist besonders hervorzuheben, dass die Arbeitsstättenverordnung bezüglich Bildschirmarbeit (vom 20. März 1975) nur in Ausnahmefällen einschlägig ist, da sich besondere Belastungen durch Lärm und Wärme grundsätzlich nicht ergeben dürften. Hierbei wird die Annahme zugrunde gelegt, dass diese Probleme schon durch den Hersteller erkannt und behoben wurden.

3.4.3.4 Biostoffverordnung

Die Biostoffverordnung ist eine Verordnung über Sicherheit und Gesundheitsschutz bei Tätigkeiten mit biologischen Arbeitsstoffen.

3.4.3.5 Gefahrstoffverordnung

Die Gefahrstoffverordnung ist ein Gesetz zum Schutz vor gefährlichen Stoffen. Sie stellt eine Verpflichtung zur Prüfung und Anmeldung von Stoffen dar, die durch giftrechtliche und arbeitsschutzrechtliche Regelungen den Menschen und die Umwelt vor schädlichen Einwirkungen gefährlicher Stoffe schützen soll.[81]

3.4.3.6 Lastenhandhabungsverordnung

Da ca. 20 % aller Arbeitsunfälle vor Inkrafttreten der Lastenhandhabungsverordnung (LHHV) bei manuellen Transportarbeiten erfolgten, bietet die Verordnung umfangreiche Regelungen zum Gesundheitsschutz. Fokussiert wird hier der Schutz vor Gefährdung der Lendenwirbelsäule.

3.4.3.7 PSA-Benutzungsverordnung

In dieser Verordnung werden die allgemeinen Vorschriften des Arbeitsschutzgesetzes durch spezielle Regelungen in Bezug auf Sicherheit und den Gesundheitsschutz der Beschäftigten bei der Benutzung persönlicher Schutzausrüstungen ergänzt. Die Durchführung der arbeitsplatzbezogenen Gefährdungsanalyse zu gewährleisten, die zum Ziel hat, potenzielle Gefahren für die Sicherheit und Gesundheit der Beschäftigten möglichst an der Quelle zu erkennen und durch geeignete Schutzmaßnahmen direkt am Ursachenort zu vermeiden, ist eine wesentliche Vorgabe des Arbeitsschutzgesetzes.

3.4.3.8 Die Betriebssicherheitsverordnung

Die neue Betriebssicherheitsverordnung ist am 3. Oktober 2002 in Kraft getreten. Sie fasst die früher noch in mehreren Verordnungen geregelten Arbeitsschutzanforderungen für die Benutzung von Arbeitsmitteln und den Betrieb überwachungsbedürftiger Anlagen zusammen. Mit der Verordnung verfolgt

---

[80] Vgl. Schaub, G. (2001), S. 2266, § 237, Rdnr. 19.
[81] Vgl. Michalski, M. (2005), S. 310, Rdnr. 1253.

der Gesetzgeber das Ziel, ein anwenderfreundliches, modernes und den Strukturen des EU-Rechts angepasstes Vorschriftenwerk für die Sicherheit von Arbeitsmitteln und Anlagen zu schaffen. Gleichzeitig soll die Verantwortung des Arbeitgebers und des Betreibers von Anlagen gestärkt werden.

Die Betriebssicherheitsverordnung (BetrSichV) regelt in Deutschland die Bereitstellung von Arbeitsmitteln durch den jeweiligen Arbeitgeber, die Benutzung durch die Arbeitnehmer bei der jeweiligen auszuführenden Arbeit, sowie Prüfung und Betrieb von überwachungsbedürftigen Anlagen im Sinne des Arbeitsschutzes. Darunter fallen z. B. Dampfkesselanlagen, Druckbehälteranlagen, Füllanlagen oder Anlagen in explosionsgefährdeten Bereichen.

Die Betriebssicherheitsverordnung enthält ein Schutzkonzept, das auf alle Arbeitsmittel, von denen Gefährdungen ausgehen könnten, angewendet wird. Dieses Schutzkonzept hat folgende Grundpfeiler:

- Eine einheitliche Gefährdungsbeurteilung der Arbeitsmittel
- Sicherheitstechnische Bewertungen für den Betrieb überwachungsbedürftiger Anlagen
- „Stand der Technik" als einheitlicher Sicherheitsmaßstab
- Geeignete Schutzmaßnahmen und Prüfungen
- Mindestanforderungen für die Beschaffenheit von Arbeitsmitteln, soweit sie nicht durch europäische Harmonisierungsrichtlinien geregelt sind (z. B. Druckgeräterichtlinie, Aufzugsrichtlinien usw.)

3.4.4 Die Bauordnungen und Brandschauverordnungen der Länder

Die Grundlage für die Ausführung baulicher Anlagen und damit auch für den baulichen Brandschutz bildet das in die Gesetzgebungszuständigkeit der Bundesländer fallende Bauordnungsrecht. Zweck des Bauordnungsrechtes ist die Abwehr von Gefahren, die die öffentliche Sicherheit und Ordnung gefährdet. Diese Absicht wird jeweils in den Allgemeinen Anforderungen nach § 3 Abs. 1 Satz 1 der Bauordnungen unterstrichen:

„Bauliche Anlagen sowie andere Anlagen und Einrichtungen sind so anzuordnen, zu errichten, zu ändern und zu unterhalten, dass die öffentliche Sicherheit oder Ordnung, insbesondere Leben oder Gesundheit, nicht gefährdet wird."

Bauliche Anlagen in Sinne der Bauordnungen sind aus Baustoffen und Bauteilen hergestellte Anlagen, die mit dem Erdboden verbunden sind (§ 2 Abs. 1 der Bauordnung für das Land Nordrhein-Westfalen – BauO NW). Neben überdachten baulichen Anlagen (Gebäuden) werden in der BauO NW explizit folgende Anlagen als solche definiert:

- Aufschüttungen und Abgrabungen,
- Lager-, Abstell- und Ausstellungsplätze,
- Camping- und Wochenendplätze,
- Sport- und Spielplätze,
- Stellplätze für Kraftfahrzeuge.

3.4 Gesetze und rechtliche Aspekte im Facility Management

Für spezielle bauliche Anlagen wurden Verordnungen erlassen, die die Anforderungen an die Bauausführungen derselbigen präzisieren. Diese existieren neben der Bauordnung, die einen gesetzlichen Charakter aufweist. Verordnungen wurden für folgende bauliche Anlagen erlassen:

- Garagen,
- Waren- und sonstige Geschäftshäuser,
- Versammlungsstätten,
- Gast- und Beherbergungsstätten,
- Hochhäuser,
- Krankenhäuser.

Von den hier aufgeführten Verordnungen wurden nicht alle von sämtlichen Bundesländern eingeführt. Dies hat zur Folge, dass es Abweichungen in den Baubestimmungen der einzelnen Bundesländer gibt. Bauliche Anlagen und Räume, die für gewerbliche Betriebe bestimmt sind, werden in den Bauordnungen als bauliche Anlagen und Räume besonderer Art und Nutzung eingeordnet. Die Bauordnungen eröffnen den Genehmigungsbehörden die Möglichkeit, bei dieser Art baulicher Anlagen besondere Anforderungen zu stellen oder Erleichterungen zu gewähren (§ 50 BauO NW, § 41 Landesbauordnung für Baden-Württemberg – LBO, Art. 55 der Bayerischen Bauordnung – BayBO). Die von den Anforderungen der Bauordnung abweichende Ausführung von Anlagen muss stichhaltig begründet werden. Diese Begründung ist sowohl von dem Antragsteller bei einem Antrag auf Erleichterungen, wie auch von der Behörde bei der Verschärfung der Anforderungen zu leisten.

Die Aufgabe des baulichen Brandschutzes aus Sicht der Bauordnungen ist die Rettung von Leben. Die für diesen Zweck geeigneten Maßnahmen bestehen in der Auswahl der Baustoffe und Bauteile, die je nach Verwendungszweck einer noch näher zu spezifizierender Feuerwiderstandsklasse entsprechen müssen, oder in der Schaffung von Rettungswegen, auf denen sich die in einem brennenden Gebäude befindenden Personen selbst oder mit Hilfe der Feuerwehr in Sicherheit bringen können. Weitere Maßnahmen sind die Schaffung von Voraussetzungen für wirksame Feuerlöscharbeiten, u. a. durch die Bereitstellung ausreichender Löschmittelmengen, eine für die Fahrzeuge der Feuerwehr geeignete Erschließung des Grundstücks etc.

Weitere für den Brandschutz relevante Angaben der Brandschutzordnungen betreffen u. a.:

- die Anzahl und Ausführung von Treppen und Treppenräumen,
- Flucht- und Rettungswege,
- die Abgrenzung von Brandabschnitten,
- Anforderungen an Baustoffe und Bauteile,
- Feuerwiderstandsklassen für einzelne Bauteile abhängig von ihrer Bedeutung für die Standsicherheit der Gebäude,
- Brandwände,

- einzuhaltende Abstandsflächen, die den Überschlag des Feuers verhindern sollen,
- die Ausführung von Dächern, Decken, tragenden Wänden, Pfeilern und Stützen,
- Lüftungsanlagen, Installationsschächte und -kanäle,
- die Ausführung von Aufzugsschächten,
- Rauch- und Wärmeabzugsanlagen,
- Zugänge und Zufahrten zu den Grundstücken,
- Aufstell- und Bewegungsflächen für die Feuerwehr,
- die Einfriedung von Grundstücken (Schutz gegen Brandstiftung)

3.4.5 Das Geräte- und Produktsicherheitsgesetz

Das Gesetz über technische Arbeitsmittel und Verbraucherprodukte (Geräte- und Produktsicherheitsgesetz, GPSG) löste am 1. Mai 2004 aufgrund des Gesetzes zur Neuordnung der Sicherheit von technischen Arbeitsmitteln und Verbraucherprodukten vom 9. Januar 2004 (BGBl. I 2004, 2) das Produktsicherheitsgesetz (ProdSG) und das Gerätesicherheitsgesetz (GSG) ab. Damit wurde die europäische Richtlinie über die allgemeine Produktsicherheit in Deutschland in nationales Recht umgesetzt.

Das Gesetz regelt in Deutschland gem. §1 Satz 1 *„das Inverkehrbringen und Ausstellen von Produkten, das selbstständig im Rahmen einer wirtschaftlichen Unternehmung erfolgt"*, sowie gem. §1 Satz 2 auch *„die Errichtung und den Betrieb überwachungsbedürftiger Anlagen, die gewerblichen oder wirtschaftlichen Zwecken dienen oder durch die Beschäftigte gefährdet werden können"*, unbeschadet der Ausnahmen, die in weiteren Absätzen dieser Artikel genannt werden.

Nach §4 GPSG darf ein Produkt nur in den Verkehr gebracht werden, wenn es so beschaffen ist, dass bei bestimmungsgemäßer Verwendung oder vorhersehbarer Fehlanwendung Sicherheit und Gesundheit von Verwendern oder Dritten nicht gefährdet werden. Die weiteren 24 Paragraphen enthalten genauere Bestimmungen und verwaltungsmäßige Handhabungsvorschriften.

Das Gesetz sieht für Hersteller und Händler umfassende Informations- und Identifikationspflichten (§5 GPSG) vor. Jedes Produkt muss eindeutig seinem Hersteller zuzuordnen sein, außerdem muss der Verbraucher über alle möglichen Gefährdungen seiner Sicherheit, die sich aus dem Gebrauch oder der vorhersehbaren Falschanwendung ergeben, hinreichend aufgeklärt werden. Produkte, deren übermäßig mangelnde Sicherheit offiziell festgestellt wird, müssen vom Markt genommen werden.

§7 GPSG enthält eine spezielle nationale Regelung, die es Herstellern ermöglicht, Produkte mit dem GS-Zeichen zu versehen, die bisher von dieser Möglichkeit ausgeschlossen gewesen sind.

Im Gegensatz zum Produktsicherheitsgesetz sieht das neue GPSG auch Sanktionen vor: Geldstrafen (§19 GPSG) bis zu 3.000 Euro bei minderen und 30.000 Euro bei schweren bzw. wiederholten Verstößen. Bei vorsätzlicher oder fahrlässiger

3.4 Gesetze und rechtliche Aspekte im Facility Management

Schädigung des Verbrauchers durch eine Vernachlässigung der Pflichten, drohen dem nachlässigen Hersteller oder Händler sogar bis zu einem Jahr Freiheitsstrafe (§ 20 GPSG).

Neben der Produktsicherheit regelt das GPSG mit besonderen Verordnungen auch das Inverkehrbringen verschiedener Waren, die besondere Sicherheitseigenschaften erfüllen müssen (Maschinen, Spielzeuge, Sportboote, elektrische Anlagen in explosionsfähiger Atmosphäre u. a.). Damit wurde eine Grundlage geschaffen, um den Warenverkehr über harmonisierte Sicherheitsanforderungen in der EU zu fördern.

Aus dem Gerätesicherheitsgesetz wurden grundlegende Bestimmungen zu überwachungsbedürftigen Anlagen, deren Errichtung und Betrieb nun im Wesentlichen in der Betriebssicherheitsverordnung geregelt sind.

3.4.6 Die Unfallverhütungsvorschriften

Die Unfallverhütungsvorschriften (UVV) stellen die für jeden Unternehmer und Versicherten verbindliche Pflichten bezüglich Sicherheit und Gesundheitsschutz am Arbeitsplatz dar. I. d. R. werden durch die Unfallverhütungsvorschriften Schutzziele festgelegt, sie enthalten Mindestnormen.

Nach dem Sozialgesetzbuch VII § 15 sind die Berufsgenossenschaften Träger der gesetzlichen Unfallversicherung und erlassen Unfallverhütungsvorschriften (BGV, früher UVV), diese werden vom Bundesministerium für Wirtschaft und Arbeit genehmigt. Die Unfallversicherungsträger haben die Durchführung der Maßnahmen zur Verhütung von Arbeitsunfällen, Berufskrankheiten, arbeitsbedingter Gesundheitsgefahren und für eine wirksame Erste Hilfe in den Unternehmen zu überwachen, sowie die Unternehmer und die Versicherten zu beraten[82]. Die Unfallversicherungsträger erlassen als autonomes Recht Unfallverhütungsvorschriften über die Einrichtungen, Anordnungen und Maßnahmen, die der Unternehmer zur Verhütung von Arbeitsunfällen, Berufskrankheiten und arbeitsbedingten Gesundheitsgefahren zu treffen hat, sowie die Form der Übertragung dieser Aufgaben auf andere Personen. Außerdem wird das Verhalten der Versicherten zur Verhütung von Arbeitsunfällen, Berufskrankheiten und arbeitsbedingten Gesundheitsgefahren explizit definiert. Weitere erlassenen Unfallverhütungsvorschriften sind über

- vom Unternehmer zu veranlassende arbeitsmedizinische Untersuchungen und sonstige arbeitsmedizinische Maßnahmen vor, während und nach der Verrichtung von Arbeiten, die für Versicherte oder für Dritte mit arbeitsbedingten Gefahren für Leben und Gesundheit verbunden sind,
- Voraussetzungen, die der Arzt, der mit Untersuchungen beauftragt ist, zu erfüllen hat, sofern diese nicht durch eine staatliche Rechtsvorschrift geregelt sind,
- die Sicherstellung einer wirksamen Ersten Hilfe durch den Unternehmer,

---

[82] Kittner, M. (Hrsg.) (2005), § 112; Rdnr. 172.

- die Maßnahmen, die der Unternehmer zur Erfüllung der sich aus dem Gesetz über Betriebsärzte, Sicherheitsingenieure und andere Fachkräfte für Arbeitssicherheit ergebenden Pflichten zu treffen hat,
- die Zahl der Sicherheitsbeauftragten, die nach §22 unter Berücksichtigung der in den Unternehmen für Leben und Gesundheit der Versicherten bestehenden, arbeitsbedingten Gefahren und der Zahl der Beschäftigten zu bestellen sind.

In der Unfallverhütungsvorschrift nach Satz 1 Nr. 3 kann bestimmt werden, dass arbeitsmedizinische Vorsorgeuntersuchungen auch durch den Unfallversicherungsträger veranlasst werden können.

Die Berufsgenossenschaften bezeichnen die von ihnen erlassenen Unfallverhütungsvorschriften als Berufsgenossenschaftliche Vorschriften für Sicherheit und Gesundheit bei der Arbeit (BGV).

3.4.7 Unternehmenspflichten gegenüber der Umwelt

Umweltschutz ist die Bezeichnung für die Summe der Maßnahmen, die Umweltgefahren und Umweltschäden vermeiden oder vermindern.[83]

Für Betreiber von Gebäuden und Anlagen sind folgende Teilbereiche des Umweltschutzes von Bedeutung:

- Immissionsschutz
- Klimaschutz
- Bodenschutz
- Gewässerschutz

Die Pflichten liegen dementsprechend in den Bereichen:

- Vermeiden bzw. Minimieren von Emission
- Ordnungsgemäße Abfallentsorgung
- Ordnungsgemäße Abwasserentsorgung (GEFMA-Richtlinie 190)

In Deutschland wurde in den vergangenen Jahrzehnten eine Rechtsetzung und Rechtsanwendung entwickelt, die zum Schutz der Umwelt erforderlich ist.[84]

3.4.7.1 Der Immissionsschutz

Immissionen sind nach dem Bundesimmissionsschutzgesetz *„auf Menschen, Tiere und Pflanzen, den Boden, das Wasser, die Atmosphäre sowie Kultur- und sonstige Sachgüter einwirkende Luftverunreinigungen, Geräusche, Erschütterungen, Licht, Wärme, Strahlen und ähnliche Umwelteinwirkungen"*[85]. Die generellen Anforderungen zum Immissionsschutz ergeben sich zunächst aus dem Bundes-Immissionsschutzgesetz (BImSchG), den dazugehörigen Durchführungsverordnungen

---

[83] Vgl. Koch, H.-J./Schürmann, J. (Hrsg.) (2005), §3 Rdnr. 4.
[84] ebenda, §3 Rdnr. 5.
[85] Vgl. Wolf, J. (2002), S. 38 f., Rdnr. 89.

3.4 Gesetze und rechtliche Aspekte im Facility Management

(Bundes-Immissionsschutzverordnungen, BImSchVen) sowie den Allgemeinen Verwaltungsvorschriften TA-Luft und TA-Lärm (Technische Anleitung zum Schutz gegen Lärm).

Einschlägige Rechtsgrundlagen:
- Bundes-Immissionsschutzgesetz (BImSchG)
- Bundes-Immissionsschutzverordnungen (BImSchVen)

3.4.7.2 Der Klimaschutz

Die menschlichen Eingriffe auf das Klima waren bis zu Beginn der Industrialisierung regional und lokal begrenzt. Erst seit Beginn der Phase der Industrialisierung entwickelt sich der Klimaschutz zu einem immer wichtiger werdenden Bereich der Luftreinhaltungspolitik.

Mit der Neufassung der **Energieeinsparverordnung (EnEV)** im Oktober 2007 wurden die Heizungsanlagenverordnung und Wärmeschutzverordnung zu einer gemeinsamen Verordnung zusammengeführt. Die Neuerungen gegenüber den ursprünglichen Verordnungen beziehen sich insbesondere auf zwei Aspekte:
- Zum einen werden mit der Einbeziehung der Anlagentechnik in die Energiebilanz auch die bei der Erzeugung, Verteilung, Speicherung und Übergabe der Wärme entstehenden Verluste berücksichtigt. Dadurch ist nicht mehr die dem Raum zur Verfügung gestellte Nutzenergie, sondern die an der Gebäudegrenze übergebene Endenergie relevant.
- Zum anderen wird dieser Energiebedarf primärenergetisch bewertet, indem die durch Gewinnung, Umwandlung und Transport des jeweiligen Energieträgers entstehenden Verluste mittels eines Primärenergiefaktors in der Energiebilanz des Gebäudes Beachtung finden.

Dieser erweiterte Rahmen ermöglicht es, in der Gesamtbilanz eines Gebäudes den Faktor Anlagentechnik und den Faktor baulichen Wärmeschutz in gewissem Maße miteinander zu verrechnen, also eine schlechte Wärmedämmung mit einer effizienten Heizanlage auszugleichen oder umgekehrt. Die Hauptanforderungsgröße für Neubauten ist in der EnEV der Jahresprimärenergiebedarf im Vergleich zu einem Referenzgebäude gleicher Geometrie und Abmessung und vorgegebenen technischen Eigenschaften. Zusätzlich einzuhalten ist ein vom Gebäudetyp abhängiger Grenzwert für den auf die Wärme übertragende Umfassungsfläche bezogenen Transmissionswärmeverlust. Die EnEV stellt erstmals auch Anforderungen an den sommerlichen Wärmeschutz und ermöglicht die Berücksichtigung solarer Wärmegewinne.

3.4.7.3 Der Bodenschutz

Zweck des Bodenschutzgesetzes ist es, nachhaltig die Funktionen des Bodens zu sichern oder wiederherzustellen. Hierbei treten für das Facility Management die Pflichten in den Vordergrund, einerseits den Boden vor schädlichen Einflüssen zu schützen und andererseits Maßnahmen zur Abwehr zukünftiger schädlicher Einflüsse zu treffen.

3 Der normative Rahmen des Facility Managements

Einschlägige Rechtsgrundlagen:
- Bundes-Bodenschutzgesetz (BBodSchG)
- Bundes-Bodenschutz- und Altlastenverordnung (BBodSchV)

3.4.7.4 Der Gewässerschutz

Der Begriff des Gewässers umfasst alles in der Natur oberirdisch fließende oder stehende Wasser, einschließlich des Gewässerbettes und des Grundwassers sowie der Ökosysteme des sich anschließenden Talraums, usw.[86].

Hierbei tritt der Gewässerschutz besonders mit der Entsorgung von Abwasser in den Vordergrund, da die Verschmutzung der Gewässer zu einem großen Teil durch öffentliche und industrielle Abwässer verursacht wird. Um dies zu vermeiden wird diesem Umstand durch entsprechende Anforderungen an die umweltgerechte Abwasserbeseitigung entgegengewirkt.

Einschlägige Rechtsgrundlagen:
- Wasserhaushaltsgesetz (WHG)
- Abwasserverordnung (AbwV)

---

[86] Sparwasser R./Engel R./Voßkuhle A. (2002), §8.

4

Kaufmännisches Gebäudemanagement

4.1 Einführung

Die Leistungen eines Facility Managers beschränken sich nicht mehr nur auf die technischen Gegebenheiten eines Gebäudes. Die kaufmännischen Aspekte des FM gewinnen immer mehr an Bedeutung. Die Dienstleistung an der Immobilie, deren Verwaltung, Kosten- und Nutzungsoptimierung und die professionelle Bewirtschaftung sind sowohl für Immobilienunternehmen als auch für Non Property Companies von zentraler Bedeutung. Vor diesem Hintergrund ist es erforderlich, die relevanten betriebswirtschaftlichen Disziplinen wie bspw. Kostenrechnung und Controlling auf das FM zu übertragen.

Die Funktionen und Prozesse des kaufmännischen Facility Managements unter besonderer Beachtung der Objektbuchhaltung, der darauf aufbauenden Kosten- und Leistungsrechnung und des sich dieser Elemente bedienenden Controllings sollen definiert werden, insbesondere das Betriebskosten-Management, das Benchmarking sowie das Vertragsmanagement. Diese drei Management-Prozesse sind aus heutiger Sicht für ein effizientes FM unumgänglich geworden.

Zur Hauptaufgabe des kaufmännischen Gebäudemanagements gehört die Sicherstellung der Wirtschaftlichkeit des Gebäudebetriebs. Die Wirtschaftlichkeit wird verstanden als Maximierung des Nutzens oder Minimierung der Kosten bezüglich der Immobilie. Zur Erreichung dieser Ziele bedarf es folgender Instrumente:

- Gebäudebezogene Objektbuchhaltung
- Kostenrechnung
- Vertragsmanagement
- Controlling

Zwischenziele für das Erreichen der Hauptziele sind Kosten- und Kontentransparenz in der Objektbuchhaltung und der Kostenrechnung, Optimierung und Standardisierung der Prozesse im Vertragsmanagement von der Verhandlung bis zur Vergabe, Leistungskontrolle und gegebenenfalls vertragliche Anpassungen an neue Leistungsspektren während der Nutzung. Weitere Zwischenziele im Bereich des Controlling sind die Feststellung von Abweichungen, die Umsetzung strategischer Ziele und die Unterstützung sämtlicher Zwischenziele der Objektbuchhaltung, der Kostenrechnung und des Vertragsmanagements.

4.2 Objektbuchhaltung

4.2.1 Allgemeine Grundlagen der Objektbuchhaltung

Das betriebliche Rechnungswesen ist gesetzlich zwingend vorgeschrieben. Durch systematische Erfassung der einzelnen Geschäftsvorfälle und deren

Buchungen bildet das Rechnungswesen das Unternehmensgeschehen wertmäßig ab.[87]

Auf dem buchhalterischen Rechnungswesen, respektive den Soll- und Haben-Konten, der Gewinn- und Verlustrechnung und der Bilanz, bauen die Kostenrechnung und das anschließende Controlling auf.

Soll- und Haben-Konten

In der Buchhaltung müssen sämtliche Ausgaben, Abschreibungen und Bestandsreduzierungen auf der Soll-Seite und Bestandserhöhungen und alle Einnahmen auf der Haben-Seite ausgewiesen werden.[88]

Innerhalb des **Kontenrahmens** wird zwischen Konten und Kontenklassen unterschieden, d. h. Umsatzerlöse aus der Hausbewirtschaftung, andere aktivierte Eigenleistungen und sonstige betriebliche Erträge sind bspw. in der Kontenklasse Erträge erfasst.

Die Gewinn- und Verlustrechnung

Zum Abschluss eines Geschäftsjahres muss laut Steuergesetzgebung aus den gebuchten Soll- und Haben-Konten eine Gewinn- und Verlustrechnung (GuV) aufgestellt werden. In der GuV wird durch Gegenüberstellung der Soll- und Haben-Konten das Geschäftsergebnis, der Gewinn oder Verlust der berechneten Periode ermittelt[89].

Die Bilanz

Die Bilanz stellt zum Abschluss eines Geschäftsjahres die Vermögens- und Kapitalzusammensetzung dar und besteht aus einer Aktiv- und einer Passiv-Seite.

Die **Aktiv-Seite** beinhaltet:

- Anlagevermögen
  In der Immobilienwirtschaft sind dies meist Grundstücke und Gebäude, technische Anlagen und Maschinen, andere Anlagen, Betriebs- und Geschäftsausstattung; sämtliche Vermögensgegenstände, die nicht zum Verkauf bestimmt sind (im Kontenrahmen Kontenklasse 0).

- Umlaufvermögen
  In der Immobilienwirtschaft sind dies meist zum Verkauf bestimmte Grundstücke und Gebäude und sämtliche Vermögensgegenstände, die zum Weiterverkauf bestimmt sind, ebenso wie offene Kundenforderungen (im Kontenrahmen Kontenklasse 1).

- Barvermögen
  Branchenübergreifend beinhaltet das Barvermögen den Kassenbestand und das Bankguthaben (im Kontenrahmen Kontenklasse 2).

---

[87] Vgl. Joos-Sachse, T.(2004), S. 8f.
[88] Vgl. Erk, W. (2004), S. 15.
[89] Vgl. ebenda, S. 17f.

Die **Passiv-Seite** besteht aus:

- Eigenkapital (EK)
Hier werden die Veränderungen des EK gegenüber dem Vorjahr in der GuV ermittelt.

- Verbindlichkeiten
Hier werden alle aufgenommenen Kredite und sonstigen Verbindlichkeiten Kapitalgebern gegenüber, sowie noch nicht beglichene Rechnungen von bspw. Lieferanten erfasst.

Die gebuchten Aufwendungen und Erträge sind die Erfolgsgrößen des externen Rechnungswesens und werden in der Finanzbuchhaltung erfasst. Sie münden in die Bilanz und in die GuV. Die Kosten und Erlöse dagegen sind die Erfolgsgrößen des internen Rechnungswesens, der Kostenrechnung und bewerten die Rentabilität betriebswirtschaftlich „korrekt"[90].

4.2.2 Prozessablauf Objektbuchhaltung Miete/Nebenkosten

Die Mietenbuchhaltung bei Immobilienunternehmen wird i. d. R. als Nebenbuchhaltung der Finanzbuchhaltung geführt. Im Rahmen der Mietenbuchhaltung werden die periodischen (monatlichen) Forderungen gegenüber den Mietern generiert, eingehende Zahlungen gebucht, Nebenkosten und Mietervorauszahlungen auf die Mieterkonten belastet, sowie bei Rückständen Mahnungen gegenüber den Mietern erstellt.

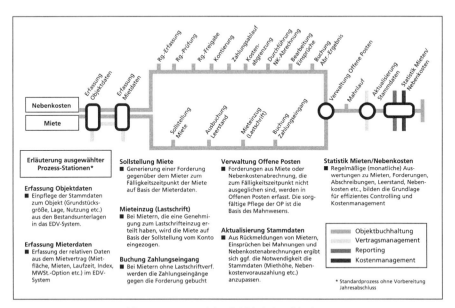

Abb. 11: Prozessablauf Objektbuchhaltung

---

[90] Vgl. Joos-Sachse, T. (2004), S. 10.

Nach Abb. 11 basiert die Objektbuchhaltung Miete/Nebenkosten auf den Stammdaten (Mietvertragsdaten etc.), die im Rahmen des Vertragsmanagements erfasst werden. Korrekte Stammdaten sind also die Voraussetzung für korrekte Buchungen in der Objektbuchhaltung. Erkenntnisse aus der Objektbuchhaltung (Widersprüche von Mietern bzgl. Mahnungen oder Nebenkostenabrechnungen) führen wiederum zu einer entsprechenden Aktualisierung der Stammdaten des Mietverhältnisses. Die im Rahmen des Vertragsmanagements und der Objektbuchhaltung generierten Stamm- und Bewegungsdaten sind die Basis für eine weitergehende Auswertung im Rahmen der Kosten- und Leistungsrechnung bzw. des Controllings.

4.2.3 Abrechnung der Betriebs- und Heizkosten

4.2.3.1 Grundlagen

Die Betriebskosten stellen eine der fünf Positionen der Bewirtschaftungskosten einer Immobilie dar. Bewirtschaftungskosten sind gem. der Definition nach § 24 Abs. 1 II. BV:

- Abschreibungen,
- Verwaltungskosten,
- Betriebskosten,
- Instandhaltungskosten,
- Mietausfallwagnis.

„Betriebskosten sind die Kosten, die dem Eigentümer (Erbbauberechtigten) durch das Eigentum am Grundstück (Erbbaurecht) oder durch den bestimmungsgemäßen Gebrauch des Gebäudes oder der Wirtschaftseinheit, der Nebengebäude, Anlagen, Einrichtungen und des Grundstücks laufend entstehen." (§ 27 Abs. 1 II. BV)

In der Wohnungswirtschaft sind Betriebs- und Nebenkosten kraft **Betriebskostenverordnung (BetrKV)** identisch und können damit als synonyme Begriffe gelten. Bei der Vermietung von Gewerberaum können die Betriebskosten (die sich sachlich definieren) und Nebenkosten (die sich durch Vertrag definieren) im Einzelfall mehr oder weniger differieren (vgl. Abb. 12).

Den Abrechnungsmaßstab können die Parteien bei Abschluss des Mietvertrages festlegen. Fehlt eine solche Vereinbarung, sind die Betriebskosten, die von einem erfassten Verbrauch oder einer erfassten Verursachung abhängen, nach Verbrauch, ansonsten gem. § 556a Abs. 1 BGB nach dem Anteil der Wohnfläche umzulegen. Der Vermieter/Eigentümer/Verwalter kann auch bei anderer vertraglicher Regelung zu Beginn eines Abrechnungszeitraumes einseitig bestimmen, dass Betriebskosten nach Verbrauch abgerechnet werden (§ 556a Abs. 2 BGB).

Die Heizkostenverordnung gilt für die Verteilung der zentralen Heizungs- und Warmwasserkosten. Darunter fallen z. B. die Brennstoffkosten, die Prüf- und Wartungskosten für Heizanlagen, die Kosten der Reinigung der Anlage und die Kosten der Verbrauchserfassung. Diese Kosten sind zu mindestens 50 %,

4.2 Objektbuchhaltung

	Nebenkosten	
Betriebskosten		
Kosten, die definitionsgemäß als Betriebskosten gelten, deren Umlage vertraglich aber <u>nicht</u> vereinbart ist, sind: – Betriebskosten – keine Nebenkosten	Kosten, die definitionsgemäß als Betriebskosten gelten und deren Umlage vertraglich vereinbart ist, sind: – Betriebskosten – Nebenkosten	Kosten, die definitionsgemäß <u>nicht</u> als Betriebskosten gelten, deren Umlage vertraglich aber vereinbart ist, sind: – keine Betriebskosten – Nebenkosten

Abb. 12: Abgrenzung zwischen Betriebs- und Nebenkosten nach GEFMA/gif 210-1

maximal 70 % nach dem erfassten Verbrauch, die übrigen nach der Wohnfläche zu verteilen. Diese Erfassung erfolgt meist durch die so genannten Heizkostenverteiler.

Die Vorauszahlungen sind jährlich, nicht notwendig kalenderjährlich, spätestens aber 12 Monate nach Ablauf des Abrechnungszeitraumes, über die Betriebskostenvorauszahlungen vom Vermieter abzurechnen (§ 556 Abs. 3 BGB).[91] Sollte der Vermieter die Abrechnung innerhalb einer Frist von 12 Monaten nicht vorgelegt haben, ist dieser nicht mehr berechtigt eine Nachforderung geltend zu machen, es sei denn, er hat die verspätete Geltendmachung nicht zu vertreten.

Folgende auf den Mieter umlegbaren Betriebskosten, die im wohnungswirtschaftlichen Bereich bei einem normalen Gebäudebetrieb anfallen, können nach der BetrKV auf den Mieter umgelegt werden:

- Laufende, öffentliche Lasten
- Kosten der Wasserversorgung
- Kosten der Entwässerung
- Heizkosten
- Warmwasserkosten
- Kosten für verbundene Heiz- und Warmwasserversorgungsanlagen
- Aufzugskosten
- Straßenreinigungskosten und Müllgebühren
- Kosten für Hausreinigung und Ungezieferbekämpfung
- Kosten der Gartenpflege
- Kosten der Beleuchtung
- Schornsteinreinigungskosten
- Kosten für Sach- und Haftpflichtversicherung

---
[91] Vgl Gondring, H. (2004), S. 492.

- Hauswartkosten
- Kosten für Gemeinschaftsantenne und Breitbandkabel
- Kosten für die maschinelle Wascheinrichtung
- Sonstige Betriebskosten

Im Bereich der gewerblichen Immobilien gibt es keine bestimmte Regelung, welche Betriebskosten auf den Mieter umgelegt werden dürfen. In Gewerbemietverträgen werden daher meist die Kosten der BetrKV zuzüglich weiterer Kostenarten vereinbart. Dies beinhaltet zusätzlich die Umlage der Kosten für Instandhaltung der Immobilie, der Kosten der Verwaltung sowie sonstige Sonderkosten auf den Mieter. Jedoch wird häufig, um Flächenleerstand zu vermeiden, auf die Umlage der Instandsetzung verzichtet. Im Wohnraummietrecht wird diese Umlage gem. BetrKV ausgeschlossen.

Instandhaltung nach DIN 31051		
Inspektion	Wartung	Instandsetzung
Auf den Wohnungsmieter umlegbar gem. BetrKV		
Auf den gewerblichen Mieter umlegbar gem. „BetrKV +"		

Abb. 13: Umlegbarkeit der Kosten der Instandhaltung[92]

Im gewerblichen Mietbereich können u. a. zusätzlich zu den 17 Kostenarten der BetrKV folgende Betriebskosten auf den Mieter umgelegt werden:

- Bewachungskosten
- Brandschutzprüfung
- Brandschutztechnik (Prüfung der Feuerlöscher etc.)
- Dachrinnenreinigung
- Druckerhöhungsanlage für die Frischwasserversorgung
- Erbbauzinsen
- Instandhaltungsrücklage
- Notstromanlagen für die Sicherheitsbeleuchtung von Rettungswegen
- Öltankdichtigkeitsprüfung
- Öltankreinigung
- Pflege des Gründachs
- Verwaltungskosten
- Wartung der Hebeanlage für die Entwässerung
- Wartung und Prüfung der Blitzschutzanlagen und Rückstausicherung etc.

---

[92] Vgl. Gondring, H. (2004), S. 493.

4.2 Objektbuchhaltung

Hinsichtlich der rechtlichen Grundlagen für die Definition und Aufstellung von Betriebskosten oder für die Umlage von Betriebskosten als Mietnebenkosten bei gewerblichen Mietverhältnissen gilt nach GEFMA/gif-Richtlinie 210-1:[93]

- Aus dem Mietrecht des BGB finden die Allgemeinen Vorschriften für Mietverhältnisse (§§ 535–548) Anwendung. Aussagen über Betriebskosten finden sich im BGB jedoch nur für Wohnraummietverhältnisse: *„Die Vertragsparteien können vereinbaren, dass der Mieter Betriebskosten im Sinne des § 19 Abs. 2 des Wohnraumförderungsgesetzes trägt. Bis zum Erlass der Verordnung nach § 19 Abs. 2 Satz 2 des Wohnraumförderungsgesetzes ist hinsichtlich der Betriebskosten nach Satz 1 § 27 der Zweiten Berechnungsverordnung anzuwenden."* (§ 556 Abs. 1 BGB). *„Eine zum Nachteil des Mieters von Absatz 1, Absatz 2 Satz 2 oder Absatz 3 abweichende Vereinbarung ist unwirksam."* (§ 556 Abs. 4 BGB). Über Betriebskosten in gewerblichen Mietverhältnissen sind im BGB keinerlei Aussagen enthalten.
- Der Begriff „Nebenkosten" ist im Gesetz nicht definiert.
- Das Wohnraumförderungsgesetz (WoFG), die Zweite Berechnungsverordnung (II. BV) sowie die Betriebskostenverordnung (BetrKV) finden bestimmungsgemäß keine Anwendung für gewerblichen Mietraum. Gleiches gilt für die Neubaumietenverordnung (NMV) sowie das Wohnungsbindungsgesetz (WoBindG).
- Mangels anderer zwingend anzuwendender gesetzlicher Bestimmungen gilt der Grundsatz der Vertragsfreiheit. Die Vertragsparteien können in einem gewerblichen Mietvertrag Nebenkostenregelungen vereinbaren, die von der BetrKV/II.BV gänzlich abweichen oder diese in wesentlichen Punkten ergänzen.
- Für die Rangfolge der Regelungen gilt:
    - Bei Mietverhältnissen über Wohnraum gelten die Bestimmungen der BetrKV vorrangig gegenüber dem Mietvertrag. Im Mietvertrag abweichende Regelungen sind nichtig.
    - Bei Mietverhältnissen über Gewerberaum gilt der Mietvertrag vorrangig gegenüber der BetrKV. Im Mietvertrag abweichende Regelungen sind gültig.
- Für die Verteilung der Kosten der Beheizung und/oder Warmwasserversorgung findet die Heizkostenverordnung (HeizkostenV) Anwendung.

---

[93] Vgl. Richtline GEFMA/gif 210-1 (2006), S. 2.

… 4 Kaufmännisches Gebäudemanagement

Geltungsbereich gesetzlicher Vorschriften bei Betriebskosten

	Wohnraum	Gewerberaum
BGB	§§ 535, 556, 556a, 560	§ 535
WoFG	sofern gefördert	nein
II. BV	sofern gefördert	sofern gefördert
BetrKV	in vollem Umfang	nein
WoBindG	sofern gefördert	nein
NMV 1970	sofern preisgebunden	nein
HeizkostenV	in vollem Umfang	in vollem Umfang

Abb. 14: Geltungsbereich rechtlicher Grundlagen für Betriebskosten[94]

4.2.3.2 Verteilungsschlüssel der Nebenkostenumlage

Umlage nach Mietfläche

Der Mietflächenanteil ist der häufigste Verteilungsschlüssel für die Umlage von Betriebs- und Nebenkosten. Bei der Anwendung müssen die Vertragsparteien darauf achten,

- dass ein sachlicher Zusammenhang zwischen Kostenart, -höhe und Flächenanteil tatsächlich gegeben ist,
- dass die einzelne Fläche nicht als zu hoch angesetzt wird,
- dass die Gesamtbezugsfläche nicht als zu niedrig angesetzt wird, z. B. durch das Weglassen von Teilflächen mit dem Argument, diese hätten an den Aufwendungen keinen Anteil,
- dass für die Abrechnung einheitliche Flächenmaßstäbe verwendet werden.[95]

Für die Ermittlung der Mietfläche wird deshalb einheitlich die Richtlinie MF-G der Gesellschaft für immobilienwirtschaftliche Forschung (gif e. V.) zur Anwendung empfohlen. Eine weitere Grundvoraussetzung für die korrekte Anwendung der Kostenverteilung nach Mietfläche ist die gleichmäßige Verteilung der den Kosten zugrunde liegenden Aufwendungen über die Gesamtfläche. Sollte dies nicht der Fall sein, z. B. weil innerhalb der Gesamtfläche sehr unterschiedliche Teilflächennutzungen auftreten, so sollen diese zunächst (ggf. mittels zusätzlicher Zahleinrichtungen) getrennt erfasst und erst danach unter ähnlich genutzten Teilflächen verteilt werden (Vorautteilung).

---

[94] Vgl. Richtline GEFMA/gif 210-1 (2006), S. 2.
[95] Vgl. ebenda, S. 7.

4.2 Objektbuchhaltung

Umlage nach Raumvolumen

Die Flächenumlage stößt an ihre Grenzen bzw. führt zu falschen Ergebnissen, wenn die zu verteilenden Aufwendungen stark durch das Raumvolumen beeinflusst werden (z. B. bei Belüftung und Klimatisierung) und

> - innerhalb der Gesamtfläche starke Unterschiede der Raumhöhen auftreten,
> - innerhalb der Gesamtfläche Vollgeschosse und Dachgeschosse mit schrägen Wänden vorkommen.

In solchen Fällen soll die Umlage entweder vollständig nach Raumvolumen erfolgen oder die unterschiedliche Raumhöhe durch Korrekturfaktoren berücksichtigt werden. Wegen des zusätzlichen Berechnungsaufwandes kommt die Umlage nach Raumvolumen aber nur in berechtigten Ausnahmefällen zur Anwendung.

Umlage nach Zahl der Mieteinheiten

Bei einigen Betriebskostenarten ist die Höhe der Aufwendungen nicht von der Größe der einzelnen Mieteinheiten abhängig, sondern von deren Anzahl. In diesen Fällen ist eine Umlage nach Anzahl der Mieteinheiten das richtige Umlageverfahren mit den geringsten Fehlerrisiken.

Gemischte Verteilungsschlüssel

Gemischte Verteilungsschlüssel haben sich für solche Betriebskostenarten bewährt, bei denen eine direkte und alleinige Abhängigkeit der Aufwendungen von einer einzelnen Messgröße nicht gegeben ist. In diesen Fällen werden die Aufwendungen zunächst gesplittet und die beiden Teile anschließend nach verschiedenen Schlüsseln umgelegt Eine solche Vorgehensweise ist in der Heizkostenverordnung (HeizkostenV) für die Umlage von Heizkosten gesetzlich vorgeschrieben:

(1) Von den Kosten des Betriebs der zentralen Heizungsanlage sind mindestens 50 vom Hundert, höchstens 70 vom Hundert nach dem erfassten Wärmeverbrauch der Nutzer zu verteilen.
(2) Die übrigen Kosten sind nach der Wohn- oder Nutzfläche oder nach dem umbauten Raum zu verteilen; es kann auch die Wohn- oder Nutzfläche oder der umbaute Raum der beheizten Räume zugrunde gelegt werden (§ 7 Abs. 1 HeizkostenV).

Eine analoge Regelung gilt für Warmwasser:

Von den Kosten des Betriebs der zentralen Warmwasserversorgungsanlage sind mindestens 50 vom Hundert, höchstens 70 vom Hundert nach dem erfassten Warmwasserverbrauch, die übrigen Kosten nach der Wohn- oder Nutzfläche zu verteilen (§ 8 Abs. 1 HeizkostenV).

4 Kaufmännisches Gebäudemanagement

Umlage bei Teil-Leerständen

Anteilige Betriebs- und Nebenkosten für leerstehende Flächen gehen zu Lasten des Vermieters. Eine Reduzierung der Gesamtbezugsfläche um leerstehende Flächen zwecks Umlage sämtlicher Nebenkosten ausschließlich auf die genutzten, vermieteten Flächen ist unzulässig.[96]

4.2.3.3 Fallbeispiel Nebenkostenabrechnung

Im kaufm. Gebäudemanagement eines Facility Management-Dienstleisters ist die Nebenkostenabrechnung für ein gemischt genutztes Objekt für das Kalenderjahr 2011 vorzubereiten. Es liegen die folgenden Daten vor:

Gesamtmietfläche:	1.000 m²
Wohnfläche:	200 m² (zwei Mieter mit je 100 m²)
Gewerbefläche:	800 m² (ein Büromieter)

Angefallene Kosten in 2011:	
Grundsteuer:	6.000 EUR
Reinigung d. Allgemeinflächen:	3.000 EUR
Betrieb u. Wartung d. Aufzugs:	1.800 EUR
Betrieb u. Wartung d. Sprinklers:	1.200 EUR
Umlegbare Hauswartdienste:	3.600 EUR
Heizung/Warmwasser:	4.800 EUR
Kaufm. Verwaltungskosten:	3.600 EUR
Gesamtkosten:	24.000 EUR

Während mit den Wohnungsmietern die Abrechnung der Betriebskosten nach der Betriebskostenverordnung (BetrKV) vereinbart wurde und diese eine Vorauszahlung von 1,50 EUR/m² und Monat geleistet haben, ist mit dem Büromieter eine Nebenkostenvorauszahlung i.H.v. 2,00 EUR/m² und Monat bzgl. aller o.g. Kostenpositionen vereinbart.

Die Gesamtkosten für Heizung und Warmwasser betrugen 2011 4.800 EUR. Eine verbrauchsabhängige Messung ergab folgende Kostenanteile:

Verbrauch Wohnungsmieter 1:	20,8 %
Verbrauch Wohnungsmieter 2:	14,6 %
Verbrauch Büromieter:	64,6 %

---

[96] Vgl. Richtlinie GEFMA/gif 210-1 (2006), S. 7.

4.2 Objektbuchhaltung

Fragestellung:

(1) Berechnen Sie die Betriebs- bzw. Nebenkosten, die auf die einzelnen Mieter umlegbar sind, sowie die daraus entstehenden Nachzahlungen bzw. Gutschriften für die einzelnen Mieter in 2011!
(2) In welcher Höhe muss der Eigentümer angefallene Betriebs- bzw. Nebenkosten selbst tragen?
(3) Wohnungsmieter 1 macht geltend, er sei durch seine Lage im Erdgeschoss benachteiligt und möchte deswegen eine 25 %ige Reduzierung der Heizkostenumlage erreichen. Wie argumentieren Sie als Facility Manager?
(4) Was ist zu beachten, wenn statt der lfd. Abrechnung der Nebenkosten eine Nebenkostenpauschale i.H.v. 1.250 EUR pro Monat mit dem Büromieter vereinbart ist?

Lösungsansatz:

(1) Die Verteilung der Kosten ermittelt sich für die Wohnungsmieter nach der BetrKV und für den Büromieter nach der entsprechenden Vereinbarung im Mietvertrag. Für die Verteilung der Heizkosten ist für alle Mieter gleichermaßen die Heizkostenverordnung maßgeblich.

Mieter	Wohnung 1	Wohnung 2	Büro	Umlage	Gesamt
Fläche (m²)	100	100	800		1000
Flächenanteil	0,1	0,1	0,8		1,0
Kostenverteilung (EUR p.a.)					
Grundsteuer	600	600	4.800	6.000	6.000
Reinigung	300	300	2.400	3.000	3.000
Aufzugswartung	180	180	1.440	1.800	1.800
Sprinklerwartung	0	0	960	960	1.200
Hauswart	360	360	2.880	3.600	3.600
Heizung 50% nach Verbrauch	500	350	1.550	2.400	2.400
Heizung 50% nach Fläche	240	240	1.920	2.400	2.400
Verwaltung	0	0	2.880	2.880	3.600
Gesamt	2.180	2.030	18.830	23.040	24.000
Ermittlung Gutschrift/Nachzahlung (EUR)					
Erhaltene Vorauszahlung	1.800	1.800	19.200	22.800	
Umgelegte Kosten	2.180	2.030	18.830	23.040	
Gutschrift (+) / Nachzahlung (-)	- 380	- 230	370	- 240	

Keine Betriebskosten gem. BetrKV (Sprinklerwartung, Verwaltung)

Abb. 15: Lösungsvorschlag Nebenkostenabrechnung

(2) Der Eigentümer hat Kosten i.H.v. 24.000 EUR – 23.040 EUR = 960 EUR selbst zu tragen.
(3) Durch den gemischten Verteilungsschlüssel bei der Verteilung der Heizkosten soll u. a. solchen Fällen Rechnung getragen werden. Dem Wohnungsmieter kann leider keine Ermäßigung zugestanden werden.
(4) Die Pauschale sollte zukünftig auf den aktuellen Abrechnungswert von 1.570 EUR pro Monat angepasst und die Abrechnungsdifferenz von 18.830 – (1.250 x 12 = 15.000) = 3.830 EUR sollte rückwirkend für das Kalenderjahr 2011 gegenüber dem Büromieter geltend gemacht werden. Die Möglichkeit

zur (rückwirkenden) Anpassung einer Pauschale muss dafür jedoch im Mietvertrag vereinbart worden sein.

4.3 Vertragsmanagement

4.3.1 Gewerbemietvertragsmanagement

In der Mietverwaltung orientiert sich der Aufgabenbereich zunächst an dem durch den Verwaltervertrag bestimmten Leistungskatalog, der sich auf die kaufmännischen, technischen und infrastrukturellen Aspekte des Facility Managements bezieht.

4.3.1.1 Einpflege in die EDV

Die DV-technische Erfassung und die Dokumentation von relevanten Mietvertragsdaten erfolgen zu Beginn eines Mietvertrages mit vordefinierten Eckdaten, z. B.: allgemeine Angaben zum Mieter (Name des Mieters, Anschrift, Telefonnummer, Kontoverbindung, etc.), allgemeine Angaben zum Objekt (Straße, Hausnummer, Stadt/Ort, Stadt-/Ortsteil, Stockwerk, Mietfläche, etc.), die Laufzeit des Vertrages in Verbindung mit Kündigungsfristen, die exakte Flächenzuordnung, Mietkonditionen für die Grundmiete, die vereinbarten Betriebskosten, Umsatzsteuer-Optionssätze, die Vertragshistorie und ggf. das Vertragsdokument in digitaler Form.

Der Prozess des Mietvertragsabschlusses sollte von der Angebotserstellung bis hin zur Beendigung des Vertrages durch Nutzung von CAFM- oder anderen Vertragsmanagement-Systemen unterstützt und dokumentiert werden. Kommt es während der Vertragslaufzeit zu Änderungen im Mietvertrag, so müssen diese im EDV-System geändert werden. Ein Beispiel hierfür ist die Änderung der Fläche aufgrund eines neuen Aufmaßes. Dadurch können Auswertungen in Bezug auf die Überwachung von Kündigungsfristen, die Übersicht über die Leerstände sowie die auslaufenden Verträge und die Vorschau auf Erlöse aus bestehenden Mietverhältnissen erstellt werden.

4.3.1.2 Elemente des Mietvertragsmanagements

Der Vermieter verpflichtet sich durch Abschluss eines Mietvertrages dem Mieter die vermietete Sache in einem Zustand zu überlassen, der für den im Vertrag geregelten Verbrauch geeignet ist und diesen Zustand während der Vertragslaufzeit zu erhalten. Im Gegenzug ist der Mieter verpflichtet, einen im Mietvertrag bestimmten Mietzins an den Vermieter zu entrichten. Objekte eines Mietvertrages können Räume, wie z. B. Wohn- oder Gewerberäume, oder bewegliche Sachen sein.

Abschluss eines Mietverhältnisses

Wie beim Wohnraummietrecht ist der Abschluss eines Gewerberaummietvertrages grundsätzlich formlos möglich. Wenn der Vertrag jedoch für länger als ein Jahr abgeschlossen werden soll, schreibt das Gesetz die Schriftform vor.

Parteien des Mietverhältnisses

Die Parteien eines Mietvertrages sind eindeutig festzulegen. Besondere Beachtung findet dies bei Personenmehrheiten. In diesem Fall sollte sichergestellt werden, dass alle Personen, die Vertragspartner sein sollen, im Mietvertrag aufgenommen werden. Dies ist für den Vermieter von Vorteil, da alle als Vertragspartner aufgeführten Personen gesamtschuldnerisch haften und er gegenüber allen sein Vermieterpfandrecht geltend machen kann. Zur Kontrolle der genauen Firmenbezeichnung und Zeichnungsberechtigung ist es empfehlenswert einen Handelsregisterauszug einzuholen. Bei Einzelfirmen sollte nicht nur die Firmenbezeichnung, sondern auch der Name des Inhabers oder Geschäftsführers mit Vornamen und Anschrift im Mietvertrag erfasst werden.

Mietobjekt

Das Mietobjekt ist idealerweise im Mietvertrag exakt bezeichnet (Ort, Straße, Stockwerk, Nummer der Mieteinheit bzw. Wohnung). Es sollten auch die mitvermieteten Nebenräume, wie z. B. Keller, Lager, Garagen, genau aufgeführt werden. Zusätzlich wird sinnvoller Weise noch ein Lage- oder Grundrissplan beigefügt, aus dem der Mietgegenstand ersichtlich ist[97].

Mietzins

Der Mieter ist verpflichtet, dem Vermieter den vereinbarten Mietzins für die Überlassung der Mietsache zu entrichten. Die Höhe des Mietzinses für gewerbliche Mietverhältnisse ist grundsätzlich frei vereinbar, sofern kein auffälliges Missverhältnis zur ortsüblichen Vergleichsmiete festzustellen ist.

Wird in einem Gewerberaummietvertrag eine Umsatzmiete vereinbart, so hat der Mieter als Mietzins einen bestimmten Prozentsatz des jeweils erzielten Umsatzes aus der gewerblichen Nutzung der überlassenen Räume zu bezahlen. Wichtig ist es, den Umsatzbegriff genau zu definieren. Vertragsgrundlage ist üblicherweise der Nettoumsatz ohne Mehrwertsteuer. Der Mieter unterliegt durch die Vereinbarung einer Umsatzmiete keiner Betriebspflicht und auch nicht der Verpflichtung möglichst hohen Umsatz zu erzielen. Dem Vermieter ist daher ausdrücklich die vertragliche Vereinbarung einer Betriebspflicht zu empfehlen. Dies gibt dem Vermieter die Sicherheit, dass der Mieter bei Verstoß gegen die Betriebspflicht den Mietzins zahlen muss, der bei einer entsprechenden Nutzung fällig wäre.

Mietkaution

Grundsätzlich können die Parteien die Höhe der Mietkaution frei vereinbaren. Deshalb ist es ratsam, dass Vermieter und Mieter eine genaue Regelung über die Höhe und Verzinsung der Kaution treffen. I. d. R. eröffnet der Vermieter ein Sparkonto auf den Namen des Mieters oder der Mieter erbringt die Kaution in Form einer Bankbürgschaft.

---

[97] Vgl. Gondring, H. (2004), S. 590f.

Es kommt aber dennoch häufig vor, dass als Kaution drei Monatsmieten vereinbart werden. Unter dem Begriff „Monatsmiete" wird der monatliche Nettomietzins inklusive der Nebenkostenvorauszahlungspauschale und gegebenenfalls zuzüglich Umsatzsteuer verstanden, sofern vertraglich nichts anderes geregelt ist. Bei der Beendigung des Mietverhältnisses hat der Mieter einen Anspruch auf die Rückgabe der Kaution. Die Kautionsrückgabe erfolgt, wenn sichergestellt ist, dass dem Vermieter keine Ansprüche mehr zustehen, für die er die Kaution einbehalten darf. Die Frist, in der die Kaution zurückgezahlt werden muss, beträgt i. d. R. 3–6 Monate, bei Geschäftsräumen sogar auch bis zu einem Jahr.[98]

Mietveränderungsvereinbarungen

Eine Staffelmietvereinbarung im Gewerbemietrecht unterliegt nicht denselben Beschränkungen wie im Wohnraummietrecht. Im Wohnraummietrecht muss der Mietzins immer ein Jahr unverändert bleiben und betragsmäßig ausgewiesen sein. Im Gewerberaummietrecht kann sowohl ein bestimmter Prozentsatz als auch ein fester Erhöhungsbetrag vereinbart werden. Der mieterhöhungsfreie Zeitraum zwischen den einzelnen Staffeln ist frei vereinbar. Weicht der vereinbarte Mietzins im Laufe der Zeit erheblich von der Entwicklung des marktüblichen Mietzinses ab, führt dies nicht zu einer Anpassungsmöglichkeit der benachteiligten Vertragspartei.

Preisklauseln dienen der Anpassung der Höhe der Zahlungsverpflichtungen des Mieters an eine veränderte Marksituation. Eine Preisklausel liegt vor, wenn eine Anpassung des Mietzinses für die Parteien vereinbart ist und als Wertmesser an eine bestimmte Bezugsgröße angeknüpft wird.

Beendigung eines Mietverhältnisses

Es gibt verschiedene Möglichkeiten ein Mietverhältnis zu beenden (z. B. durch Zeitablauf bei befristeten Mietverträgen oder durch einen Aufhebungsvertrag). Soll ein Gewerberaummietvertrag durch eine Kündigung beendet werden, ist zu unterscheiden zwischen der ordentlichen Kündigung nach § 580a Abs. 1 Nr. 3 BGB, der außerordentlichen fristgerechten Kündigung und der außerordentlichen fristlosen Kündigung nach § 543 BGB.

Abnahme der Mietsache

Im Mietvertrag wird festgelegt, in welchem Zustand Räume zurückzugeben sind. Maßgeblich ist der vertragsgemäße Zustand. Wenn durch den Mieter Einbauten vorgenommen wurden, sind diese unter Wiederherstellung des ursprünglichen Zustandes zu entfernen, sofern im Mietvertrag nicht anderes festgelegt ist. Der Vermieter kann verlangen, dass die Einbauten verbleiben, allerdings nur, wenn er den Mieter angemessen entschädigt. Es empfiehlt sich bei Übergabe der Miträume ein Protokoll zu fertigen, um nach mehreren Jahren Vertragslaufzeit einen Nachweis über den vertragsgemäßen Zustand der Flächen führen zu können.

---

[98] Vgl. Gondring, H. (2004), S. 595ff.

Soweit der Mieter die Räume nicht in vertragsgemäßem Zustand zurückgibt, ist es erforderlich, dass der Vermieter den Mieter auffordert, binnen angemessener Frist nicht ausgeführte Schönheitsreparaturen auszuführen und Schäden zu beseitigen bzw. Rückbauten vorzunehmen. Erledigt der Mieter diese Arbeiten nicht, so entsteht grundsätzlich ein Schadensersatzanspruch des Vermieters. Seine Ansprüche muss der Vermieter binnen 6 Monaten verfolgen, um die Verjährung zu vermeiden. Durch die Kaution kann der Vermieter nach Ende des Mietverhältnisses offene Posten, sowie die eventuell anfallenden Renovierungsarbeiten abdecken.

4.3.2 Vertragsmanagement von Dienstleistungsverträgen

Für Facility Management-Dienstleistungen bestehen diverse Prozessaspekte in Verträgen. Das bedeutet,
- dass Termine innerhalb von Verträgen verwaltet werden müssen,
- dass die inhaltliche Erfüllung von Verträgen und die ordentliche Leistungserbringung zu überwachen ist und
- dass auslaufende Verträge rechtzeitig neu geschlossen werden müssen.[99]

Im Gegensatz zu Kaufverträgen für z. B. Material oder auch Büroeinrichtungen ändern sich bei FM-Dienstleistungen die Vertragsobjekte und somit auch das Vertragsmanagement. Dadurch ist eine andere Art von Vertragsentwicklung und Vertragsmanagement zwingend notwendig. Die Dynamik der Bedarfsänderung muss von einer hohen Anpassungsfähigkeit begleitet werden.

4.3.2.1 Verantwortliche für die Vertragsarbeit

Für das Vertragsmanagement ist in gewachsenen Unternehmensstrukturen i. d. R. der Einkauf zuständig. Bei FM-Dienstleistungen sind oftmals die Schnittstellen nicht eindeutig festgelegt und es gibt Aufgaben, die nur von mehreren Funktionsbereichen gemeinsam gelöst werden können. Hier empfiehlt es sich, eine Organisationsform mit einer klaren Teamverantwortung um der Vertragsarbeit gerecht werden zu können. Dabei sind verschiedene Bereiche am Management von FM-Verträgen beteiligt.

Facility Management

Hierzu gehören die Bereiche des kaufmännischen und technischen Gebäudemanagements und einzelne technische Fachabteilungen. Sie haben als unmittelbarer Nutzer der Leistungen die wichtige Aufgabe der Abnahme und damit der Qualitätsüberwachung.

Einkauf

Die Verantwortung der Einkaufsabteilung bei FM-Verträgen geht über die gewohnten Anforderungen hinaus, da sie die Mitwirkungspflicht bei der Prü-

---
[99] Vgl. Krimmling, J. (2005), S. 127.

fung, die Bedarfsformulierung, die Anpassung des Vertragswerks an die öffentlich-rechtlichen und vertragsrechtlichen Anforderungen und die Planung eines effizienten Vertragsmanagements einschließt.

Interne Fachleute

Am häufigsten werden in Unternehmen Juristen, Versicherungsfachleute oder Steuerexperten für die Vertragsentwicklung und zur Hilfe bei Vertragsstörungen hinzugezogen.

Externe Fachleute

Nicht jedes Unternehmen verfügt über eine eigene Fachabteilung im juristischen, steuerlichen oder technischen Bereich. Diese, meist kleineren Unternehmen, bedienen sich daher der externen Unterstützung von Rechtsanwälten, Beratern und Ingenieurbüros.

Vertragsteam

Die betroffenen Bereiche für die Vertragsentwicklung und Vertragsnutzung sollten alle offiziell in ein Vertragsteam eingebunden werden, das sich regelmäßig abstimmt und Anpassungsnotwendigkeiten kommuniziert. Eine eindeutige Aufgaben- und Kompetenzverteilung innerhalb des Vertragsteams erleichtert ein wirksames Vertragsmanagement.

4.3.2.2 Methoden und Werkzeuge der Vertragsarbeit

Prozesse des Vertragsmanagements

Zu den Standardwerkzeugen der Vertragsarbeit des FM gehören vorab festgelegte Prozesse. Sie unterstützen die Erstellung einer lückenlosen Dokumentation und sind Teil des Qualitätsmanagements.

Software für das Vertragsmanagement

Im Vertragsmanagement bezieht sich die Software-Unterstützung auf mehrere Ebenen. Auf der Unternehmensebene wird ein **ERP-System** genutzt, das mit einem **CAFM-System** verbunden ist. An dieses CAFM-System werden noch unterschiedliche **Spezialsysteme** angebunden wie z. B. Schlüsselverwaltung, Fuhrparkmanagement oder Rechtsinformationen zur Instandhaltung und zur Betreiberverantwortung. Existiert eine **Wissensdatenbank**, so wird hier das generelle Wissen des FM über die Methoden, die Werkzeuge, Märkte u. a. gespeichert. Eine **Projektdatenbank** wird ausschließlich für die Unterstützung eines großen Projektes konzipiert, das mit den vorhandenen DV-Systemen nicht adäquat unterstützt werden könnte (vgl. dazu auch Kapitel 14 DV-Unterstützung im FM).

Dokumentation im Vertragsmanagement

Aufgrund der vielen Beteiligten und der großen Zahl von Einzelaktivitäten die ein FM-Projekt umfasst, ist eine zuverlässige Dokumentation unerlässlich. Müssen verschiedene Bearbeiter auf bestimmte Dokumente zugreifen können, sind diese in einer Projektdatenbank zu speichern. Eine Einschränkung des Zugriffs wird dann notwendig, wenn es sich um personenbezogene Daten oder vertrauliche Informationen handelt.

Vertragsarchivierung

Vor der Archivierung muss geprüft werden, welche Informationen für noch folgende Projekte von Nutzen sein könnten. Solche Informationen gehören dann in eine so genannte Wissensdatenbank. Die Aufbewahrungsfrist von Projektunterlagen ist zu prüfen. Es besteht die Möglichkeit, dass aus vertragsrechtlichen Gründen oder aufgrund der Absicherung von rechtlich relevanten Sachverhalten für manche Dokumente eine längere Aufbewahrungsfrist angebracht ist.[100]

4.3.2.3 Vertragsdauer

Im Gegensatz zu früheren Dienstleistungsverträgen, die meist nur für ein Jahr oder unbefristet mit kurzen Kündigungsfristen abgeschlossen wurden, werden die heutigen FM-Verträge, da die Dienste immer komplexer werden und mit wachsender Abhängigkeit der Vertragspartner verbunden sind, i. d. R. auf einen längeren Zeitraum geschlossen. Mit wachsender Laufzeit sind die Verträge häufiger an veränderte Anforderungen des Auftraggebers und Änderungen des Umfeldes anzupassen. Eine umfangreiche Überwachung und Pflege wird erforderlich und es erfordert höhere Personal- und Sachinvestitionen der Vertragsparteien zur Erfüllung bzw. Kontrolle des Vertragsinhalts.

Wird ein Vertrag über eine einfache Dienstleistung geschlossen werden überwiegend Verträge mit einer kurzen Laufzeit gewählt. So können sie jederzeit auf einen anderen Dienstleister übertragen werden. Sofern Vertragsabschlüsse hohe Vorlaufkosten für Auftraggeber bzw. Auftragnehmer mit sich bringen, oder wenn ein hoher Einarbeitungsaufwand betrieben werden muss, sind Verträge mit einer mittleren Vertragslaufzeit von 3–4 Jahren angebracht.

Eine Laufzeit von fünf und mehr Jahren wird vertraglich vereinbart, wenn der Auftraggeber hierfür besondere Gründe hat (Personalübertragung an den Auftragnehmer etc.), oder wenn der Vertrag vom Auftragnehmer hohe Investitionen erfordert. Diese lange Vertragsdauer soll für den Auftragnehmer eine wirtschaftliche Absicherung aufgrund der hohen Investitionssumme sein. Sollte ein Auftraggeber nicht bereit sein eine so lange Vertragslaufzeit einzugehen, so besteht die Möglichkeit eine Vereinbarung über die Investitionen und die damit zusammenhängenden Dienste in einem Zusatzvertrag zu regeln. Dieser kann auch noch dann gelten, wenn der eigentliche Vertrag schon ausgelaufen ist.

---

[100] Vgl. Schneider, H. (2004), S 392ff.

4.3.2.4 Haftung und Versicherung während der Vertragslaufzeit

Haftungs- und Versicherungsfragen sind für die Entwicklung des Vertrages und auch für das Management der Versicherungsangelegenheiten während der Vertragslaufzeit wichtig. Während der Laufzeit von FM-Verträgen kommt es meist zu Änderungen der Vertragsobjekte, der Leistungen und der Risiken. Dass Subunternehmer des Auftragnehmers bzw. Versicherer in dieser Zeit ausgetauscht werden ist ebenfalls möglich. Das Management muss den Änderungsbedarf rechtzeitig erkennen und die erforderlichen Maßnahmen durchführen. Folgende Überlegungen bekommen in der Nutzungsphase große Bedeutung:

- Erhalten und Verbessern der Sicherheit.
- Einbinden neuer Objekte und Risiken in den Versicherungsschutz.
- Verringerung der Versicherungskosten.

Werden Verträge nicht explizit überwacht besteht die Gefahr eines unzureichenden Versicherungsschutzes. Dies kann durch fehlende Korrektur der Objektwerte und Zunahme von Gefahrenpotential den kompletten Entfall des Versicherungsschutzes zur Folge haben. Damit dieser Fall nicht eintritt, bedarf es Versicherungsüberprüfungen durch Auftraggeber sowie Auftragnehmer im Rahmen von Jahresgesprächen. Mögliche Änderungen die beachtet werden müssen, sind z. B.:

- Änderungen des Betriebscharakters.
- Hinzugekommene oder nicht mehr genutzte Objekte.
- Investitionen des Auftraggebers, etc.

Hieraus resultieren entweder Änderungen des Vertrages zwischen Auftraggeber und Auftragnehmers oder eben auch Änderungen der Versicherungsverträge. Um den Teilprozess Versicherungsmanagement angemessen wahrzunehmen, sollten verschiedene Prozessaktivitäten geregelt sein:

> 1: Beschreibung der Dienstleistungen und Objekte
> 2: Beschreibung der Schadensarten und Schadenshöhe
> 3: Beschreibung der gesetzlichen und vertraglichen Haftungen
> 4: Festlegung der Haftungsbegrenzung des Auftragnehmers
> 5: Klärung des Versicherungsschutzes
> 6: Versicherungskosten von Auftragnehmer/Auftraggeber
> 7: (im Schadensfall): Sicherung des Versicherungsschutzes
> 8: Anpassung der Auftragnehmer- und Auftraggeberversicherungen[101]

4.3.2.5 Vertragsbeendigung

Ein Vertrag kann durch Auslauf, durch termingerechte Kündigung und in Ausnahmefällen durch Kündigung aus wichtigem Grund oder auch durch Störung der Geschäftsgrundlage beendet werden. Bei Auslauf sowie termingerechter

---

[101] Vgl. Schneider, H. (2004), S. 428ff.

Kündigung sind die Fristen der Verträge im Rahmen des Vertragsmanagements zu überwachen und entsprechende Steuerungsmaßnahmen einzuleiten.

Eine Beendigung eines Vertrages kann ebenfalls durch Störung der Geschäftsgrundlage hervorgerufen werden. Dies ist der Fall, wenn sich z. B. Umstände, die zur Grundlage des Vertrags geworden sind, verändern oder sich herausstellt, dass wesentliche Annahmen falsch waren, die zum Vertragsabschluss geführt haben.

4.4 Kosten- und Leistungsrechnung im Facility Management

Während die **Finanzbuchhaltung** die Unternehmensebene betrifft und den Informationsbedürfnissen Dritter (Gläubigerschutz, Information nach außen) dient, wird das Rechenwerk zur internen Steuerung des Unternehmens als **Betriebsbuchhaltung** bzw. **Kosten- und Leistungsrechnung (KLR)** bezeichnet. Diese ist u. a. frei von steuer- und handelsrechtlichen Vorschriften und dient der Information nach innen. Die Kostenrechnung basiert auf der Voll- bzw. Teil- und Prozesskostenrechnung.

4.4.1 Grundlagen der Kostenrechnung

Unter Beachtung der Grundprinzipien der Kostenrechnung (Verursachungs-, Kausalitäts-, Zurechnungs-, Durchschnitts- und Tragfähigkeitsprinzip) werden die Kosten in der Kostenarten-, Kostenstellen- und Kostenträgerrechnung erfasst und verrechnet.[102]

Die Kosten- und Leistungsrechnung bildet die Grundlage für das Management aller Kosten im Lebenszyklus des Gebäudes. Das Ziel der KLR im FM besteht darin, alle anfallenden Kosten entsprechend den üblichen betriebswirtschaftlichen Regeln detailliert zu erfassen, jedoch in einer Untergliederung, die den Anforderungen des FM gerecht wird. Dabei sollen konkrete Aufgaben gelöst werden:[103]

- eine verursachergerechte Zuordnung der Kosten, d. h. nicht nur wie traditionell üblich im Rahmen von Allgemeinkostensätzen,
- die Steuerung der Kosten in Hinblick auf bestimmte Ziele mit Hilfe moderner Methoden wie Controlling und Benchmarking,
- die Dokumentation der FM-Kosten als Grundlage für Nebenkostenabrechnungen und andere buchhalterische Leistungen sowie gesetzliche Dokumentationspflichten.

Kosten dürfen nach dem **Kausalitäts-** und **Verursachungsprinzip** nur so erfasst werden, wie sie auch unmittelbar verursacht wurden. In der Kostenträgerrech-

---

[102] Vgl. Huch, B. et al (2004), S. 6f.
[103] Vgl. Krimmling, J. (2010), S. 77.

nung dürfen also nur die Kosten den Erzeugnissen zugeordnet werden, die von einer Erzeugnismengeneinheit verursacht wurden. Solche Kosten sind **variable Kosten**. **Fixkosten** sind Erzeugnisgemeinkosten, die, unabhängig von der Produktionsmenge, in einer Abrechnungsperiode in bestimmter Höhe anfallen.

Nach dem **Zurechnungsprinzip** werden die Kosten den Bezugsgrößen nur zugerechnet, wenn sie als Einzelkosten zugeordnet werden können.

Das Durchschnitts- und das **Tragfähigkeitsprinzip** sehen vor, dass sämtliche Kosten über alle Phasen der Kostenrechnung anteilig verteilt werden müssen. In der **Kostenartenrechnung** werden sämtliche Kosten einer Gesamtperiode anteilig auf die Arten der Kosten verrechnet. Die **Kostenstellenrechnung** verteilt die Gemeinkosten anteilig auf die verschiedenen Kostenstellen. Die **Kostenträgerrechnung** verteilt die Erzeugnisgemeinkosten anhand von Verteilungsschlüsseln auf die unterschiedlichen Erzeugnisse. Demnach ist es wichtig, die einzelnen Kostenpositionen des Bestandes und des Betriebes genau zu erfassen, um die Grundlage für eine effiziente und zuverlässige Kostenrechnung zu schaffen.[104]

Das Ziel der betrieblichen Kostenrechnung besteht in der Bestimmung der so genannten Stückkosten (Kosten pro Stück oder allgemein pro betrieblicher Leistungseinheit). Die Bestimmung der Stückkosten auf Vollkostenbasis erfolgt in fünf Schritten (vgl. auch Abb. 16):

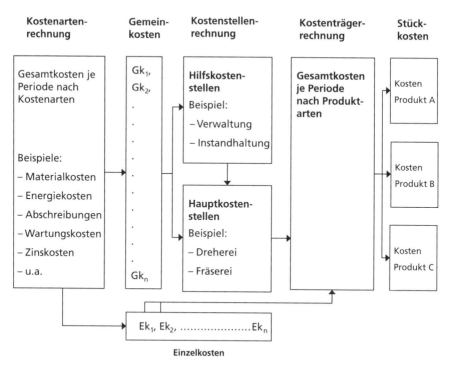

Abb. 16: Grundschema der Kosten- und Leistungsrechnung[105]

---

[104] Vgl. Huch, B. et al (2004), S. 7.
[105] Vgl. Krimmling, J. (2010), S. 78.

4.4 Kosten- und Leistungsrechnung im Facility Management

(1) Erfassung sämtlicher Kosten nach Kostenarten.
(2) Aufspaltung der Gesamtkosten in Gemeinkosten und Einzelkosten. Verteilung der Gemeinkosten über Kostenzuordnungsverfahren auf die Kostenstellen. Einzelkosten werden direkt zugeordnet.
(3) Kostenstellenumlage der Hilfskostenstellen auf die Hauptkostenstellen.
(4) Übernahme der Einzelkosten in die Kostenträgerrechnung sowie der Gemeinkosten aus den Hauptkostenstellen.
(5) Ermittlung der Kosten je Produkteinheit (Stückkosten).

4.4.1.1 Kostenartenrechnung

Bei der Kostenartenrechnung werden alle anfallenden Kosten verschiedenen festgelegten Kostenarten zugeordnet. Die formelle Grundlage der Zuordnung ist ein so genannter Kontenrahmen. In der betrieblichen Praxis existieren verschiedene Kontenrahmen:[106]

- Gemeinkontenrahmen der Industrie;
- Industriekontenrahmen;
- verschiedene DATEV-Kontenrahmen;
- empfohlene Kontenrahmen von Branchenverbänden (z. B. Wohnungswirtschaft).

Immobilienbezogene Kostenarten sind die nach Verbrauchsart definierten Kosten. Kostenarten können nach verschiedenen Verordnungen und Normen dargestellt werden.

DIN 276

Die DIN 276 „Kosten im Hochbau" bietet eine bereits umfangreiche und etablierte Kostengliederungsstruktur für Unternehmen des Hochbaus. Die GEFMA 200 ermöglicht hierbei einen Nutzungskostenanschlag und somit eine möglichst genaue Ermittlung der zu erwartenden Nutzungskosten bei Neubauten. Sie dient in Verbindung mit dem Kostenanschlag nach DIN 276 und der Kostenfeststellung nach DIN 276 der Bereitstellung der Mittel. Sie ist die Zusammenstellung aller während der Nutzung voraussichtlich anfallenden Kosten und wird bis zur Inbetriebnahme erstellt.

Für das Facility Management bestehen hierzu zwei Modelle von geeigneten Kostenrahmen. Einerseits die Kostengliederung nach DIN 18 960 „Nutzungskosten im Hochbau – Begriffe, Nutzungskostengliederungen" (Entwurfsfassung September 1998) und andererseits das Modell der GEFMA – Richtlinien 200, Kosten im Facility Management; Kostengliederungsstruktur zu GEFMA 100.

Die DIN 276 erfasst sämtliche Kosten für Maßnahmen zur Herstellung, zum Umbau und zur Modernisierung von Bauwerken und die damit zusammenhängenden Aufwendungen, den Investitionskosten. Durch die Festlegung von

---

[106] Vgl. Krimmling, J. (2010), S. 79.

Begriffen und Unterscheidungsmerkmalen werden die Ergebnisse der Kostenermittlungen vergleichbar und transparent.

Die DIN 276 unterscheidet zwischen Kostenplanung, Kostenermittlung, Kostenschätzung, Kostenberechnung, Kostenanschlag und Kostenfeststellung.

- Die Kostenplanung umfasst sämtliche Maßnahmen der Kostenermittlung, der Kostenkontrolle und der Kostensteuerung. Die Kostenplanung begleitet die Phasen der Baumaßnahme während der Planung und Ausführung. Sie analysiert Ursachen/Auswirkungen der Kosten.
- Die Kostenermittlung ist eine Vorausberechnung der noch entstehenden Kosten und die Feststellung der entstandenen Kosten.
- Die Kostenschätzung ist eine überschlägige Ermittlung der Kosten.
- Die Kostenberechnung ermittelt annähernd die Kosten.
- Der Kostenanschlag ermittelt die Kosten möglichst genau.
- Die Kostenfeststellung ermittelt die tatsächlich angefallenen Kosten.

Die DIN 276 gliedert die Kosten in drei Ebenen, die wiederum durch dreistellige Ordnungszahlen gekennzeichnet sind. In der ersten Ebene der Kostengliederung werden die Gesamtkosten in sieben Kostengruppen gegliedert, die je nach Bedarf in die Ebenen zwei und drei weiter unterteilt sind.

DIN 18 960

Die DIN 18 960 Teil I betrachtet die Kosten während der Gebäudenutzung und ist aufgeteilt in vier Nutzungskostengruppen:

Grobgliederung der Gebäudenutzungskosten nach DIN 18 960:
- **100 Kapitalkosten**
- 110 Fremdkapitalkosten
- 120 Eigenkapitalkosten
- **200 Verwaltungskosten**
- 210 Personalkosten
- 220 Sachkosten
- 290 Verwaltungskosten
- **300 Betriebskosten**
- 310 Ver- und Entsorgung
- 320 Reinigung und Pflege
- 330 Bedienen – Technische Anlagen
- 340 Inspektion und Wartung – Technische Anlagen
- 350 Inspektion und Wartung – Baukonstruktionen
- 370 Abgaben und Beiträge
- 390 Betriebskosten, sonstige
- **400 Instandsetzungskosten (Bauunterhaltungskosten)**
- 410 Instandsetzungskosten Bauwerk – Baukonstruktion
- 420 Instandsetzungskosten Bauwerk – Technische Anlagen
- 430 Instandsetzungskosten Außenanlagen
- 440 Instandsetzungskosten Ausstattung

Abb. 17: Grobgliederung der Gebäudenutzungskosten nach DIN 18 960

4.4 Kosten- und Leistungsrechnung im Facility Management

Diese Gliederung der laufenden Kosten deckt nicht die differenzierte Gliederung nach den Gesichtspunkten des Facility Managements ab. Eine Unterteilung, z. B. nach Planungs- und Nutzungsphase, ist hier nicht möglich.

GEFMA 200

Die GEFMA-Richtlinie 200 bietet eine Kostengliederungsstruktur zur einheitlichen Erfassung und weiteren Verarbeitung von Kosten über den gesamten Lebenszyklus von Objekten (Facilities) hinweg. In der vollständigen Ausprägung der Gliederungsmöglichkeiten ergibt sich an einigen Stellen eine sehr hohe Detaillierungstiefe, die in dieser Form nicht zur Anwendung als Kontenplan gedacht ist. Vielmehr können FM-Organisationen auf der Grundlage von GEFMA 200 eigene Kontenpläne entwickeln, die ihren spezifischen Anforderungen Rechnung tragen. Zu diesem Zweck reicht an zahlreichen Stellen eine Erfassung auf höheren Aggregationsebenen aus. Hingegen kann an anderen Stellen eine zusätzliche Untergliederung gewünscht werden, um bspw. einzelne Leistungsbereiche, die regelmäßig stark von der Planung abweichen, einer detaillierteren Analyse zu unterziehen.

Eine weitere Verarbeitung der Kosten kann erfolgen in Hinblick auf

- die Entwicklung einer Lebenszykluskostenrechnung;
- die Entwicklung einer Prozesskostenrechnung;
- weitere punktuelle oder temporäre Analysen mit Anwendung eines noch tiefer gehenden Prozessnummernsystems;
- Benchmarking.[107]

Der Vorteil der Kostengliederung nach GEFMA 200 besteht darin, dass sie sowohl für die Systematisierung der Planungs- und Baukosten als auch der Nutzungskosten nach gleichem Prinzip verwendet werden kann. Der Kostenartenschlüssel hat fünf Ebenen:

(1) Lebenszyklusphase;
(2) Hauptprozess;
(3) Teilprozess;
(4) Tätigkeit;
(5) Sachbezug (nach DIN 276-1).

VDI 2067

Die Gesamtkosten gem. VDI 2067 (Verband Deutscher Ingenieure) werden strukturiert und in vier Kostengruppen untergliedert. Das Ziel der VDI besteht in der Bewertung gebäudetechnischer Anlagen in energetischer, ökologischer und wirtschaftlicher Sicht. Der energetischen Sichtweise kommt eine große Bedeutung zu. Die Kostengruppen lassen sich wie folgt darstellen:

---

[107] Vgl. GEFMA 200 (2004), S. 1f.

- Kapitalgebundene Kosten sind die Kosten für Instandhaltung und Kapitaldienste (auf die Nutzungszeit umgelegte Investitionskosten einschließlich Verzinsung).
- Betriebsgebundene Kosten sind direkt zu ermitteln und schließen ein:
  - Wartungskosten
  - Bedienungskosten
  - Kosten für Emissionsmessungen
  - Grundkosten bei leistungsgebundenem Energiebezug
  - Kosten für TÜV etc.
- Verbrauchsgebundene Kosten umfassen Kosten für Energie und Brennstoffe sowie Wasser, Hilfsstoffe und Chemikalien.
- Sonstige Kosten umfassen Kosten für Versicherungen, Verwaltung und Verbrauchsmessung.

4.4.1.2 Kostenstellenrechnung

Die Kostenstellenrechnung untersucht, an welchen Stellen die Kosten im Unternehmen entstehen oder in welchen betrieblichen Bereichen der in der Kostenrechnung erfasste Wertverzehr stattgefunden hat. Die Kostenstellenstruktur stellt dabei die betriebliche Organisationsstruktur dar. Das Unternehmen wird in Kostenstellen zerlegt und die Kosten werden am Ort ihrer Entstehung bilanziert. Eine Aufgliederung erfolgt nach:

- Betrieblicher Organisationsstruktur, d.h. hierarchische Gliederung in Gruppen, Abteilungen, Bereiche u. ä. einschließlich der Verantwortungsbereiche einzelner Mitarbeiter und Kostenstellen für zeitlich begrenzte Projekte u. ä.;
- Territorialer Struktur des Unternehmens (Niederlassungen, Gebäude, Etagen, Räume, Hallenbereiche u. a.);
- Prozessstruktur des Unternehmens – Schnittstelle zu Kostenträgern.[108]

Kostenstellen werden in Hauptkostenstellen (direkte Bearbeitung der verkaufbaren Hauptleistungen), in Nebenkostenstellen (Bearbeitung der Nebenleistungen) und in Hilfskostenstellen (Weitergabe der Leistungen an andere Kostenstellen) unterschieden.[109]

4.4.1.3 Kostenträgerrechnung

Durch die Kostenträgerrechnung erfolgt die Verrechnung der Kosten auf die einzelnen Kostenträger, d.h. die einzelne betriebliche Leistung. Kostenträger sind bei ihrer Erstellung Kosten verursachende Leistungen und werden in interne Kostenträger (Hilfskostenträger) und externe Kostenträger (Haupt- und Nebenkostenträger) unterschieden.

---

[108] Vgl. Krimmling, J. (2010), S. 80.
[109] Vgl. Steger, J (2001), S. 244f.

4.4 Kosten- und Leistungsrechnung im Facility Management

Die externen Kostenträger sind die Leistungen zur Erstellung der Haupt- und Nebenprodukte sowie sämtliche Leistungen, die damit verbunden sind. Die internen Kostenträger sind innerbetriebliche Leistungen, also aktivierbare Eigenleistungen oder Wiedereinsatzgüter.

4.4.2 Vollkostenrechnung

In der Vollkostenrechnung werden sämtliche angefallenen Kosten erfasst und den Kostenstellen, Kostenträgern etc. zugeordnet. Hierbei werden auch die Gemeinkosten ohne Beachtung der fixen und variablen Bestandteile verrechnet. So erfolgt die Aufteilung der fixen Kosten nicht nach dem Verrechnungsprinzip, was eine Wirtschaftlichkeitskontrolle fast unmöglich macht und somit auch zu Fehlentscheidungen auf unternehmerischer Ebene führen kann.

4.4.2.1 Kostenartenrechnung

In der Kostenartenrechnung der Vollkostenrechnung werden Grundkosten (d. h. aufwandsgleiche Kosten) und kalkulatorischen Kosten unterschieden, wenngleich nur die Grundkosten verrechnet werden.

Um Kosten richtig zuordnen zu können, wird zwischen Gemeinkosten (indirekten Kosten) und Einzelkosten (direkten Kosten) unterschieden. **Einzelkosten** bezeichnen solche Kosten, die einem Kostenträger verursachungsgerecht direkt zugeordnet werden können, bspw. m^2 anrechenbare Wohnfläche. **Gemeinkosten** hingegen fallen auf die Gesamtnutzung eines Objektes an und werden anhand der Kostenstellenrechnung auf die Positionen verteilt, an denen sie entstanden sind. Innerhalb der Stellenkosten ist wiederum zwischen Kostenstelleneinzel- und Kostenstellengemeinkosten zu unterscheiden. Die **Kostenstelleneinzelkosten** werden den verschiedenen Kostenstellen direkt zugeordnet. Bei den **Kostenstellengemeinkosten** müssen festgesetzte Verteilungsschlüssel die Zuordnung festlegen.

Darüber hinaus wird in der Vollkostenrechnung zwischen den fixen und variablen Kosten unterschieden. **Fixkosten** sind sämtliche Kosten, die innerhalb einer Abrechnungsperiode unabhängig von jeglichen Einflussfaktoren konstant bleiben, bspw. die Miete. **Variable Kosten** hingegen können sich in Abhängigkeit verschiedener Einflussfaktoren ändern, bspw. Materialkosten, Anwaltskosten etc. Variable Kosten unterscheiden sich weiter in **proportionale Kosten** (die Kosten steigen im gleichen Verhältnis wie bspw. die Nutzungsintensität einer Immobilie), **progressive Kosten** (die Kosten steigen stärker an als die Nutzungsintensität der Immobilie) und **degressive Kosten** (die Kosten steigen nicht so stark an wie die Intensität der Nutzung der Immobilie)

Zu den immobilienbezogenen Kostenarten gehören bspw.:

Kapitalkosten
Kapitalkosten sind i. d. R. Kostenstellengemeinkosten. Ausnahmen sind bspw. Modernisierungsmaßnahmen, die fremdfinanziert sind. Diese können direkt einer bestimmten Kostenstelle zugeordnet werden und sind somit Kostenstelleneinzelkosten.

4 Kaufmännisches Gebäudemanagement

Abschreibung
Wie die Kapitalkosten sind Abschreibungen (ob linear oder degressiv) Kostenstellengemeinkosten, mit Ausnahme von Abschreibungen auf gebäudetechnische Anlagen, die aufgrund ihrer Zuordenbarkeit Kostenstelleneinzelkosten sind.

Verwaltungskosten
Verwaltungskosten sind Kostenstellengemeinkosten, wenn sie ständig konstant bleiben. Variieren die Verwaltungskosten mit den Mehr- oder Mindereinnahmen der Miete, sind sie variable Kosten, die dann wieder auf verschiedene Kostenstellen aufgeteilt werden müssen.

Steuern
Sämtliche auf das Gebäude und das Grundstück anfallenden Steuern sind i. d. R. konstant und somit sowohl Fixkosten als auch Kostenstellengemeinkosten.

Betriebskosten
Betriebskosten setzen sich aus den Kosten für Gebäudereinigung, Wasser/Abwasser, Kalt-/Warmwasser, Strom, Wartung/Inspektion, Verkehrs-/Grünflächen und sonstigen Betriebskosten zusammen. Bis auf die Wartung und Erhaltung der Verkehrs- und Grünflächen sind die Betriebskosten variabel und somit auch Kostenstelleneinzelkosten. Die Kosten für die Erhaltung der Verkehrs- und Grünflächen stellen bei gemeinsamer Nutzung Kostenstellengemeinkosten dar, bei separater Nutzung Kostenstelleneinzelkosten, aber auch Fixkosten.

Bauunterhaltungskosten
Bauunterhaltungskosten sind Kosten, die zur Wartung und Instandsetzung von Gebäuden und Gebäudeteilen anfallen und damit Kostenstelleneinzelkosten.

Die Aufgaben der Kostenartenrechnung sind also die Abgrenzung der Kosten und Aufwendungen, die Erfassung und Aufteilung der Kosten nach Art und Höhe, die Untergliederung von Gesamtkosten in Einzel- und Gemeinkosten und die gesamte Kostenkontrolle.[110]

4.4.2.2 Kostenstellenrechnung

Die Kostenstellenrechnung verteilt die **primären Gemeinkosten** entsprechend ihrer Entstehung mit oder ohne Hilfe von Verteilungsschlüsseln auf die Haupt-, Neben oder Hilfskostenstellen. Werden die primären Gemeinkosten von den Hilfskostenstellen auf Hauptkostenstellen umgelegt, sind diese Kosten **sekundäre Gemeinkosten**.

Die Kostenstellenrechnung kann als Verbindung zwischen Kostenarten- und Kostenträgerrechnung verstanden werden. Sie erfüllt zwei Aufgaben:

1. die Verrechnungsaufgabe (die Weiterverrechnung der erfassten Kosten auf die Kostenträger wird hier vorbereitet) und

---

[110] Vgl. Steger, J (2001), S. 154.

4.4 Kosten- und Leistungsrechnung im Facility Management

2. die Kontrollaufgabe (die erfassten Kosten werden mit Plan- oder Vergangenheitswerten verglichen, um eine Angemessenheit der Kostenhöhe bestimmen zu können).[111]

Wichtiger Bestandteil der Kostenstellenrechnung ist der **Betriebsabrechnungsbogen** (BAB). Der BAB wird in Tabellenform erstellt. Die Zeilen bezeichnen die Kostenarten, die Spalten die Kostenstellen. Für die Erstellung eines BAB und der damit verbundenen Kostenstellenrechnung sind drei Stufen erforderlich:

(1) die Zuordnung der Primärkosten auf die Kostenstellen,
(2) die Verrechnung zwischen den Kostenstellen, also die Verrechnung der Sekundärkosten und
(3) die Ermittlung der Sekundärkostenverrechnung.

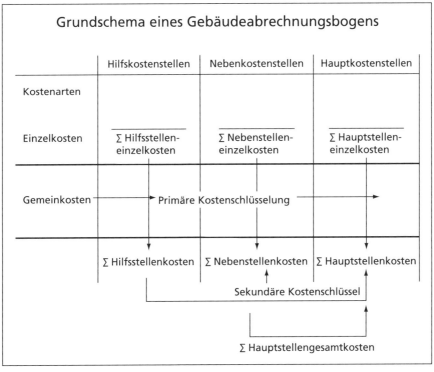

Abb. 18: Schema eines GAB

Für die Zwecke der Immobilienwirtschaft kann das Prinzip des BAB auf die Immobilie übertragen werden. In diesem Fall wird von einem **Gebäudeabrechnungsbogen** (GAB) gesprochen.

---
[111] Vgl. Joos-Sachse, T.(2004), S. 75.

Die Aufgabe der Kostenstellenrechnung ist also die **Primärkostenrechnung** (Aufteilung der Gemeinkosten auf die Kostenstellen, wo sie entstanden sind), die **Sekundärkostenrechnung** (Verteilung der Gemeinkosten von den Hilfskostenstellen auf die Hauptkostenstellen), die **Ermittlung der Kalkulationssätze** und die **Kontrolle** der Kosten (Wirtschaftlichkeit).[112]

4.4.2.3 Kostenträgerrechnung

Die Kostenträgerrechnung ist aufgegliedert in die Kostenträgerstückrechnung und die Kostenträgerzeitrechnung. Hierbei wird ermittelt, wer die Kosten zu tragen hat.

Kostenträgerstückrechnung

Die Kostenträgerstückrechnung, auch Kalkulation genannt, erfasst die Einzel- und die Gemeinkosten auf dem der Abrechnungsperiode zugehörigen Kostenträger. So werden die **Selbstkosten** (Stückselbstkosten) und die **Herstellkosten** (Stückherstellkosten) pro Leistungseinheit errechnet.

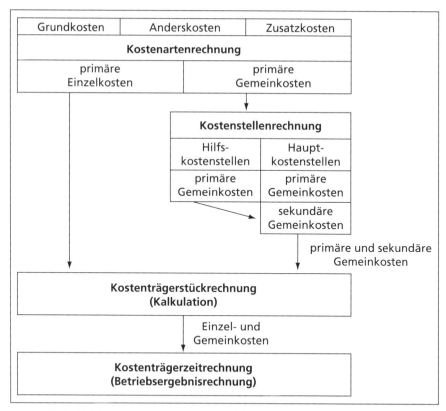

Abb. 19: Verrechnungstechnischer Ablauf der Vollkostenrechnung[113]

---
[112] Vgl. Steger, J (2001), S. 154.
[113] Vgl. ebenda, S. 153.

4.4 Kosten- und Leistungsrechnung im Facility Management

Kostenträgerzeitrechnung

Die Kostenträgerzeitrechnung, auch Betriebsergebnisrechnung genannt, berücksichtigt sämtliche Einzel- und Gemeinkosten einer Abrechnungsperiode. Anschließend werden die Selbstkosten des Umsatzes dieser Abrechnungsperiode mit den Umsatzerlösen verrechnet und so das Betriebsergebnis einer Periode ermittelt.[114]

4.4.3 Teilkostenrechnung

In der Teilkostenrechnung werden die variablen Kosten und die Einzelkosten auf die Kostenträger verrechnet.[115] Die Teilkostenrechnung kann sowohl auf Basis variabler Kosten als auch auf Basis von Einzelkosten angewandt werden. Liegen der Teilkostenrechnung die variablen Kosten zugrunde, werden die Fixkosten separat erfasst, es werden jedoch nur die variablen Kosten den jeweiligen Kostenträgern zugeordnet, da die fixen Kosten nicht direkt bspw. mit der Nutzungsintensität der Immobilie zusammenhängen, sondern durch die gesamte Leistungserstellung eines Abrechnungszeitraumes verursacht werden. Auch die Teilkostenrechnung auf Basis von variablen Kosten untergliedert sich in die Kostenarten-, Kostenstellen- und die Kostenträgerrechnung.

4.4.3.1 Kostenartenrechnung

Wie in der Vollkostenrechnung werden in der Teilkostenrechnung die Primärkosten einer Abrechnungsperiode erfasst und nach sinnvollen Aufteilungsschlüsseln gegliedert.[116]

4.4.3.2 Kostenstellenrechnung

Wie in der Kostenstellenrechnung der Vollkostenrechnung kommt auch in der Teilkostenrechnung der BAB bzw. der GAB zum Tragen. Besonderheiten bestehen darin, dass im GAB der Teilkostenrechnung nicht nur eine Spalte je Kostenstelle ausgewiesen ist, sondern unterschieden wird zwischen variablen, fixen und gesamten Kosten innerhalb der einzelnen Kostenstelle. Außerdem werden die Kosten nicht mehr in der Kostenstellenrechnung sondern in der Kostenartenrechnung aufgelöst.[117]

Innerhalb der Sekundärkostenverrechnung werden in der Teilkostenrechnung nur die variablen Kosten weiterverrechnet. Die fixen Kosten der Vorkostenstellen fließen direkt in die Kostenträgerzeitrechnung mit ein. Aus diesem Grund werden die Kalkulationssätze nur für die variablen Kosten gebildet.

---

[114] Vgl. Steger, J (2001), S. 153.
[115] Vgl. ebenda, S. 369.
[116] Vgl. Joos-Sachse, T. (2004), S. 135.
[117] Vgl. ebenda, S. 136.

4.4.3.3 Kostenträgerrechnung

Die Kostenträgerstückrechnung in der Teilkostenrechnung berechnet nur die variablen Selbstkosten der Erzeugniseinheiten ohne Berücksichtigung der vollen Selbstkosten. Die Kostenträgerzeitrechnung in der Teilkostenrechnung erfolgt prinzipiell wie die der Vollkostenrechnung. Lediglich die fixen Kosten werden gesondert erfasst und nicht auf die einzelnen Erzeugnisse verrechnet. Zur Errechnung der Umsatzkosten werden so auch von den Erlösen nur die variablen Selbstkosten abgezogen. Die Differenz aus dieser Rechnung wird **Deckungsbeitrag** genannt (Erlös – variable Kosten = Deckungsbeitrag).[118]

Der Deckungsbeitrag ermittelt, was die Immobilie leisten muss, um die variablen Kosten zu decken und um ein möglichst positives Betriebsergebnis zu erzielen. Nach Summierung der Deckungsbeiträge sämtlicher Immobilien werden die fixen Kosten der Unternehmung abgezogen, wodurch das Betriebsergebnis ermittelt wird. Diese Rechnung wird in der Teilkostenrechnung als Deckungsbeitragsrechnung bezeichnet.

Innerhalb der Teilkostenrechnung auf Basis von variablen Kosten wird zwischen der einstufigen Deckungsbeitragsrechnung (Direct Costing) und der mehrstufigen Deckungsbeitragsrechnung (stufenweise Fixkostendeckung) unterschieden.

Einstufige Deckungsbeitragsrechnung (Direct Costing)

Das Betriebsergebnis durch das Direct Costing wird ermittelt durch:

	Umsatzerlöse
–	variable Selbstkosten der Immobilienbewirtschaftung
=	**Deckungsbeitrag**
–	Summe der fixen Kosten einer Abrechnungsperiode
=	**Betriebsergebnis**

Demnach müssen die Deckungsbeiträge höher sein als die Summe aller Fixkosten, damit das Unternehmen Gewinn erzielt.

Mehrstufige Deckungsbeitragsrechnung

Die mehrstufige Deckungsbeitragsrechnung baut auf dem Prinzip der einstufigen Deckungsbeitragsrechnung auf, jedoch werden hier die fixen Kosten differenzierter behandelt.

Erzeugnisfixkosten sind Kosten, die sich nur einer bestimmten Erzeugnisart, jedoch nicht einzelnen Erzeugnissen zuordnen lassen, bspw. das Gehalt eines Wohnungsverwalters. **Erzeugnisgruppenfixkosten** sind Kosten, die sich keiner bestimmten Erzeugnisart, sondern nur einer Erzeugnisgruppe zuordnen lassen, bspw. Werbekosten für den Bau neuer Eigentums- und Mietwohnungen. **Unternehmensbereichfixkosten** sind Kosten, die weder einer Erzeugnisart

---

[118] Vgl. ebenda, S. 138.

4.4 Kosten- und Leistungsrechnung im Facility Management

noch einer Erzeugnisgruppe zuordenbar sind, die jedoch auch nicht auf der Gesamtunternehmensebene zu verbuchen sind, bspw. Fixkosten des gesamten kaufmännischen Bereiches eines Wohnungsunternehmens. **Unternehmensfixkosten** sind alle Kosten, die nur dem Gesamtunternehmen angerechnet werden können, bspw. das Gehalt der Geschäftsführung oder die Kosten der Abteilung Rechnungswesen.[119]

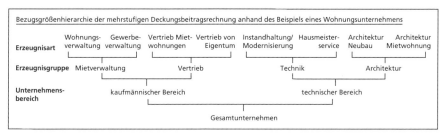

Abb. 20: Bezugsgrößenhierachie eines Wohnungsbauunternehmens

Die mehrstufige Deckungsbeitragsrechnung ermittelt das Betriebsergebnis durch:

	Umsatzerlöse
–	variable Kosten
=	**Deckungsbeitrag I**
–	Erzeugnisfixkosten
=	**Deckungsbeitrag II**
+	Summe Deckungsbeiträge der Erzeugnisgruppe
–	Erzeugnisgruppenfixkosten
=	**Deckungsbeitrag III**
+	Summe Deckungsbeiträge III eines Unternehmensbereichs
–	Unternehmensbereichfixkosten
=	**Deckungsbeitrag IV**
+	Summe Deckungsbeiträge IV
–	Unternehmensfixkosten
=	**Betriebsergebnis**

Um die Schichtdeckungsbeiträge ermitteln zu können, werden **Fixkostenzuschläge** errechnet; zum einen auf Basis der Deckungsbeiträge, zum anderen auf Basis der variablen Kosten. Zur Errechnung der Fixkostenzuschläge auf **Deckungsbeitragsbasis** werden die jeweiligen Fixkosten auf den vorangehenden Deckungsbeitrag bezogen und in Prozent ausgedrückt. Entsprechend der verschiedenen Erzeugnisse, Erzeugnisgruppen und Unternehmensbereiche werden einzelne Fixkostenzuschläge, für die Unternehmensfixkosten hingegen nur ein Fixkostenzuschlag ermittelt. Für die Errechnung der Fixkostenzuschlä-

---

[119] Vgl. Joos-Sachse, T.(2004), S. 145.

4 Kaufmännisches Gebäudemanagement

ge auf **Basis der variablen Kosten** werden die Fixkosten einer einzelnen Schicht auf die variablen Kosten der Erzeugnisse, Erzeugnisgruppen, Unternehmensbereiche und des Unternehmens bezogen und ebenfalls in Prozent ausgedrückt.

Die **Fixkostenzuschläge**, bezogen auf die Deckungsbeiträge, werden in der Kostenträgerstückrechnung zur Bestimmung des Erfolgs je Produkteinheit benötigt, mit den **Fixkostenzuschlägen auf Basis der variablen Kosten** die geplanten Angebotspreise errechnet.

Mit der mehrstufigen Deckungsbeitragsrechnung hat ein Unternehmen die Möglichkeit, die einzelnen Fixkosten zu filtern und gegebenenfalls an richtiger Stelle zu senken, um das Betriebsergebnis zu optimieren.

Unternehmensbereich	kaufmännischer Bereich				technischer Bereich				
Erzeugnisgruppe	Mietverwaltung		Vertrieb		Technik		Architektur		
Erzeugnisart	WV	Gew. Verw.	MW	Eigentum	Inst./Mod.	Hausmeister	Neubau	MW	Σ
Erlöse	1.000,00	1.200,00	1.100,00	800,00	2.200,00	400,00	950,00	1.400,00	9.050,00
./. variable Kosten	500,00	800,00	750,00	780,00	1.040,00	180,00	520,00	780,00	5.350,00
Deckungsbeitrag I	500,00	400,00	350,00	20,00	1.160,00	220,00	430,00	620,00	3.700,00
./. Erzeugnisfixkosten	150,00	220,00	280,00	100,00	400,00	100,00	120,00	210,00	1.580,00
(in % von DB I)	30,00	55,00	80,00	500,00	34,48	45,45	27,91	33,87	
Deckungsbeitrag II	350,00	180,00	70,00	-80,00	760,00	120,00	310,00	410,00	2.120,00
Σ Erzeugnisgruppen-DB	530,00		-10,00		880,00		720,00		
./. Erzeugnisgruppenfixkosten	80,00		110,00		320,00		230,00		740,00
(in % Σ Erzeugnisgruppen DB)	15,10		1.100,00		36,36		31,94		
Deckungsbeitrag III	450,00		-120,00		560,00		490,00		1.380,00
Σ Unternehmensbereichsbereichs-DB	330,00				1.050,00				
./. Unternehmensfixkosten	140,00				230,00				370,00
(in % von Σ Unt. bereichs-DB)	42,42				21,90				
Deckungsbeitrag IV	190,00				820,00				1.010,00
Σ Unternehmens-DB			1.010,00						
./. Unternehmensfixkosten			400,00						400,00
(in % von Σ Unternehmens-DB)			39,60						
Betriebsergebnis			610,00						610,00

Abb. 21: *Beispiel einer mehrstufigen Deckungsbeitragsrechnung mit Ausweis von Fixkostenzuschlägen auf Deckungsbeiträge*[120]

---

[120] Vgl. Joos-Sachse, T.(2004), S. 164.

4.4 Kosten- und Leistungsrechnung im Facility Management

Unternehmens-bereich	kaufmännischer Bereich				technischer Bereich				
Erzeugnisgruppe	Mietverwaltung		Vertrieb		Technik		Architektur		
Erzeugnisart	WV	Gew. Verw.	MW	Eigentum	Inst./Mod.	Hausmeister	Neubau	MW	Σ
Erlöse	1.000,00	1.200,00	1.100,00	800,00	2.200,00	400,00	950,00	1.400,00	9.050,00
./. variable Kosten	500,00	800,00	750,00	780,00	1.040,00	180,00	520,00	780,00	5.350,00
Deckungsbeitrag I	**500,00**	**400,00**	**350,00**	**20,00**	**1.160,00**	**220,00**	**430,00**	**620,00**	**3.700,00**
./. Erzeugnisfixkosten	150,00	220,00	280,00	100,00	400,00	100,00	120,00	210,00	1.580,00
(in % der variablen Kosten)	30,00	27,50	37,33	12,82	38,46	55,56	23,08	26,92	
Deckungsbeitrag II	**350,00**	**180,00**	**70,00**	**-80,00**	**760,00**	**120,00**	**310,00**	**410,00**	**2.120,00**
Σ Erzeugnisgruppen-DB	530,00		-10,00		880,00		720,00		
./. Erzeugnisgruppenfixkosten	80,00		110,00		320,00		230,00		740,00
(in % der var. Kosten der Erzeugnisgruppe)	6,15		7,19		26,23		17,69		
Deckungsbeitrag III	**450,00**		**-120,00**		**560,00**		**490,00**		**1.380,00**
Σ Unternehmensbereichsbereichs-DB									
./. Unternehmensfixkosten			330,00				1.050,00		
(in % der var. Kosten des Unt. bereichs)			140,00				230,00		370,00
			4,95				9,13		
Deckungsbeitrag IV			**190,00**				**820,00**		**1.010,00**
Σ Unternehmens-DB									
./. Unternehmensfixkosten					1.010,00				
(in % der var. Kosten des Unternehmens)					400,00				400,00
					7,43				
Betriebsergebnis					**610,00**				**610,00**

Abb. 22: Beispiel einer mehrstufigen Deckungsbeitragsrechnung mit Ausweis von Fixkostenzuschlägen bezogen auf variable Kosten[121]

4.4.3.4 Teilkostenrechnung auf Basis relativer Einzelkosten

Die Teilkostenrechnung auf Basis relativer Einzelkosten (Einzelkostenrechnung) wurde 1959 von Paul Riebel entwickelt und unterscheidet sich fundamental von anderen Kostenrechnungssystemen.[122]

Ziel der Einzelkostenrechnung ist es, die Kosten und Erlöse speziell für bestimmte Unternehmensentscheidungen zu berechnen. Nach dem so genannten Identitätsprinzip werden alle Kosten einem bestimmten Bezugsobjekt als Einzelkosten zugeteilt. So erfolgt die Unterteilung in Einzel- und Gemeinkosten nicht mehr absolut wie in der Kostenrechnung, sondern abhängig von einem bestimmten Bezugsobjekt. Die Bezugsobjekte werden von jedem Unternehmen individuell und hierarchisch festgelegt. Ein Wohnungsunternehmen ist dann bspw. aufgegliedert in Organisationseinheiten (Verwaltung, Vertrieb, Rechnungswesen, etc.), Produkte (Mietwohnungen, Eigentumswohnungen, Gewerbe) und Vertriebswege (Direktverkauf, Verkauf über Makler).

Relative Einzelkosten sind dann sämtliche Kosten, die der Bezugsobjekthierarchie direkt zugeordnet werden können. Fallen Kosten an, die auf vorgelagerten Hierarchie-Ebenen gebucht werden, sind das die relativen Gemeinkosten.

---

[121] Vgl. Joos-Sachse, T.(2004), S. 146.
[122] Vgl. ebenda, S. 420.

Auch werden in der Einzelkostenrechnung von Riebel die Kosten anders definiert. Kosten sind zusätzliche Ausgaben, die durch die Entscheidung des Bezugsobjektes ausgelöst wurden. Ebenso existieren die Zusatzkosten der klassischen Kostenrechnung in der Einzelkostenrechnung nicht. Es wird auch nicht zwischen Kostenarten-, Kostenstellen- und Kostenträgerrechnung unterschieden, vielmehr zwischen Grund- und Auswertungsrechnungen.

Grundrechnung

Grundrechnungen sind zweckneutrale Erfassungsrechnungen, die für sämtliche anfallenden Entscheidungen die jeweils korrekten und relevanten Informationen bereithalten sollen. Besonders die Grundrechnungen der Kosten und der Erlöse sind hier von Bedeutung, es gibt jedoch noch weitere Grundrechnungen, um das Informationssystem zu vervollständigen.

Die Grundrechnung der Kosten spiegelt in gewisser Art die Kostenarten-, Kostenstellen- und Kostenträgerrechnung in gleicher Weise wider, da sie die gesamten Kosten (als relative Einzelkosten eindeutig) erfasst und den einzelnen Bezugsobjekten zuordnet. Die Darstellung ähnelt einem BAB (bzw. GAB), bei dem die Kostenkategorien in den Zeilen und die Bezugsobjekte, sprich Kostenträger, Kostenbereiche, etc., in den Spalten erfasst sind.

Die Kostenarten sind in der Einzelkostenrechnung als **Kostenkategorien** bezeichnet. Diese teilen sich in Bereitschaftskosten und Leistungskosten auf. **Bereitschaftskosten** werden weiter unterteilt in verschiedene Abrechnungsperioden. Kosten mit einer bestimmten Dauer, d. h. Kosten mit Kündigungsfristen (Bankdarlehen, etc.) können festgelegten Perioden direkt zugeordnet werden. Solche Kosten sind Bereitschaftskosten geschlossener Perioden (Periodeneinzelkosten, selten Periodengemeinkosten). Die Bereitschaftskosten offener Perioden können nicht direkt einer bestimmten Periode zugeordnet werden und sind stets Periodengemeinkosten.

Leistungskosten hingegen hängen in ihrer Höhe von tatsächlich realisierten Leistungen ab. Sie verändern sich, wenn Art oder Menge der Herstellungsleistungen bzw. abgesetzten Leistungen sich ändert. Sie sind stets Periodeneinzelkosten. Leistungskosten werden aufgeteilt in absatzabhängige und erzeugnisabhängige Leistungen.

Die **Grundrechnung der Erlöse** erfasst sämtliche Erlöse und ordnet sie als relative Einzelerlöse den Bezugsobjekten zu. Sämtliche Bezugsobjekte der Grundrechnung der Erlöse orientieren sich an der marktorientierten Steuerung, bspw. Vertriebswege, Kundengruppen, etc. Die Erlöskategorien können bspw. mengenabhängige und -unabhängige Erlöse oder aber Erlösschmälerungen sein.

Auswertungsrechnung

Sämtliche in der Grundrechnung erlangten Informationen werden den Auswertungsrechnungen zur Lösung von Entscheidungsproblemen zur Verfügung gestellt. Auswertungsrechnungen sind vom Aufbau ähnlich wie Deckungsbeitragsrechnungen, jedoch lässt sich ein Betriebsergebnis (Totalerfolg) nur für die Totalperiode (Gesamtbestehen des Unternehmens) oder auch als Totalrechnung

4.4 Kosten- und Leistungsrechnung im Facility Management

Unternehmung	Unternehmung							
Unternehmensbereich	kaufmännischer Bereich				technischer Bereich			
Erzeugnisgruppe	Mietverwaltung		Vertrieb		Technik		Architektur	
Erzeugnisart	WV	Gew. Verw.	MW	Eigentum	Inst./Mod.	Hausmeister	Neubau	MW
Bruttoerlöse der Periode	100.000,00	120.000,00	800.000,00	1.100.000,00	220.000,00	40.000,00	950.000,00	140.000,00
./. Erlösschmälerungen	2.000,00	3.00,00	1.000,00	1.000,00	500,00	800,00	4.000,00	3.500,00
Nettoerlös I	98.000,00	117.000,00	799.000,00	1.099.000,00	219.500,00	39.200,00	946.000,00	136.500,00
./. absatzabhängige Erzeugniseinzelkosten	0,00	0,00	300.000,00	350.000,00	25.000,00	0,00	245.000,00	110.000,00
Nettoerlös II	98.000,00	117.000,00	499.000,00	749.000,00	194.500,00	39.200,00	701.000,00	26.500,00
./. erzeugnisabhängige Erzeugniseinzelkosten	35.000,00	70.000,00	380.000,00	490.000,00	78.000,00	10.000,00	530.000,00	10.000,00
Erzeugnisdeckungsbeitrag	63.000,00	47.000,00	119.000,00	259.000,00	116.500,00	29.200,00	171.000,00	16.500,00
./. Erzeugnisgruppeneinzelkosten	20.000,00		100.000,00		55.000,00		28.000,00	
Erzeugnisgruppendeckungsbeitrag	90.000,00		278.000,00		90.700,00		159.500,00	
./. Bereichseinzelkosten	160.000,00				110.000,00			
Bereichsdeckungsbeitrag	208.000,00				140.200,00			
./. Unternehmungseinzelkosten	200.000,00							
Periodenergebnis	148.200,00							

Abb. 23 Beispiel einer mehrfach gestuften Ergebnisrechnung nach Riebel[123]

erstellen. Eine Einteilung von Bereitschaftskosten offener Perioden in Perioden würde das System durchbrechen. Sollen kürzere Zeiträume betrachtet und ausgewertet werden, können diese nur anhand von Perioden-Deckungsbeiträgen ermittelt werden.

4.4.4 Prozesskostenrechnung/Activity Based Accounting

Die Prozesskostenrechnung versteht sich als Ergänzung der Vollkostenrechnung. Sie versucht, die Gemeinkosten auf bestimmte Zurechnungsobjekte zu verteilen, indem die Kostenbestimmungsgrößen nicht wert- sondern mengenmäßig verwertet werden. Charakteristisch für die Prozesskostenrechnung ist die abteilungsübergreifende Analyse und Kostenrechnung der einzelnen Prozesse.[124] Hierzu werden so genannte **Prozesshierarchien** gebildet. Sie bestehen aus abteilungsspezifischen Teilprozessen, die sich aus einzelnen Tätigkeiten bilden und abteilungsübergreifenden Hauptprozessen, die aus den Teilprozessen bestehen, die wiederum auch in andere Hauptprozesse eingehen können.[125]

Die Kostenartenrechnung bleibt in der Prozesskostenrechnung bestehen. Nach Erfassung der Kosten werden sie auf die Kostenträger der Einzel- und Gemeinkosten verrechnet.[126] Das Activity Based Accounting ist vor allem interessant in der Kostenstellenrechnung (Kostenprozessrechnung) und der Kostenträgerstückrechnung (Kalkulation).

---

[123] Vgl. Steger, J (2001), S. 431.
[124] Vgl. Huch, B. et al (2004), S. 33.
[125] Vgl. ebenda, S. 34.
[126] Vgl. ebenda, S. 539.

4 Kaufmännisches Gebäudemanagement

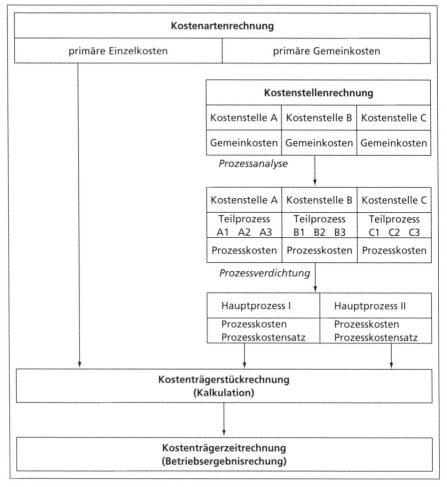

Abb. 24: Ablauf der Prozesskostenrechnung[127]

4.4.4.1 Prozesskostenstellenrechnung

Die Prozesskostenstellenrechnung, auch Kostenprozessrechnung genannt, analysiert in den Kostenstellen die Tätigkeiten, bestimmt die verschiedenen Prozesse und bildet eine Prozesshierarchie, bestimmt die **Kostentreiber (Cost Driver)**, legt die Anzahl der Prozesse fest, plant die Kosten der einzelnen Prozesse und ermittelt auf Kostenstellenebene die Prozesskostensätze.

Analyse der Tätigkeiten in den Kostenstellen

Die Tätigkeitsanalyse in den Kostenstellen stellt fest, welche Tätigkeiten durchgeführt werden und wie viel Zeit hierfür in Anspruch genommen werden muss.

---

[127] Vgl. Steger, J (2001), S. 540.

4.4 Kosten- und Leistungsrechnung im Facility Management

Eine Tätigkeit ist ein Vorgang, durch den Erzeugnisfaktoren verbraucht werden, bspw. die Entscheidung zu treffen, ob ein Neubau mittels eines Maklers oder eigenständig vermarktet werden soll. Mehrere Tätigkeiten bilden eine Aktivität, wenn sie mit einem Arbeitsergebnis abschließen, bspw. die Erstellung einer Maklerliste und die Vergabe des Vertriebsauftrages.

Prozessbestimmung und Hierarchiebildung

Prozesse sind sich wiederholende und zusammenhängende Aktivitäten, die in einem Unternehmen zur Erreichung eines Ziels in Kostenstellen zusammengeführt werden, bspw. der Verkauf von Eigentumswohnungen. Da eine Kostenstelle unterschiedliche Aktivitäten beinhalten kann, werden zusammenhängende Aktivitäten zu **Teilprozessen** kostenstellenübergreifend zusammengefasst. So entstehen **Hauptprozesse** als Grundlage für die spätere Kostenträgerstückrechnung.

Bestimmung der Kostentreiber

Um die Cost Driver ermitteln zu können, werden die Prozesse in leistungsmengeninduzierte (das Leistungsvolumen ist abhängig von der Leistungsmenge der Kostenstelle) und leistungsmengenneutrale Prozesse (das Leistungsvolumen ist unabhängig von der Leistungsmenge der Kostenstelle) unterschieden.

Die **leistungsmengeninduzierten (lmi) Prozesse** sind sich wiederholende Vorgänge in operativen Bereichen, bspw. Eingabe von Mietverträgen in das IT-System, Vergabe von Aufträgen. Für die lmi Prozesse müssen geeignete Kostentreiber als Bezugsgröße ermittelt werden. Kostentreiber sind Maßstäbe für die Gemeinkostenkontrolle und die Zurechnung der Gemeinkosten auf die Kostenträger. Cost Driver werden so ausgewählt, dass sich ein direkter Zusammenhang zwischen den Kosten und der Prozessmenge ergibt. Kostentreiber sind aus den vorhandenen Informationen zu ermitteln und verlaufen proportional mit Änderungen der Leistungen.

Die **leistungsmengenneutralen (lmn) Prozesse** werden als unterstützend für die lmi Prozesse gewertet, da sie unabhängig von den Leistungsänderungen sind. Lmn Prozesse sind kreative Tätigkeiten, die sich nicht ständig wiederholen und die in operativen und strategischen Bereichen anfallen, bspw. die Besprechung einer Baustelle.

Festlegung der Kostentreibermenge

Die Kostentreibermenge (Prozessmenge) benennt die Anzahl der Durchführungen eines Prozesses in einer Periode. Nachdem die Kostentreiber bestimmt sind, werden deren Planprozessmengen, d.h. die mengenmäßige Ausprägung der Cost Driver, für sämtliche lmi Prozesse festgelegt, bspw. ein Makler vertreibt in einer Abrechnungsperiode zehn Neubauten. Das Leistungsvolumen der lmn Prozesse ist nicht bestimmbar, daher bleiben sie bei der Festlegung der Prozessmenge unberücksichtigt.

Prozesskostenplanung

In der Prozesskostenplanung werden die Gemeinkosten ermittelt, die durch die lmi Prozesse verursacht werden. Prozesskosten können durch retrograde Bestimmung ermittelt werden. Die Prozesskostenplanung geht von einem bestimmten Etat der Kostenstellen aus, der durch Zuordnungsschlüssel ausgewiesen wird. Auch bei der Prozesskostenfestlegung werden die lmn Prozesse nicht budgetiert, da sie nicht planbar sind. Die Kosten werden für die Kostenstellen der lmn Prozesse pauschal vergeben.

Ermittlung der Kostensätze auf Ebene der Kostenstellen

Prozesskostensätze können für lmi Prozesse und Umlagesätze für lmn Prozesse ermittelt werden. Wurden Gemeinkosten ermittelt, für die entsprechende Kostentreiber existieren, werden für diese auch lmi Prozesskostensätze gebildet. Sie zeigen, wieviel ein lmi Prozess kostet.

lmi Prozesskosten (Output) / Prozessmenge (Input)
= **lmi Prozesskostensatz**

Prozesskostensätze können für Soll-Ist-Vergleiche genutzt werden, aber auch für den Preisvergleich mit einem externen Dienstleister.

Da lmn Prozesse keine Prozessmengen haben, werden hierfür Zuschlagssätze errechnet, indem die lmn Prozesskosten in das Verhältnis von Kosten der lmi Prozesse gesetzt werden.

(lmn Prozesskosten / lmi Prozesskosten) • 100
= **lmn Umlagesatz in %**
lmi Prozesskostensatz • lmn Umlagesatz in %
= **lmn Umlagesatz in EUR**
lmi Prozesskostensatz in EUR + lmn Umlagesatz in EUR
= **Gesamtprozesskostensatz in EUR**

4.4.4.2 Kostenträgerstückrechnung/Kalkulation

In der Kalkulation werden sämtliche primären Einzelkosten den Kostenträgern zugerechnet und die primären Gemeinkosten der Kostenstellen mittels der errechneten Hauptprozesskostensätze den Kostenträgern zugewiesen. Sämtliche Gemeinkosten von lmn Bereichen werden wie in der klassischen Kostenrechnung ihren Kostenträgern zugewiesen.[128]

---

[128] Vgl. Steger, J (2001), S. 554f.

4.4 Kosten- und Leistungsrechnung im Facility Management

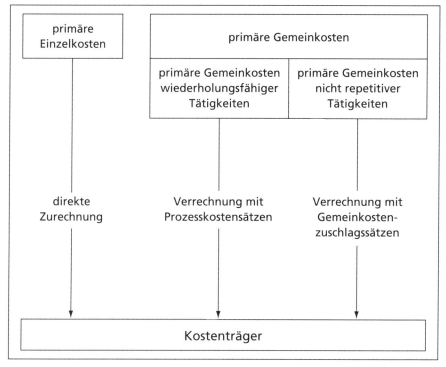

Abb. 25: Prozessorientierte Kalkulation[129]

Hauptprozesse	lmi/ lmn	Cost Driver	Prozess- kostensatz (€/Prozess)	Prozess- menge des Auftrags	Prozesskosten (€/p.a.)
Instandsetzung	lmi	Störungen	300,00	500	150.000,00
Wartung	lmi	Messstellen, die gewartet werden müssen	75,00	900	67.500,00
Leerstand	lmi	Messstellen, die trotz Leerstand gewartet werden müssen	780,00	300	234.000,00
Inspektion	lmi	Messstellen, die überprüft werden müssen	30,00	3000	90.000,00
Dokumentation erfassen	lmi	sämtliche Messstellen	7,50	3000	22.500,00
Bericht erstellen*	lmn	–	–	–	–
KVP*	lmn	–	–	–	–
		Wert der FM-Leistung zu Selbstkosten p.a.			564.000,00

* die lmn Prozesse sind bereits mit den lmi Prozessen verrechnet worden.

Abb. 26: Kalkulationsbeispiel eines FM-Prozesses[130]

---

[129] Vgl. Steger, J (2001), S. 555.
[130] Vgl. Grabatin, G. (2002), a. a. O., S. 274.

4 Kaufmännisches Gebäudemanagement

Durch die Prozesskostenrechnung werden die Planung, Steuerung und die Möglichkeit der Optimierung von Gemeinkosten sehr erleichtert und es werden Einblicke in betriebliche FM-Prozesse bei speziellen FM-Dienstleistern aber auch in Großunternehmen möglich. Insgesamt gesehen erweist sich die Prozesskostenrechnung als ein exzellentes Controlling-Instrumentarium, das zu einer kostenoptimalen Führung von FM-Leistungen anhand von Benchmarking und Soll-Ist-Abweichungsanalysen beitragen kann.[131]

4.4.5 Spezifische Aspekte des Facility Managements

Aus Sicht des FM bedarf es einer Erweiterung der Kosten- und Leistungsrechnung dahingehend, dass analog zu den Hilfskostenstellen interne Hilfskostenträger eingeführt werden, die die FM-Leistungen darstellen. Im Endeffekt muss die Kostenträgerrechnung zur Prozesskostenrechnung ausgebaut werden, indem die Gesamtheit der dem FM zuzuordnenden Unterstützungsprozesse in Einzelprozesse zerlegt wird, die dann im betrieblichen Rechnungswesen als interne Kostenträger fungieren (siehe Abb. 27).[132]

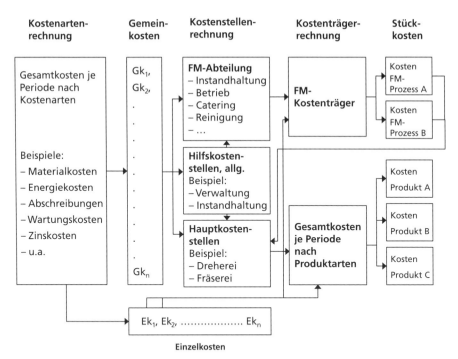

Abb. 27: Kostenrechnungsstruktur mit Berücksichtigung von FM-Aspekten[133]

---

[131] Grabatin, G. (2002), a.a.O., S. 278.
[132] Vgl. Krimmling, J. (2010), S. 82.
[133] Vgl. ebenda.

4.5 Controlling und Reporting im Facility Management

Controlling ist die Erfassung, Planung, Steuerung und Überwachung von wirtschaftlich zielgerichteten Prozessen.[134] Somit bestehen die Kernaufgaben des Controllings darin, zu planen, kontrollieren und Informationen auszuwerten. Controlling soll vorhanden Optimierungspotenziale erkennen und erschließen und zu neuen oder verbesserten Strategien führen.[135]

4.5.1 Ziele des Controllings im Facility Management

Auch im Bereich des Facility Managements liegt die Hauptaufgabe des Controllings in der Einschätzung von Gefahren und Möglichkeiten im Hinblick auf die Erreichung der Unternehmensabsichten und die Durchführung der zur Erzielung nötigen Steuerungs- und Lenkungsmaßnahmen.[136]

Controlling allgemein, hier spezifisch Immobilienkostencontrolling, stützt sich zum großen Teil auf das Rechnungswesen, respektive Kostenrechnung. Im Bereich des Facility Managements hat das Controlling u. a. die Aufgabe die internen Prozesskosten zu senken und zu optimieren.[137] Als Ziele des Controllings im Facility Management können die Senkung von Facility-Kosten und Kapitalbindung festgestellt werden, ebenso die Erhöhung der Qualität von FM-Leistungen und die Optimierung der Immobilien im Anlagevermögen.[138]

4.5.2 Aufbau des Controllings im Facility Management

Controlling ist für sämtliche Aufgaben und Gegenstände des FM angebracht.

Das Controlling ist auf dem Fundament der Kostenrechnung aufgebaut. Voraussetzung für detaillierte Informationen und Berechnungen ist die genaue Ist-Aufnahme sämtlicher Immobilien, selbst wenn sie sich noch im Bau befinden. Darüber hinaus müssen die geographische Lage und die Nutzungsart jedes Gebäudes erfasst werden. Ebenso sollten für Instandhaltungsinformationen sämtliche Daten wie bspw. Restnutzungsdauer (RND), Reparaturaufträge und Wartungs- und Inspektionszyklen vorliegen.[139] Die gebündelten Informationen ergeben dann den **Gebäudenutzungsplan**. Facility Manager haben die Aufgabe, die Unternehmenspläne zu beachten, sie zu unterstützen und zur Zielerreichung maßgeblich beizutragen. Deswegen muss der Gebäudenutzungsplan den Unternehmenszielen individuell angepasst werden, was mit Hilfe des Immobilienkontenrahmens nur durch ein effektives Controlling möglich ist.[140]

---

[134] Vgl. Hellerforth (2000), M., Controlling von Facilities-Management-Prozessen, in: Schulte, K-W./Pierschke, B. (Hrsg.) (2000): Facilities Management, S. 288–327, hier: S. 288.
[135] Vgl. Schneider, H. (2004), S. 70.
[136] Vgl. Hellerforth, M. (2000), a. a. O., S. 289.
[137] Vgl. Schneider, H. (2004), S. 70.
[138] Vgl. Hellerforth, M. (2000), a. a. O., S. 291.
[139] Vgl. ebenda, S. 294.
[140] Vgl. ebenda, S. 295f.

4 Kaufmännisches Gebäudemanagement

Erst durch die Kostenrechnung wird eine Unternehmung transparent und der Controller kann feststellen, wo die Schwächen und Stärken liegen, wo eingespart und investiert werden kann. Controlling kann in eine strategische und eine operative Steuerung unterteilt werden.

Controllinggegenstände	Beispiel	Messbarkeit	
		indirekt	direkt
Kosten	Personalkosten		X
Fremdleistungen in Kosten	Reparaturkosten		X
Fremdleistungen in Zeitaufwand	Zeitaufwand für Wartung		X
Personaleinsatz FM	Anzahl Mitarbeiter	X	X
Mengenleistungen	ausgegebenes Essen		X
Wertleistungen	Umbaukosten		X
Nutzung der Flächen	Nutzungsart		X
Instandhaltung	Zeitspannen, Kosten		X
Störungen/Notfälle	Anzahl, Art	X	X
Projekte	Neubau		X
Prozesse	Modernisierung		X
Verbrauch	Büro- und Geschäftsausstattung		X
Kundenzufriedenheit	Service	X	
Vermietungsstand	Flächen		X
etc.			

Abb. 28: Messbarkeiten von Controllinggegenständen[141]

4.5.3 Strategisches Controlling

Das strategische Controlling ist eine langfristige Konzeption. Im Mittelpunkt steht die Entwicklung neuer Potentiale und die Erhaltung bereits bestehender Potentiale, vor allem auf den Ebenen der Planung, Kontrolle und Informationsversorgung.[142]

Die Aufgaben lassen sich in drei Bereiche unterteilen:

- Unterstützung der strategischen Planung
- Umsetzung der strategischen in die operative Planung
- Aufbau und Durchführung einer strategischen Kontrolle

Die **Unterstützung der strategischen Planung** wählt und entwickelt die Planungsinstrumente und deren Methoden auf Unternehmensebene, organisiert

---

[141] Vgl. Schneider, H. (2004), S. 72.
[142] Vgl. ebenda, S. 302.

4.5 Controlling und Reporting im Facility Management

Merkmale	strategisches Controlling	operatives Controlling
Hierarchieebene	oberstes Management	mittleres/unteres Management
Zeithorizont	langfristig (zukunftsorientiert)	kurz-/mittelfristig (gegenwärtig)
Zielsetzung	Aufbau/Festigung von Erfolgspotenzialen, Wandel des Systems, Definierung von Aufgaben	Erfolg/Liquidität, Bestands-/Systemwahrung, Aufgabenbewältigung
Orientierung	Orientierung nach Außen (unternehmensextern), Wandel	Orientierung nach Innen (unternehmensintern), betriebliche Prozesse
Inhaltliche Unterschiede	Unternehmensmodelle, wenig verbindlich, dehnbare Problemdefinierung, weiche Daten, visionäre Aufgabenstellung	Teilpläne, sehr verbindlich, exakte und strukturierte Problemdefinierung, harte Daten (routiniert)
Dimensionen	Chancen bzw. Risiken Stärken bzw. Schwächen	Aufwand und Ertrag Kosten und Leistungen

Abb. 29: Controllingvergleich strategisch – operativ[143]

die Prozesse der strategischen Planung, unterstützt und koordiniert die Ermittlung der Planungsinformationen und wirkt mit bei der Umsetzung der strategischen Planung in Maßnahmenblöcke.[144]

Die **Umsetzung der strategischen in die operative Planung** überprüft die ausreichende Spezifizierung der erarbeiteten strategischen Projekte, wirkt bei der Definierung der Abschnittsziele bzw. bei der Umsetzung der strategischen Pläne mit und leitet aus den monetären Resultaten der strategischen Pläne periodenbezogene Pläne ab. Durch die so genannte SWOT-Analyse werden in Matrixform die gegenwärtigen Stärken und Schwächen den zukünftigen Chancen und Risiken gegenübergestellt.

Aufbau und Durchführung der strategischen Kontrolle bedeutet Hilfestellung bei der Festlegung von Kontrollgrößen, der Aufbau eines Frühwarnsystems, die Ermittlung von Soll-Ist-Abweichungen und die Erarbeitung von Empfehlungen zur Gegensteuerung bei Abweichungen. Das strategische Controlling konzentriert sich darauf, welche Leistungen der Unternehmung für den Markt der Zukunft erforderlich sind, um erfolgreich zu bleiben. Die Instrumente des Controllings dienen hauptsächlich der Einschätzung, wie und wo das Unternehmen am Markt angesiedelt ist und des daraus resultierenden Verhaltens. Frühwarnsysteme und Szenario-Verfahren simulieren bevorstehende

---
[143] Vgl. ebenda, S. 303.
[144] Vgl. Huch, B. et al (2004), S. 240.

4 Kaufmännisches Gebäudemanagement

Umweltfaktoren / Unternehmensfaktoren	Chancen/ Opportunities (O) aktive Mieterschaft, sozialer Zusammenhalt, gute Altersmischung	Risiken/ Threats (T) Preissensibilität, mangelnde Zahlungsbereitschaft, keine ausreichende Nachfrage
Stärken/ Strengths (S) Mitarbeiter mit guten Beziehungen zu Mietern, viele Dienstleistungen wurden bereits erfolgreich eingeführt, gut erfasstes Kundenpotenzial	SO-Strategien aktives Quartiersmanagement, gezieltes Marketing zur Mietergenerierung, Dienstleistungsentwicklung	ST-Strategien Nachfrage über Wohnqualität sichern, Wert der Dienstleistungen für Wohnqualität transparent machen, höhere Bonität bei Mietern sicherstellen
Schwächen/ Weakness (W) unübersichtliches Dienstleistungsportfolio, mangelnder Informationsaustausch, keine Familienorientierung	WO-Strategien mehr Dienstleistung für Familien, internen Informationsaustausch fördern, um schneller auf Kundenforderungen zu reagieren	WT-Strategien richtiges Portfoliomanagement, um die Wirtschaftlichkeit zu erhöhen

Abb. 30: Beispiel einer SWOT-Analyse

Entwicklungen in einem Unternehmensbereich, damit diese möglichst früh in die strategische Planung mit einfließen können.

Das strategische Controlling betrachtet vor allem das Umfeld des Unternehmens, ist also sehr stark konkurrenz- und wettbewerbsorientiert. Durch **Benchmarking** können betriebliche Strukturen, Kosten, Technologien und Leistungskennzahlen transparent gemacht werden. Der größte Konkurrent des Marktsegmentes wird als Maßstab genommen, dadurch können Stärken und Schwächen und deren Ursachen analysiert, strategische Zielsetzungen und Erfolgsfaktoren festgelegt und Strategien zur Leistungsverbesserung abgeleitet werden. Die strategischen Zielsetzungen und Pläne bilden den Rahmen für das operative Controlling.

4.5.4 Operatives Controlling

Das operative Controlling hat die Aufgabe, die strategischen Pläne und Zielsetzungen in einzelne Projekte und Aktivitäten aufzugliedern und umzusetzen. Die Aufgaben des operativen Controllings können in vier Bereiche unterteilt werden:

- Unterstützung der operativen Planung
- Unterstützung der Budgetierung
- Kontrolle der Budgets
- Versorgung der Empfänger mit Informationen

Die **Unterstützung der operativen Planung** analysiert, wählt und baut operative Planungsinstrumente und deren Methoden auf. Sie unterstützt die einzelnen Führungsinstanzen zur Aufstellung abrechnungsperiodenbezogener Teilpläne betriebswirtschaftlich, führt im Rahmen der Leitlinien die Teilpläne zu einem

4.5 Controlling und Reporting im Facility Management

Gesamtplan zusammen und sammelt Informationen, um die gesetzten Ziele überprüfen zu können.

Die **Unterstützung der Budgetierung** hat zur Aufgabe, die einzelnen Verantwortungsbereiche bei der Aufstellung von Budgetansätzen der jeweiligen Bereiche zu unterstützen (Bottom-up) und die von der Unternehmungsführung vorgegebenen Budgets zu bereichsbezogenen Budgets abzuleiten (Top-down). Sie stellt die Top-down und Bottom-up ermittelten Budgets einander gegenüber, analysiert Abweichungen und synchronisiert die Teilplanungen zu einem Gesamtbudget.

Die **Kontrolle der Budgets** erfolgt durch Ermittlung der Kosten und Erträge, sowie sonstiger erfolgszielausgerichteter Informationen für einzelne Unternehmensbereiche durch aufzeigen von Soll-/Plan- und Ist-Werten und deren Ursachenanalyse, sowie durch ermitteln geeigneter Gegensteuerungsmaßnahmen.

Die **Empfänger werden mit Informationen versorgt**, indem zuerst der Informationsbedarf ermittelt wird und dann die Weiterleitung der entsprechenden Information erfolgt. Des Weiteren werden die Informationen aus unterschiedlichen Unternehmensbereichen verknüpft.[145]

Das operative Controlling beschränkt sich meist auf ein Geschäftsjahr. Die Struktur im operativen Controlling orientiert sich stark am innerbetrieblichen Rechnungswesen. Weitere Instrumente sind Kennzahlen und Kennzahlensysteme, Controlling-Zielsysteme, Verrechnungspreise (zur Bewertung von

Lebens-zyklus-phasen	Entstehungsphase			Nutzungsphase			Verwertungsphase		
Ent-schei-dungs-felder	Projekt-Entwick-lung	Planung	Reali-sierung	Nutzung	Instand-haltung	Moderni-sierung	Umwid-mung	Verkauf	Abriss

Fokus	– Funktionalität
	– Flexibilität
	– Nutzungsreversibilität
	– Zukünftige(s):
	  * Kostenverhalten
	  * Instandhaltungsverhalten
	  * Verwertungsfähigkeit
	  * Kosten, Termine, Qualität
				– Kostenverhalten
				– Verfügbarkeit / Nutzbarkeit
				– Substanzerhalt
				– Marktgängigkeit
							– Verwertungsfähigkeit
							– Substanzerhalt
							– Werterhalt
							– Marktgängigkeit		

Module und In-strumen-te des Con-trolling-Systems	Projektcontrolling			Instandhaltungscontrolling Instandhaltungs-, Planungs-, und Steuerungssystem			Projektcontrolling		
	Qualitätscontrolling								
	Projektsteuerung			Nutzungskostencontrolling Kosten- u. Leistungsrechnung			Absatzcontrolling		
	Investitionscontrolling Immobilien-Investitionsrechnung								
	Informationsversorgungssystem Managementinformationssystem								

Abb. 31: Aspekte des FM-Controllings im Immobilien-Lebenszyklus[146]

---

[145] Vgl. Huch, B. et al (2004), S. 241.
[146] Vgl. Krimmling, J., (2010), S. 72.

innerbetrieblichen Leistungen zwischen einzelnen Bereichen) und Abweichungsanalysen (zur Feststellung von Abweichungsursachen und geeigneten Gegenmaßnahmen).

Entsprechend des Aufbaus einer Unternehmung hat das Controlling sowohl eine zentrale Ebene als auch dezentrale Elemente in Form von Controllingfeldern. So kann das dezentrale Controlling in verschiedene Bereiche untergliedert werden, z. B. das Marketing- und Vertriebscontrolling als Sparten- und Funktionscontrolling. Treten bei den verschiedenen Bereichen Schnittstellen auf, ist es die Aufgabe des zentralen Controllings, diese zu überwinden. Das Projektcontrolling verbindet bspw. die komplexen Vorhaben eines Projektes unter Berücksichtigung von verschiedenen Bereichen, die in das Projekt involviert sind.

Insgesamt sollte sich das Controlling im Facility Management auch nach den Aspekten des Immobilien-Lebenszyklus ausrichten, wie in Abb. 31 dargestellt.

4.5.5 Controlling in der Entstehungsphase einer Immobilie

In der Entstehungsphase, v. a. in der Konzeptions- und Planungsphase einer Immobilie ist die Beeinflussbarkeit der Kosten am höchsten und nimmt mit Nutzungsbeginn rapide ab. Zur Messung der Wirtschaftlichkeit eines Gebäudes werden zu Beginn Wertgrößen verwendet, z. B. die **Immobilienlebenszykluskosten**. Die Lebenszykluskosten setzen sich aus Baukosten und Nutzungskosten zusammen, die in direktem Zusammenhang zueinander stehen. Hieraus ergibt sich die Strategie der Gesamtkostenoptimierung, die durch die Analyse von Bereitstellungs- und Nutzungskosten erfolgen soll.

Das Immobilienprojektcontrolling hat hier, wie auch bei Sanierungs- und Modernisierungsmaßnahmen, die Aufgabe, die Kosten, Termine und die Qualität zu steuern, zu kontrollieren und zu optimieren. Schon während der Projektentwicklung ist eine Kostenplanung und der stete Vergleich von Soll- und Ist-Werten von Bedeutung. Somit hat das Projektcontrolling eine Kontrollfunktion inne. Das Projektcontrolling – ebenso wie das Baucontrolling – sollte sämtliche Daten über die Phasen der Entwicklung und Herstellung einer Immobilie erfassen, um während der Nutzungsphase benötigte Daten zur Steuerung ermitteln zu können. Im Baucontrolling müssen sämtliche Änderungsdaten erfasst werden und sichergestellt sein, dass sämtliche Termine und auch Kosten eingehalten, inkl. der möglichen Folgekosten für die Nutzungsphase der Immobilie.

4.5.6 Controlling in der Nutzungsphase einer Immobilie

Das Controlling in der Immobiliennutzungsphase wird aufgeteilt in das Immobilieninstandhaltungs- und das Nutzungskostencontrolling.

Das **Instandhaltungscontrolling** hat die Aufgabe, Ertragsausfälle durch technische Schwächen oder Mängel am Gebäude zu minimieren, um die Immobilie

4.5 Controlling und Reporting im Facility Management

in ihrer Substanz und somit auch in ihrem Wert zu erhalten und damit dem Shareholder-Value-Gedanken gerecht zu werden.[147]

Durch die breite Vielfalt der Instandhaltungsmaßnahmen ist eine Festlegung geeigneter Kennzahlen schwer möglich. Meist werden Instandhaltungskosten durch einen Prozentsatz in Relation zu den Herstellungs- oder Anschaffungskosten der einzelnen Gebäude gesetzt. Da diese Zahlen jedoch selten mit den Kosten der jeweiligen Instandhaltungsmaßnahme übereinstimmen, werden die Maßnahmen in Gewerke unterteilt und mit der Anzahl m² einer festgelegten Bezugsgröße zugeteilt.[148] Hier kommen wieder die Bottom-up- und Top-down-Verfahren zum Tragen. Das Bottom-up-Verfahren unterscheidet im Soll-Ist-Vergleich Inspektions-, Wartungs- und Instandsetzungskosten und weist sie den gebäudenutzenden Unternehmenseinheiten zu. Die Top-down-Planung verläuft in der Gegenrichtung. So werden die Unternehmensziele und die Budgets der verschiedenen Bereiche, die in der Finanzplanung festgelegt sind, berücksichtigt. Das **Nutzungskostencontrolling** hat zur Aufgabe, die immobilientypischen Kosten genau zu erfassen, sie nach ihrer Verursachung zuzuordnen und zu analysieren, die Kosten exakt zu planen und zu budgetieren und Einsparungs-/Steuerungspotenziale der immobilientypischen Kosten zu ermitteln.[149]

4.5.7 Controllingprozesse

Das Controlling unterstützt die Zielbildung, die Problemanalyse und Identifikation von Entscheidungsalternativen für die Unternehmensführung mit

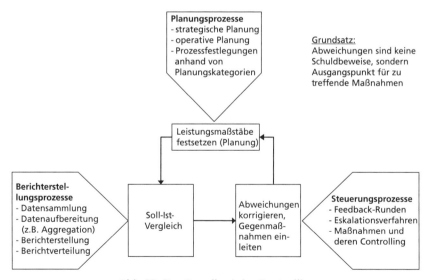

Abb. 32: Der Regelkreis im Controlling

---

[147] Vgl. Hellerforth, M. (2000), a.a.O., S. 313.
[148] Vgl. ebenda, S. 316.
[149] Vgl. Homann, K., a.a.O., S. 252.

zweckorientierten Informationen, wie Berichten, Analysen, etc. Dieses System lässt sich durch mehrstufige Regelkreise darstellen. Die Controllingprozesse sind aufgegliedert in Planungsprozesse, Berichterstellungsprozesse und Steuerungsprozesse.

Planungsprozesse beinhalten sowohl die strategische Planung als auch die operative Planung. Sie legen Prozesse anhand von Planungskalendern fest. Berichterstellungsprozesse sammeln Daten und bereiten sie auf, sie erstellen Berichte und verteilen sie an die verschiedenen Empfänger. **Berichterstellungsprozesse** sind fester Bestandteil der Soll-Ist-Analyse. **Steuerungsprozesse** beinhalten Feedbackrunden, Eskalationsverfahren, Steuerungsmaßnahmen und deren Controlling (Beispiel: Eine Instandhaltungsmaßnahme hat den Zielwert weit überschritten. Die Informationen werden an die Verantwortlichen weitergegeben, das Problem behandelt und der Klärungsprozess beginnt).

Die Planung/Budgetierung, die Kostenrechnung, das Controlling und auch das Benchmarking sind eng miteinander verbunden. Der Komplex dieser verschiedenen Funktionen bezieht sich wiederum auf unterschiedliche Datengruppen, wie in Abb. 33 dargestellt.[150]

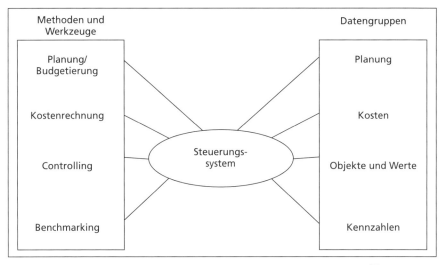

Abb. 33: Bestandteile eines effizienten Steuerungssystems[151]

Elemente eines effizienten Steuerungssystems.[152]
- Planung/Budgetierung
  - Unternehmensplanung
  - FM-Planung (Objekte, Projekte, Investitionen, Kosten, Preise, Leistungsarten, Kapazität, Personalbedarf, etc.)

---

[150] Vgl. Schneider, H. (2004), S. 48ff.
[151] Vgl. ebenda, S. 48ff.
[152] Vgl. Schneider, H. (2004), S. 48.

4.5 Controlling und Reporting im Facility Management

- Kostenrechnung
  - Eigentümerkosten (Investitionen, Instandhaltung, Bewirtschaftung, Steuern, etc.)
  - Betreiberkosten (Kosten des Facility Managements)
  - Nutzerkosten (Miete, Nebenkosten, etc.)
- Controlling
  - Kosten
  - Fremdleistungen (Wert, Menge)
  - Leistungen (Wert, Menge)
  - Flächennutzung
  - Instandhaltung
  - Projekte
  - Prozesse
  - Vermietungsstand
  - etc.
- Benchmarking
  - Kennzahlen der Objekte (Flächennutzung, Verbrauch/m², etc.)
  - Kennzahlen des Facility Managements (Kosten, Produktivität, etc.)

4.5.8 Controlling von Betriebskosten/ Betriebskostenmanagement

Die Aufgaben des Betriebskostenmanagements weichen nicht von den Aufgaben im Kostenmanagement ab. An dieser Stelle sind demgemäß die Kostenerfassung, die korrekte Zuordnung zur jeweiligen Betriebskostenposition und die verursachungsgerechte Abrechnung der Dienstleistung zu nennen. Diese Aufgaben werden mit dem Ziel der Erhöhung der Kostentransparenz und somit der Kostenoptimierung verfolgt. Es wird angestrebt, die Betriebskosten zu senken, die Qualität der Leistung jedoch nicht zu beeinträchtigen. Dieses Ziel wird durch das Ermitteln von Einspar- und Optimierungspotentialen erreicht.[153]

Bei bestehenden Altverträgen ist das Ziel des Eigentümers, möglichst alle anfallenden, umlagefähigen Kosten als Nebenkosten auf den Mieter umzulegen, nicht immer in vollem Umfang durchsetzbar. Der zunehmende Trend zum Mietermarkt spielt in diesem Zusammenhang ebenfalls eine wichtige Rolle. Nichtsdestoweniger kann durch professionelles Betriebskostenmanagement auf der Basis von geeigneten Kennzahlen und Vergleichsdaten die Rentabilität und Wettbewerbsfähigkeit der Immobilie signifikant beeinflusst werden.

Die Vorgehensweise im Betriebskostenmanagement untergliedert sich in fünf Phasen:

1. Einheitliche Erfassung der Betriebskosten,
2. Beurteilung der Betriebskosten,
3. Aufstellung von Optimierungsmaßnahmen,

---

[153] Vgl. Gondring, H. (2004), S. 491f.

> 4. Durchführen von Maßnahmen zur Optimierung,
> 5. Erfolgskontrolle

Einheitliche Erfassung der Betriebskosten

Um Betriebskosten miteinander zu vergleichen bedarf es zweier Faktoren:
- eine einheitlich definierte Betriebskostenposition und
- eine einheitliche Bezugsgröße.

Einzelbetriebskosten (Kosten die dem Mieter direkt zugeordnet werden können) sind u. a.:
- Verbrauch von Wasser,
- Heizungsenergie und
- Strom.

Gemeinkosten (Kosten die über einen Umlageschlüssel auf den Mieter umgelegt werden können) sind:
- Straßenreinigung,
- Grundsteuer und
- Sach- und Haftpflichtversicherung.

Um eine Kennzahl bilden zu können, bedarf es einer einheitlichen Bezugsgröße, die in Form von Fläche, Zeit oder auch mit Bezug auf einzelne Mieter ausgedrückt werden kann. Für externe und gleichzeitig standortübergreifende Vergleiche ist es sinnvoll, auf kostenabhängige Kennzahlen zurückzugreifen. Hierfür bieten sich z. B. die durchschnittlichen Energiekosten pro m² (BGF) an.

Beurteilung der Betriebskosten

Bei der Beurteilung der Betriebskosten bedarf es der Berücksichtigung der Höhe der einzelnen Positionen, sowie deren Einflussfaktoren. Grundsätzlich gilt, dass keine Immobilie hundertprozentig mit einer anderen vergleichbar ist. Werden Immobilien der gleichen Nutzungsart miteinander verglichen so spielt bei der Beurteilung eine Vielzahl weiterer Faktoren eine Rolle. Darunter fallen u. a. der Technisierungsgrad, die klimatischen Unterschiede, Unterschiede bei der Anzahl der Stockwerke, das Gebäudealter, die Mieterstruktur (Single Tenant/ Multi Tenant) etc. Diese Faktoren müssen beim Vergleich und der Beurteilung der Betriebskosten angemessen berücksichtigt werden.

Solch eine Beurteilung kann z. B. erfolgen durch:

> - Vergleich der Werte des aktuell abgeschlossenen Abrechnungszeitraums mit der Vorperiode
> - Ermittlungen der zu erwartenden Höhe und Vergleich mit der tatsächlichen Höhe (Soll-/Ist-Vergleich) und Abweichungsanalyse
> - Benchmarking, d. h. Vergleich mit dem Datenbestand aus einer Vergleichsdatenbank

4.5 Controlling und Reporting im Facility Management

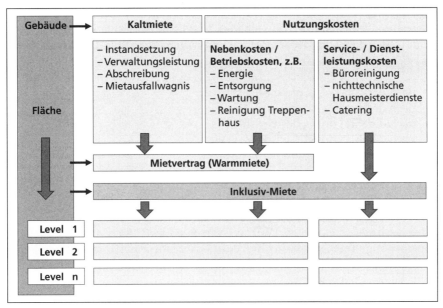

Abb. 34: Kostenzuordnung im Nebenkosten-Benchmarking[154]

Aufstellung von Optimierungsmaßnahmen

Um Optimierungsmaßnahmen erfolgreich durchzuführen sind die Betriebskostenpositionen, die das größte Einsparpotential versprechen, von Interesse. Dabei sollten die Prioritäten nach der Höhe der Kostenposition (absolut und relativ gem. Flächenanteil) und dem Grad der Beeinflussbarkeit ausgerichtet werden.

Durchführen der Maßnahmen und Erfolgskontrolle

Umgesetzt werden Maßnahmen, sofern das Ergebnis der Wirtschaftlichkeitsbetrachtung positiv ausfällt. Inwieweit eine Maßnahme Erfolg bewiesen hat, stellt sich mit Hilfe von festgelegten Intervallen bei der Erfolgskontrolle heraus. Sollte sich ein Erfolg messen lassen, ist das Ziel des Betriebskostenmanagements erreicht. Die Kosten während der Nutzungsphase der Immobilie konnten gesenkt und somit ein Wettbewerbsvorteil gegenüber anderen Vermietern erreicht werden.[155]

4.5.9 Reporting im Facility Management

4.5.9.1 Grundlagen des FM-Reporting

Das Controlling als unterstützende Funktion des Managements erfüllt seinen Zweck nur dann, wenn die gewonnenen Erkenntnisse aufgearbeitet und an den

---
[154] Vgl. GEFMA 250 (2011), S. 4.
[155] Vgl. Gondring, H. (2004), S. 493ff.

jeweiligen Entscheidungsträger weitergeleitet werden. Dazu bedient sich das Controlling der Standard-, Abweichungs- und Bedarfsberichte. Die Standardberichte stellen dabei den größten Anteil immobilienbezogener Reportings dar.[156]

Das Berichtswesen kann bspw. strukturiert werden:

- nach Berichtszweck und Berichtsinhalt
- nach der Art des Reports
- nach der Gestaltung des Berichts
- nach den Reportrechten und -pflichten
- nach den Terminen und der Häufigkeit

Der **Zweck eines Berichts** ist die Versorgung einzelner Stellen innerhalb des Unternehmens mit Informationen zur Steuerung. Die Inhalte der Berichte sind nicht eindeutig festlegbar, da jedes Unternehmen, jedes Management und jeder Adressat unterschiedlichen Wert auf verschiedene Informationen legt bzw. diese benötigt. Das Controlling hat also die Aufgabe, auf die unterschiedlichen Bedürfnisse der einzelnen Stellen einzugehen und Zweck und Inhalte des Berichts danach zu gestalten.[157]

Bei der **Art des Reports** lassen sich zum einen elektronische und in Papierformat gehaltene Berichte unterscheiden. Zum anderen sind Berichte aufgeteilt in Standard-, Abweichungs- und Bedarfsberichte.

Die Erstellung von **Standardberichten** erfolgt meist regelmäßig und basiert auf festgelegten Grundsätzen. Sie können sowohl für die Unternehmensführung als auch für einzelne Abteilungen oder Stellen angefertigt werden. Standardberichte basieren inhaltlich auf Einzelposten, die der Empfänger seinem Informationsbedarf entsprechend selbst auswertet, bspw. der Monatsbericht für die Geschäftsleitung.

Abweichungsberichte beinhalten außergewöhnliche Vorkommnisse, die eine rasche Entscheidung der Geschäftsführung erfordern. Ein Abweichungsbericht kann bspw. ein Budgetüberschreitungsbericht sein.

Bedarfsberichte fallen ebenfalls nicht regelmäßig an. Sie werden in einem bestimmten Fall angefordert und stellen eine nähere Betrachtung von Sachverhalten dar, die z. B. durch einen Abweichungsbericht aufgezeigt wurden. Ein Bedarfsbericht muss bspw. angefertigt werden, um ein neues Budget für Architektenleistungen zur Aufnahme von Verhandlungen neuer Rahmenverträge festzulegen.

Die **Gestaltung eines Reports** ist aufgegliedert in den formellen und den inhaltlichen Aufbau. Formell gesehen sollte der Umfang des Berichts so knapp wie möglich gehalten werden (lediglich die nötigen Informationen), er sollte strukturiert aufgebaut und ggf. mit einem Inhaltsverzeichnis ausgestattet sein. Die Informationen sollten aussagekräftig, kurz und prägnant dargestellt werden. Wichtigste Darstellungsformen hierfür sind Tabellen, Texte, Kennzahlen und Schaubilder.

---

[156] Vgl. Gondring, H. (2004), S. 541.
[157] Vgl. Joos-Sachse, T. (2004), S. 291f.

4.5 Controlling und Reporting im Facility Management

Die **Reportingrechte** beinhalten die Entscheidung, welche Stelle welche Informationen erhält. Diese Entscheidung ist meist hierarchie- oder funktionsabhängig. Je höher die Empfängerstelle in einer Unternehmenshierarchie angesiedelt ist, desto umfangreicher sind die Informationen des Reportes. Jedoch können die Informationen eines Berichts auch funktional weitergegeben werden. Ein Revisor hat bspw. das Recht, sämtliche Auskünfte über eine Abteilung zu erhalten, obwohl diese ihm nicht unterstellt ist. Die **Berichtspflichten** legen fest, wer welche Auskünfte erteilen muss. Die Rechte und Pflichten eines Berichts sollten in einem Controllinghandbuch verpflichtend festgehalten werden.

Der **Termin für einen Report** stellt den Zeitpunkt dar, an dem der Empfänger die benötigten Zahlen erhalten soll. Der Termin wird je nach Aktualitätsbedarf festgelegt. Eine Gewährleitung für die Aktualität ist eine zuverlässige Datenerfassung und deren Auswertung in einem elektronischen System. Die Häufigkeiten der Berichte richten sich nach dem Bedarf an wöchentlichen, monatlichen, viertel- oder ganzjährlichen Informationen. Das Kostencontrolling bspw. sollte meist in kürzeren Abständen seine Berichte erstellen.

Das Berichtswesen sollte auf verschiedenen Sichtweisen aufgebaut sein. Zum einen auf der **Informationssicht**, die Kennzahlen, deren Dimensionen und Indikatoren sowie deren Zusammenhänge betrachtet. Zum anderen auf der **Kontierungssicht**, die die verschiedenen Kontierungen, Abstimmkonten und -brücken betrachtet. Ein weiteres Augenmerk sollte dem **Adressaten** gelten, d. h. welche Berichts- und Meldepakete in welcher Periode an ihn weitergeleitet werden müssen. Die vierte Sichtweise ist die **Datensicht**. Daten können in Struktur- und Bewegungsdaten, in Datenquellen und in Daten von Schnittstellen aufgeteilt sein.

4.5.9.2 Balanced Scorecard

Das Prinzip der von Robert Kaplan und David Norton entwickelten Balanced Scorecard (BSC), zu Deutsch „ausgeglichener Berichtsbogen", beruht darauf, dass nicht mehr ausschließlich monetäre Größen (Hard Facts) bei der Auswertung von Kennzahlen herangezogen werden, sondern auch strategischen Chancen und Risiken (Soft Facts). Die Aufteilung der einzelnen Faktoren erfolgt in der Balanced Scorecard nach vier Perspektiven (Gruppen):

Die *finanzielle Perspektive* definiert Hauptziele und hebt die Auswirkungen bisheriger Strategien hervor (bspw. Umsatzwachstum, Cash Flow).

Die *Kundenperspektive* hebt die Ziele und Erfolge einer Unternehmung aus dem Blickwinkel der Kunden und des Wettbewerbs hervor (bspw. Marktanteil, Kundenzufriedenheit etc.).

Die *Prozessperspektive* analysiert den Wert und die Effizienz der Leistungserstellung (bspw. geplante vs. tatsächliche Leistung, genehmigte vs. vorgelegte Aufträge).

Die *Entwicklungs- und Mitarbeiterperspektive* beschreibt den Grad der Motivation und Qualifikation der Mitarbeiter (bspw. Fluktuationsrate, Mitarbeiterzufriedenheit, Anzahl Fehltage).

4 Kaufmännisches Gebäudemanagement

Die BSC-Perspektiven können für die Immobilienwirtschaft auch spezifiziert werden: Immobilienergebnis als finanzielle Perspektive, Nutzer als Kundenperspektive, Produkte als Prozessperspektive und die Umwelt als Entwicklungs- und Mitarbeiterperspektive.[158]

Die finanziellen Kennzahlen definieren die von der jeweiligen Strategie erwarteten finanziellen Leistungen und bilden auch das Endziel der der anderen Perspektiven des Berichtsbogens.[159] Charakteristisch für eine BSC sind die wenigen, aber aussagekräftigen Kennzahlen, die das System sehr übersichtlich gestalten. Somit werden Managemententscheidungen in strategischer Hinsicht unterstützt. Trotzdem lässt sich eine BSC nicht standardisieren, da sie individuell auf das zu beziehende System und dessen Umfeld zugeschnitten werden muss. Die Erstellung einer BSC kann in vier Schritte gegliedert werden, die jedoch ebenfalls individuell gegliedert und aufgebaut sein können.[160]

(1) **Definition der Systemarchitektur:** Hier wird der Bereich, für den die BSC erstellt werden soll, ausgewählt und die evtl. Verknüpfung mit anderen Bereichen ermittelt und berücksichtigt.
(2) **Ermittlung strategischer Ziele:** Bildung geeigneter Kennzahlen für die Organisationseinheit durch Ermittlung vorhandener Strategien und Ziele, Auswertung derselben bzw. Festlegung der Visionen, Ziele und Strategien.

Perspektiven	Strategische Ziele	Messgrößen	Operative Ziele	Aktionsprogramm
Immobilienergebnis Wie kann das Bewirtschaftungsergebnis langfristig optimiert werden?	Kostenstrukturoptimierung der Immobilienbewirtschaftung	Kosten/m² ohne Nebenkosten	Erreichen von Vergleichswerten	Modernisierung
Nutzer Wie können die Kunden langfristig an das Unternehmen gebunden werden?	Steigerung der Kundenzufriedenheit	Auswertung der Beschwerden p.a.	Verbesserung der Vorjahreswerte	Analyse der Kundenwünsche
Produkt Wie können die Immobilieneigenschaften optimal gesteuert werden?	Erhöhung der Flächenleistungsfähigkeit	Anzahl Fälle der teilweisen oder kompletten Unnutzbarkeit von Flächen p.a.	Minimalisierung der Nutzungsausfälle	Flächenmanagement
Umwelt Wie wirken sich die Änderungen der Region auf das Unternehmen aus?	Früherkennung von Chancen und Risiken	Ernstzunehmende Konkurrenz in der Umgebung	(externer Faktor)	Planung/Auswahl von Zusatz-/Andersleistungen

Abb. 35: Beispiel einer BSC für Immobilienunternehmen[161]

---

[158] Vgl. Metzner (2002), S. 135ff.
[159] Vgl. Joos-Sachse, T. (2004), S. 290.
[160] Vgl. Metzner (2002), S. 132.
[161] Vgl. ebenda, S. 143ff.

(3) **Auswahl der spezifischen Kennzahlen für die BSC:** Umsetzung der Ziele und Strategien in Kenngrößen mit der Suche nach Informationsquellen, sowie das Besprechen der Ergebnisse.
(4) **Umsetzungsplanung der Kennzahlen:** Entwicklung und Organisation eines Plans zur Umsetzung, Abstimmung mit dem Management über Planung und Aktionen und die Fertigstellung des Umsetzungsplans.

Die Balanced Scorecard wird in einem mehrstufigen Top-down-Prozess entwickelt, angefangen bei der Idee, über die Ausgestaltung der Finanz-, der Kunden- und Prozessperspektive, bis hin zur Entwicklungs- und Mitarbeiterperspektive.[162]

4.6 Benchmarking

4.6.1 Benchmarking im Facility Management

Unter Benchmarking wird eine in kontinuierlichen Zyklen verlaufende, vergleichende Analyse von Produkten, Dienstleistungen, Prozessen und Methoden verstanden. Als Vergleichspunkt hierfür dienen Unternehmen, die die zum Vergleich herangezogene Disziplin besonders gut beherrschen. Dies wird auch „Best Practice" genannt. Im Fall des Immobilienmanagements kommen nicht nur direkte Mitbewerber in Betracht, sondern auch Unternehmen aus anderen Branchen, Regionen oder Größenordnungen, sofern die erbrachten Immobilien-Managementleistungen ähnlicher Natur sind.[163] Grundsätzlich bedeutet Benchmarking: „Sich an Bestwerten ausrichten und orientieren." Im Hinblick auf das Facility Management bedeutet es, sich an den Bestwerten in Bezug auf Qualität, Kosten oder allgemeine Verbrauchsgrößen in der Immobilienbewirtschaftung zu orientieren.[164]

Der Begriff Benchmarking kommt aus den USA und stammt ursprünglich aus dem Vermessungswesen. Dort kennzeichnet ein Benchmark einen dauerhaften Referenzpunkt im Gelände. Ein Benchmark ist also ein Ziel und Benchmarking ist die Methode um dieses Ziel zu erreichen. Die Immobilienwirtschaft näherte sich diesem Thema im Gegensatz zu anderen Branchen erst Mitte der 1990er Jahre an. Beim Benchmarking in der Immobilienbranche stehen bei Neubaumaßnahmen die Gebäudeökonomie und deren Auswirkung auf die Wirtschaftlichkeit eines Gebäudes im Vordergrund.[165]

Die Orientierung am Benchmarking in der Immobilienwirtschaft führt immer häufiger dazu, dass FM-Dienstleister und Verwalter von ihren Auftraggebern verpflichtet werden, sich bzw. ihre Leistung regelmäßig einem Benchmark-

---
[162] Vgl. Joos-Sachse, T.(2004), S. 290.
[163] Vgl. Pfnür, A. (2004), S. 213.
[164] Vgl. Krimmling, J. (2005), S. 123.
[165] Vgl. Naumann, G., Benchmarking im Facilities Management, in: Schulte, K-W./ Pierschke, B. (Hrsg.) (2000), Facilities Management, S. 242–262, hier: S. 246.

Vergleich zu unterziehen. Dabei soll die effiziente Betreuung der anvertrauten Immobilien nachgewiesen werden. Benchmarking deckt durch die Orientierung an der „Best Practice" Schwachstellen auf und ermöglicht dadurch das kurzfristige Einleiten von Verbesserungsmaßnahmen.

Für ein effizientes Benchmarking müssen vergleichbare Rahmenbedingungen in Form von Immobilien- und Leistungskatalogen gegeben sein:

- Homogene Nutzungsgruppen mit vergleichbaren Kostentreibern wie z. B. selbst genutzte Bürogebäude, Shopping Center, Hotels etc.
- Homogene Gebäude in Bezug auf deren Geometrie, Qualität und Nutzung.

Nutzen und Grenzen des Benchmarking

Durch standardisierte Vorgehensweisen und durch Orientierung an der „Best Practice" werden eigene Leistungslücken und Mängel aufgedeckt sowie Optimierungspotenziale aufgezeigt. Zur Realisierung dieser Potentiale gibt das Benchmarking Orientierungshilfen. Dabei kann sich das Benchmarking an unterschiedlichen Bedürfnissen orientieren. Es wird aufgezeigt wie leistungsfähig Gebäude sind, welche Leistungen am besten organisiert sind und was diese Leistungen maximal kosten dürfen.

Sind diese Voraussetzungen erfüllt, sind die Grundlagen für ein Benchmarking-Projekt gelegt und es kann mit der Definition des Benchmarking-Ziels, dem Aufbau eines Projektteams, dem Sammeln von Informationen und dem Suchen von Benchmarking-Partnern begonnen werden.[166]

Leider kann das Benchmarking im Immobilienbereich noch nicht auf langjährige, homogene Zeitreihen zurückgreifen. Im Laufe der letzen Jahre fand eine Entwicklung dahingehend statt, dass neben einem reinen Vergleich direkter Kosten nun auch Prozesskosten- und Prozessbenchmarking, so genannte weiche Faktoren (Cost Affecting Factors), bei der Bewertung eine immer bedeutendere Rolle einnehmen.

4.6.1.1 Arten des Benchmarking

Benchmarking-Methoden sind in der Praxis mittlerweile weitestgehend standardisiert. So gibt es sehr unterschiedliche Ausprägungen, die auf die einzelnen Bedürfnisse des Unternehmens und deren Benchmarking-Ziele zugeschnitten sind.

Internes oder externes Benchmarking

Die erste Unterscheidung erfolgt in Richtung Partnerauswahl. Hierbei wird zwischen einem internen oder externen Benchmarking unterschieden. Beim **internen Benchmarking** geht es sowohl um die Verbesserung der eigenen Leistung durch einen Vergleich z. B. zwischen Organisationseinheiten oder Standorten,

---

[166] Vgl. Naumann, G., a. a. O., S. 248.

4.6 Benchmarking

als auch um die Vorbereitung auf ein externes Benchmarking. Der Vorteil liegt in der klaren Vergleichbarkeit der Ergebnisse, der Nachteil in der beschränkten Innovationsfähigkeit.

Externes Benchmarking ist ein Vergleich der eigenen Organisation mit dem Markt. Dabei wird unterschieden zwischen einem konkurrenzbezogenen Benchmarking (Vergleich mit direkten Wettbewerbern), einem branchenbezogenen Benchmarking (erweiterter Vergleich mit der Branche) und einem branchenunabhängigen Benchmarking, bei dem die jeweils beste Lösung unabhängig von der Branche identifiziert werden soll. Hauptaugenmerk sollte hierbei auf die Auswahl der Partner und die Harmonisierung/Vergleichbarkeit der Daten gelegt werden.

Strategisches-/Prozess-/Produkt-Benchmarking

Die zweite Unterscheidung erfolgt durch die Zielsetzung des Benchmarkings. Je nachdem, ob die eigene Strategie, die Qualität der Organisation oder der Prozesse, die Kunden-/Mitarbeiterzufriedenheit, das Rendite/Risikoverhältnis des Portfolios, die Performance einzelner Gebäude oder die Produktivität der Servicemitarbeiter bewertet werden soll, wird ein strategisches-, ein Prozess- oder ein Produkt-Benchmarking-Projekt aufgesetzt.[167]

Strategisches Benchmarking

- BSC (Kunden, Mitarbeiter, Prozesse, Finanzdaten)
- Bewertung einzelner Dimensionen
- Mögliche Einschränkung auf einzelne Perspektiven (Kundenperspektive)

Prozess-Benchmarking

- Untersuchung von immobilien- und servicebezogenen Abläufen auf Unternehmens-, Standort- und Gebäudeebene (z. B. Auftragsdurchlauf, Instandhaltungsmanagement)
- Zerlegung in Teil-/Unterprozesse und Arbeitsschritte und anschließende Qualifizierung und Quantifizierung anhand relevanter Messgrößen
- Ziel: frühzeitige Beeinflussung der Prozesse

Produkt-Benchmarking

- Technische Lösungen (z. B. Energieversorgung) verschiedener Anbieter werden gegenübergestellt
- Betratrachtung von Investitionskosten und Folgekosten

Kennzahlen-Benchmarking

Durch den Vergleich von Kennzahlen sind Leistungslücken erfahrungsgemäß am besten identifizierbar:

---

[167] Vgl. GEFMA 250 (2011), S. 2.

4 Kaufmännisches Gebäudemanagement

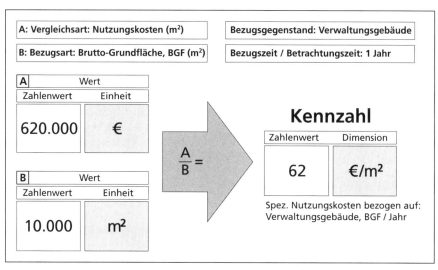

Abb. 36: Bildung von Kennzahlen[168]

4.6.1.2 Der Benchmarking-Prozess

Die Umsetzung eines geeigneten Benchmarking setzt verschiedene Bearbeitungsphasen voraus. Die Orientierung am so genannten 5-Phasen-Modell ermöglicht durch eine strukturierte Vorgehensweise die Bildung akzeptierter Kennzahlen (vgl. Abb. 37).

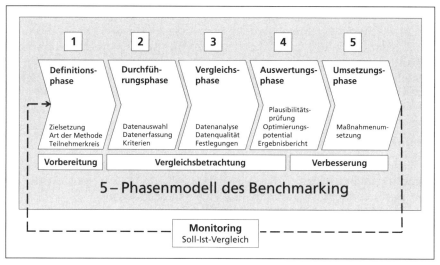

Abb. 37: 5-Phasen-Modell des Benchmarking[169]

---

[168] Vgl. GEFMA 250 (2011), S. 8.
[169] Vgl. ebenda, S. 9.

4.6 Benchmarking

In der **Definitionsphase** sind u. a. Zielsetzung, Art der Methodik und Teilnehmerkreis (Beteiligte/Akteure) festzulegen. Diese Phase ist für den Projekterfolg von zentraler Bedeutung, da mangelhafte Sorgfalt und dadurch auftretende Fehler zu keinem brauchbaren Ergebnis führen. Die Zusammenstellung und Beantwortung eines Fragenkatalogs im Vorfeld ist darum empfehlenswert:[170]

- Welches sind die zu untersuchenden Bereiche und Produkte sowie die sich daraus ergebenden qualitativen und quantitativen Ziele?
- Mit welcher Benchmarkingart kann das definierte Ziel kurzfristig und optimal erreicht werden?
- Welche Sichtweise auf die Immobilie soll untersucht werden?
- Kann auf eine festgeschriebene Unternehmensphilosophie/-strategie zurückgegriffen werden?
- Welche Daten und Informationen werden wo, in welcher Form und auf welchem Datenträger vorgehalten?
- Können bestehende Systeme genutzt werden?
- Lassen sich Daten aus dem Rechnungswesen nutzen?
- Welche zusätzlichen Programme sind sinnvoll und können genutzt werden?
- Wie kann eine wirtschaftliche Nacherfassung fehlender Daten und Informationen organisiert werden?
- Welches sind die kritischen Erfolgsfaktoren?
- Welche aussagefähigen Zielgrößen werden für die Steuerung der Immobilien benötigt?
- Mit welchem externen Unternehmen/Marktteilnehmern soll der Vergleich erfolgen, was erwartet das Unternehmen vom Marktteilnehmer und was kann das Unternehmen dem Marktteilnehmer bieten?
- Worauf ist bei der Analyse der generierten Kennzahlen zu achten?
- Wie kann ein Vergleich mit Externen erfolgen?

Nachdem die internen Benchmarking-Ziele definiert, die Methodik bestimmt, sowie alle dafür notwendigen Informationen zusammengetragen und dokumentiert wurden, wird in der **Durchführungsphase** ein geeigneter Benchmarking-Partner gesucht. Der Vergleich kann mit einem bereits existierenden Benchmarking-Pool erfolgen, oder es wird ein Unternehmen gesucht, von dem Optimierungspotenzial zu erwarten und die Bereitschaft zu einem offenen Benchmarking vorhanden ist. Mit dem so gewonnenen Benchmarking-Partner wird anschließend eine Vertraulichkeitserklärung ausgetauscht und die Zielsetzung des Projektes besprochen. Sollte der Partner dabei andere Ziele verfolgen, muss geprüft werden, inwieweit ein gemeinsames Projekt sinnvoll ist.

Die Datenerfassung beginnt mit dem Erstellen der Erfassungsunterlagen (Datenauswahl), die eine exakte Beschreibung der zu vergleichenden Leistungen beinhalten müssen. Danach erfolgt das Harmonisieren der Daten bei den einzelnen Benchmarking-Partnern (Akteuren) und das Ausfüllen der Unterlagen.

---

[170] Vgl. GEFMA 250 (2011), S. 9f.

Dabei ist es wichtig, nicht ausfüllbare Leistungsbereiche gegenüber Nullwerten herauszustellen.

Um eine hohe Zahlenaktualität sicher zu stellen, sollten die vereinbarten Daten aller Teilnehmer für die Berechnungen möglichst zeitgleich bereitgestellt werden und sich auf die gleiche Zeitspanne beziehen. Zusätzlich zum Zahlenmaterial sollte ein Bezug zu den Grunddateninformationen z. B. von Immobilien erfolgen. Als Vergleichskriterien können in diesem Zusammenhang z. B. die Nutzungsart, Nutzungsdauer, Betriebszeit von Anlagen, Ausstattung und Qualität, Zustand, Technisierungsgrad oder geforderter Service-Level herangezogen werden.[171]

Die erste Bewertung der Ergebnisse im Rahmen der **Vergleichsphase** erfolgt in Form einer Plausibilitätsprüfung, bei der Unplausibilitäten aufgedeckt und nachgearbeitet werden müssen. Zur Identifikation von Unplausibilitäten/Leistungslücken werden Cluster mit dahinter liegenden statistischen Werten (z. B. 25 % Quartil/75 % Quartil) gebildet und gegen die eigenen Werte gespiegelt. Ursachen für Leistungslücken sind in erster Linie:

- unpräzise Clusterung;
- falsche Bezugsarten/-größen;
- ungenaue Leistungsabgrenzungen.

Nach dem Ausfüllen der Erfassungsunterlagen und dem Zusammenstellen und Plausibilisieren der Ergebnisse folgt die **Auswertungsphase** (Bericht, Ergebnisse). In dieser Phase werden Leistungslücken identifiziert und Abweichungen begründet. Mit der nun vorliegenden Ist-Darstellung lassen sich die möglichen Potenziale erkennen und die Maßnahmen zur Schließung der Leistungslücken aufzeigen. Zur Qualifizierung der Leistungslücken haben sich folgende Instrumente bewährt:

- SWOT-Analyse (Stärken/Schwächen/Chancen/Risiken)
- Nutzwertanalyse
- Geschäftsprozessanalyse
- Clusteranalyse
- Korrelations-/Regressionsanalyse

In **der Umsetzungsphase** werden schließlich Maßnahmen initiiert, um identifizierte Leistungslücken bzw. Potenziale aufzuzeigen und entsprechen Maßnahmen zur Optimierung zu ergreifen. Die Umsetzung der Maßnahmen erfolgt im Regelfall nicht nach einer 1:1 Beziehung, sondern ist eine Anpassung der identifizierten „Best-Practice" an die eigenen betrieblichen Abläufe und Bedürfnisse. Das Überprüfen der Ergebnisse (**Monitoring**) und der Vergleich mit den Zielvorgaben schließt diesen Prozess ab und ist gleichzeitig der Neubeginn eines Benchmarking als Teil des innerbetrieblichen Qualitätsmanagements.[172]

---

[171] Vgl. GEFMA 250 (2011), S. 10.
[172] Vgl. ebenda, S. 11.

4.6.2 Benchmarking als Instrument des Betriebs- und Nebenkostenmanagements

Sinkende Betriebskosten ermöglichen dem Vermieter den Mieterhöhungsspielraum auszubauen und verbessern gleichzeitig auch die Vermietungschancen. Nachfolgend werden verschiedene Benchmarking-Ansätze dargestellt, die sich in der Praxis als Instrument des Betriebskostenmanagements etabliert haben.

4.6.2.1 OSCAR (Jones Lang LaSalle/CREIS)

Beim Office Service Charge Analysis Report (OSCAR) handelt es sich um einen jährlichen Bericht zur Büronebenkostenanalyse. Als Bezugsfläche dient bei diesem Verfahren die Nettogrundfläche nach DIN 277. Der OSCAR wird seit dem Jahre 1999 von Jones Lang LaSalle herausgegeben. Die ermittelten Daten für Bürogebäude stammen aus Datenbeständen der CREIS Real Estate Solutions-Datenbank.[173] Mittlerweile hat sich der OSCAR in Deutschland als Standard im Benchmarking von Nebenkosten etabliert. Die Auswertungsmöglichkeiten werden von Jahr zu Jahr differenzierter.

Als größter FM-Benchmark in Deutschland ist die OSCAR-Studie für Gebäudemanager im Hinblick auf die Nebenkosten eine gute Datenquelle. Flächenverhältnisse oder Immobilienkosten pro Mitarbeiter bleiben leider unbeachtet. In dieser Hinsicht sind die FM-Benchmarks in den USA mit den Initiatoren IFMA, BOMA, SIOR und IREM weiter fortgeschritten.[174]

Die Kostengruppen die in der OSCAR-Analyse behandelt werden unterscheiden sich nur geringfügig von der in der DIN 18960-1 Fassung 04/1976 festgelegten Gliederung. Dies wird an den Kosten für die Bewachung und den Kosten der Hausmeisterdienste deutlich. Nach DIN 18960-1-Fassung 04/1976 sind die Hausmeistertätigkeiten auf einzelne Kostengruppen wie z. B. Bedienung oder Wartung und Inspektion aufzuteilen. Die Kostengruppe Bedienung wird in der OSCAR- Analyse nicht übernommen. Andere Kosten wie z. B. Müllbeseitigung, Straßenreinigung und Grundsteuer laufen alle unter dem Oberbegriff „Öffentliche Abgaben". Die OSCAR-Analyse betrachtet ausschließlich die umlegbaren Nebenkosten (abgesehen von der Aufstellung der Vollkosten bei Eigennutzern). Demzufolge zählen zur Gebäudereinigung nach OSCAR nur die Reinigungskosten für die Eingangshalle, das Treppenhaus, den Außenbereich, die Fassade, etc. Die Kennwerte für Verwaltung, Öffentliche Abgaben, Versicherung, Wartung, Strom, Heizung, Wasser/Kanal und Bewachung beziehen sich hingegen auf das Gesamtgebäude.

---

[173] Vgl. Zehrer, H./Sasse, E. (Hrsg.) (2005), S. 330.
[174] Vgl. Gondring, H. (2004), S. 513.

4 Kaufmännisches Gebäudemanagement

Durchschnittswerte aller Nebenkosten (€/m²/Monat)												
	klimatisiert						unklimatisiert					
	2005	2006	2007	2008	2009	2010	2005	2006	2007	2008	2009	2010
Öffentliche Abgaben	0,52	0,51	0,49	0,48	0,49	0,53	0,51	0,5	0,5	0,49	0,49	0,49
Versicherung	0,17	0,17	0,17	0,14	0,16	0,13	0,15	0,15	0,15	0,14	0,11	0,1
Strom	0,39	0,48	0,44	0,42	0,48	0,48	0,32	0,41	0,31	0,35	0,39	0,42
Wartung	0,29	0,31	0,3	0,33	0,36	0,39	0,21	0,23	0,21	0,27	0,29	0,29
Heizung	0,4	0,42	0,47	0,46	0,49	0,54	0,37	0,4	0,45	0,43	0,48	0,59
Wasser, Kanal	0,14	0,14	0,13	0,12	0,13	0,13	0,11	0,11	0,11	0,11	0,12	0,12
Reinigung	0,29	0,3	0,28	0,25	0,26	0,32	0,27	0,28	0,3	0,26	0,25	0,31
Bewachung	0,23	0,24	0,28	0,31	0,28	0,3	0,17	0,19	0,17	0,25	0,23	0,23
Verwaltung	0,33	0,32	0,31	0,25	0,29	0,29	0,34	0,33	0,32	0,25	0,29	0,31
Hausmeister	0,26	0,3	0,28	0,29	0,3	0,29	0,25	0,26	0,26	0,29	0,28	0,28
Sonstiges	0,09	0,11	0,06	0,09	0,06	0,11	0,08	0,08	0,06	0,09	0,05	0,09
Gesamt	3,11	3,3	3,21	3,14	3,3	3,51	2,78	2,94	2,84	2,93	2,98	3,23

Durchschnittswerte aller Nebenkosten insgesamt (€/m²/Monat)											
2005	↗	2006	↘	2007	↗	2008	↗	2009	↗	2010	
2,95	5%	3,09	-3%	2,99	2%	3,04	3%	3,13	9%	3,4	

Abb. 38: Kennwerte von Nebenkosten nach OSCAR 2010[175]

Die Nebenkosten-Daten werden nach unterschiedlichen Kriterien aufbereitet. Bspw. werden alle Kennwerte differenziert nach klimatisierten und unklimatisierten Gebäuden bereitgestellt. Es existieren auch Nebenkostenaufstellungen nach Gebäudegröße und Standort. Seit einigen Jahren werden auch die Durchschnittswerte aller Vollkosten (Gesamtkosten für Eigennutzer) angegeben.

4.6.2.2 Immobench (Treureal)

Immobench ist das Internetportal der Treureal-Gruppe für den Vergleich von Betriebskosten (www.immobench.de). Dies ist eine über das Internet zugängliche Datenbank mit Kostendaten von über 100 000 Mieteinheiten in Wohn- und Gewerbeimmobilien (Schwerpunkt Wohnimmobilien). Sie bietet Daten zum Vergleich mit der eigenen Immobilie und Analysetools:

- Benchmarks für Betriebskosten (pro m² Nutzfläche, je nach Gebäudetyp und Nutzung
- Benchmarks für Instandhaltungskosten (aller gängigen Gewerke nebst Tools zur Kostenplanung)
- Benchmarks zu Energie- und Medienverbräuchen (nach Nutzungsart und Gebäudetypen)
- Verbrauchsorientierte Energiepässe (auf der Grundlage der in der Datenbank hinterlegten Daten von Immobilien)

---

[175] Vgl. Jones Lang LaSalle, OSCAR (2010).

4.6 Benchmarking

Immobench bietet die Benchmarks für die Optimierung der Betriebskosten für die Analyse, welche Kosten in einem Bestand vom Durchschnitt eines Vergleichsbestandes abweichen. Die Benchmarks folgen der so genannten „Geislinger Konvention", die die Datenstruktur von Wohngebäuden und Betriebskosten festlegt. Die Betriebskosten eines Bestandes – ob Wohn- oder Gewerbeimmobilien – werden aus immobilienwirtschaftlichen Abrechnungsprogrammen übernommen und nach einer Plausibilitätsprüfung in die Datenbank eingestellt.[176]

Der autorisierte Nutzer kann standortunabhängig verschiedene Auswertungen über das Internet erstellen:

- Schnellanalyse
- Ein Ranking der eigenen Bestände nach jeder Kostenart
- Ein Vergleich des eigenen Bestandes und einzelner Gebäude nach frei wählbaren Kriterien
- Graphische und tabellarische Auswertungen für eine Immobilie
- Spezielle Auswertungen für Gewerbeeinheiten

4.6.2.3 Key-Report Office (BNP Paribas Real Estate Germany)

Der Key-Report Office, den das Immobilienberatungsunternehmen BNP Paribas Real Estate Germany veröffentlicht, bietet mit der Methode des Bewirtschaftungskosten-Benchmarking eine Orientierung an den optimalen Kostenstrukturen vergleichbarer Immobilien. Kern des von BNP Paribas Real Estate Germany entwickelten betriebswirtschaftlichen Instruments ist die Möglichkeit für Eigentümer, Projektentwickler, Architekten und Nutzer, nach Einsparungspotentialen bei der so genannten „zweiten Miete" zu fahnden. Der separat erhältliche Benchmarker, eine Drehscheibe, ermöglicht eine erste Einschätzung der Bewirtschaftungskosten und der Vermarktungsfähigkeit einer Immobilie oder eines Portfolios. Um ein aussagekräftiges Ergebnis zu erhalten ist es wichtig, Objekte einer „Kampfklasse" zu vergleichen.

Das Benchmarking erfolgt in mehreren Stufen:

Es wird nach der Nutzungsart des Objektes unterschieden, also etwa nach Büro-, Geschäfts- oder Wohnimmobilien.

Das Herzstück des Reports ist die Kategorisierung. Dabei werden dem untersuchten Gebäude je nach Attraktivität ein bis fünf Schlüssel verliehen. Bewertet werden 19 Qualifikationsfaktoren wie Standort, Verkehrsanbindung und Klimatisierung. Diese Kriterien werden durch Marktrecherche unter Immobilien-Fachleuten ermittelt. Eine Fünf-Schlüssel-Immobilie ist hervorragend gelegen und ausgestattet, wogegen die Ein-Schlüssel-Immobilie eine geringe Marktattraktivität aufweist. Wichtig sind jedoch nicht die Einzelwerte, sondern individuelles Zusammenspiel. Mit knapp 68 % des Gesamtbestands liegen die meisten der untersuchten Immobilien im mittleren Bereich von drei oder vier Schlüsseln.

---

[176] Vgl. TREUREAL Dienstleistung rund um die Immobilie, Professionell bewirtschaften, 2006/02-A-2, S. 1ff.

Schließlich wird das Bewirtschaftungskosten-Handicap ermittelt. Diese abschließende Klassifizierung im Verhältnis zu den Aufwendungen bei Vergleichsobjekten und der Orientierung am Besten zeigt das konkrete Einsparungspotential. Der niedrigste Wert erhält das Handicap Eins, der höchste die Note Drei, was auf ungenutzte Einsparpotentiale hinweist.

4.6.2.4 ATGA

ATGA ist das in Wien angesiedelte Institut für Facility Management und Technische Gebäudeausrüstung. Schwerpunkte der ATGA sind FM-Consulting, FM-Benchmarking Forschungsprojekte und Ausbildungsaktivitäten. Die ATGA zählt zu den FM-Experten mit Schwerpunkt in Österreich.

Benchmarking Pool

Ziel der ATGA Benchmarking-Pools ist die Erarbeitung von Verbesserungsmöglichkeiten. Der Schwerpunkt liegt dabei im Erfahrungsaustausch über FM-Prozesse im Rahmen von Workshops und Arbeitsgruppen. Kennzahlen und Charts liefern zwar interessante Ergebnisse, werden aber nur als Grundlage für die eigentlichen Verbesserungen und Festlegungen neuer Strategien angesehen. Die ATGA versucht für möglichst homogene Nutzer- und Immobiliengruppen jeweils separate Benchmarking-Pools aufzulegen.

Jeder Teilnehmer kann sehen, wo er im Vergleich mit anderen steht. Durch die Erfassung eines großen Teils der FM-Kosten wird ersichtlich, wo mögliche Schwachstellen liegen und in welchen Bereichen es sich lohnt, Verbesserungen anzustreben. Durch die Diskussion der Kennzahlen innerhalb der einzelnen Pools, können die dafür maßgeblichen Prozesse und Abläufe analysiert und bewertet und dadurch die beste Praxis gefunden werden.

Vorgehensweise

Mehrere Unternehmen mit vergleichbaren Immobilien, z. B. Büros, Shopping Center, Industriestandorten oder Schauspielhäusern legen mit Hilfe der ATGA eine gemeinsame Kosten- und Datenstruktur fest.

Die ATGA stellt zur Erfassung dieser Daten eine Software und ein Handbuch mit allen Festlegungen zur Verfügung. Jedes Poolmitglied erfasst nun Kosten (z. B. Reinigungskosten, Energiekosten, Kosten für Catering, Miete usw.) sowie Immobilien- und Organisationsdaten (z. B. Flächen, Technisierungsgrad, Service Levels, Umzugsraten usw.).

Die Auswertung durch die ATGA erfolgt anonymisiert, sodass kein Rückschluss auf das einzelne Unternehmen möglich ist. Die angegebenen Daten werden auf Plausibilität geprüft und den Teilnehmern vor dem ersten Diskussionsforum zur Verfügung gestellt.

4.6.3 Benchmark-Studie: Leistungsumfang und Vergütungsstruktur im KGM

Die marktgerechte Bewertung von Immobilien ist nicht erst seit der Krise der Offenen Immobilienfonds ein vieldiskutiertes Thema in Deutschland. Doch während sich bei der Immobilienbewertung zunehmend professionelle und international anerkannte Standards durchsetzen, herrscht bei den Immobilien-Dienstleistungen noch große Unsicherheit im Hinblick auf konkrete Leistungsinhalte und deren marktgerechte Bewertung. Im Bereich des Technischen Gebäudemanagements existieren zumindest bezüglich der Leistungsinhalte konkrete Vorgaben durch die Richtlinien von DIN, VDMA, VDI etc. Im kaufmännischen Bereich gibt es dagegen, abgesehen von den gesetzlichen Buchführungsvorschriften, kaum Standards für Leistungsverzeichnisse und Vergütungsstruktur.

Vor diesem Hintergrund werden die Leistungen des kaufmännischen Gebäudemanagements, sofern sie an Dritte vergeben werden, i. d. R. als pauschaler Prozentsatz der Nettomiete vergütet. Die Intransparenz bezüglich der konkreten Leistungsinhalte und die pauschale Vergütungsstruktur in der kaufmännischen Verwaltung führen jedoch unweigerlich zu einem Principal-Agency-Konflikt, der sich aus den unterschiedlichen Interessenpositionen von Eigentümer und kaufmännischem Dienstleister ergibt. Während der Eigentümer bei einer gegebenen Vergütungshöhe an einer möglichst hohen Qualität der Dienstleistung interessiert ist, versucht der Dienstleister seinen Gewinn (d.h. die Differenz zwischen Erträgen und Aufwendungen) zu maximieren. Da der Dienstleister im Rahmen der pauschalen Regelung kaum Einflussmöglichkeiten auf eine Steigerung der Verwaltervergütung hat, besteht eine gewisse Versuchung, die Kosten zu Lasten des Personaleinsatzes und der Leistungsqualität zu senken.

Um diesen Principal-Agency-Konflikt weitgehend auszuschalten und klare Entscheidungsgrundlagen für die Fremdvergabe von kaufmännischen Verwaltungsdienstleistungen zu gewinnen, ist es wichtig, die Leistungs- und Vergütungsstrukturen transparent und vergleichbar zu gestalten. Dabei müssen die Leistungen des kaufmännischen Gebäudemanagements eigenständig betrachtet werden, um die Effekte einer Quersubventionierung zu vermeiden, die bei Vergabe von Paketlösungen (kaufm., techn. und infrastrukturelles Gebäudemanagement als Gesamtpaket) auftreten.

4.6.3.1 Vorgehensweise

Im Zeitraum von Mitte Oktober bis Ende November 2005 wurde von den Herausgebern eine Untersuchung zu Leistungsumfang und Vergütungsstruktur des kaufmännischen Facility Managements in Deutschland durchgeführt.[177] Dabei wurden vier führende, nicht konzerngebundene, Dienstleister (BNP Paribas Real Estate Germany, DTZ, Jones Lang LaSalle und Treureal) anhand eines standardisierten Auswertungsbogens befragt. Zielsetzung war die Ermittlung

---

[177] Vgl. Wagner, T. (2006b), Wege aus dem Low-Budget/Low-Performance Dilemma, in: Immobilienwirtschaft 2006 Nr. 09, S. 66.

des Status Quo im deutschen Markt für Dienstleistungen des kaufmännischen Facility Managements. Dabei wurde ein Bestand von gewerblich genutzten Objekten (vorwiegend Büro-, Einzelhandels- oder Mischnutzung) zugrunde gelegt.

4.6.3.2 Ergebnisse zum KGM-Leistungsspektrum

Als Ergebnis der Untersuchung ergab sich ein Spektrum von Leistungen des kaufmännischen Facility Managements wie in Abb. 39 dargestellt. Dabei wird zwischen Leistungen differenziert, die regelmäßig in der Grundvergütung enthalten sind (Kernleistungen) und Leistungen, die normalerweise zusätzlich vergütet werden (optionale Leistungen). Die höchste Übereinstimmung beim Leistungsangebot der einzelnen Dienstleister ergab sich im Bereich der Objektbuchhaltung, was daraus resultiert, dass in diesem Bereich klare gesetzliche Vorgaben einzuhalten sind (HGB, Betriebskostenverordnung etc.)

Abb. 39: Leistungsinhalte der KGM-Grundvergütung[178]

4.6.3.3 Ergebnisse zum KGM-Vergütungsspektrum

Als durchschnittliche Vergütung für die beschriebenen Kernleistungen resultierten für vermietete Objekte 3,6 %, für leerstehende Objekte 2,0 % der Nettokaltmiete. Dabei ist sowohl im Bereich der vermieteten Objekte als auch bei Leerstand eine deutliche Spreizung bei der Bandbreite der Vergütungskalkulation zu erkennen (Vermietete Objekte: 1,9 % – 5,4 %/Leerstand: 1,3 % – 2,9 % der Nettomiete).[179]

---

[178] Vgl. Wagner, T (2006b), a. a. O., S. 67.
[179] Vgl. ebenda, S. 66.

4.6 Benchmarking

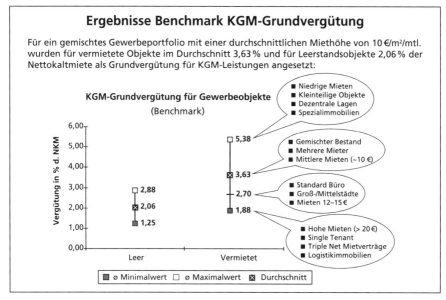

Abb. 40: Benchmark KGM-Grundvergütung

Die Bandbreite bei den Vergütungsansätzen resultiert daraus, dass die Dienstleister die einzelnen Bestände sehr differenziert nach den Kriterien des Betreuungsaufwands bzw. des Ertragspotenzials kalkulieren. Oft werden sogar die einzelnen Objekte eines zu betreuenden Bestandes separat kalkuliert. Für das Gesamtportfolio ergibt sich dann ein Durchschnittswert aus den Einzelkalkulationen.

Zu berücksichtigen sind hierbei auch die Treiber, die – bei gegebenem Leistungsumfang – die Höhe der Grundvergütung zusätzlich beeinflussen. Dabei spielt die durchschnittliche Miethöhe der Objekte eine wichtige Rolle bei der Vergütungskalkulation: Je höher die Miete, desto geringer der prozentuale Anteil der KGM-Vergütung. Daneben haben aber auch Indikatoren des Betreuungsaufwands einen wichtigen Einfluss auf die Vergütungskalkulation. So werden kleinteilige Objekte mit mehreren Mietern und Mischnutzung (Wohnen, Büro, Einzelhandel), in peripheren Lagen tendenziell mit 4 % – 6 % der Nettomiete angesetzt, während große Büroobjekte in zentralen Lagen und nur einem Mieter in der Vergütungskalkulation zwischen 1,5 % und 3 % liegen (je nach Mietniveau). Die durchschnittlichen Vergütungsansätze von 3,6 % bei vermieteten Objekten und 2,0 % bei Leerstand werden bei einem gemischten Bestand angesetzt, der sich auf Kernstandorte konzentriert und ein durchschnittliches Mietniveau von 10 EUR/m² im Monat aufweist.

Die Betrachtung der Vergütung nicht in Abhängigkeit von der Nettomiete, sondern auf Basis der betreuten Fläche, ergibt für vermietete Gewerbeobjekte einen Wert zwischen 0,35 und 0,40 EUR/m² im Monat (Beispiel: 3,6 % von 10,00 EUR/m² monatlicher Miete ergibt 0,36 EUR/m² KGM-Vergütung). Damit gibt es eine hohe Übereinstimmung der Vergütungsansätze mit dem von CREIS Real Estate

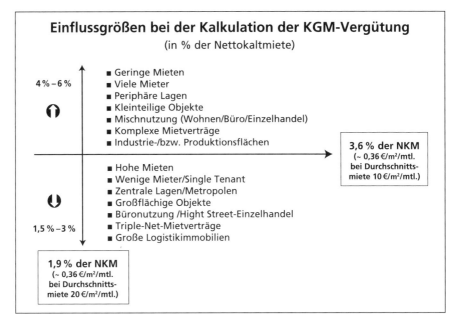

Abb. 41: Einflussgrößen auf die Höhe der KGM-Vergütung

Solutions ermittelten Durchschnittswert auf Flächenbasis von 0,35 EUR/m² im Monat bzw. 4,20 EUR/m² im Jahr (nachzulesen im JLL Office Service Charge Analysis Report 2006).[180]

Ein weiteres Ergebnis der Untersuchung war die Feststellung, dass im Bereich des Kaufmännischen Gebäudemanagements erfolgsorientierte Vergütungsbestandteile i.d.R. nur bei Reduzierung von leerstehenden Flächen vereinbart werden. Weitere Anreizsysteme, die bspw. den Abbau von Mietforderungen belohnen, sind die Ausnahme. In jedem Fall wird jedoch eine Mindestvergütung festgelegt, die die prozentuale Vergütung nach unten deckelt und gerade bei längeren Vertragslaufzeiten verhindert, dass der Break-Even-Point des Dienstleisters unterschritten wird.

4.6.3.4 Ausblick auf zukünftige Entwicklungen

Der Ausblick in die Zukunft lässt zwei Trends erkennen: Zum einen wird sich das Leistungsspektrum der kaufmännischen Verwaltung in Richtung eines integrierten Real Estate Asset Managements erweitern (d.h. Vermietungsmanagement, Marktresearch, Investment Management und Projektmanagement werden zusätzlich zur klassischen kaufmännischen Verwaltung als Gesamtpaket nachgefragt). Zum anderen orientieren sich die Anforderungen für das externe Rechnungswesen und das Reporting immer stärker an internationalen Standards (US-GAAP, IFRS etc.).

---

[180] Vgl. Wagner, T., a.a.O., S. 67.

5

Technisches Gebäudemanagement

5.1 Einführung

Die Entwicklung der Industrie hin zur High-Tech-Produktion führt im gleichen Maße zu einer zunehmenden Technisierung der Produktionsanlagen und der technischen Ausrüstung der Immobilie. In diesem Zusammenhang kommt dem technischen Gebäudemanagement (TGM) immer mehr Bedeutung zu. Ein zunehmend dynamisches Umfeld erfordert, dass ein erfolgreicher Instandhaltungsmanager sich nicht statisch verhält. Der Wandel vom klassischen Instandhalter zu einem modernen Dienstleister ist deshalb zwingend notwendig. Technische Entwicklungen und geänderte Kundenbedürfnisse müssen permanent in ein innovatives Dienstleistungskonzept einfließen.

Wettbewerbsbedingungen erfordern, dass die Kosten für das Betreiben (Bedienen und Instandhalten), Energienutzung sowie die Qualitätsanforderungen immer stärker ins Blickfeld rücken. Eine schonende Betriebsführung, die die Lebensdauer und den Werterhalt von Anlagen über ihre betriebsgewöhnliche Nutzungszeit hinaus wesentlich verlängert, d.h. Verschleiß mindert, hilft Ersatzinvestitionen hinauszuzögern und verschafft Dispositionsfreiräume einer anderweitigen Mittelverwendung.

Auch die energiesparende Betriebsführung von Gebäuden bzw. ihrer technischen Ausrüstung ist ein Kostengebot. Energie sparen ist heute und in Zukunft wichtiger denn je. Neben den früher rein wirtschaftlichen Gesichtspunkten, die zu Energiesparmaßnahmen führten, sind heute Umweltentlastung und Schonung der Ressourcen von herausragender Bedeutung. Die Bedeutung der Energieeinsparung hat auch die Politik erkannt, um durch den Erlass von Gesetzen z.B. die Einführung der Energiesparverordnung bzw. des Energiepasses der Energieverschwendung entgegenzuwirken. Ein aktives Energiemanagement kann sowohl bei Neubaumaßnahmen als auch bei bestehenden Gebäuden einen wesentlichen Beitrag zum energieeffizienten Bauen leisten.

5.2 Ziele und Methoden des Technischen Gebäudemanagements

5.2.1 Begriffsbestimmung/Ziele

Das technische Gebäudemanagement kann nach DIN definiert werden:

Das technische Gebäudemanagement *„umfasst alle Leistungen, die zum Betreiben und Bewirtschaften der baulichen und technischen Anlagen eines Gebäudes erforderlich sind"*.[181] Der generelle Anspruch des technischen Gebäudemanagements kann

---

[181] DIN Deutsche Institut für Normung e.V. – DIN 32736, Gebäudemanagement – Begriffe und Leistungen, Berlin 08/2000, S. 1.

5 Technisches Gebäudemanagement

als das kostenoptimale und flexible Bedienen und Instandhalten formuliert werden.[182]

Dies beinhaltet die Erreichung der wesentlichen Ziele:

- Erhalt der Funktionsfähigkeit der bewirtschafteten Gebäude für die entsprechenden Nutzungsanforderungen
- Sicherung der Vermögenswerte der Gebäude
- Kostenoptimierung (minimale Instandhaltungs- und Folgekosten bei hoher Servicebereitschaft)
- Nachhaltige Sicherung der Wirtschaftlichkeit
- Technische Betreuung bei Bereitstellungsalternativen (Kauf, Leasing, Miete) für bestandsergänzenden Gebäude-/Raumbedarf[183]
- Menschengerecht gestaltete Arbeitsplätze[184]

5.2.2 Die Methodik des technischen Gebäudemanagements

Das technische Gebäudemanagement wird als ganzheitliche und ergebnisorientierte Methode mit drei Hauptaspekten verstanden:

- Gestaltung der Technik
- Optimales Betreiben (Anlagenoptimierung, Energiecontrolling)
- Einkaufs- und Servicemanagement (Instandhaltung, Verträge, Betreiberpflichten)

Es umfasst die technischen Elemente einer Immobilie:

- Elemente der Baukonstruktion (z. B. Innen- und Außenwände, Decken, Dächer, Einbauten)
- Elemente der Außenanlagen (z. B. Straßen, Wege, Parkplätze)
- Elemente der technischen Anlagen (z. B. Wärme- und Stromversorgung, lufttechnische Anlagen)[185]

Die Aufgaben des technischen Gebäudemanagements gem. der DIN 31051 und in Anlehnung an die DIN 32451 bestehen in der Abnahme und Gewährleistungsverfolgung, dem Betreiben und Bedienen der Gebäudetechnik, der Instandhaltung von technischen Anlagen bzw. der Bausubstanz, dem Umbau und der Modernisierung. Hinzu kommt das Energiemanagement. Für die detaillierte Beschreibung der einzelnen Leistungen des technischen Gebäudemanagements ist es sinnvoll, diese nach den verschiedenen Richtlinien voneinander abzugrenzen.

---

[182] Vgl. Hellerforth, M. (2001), Facility Management: Immobilien optimal verwalten, S. 283.
[183] Vgl. Redmann, R. (2000), S. 49.
[184] Vgl. Hellerforth, M. (2001), S. 283.
[185] Vgl. Ulbricht, T (2005), a. a. O., S. 519.

5.3 Inhalte des technischen Gebäudemanagements

In Deutschland hat sich für den Teilleistungsbereich der Betriebs- und Nutzungsphase (Gebäudemanagement) die DIN 32736 etabliert. Für den Bereich des technischen Gebäudemanagements werden die Inhalte der DIN 32736 und der GEFMA-Richtlinie 100-2 verglichen, da die DIN 32736 hauptsächlich vereinheitlichende Definitionen darstellt.

Der Begriff des „technischen Gebäudemanagements" aus der DIN 32736 wird in der GEFMA 100-2 nicht verwendet. Im Gegensatz zur DIN 32736 bietet die GEFMA-Richtlinie 100-2 ein lebenszyklusübergreifendes Leistungsspektrum für das Facility Management. Zusätzlich orientiert sich die GEFMA mehr an den Gepflogenheiten in der Praxis. Sie soll FM-Anwender dabei unterstützen, durch Auswahl von einzelnen Leistungen aus einer vorgegebenen Leistungspalette, ein Profil eines anwendungsspezifischen Facility Managements zu entwickeln. Die DIN-Norm dagegen definiert Begriffe und beschreibt Leistungen des Gebäudemanagements (technisches, infrastrukturelles sowie kaufmännisches). Sie dient dabei dem einheitlichen Sprachgebrauch und der Strukturierung von Leistungen und hat nicht zur Aufgabe, Systeme zu beschreiben bzw. zu regeln, wer die aufgeführten Leistungen zu erbringen hat.

FM-Prozess nach GEFMA 100-2	Leistungen nach DIN 32736
Objekte betreiben	Betreiben
Dokumentationen pflegen	Dokumentieren
Energiemanagement durchführen	Energiemanagement
FM-Tools bereitstellen und Objekte betreiben	Informationsmanagement
Um- und Ausbauten, Sanierungen, Modernisierungen durchführen	Modernisieren
Um- und Ausbauten, Sanierungen, Modernisierungen durchführen	Sanieren
Um- und Ausbauten, Sanierungen, Modernisierungen durchführen	Umbauen
Meldungen verfolgen und Mängelansprüche geltend machen	Verfolgen der technischen Gewährleistung

Abb. 42: Vergleich der Leistungsinhalte des technischen Gebäudemanagements

Als weitere Regelsetzer im Bereich des technischen Gebäudemanagements sind der VDMA (Verband deutscher Maschinen- und Anlagebau e.V.) und die VDI (Verein deutscher Ingenieure e.V.) zu nennen. Eine wichtige Richtlinie der VDMA für das TGM (VDMA 24196), wurde im Jahre 1996 erarbeitet und herausgegeben. Im August 2000 ist die DIN 32736 unter gleichem Namen erschienen. Basis der neuen DIN-Norm ist die VDMA 24196, welche sich in ihren wesentlichen Teilen in der DIN-Norm wieder findet. Mit der Herausgabe der DIN 32736 wurde die VDMA 24196 zurückgezogen.

Für das technische Gebäudemanagement ist der Bezug auf diese Richtlinien und Normen unabdinglich. Grundsätzlich wird jedem Leistungsbereich die DIN zugrunde gelegt und die Leistungsinhalte – soweit erforderlich – durch Regelungen der GEFMA ergänzt.

5.4 Leistungsbereiche des technischen Gebäudemanagements

5.4.1 Betreiben

„Betreiben" stellt die Gesamtheit aller Tätigkeiten dar, die zum Betrieb von Gebäuden und deren technischen Anlagen und Geräten notwendig sind, um einen sicheren, funktionstüchtigen und wirtschaftlichen Betrieb zu gewährleisten.[186]

Leistungen für die wirtschaftliche Nutzung der baulichen und technischen Anlagen sind gem. DIN 32736:

> „Übernehmen, Inbetriebnehmen, Bedienen, Überwachen, Messen, Steuern, Regeln, Leiten, Optimieren, Instandhalten nach DIN 31051, Beheben von Störungen, Außerbetriebnehmen, Wiederinbetriebnehmen, Ausmustern, Wiederholungsprüfungen, Erfassen von Verbrauchswerten, Einhalten von Betriebsvorschriften"[187]

Neben dem Überwachen der Betriebszustände von technischen Anlagen wird unter Betreiben auch das Stellen und Betätigen von Regel- und Schaltfunktionen verstanden sowie das Inbetriebnehmen, Außerbetriebnehmen und das Stillsetzen von Anlagen und Anlageteilen. Gleichzeitig handelt es sich um Funktionskontrollen und die Vornahme von Schalt- und Stellvorgängen, um eine Optimierung der Betriebszeiten von technischen Anlagen zu ermöglichen. Ein Beispiel dafür wäre die Anpassung der Betriebswerte (Ist-Werte) an die jeweiligen Soll-Werte (Heizung, Beleuchtung usw.) aufgrund der sich ständig ändernden Jahreszeiten, Tageszeiten und die Büroflächenbelegung.[188]

Die GEFMA orientiert sich im Gegensatz zur DIN mehr an den Gepflogenheiten der Praxis und ordnet somit jede einzelne Leistung einer Lebenszyklusphase zu. Dabei wird das „Betreiben" dem Hauptprozess „Objekte betreiben" zugeteilt und der Lebenszyklusphase „Betrieb und Nutzung" unterstellt. Gleichzeitig erfolgt eine Untergliederung der Hauptprozesse in Teilprozesse. Diese Teilprozesse könnten z. B. Bedienen, Instandsetzung usw. sein (siehe Abb. 43).

---

[186] Vgl. Ulbricht, T (2005), a.a.O., S. 519.
[187] DIN 32736, Gebäudemanagement – Begriffe und Leistungen, Berlin 08/2000, S. 1ff.
[188] Vgl. Ulbricht, T (2005), a.a.O., S. 519.

5.4 Leistungsbereiche des technischen Gebäudemanagements

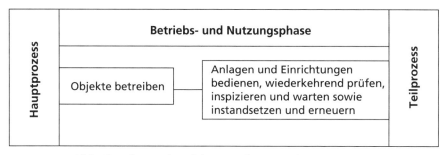

Abb. 43: Leistungsbereich „Betreiben" nach GEFMA 100-2

5.4.2 Instandhalten

5.4.2.1 Definition Instandhaltung

Gebäude und ihre technische Gebäudeausrüstung bedürfen der ständigen Instandhaltung. Als maßgebende Grundlage für die Instandhaltung von Gebäuden und gebäudetechnischen Anlagen gilt die DIN 31051. Unter Instandhaltung wird die „*Kombination aller technischen und administrativen Maßnahmen sowie Maßnahmen des Managements während des Lebenszyklus einer Betrachtungseinheit zur Erhaltung des funktionsfähigen Zustandes oder der Rückführung in diesen, so dass sie die geforderte Funktion erfüllen kann*", verstanden.[189]

Instandhaltung ist ein Überbegriff und umfasst Maßnahmen bezüglich der Inspektion, Wartung, Instandsetzung und Verbesserung von Anlagen. Alle vier Maßnahmen zusammen gewährleisten somit funktionsfähige, jederzeit verfügbare sowie einsatzbereite Anlagen. Gleichzeitig schließt dies die Abstimmung der Instandhaltungsziele mit den Unternehmenszielen sowie die Festlegung entsprechender Instandhaltungsstrategien ein.

Instandhaltung			
Gruppierung der Maßnahmen			
Wartung	Inspektion	Instandsetzung	Verbesserung
Ziele der Maßnahmen nach DIN 31051			
Verzögerung des Abbaus des vorhandenen Abnutzungsvorrats	Feststellung und Beurteilung des Ist-Zustandes	Rückführung der Betrachtungseinheit in einen funktionsfähigen Zustand	Steigerung der Funktionssicherheit einer Betrachtungseinheit

Abb. 44: Gliederung der Instandhaltungsmaßnahmen und deren Ziele[190]

---

[189] DIN 31051, S. 3.
[190] Glauner, J., Finanzmanagement – Die Bedeutung des Facility Managements innerhalb der Immobilienwirtschaft, in: Lutz, W. (Hrsg.) (1997), 2. Ergänzungslieferung 08/97, S. 1.

5 Technisches Gebäudemanagement

Wartung

Die Wartung umfasst gem. DIN 31051 *"Maßnahmen zur Verzögerung des Abbaus des vorhandenen Abnutzungsvorrats"*. Um die Funktionstüchtigkeit der Anlagen zu erhalten und einer vorzeitigen Abnutzung vorzubeugen, werden von Fachmonteuren, ausgewiesenem Personal sowie von Technikern Maßnahmen nach VDMA 24186-0 durchgeführt:

- *"prüfen*
- *nachstellen*
- *auswechseln*
- *konservieren*
- *reinigen*
- *ergänzen und schmieren"*.[191]

Inspektion

Die Inspektion beinhaltet Maßnahmen, die den Ist-Zustand feststellen und beurteilen. Sie dient dazu, Schäden und Zustandsverschlechterungen frühzeitig zu erkennen und entsprechende Gegenmaßnahmen einzuleiten.[192] Nach der ersten Inspektion von Gebäuden und Anlagen werden Instandsetzungspläne erarbeitet, die die Grundlage für eine erfolgreiche Wiederherstellung des Sollzustandes der Gewerke darstellen. Die Inspektion kann aus einem Schaden resultieren (schadensbedingte Inspektion) oder vorbeugend eingesetzt werden.

Schadensbedingte Inspektion

Um aus einem Schaden entsprechende Konsequenzen ziehen zu können werden geeignete Maßnahmen geplant, vorbereitet und durchgeführt. Das vorliegende Inspektionsergebnis wird anschließend ausgewertet, hieraus können entsprechende Maßnahmen abgeleitet werden, um diese in Form von weiteren Inspektionen umzusetzen.

Schadensvorbeugende Inspektion

Bei dieser Art von Inspektion wird der Anlagezustand beurteilt, d. h. der Verschleiß wird überwacht und vorbeugend beseitigt. Vorteil bei dieser Inspektion ist die vorzeitige Aufdeckung und Beseitigung von ungewöhnlichen Verschleißerscheinungen. Es findet eine Beurteilung der Funktionstüchtigkeit der Anlagen statt, um eine erneute Inspektion vor Schadensentstehung einzuplanen. Ein Schadensfall soll damit durch entsprechende Maßnahmen vermieden werden.[193]

---

[191] VDMA 24186-0, Leistungsprogramm für die Wartung von technischen Anlagen und Ausrüstungen in Gebäuden, 08/2004.
[192] Vgl. Ulbricht, T (2005), a. a. O., S. 520.
[193] Vgl. Nävy, J. (2002), S. 286f.

5.4 Leistungsbereiche des technischen Gebäudemanagements

Bei der Inspektion sind von den Technikern und Ingenieuren Maßnahmen des
- prüfens,
- messens und
- beurteilens

durchzuführen.

Instandsetzung

Die Instandsetzung umfasst gem. DIN 31051 *„Maßnahmen zur Rückführung einer Betrachtungseinheit in den funktionsfähigen Zustand, mit Ausnahme von Verbesserungen"*. So wird z. B. ein defektes Teil durch ein funktionsfähiges Teil ersetzt, das den gleichen technischen Standard und die gleiche Qualität besitzt. Sie dient dazu, Mängel und Schäden zu beseitigen.[194]

Demzufolge sind Einzelmaßnahmen, die Techniker und Fachmonteure durchführen:

- ausbessern
- austauschen[195]

Bei den Instandsetzungstätigkeiten wird zwischen Planungstätigkeiten und der Ausführung der Instandsetzungsarbeiten unterschieden.

Planungstätigkeiten

Ist in Kürze abzusehen, dass ein Funktionsausfall einer Anlage zu erwarten ist, sollte eine Reparatur vorbeugend geplant werden. Dieser lässt sich anhand des Verschleißverlaufes sowie an der voraussichtlichen Lebensdauer der Anlage erkennen. Ist das Verschleißstadium erreicht, wird zunächst vorbeugend repariert und Inspektionen werden zeitlich terminiert. Die Lebensdauer von Teilen wird i. d. R. vom Hersteller angegeben. Ist ein bestimmtes Anlagenalter erreicht, wird ebenfalls vorbeugend repariert.

Ausführung der Instandsetzungsarbeiten

In Abwicklung von Instandsetzungsaufträgen können die erforderlichen Abläufe maßgeblich durch CAFM-Systeme unterstützt werden. Gleichzeitig sollten die verschiedensten Aufgabenbereiche der Instandsetzung mit eingebunden werden. Die Aufgabenbereiche sind untergliedert in Auftragsvorbereitung, -erteilung, -erklärung, -kalkulation, -planung und -ausführung.[196]

Verbesserung

Zur Instandhaltung gehören nach den Regeln der DIN 31051 auch Verbesserungen. Die Verbesserung beinhaltet Kombinationen *„aller technischen und administrativen Maßnahmen sowie Maßnahmen des Managements zur Steigerung der Funktionssicherheit einer Betrachtungseinheit, ohne die von ihr geforderte Funktion zu ändern"*. Funktionssicherheit ist dabei ein Begriff zur Beschreibung der

---

[194] Vgl. Ulbricht, T (2005), a.a.O., S. 520.
[195] Vgl. VDMA 24186-0.
[196] Vgl. Nävy, J. (2002), S. 288f.

Verfügbarkeit und ihrer Einflussfaktoren: Zuverlässigkeit, Instandhaltbarkeit und Instandhaltungsvermögen (DIN EN 13306).

Wartung, Inspektion und Verbesserung werden oft kombiniert verwendet. Bei diesen Tätigkeiten handelt es sich um geplante Maßnahmen, wobei die Instandsetzung i.d.R. eine ungeplante Maßnahme ist, die durch eine Störung hervorgerufen wird.

Auswirkung von Wartung, Inspektion und Verbesserung auf Instandhaltungskosten

Die Ausfallhäufigkeit von technischen Anlagen wird durch eine gezielte, vorbeugende Instandhaltung verringert. Somit können die Instandsetzungskosten und die damit verbundenen Folgekosten minimiert werden.

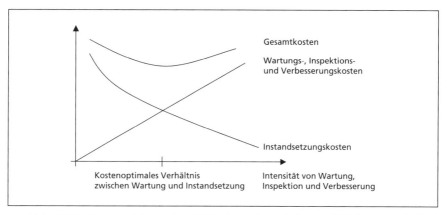

Abb. 45: *Kostenauswirkung durch Wartung, Inspektion und Verbesserung*[198]

Das Ziel besteht in der Minimierung der Gesamtkosten.[197] In Abb. 45 werden die theoretischen Kostenverläufe der Instandhaltung dargestellt.

5.4.2.2 Ziele der Instandhaltung

Instandhaltungsziele sind Ziele, die der Führung oder der Instandhaltungsabteilung zugewiesen oder von ihr angenommen werden. Diese Ziele können u.a. einschließen:

- Kostenminderung (z.B. Senkung der Energiekosten),
- Steigerung der Verfügbarkeit,
- Steigerung der Funktions- und Produktqualität,
- Erhöhung der Lebensdauer,
- Erhöhung der Wirtschaftlichkeit und
- Verbesserung des Umweltschutzes[199]

---

[197] Vgl. Voß, R., Facilities Management, in: Schulte, K.-W. (Hrsg.) (2000), S. 131–163.
[198] Vgl. ebenda, S. 139.
[199] Vgl. Nävy, J. (2002), S. 285.

5.4 Leistungsbereiche des technischen Gebäudemanagements

5.4.2.3 Instandhaltungsprozess

Die Instandhaltung ist eine notwendige und wesentliche Phase der Lebenszyklen eines Gebäudes. So sind Instandhaltungsmaßnahmen während der gesamten Nutzungsphase von Liegenschaften erforderlich. Gleichzeitig müssen die Planungs- und Realisierungsphase mit in die Betrachtung aufgenommen werden, da der größte Teil des Instandhaltungsumfangs bereits in diesen Phasen festgelegt wird.

Abb. 46 beschreibt das Instandhaltungsmanagement als einen Prozess, der den gesamten Lebenszyklus eines Objektes begleitet.[200]

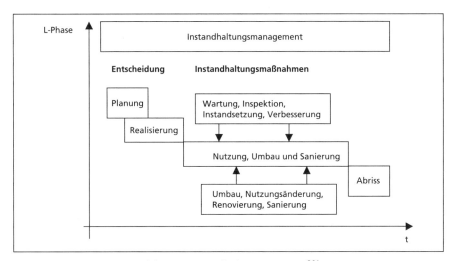

Abb. 46: Instandhaltungsprozess[201]

5.4.2.4 Instandhaltungsmanagement

Das Instandhaltungsmanagement umfasst alle Tätigkeiten der Führung, die die Ziele, die Strategie und die Verantwortlichkeiten der Instandhaltung bestimmen und sie durch Mittel wie Instandhaltungsplanung, Steuerung und Überwachung und Verbesserung der Organisationsmethoden einschließlich wirtschaftlicher Gesichtspunkte, verwirklichen. Demnach umfasst der Begriff Management gem. DIN EN 13306 sämtliche Führungs- und Leitungsaufgaben in allen Betriebsebenen.[202]

Die Ziele des Managements sind:
- Reduzierung von Schwachstellen, Instandhaltungszeit, Haftungsrisiken und Planungsaufwand
- Erhöhung der Nutzungszeit von Betriebsmitteln, Anlagenverfügbarkeit, Anlagensicherheit, Objekt- und Auftragstransparenz.[203]

---

[200] Vgl. Voß, R., a.a.O., S. 132f.
[201] Vgl. ebenda, S. 133.
[202] Vgl. DIN EN 13306.
[203] Vgl. Zehrer, H./Sasse, E. (Hrsg.) (2005), a.a.O., S. 63.

Um die Instandhaltungsziele erfolgreich verfolgen zu können, benötigt das Instandhaltungsmanagement entsprechende Strategien. Der Prozess der Instandhaltung muss maßnahmeorientiert geplant werden, um eine Optimierung zu ermöglichen. Es gibt drei Typen von Instandhaltungsstrategien. Diese Strategien lassen sich anhand eines Beispiels erklären, z. B. die Klimaanlage eines Bürogebäudes:

- Bei der intervallabhängigen Instandhaltungsstrategie (**Vorbeugensstrategie**) wird die Anlage jährlich geprüft. Dabei wird das Ziel verfolgt, dem Ausfall der geforderten Minimalleistung durch geeignete Maßnahmen vorzubeugen. Diese Instandhaltungsmaßnahme wird auch als Wartung bezeichnet.
- In Abhängigkeit vom Verschmutzungsgrad der Klimaanlage, der anhand von Messungen der Luftkanäle oder durch Druckverlust der Filteranlage festzustellen ist, wird die entsprechende Maßnahme eingeleitet und somit als zustandsabhängige Instandhaltungsstrategie (**Zustandsstrategie**) bezeichnet. Diese Strategie soll die Nachteile von Vorbeugens- und Abwartestrategie (geringe Zuverlässigkeit, hohe Ausfallraten) vermeiden. Sie stellt somit eine flexible und kostenoptimale Instandhaltungsstrategie dar.
- Die schadensbedingte Instandsetzungsstrategie (**Abwartestrategie**) erfolgt nach einem totalen Ausfall der Anlage. Das bedeutet, dass die Anlagenteile immer nur nach einem Ausfall ersetzt werden. Im Gegensatz zur intervallabhängigen Strategie wird der Ausfall der geforderten Minimalleistung abgewartet und somit der Eintritt von Störungen nicht durch vorbeugende Maßnahmen verhindert.[204]

Jede Instandhaltungsstrategie und Maßnahme zur Durchsetzung der Ziele besitzt betriebswirtschaftliche Wirkungen. Das hat zur Folge, dass bestimmte Ziele aus betriebswirtschaftlichen Gründen nicht durchgesetzt und verfolgt werden können[205].

Ebenso beschäftigt sich je nach Instandhaltungsstrategie das Energiemanagement in höherem oder geringerem Maße mit der Anlagenüberwachung. Dabei garantiert die vorbeugende Instandhaltung am ehesten einen energieeffizienten Betrieb, da die vorgesehenen Maßnahmen gute Wirkungsgrade bei Anlagen bewirken. Dennoch ist diese Art der Instandhaltungsstrategie aufgrund hoher Kosten eine Ausnahme. Aus diesem Grund kommt den stichprobenartigen Kontrollen (Überwachung) des Energiemanagements eine große Bedeutung zu. Ein Beispiel für die Überwachung kann z. B. rechtzeitiger Filterwechsel in mechanischen Lüftungsanlagen sein.[206]

Oft zeigt sich während der Nutzungsdauer bei technischen Systemen ein charakteristisches Ausfallverhalten. In der Phase der Inbetriebnahme, kann es regelmäßig zu Frühausfällen aufgrund von Qualitätsmängeln oder zu einer fehlerhaften Integration von Komponenten kommen. Das Instandhaltungsmanagement hat hier die Aufgabe, die Ursachen für die Ausfälle festzustellen

---

[204] Vgl. Haller, P. (2003), S. 84f.
[205] Vgl. Zehrer, H./Sasse, E. (Hrsg.) (2005), a.a.O., S. 63.
[206] Vgl. Oesterle, E. (2004), Energiemanagement bei Hochbauten – Strategie und Controlling, in: Braun, H.-P. et al (Hrsg.) (2004), S. 109–154.

5.4 Leistungsbereiche des technischen Gebäudemanagements

und gleichzeitig mit dem Hersteller zu beseitigen. Zufällige Ausfälle können während der Hauptnutzungsphase nie vollständig ausgeschlossen werden. Hierbei muss das Instandhaltungsmanagement durch Wartung und Inspektion diese ungeplanten Ausfälle in vertretbaren Grenzen halten und im Notfall entsprechend reagieren. Die kritischste Phase im Lebenszyklus einer technischen Anlage beginnt, wenn ein Anstieg der verschleißbedingten Ausfälle festgestellt wird. Je nach Strategie und Zielvorgabe können dann z. B. ein Austausch der betroffenen Komponenten, eine Sanierung, eine Ersatzinvestition oder auch Desinvestition (Verschrottung) als Alternativen in Betracht gezogen werden.[207]

Strategie	Beschreibung	Vorteil	Nachteil
Intervallabhängig (Vorbeugungsstrategie)	Einleiten von Maßnahmen in Abhängigkeit von der Zeit, Betriebszeit oder ähnlichem	Gute Planbarkeit der Maßnahmen Hohe Verfügbarkeit	Technische Lebensdauer wird nicht optimal ausgenutzt, höhere Anzahl an Maßnahmen erhöht Fehlerwahrscheinlichkeit
Zustandsabhängig (Zustandsstrategie)	Einleiten von Maßnahmen in Abhängigkeit vom Ist-Zustand, festgestellt durch Inspektion	Optimale Ausnutzung der technischen Lebensdauer Hohe Verfügbarkeit	Hoher Planungsaufwand, Kostennachteile durch zusätzliche Anzahl an Inspektionen und erforderliche Qualifikation des Personals
Schadensbedingt (Abwartestrategie)	Einleiten von Maßnahmen erst im konkreten Schadensfall	Optimale Ausnutzung der technischen Lebensdauer Geringer Planungsaufwand	Hohe Schadensfolgekosten, mögliche Verkürzung der Lebensdauer, eingeschränkte Verfügbarkeit und geringer Komfort aufgrund von Ausfällen

Abb. 47: Vergleich verschiedener Instandhaltungsstrategien[208]

5.4.3 Dokumentation

Im Bereich der Dokumentation beschreibt die DIN 32736 Leistungen zur Erfassung, Speicherung und Fortschreibung aller Informationen und Daten über den Bestand und die Betriebsführung:

> „*Bestandsunterlagen, Verbrauchsdaten, Betriebsprotokolle, Betriebsanweisungen, Abnahmeprotokolle, Wartungsprotokolle*"

---

[207] Vgl. Voß, R., a. a. O., S. 137f.
[208] Krimmling, J. et al (2005 a), a. a. O., S. 92.

5 Technisches Gebäudemanagement

Aufbauend auf die DIN wird die Dokumentation bei der GEFMA dem Hauptprozess „Objektbetrieb managen" zugeordnet und umfasst die Leistungsbereiche nach Abb. 48.

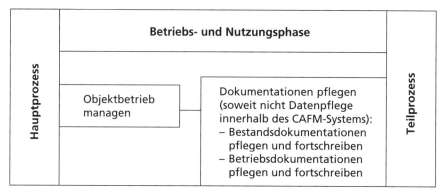

Abb. 48: Leistungsbereich „Dokumentation" nach GEFMA 100-2

Viele Dienste führen zu Änderungen des technischen Zustandes. Bei Umbauten oder Reparaturen mit einem Wechsel auf neue Bauteile ist dies regelmäßig der Fall. Der neue technische Status ist vom Auftragnehmer zu dokumentieren. Ebenso sind bestimmte Leistungen aufgrund öffentlich-rechtlicher Vorschriften dokumentationspflichtig wie z. B. die Wartung von Aufzugsanlagen. Hier hat der Auftragnehmer eine durch Verordnung bestimmte Dokumentationsverpflichtung, wenn er Betreiber der Anlage ist. Bleibt der Auftraggeber Betreiber, muss er den Auftragnehmer zur Dokumentation der Wartung entsprechend verpflichten. Zu regeln ist der Nachweis der Dokumentation und die Organisation der Erfassung von Abnahmezeugnissen durch den Auftraggeber.[209]

Der Gestaltung der Gebäude- und Anlagendokumentation kommt eine große Bedeutung zu, da sie eine Grundlage für die Prozessgestaltung in der operativen Phase bildet. Für die Inhalte einer Gebäudedokumentation lassen sich verschiedene Beispiele nennen:

- Dokumentationsstruktur (Verzeichnisse)
- Raumbücher
- Pläne (Liegenschaft, Grundrisse)
- Anlagenkataloge und -dokumentation
- Vorgangsdokumentation
- Kosten- und Rechnungswesen
- Leistungsbücher für Tätigkeiten[210]

---

[209] Vgl. Schneider, H. (2004), S. 335f.
[210] Vgl. Krimmling, J. (2005), S. 62.

5.4 Leistungsbereiche des technischen Gebäudemanagements

5.4.4 Energiemanagement

5.4.4.1 Definition Energiemanagement

Das Energiemanagement als Teilprozess des Facility Managements betrachtet eine Immobilie ganzheitlichen über den gesamten Lebenszyklus hinweg. Es befasst sich *„mit der kostengünstigen Beschaffung, der betriebssicheren Bereitstellung in bedarfsgerechter Form sowie der rationellen und umweltschonenden Verwendung von Energie.*

Die Energieanwendung bezieht sich auf alle Arten verbrauchter Nutzenergie in Gebäuden (für Heizung, Kühlung, Kraft, Licht, usw.) einschließlich des Verbrauchs von Anlagen oder Einrichtungen, die dem Kerngeschäft eines Unternehmens dienen" (GEFMA 124). Zusätzlich wird das Energiemanagement ausgedehnt auf den gesamten Verbrauch an Wasser sowie der Einleitung von Abwasser.

Weiterhin umfasst das Energiemanagement gem. DIN 32736 folgende Leistungen:

„Gewerkeübergreifende Analyse der Energieverbraucher, Ermittlung von Optimierungspotentialen, Planen der Maßnahmen unter betriebswirtschaftlichen Aspekten, Berechnen der Rentabilität, Umsetzen der Einsparungsmaßnahmen, Nachweisen der Einsparungen"

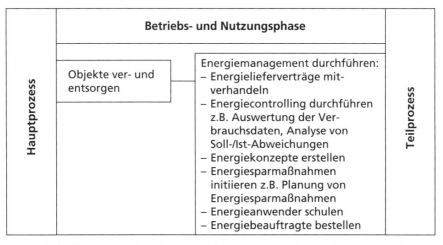

Abb. 49: Leistungsbereich „Energiemanagement" nach GEFMA 100-2

Das Energiemanagement wird bei GEFMA dem Hauptprozess „Objekte ver- und entsorgen" zugeordnet und behandelt aufbauend zur DIN zusätzliche Leistungen.

5.4.4.2 Ziele und Aufgaben des Energiemanagements

Für die Durchführung des Energiemanagements müssen zunächst die Ziele definiert werden. Die Ziele bestehen darin, die Verfügbarkeit von Energie zu jedem Zeitpunkt der Gebäudenutzung in geforderter Quantität und Qualität zu gewährleisten.

Energieeinsparung und Senkung der Energiekosten

Die Senkung der Energiekosten ist ein wichtiger Aspekt für die Unternehmen, wobei als vorrangiges Ziel der Kostenaspekt unter Beibehaltung oder Verbesserung der Qualität gesehen wird. Aus politischen und vermarktungstechnischen Gründen wird jedoch der ökologische Gesichtspunkt häufig mit in Ansatz gebracht.

Transparenz der Energieverbräuche

Nicht zuordenbare Kosten sind ein weiterer wichtiger Punkt zur Einführung des Energiemanagements. Je nach Unternehmensstruktur werden die Kosten auf die entsprechenden Kostenstellen umgelegt. Machen die Energiekosten nur einen geringeren Teil der Gemeinkosten aus, ist zu prüfen, ob eine verbrauchsgerechte Umlage notwendig ist. Im Gegensatz dazu ist bei energieintensiven Industrieprozessen eine Umlage der Energiekosten sehr wichtig, da dies einen Einfluss auf die Produktionspreise verschiedener Produkte haben kann.

Minderung energieverbrauchsbedingter Emissionen

Im Vordergrund des Energiemanagements steht ein rationeller und umweltschonender Umgang mit Energie. Dementsprechend ist Energiemanagement ökologisch sinnvoll. Wesentliche Ansätze sind dabei die Reduzierung von CO_2- und NO_x-Emissionen, wobei die Wirtschaftlichkeit zunächst in den Hintergrund tritt. Durch die Einführung von Steuern z. B. der Ökosteuer kann die Politik diese Faktoren jedoch monetär relevant machen.[211]

Als weitere Ziele des Energiemanagements kommen in Betracht:
- Schonung der natürlichen energetischen Ressourcen
- Minderung der Abhängigkeit von Energielieferanten u. Energiepreisschwankungen[212]

Entsprechend der primären Zielsetzung (Energieeinsparung und Senkung der Energiekosten) besteht beim Energiemanagement häufig ein Zielkonflikt zwischen Ökologie und Ökonomie im Hinblick auf minimierten Ressourceneinsatz und minimale Gesamtkosten.

---

[211] Vgl. Zehrer, H./Sasse, E. (Hrsg.) (2005), S. 4f.
[212] Vgl. GEFMA 108, Betrieb – Instandhaltung – Unterhalt von Gebäuden und gebäudetechnischen Anlagen – Begriffsbestimmungen, Entwurf 04/1998.

5.4 Leistungsbereiche des technischen Gebäudemanagements

5.4.4.3 Instrumente des Energiemanagements

Beim Planen, Bauen und Betreiben von Gebäuden muss das Energiemanagement neben fachtechnischen Aspekten auch organisatorische Zusammenhänge beachten. Demnach sollte ein erfolgreiches Energiemanagement eine Symbiose aus Projektmanagement und technischem Fachwissen sein. Dabei können verschiedene Instrumente zum Einsatz kommen:

> a) Projektorganisation, Kosten-/Terminsteuerung und Vertragsmanagement
> b) Optimierung der Planungsgrundlagen
> c) Technische und wirtschaftliche Betreuung
> d) Betriebsoptimierung

Die Leistungen zu Punkt a) sind klassische Leistungen des Projektmanagements. Zu beachten ist, dass bei der Projektorganisation (Aufbau- und Ablauforganisation) das Energiemanagement organisatorisch direkt beim Bauherren/Investor angesiedelt ist. Nur so können die vereinbarten Ziele erreicht und eingehalten werden. Ist das Energiemanagement lediglich beim Planungsteam (Architekten/Fachplaner) angebunden, besteht Gefahr eines Interessenkonflikts (z. B. Ästhetische Gebäudegestaltung vs. energieeffizientem Bauen).[213]

5.4.4.4 Optimales Betreiben

Gebäude (auch neu errichtete) und Gebäudetechnik bieten die Voraussetzungen für den kosten- und energiesparenden Betrieb. Der optimale Betrieb muss deshalb vorab organisiert und umgesetzt werden.

Dabei bestehen **Einflussfaktoren**, die auf den gesamten Gebäudeenergiebedarf wirken:

> - Gestaltung der Gebäudetechnik
> - Gestaltung von Baukörpern und der Fassade
> - Beeinflussung des Nutzerverhaltens
> - Organisation eines optimalen Anlagenbetriebes

Im Rahmen der operativen Ebene des technischen Gebäudemanagements werden folgende Maßnahmen definiert, durch die eine optimale Betriebsweise mit geringem Energieverbrauch erreicht werden soll.[214]

Energiecontrolling

Jedes Unternehmen hat das Ziel, seine Energiekosten so gering wie möglich zu halten und die Energie sparsam und rationell zu verwenden. Dies ist aber nur möglich, wenn die tatsächliche Verbrauchsmenge, die Bedarfsstruktur sowie die Belastungsverläufe bekannt sind. Die notwendigen Informationen sind

---

[213] Vgl. Oesterle, E. (2004), a. a. O., S. 111f.
[214] Vgl. Krimmling, J. (2005), S. 66.

durch eine genaue Erfassung des Energiebedarfs der einzelnen Verbraucher zu erhalten. Das bedeutet, dass das Energiecontrolling genaue Übersichten über den Anlagenbetrieb, die Verbräuche und über Veränderungen, die nach durchgeführten technischen Maßnahmen resultieren, liefert. Dadurch können kostenintensive Verbrauchsgewohnheiten aufgedeckt und Einsparpotentiale ermittelt werden. Energiecontrolling ist ein Prozess, bei dem die erreichten Ist-Werte mit den vorgegebenen Soll-Werten verglichen werden. Das Ziel des Energiecontrollings besteht in der permanenten Überwachung des Energieverbrauches und somit in der Senkung der Energiekosten, mit der Aufgabe der Koordination und Sicherstellung von Planung, Kontrolle und Informationsversorgung der Energieverantwortlichen. Abb. 50 zeigt die dabei zu beachtenden Schritte:

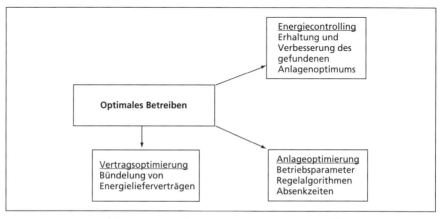

Abb. 50: Optimales Betreiben – Maßnahmen[215]

Vorgabe des Budgets

Für den Energieverbrauch werden Budgetwerte gebildet, die auf das Jahr und den Monat aufzuschlüsseln sind, wobei i. d. R. die Budgets aus Verbrauchswerten vorangegangener Jahre ermittelt werden. Bei neuen Objekten liegen keine Erfahrungswerte vor, so dass der Verbrauch für die Heizung bspw. nach dem VDI (Verband deutscher Ingenieure) geschätzt werden kann.[216]

Soll-/Ist-Vergleich

Durch den Soll-/Ist-Vergleich, der pro Monat und für das gesamte Jahr erfolgt, können Abweichungen erfasst und dargestellt werden.

---

[215] Vgl. ebenda, S. 100.
[216] Vgl. Krimmling, J. (2005), S. 70ff.

5.4 Leistungsbereiche des technischen Gebäudemanagements

Überwachung des Energieverbrauchs

Eine Überwachung des täglichen bzw. wöchentlichen Energieverbrauches ist notwendig. Da für derart geringe Kontrollintervalle die Budgetbildung schwierig ist, werden typische Tagesprofile miteinander verglichen (z. B. die vergangenen vier Sonntage). Erfolgt eine Veränderung der Profile, ist es möglich, die Ursache für den Mehrverbrauch zu erforschen.

Als Basis für das Energiecontrolling wird eine automatisierte Verbrauchsdatenerfassung benötigt, das so genannte Gebäudeautomationssystem. Die Gebäudeautomation ist damit ein wesentliches Hilfsmittel für das Energiecontrolling.[217] An diese Softwaresysteme sind bzgl. der Datenerfassung entsprechende Anforderungen zu stellen:

- Energieverbrauchserfassung nach Energieträgern: Elektroenergie, Wasser, Heizöl, Gas und Fernwärme gegliedert nach Lieferanten
- Verbrauchserfassung nach Nutzungsbereichen (Kostenstellen): Bereiche, Abteilungen, Werkhallen und Gebäuden
- Verbrauchserfassung nach Anwendungsbereichen: Beleuchtung der Außenflächen, Verkehrsflächen und Büroflächen; Heizen: Warmwasserbereitung oder Raumwärme; Klimatisierung: Kälteerzeugung, Lufttransport.[218]

Bei der Verbrauchsdatenanalyse ist es wichtig, dass das Energiemanagement und das Flächenmanagement eng miteinander verflochten sind, denn die zeitnahe Aufnahme der veränderten Daten in ein gemeinsames Datenmanagement kann den Energieverbrauch besser lenken.

Anlagenoptimierung

Bei der Anlagenoptimierung muss die jeweilige Anlage optimal eingestellt werden. Dies geschieht mit Hilfe ingenieurtechnischer Methoden. In Gebäuden lassen sich verschiedene Möglichkeiten finden, um die Anlagenoptimierung zu steuern. Dies sind bspw. die Absenkung von Raumtemperaturen (Einhaltung von Solltemperaturen, i. d. R. mind. 20°C), Verlängerung der Absenkzeiten und Präzisierung von Nutzungszeiten, Einschränkung der Laufzeiten von Lüftungsanlagen sowie die Optimierung des Lüftungsverhaltens der Nutzer. Daraus ergeben sich die Ziele der Anlagenoptimierung:

- Angebot der Energie auf dem benötigten Niveau
- Bereitstellung von Energie, wenn sie tatsächlich benötigt wird (Anpassung der zeitlichen Fahrweise der Anlagen an die wirklichen Nutzungszeiten)
- Auswahl der Betriebsparameter der Anlage für einen möglichst günstigen Gesamtwirkungsgrad (Die Temperatur muss bspw. so gewählt werden, dass für die Erfüllung der Versorgungsaufgaben, wie z. B. Kühlen oder Beleuchten, so wenig Energie wie möglich benötigt wird[219]).

---

[217] Vgl. Karbach, A. (2002), in: Feyerabend, F.-K./Grabatin, G. (Hrsg.) (2002), S. 183–196, hier. S. 185f.
[218] Vgl. Krimmling, J. (2005), S. 104.
[219] Vgl. ebenda, S. 67f.

Vertragsoptimierung

Aufgrund der ständigen Preissteigerungen und Turbulenzen auf den Energiemärkten sowie einer Vielfalt von Produktanbietern, sollten die Energiebezieher darauf achten, ihre Energielieferverträge ständig zu überprüfen um dabei günstige Tarife bzw. Sonderkonditionen zu erzielen.

Die Vertragsoptimierung nimmt dabei einen enormen Stellenwert ein. Dem technischen Gebäudemanagement obliegt die Aufgabe, Verträge von verschiedenen Energieanbietern zu bündeln und damit als Großabnehmer einen optimalen Preis zu erhalten.

Das Zusammenwirken dieser drei Ansätze führt zu einer kontinuierlichen Verbesserung des Betriebes. Abb. 51 stellt den grundlegenden Ansatz des Energiemanagements dar:

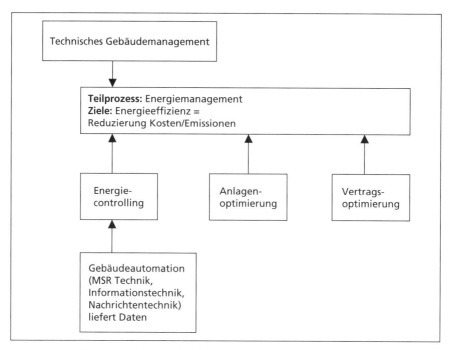

Abb. 51: Grundlegender Ansatz des Energiemanagements[220]

5.4.4.5 Finanzierungsmodelle für Energieeinsparungen

Bestimmte Maßnahmen am Gebäude wie z. B. Maßnahmen an der Gebäudehülle, klimatechnische Maßnahmen oder Maßnahmen der Wärmeerzeugung, sind zunächst mit Aufwendungen verbunden, die nach einer bestimmten Zeit über Energieeinsparungen wieder erwirtschaftet werden. Diese Maßnahmen können vom Gebäudebetreiber aus Eigenkapital oder aus aufgenommenen

---

[220] Krimmling, J. (2005), S. 104.

5.4 Leistungsbereiche des technischen Gebäudemanagements

Mitteln finanziert werden. Es besteht aber auch die Möglichkeit, dass Facility Management-Anbieter (Auftragnehmer) ihren Kunden (Auftraggeber) durch Contracting-Modelle maßgeschneiderte Problemlösungen anbieten. Diese Modelle basieren auf dem Gedanken, dass der Auftragnehmer die Energiesparmaßnahmen nicht nur technisch abwickelt, sondern auch vorfinanziert und dabei die Verantwortung für eine rationelle Energieversorgung übernimmt. Seit den 1980er Jahren werden diese Finanzierungsmodelle zur Erzielung von Energieeinsparungen angeboten. Dabei werden der Energielieferungsvertrag sowie das Einsparcontracting unterschieden. Der Energielieferungsvertrag ist derzeit die erfolgreichste Form des Contractings und eignet sich sowohl für den Neubau als auch für den Bestandsbau. Das Einsparcontracting findet nur im Bestandsbau (industriellen und kommunalen Bereich) Anwendung und konnte sich auf breiter Ebene noch nicht durchsetzen.[221]

5.4.5 Informationsmanagement

Das Informationsmanagement beinhaltet alle Leistungen, die zum Erfassen, Auswerten, Weiterleiten und Verknüpfen von Informationen und Meldungen für das Betreiben von Gebäuden notwendig sind. Aufgaben dabei sind Konzeption, Bewertung und Entscheidung hinsichtlich des Einsatzes von Informations-, Kommunikations- und Automationssystemen jeglicher Art nach DIN 32736:

> „Computer Aided Facility Management (CAFM), Gebäudeautomation (GA), Einbruchmeldesysteme (EM), Brandmeldesysteme/Zugangskontrolle (BM/ZK), Video, Telefon, Kommunikation".

Die GEFMA verwendet den Begriff „Informationsmanagement" nicht. Sie ordnet diese Funktion dem Teilprozess „FM-Tools bereitstellen" zu. Dabei wird

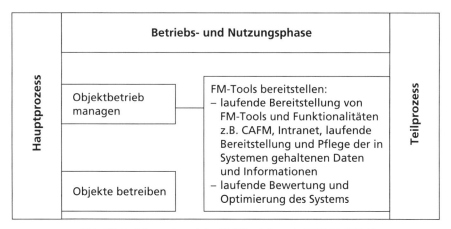

Abb. 52: Leistungsbereich „FM-Tools" nach GEFMA 100-2

---
[221] Vgl. Oesterle, E. (2004), a.a.O., S. 152f.

dieser Teilprozess den Hauptprozessen „Objektbetrieb managen und Objekte betreiben" zugeteilt und in die Lebenszyklusphase „Betrieb und Nutzung" eingeordnet.

Welche Software genutzt werden kann ist u. a. von der Verfügbarkeit der Daten abhängig. Die kritischen Punkte für das Datenmanagement sind die Standards für den Aufbau und Transfer von Daten sowie die Strukturen der Inhalte, also Identifizierungen und Klassifizierungen von Informationen. Sie müssen beim Systemstart geklärt sein.[222]

Das Informationsmanagement wird in Kapitel 14 explizit beschrieben.

5.4.6 Modernisierung des Gebäudebestandes

5.4.6.1 Definition und Ziel der Modernisierung

Baumaßnahmen sind dann eine Modernisierung, wenn sie zur Verbesserung des Gebäudezustandes sowie zu Energieeinsparungen beitragen bzw. neue Räume schaffen, d. h. den Ist-Zustand von baulichen und technischen Anlagen verbessern (vgl. DIN 32736).

Die Modernisierung ist gem. GEFMA 100-2 in die Lebenszyklusphase „Umbau- und Sanierungsphase" einzugruppieren und umfasst alle Leistungen von der Leitung und Steuerung von Bauprojekten, bis hin zur Überwachung von Bauleistungen und der damit verbundenen Abnahme (Übergabe).

Eine Modernisierung umfasst im Wesentlichen:

- die Haustechnik, z. B. Verbesserung der Heizung und sanitären Anlagen
- den Flächenzuschnitt, z. B. Veränderungen von Raumnutzungen und -größen
- die Bautechnik, z. B. Erhöhung der Wärme- und Lärmschutzdämmung
- die Erschließung, z. B. Verbesserung der Ver- und Entsorgung, der Zufahrten und Zugangswege, Schaffung von Stellplätzen usw.[223]

Die damit erreichbaren Ziele sind:

- Senkung der Energiekosten
- Wertsteigerung der Immobilie durch geringeren Energieverbrauch
- Schonung der Umwelt
- Anpassung an den Stand der Technik
- Erhöhung der Wirtschaftlichkeit
- Senkung des Leerstandsrisikos

---

[222] Vgl. Schneider, H. (2004), S. 251f.
[223] Vgl. Landeshauptstadt Stuttgart, Modernisierungsförderung – Informationen für Eigentümer in förmlich festgelegten Sanierungsgebieten der Landeshauptstadt Stuttgart, in: Landeshauptstadt Stuttgart, Amt für Stadtplanung und Stadterneuerung (Hrsg.), Stuttgart 07/2005, S. 5.

5.4 Leistungsbereiche des technischen Gebäudemanagements

Abb. 53: Leistungsbereich „Modernisierung" nach GEFMA 100-2

Modernisierungsmaßnahmen am Beispiel von Senkung der Energiekosten

Modernisierungsmaßnahmen beinhalten wesentliches Energieeinsparpotential. Unternehmen, die sinnvoll in Modernisierungen investieren, erwirtschaften im Laufe der Jahre z. B. durch niedrigere Heizkosten nicht nur die Investitionen für die durchgeführte Maßnahme, sondern verringern auch den Ausstoß an Treibhausgasen. Dabei kommen verschiedene Möglichkeiten um Energie zu sparen in Betracht:[224]

- Maßnahmen zur Verbesserung der Wärmedämmung von Fenstern, Außentüren, Außenwänden usw.
- Maßnahmen zur Verminderung des Energieverbrauchs oder -verlustes der Heizungs- und Warmwasseranlagen
- Anschluss des Gebäudes an eine Fernwärmeversorgung, die überwiegend aus Anlagen der Kraft-Wärme-Koppelung aus Müllverbrennung oder Verwertung von Abwärme gespeist wird
- Maßnahmen zur Rückgewinnung von Wärme
- Maßnahmen zur Nutzung von Energie durch Wärmepumpen und Solaranlagen

---

[224] Vgl. Diedrichs, C. J. (2006), S. 560.

Die gesetzliche Grundlage für Um- und Neubauten bildet die Energiesparverordnung (EnEV), die am 01. Februar 2002 in Kraft getreten ist. Sie sieht u. a. vor, dass rund ein Drittel weniger Heizenergie als nach dem vorherigen Standard, der Wärmeschutzverordnung (WSchV), verbraucht werden darf. Diese Verordnung zwingt nicht nur zum Energiesparen sondern auch zur Umweltentlastung durch die Verringerung des Verbrauchs an Primärenergie.[225]

In diesem Zusammenhang muss für Neubauten und komplett modernisierte Gebäude ein sogenannter Energiebedarfsausweis ausgestellt werden. Er gibt über den Energieverbrauch Auskunft und stützt sich auf den Verbrauch von Heizung, Lüftung, Kühlung und Warmwasserbereitung.

Für den übrigen Gebäudebestand gibt es als Alternative den Energiepass. In einem Energiepass werden ähnlich wie im Energiebedarfsausweis Informationen über den Energieverbrauch angegeben. Sie sollen für mehr Transparenz beim Energieverbrauch sorgen. Energiepässe zeigen ebenfalls, indem sie den spezifischen Energieverbrauch für Lüftung bzw. Wärmebereitung nach Energieträgern dokumentieren, Energiesparpotenziale auf.

5.4.6.2 Abgrenzung Modernisierung/Sanierung

Bei Maßnahmen der „Modernisierung" wird eine Veränderung am Bauwerk herbeigeführt, die gegenüber dem Ist-Zustand eine höhere Funktionsqualität nach sich zieht und durch Anpassung an den neusten Stand der Technik den Gebrauchswert erhöht. Somit kann der Zustand eines jüngeren Gebäudes erreicht werden.

Im Gegensatz dazu bezeichnet der Begriff „Sanierung" eine Tätigkeit zur Wiederherstellung des Sollzustandes bei Bauwerken. Eine Sanierung wird erforderlich, wenn die Anlagen nicht mehr den baulichen, technischen, ökonomischen, ökologischen oder gesetzlichen Parametern entsprechen. Im Gegensatz zur Modernisierung verlängert sich bei einer reinen Sanierung nicht unbedingt die Restnutzungsdauer eines Gebäudes.

5.4.7 Verfolgen der technischen Gewährleistung

Nach erfolgter Abnahme von Leistungen oder Werken beginnt die Gewährleistungsfrist und somit die Verjährung. Der Auftraggeber unterliegt nun der Beweislast bei auftretenden Mängeln gegenüber dem Auftragnehmer.[226] Um die zugesagten Leistungen und Eigenschaften von baulichen und technischen Anlagen während der Sachmängelhaftungsfrist sicherzustellen, sollten Leistungen gem. DIN 32736 vorgenommen werden:

---

[225] Vgl. Gondring, H. (2004), S. 332.
[226] Vgl. ebenda, S. 156f.

5.4 Leistungsbereiche des technischen Gebäudemanagements

> *„Begleiten von Abnahmen und Übergaben, Erfassen der Mängel, Übernehmen von Mängelmeldungen aus der technischen Betriebsführung, Verfolgen der Mängelbeseitigung, Geltendmachen von Sachmängelansprüchen, Begleiten und Abnehmen der Mängelbeseitigung, Unterstützen bei Beweissicherungen".*

Die GEFMA verwendet den Begriff „Verfolgen der technischen Gewährleistung" nicht. Sie ordnet diesen den Teilprozessen „Meldungen verfolgen und Mängelansprüche geltend machen" zu. Dabei werden diese Teilprozesse den Hauptprozessen „Objektbetrieb managen und Objekte verwalten" zugeteilt und in die Lebenszyklusphase „Betrieb und Nutzung" eingeordnet. Aufbauend auf die DIN werden gem. der GEFMA zusätzliche Leistungen definiert.

Die technische Gewährleistung umfasst im Allgemeinen:

a) **Funktionsgewährleistung:** einwandfreie Funktion aller zum Betrieb der Anlagen erforderlichen Komponenten und ihr Zusammenspiel
b) **Materialgewährleistung:** Eignung der Werkstoffe und deren Verarbeitung, Standzeiten
c) **Sicherheitsgewährleistung:** Erfüllung der einschlägigen Sicherheitsvorschriften[227]

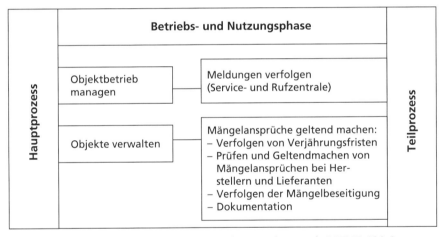

Abb. 54: Leistungsbereich „Mängelansprüche" nach GEFMA 100-2

---

[227] VDI 2260 – Technische Gewährleistung für Gasreinigungsanlagen, Düsseldorf 2003 Nr. 10, S. 10.

Infrastrukturelles Gebäudemanagement

6

6.1 Einführung

Das infrastrukturelle Gebäudemanagement wird der operativen Ebene des Facility Managements zugeordnet und bildet neben dem technischen und dem kaufmännischen Gebäudemanagement eine wichtige Säule der Bewirtschaftung während der Nutzungsphase einer Immobilie. Das Dienstleistungsangebot für infrastrukturelles Gebäudemanagement ist breit gefächert und trägt neben der Sicherung des Werterhalts der Immobilie auch zur Steigerung des Wohlbefindens der Mitarbeiter, Kunden und Besucher bei.

Um diese Aufgabe optimal zu erfüllen und sich dabei aber weiterhin auf das Kerngeschäft konzentrieren zu können, geben viele Betriebe und Firmen diesen Aufgabenbereich an professionelle Dienstleister ab, die einen kompletten Service an infrastrukturellen Dienstleistungen anbieten und so ein sicheres, angenehmes und gepflegtes Arbeitsumfeld gewährleisten.

Infrastrukturelles Gebäudemanagement wird dabei in drei Teilbereiche gegliedert:

> (1) Die zentralen Dienste, die meist sehr umfangreich sind und aus einzelnen Teilprozessen zusammengefügt werden
> (2) Die Bürodienste, die die Arbeit der Mitarbeiter unterstützen und erleichtern sollen, sowie
> (3) Die Gebäude- und Servicedienste, die zum Betreiben des Gebäudes unerlässlich sind und auch zum Wohlbefinden der Mitarbeiter, Kunden und Besucher beitragen.

6.2 Definition und Grundlagen des infrastrukturellen Gebäudemanagements

Die Bezeichnung „Infrastruktur" findet unterschiedliche Verwendung. Als Infrastruktur werden bspw. technische Systeme im Umfeld von Liegenschaften bezeichnet, wie Strom- und Rohrleitungsnetze sowie Abwassersysteme, aber auch bei der Nennung von Versorgungssystemen in Siedlungsgebieten findet der Begriff Anwendung.[228] Im FM wird dieser Begriff auf eine bestimmte Art von Dienstleistung angewendet. So umfasst das infrastrukturelle Gebäudemanagement (IGM) geschäftsunterstützende Dienstleistungen, deren Aufgaben darin bestehen, die Nutzung von Gebäuden und Liegenschaften zu verbessern.[229]

---

[228] Vgl. Krimmling, J. (2008), S. 117.
[229] Vgl. Gondring, H./Wagner, T. (2007), S. 19.

6 Infrastrukturelles Gebäudemanagement

Das IGM ist im Bereich zwischen technischen und kaufmännischen Dienstleistungen anzusiedeln, grenzt sich von der Kernkompetenz des Nutzers ab und kann extern vergeben werden.[230]

6.2.1 Definition des infrastrukturellen Gebäudemanagements gem. DIN 32736

Die DIN 32736 wurde von dem Deutschen Institut für Normung e.V. herausgegeben, definiert Begriffe und beschreibt die Leistungen des Gebäudemanagements als:

> *„Gesamtheit aller Leistungen zum Betreiben und Bewirtschaften von Gebäuden einschließlich der baulichen und technischen Anlagen auf der Grundlage ganzheitlicher Strategien."*[231]

Somit bezeichnet das GM die Verwaltung von Liegenschaften und Dienstleistungen zur Unterstützung und Verbesserung der Unternehmenskernprozesse. Das GM hat dafür Sorge zu tragen, dass sich die Mitarbeiter eines Unternehmens auf ihr Kerngeschäft konzentrieren und dies ohne Einschränkungen ausüben können.

Des Weiteren definiert die DIN das infrastrukturelle Gebäudemanagement (IGM) wie folgt:

> *„Es umfasst die geschäftsunterstützenden Dienstleistungen, welche die Nutzung von Gebäuden verbessern."*[232]

6.2.2 Inhalte des infrastrukturellen Gebäudemanagements gem. DIN 32736

Die DIN-Richtlinie 32736 gibt eine explizite Auflistung der Leistungen des IGM wieder und umfasst diverse Dienste bzw. Dienstleistungen.

Verpflegungsdienste

Verpflegungsdienste umfassen die Gesamtheit der Leistungen für Gemeinschafts- oder Sozialverpflegung, wie die Beschaffung und Zubereitung von Nahrungsmitteln oder die Ausstattung und Unterhaltung von Restaurants/ Kantinen oder Pausenräumen.

---

[230] Vgl. Diederichs, C. J. (2006), S. 584.
[231] DIN 32736 (2000), S. 1.
[232] ebenda.

6.2 Definition und Grundlagen

DV-Dienstleistungen

Eine DV-Dienstleistung beinhaltet den Aufbau, die Inbetriebnahme und die Aufrechterhaltung der elektronischen Datenerfassung, der Datenaufbereitung, sowie des elektronischen Datenaustausches zur Unterstützung der Geschäftsprozesse.[233] Diese Serviceleistung enthält die Sicherung von Daten, die Installation von Software und neuen Programmversionen, die Anpassung von DV-Systemen an neue Anwendungen, die Pflege dieser Systeme, die Behebung von Störungen an Soft- und Hardware, die Inbetriebnahme von Hardware sowie Schulungen und Einweisungen zu DV-Systemen und das Einrichten von Hotline-Diensten.[234]

Gärtnerdienste

Gärtnerdienste umfassen die Gesamtheit der Leistungen zur Instandhaltung und Pflege der Außenanlagen (Vegetationsflächen, Wege und Plätze, Spiel- und sonstige Freizeitanlagen) sowie der Bauwerksbegrünung (Dach-, Fassaden- und Innenraumbegrünung)[235] Die Gärtnerdienstleistungen umfassen das Bewässern, das Düngen, den Pflanzenschutz, das Säubern der Flächen, das Beschneiden, das Ausputzen und das Aufbinden von Pflanzen.

Des Weiteren gehören zu diesen Leistungen das Auswechseln von Pflanzen und das Nachpflanzen, um den Fortbestand zu gewährleisten, das Mähen von Rasenflächen, das Besanden, sowie die allgemeine Bodenbearbeitung. Weitere wichtige vegetationsfördernde Gärtnertätigkeiten sind Winterschutzmaßnahmen und die Überprüfung der technischen Einrichtungen, wie bspw. die Bewässerungsanlage. Die Überprüfung der Bäume im Rahmen der Verkehrssicherungspflicht ist ebenfalls eine wichtige Aufgabe, die der Gärtnerdienst beinhaltet.[236]

Hausmeisterdienste

Diese Leistungen dienen der Sicherstellung der Gebäudefunktionen. Darunter fallen Sicherheitsinspektionen, die die Kontrolle und Betreuung haustechnischer Einrichtungen beinhalten und Aufzugswärterdienste. Die Sicherstellung der Objektsauberkeit, die Überwachung der Einhaltung der Hausordnung und das Durchführen kleinerer Instandsetzungen und Reparaturen gehören ebenfalls zum Aufgabenbereich eines Hausmeisterservices.[237]

Viele Facility Management-Unternehmen bieten des Weiteren im Rahmen des Hausmeisterservices die Überwachung der Wartungsarbeiten und Reparaturen von Fremdfirmen an, außerdem die Überwachung der Müllentsorgung und stellen damit einen direkten Ansprechpartner für die Nutzer (Mieter) bereit.

---

[233] Vgl. DIN 32736 (2000), S. 4.
[234] Vgl. Diedrichs, C. J. (2006), S. 585.
[235] Vgl. DIN 32736 (2000), S. 5.
[236] Vgl. Diedrichs, C. J. (2006), S. 585.
[237] Vgl. Krimmling, J. (2008), S. 119.

6 Infrastrukturelles Gebäudemanagement

Interne Postdienste

Diese Sparte beinhaltet alle Leistungen, die den Versand und die Zustellung von Post und elektrischen Sendungen innerhalb von Gebäuden/Liegenschaften sicherstellen. Die beschriebenen Aufgaben beinhalten den An- und Abtransport, die Verteilung, das Entgegennehmen, das Weiterleiten und das Kuvertieren und Frankieren.[238]

Kopier- und Druckereidienste

Diese Dienste gewährleisten, dass drucktechnische Maschinen bereit- und die Herstellung drucktechnischer Erzeugnisse sichergestellt werden. Hierunter ist das Ausstatten, Versorgen, Entsorgen und Reinigen von Kopierstellen und Druckereien zu verstehen, sowie die Funktionsprüfungen drucktechnischer Maschinen, die Ermittlung und Zuordnung der Kopier- und Druckkosten und allgemeine Druck- und Kopierarbeiten.

Parkraumbetreiberdienste

Diese Dienste stellen eine optimale Nutzung des Parkraumes sicher, wie die Abrechnung und die Verwaltung der Kassenautomaten und das Verwalten des Parkraumes.

Reinigungs- und Pflegedienste

Diese Leistungen beinhalten die Reinigung und Pflege von Gebäuden/Liegenschaften und Außenanlagen. Dazu werden die Unterhaltsreinigung, d. h. die tägliche oder in Intervallen wiederkehrende Pflege und Werterhaltung der Innenbereiche, die Glasreinigung, die Fassadenreinigung und die Reinigung der Außenanlagen gezählt. Des Weiteren werden im Rahmen dieser Dienstleistung Pflegemaßnahmen für Böden und Flächen genannt.

Sicherheitsdienste

Sicherheitsdienste dienen der Sicherung der Gebäude/Liegenschaften und deren Nutzern vor Ein- bzw. Zugriff Dritter durch Täuschung oder Gewalt. Hierzu gehören Zutrittskontrollen, Objektbewachungen und die Gewährleistung auf den Einsatz der Feuerwehr im Bedarfsfall. Des Weiteren fallen unter die Leistungen des Sicherheitsdienstes der Revierdienst, d. h. eine in unregelmäßigen Zeitabständen stattfindende Innen- und Außenkontrolle des Objektes, und Schließdienste, wobei Sicherheitsmitarbeiter für die Schließ- und Öffnungszeiten verantwortlich sind und die Überwachung dieser übernehmen.[239]

Moderne FM-Firmen bieten im Rahmen ihrer Sicherheitsdienste Personenschutz, Sonderbewachungen, vorbeugenden Brandschutz, sowie Sicherheitsdienstleistungen, wie Arbeitssicherheit, Ersthelfer, Brandschutzdienste, Ermittlungsdienste und Umweltdienste an.[240]

---

[238] Vgl. DIN 32736 (2000), S. 5.
[239] Vgl. ebenda, S. 5f.
[240] Vgl. Krimmling, J. (2008), S. 125.

6.2 Definition und Grundlagen

Umzugsdienste

Umzugsdienste sind Leistungen zur Durchführung von Umzügen. Dabei stellt das Umzugsmanagement die langfristige und grundsätzliche Planung und den logistischen Ablauf von Umzügen zur Verfügung. Ziel der Umzugsdienstleistung ist eine wirtschaftliche Verlagerung des Standorts und die sofortige Aufnahme des Betriebs am neuen Standort.[241] Im Rahmen dieser Leistung sind die erforderlichen Transport- und Installationsleistungen zu ermitteln, die Umzugs- und Installationstermine festzulegen und zu koordinieren, gegebenenfalls Einrichtungsgegenstände auszulagern sowie Provisorien zu schaffen und Übergangslösungen anzubieten. Des Weiteren ist die Demontage, der Transport, der Aufbau und die Inbetriebnahme der Büroeinrichtungen und informationstechnischen Geräte zu gewährleisten und die Transport- und Installationsleistung abzunehmen.

Waren- und Logistikdienste

Diese Dienste sollen den Versand und die Zustellung von Frachtpostsendungen und Frachtgütern sicherstellen. In diesen Aufgabenbereich fallen die Warenannahme, die Wareneingangskontrolle, das Erstellen und Verwalten von Lieferunterlagen, das Verpacken ausgehender Frachtgüter, das Bestellen von Spediteuren und der Warenversand.[242]

Winterdienste

Winterdienste sind alle Leistungen, die für den sicheren Zugang zu den Gebäuden/Liegenschaften erforderlich sind (unter Berücksichtigung der gesetzlichen Bestimmungen). Diese Dienstleistung gewährleistet das Schneeräumen und den Streudienst, das Bereitstellen von Räumgeräten und das detaillierte Protokollieren der Einsätze.[243] Viele FM-Dienstleistungsunternehmen bieten dem Nutzer ein Komplettpaket für die Leistungen des Winterdienstes an, das eine 24-Stunden-Bereitschaft, die zuverlässige Räumung von Schnee und Eis mit Spezialfahrzeugen und Arbeitsmaschinen für Gehwege und Großflächen, die Streuung von Tausalz oder Splitt, sowie die Streugutbeseitigung gewährleistet.

Zentrale Kommunikationsdienste

Diese Dienste beziehen sich auf die Unterstützung der Geschäftsprozesse und stellen die Gesamtheit der Leistungen dar, die die Kommunikation von zentraler Stelle aus organisieren, wie das Betreiben einer Telefonzentrale/eines Vermittlungsdienstes, das Erstellen, Fortschreiben und die Pflege eines (internen) Telefonbuches, das Erfassen von Gebühren (bspw. für Privatgespräche) und die Bereitstellung eines Call Centers.

---

[241] Vgl. Hellerforth, M. (2006), S. 200f.
[242] Vgl. DIN 32736 (2000), S. 6.
[243] Vgl. ebenda, S. 6.

6 Infrastrukturelles Gebäudemanagement

Entsorgen

Entsorgen beinhaltet das Einsammeln, Sortieren, Befördern, Behandeln, Zwischenlagern und Entsorgen von Abfällen im Rahmen der gesetzlichen Bestimmungen. Zudem zählt das Zuführen zur Wiederverwertung oder Endlagerung zu den Leistungen der Entsorgungsdienste.

Versorgen

Versorgen beschreibt die Leistungen, die die Versorgung der Anlagen und Systeme mit Energie sowie mit Roh-, Hilfs- und Betriebsstoffen sicherstellen. Hierzu gehört das Disponieren, das Lagern/Bevorraten und das Zuführen.[244]

Das angestrebte Ziel des GM ist nach DIN 32736 die *„Erhöhung der Wirtschaftlichkeit, der Werterhaltung, der Optimierung der Gebäudenutzung und der Minimierung des Ressourceneinsatzes unter Berücksichtigung des Umweltschutzes. Die Optimierung der Leistungen erhöht die Qualität und Wirtschaftlichkeit von Gebäude und Betrieb und die damit verbundenen Prozesse."*[245]

Die DIN 32736 gibt eine explizite Auflistung aller Leistungen, die im Rahmen des IGM erbracht werden müssen, doch viele Firmen erweitern ihr Angebot, um als Komplettdienstleister auftreten zu können und sich somit Wettbewerbsvorteile gegenüber Konkurrenten auf dem Markt einzuräumen. Dies sind Leistungen wie bspw.:

- die Errichtung und Verwaltung eines Zentralarchivs
- die Bereitstellung einer Druckerei
- das Angebot eines Eventmanagements für Tagungen, Konferenzen und Meetings
- das Materialmanagement, das dafür Sorge trägt, dass Arbeitsutensilien im Bedarfsfall bestellt werden und zur Verfügung stehen
- Gebäudeentrümpelungen bei Geschäftsauflösungen, wobei Müll, Schrott und Sondermüll gem. den gesetzlichen Bestimmungen entsorgt werden
- Hygieneartikel Service, wobei hier ein Sortiment an hygienischen Produkten für Toiletten- und Waschräume sowie Sanitärobjekte bereitgestellt werden
- Spüldienste, wobei das Bedienen und Reinigen von vollautomatischen und halbautomatischen Bandspülmaschinen und deren Dosieranlagen gewährleistet werden
- Personalleasing, was die Überlassung von Personal bei Engpässen, Abwicklung von zusätzlichen Großaufträgen, Krankheits- und Urlaubsvertretung, zum Abbau von Überstunden oder saisonalem Personalbedarf beschreibt.

---

[244] Vgl. DIN 32736 (2000), S. 6.
[245] DIN 32736 (2000), S. 1.

6.2 Definition und Grundlagen

Zentrale Gebäudedienste	Kommunikationsdienste

• Hausmeisterdienste
  - Sicherheitsinspektionen
  - Sicherstellung der Objektsauberkeit
  - Durchführen kleinerer Instandsetzungen/Reparaturen
 	
• Reinigungs- und Pflegedienste
  - Reinigung und Pflege von Gebäuden und Außenanlagen
  - Pflegemaßnahmen für Böden und Flächen
 	
• Gärtnerdienste
  - Instandhaltung und Pflege der Außenanlagen
  - Bauwerksbegrünung
 	
• Sicherheitsdienste
  - Sicherung der Gebäude/Liegenschaften und deren Nutzer
 	
• Umzugsdienste
  - Durchführung von Umzügen
 	
• Winterdienste
  - Gewährleistung des sicheren Zugangs zu den Gebäuden
  - Schneeräumen, Streudienst, Bereitstellen von Räumgeräten und Protokollieren der Einsätze
 	
• Entsorgungsdienste
  - Einsammeln, Sortieren, Befördern, Behandeln, Zwischenlagern und Entsorgen von Abfällen
 	
• Versorgungsdienste
  - Versorgung der Anlagen und Systeme mit Energie sowie mit Roh-, Hilfs- und Betriebsstoffen
	• Zentrale Kommunikationsdienste
	  - Betreiben einer Telefonzentrale/ eines Vermittlungsdienstes
	  - Erstellung und Verwaltung eines (internen) Telefonbuches
	  - Erfassen von Gebühren
	  - Call Center
	
	• DV-Dienstleistungen
	  - Aufbau, Inbetriebnahme, Aufrechterhaltung der elektronischen Datenerfassung, der Datenaufbereitung, sowie des elektronischen Datenaustausches
	
	Verpflegung
	
	• Verpflegungsdienste
	  - Nahrungsmittelbeschaffung und -zubereitung
	  - Ausstattung und Unterhaltung von Restaurants/Kantinen/Pausenräume
	
	Bürodienste
	
	• Interne Postdienste
	  - Versand und Zustellung von Post und elektrischen Sendungen innerhalb von Gebäuden
	• Kopier- und Druckereidienste
	  - drucktechnische Maschinen bereit- und Herstellung drucktechnischer Erzeugnisse sicherstellen
	
	Transportdienste
	
	• Parkraumbetreiberdienste
	  - optimale Nutzung und Verwaltung des Parkraumes, Abrechnung von Kassenautomaten
	• Waren- und Logistikdienste
	  - Versand und Zustellung von Frachtpostsendungen und Frachtgütern

Abb. 55: Inhalte des IGM nach DIN

6.2.3 Inhalte des infrastrukturellen Gebäudemanagements gem. GEFMA 100-1

Die GEFMA Richtlinie 100 beschrieb erstmals 1996 das Leistungsspektrum für Facility Management im deutschen Markt und dient bis heute als Basis für kunden- und prozessorientiertes FM in Deutschland. Die Richtlinien der Reihe

6 Infrastrukturelles Gebäudemanagement

100 ff. beinhalten Definition, Struktur und Beschreibung des FMs im Allgemeinen und Leistungsbilder von Einzelleistungen im Besonderen.[246]

Die Richtlinie GEFMA 100-2, deren Grundlage die GEFMA 100-1 ist, gibt eine explizite Auflistung der Leistungen des infrastrukturellen Gebäudemanagements wieder:

- Verpflegungsdienste
- DV-Dienste und sonstigen Support, z. B. EDV-Support
- Gärtnerdienste, die sich auf die Pflege von Pflanzen innen und außen beziehen
- Hausmeisterdienste
- Interne Postdienste
- Büro-Service
- Reinigungs- und Pflegedienste
- Sicherheitsdienste
- Umzugsdienste
- Dienste in Außenanlagen
- Entsorgen
- Versorgen[247]

In Deutschland hat sich im IGM die Definition der DIN 32736 etabliert.

6.3 Ausgewählte Leistungsbereiche des infrastrukturellen Gebäudemanagements

Das IGM hat zahlreiche Leistungsfelder. Die Leistungen Verpflegungsdienst, Gebäudereinigung, Umzugsdienst und Sicherheitsdienst sind dabei von besonderer Bedeutung und werden vermehrt nachgefragt.

6.3.1 Verpflegungsdienste

Der Verpflegungsdienst, auch Catering genannt, umfasst alle Dienstleistungen rund um die Verpflegung von Mitarbeitern und Gästen einer Unternehmung. Dabei ist es wichtig, eine hygienisch einwandfreie Ernährung zu gewährleisten und dieser, unter Berücksichtigung der Wirtschaftlichkeit, einen besonders hohen Stellenwert einzuräumen.

Der stetig wachsende Kosten- und Wettbewerbsdruck zwingt die Caterer zu neuen Verpflegungskonzepten, die aber weiterhin für eine gute Qualität garantieren sollen.[248] Es gibt dabei drei besonders bekannte und häufig angewandte Verfahren zur Speisenzubereitung.

---

[246] Vgl. Gondring, H./ Wagner, T. (2007), S. 37.
[247] Vgl. GEFMA 100-2 (2004), S. 4.
[248] Vgl. Gondring, H./Wagner, T. (2007), S. 164.

Eine dieser Verpflegungsmöglichkeiten ist das so genannte „**Cook & Serve**"-Verfahren, wobei hier die Speisen zubereitet und sofort serviert werden. Diese Art der Verpflegung ist sehr personalintensiv und nur dann wirtschaftlich, wenn vorher bekannt ist, welche und wie viele Speisen ausgegeben werden sollen.

Eine weitere Möglichkeit der Verpflegung ist die „**Cook & Chill**"-Methode, wobei die Speisen drei bis fünf Tage vor der Ausgabe gekocht und danach schnell auf drei Grad Celsius herunter gekühlt werden. Kurz vor der Essensausgabe werden sie dann regeneriert, d. h. erhitzt und sind somit zum Verzehr bereit.[249]

„**Cook & Freeze**" beschreibt das Kochen und das anschließende Gefrieren in der Essenszubereitung. Die Speisen werden dabei zuerst gegart und im Anschluss bei −40 Grad Celsius schockgefrostet. Diese Speisen können dann bis zu neun Monate bei −18 Grad Celsius aufbewahrt werden und werden dann unmittelbar vor dem Verzehr aufgetaut und erhitzt.

Zur Verpflegung gehören nicht nur diverse Speisenzubereitungsmöglichkeiten in Küchen, sondern auch das Eventcatering und das Aufstellen von Verpflegungsautomaten. Im Rahmen des Eventcaterings werden die Speisen zum Thema der Veranstaltung kreiert und dementsprechend aufwändig zubereitet und dekoriert. Das so genannte „Front Cooking" findet immer mehr Anklang, wobei die Speisen vom Caterer vor den Augen der Gäste frisch zubereitet und serviert werden. Eine weitere Versorgungsform, die allerdings der Zusatzverpflegung und Alternativversorgung dient, ist das Aufstellen von Verpflegungsautomaten, die von Kalt- und Heißgetränken über Snack- und Süßwaren bis hin zu fertig zubereiteten Speisen für Verpflegung sorgen. Hierbei gehört es zum Leistungsspektrum des Caterers diese zu befüllen und zu warten.[250]

Leistungen im Verpflegungsmanagement zu vergeben, bietet nicht nur eine Entbindung der zu erbringenden Leistungen und damit die Konzentration auf das Kerngeschäft, sondern es können i. d. R. Kosten eingespart und Wertschöpfungspotentiale generiert werden.

6.3.2 Gebäudereinigung

Der Begriff „Gebäudereinigung" ist gesetzlich nicht definiert und der Leistungsumfang hängt von den Vereinbarungen der Vertragsparteien, also dem Nutzer und dem Leistungserbringer, ab. Allerdings kann es auch, abhängig von der Art der Nutzung einer Liegenschaft, gesetzliche Vorgaben oder einen Stand der Technik für die Reinigungen geben, die es einzuhalten gilt. Demnach ist eine Büroimmobilie anders zu reinigen als ein Krankenhaus.[251]

---

[249] Vgl. Dettmer, H. (2005), S. 88 f.
[250] Vgl. Gondring, H./Wagner, T. (2007), S. 165.
[251] Vgl. Najork, E. N. (2009), S. 67.

6 Infrastrukturelles Gebäudemanagement

Zur Gebäudereinigung gehören die von den Mietern gemeinsam genutzten Gebäudeteile wie u. a. Zugänge, Eingangsbereiche, Flure, Treppenhäuser, Bodenräume und Aufzüge. Im weitläufigen Sinne sind unter Reinigung die üblichen, in einem Haushalt vorgenommenen Reinigungsmaßnahmen, wie bspw. Kehren, Staubwischen sowie sonstige übliche Arbeiten, zu verstehen.[252] Die GEFMA Richtlinie 100-2 unterscheidet allerdings bei der Reinigung Unterhaltsreinigung, Glas- und Fassadenreinigung, Sonderreinigung und Industriereinigung und legt damit die genaue Tätigkeit fest.[253]

Die Veröffentlichung des Forschungs- und Prüfinstituts für Facility Management GmbH (FIGR) zeigt, dass je nach Nutzung und Beschaffenheit der Immobilie der Aufwand zur Gebäudereinigung einen Anteil von 40 bis 50 % der Gesamtbetriebskosten ausmachen kann. Für die Reinigung wird jährlich ein Betrag von 1 bis 3 % der gesamten Baukostensumme ausgegeben. Diese Zahlen sollen aufzeigen, wie wichtig eine Ermittlung des tatsächlichen Bedarfs der zu reinigenden Flächen und deren Intervalle ist. Denn nur dann kann eine wirtschaftliche und kostengünstige Reinigung ausgeführt werden.[254]

Kennzahlen für Reinigungsleistungen

Kosten für Reinigungsleistungen:	Min – Mittel – Max (€/m² NGF/Monat)
Unterhaltsreinigung	0,46 – 1,10 – 1,97 (Büro)
Glasreinigung	0,03 – 0,14 – 0,40
Fassadenreinigung	0,06 – 0,10 – 0,12
Außenanlagen /Winterdienst	0,04 – 0,08 – 0,13
Produktivitätskennzahlen:	
Umsatz pro Mitarbeiter (Jahr):	40.000 – 75.000 €:
1 Mitarbeiter reinigt (m²/h):	180 – 250 (Büroflächen)
1 Mitarbeiter reinigt (m²/h):	60 – 80 (Sanitär / Teeküchen)
1 Mitarbeiter reinigt (m²/h):	300 – 400 (Glasflächen)
Anteil von 400 €-Kräften:	abhängig vom Dienstleister 30 – 90 %
Fluktuation (Jahr):	hoch, ca. 40 – 80 %
Vertragsdaten:	
Vertragshöhe	abhängig von Vertragsart und Objektgröße
Vertragsdauer	1 Jahr
Anteil der Anschlussverträge	ca. 50 %

Abb. 56: Kennzahlen für Reinigungsdienstleistungen

Mit der Ermittlung der Flächen und der Intervalle kann ein Leistungsverzeichnis und die dazugehörige Leistungsbeschreibung für die Gebäudereinigung

---

[252] Vgl. Dörlich, H. J. (2008), S. 76.
[253] Vgl. GEFMA 100-2 (2004), Anhang B, S. B 19.
[254] Vgl. Dörlich, H. J. (2008), S. 76.

erstellt werden. Im Leistungsverzeichnis, das einen Bestandteil des Dienstleistungsvertrages darstellt, werden die Tätigkeiten nach Art und Umfang und das gewünschte Ergebnis definiert und festgehalten.[255] Reinigungsaufträge können als Einzelauftrag, d.h. als Sonderauftrag, der nur einmalig bzw. bei akutem Bedarf auszuführen ist, vergeben werden oder als Dauerauftrag, der für einen längeren Zeitraum gültig ist. Meist werden Daueraufträge für Reinigungsleistungen vergeben, da sie für eine längere Zeitspanne gültig sind und eine kontinuierliche Kostenerfassung gewährleisten.[256]

Im Rahmen der Gebäudereinigung spielt die Qualitätskontrolle, also die Überprüfung der erbrachten Reinigungsleistung, eine zentrale Rolle. Denn nur mit einer konsequenten Qualitätsüberwachung und deren Dokumentation wird das definierte Qualitätsniveau erreicht und erhalten. Die Kontrolle kann durch den Hausmeister, die Reinigungsfirma selbst oder durch eine neutrale Firma wie bspw. das FIGR erfolgen. Hierbei wird eine Checkliste eingesetzt, die sich an der vereinbarten Leistungsbeschreibung orientiert und die mit der tatsächlichen Leistungserbringung abgeglichen wird. Daraus kann geschlussfolgert werden, inwieweit die Leistung vertragsgemäß erbracht wurde und welche eventuellen Mängel noch zu beseitigen sind.[257]

6.3.3 Umzugsdienste

Die Aufgabe des Umzugsmanagements besteht in der Organisation und Durchführung von Umzügen von Arbeitsplätzen und die gleichzeitige Optimierung von Flächen, mit dem Ziel, Arbeitsabläufe zu verbessern und Arbeitserleichterungen für die Mitarbeiter zu schaffen. Dabei ist besonderes Augenmerk darauf zu richten, dass der Umzug ohne sonderliche Betriebsbeeinflussung und -störung vollzogen wird, was durch eine optimale Umzugsplanung und -vorbereitung sicherzustellen ist. Oberste Priorität hat die schnelle Durchführung des Umzugs und die Vermeidung von Ausfällen, um die schnelle Aufnahme der betrieblichen Tätigkeit am neuen Standort zu gewährleisten.[258]

Im Rahmen eines Umzugs sind verschiedene Leistungen durchzuführen, wie bspw. die **Projektsteuerung**. Diese beinhaltet die Berufung einer Projektleitung im Projektteam, die Terminüberwachung und die Erstellung der Projektdokumentation. Des Weiteren werden Soll-Ist-Analysen erstellt und Planungsanpassungen vorgenommen. Ein weiterer wichtiger Punkt im Rahmen der Projektsteuerung ist die Sicherstellung des Informationsflusses. Die Erstellung eines Raumkonzeptes, sowie die Möblierungs- und Belegungsplanung werden zu den Leistungen am **neuen Standort** gezählt. Leistungen, die die **elektronische Datenverarbeitung (EDV), die Technik und die Telekommunikation** betreffen sind die Installationsplanung für die Verkabelung, für das EDV- und Rechenzentrum sowie für die Telekommunikationsanlage und die Medientechnik.

---

[255] Vgl. Gondring, H./Wagner, T. (2007), S. 159f.
[256] Vgl. Hellerforth, M. (2006), S. 195.
[257] Vgl. Gondring, H./Wagner, T. (2007), S. 162.
[258] Vgl. Losch, W. (1997), IV – 15.1, S. 1f.

178   6 Infrastrukturelles Gebäudemanagement

Im Rahmen des **Umzugs** muss das Inventar erfasst und in einer Inventardatenbank hinterlegt werden. Der Umzug an sich kann nun stattfinden, wenn im Vorfeld die Zutrittsberechtigung sichergestellt wurde und das umzuziehende Inventar transportfähig verpackt wurde. Nach dem Standortwechsel wird eine Abnahme und Schadensaufnahme der Umzugsleistung erbracht, sowie eine Entsorgung nicht mehr benötigter Utensilien durchgeführt.[259]

Mangelhafte Umzugsplanung ist oftmals im Betriebsergebnis, beim Arbeitsablauf und in der Öffentlichkeitswirkung sichtbar. Deshalb sollte die Planung eines größeren Umzugs in die Hände von erfahrenen, ausgewählten und geschulten Personen übergeben werden, die über das entsprechende Know-how für Planung und Organisation sowie übergreifendes Wissen über Firmenhierarchie und Ablauforganisation mit fachspezifischem Hintergrund verfügen[260]. Meist wird mit dem Thema Umzug nur Verpacken, Transportieren und wieder Auspacken von Gütern verbunden. Dies ist allerdings nur ein kleiner Teil des ganzen Prozesses. Der wesentlich größere Anteil besteht insbesondere in der Vorbereitung, wie Abb. 57 veranschaulicht.

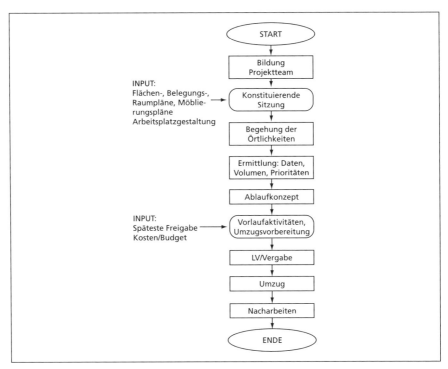

Abb. 57: Ablaufdiagramm Umzug[261]

---

[259] Vgl. Hellerforth, M. (2006), S. 201f.
[260] Vgl. Losch, W., Umzugsmanagement, in: Lutz, W. (Hrsg.) (2003), IV – 15.1, S. 1.
[261] Vgl. ebenda, IV – 15.2, S. 1.

6.3.3.1 Umzugs-Projektteam

Zur Durchführung der Umzugsaktivitäten sollte ein Projektteam gebildet werden. Dieses Projektteam hat die Aufgabe, alle mit dem Umzug zusammenhängenden Maßnahmen einzuleiten, anzuordnen und umzusetzen. Das Team sollte mit Personen aus allen Fachbereichen besetzt sein, die einen reibungslosen Ablauf garantieren können. Hierzu müssen auch Mitarbeiter der betroffenen Firma eingebunden werden, die mit den internen Abläufen der Firma vertraut sind. Neben dem Projektleiter, der über fachübergreifendes Wissen verfügen sollte, müssen relevante Fachbereiche von den Projektteam-Mitarbeitern abgedeckt werden:

- Bautechnik
- Haustechnik
- Elektrotechnik
- Kommunikationstechnik
- Brandschutztechnik
- Zentrale Dienste

Die Zusammenarbeit mit den Angestellten der betroffenen Firma ist unumgänglich. So ist bspw. die Kommunikation mit dem Betriebsrat bereits im Vorfeld anzuraten, damit durch Einsprüche bezüglich Unterrichtung und Beratung, Arbeitsplatzgestaltung, Arbeitsabläufen und Arbeitsumgebung (Mitbestimmungsrecht des Betriebsrats gem. §§ 90, 91 BetrVG) keine organisatorischen und zeitlichen Verzögerungen auftreten.[262]

Neben dem Projektleiter haben die größte Verantwortung die Umzugsbeauftragten der jeweiligen Bereiche bzw. Abteilungen. Der Umzugsbeauftragte kennt die Raumbelegungspläne, ist über Abwesenheiten (Dienstreise, Krankheit, Urlaub) der Mitarbeiter informiert und muss dafür sorgen, dass alle Abteilungen korrekt und ordnungsgemäß packen und zum Umzugsstichtag auch umzugsbereit sind. Während des Umzugs ist der Umzugsbeauftragte vor Ort und beobachtet die ordnungsgemäße Durchführung. Bei auftretenden Problemen ist er das Bindeglied zur Leitstelle. Auch bei der Nachbereitung des Umzugs ist er vor Ort und prüft ob alles ordentlich ausgeführt wurde.

6.3.3.2 Raumplanung

Ein Umzug setzt eine bereits abgeschlossene Flächen- und Belegungsplanung voraus. Diese informiert über die Lage und Größe der jeweiligen Abteilungen. An den Flächen- und Belegungsplan schließt sich eine detaillierte Raumplanung an. In ihr werden den Mitarbeitern namentlich Räumlichkeiten zugeordnet. Dabei wird der übergeordnete Bereich in seine Einzelheiten aufgeteilt und die interne Bereichsuntergliederung verdeutlicht. Im späteren Verlauf der Planung werden die Einzelfunktionen mit Namen ergänzt, um eine räumliche Zuordnung jedes Mitarbeiters zu erhalten.[263]

---

[262] Vgl. ebenda, IV – 15.3, S. 2.
[263] Vgl. ebenda, IV – 15.4.3, S. 3.

6.3.3.3 Objektbegehung

Bei dieser Begehung des neuen Standorts müssen Daten aufgenommen werden, die für die am Umzug Beteiligten notwendig sind. Vor Ort besteht auch die Möglichkeit evtl. auftauchende Probleme zu besprechen und nach alternativen Möglichkeiten zu suchen. Bei einer Objektbegehung sollten der Projektleiter und der Umzugsbeauftragte teilnehmen. Ein aktueller Grundrissplan ist die Grundlage für die Objektbegehung. Zur Festlegung des Rahmens für die Logistik sind bei der Begehung diverse Punkte zu beachten:

- Zufahrtsmöglichkeiten zum Gebäude
- Stellflächen vor dem Gebäude
- Fassade (ist der Einsatz von Außenaufzügen möglich)
- Eingangstüren zum Gebäude (Höhe, Breite, Art)
- Flure im Gebäude (Höhe, Breite, Art)
- Aufzüge (Höhe, Breite, Tiefe)
- Flurtüren (Größe, Schwellen und Schienen)
- Räume (Türbreite, Türhöhe, Türschwellen, Bodenbelag)

6.3.3.4 Logistisches Konzept

Nur ein durchgehendes, logistisches System für die Abwicklung eines Umzugs bedeutet für alle am Umzug Beteiligten Erleichterungen und Sicherheit. Um eine möglichst hohe Ausnutzung des LKW-Laderaums zu erreichen, werden die Umzugskartons meist ohne Rücksicht auf Herkunft und spätere Verwendung eingeladen. Dadurch gestaltet sich das Zuordnen der einzelnen Kartons am Entladeort oft zeitaufwändig. Um dies zu vermeiden und damit alle Kartons ihrem Bestimmungsort zugeordnet werden können, sollte ein Leitsystem entwickelt werden. Dieses Leitsystem bildet das Herzstück der Ablaufsteuerung. Die Einzelteile dieses Leitsystems sind:

- Umzugsaufkleber/Barcode
- Lageplan des Entladeorts
- Gebäudeorientierungssystem
- Möblierungspläne[264]

Der Umzugsaufkleber bzw. der Barcode ist ein wichtiges Element. Durch ihn wird das Umzugsgut mit der künftigen Adresse versehen und kann am Entladeort sofort zugeordnet werden.

Mit Hilfe des Lageplans erkennt der LKW Fahrer die Zufahrt zum Gebäude, die Gebäudenummer, sowie die Entladestelle. Im Gebäude selbst erfolgt die Orientierung mit Hilfe des Gebäudeorientierungssystems, auf dem die Raumnummerierung vermerkt ist. Es wird durch Hinweistafeln und Pfeile in den Fluren ergänzt.

---

[264] Vgl. ebenda, IV – 15.8, S. 1.

6.3 Ausgewählte Leistungsbereiche

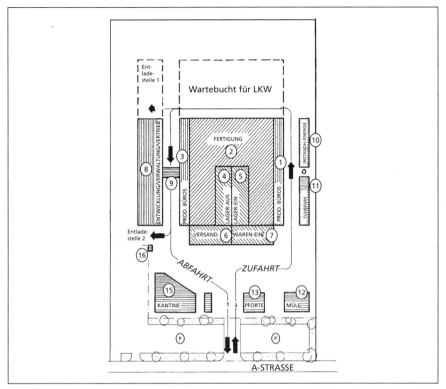

Abb. 58: Umzugs-Lageplan[265]

Die Umzugsbesprechung ist der letzte Punkt der Vorbereitungsphase. Eine solche Besprechung sollte ca. 1–2 Wochen vor dem eigentlichen Umzug stattfinden. Der Projektleiter erläutert hier den gesamten Ablauf des Umzugs und beantwortet Fragen dazu. Die Besprechung ist oftmals die letzte Möglichkeit Informationen weiterzugeben und sich untereinander auszutauschen. Neben der Vorstellung des Ablaufplans wird durch den Sicherheitsingenieur auf Unfallgefahren hingewiesen, die Umzugsfirma wird vorgestellt, der Terminplan präsentiert und erläutert sowie die Anweisung zum Verpacken der Umzugsgegenstände gegeben.

6.3.3.5 Nacharbeiten

Für die Nacharbeiten sollte eine umfassende Ortsbegehung am alten Standort erfolgen. Unabhängig von den Anforderungen an die Wiederherstellung der Fläche, die meist vertraglich geregelt sind, ergeben sich jedoch weitere Tätigkeiten die im eigentlichen Sinne zum Umzug dazugehören, aber noch nicht ausgeführt wurden. Dazu zählen u. a. die Entsorgung von alten Büromöbeln, von Inventar und alten Unterlagen, die nicht mehr benötigt werden. Des Weiteren müssen noch Umzugshilfsmittel wie Türrahmenverkleidungen und

---

[265] Vgl. ebenda, S. 3.

Türrampen beseitigt und entsorgt werden sowie bauliche Änderungen (Ausbau von Fenstern/Türen) wiederhergestellt werden. Schäden, die durch den Umzug entstanden sind, sollten zur Vermeidung von Streitigkeiten unmittelbar nach dem Umzug dokumentiert werden.

Am neuen Standort wird nach dem Aufbau und der Montage der Möbel die Übereinstimmung mit Arbeitsstättenverordnung und Bildschirmarbeitsplatzverordnung geprüft. Zuletzt müssen die Hilfsmittel des Umzugs wie Schutzauskleidungen für Aufzüge und Türen, Umzugsleitsysteme und Hinweistafeln entfernt und beseitigt werden.

Leistungen des Umzugsmanagements

Projektsteuerung
- Projektleitung/Projektteam
- Terminüberwachung
- Projektdokumentation
- Monitoring Projektverlauf
- Informationskoordination

IT/TK
- Installationsplanung EDV/RZ
- Planung Netzwerk/Verkabelg.
- Planung TK-Anlage/Medien

Umzug
- Inventaraufnahme (Datenbank)
- Planung Umzugslogistik
- Ausschreibung Transportdienstleister
- Ausschreibung neuer Möbel, neue TK-Anlage etc.
- Entsorgungsplanung für nicht mehr benötigtes Material
- Definition Umzugsleitsystem
- Einrichtung Umzugsleitstelle
- Klärung Zutrittsberechtigung
- Koordination des Umzugs
- Schadensaufnahme am alten und neuen Standort, sowie am Transportgut
- Abnahme der Umzugsleistung

Neuer Standort
- Standortfaktorenanalyse
- Raumkonzept
- Belegungsplanung
- Ausstattungsplanung
- Möblierungsplanung
- Planung FM-Prozesse

Alter Standort
- Vertragsprüfung
- Information an Geschäftspartner
- Organisation Rückgabe der Flächen
- Herstellung des vertragsgemäßen Zustandes

Abb. 59: Leistungen des Umzugsmanagements[266]

6.3.4 Sicherheitsdienste

Das Aufgabengebiet des Sicherheitsdienstes ergibt sich aus der Definition von Sicherheit des Auftraggebers. Dies beginnt bei der Installation und regelmäßigen Wartung von Rauchmeldern und Feuerlöschern, geht über Schließdienste und Pförtner bis hin zum 24-stündigen Objektschutz.[267] Nach Definition von DIN, GEFMA und VDMA ergibt sich ein Leistungsbild nach Abb. 60.

---

[266] Vgl. Hellerforth, M. (2006), Handbuch Facility Management für Immobilienunternehmen.
[267] Vgl. Hellerforth, M. (2001), S. 301.

6.3 Ausgewählte Leistungsbereiche

DIN 32736	GEFMA 100	VDMA 2496
Sicherheitsdienste:	*Sicherheitsdienste:*	*Sicherheitsdienste:*
Zutrittskontrollen	Pforte/Zugangskontrolle	Zugangskontrollen
Objektbewachung	Wachdienst	Objektüberwachung
Revierdienste	Objektschutz	Revierdienste
Schließdienste	Personenschutz	Schließdienste
Personenschutz	Alarm- und Notrufdienste	Personenschutz
Sonderbewachung	Notrufzentrale	Sonderbewachung
Feuerwehr	Geld- und Wertdienste	
Vorbeugender Brandschutz	Werksfeuerwehr	

Abb. 60: Leistungsbild der Sicherheitsdienste[268]

6.3.4.1 Personalanforderungen

Die Basis und Qualität aller Sicherheitsdienstleistungen liegt in der Ausbildung des eingesetzten Personals. Nur qualifiziertes Sicherheitspersonal kann die Ansprüche des Auftraggebers befriedigen und die vertraglich vereinbarte Leistung umsetzen. Die gesetzliche Mindestanforderung einer dreitägigen Unterweisung durch die IHK nach § 34 a der Gewerbordnung NL kann dabei aber mit der qualitativ besseren Ausbildung zur staatlich anerkannten Werkschutzfachkraft nicht verglichen werden. Im Jahr 2001 wurde zusätzlich nach langen und umfangreichen Vorarbeiten der Lehrberuf „Fachmann/Fachfrau für Sicherheit" eingeführt. Neben einer qualifizierten Ausbildung sollte das eingesetzte Personal flexibel einsetzbar sein. Von einem Sicherheitsdienstmitarbeiter muss erwartet werden können, dass er den normalen Werkschutz beherrscht, aber bei Bedarf auch im Veranstaltungsschutz oder im Fahrdienst eingesetzt werden kann.

6.3.4.2 Ausarbeiten eines Sicherheitskonzepts

Bevor die eigentliche Sicherheitsdienstleistung beginnen kann, muss ein geeignetes Konzept erarbeitet werden. Ausgangspunkt dazu ist eine sorgfältige Analyse der Struktur und Funktion des betreffenden Objekts und der damit in Zusammenhang stehenden sicherheitsbezogenen Eigenschaften. Diese so genannte Schwachstellenanalyse im Rahmen der Sicherheitskonzeption ist kein einmaliger Vorgang, sondern muss ständig aktualisiert werden.[269] Nutzungsänderungen oder der Einzug neuer Mieter können bspw. eine neue Sicherheitslage darstellen und eine Anpassung an das Sicherheitskonzept erfordern. Daher muss der Sicherheitsdienst über relevante Veränderungen im Gebäude ständig auf dem neuesten Stand gehalten werden.

Der Sicherheitsdienst übt eine beratende Funktion bei der Auswahl von baulichen Sicherheitsmaßnahmen aus und erstellt das geeignete Konzept. Um späte-

---

[268] Vgl. Krimmling J. (2005), S. 113.
[269] Vgl. Födisch, K., Sicherheitsdienste, in: Erbslöh, F. D./Galonska, J. (Hrsg.) (2000), 7.2.2.6, S. 1.

re Umbaukosten zu sparen ist es zu empfehlen, das bauliche Sicherheitskonzept bereits in der Planungsphase der Immobilie zu entwickeln und umzusetzen. Aufbauend auf die Schwachstellenanalyse folgt die Gefahren- und Bedrohungsanalyse, bei der alle möglichen Zustände und Ereignisse, die Schäden zur Folge haben können ermittelt werden. Aus der Eintrittswahrscheinlichkeit dieser Ereignisse und der zu erwartenden Schadenshöhe entsteht ein Bedrohungsbild, das die Verteilung der Einzelrisiken und das Gesamtrisiko für das Objekt klassifiziert. Aus dem erstellten Bedrohungsbild und der sich dadurch ergebenden Sicherheitsstufe können Art und Umfang der Sicherheitsdienste entsprechend definiert werden.

6.3.4.3 Einzelne Sicherheitsdienstleistungen

Der Separatdienst

Der Separatdienst ist der umfangreichste Dienst, der angeboten wird. Bei dieser Form der Dienstleistung wird das Objekt permanent von vor Ort anwesenden Sicherheitskräften abgesichert. Die Zeitspanne der Anwesenheit ist vertraglich geregelt und kann von den Öffnungszeiten des Objekts bis hin zum 24-Stunden-Dienst reichen. Die Sicherheitskraft hält sich dabei je nach Unternehmensgröße in einer Leitstelle auf, in der Kameras, Gefahrenmeldeanlagen und sonstige Sicherheitstechnik aufgeschaltet sein können. Zusätzlich können auch planmäßig oder unregelmäßig Kontrollgänge innerhalb des Objekts erfolgen. Der Separatdienst steht für Zwischenfälle jeder Art und als Kontrollfunktion zur Verfügung. Je nach Wunsch des Auftraggebers kann er auch den Telefondienst außerhalb der Öffnungszeiten übernehmen. Separatdienste kommen immer dort zum Einsatz, wo eine mehr oder weniger durchgehende Besetzung des Sicherheitsdienstes erforderlich ist. Erforderlich werden kann dies durch die Sicherheitslage und entsprechende Sicherheitsstufe oder permanenten, aber auch schutzbedürftigen Passanten- und Kraftfahrzeugverkehr.[270]

Der Streifendienst

Beim Streifendienst wird das Areal einer Immobilie in mehr oder weniger regelmäßigen Abständen auf den festgelegten Strecken abgegangen. Um die Streifentätigkeit für Außenstehende unberechenbar zu machen, werden Kontrollwege und Kontrollzeiten häufig geändert. Je nach Objektart ist das Personal dabei bewaffnet oder es werden Hunde zur Hilfe eingesetzt. Neben der Kontrolle von Zäunen und Einfriedungen kontrolliert der Streifendienst auch die Tiefgaragen, Parkplätze sowie die Produktionsanlagen. Der Streifendienst wird meist auf sehr großflächigen und unübersichtlichen Arealen wie z. B. Flughäfen oder Raffinerien eingesetzt.

Der Revierdienst

Der Revierdienst ist eine Form des Bewachens, bei dem der Sicherheitsdienst einen bestimmten Bereich, das Revier, in unregelmäßigen Abständen anfährt

---

[270] Vgl. ebenda.

6.3 Ausgewählte Leistungsbereiche

und kontrolliert. Die Dauer, Art und Häufigkeit der Kontrolle wird vorher vertraglich mit dem Auftraggeber festgelegt. Revierdienste werden meist bei abgelegenen und nicht hoch schutzbedürftigen Objekten durchgeführt oder beim Schließdienst eingesetzt.

Die Alarmverfolgung

Die Dienstleistung Alarmverfolgung wird dann erbracht, wenn in der Notrufzentrale der Sicherheitsfirma ein Alarm über das zu sichernde Objekt eingeht. Die Alarmmeldung erfolgt durch die installierten Gefahrenmeldeanlagen, bei Einbruch, Brand, Überfällen sowie allen sonstigen in einem Objekt möglichen Zwischenfällen. Je nach Art des Alarms fährt der Sicherheitsmitarbeiter sofort zur Kontrolle zum Objekt, verständigt die zuständigen Behörden wie Polizei und Feuerwehr oder informiert den Auftraggeber über den Alarm.

Die Zutrittskontrolle

Um zu verhindern, dass Personen unbefugt auf das Firmengelände bzw. das Gebäude gelangen und/oder verbotene Gegenstände mitbringen, wird die Zutrittkontrolle durchgeführt. Dabei werden alle Personenbewegungen an den definierten Zutritten kontrolliert und Personen nach Berechtigung und Nichtberechtigung selektiert. Auch beim Verlassen des Gebäudes können Besucher oder Mitarbeiter Gegenstände illegal mitnehmen. Solche Vorgänge zu erkennen und zu unterbinden, ist das Ziel bzw. die Aufgabe der Ausgangskontrollen. Das Sicherheitspersonal hat die Personenkontrollen situationsgerecht und somit angepasst und angemessen durchzuführen. Die Zutritts- und Ausgangskontrollen können neben dem Sicherheitsdienst auch durch den Pforten- und Empfangsdienst übernommen werden.

Die Fahrzeugkontrolle

Der Einsatz von Fahrzeugkontrollen stellt die Gewährleistung der Sicherheit des Gebäudes schon im Vorfeld sicher. Durch Fahrzeuge, die unberechtigt auf das Firmengelände einfahren, sich dort schon befinden oder das Gelände verlassen wollen, können Gefahren für den Betrieb entstehen. Um dies zu vermeiden werden sorgfältige Kontrollen durchgeführt, bei der nicht nur die Berechtigung des Fahrzeugs sondern auch die Insassen und die Beladung der Fahrzeuge kontrolliert werden. Bei den Kontrollen darf eine Unterscheidung, ob es sich um betriebseigene oder betriebsfremde Fahrzeuge handelt, nicht gemacht werden. Ziel der Fahrzeugkontrollen ist, Gefahren vorzubeugen und potentielle Straftäter abzuschrecken, um einen störungsfreien Betriebsablauf gewährleisten zu können.[271]

Der Personenschutz

Personenschutz kann situationsbedingt oder permanent erforderlich sein. Dies ist abhängig von den im Gebäude befindlichen Personen und deren Schutzbe-

---

[271] Vgl. ebenda, S. 10.

6 Infrastrukturelles Gebäudemanagement

dürftigkeit. Auch ein schutzwürdiger Besuch oder eine akute Gefahrensituation durch Bomben- oder Morddrohungen kann einen Personenschutz notwendig machen.[272] Beim Personenschutz muss das gesamte Lebensumfeld des Betreffenden gesichert werden und das Sicherheitskonzept sehr individuell auf die Person abgestimmt werden.[273]

Der Brandschutz

Der Brandschutz beginnt bereits in der Planungsphase des Gebäudes. In den Landesbauverordnungen sind bauliche Brandschutzmaßnahmen bereits vorgeschrieben, die zwingend einzuhalten sind. Auch beim Um- und Anbau eines Gebäudes sind diese Vorschriften zu beachten.

Für die Nutzungsphase erarbeitet das Brandschutzmanagement, oftmals in enger Zusammenarbeit mit der Feuerwehr, einen geeigneten Notfallplan. Durch Brandschutzschulungen werden die Mitarbeiter im richtigen Verhalten und im vorbeugenden und abwehrenden Brandschutz unterwiesen. Des Weiteren werden die aufgestellten Feuerlöscher und Feuermelder regelmäßig auf ihre Funktionalität hin überprüft und bei Bedarf ausgetauscht. Ziel des Brandschutzes ist der Schutz von Leben, vor Verletzung oder Tod sowie der Schutz von Sachwerten vor Beschädigung oder Zerstörung.[274] Durch die Brandschutzorganisation sollen mögliche Brandgefahren beseitigt und Feuer verhütet werden. Die Missachtung von gesetzlichen Brandschutzvorschriften führt vor Gericht mit hoher Wahrscheinlichkeit zum Schuldvorwurf und entsprechenden Schadensersatzansprüchen. Um nicht nur dieses finanzielle Risiko abzuwenden, sondern auch zum Schutz des Gebäudes geben immer mehr Firmen das Brandschutzmanagement an professionelle und erfahrene Dienstleister ab.

6.3.4.4 Gebäudesicherheit

Zäune und Mauern

Zäune und Mauern stellen i. d. R. den ersten Schutz an der Grundstücksgrenze dar. Die Konstruktion, Abmessung und der Aufbau sollten so gestaltet sein, dass eine nachträgliche Aufrüstung möglich ist. Um einen guten Schutz zu bieten sollten bestimmte Bedingungen erfüllt werden:
- eine Höhe von 2,40 m mit bewehrten (Stachel-, NATO-Draht) Auslegern nach außen, bei Frontgitteranlagen mit Stahlspitzen und bei Mauern mit Stahlzackenbändern
- in Beton versetzte Zaunpfosten
- ein Unterkriechschutz, der mindestens 50 cm tief im Boden eingegraben ist
- keine Übersteigmöglichkeiten wie z. B. Riegel, Querstreben, Schlösser etc.
- kein Bewuchs
- Verwenden von widerstandsfähigem Material[275]

---

[272] Vgl. ebenda, S. 14.
[273] Vgl. Plitzkat, R., Sicherheitsdienste, in: Lutz, W. (Hrsg.) (2003), IV – 11.5.5, S. 1.
[274] Vgl. Plitzkat, R., a. a. O., IV – 11.6.2, S. 1.
[275] Vgl. Ehrlich, J, Sicherheitsdienste – Objektsicherheitstechnik, in: Erbslöh, F. D./Galonska, J. (Hrsg.) (2000) 7.5.1, S. 1.

Außenhautkonstruktionen

In Bezug auf die Gebäudesicherheit muss bei der Außenhautkonstruktion alles untersucht werden, was direkt an der Fassade als Durchlass ins Gebäude gewertet werden kann und daher auch abgesichert werden muss. Empfehlenswert ist der Einbau von Einbruchshemmenden Türen mit Mehrfachverriegelung nach DIN 18103. Bei Fenstern muss auf die Stabilität großen Wert gelegt werden und dass sie über einen großen Widerstandswert verfügen. Je nach Bedarf, z. B. in der Vorstandsetage, ist der Einbau von schusssicherem Glas zu empfehlen.

Zur Absicherung von Lichtschächten, Zu- und Abluftöffnungen, Dachkuppeln und Kellerfenstern sind Gitter einzubauen. Diese Gitter müssen gegen Aufhebeln und Ausbrechen gesichert werden. Dazu müssen sie mindestens 80 mm tief im Mauerwerk verankert sein. Rollläden müssen vergleichbar im Konstruktionsaufbau und mit Schlössern abschließbar sein. Auch hier ist der Einbau von speziellen einbruchshemmenden Rollläden zu empfehlen.

Gefahrenmeldeanlagen

Hierzu zählen:

- die Einbruchmeldeanlage
- die Überfallmeldeanlage
- die Brandmeldeanlage und
- die Feststellanlage

Diese Anlagen lösen Alarm aus und geben ihn an eine ständig besetzte Leitstelle, z. B. die Sicherheitszentrale, weiter. Die Anlagen und ihre Sensoren können entweder ständig aktiv sein oder durch eine Scharfschalteinrichtung bei Bedarf ein- und ausgeschaltet werden. Um den ordnungsgemäßen Betrieb der Anlage garantieren zu können, muss sie vierteljährlich auf ihre Funktion geprüft werden.[276]

Zutrittssysteme

Durch den Einbau von Drehkreuzen oder speziellen Durchgangstüren kann der Zugang zu besonderen Räumen oder Gebäudebereichen gegen unbefugte Personen abgesichert werden. Nur vorher autorisierte Personen dürfen diesen Bereich betreten. Der Zugang erfolgt durch:

- Zugangskarten
- Codesysteme
- Stimmenerkennung
- Fingerabdruckidentifizierung

Optische Systeme

Zu den optischen Systemen zählen der Einsatz von Überwachungskameras und Spiegeln. Diese werden überall dort eingesetzt, wo die zwingende Anwesenheit von Personal direkt vor Ort nicht nötig ist, oder in großen Firmenarealen und Warenlagern. Der Aufbau dieser Systeme dient zur Vermeidung, besseren Auf-

---

[276] Vgl. ebenda, 7.2.5.2, S. 1.

klärung und Abschreckung von kriminellen Handlungen und ist eine wichtige Hilfe für das Sicherheitspersonal. Bei Videokameras wird zwischen Festmontierten und schwenkbaren Kameras unterschieden. Festmontierte Kameras dienen zur Überwachung von Zaunabschnitten, Einfahrten und Türen. Die schwenkbaren Kameras sind zur Überwachung größerer Bereiche, beweglicher Objekte oder auch Personenbewegungen geeignet.[277]

Bei der Auswahl der Kamera sollte auf die Auflösung geachtet werden, da nur bei entsprechend hoher Auflösung die Bilder richtig ausgewertet und beurteilt werden können. Es ist sinnvoll, digitale Aufzeichnungsgeräte im Videobetrieb einzusetzen. So können große Datenmengen gespeichert und einfach verwaltet werden.

Beim Anbringen der Anlagen ist darauf zu achten, dass:
- die Kameras außerhalb des Handbereichs installiert werden,
- die Zuleitungen zu ihnen geschützt und/oder im geschützten Bereich verlegt werden,
- der zu überwachende Bereich komplett erfasst werden kann.

Beschallungssysteme

Bei Einbruch, Überfall, Bedrohung oder Feuer wird das Gebäude durch Lautsprecher beschallt. Dazu werden die Lautsprecher an allen wichtigen Gebäudepunkten angebracht, um die Hörbarkeit im gesamten Gebäude sicherzustellen. Die Beschallung dient aber nicht nur zur Warnung vor Gefahren, sondern soll auch potentielle Kriminelle vertreiben bzw. abschrecken.

Beleuchtungssysteme

Im Bereich von Ein- und Ausgangsbereichen und entlang der Umzäunung ist für eine gute Ausleuchtung zu sorgen. Dies hilft zur Abwehr von Eindringlingen und dem Sicherheitspersonal bei Streifengängen. Die Schaltung muss sowohl von Hand als auch in Abhängigkeit der Helligkeit möglich sein. Auch der Einsatz von Bewegungsmeldern ist hier sinnvoll.[278]

6.3.4.5 Rechtliche Aspekte

Hausrecht

Jedem Eigentümer oder zur Nutzung berechtigten Person (Mieter, Pächter) gewährt das Eigentumsrecht ein so genanntes Hausrecht. Dies berechtigt dazu, einer Person Hausverbot zu erteilen. Erforderlich zur Rechtfertigung eines Hausverbots ist die Störung des Hausfriedens, wie z. B. jedes strafrechtlich relevante Verhalten von Kunden, Besuchern oder Mitarbeitern oder auch erhebliche Verstöße gegen die Hausordnung.[279] Zwar ist auch ein mündlich erteiltes Hausverbot rechtswirksam, jedoch sollte die Erteilung schriftlich erfolgen, da die

---

[277] Vgl. Bosch, M., Infrastrukturelle Prozesse des Gebäudemanagements, in: Zehrer, H./Sasse, E. (Hrsg.) (2005), 3.1.3.4, S. 11.
[278] Vgl. Ehrlich, J., a. a. O., 7.2.5.2, S. 20.
[279] Vgl. Födisch, K., a. a. O., 7.2.3.4, S. 1.

Beweislast auf Seiten des Erteilenden liegt. Eine Missachtung des Hausverbots kann gem. § 123 StGB mit einer Geldstrafe oder gar mit einer Freiheitsstrafe bis zu einem Jahr geahndet werden.

Notwehr

In § 32 StGB wird Notwehr definiert:

„Wer eine Tat begeht, die durch Notwehr geboten ist, handelt nicht rechtswidrig" sowie in Absatz 2 *„Notwehr ist die Verteidigung, die erforderlich ist, um einen gegenwärtigen rechtswidrigen Angriff von sich oder einem anderen abzuwenden".*

Ein Angriff, der die Notwehr rechtfertigt, ist eine Aktion, die von einem Menschen ausgeht und eine drohende Verletzung von Menschen, Rechtsgütern oder rechtlich geschütztem Interesse zur Folge haben kann. Ein Angriff durch Tiere (z. B. Hunde) ist nicht notwehrfähig.[280] Wird der Angriff des Hundes aber von einem Menschen veranlasst oder gesteuert, so stellt dies wiederum einen notwehrfähigen Angriff dar. Wird der Angriff gegen eine dritte Person bzw. deren Rechtsgüter verteidigt, so wird von der so genannten Nothilfe gesprochen. Bei den Handlungsalternativen, die eine sofortige Beendigung des Angriffs mit Sicherheit erwarten lässt, ist diejenige zu wählen, die den geringsten Schaden anrichtet.

Selbsthilfe

Selbsthilfe ist gleichbedeutend mit der Durchsetzung oder Sicherung privatrechtlicher Ansprüche in Form von privater Gewalt. Die Selbsthilfe tritt nicht an Stelle des staatlichen Rechtsschutzes, sondern vielmehr neben ihn. Sie hat im System der Rechtsordnung eine rechtfertigende Funktion.[281] In § 229 BGB wird die Selbsthilfe definiert:

„Wer zum Zwecke der Selbsthilfe eine Sache wegnimmt, zerstört oder beschädigt oder wer zum Zwecke der Selbsthilfe einen Verpflichteten, welcher der Flucht verdächtig ist, festnimmt oder den Widerstand des Verpflichteten gegen eine Handlung, die dieser zu dulden verpflichtet ist, beseitigt, handelt nicht widerrechtlich, wenn obrigkeitliche Hilfe nicht rechtzeitig zu erlangen ist und ohne sofortiges Eingreifen die Gefahr besteht, dass die Verwirklichung des Anspruchs vereitelt oder wesentlich erschwert wurde".

Die Anwendung des § 229 BGB ist vor dem Hintergrund der Vermeidung von Selbstjustiz nur unter engen Voraussetzungen möglich, so muss z. B. der Selbsthilfe-Ausführende zumindest versucht haben, staatliche Hilfe einzuschalten.

Zu Selbsthilfemaßnahme zählen:
- Wegnahme von Diebesgut, das der Täter bei sich führt
- Festnahme des Täters bei Fluchtverdacht
- Widerstandsbeseitigung des Täters, sollte dieser bei der Flucht oder Festnahme Gewalt anwenden

---

[280] Vgl. ebenda, 7.2.3.5, S. 1.
[281] Vgl. ebenda, 7.2.3.5, S. 4.

Allerdings ist wie auch bei der Notwehr darauf zu achten, dass die Verhältnismäßigkeit der Mittel gewahrt bleibt.

Vorläufige Festnahme

Das Recht zur vorläufigen Festnahme durch jedermann wird in § 127 Abs. 1 StPO geregelt:

„Wird jemand auf frischer Tat betroffen oder verfolgt, so ist, wenn er der Flucht verdächtig ist, oder seine Identität nicht sofort festgestellt werden kann, jedermann befugt, ihn auch ohne richterliche Anordnung vorläufig festzunehmen".

Durch diesen Paragraphen soll erreicht werden, dass Tatverdächtige, die auf frischer Tat ertappt werden, bis zum Eintreffen der Polizei festgehalten werden können und ihre Identität sichergestellt werden kann. Die Festnahme von Kindern bis zur Vollendung ihres 14. Lebensjahres ist, selbst wenn sie zweifelsfrei eine Straftat verübt haben, nicht rechtens, da Kinder gem. § 19 StGB schuldunfähig sind. Für den Sicherheitsdienst ist es von großer Bedeutung für die alltägliche Arbeit, die Rechte und Grenzen dieses „Jedermanns-Rechts" zu kennen.

Notstand

Um eine Gefahr abwehren zu können, darf eine Sache, von der Gefahr ausgeht, beschädigt oder sogar zerstört werden. Diese Form der Abwehr nennt sich Defensiv-Notstand und ist in § 228 BGB geregelt:

„Wer eine fremde Sache beschädigt oder zerstört, um eine durch sie drohende Gefahr von sich, oder einem anderen abzuwenden, handelt nicht widerrechtlich, wenn die Beschädigung oder Zerstörung zur Abwendung der Gefahr erforderlich ist und der Schaden nicht außer Verhältnis zu der Gefahr steht".

6.3.5 Bürodienste

6.3.5.1 Telefonzentrale

Ein Telefonanruf ist häufig der erste Kontakt zu einem Unternehmen. Daher ist es wichtig, dass hier bereits ein guter Eindruck vermittelt wird. Freundlichkeit und Professionalität ist dabei oberstes Gebot. Die Telefonzentrale hat als Aufgabe die Fragen der Anrufer, soweit möglich selbst zu beantworten oder den Anruf an den betreffenden Mitarbeiter weiterzuleiten.[282]

6.3.5.2 DV-Dienste

Der Anbieter von DV-Dienstleistungen ist zuständig für das Entwerfen und Erstellen des geeigneten Hard- und Softwarekonzepts, die Inbetriebnahme sowie die Aufrechterhaltung des Systems. Ebenso muss er die ständige Sicherung der

---

[282] Vgl. Bosch, M., a. a. O., 3.1.3.3, S. 4.

Daten gewährleisten können bzw. die Sicherung ausführen. Weitere Aufgaben des DV-Dienstleisters sind:
- Installieren und Inbetriebnahme von neuer Software (Updates)
- Anpassen von DV-Systemen an neue Anwendungen
- Schulungen und Einweisungen für die Nutzer[283]

Der DV-Dienst muss ständig erreichbar und in der Lage sein, entstehende Probleme möglichst zeitnah zu beheben.

6.3.5.3 Postdienste

Die Poststelle ist für das Öffnen, Sortieren und Verteilen der eingehenden Post zuständig. Ausgehende Post wird hier gesammelt, ausreichend frankiert und zur Versendung gegeben. Bei dringender Versendungspflicht wird das Poststück an einen Expresskurierdienst übergeben. Ferner wird aus der Poststelle die Verteilung der internen Post koordiniert. Sie wird beim Absender abgeholt und auf dem schnellst möglichen Weg zum Bestimmungsort gebracht.

6.3.5.4 Kopier- und Druckdienste

Einzelne Kopien oder Ausdrucke, die im Tagesgeschäft anfallen, werden normalerweise durch die Mitarbeiter erstellt. Drucksachen oder Vervielfältigungen in großer Stückzahl werden dagegen an den Kopier- und Druckdienstleister weitergegeben. Dieser erstellt die Aufträge zeitnah bzw. bis zum gewünschten Termin und in besserer Qualität. Weitere Leistungen sind das Scannen von Daten, die Verfilmung von Zeichnungen, das Erstellen von Mikrofilmen oder Großflächenkopien.[284]

6.3.5.5 Sekretariatsdienste

Der Sekretariatsdienst wird dort eingesetzt, wo eine Vollbeschäftigung einer Bürokraft nicht rentabel ist, oder wo in einem bestehenden Sekretariat durch Urlaub und/oder Krankheit Engpässe entstehen. Dabei erledigt der Sekretariatsservice die täglichen Arbeiten des Bürobetriebs wie:
- Schreibarbeiten und Erledigung des Postverkehrs
- E-Mails beantworten und weiterleiten
- Telefondienst
- Erstellen von Präsentationen etc.

Neben den Eigenschaften wie Zuverlässigkeit, Termintreue und Sorgfalt bei der Leistung, spielt eine gute Ausbildung und Erfahrung eine wichtige Rolle. Es sollte der Umgang mit den allgemeinen Softwaresystemen wie „MS Office" als Voraussetzung gelten. Weitere Kenntnisse im IT-Bereich oder in Fremdsprachen sind von Vorteil.

---

[283] Vgl. Diederichs, C. J. (2006), S. 585.
[284] Vgl. Bosch, M., a. a. O., 3.1.3.3, S. 8.

6.3.5.6 Reisedienste

Durch zunehmende Reisetätigkeiten von Mitarbeitern bekommen die Geschäftsreisen in den Unternehmen immer größere Bedeutung. Zusätzlich erhöht sich durch das Tarifsystem der Deutschen Bahn und das steigende Angebot von „Billigfliegern" die Komplexität bei der Suche nach kostengünstigen Reisemöglichkeiten.

Damit sich Geschäftsreisende nicht mit der Organisation der Reise beschäftigen müssen, werden die relevanten Reisedaten an das Travelmanagement weitergegeben. In der Reisestelle wird die Reise professionell geplant und organisiert. Damit soll eine möglichst effiziente und kostengünstige Organisation von Dienstreisen im Unternehmen erreicht werden.[285]

6.3.5.7 Zentralarchiv

Im Zentralarchiv werden Akten, sonstige Unterlagen, Mikrofilme und weitere Speichermedien gelagert und verwaltet. Es stellt oftmals einen hohen Wert für das Unternehmen dar und muss daher gut organisiert und verwaltet sein. Besonders bei großen Betrieben mit vielen Abteilungen kann nur durch ein sauber sortiertes System ein schneller Zugriff auf die angeforderte Akte garantiert werden. Der Dienstleistungsanbieter für das Zentralarchiv verfügt über das entsprechende Know-how und erstellt ein geeignetes Lager- und Sortierkonzept.

6.3.6 Gebäude- und Servicedienste

6.3.6.1 Gärtnerdienste

Das attraktive Erscheinungsbild der Grünanlage ist für viele Betriebe ein wichtiger Aspekt der Repräsentation. Der Gärtnereidienstleister beschränkt sich in seinem Leistungsangebot nicht nur auf Mähen des Rasens, Unkrautbekämpfung und Heckenschneiden. Er kümmert sich auch um die Neubepflanzung und Umgestaltung oder erstellt auf Wunsch ein neues Bepflanzungskonzept. Weiterhin sollte er u. a. als zusätzliche Dienste anbieten:

- Pflege und Werterhaltung von Grünpflanzen im Innenbereich
- Wässern und Düngen
- Schnitt und Säuberung der Pflanzen und Bäume
- Totholzschnitt und Baumfällarbeiten
- Behandlungen bei Pilz- und Schädlingsbefall
- Großbaumverpflanzungen
- Spielplatzpflege
- Sportplatzpflege
- Teichanlegung, -sanierung und -pflege
- Gewässer- und Uferbegrünung
- Außenanlagensanierung
- Lieferung und Aufbau von Außenmöblierung

---

[285] Vgl. ebenda, S. 1.

6.3.6.2 Empfangs- und Pförtnerdienste

Die Empfangsmitarbeiter sollten die Fähigkeit besitzen, flexibel auf die unterschiedlichsten Personengruppen zu reagieren und sich in jedem Fall angemessen zu verhalten. Der Einsatz von ungelernten oder nicht speziell geschulten Mitarbeitern am Empfang sollte vermieden werden.

Die Aufgaben des Empfangs sind u. a.:
- Registrieren von Besuchern durch Eintragung in so genannte Besucherlisten
- Benachrichtigung von Mitarbeitern, dass der Besuch eingetroffen ist und am Empfang abgeholt werden kann
- Wegbeschreibung für Firmenfremde
- Kontrolle von Werksausweisen
- Ausstellen von Besucherausweisen
- Erstellen von Werksausweisen für neue Mitarbeiter[286]

6.3.6.3 Parkraummanagement

Das Parkraummanagement dient dazu, die erforderlichen Maßnahmen zu ergreifen, die zur geordneten Bewirtschaftung, Instandhaltung und Pflege des Parkraums mit seinen Parkplatz- und Wegflächen sowie deren technischen Einbauten notwendig sind. Dabei wird auch fortwährend an Optimierungskonzepten für die Parkraumbewirtschaftung gearbeitet. Ferner erarbeitet das Parkraummanagement ein optimales Reinigungskonzept, einschließlich des erforderlichen Winterdienstes. Besteht die Möglichkeit die firmeneigenen Parkflächen zur Rentabilitätssteigerung an das öffentliche Parksystem anzubinden, so erstellt das Parkraummanagement ein Vermarktungskonzept und organisiert den Aufbau der erforderlichen Schrankensysteme und Kassen bzw. Parkscheinautomaten.[287]

Ein zusätzlicher Servicedienst ist der „Valet-Parking-Service". Hier fährt der Kunde/Gast vor das Gebäude, gibt seinen Autoschlüssel ab und lässt sein Fahrzeug von einem Mitarbeiter des Parkplatzdienstes einparken. Auf Wunsch kann das Auto während der Parkzeit gereinigt und gecheckt werden.

6.3.6.4 Entsorgungsdienste

Um eine ordnungsgemäße und fachgerechte Entsorgung zu gewährleisten, wird bei größeren Unternehmen meist ein professioneller Entsorger beauftragt. Er erfasst das Abfallaufkommen nach Art und Umfang und erarbeitet ein erforderliches Konzept, das zur Sammlung, Sortierung, Abfuhr und Entsorgung nötig ist. In diesem Konzept wird die Form der Trennung nach Abfall und Wertstoff geregelt, die Intervalle der Abfuhr festgelegt und die Positionierung und Dimensionierung der Abfallbehälter beschrieben.[288] Des Weiteren werden

---

[286] Vgl. ebenda, S. 2.
[287] Vgl. VBI Fachgruppe Projekt- und Facility Management in Zusammenarbeit mit der AHO, Facility Management Consulting, Köln 2001, S. 28.
[288] Vgl. ebenda, S. 34.

Optimierungsmaßnahmen sowie Konzepte zur Abfallvermeidung und konsequentem Recycling erarbeitet.

6.3.6.5 Geld- und Wertdienste

Geld- und Wertdienste sind besonders sensible Bereiche und werden nur von speziellen und leistungsfähigen Dienstleistungsunternehmen ausgeführt. Zu den wesentlichen Aufgaben gehören:

– Geld- und Werttransporte
– Geldbearbeitung und -lagerung
– Kurierdienste

Hierbei ist besonders der Punkt Geldbearbeitung und -lagerung ein sehr sensibler Bereich. Dazu gehört das Entleeren und Bestücken von Geldautomaten, das Zählen von Bargeld sowie die Sicherungsverwaltung von treuhändisch verwaltetem Geld und anderen Wertsachen.[289] Die Geld- und Werttransporte dürfen nur in speziell gesicherten Geldtransportfahrzeugen durchgeführt werden und müssen von mindestens zwei geschulten Sicherheitsfachleuten begleitet werden. Der Dienstleister stellt i. d. R. nicht nur das Personal und die Fahrzeuge zur Verfügung, sondern er erstellt auch die für den Transport erforderlichen Fahrtrouten, die Zeitabfolge sowie das Sicherheitskonzept. Während des Transports muss er die Sicherheit des Geldes bzw. der Güter gewährleisten können, da er in dieser Zeit für Verlust oder Beschädigung haftbar gemacht werden kann.

6.3.6.6 Fuhrparkmanagement

Für Unternehmen, die über einen großen Bestand an Dienstfahrzeugen verfügen, wird das professionelle Fuhrparkmanagement angeboten. Zu den vielfältigen Aufgaben des Fuhrparkmanagements gehören u. a. drei Leistungsbereiche:

Bereich Einkauf:

– Beschaffung der Fahrzeuge
– Beschaffung von Ersatzteilen

Bereich Kostensteuerung und Administration:

– Verwaltung des Fuhrparkbestands
– Kostenerfassung und -verrechnung
– Controlling des Fuhrparks
– Abrechnung von KFZ-Steuern und Versicherungen

Bereich Technik:

– Instandhaltungsplanung und -durchführung
– Verbrauchskontrolle[290]

---

[289] Vgl. Plitzkat, R., a. a. O., IV – 11.9.5, S. 1.
[290] Vgl. Bosch, M., a. a. O., 3.1.3.2, S. 1.

6.4 IGM im Bereich von Krankenhäusern und Kliniken

Krankenhäuser und Kliniken sind hoch technisierte Immobilien, deren größte Anforderungen Verfügbarkeit, Sicherheit und Hygiene sind. Seit der Einführung der diagnosebezogenen Fallpauschale, Diagnosis Related Groups (DRG), im Jahre 2004 stehen Krankenhäuser und Kliniken vor neuen Herausforderungen um mindestens kostendeckend zu wirtschaften und somit ihr Bestehen zu sichern. Gesetzt wurden neue Maßstäbe für die zu erbringende Qualität, die Effizienz und die Transparenz der Leistungserbringung, sowie die Neugestaltung der Finanzierung.[291] Auf Grund dessen und eines stetig steigenden Kosten- und Leistungsdrucks befinden sich Krankenhäuser und Kliniken in einem wirtschaftlichen Wettbewerb, der zu vergleichen ist mit in der Wirtschaft agierenden Unternehmen.

Ziel ist es, sich durch verbesserte Strukturen, aufeinander abgestimmte und ineinander greifende Abläufe sowie durch die Einführung eines ganzheitlichen prozessorientierten Managements für alle Leistungsbereiche vom Wettbewerb abzuheben und somit das Überleben durch die Steigerung der Wirtschaftlichkeit nachhaltig zu sichern.[292]

6.4.1 Primäre und sekundäre Prozesse in Krankenhäusern und Kliniken

Die Kernaufgabe, d.h. der primäre Prozess eines Krankenhauses ist die medizinische Dienstleistung mit Pflege und ärztlichem Dienst. Damit verbunden sind Dienstleistungen und Prozesse, die nicht unmittelbar zur Kernaufgabe eines Krankenhauses gehören, die so genannten sekundären Prozesse. Diese sind jedoch eng mit den Kernaufgaben verbunden und ermöglichen erst deren Erbringung.[293]

Neben Erhalt und Wiederherstellung der Gesundheit eines Menschen gehören zu den Primärleistungen eines Krankenhauses bspw.:

- Patientenaufnahme,
- Behandlungsplanung,
- Leistungskommunikation,
- Durchführung von Maßnahmen,
- Entlassung und Weiterleitung von Patienten.[294]

---

[291] Vgl. Genähr, S. (2006).
[292] Vgl. Göcke, A. (2004), S. 1.
[293] Vgl. Gudat, H. (2006).
[294] Vgl. Sivabalan, S. (o. J.).

6 Infrastrukturelles Gebäudemanagement

Zu den Sekundärleistungen, die die Primärprozesse ermöglichen, gehören:

- Gebäudebewirtschaftung
- Flächenbewirtschaftung
- Medizin- und Haustechnik
- Kommunikations- und Informationstechnik
- Logistik zur Gewährleistung der Ver- und Entsorgung
- Dokumentation und Abrechnung aller Bewirtschaftungskosten.[295]

Die unterstützenden Leistungsbereiche der Sekundärprozesse sind mit einem erheblichen Kostenpunkt verbunden.

Die Gesamtausgaben deutscher Krankenhäuser (einschließlich der Kosten für Ausbildungsstätten und Aufwendungen für den Ausbildungsfonds) beliefen sich im Jahr 2008 auf 72,6 Milliarden Euro. 59,7 % (43,34 Milliarden Euro), sind den Aufwendungen für Personal zuzuordnen und 37,6 % (27,29 Milliarden Euro), sind den Sachkosten zuzurechnen. Die verbliebenen 2,7 % (1,96 Milliarden Euro) sind Aufwendungen für Steuern, Zinsen, den Ausbildungsfonds und für die Ausbildungsstätten.[296]

In Abb. 61 werden die prozentualen Anteile der Personalkosten und der Sachkosten zu den Gesamtkosten dargestellt, wobei eine Abgrenzung innerhalb der Personal- (primäre und sekundäre) und der Sachkosten (primäre und sekundäre) stattfindet:

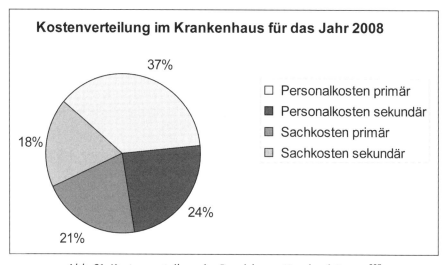

Abb. 61: Kostenverteilung im Bereich von Krankenhäusern[297]

---

[295] Vgl. Gudat, H. (2006).
[296] Vgl. Statistisches Bundesamt (2010), Abruf: 24.05.2010.
[297] Vgl. ebenda, Abruf: 24.05.2010.

Abb. 61 zeigt, dass die primären Personalkosten (ärztlicher Dienst, Pflegedienst) rund 37 %, sekundäre Personalkosten (u. a. medizinisch-technischer Dienst, Funktionsdienst, Wirtschafts- und Versorgungsdienst, technischer Dienst, Verwaltungsdienst) 24 %, primäre Sachkosten (Lebensmittel und bezogene Leistungen, Arzneimittel, Verband-, Heil- und Hilfsmittel, ärztl. u. pfleg. Verbrauchsmaterialien und Instrumente, Narkose- und sonstiger OP-Bedarf, Laborbedarf, Implantate, Transplantate) 21 % und sekundäre Sachkosten (Wasser, Energie, Brennstoffe, Wirtschaftsbedarf, Verwaltungsbedarf, pflegesatzfähige Instandhaltung, Versicherungen, wiederbeschaffte Gebrauchsgüter) rund 18 % der Gesamtkosten ausmachen.

Diese Analyse zeigt, dass die Personalkosten mehr als die Hälfte der Gesamtkosten ausmachen und bezogen auf die sekundären Personalkosten eine Summe von 10,40 Milliarden Euro ausmachen. Dies entspricht mehr als 14 % der Gesamtkosten deutscher Krankenhäuser im Jahr 2008.[298]

6.4.2 Gebäudemanagement in Krankenhäusern und Kliniken

Auf Grund dem ständig steigenden Kosten- und Leistungsdruck müssen Krankenhäuser wie Unternehmen der freien Wirtschaft geführt werden und agieren auf einem konkurrierenden Markt, in dem Wettbewerb herrscht. Um Schließungen vorzubeugen muss gewinnbringend gewirtschaftet werden. Alleine der Abbau von Personal, die Vornahme von Einsparungen und Leistungskürzungen bringen nicht den erhofften Effekt und könnten sich negativ auf das Kerngeschäft auswirken, wenn dies auf Grund dieser Maßnahmen nicht in vollem Umfang erbracht werden kann.

Hierbei setzen viele Krankenhäuser auf verbesserte Strukturen und auf ein ganzheitliches, prozessorientiertes Management für alle Leistungsbereiche, um konkurrenzfähig zu bleiben. Potentiale zur Effizienzsteigerung liegen innerhalb der einzelnen Sekundärprozesse, zwischen den Prozessen und in einer optimalen Abstimmung der Unterstützungsleistungen mit den Primärprozessen der Klinik. Durch konsequent abgestimmte Sekundärprozesse, die marktwirtschaftlich gesteuert und optimiert werden, ist ein hohes Wertschöpfungspotential zu realisieren.

Ein wesentlicher Tätigkeitsbereich des GM in Krankenhäusern ist die ständige Prüfung geläufiger Abläufe und eine ganzheitliche wirtschaftliche Betrachtung, um Prozesse aufeinander abzustimmen und somit wertvolle Serviceleistungen zur Verfügung zu stellen. Alle Leistungen werden prozessorientiert betrachtet, analysiert und optimiert.[299] Des Weiteren hat das GM die Aufgabe, Gebäude und Anlagen auf die dort arbeitenden Menschen und die betrieblichen Bedürfnisse anzupassen und einen unterbrechungsfreien Betrieb, die Verfügbarkeit von Daten und Informationen sowie Hygienestandards zu gewährleisten. Auf Grund der Optimierungen reduzieren sich gebäude- und servicebedingte Kos-

---

[298] Vgl. ebenda.
[299] Vgl. Göcke, A. (2004).

6 Infrastrukturelles Gebäudemanagement

ten, wobei der sparsame und gezielte Umgang mit Ressourcen Grundvoraussetzung ist.[300] Es gilt innovative Produkte zu kreieren, diese gezielt einzusetzen und zu nutzen und damit Wertschöpfungspotentiale zu generieren, wobei speziell das IGM eine wichtige Rolle in der Umsetzung einnimmt.

6.4.3 Aufgaben und Ziele des IGM in Krankenhäusern und Kliniken

Die Aufgaben und Ziele des IGMs bestehen darin, die Sekundärprozesse für den Krankenhausbetrieb zu übernehmen, so dass sich das Krankenhaus auf sein Kerngeschäft konzentrieren und somit die gewünschte Qualität in der Heilung und Pflege von Patienten erbringen kann.

Mit Hilfe des IGMs lassen sich die Kosten für die Bewirtschaftung des Krankenhausgebäudes reduzieren, Prozessabläufe werden optimiert und es wird ein reibungsloser Krankenhausbetrieb im Hinblick auf gebäudebedingte Unterbrechungen gewährleistet.[301] Um sich allerdings als Anbieter von infrastrukturellen Dienstleistungen im GM zu etablieren und sich einen Wettbewerbsvorteil

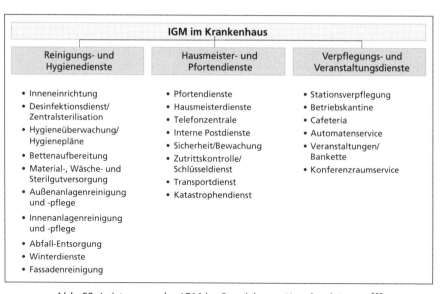

Abb. 62: Leistungen des IGM im Bereich von Krankenhäusern[302]

---

[300] Vgl. Baumeister, U. (2009), http://www.openpr.de/news/326091.html, Abruf: 30.04.2010.
[301] Vgl. Köchlin, K. (2004), http://www.karsten-koechlin.de/projekte/fm/facility_management_im_krankenhaus.pdf, S. 8, Abruf: 30.04.2010.
[302] Mit Änderungen entnommen aus: Rühle, J.; Amelung, C.-Chr. (2000), S. 487

6.4 IGM im Bereich von Krankenhäusern und Kliniken

gegenüber seinen Konkurrenten einzuräumen ist es notwendig, sein Leistungsspektrum sinnvoll und stetig auszubauen und mit innovativen Produkten am Markt aufzutreten. Die Suche nach Wertschöpfungspotentialen und innovativen Produkten im IGM sollte hierbei im Mittelpunkt stehen.

Zu den infrastrukturellen Leistungen des GM in Krankenhäusern zählen u. a.:

- Reinigungs- und Hygienedienste,
- Hausmeister- und Pfortendienste,
- Verpflegungs- und Veranstaltungsdienste.

6.4.3.1 Desinfektionsdienst/Zentralsterilisation

Im Krankenhaus erworbene Infektionen werden als „nosokomiale Infektionen" bezeichnet. Die Folgen einer Krankenhausinfektion sind nicht nur gesundheitlich gefährdete Patienten, sondern auch eine erhöhte Verweildauer derselben in den Krankenhäusern und damit verbunden, erhebliche Kosten. Das Auftreten solcher nosokomialer Infektionen ist vielfältig und die Wege, wie es zu diesen Infektionen gekommen ist, sind im Nachhinein oft nicht nachvollziehbar.[303] Es gilt, alle Vorkehrungen zu treffen, um solchen Krankenhausinfektionen vorzubeugen, worunter auch die Sterilisation und Desinfektionsdienst gehören. Deren Aufgabe ist es, die sterile Aufbereitung des im Operationsbereich und auf den Stationen benötigten Instrumentariums zu gewährleisten. Hierfür gibt es in Krankenhäusern speziell eingerichtete Abteilungen, die so genannten zentralen Sterilgut-Versorgungs-Abteilungen (ZSVA).

Die Anforderungen an einen Dienstleister, der für die Sterilgutversorgung verantwortlich ist, sind groß. Es gilt, das Krankenhaus mit einem innovativen und ganzheitlichen Dienstleistungskonzept zu unterstützten und dabei effektive Hightech-Versorgungsstrukturen zu entwickeln, die die Qualität steigern und gleichzeitig wirtschaftlich sind, d. h. Wirtschaftlichkeitsreserven erschließen.

Diese Anforderungen werden bspw. von dem Unternehmen VANGUARD, die als Entwickler von validierten Verfahren und Spezialanlagen für die innovative Hightech-Aufbereitung von Medizinprodukten tätig sind, erfüllt. Bei der Aufbereitung und Sterilisation von Instrumenten hat sich das Unternehmen im Rahmen der Qualitätssicherung zur Aufgabe gemacht, die Instrumentenströme zu überwachen und zu dokumentieren. Das bedeutet, dass im Laufe eines Produktlebenszyklus die Rückverfolgbarkeit aller Anwendungen und Aufbereitungen gewährleistet wird. Hierbei wird das Instrumentarium mit einem Code gekennzeichnet und in Zusammenarbeit mit der so genannten OPTIM Software können sämtliche Informationen, die mit den Aufbereitungs- und Sterilisationsprozessen zusammenhängen, abgerufen werden. Diese Innovation in der Sterilgutaufbereitung gewährleistet Qualität und Transparenz in der Aufbereitung und ermöglicht eine genaue Überwachung und Dokumentation des gesamten Produktlebenszyklus. Des Weiteren ist es möglich, mit Hilfe der Software Auswertungen durchzuführen, die Informationen über Aufwand,

---

[303] Vgl. Imhof, M. (2010), S. 126f.

Zeit, Kosten und Verbrauch während des Instrumentenlebenszyklus bereitstellt und somit ein ganzheitliches Instrumenten-Managementsystem bietet.[304]

6.4.3.2 Bettenaufbereitung

Im Rahmen der Bettenaufbereitung wird das Krankenhausbett inkl. Ausstattung gereinigt. Dabei gibt es drei Aufbereitungsmöglichkeiten:

- zentrale Bettenaufbereitung
- teilzentrale Bettenaufbereitung
- dezentrale Bettenaufbereitung

Im Rahmen der zentralen Bettenaufbereitung erfolgt die Reinigung durch Bettendesinfektionsanlagen in einer so genannten Bettenzentrale.[305] Die teilzentrale Bettenaufbereitung ist die Reinigung der Betten in mehreren, dafür besonders eingerichteten Stellen im Krankenhaus. In der dezentralen Bettenaufbereitung werden die Bettgestelle und Matratzenoberflächen in einem nicht belegten Krankenzimmer oder in einem geeigneten Raum gereinigt und desinfiziert.[306]

Im Klinikum Weiden wird bspw. bereits seit 2007 die Bettenaufbereitung dezentral mit IT-Unterstützung vollzogen, was sich hinsichtlich Wirtschaftlichkeit und Qualität als eine erhebliche Verbesserung herausgestellt hat. Grundlage der IT-unterstützten Bettenaufbereitung sind die Stammdaten (Seriennummer, Bettnummer, Station, Hersteller und Anschaffungsdatum) je Bett. Der Zeit- und Materialaufwand sowie sämtliche Reinigungs-, Wartungs- und Reparaturarbeiten werden in der so genannten „Elektronischen Steuerung Bettenaufbereitung" (ELSBett) erfasst und sind jederzeit abrufbereit.

Durch die Einführung von ELSBett ist die Steuerung und der Einsatz des Reinigungspersonals weitaus besser planbar. Zudem werden die Betten an Ort und Stelle gereinigt und müssen nicht noch lange Wege zur zentralen Bettenaufbereitung zurücklegen, was wiederum ein Zeit- und Kostenaufwand wäre. Sobald eine Entlassung oder Verlegung des Patienten bekannt ist, gibt die Station Ort und Zeitpunkt der bevorstehenden Reinigung online ins Programm ein, die Reinigungskräfte werden darüber in Kenntnis gesetzt und können ihre Tätigkeit aufnehmen. Zudem erhalten sie über die Eingabe wichtige Stammdaten, wie z. B. die zuletzt erfolgte Aufbereitung, die Waschstraßenreinigung oder die technische Wartung. Mit Hilfe dieses Systems können Auswertungen über Wege- und Wartezeiten, Bettenaufbereitungs- und Reparaturkosten erstellt und dementsprechend optimiert werden. Die Verringerung der Arbeitsdauer der dezentralen Bettenaufbereitung durch die Einsparung der Transportwege und der daraus resultierende optimierte Personaleinsatz tragen zu einer erheblichen Kosteneinsparung bei.

---

[304] Vgl. Vanguard AG (o. J.), http://www.vanguard-healthcare.com/mm/VANGUARD_Instrumentenmanagement_DE_1207.pdf, Abruf: 07.06.2010.
[305] Vgl. Müller, M./ Tilkes, F./ Wille, B. (2004), S. 16.
[306] Vgl. Steuer, W. (2001), S. 229f.

Diese Innovation in der Bettenaufbereitung hat eine Qualitätsverbesserung in der Pflege bewirkt, sorgt für Transparenz von Kosten und Betriebsabläufen, dokumentiert ausgeführte Arbeiten und schont Ressourcen, was sowohl Auswirkungen auf die Wirtschaftlichkeit als auch auf die Umwelt hat.

Wertschöpfungspotentiale werden auch in der Entwicklung von Betten mit integrierten „Radiofrequenz Identifikations-Chips" (RFID) erkannt und genutzt. Die Siemens Business Services und die Herforder Stiegelmeyer GmbH haben dieses System zur Prozessoptimierung in der Bettenaufbereitung entwickelt und eingeführt. Die Krankenhausbetten werden mit je zwei RFID-Transpondern versehen und auf ihren Chips einer Nummer zugeordnet. Die Chips funken ihre Daten an die Ein- und Ausgänge der Station sowie die zentrale Bettenaufbereitung, die mit entsprechenden RFID-Lesegeräten ausgestattet sind. Von dort werden die Daten in eine Datenbank eingespeist. Passiert das Bett die Lesegeräte der Bettenaufbereitung, erkennt das System wie lange das Bett schon nicht mehr dort registriert und somit nicht gereinigt wurde. Auf Grund dieser Daten gibt das System eine Anweisung über die erforderlichen Aufbereitungsmaßnahmen und das Bett wird somit je nach Nutzungsintensität gereinigt. Die Folge ist, dass aufwändige und kostenintensive Komplettreinigungen nur bei Bedarf durchgeführt werden.

6.4.3.3 Speiseversorgung

Die Speiseversorgung beinhaltet die Stationsverpflegung, das Betreiben der Betriebskantine und das Catering an sich. Die Speiseversorgung macht etwa 20 % der Kosten für nicht klinische Service- und Supportleistungen aus. Die GM-Kosten, die rund 50 % der Gesamtkosten ausmachen, beinhalten die Instandhaltung, Handwerker- und Hausmeisterdienste sowie Transport- und Sicherheitsdienste, allerdings nicht den medizinischen Sachbedarf.

Ein Innovationsprodukt in der Speisenzubereitung für Krankenhäuser ist das „Sous Vide"-Verfahren, was aus dem französischen kommt und wörtlich übersetzt „Unter-Druck-Verfahren" bedeutet. Externe Dienstleister werden mit der Aufgabe betraut, das Krankenhaus mit fertigen Speisen zu beliefern. Hierbei werden die Speisen vom Lieferanten in Portionsbeutel verpackt, vakuumiert und gegart. Anschließend werden die Speisen auf −10 Grad Celsius heruntergekühlt und in Kühlräumen gelagert. In diesem Zustand werden sie an den Endverbraucher, das Krankenhaus, geliefert, wo die Mahlzeiten dann in speziellen „Regenerierwagen" – zum Teil direkt auf der Station – aufgewärmt und verteilt werden.[307]

Diese Art der Versorgung der Patienten und demzufolge auch die des Krankenhauspersonals ist aus betriebswirtschaftlicher Sicht vorteilhaft, da die Investition in einen Küchenneubau nicht nötig ist. Bei bereits bestehender Zentralküche werden finanzielle Einsparmöglichkeiten ausgeschöpft, indem Arbeitsprozesse unter Anwendung des „Sous Vide"-Verfahrens verkürzt und die Personal-Ressourcen optimiert werden. Des Weiteren werden die Lagerhaltungskosten reduziert, denn der Platzverbrauch von „Sous Vide"-Produkten

---

[307] Vgl. Salfeld, R./Hehner, S./Wichels, R. (2008), S. 106 f.

ist weitaus geringer als der von frischen Lebensmitteln und Zutaten, trotzdem werden mit dieser Methode die Hygiene- und Qualitätsvorschriften eingehalten und gewährleistet.[308]

6.4.3.4 Wäscheversorgung

Jederzeit hygienisch saubere Wäsche nach den Hygienestandards bereitzustellen ist die Aufgabe der Wäscheversorgung in einem Krankenhaus. Die Textilversorgung und Wäschereileistungen stehen meist nicht im Mittelpunkt von Optimierungserwägungen, obwohl sie einen hohen Anteil an den Kosten für nicht-klinische Serviceleistungen in Krankenhäusern ausmachen. Das Robert-Koch-Institut (RKI) hat eine Richtlinie verfasst, die die „Anforderungen an die Wäsche aus Einrichtungen des Gesundheitsdienstes, die Wäscherei und den Waschvorgang und Bedingungen für die Vergabe von Wäsche an gewerbliche Wäschereien" beschreibt. Gem. der Richtlinie muss die saubere Wäsche frei von Krankheitserregern und keimarm bzw. für bestimmte Zwecke steril sein.[309]

Die Wäscheversorgung kann durch die eigene Krankenhauswäscherei bereitgestellt werden, jedoch besteht eine Entwicklung zur externen Vergabe der Wäscheversorgung. Hier bieten bspw. externe Dienstleister die textile Vollversorgung an und decken damit den kompletten Bedarf an Textilien ab. Des Weiteren werden im Rahmen des textilen Controllings Verbräuche detailliert zugeordnet, Verbrauchsänderungen frühzeitig erkannt und untersucht und die Kostenentwicklungen übersichtlich dargestellt.[310]

Möglichkeiten der Optimierung des Wäscheverbrauchs und der damit zusammenhängenden Wäscheversorgung bieten sich bspw. im OP-Bereich, da die Wäscheversorgung dort leistungsmengenabhängig ist. Die in einem OP tätigen Mitarbeiter ziehen sich OP-Bereichskleidung an und schleusen sich in den OP-Bereich, um eine Operation durchzuführen. Der zusätzliche Wäscheverbrauch je Operation entsteht durch den Bedarf von OP-Mänteln. Werden mehrere Operationen ohne Pausen durchgeführt, kann theoretisch von einem Satz Wäsche für das notwendige Personal ausgegangen werden. Wenn allerdings Pausen zwischen den Operationen eingelegt werden, bei denen die OP-Mitarbeiter den OP-Bereich verlassen, bzw. Operateure wechseln, entsteht erneuter Wäscheverbrauch.

Der Wäscheverbrauch im Operationsbereich könnte sich durch die Durchführung mehrerer Operationen hintereinander, ohne den Wechsel der OP-Mäntel, erheblich reduzieren.

6.4.3.5 Reinigung

Reinigung und Hygiene haben im medizinischen Bereich höchste Priorität und können für Patienten lebenswichtig sein. Es gilt diesem sehr sensiblen Segment jederzeit mehr als gerecht zu werden, besonders im Rahmen von Op-

---

[308] Vgl. Kochmobil (o. J.).
[309] Vgl. Landesinstitut für den Öffentlichen Gesundheitsdienst NRW (2006).
[310] Vgl. Berendsen GmbH (o. J.).

timierungs- und Einsparprozessen. Deshalb ist es von größter Wichtigkeit die potentiellen Einsparpotentiale sehr genau mit den erforderlichen Hygienestandards abzugleichen und darauf zu achten, dass die Krankenhausreinigung mit ihren Reinigungsmethoden, Reinigungsmitteln und Reinigungsgeräten diesen Standard erfüllen und halten.[311]

Um eine effiziente und optimierte Reinigung gewährleisten zu können, muss zuerst die zu reinigende Fläche ermittelt werden. Im Rahmen dieser Ermittlung bietet es sich an, die Flächen- und Raumnutzung zu optimieren. Anschließend erfolgt die Bestimmung der Reinigungsfrequenzen sowie die Reinigungsgründlichkeit bzw. -intensität je Raum. Des Weiteren müssen verbindliche Richtlinien erstellt werden, die genau Auskunft darüber geben, welche Räumlichkeiten täglich und steril zu reinigen sind, wie bspw. Operationsräume, Intensivstationen und Sanitärbereiche. Ebenso sollten Räume ermittelt und benannt werden, die in geringen Frequenzen bzw. nach Bedarf zu reinigen sind, wie z. B. Administrationsräume, Patientenzimmer, etc. Im zweiten Schritt sollten, in Abstimmung mit dem Hygienebeauftragten des Krankenhauses, Rahmenvorgaben für die Reinigung erarbeitet und die Reinigungskosten anhand von Kennziffern transparent und vergleichbar gemacht werden.[312]

Die Flächenoptimierung und die Bestimmung der Reinigungsintensität und -häufigkeit bieten eine Möglichkeit der Kostenreduktion und Wertschöpfung, indem die zu erbringende Leistung minimiert wird, ohne den erforderlichen Hygienestandard zu verletzen. Hierfür bieten sich innovative Produkte im Bereich der Krankenhausreinigung an, wie bspw. die Reinigung auf der Basis von vorgetränkten Mikrofaser-Textilien. Hierbei sind die Reinigungstücher bereits mit dem Reinigungsmittel getränkt und können sofort genutzt werden. Diese präparierten Mikrofasertücher verhelfen zur Einsparung von Wasser und Reinigungsmitteln, da nur die exakte Dosis an Desinfektions- bzw. Reinigungsmittel verwendet wird. Ein positiver Nebeneffekt des Vortränkungsverfahrens ist die Zeiteinsparung durch den Wegfall des Auswaschens und Auswringens der Textilien. Die Folge ist die Optimierung der Arbeitsschritte und demzufolge Kosteneinsparungen durch einen effizienten Arbeitsablauf.

6.4.3.6 Zutrittskontrolle/Schlüsseldienst

In Krankhäusern werden hohe Anforderungen an den Schutz von sensiblen Daten, wie Forschungsunterlagen, Labordokumenten, Patienteninformationen und allgemein schützenswerten Informationen, gestellt. Es gilt, diese hohen Anforderungen zu erfüllen und aus diesem Grund ein sicherheitsrelevantes und innovatives Schließsystem in Krankenhäusern bereitzustellen. Eine Innovation und damit eine Optimierung ist in der Einführung des variablen, netzwerkfähigen digitalen Systems, der so genannten Transponderschließung, gelungen. Die Transponderschließung ersetzt die herkömmlichen Systeme mit mechanischen Zylindern und macht den Einsatz von Schlüsseln überflüssig.

---

[311] Vgl. Salfeld, R./Hehner, S./Wichels, R. (2008), S. 110f.
[312] Vgl. ebenda.

6 Infrastrukturelles Gebäudemanagement

Die innovative Technologie erleichtert die Schlüsselverwaltung erheblich, indem anstatt einer Anzahl von Schlüsseln nur noch ein Transponder zum Öffnen von Türen ausgegeben wird. Zutrittsberechtigungen werden über eine Software in die Schlüssel- und Schließanlagenverwaltung eingegeben und über das Funknetzwerk die jeweiligen Schließzylinder über die Zugangsberechtigung des Nutzers „informiert". Der Nutzer erhält unmittelbar Zutritt zu den Bereichen, für die sein Transponder freigeschalten wurde. Es können immer wieder Zutrittsberechtigungen für Räume durch die Software ausgestellt werden, wobei nur ein Transponder genügt, um Eintritt zu erhalten. Ein weiterer Vorteil dieses Schließsystems ist die schnelle Zugangssperre bei Verlust oder Diebstahl des Transponders. Durch die Software wird der abhanden gekommene Transponder für die verschiedenen Arbeitsbereiche gesperrt, es wird somit weiterhin ein hohes Maß an Sicherheit gewährleistet. Zudem müssen keine Zylinder oder Schlüssel mehr beschafft und ausgetauscht werden, was nicht nur eine zeitintensive und aufwändige, sondern eine sehr kostenspielige Angelegenheit ist. Der Nutzer erhält einen neuen Transponder, der in entsprechend ausgestatteten Bereichen die Schlüssel ersetzt.[313]

Abb. 63: Funktionsweise des Transponders

---

[313] Vgl. Charité CFM Facility Management GmbH (2009).

6.4.3.7 Transportdienst

Transportdienst ist nicht zu verwechseln mit dem Waren- und Logistikdienst, der sich auf die Beförderung von Materialien bezieht. Hierbei handelt es sich um den Transport von Patienten, dem so genannten Patiententransport, der sich bspw. auf die Beförderung des Patienten von der Station zum Diagnosezentrum, bezieht. Die Aufgabe des Patiententransports ist es, den richtigen Patienten rechtzeitig zur richtigen Funktionsstelle bzw. Station zu befördern. Solche Transporte erfordern Mitarbeiter, die dies gewährleisten und insgesamt sehr zeit- und somit kostenintensiv sind. Auf Grund dessen ist besonders darauf zu achten, dass der Transport schnell vollzogen, der Patient keiner langen Wartezeit ausgesetzt und das Budget für den Transportdienst nicht überschritten wird.[314] Um diese Aufgaben erfüllen zu können, wurde eine innovative Technologie entwickelt – „SyncroTESS Healthcare" –, die das Ziel verfolgt, Informations- und Arbeitsabläufe effektiv und kostengünstig zu steuern und die Krankenhauslogistik zu optimieren.

„SyncroTESS Healthcare" wird an das vorhandene Krankenhausinformationssystem (KIS) angeschlossen. Terminierte Patiententransportaufträge werden vom Pflegepersonal in eine internetbasierte Webmaske eingegeben. Je nach Dringlichkeit errechnet der PC, welcher Mitarbeiter des Transportservices als nächster frei ist und sich in der Nähe aufhält. Dieser Mitarbeiter erhält dann über sein Mobiltelefon einen Auftrag und ist ab diesem Zeitpunkt zuständig für die Patientenbeförderung. Des Weiteren berechnet „SyncroTESS Healthcare" in Echtzeit den Auftragszeitaufwand und optimiert Arbeitsprozesse, indem es Arbeitsschritte selbstständig neu disponieren kann.

Somit steuert das System den gesamten Ablauf von Patiententransporten, Warentransporten, Hol- und Bringdienste. Sowohl die Disposition als auch die Optimierung von Transportmitarbeitern erfolgt automatisch und online. Zusätzlich organisiert das System den Einsatz von Transportmitteln, wie Transporteure, Fahrzeuge, Betten oder Rollstühle, was gewährleistet, dass der Mitarbeiter mit dem notwendigen Material zur Verfügung steht, um die Patienten optimal zu versorgen.

Mit Hilfe des innovativen Systems „SyncroTESS Healthcare" wird die Wirtschaftlichkeit der Krankenhauslogistik nachhaltig erhöht, indem die internen Transportkosten um bis zu 40% gesenkt werden, das Pflegepersonal von der Organisation und der Durchführung der Transporte entlastet und unnötige Wegstrecken vermieden werden.

6.4.3.8 Patientenbegleitservice

Der Patientenbegleitservice stellt eine innovative Dienstleistung dar, die nicht direkt dem infrastrukturellen Gebäudemanagement zuzuordnen ist, aber doch eine unterstützende Funktion im Krankenhausbetrieb bietet. Der Patientenbegleitservice besteht aus Mitarbeitern, die Patienten in die Behandlungs-, Untersuchungsbereiche und auf die Stationen begleiten, sie helfen ihnen bei

---

[314] Vgl. Fleßa, S. (2008), S. 176.

der Erledigung von Formalitäten und geben Auskünfte. Diese Dienstleistung entlastet das Pflegepersonal und soll diesen die Möglichkeit geben, sich allein auf das Kerngeschäft – die Pflege von Patienten – zu konzentrieren.

6.4.4 Wertschöpfung in Krankenhäusern mit Hilfe des IGM

Unter dem Begriff „Wertschöpfung" wird die Werterhöhung eines Produkts im Herstellungsprozess verstanden.[315] Im Krankenhaus „ist die Veränderung des Gesundheitszustandes des behandelten Patienten diejenige Leistung, die eigentlich die ‚Wertschöpfung' ausmacht".[316] Der Primärprozess eines Krankenhauses besteht in der Heilung von Patienten, die Sekundärprozesse bieten hierbei unterstützende Leistungen.

Prozesse, die im Rahmen des IGM optimiert werden, haben eine unmittelbare Auswirkung auf die Primärprozesse und somit auf die Verbesserung des Gesundheitszustandes der Patienten. Diese aufeinander abgestimmten Zusammenhänge und Kooperationen ermöglichen erst die Realisierung der Wertschöpfung in Krankenhäusern.

6.5 Infrastrukturelles Gebäudemanagement auf Flughäfen

Das Zitat „These days airways have replaced the oceans, and airports have replaced seaports in importance"[317] soll verdeutlichen, welcher Stellenwert dem Luftverkehr beigemessen wird. Flughäfen nehmen als Knotenpunkte des Luftverkehrs eine bedeutende Stellung ein.[318]

Am Frankfurter Flughafen konnten im Jahr 2009 rund 51 Millionen Passagiere gezählt werden, wovon 50 % Umsteiger waren, gleichzeitig haben durchschnittlich mehr als 1.250 Starts und Landungen pro Tag stattgefunden, was diesen Flughafen zu einem der bedeutendsten Luftverkehrsdrehkreuze der Welt macht. Zudem gehört er global mit ca. 1,8 Millionen t Fracht zu den größten Frachtzentren. Laut einer Prognose wird sich die Anzahl der Fluggäste in den nächsten zehn Jahren um über 73 % auf 88,3 Millionen steigern und es werden voraussichtlich mehr als 3,1 Millionen t Fracht und Post befördert werden.[319]

Steigende Anforderungen der Gesellschaft und der Wirtschaft an Mobilität und Flexibilität sind zu gewährleisten, was eine Erhöhung der Anzahl an Fluggästen und des Transportguts zur Folge hat. Diese Anforderungen setzen eine funktions- und leistungsfähige Infrastruktur voraus. Allerdings sind für Flughäfen neben der traditionellen öffentlichen Aufgabe der Infrastrukturbereitstellung

---

[315] Vgl. Meyer, U. B./ Creux, S. E./Weber Marin, A. K. (2005), S. 115.
[316] Kersting, T. (2008), S. 281.
[317] Dempsey, P. S. (1999), S. 191.
[318] Vgl. Trumpfheller, M. (2006), S. 1.
[319] Vgl. Fraport AG (2010).

6.5 Infrastrukturelles Gebäudemanagement auf Flughäfen

für den Luftverkehr auch zunehmend wirtschaftliche Interessen relevant, die die Flughafenbetreiber mit neuen Anforderungen konfrontieren.[320]

Hieraus ergeben sich Art und Umfang von Leistungen, die ein Flughafen anbietet und welche infrastrukturellen Anforderungen und Dienste sich daraus, auch für ein infrastrukturelles Gebäudemanagement, ergeben.

6.5.1 Funktion von Flughäfen

Unter dem Begriff Flugplatz ist ein definiertes Gebiet einschließlich der erforderlichen Gebäude, Anlagen und Ausrüstungen zu verstehen, die ganz oder teilweise für Flug- und Rollbewegungen von Luftfahrzeugen bestimmt sind. Flughäfen sind Flugplätze, die durch einen Bauschutzbereich gem. § 12 Luftverkehrsgesetz (LuftVG) gesichert sind. Die Flughäfen des allgemeinen Verkehrs werden als „Verkehrsflughäfen" bezeichnet, Flughäfen für besondere Zwecke heißen „Sonderflughäfen".[321]

Unter die Leistungen von Flughäfen fallen:

- Nutzung der Infrastruktureinrichtungen, wie Start-/Landebahnen, Terminal und Zugangsstraßen
- Ground Handling, was die komplette Flugzeugabfertigung beinhaltet
- Non-Aviation-Bereich, der mit dem Flugverkehr an sich nichts zu tun hat, aber eine wichtige Einnahmequelle für Flughafenbetreiber darstellt.[322]

Die Hauptfunktionen von Flughäfen als Teil der Verkehrsinfrastruktur sind die Wegsicherung, die Abfertigung und der Transit von Fluggästen, Fracht und Flugzeugen. Des Weiteren dienen sie zunehmend als Dienstleistungszentren für die Bedürfniserfüllung von Reisenden und Besuchern.

Diese Funktionen werden auch als Primärfunktionen von Flughäfen bezeichnet. In Zusammenhang mit der Primärfunktion erbrachte Leistungen werden als Sekundärfunktionen bezeichnet. Diese beinhalten den Verkauf von Flugtickets, den Mietwagenservice oder die Bereitstellung von Gepäckwägen. Flughäfen haben einen Wandel von reinen Verkehrsstationen mit minimalem Serviceangebot zu umfassenden Dienstleistungszentren vollzogen, wobei hier die Bedürfnisbefriedigung der Reisenden und Besucher im Rahmen von Tertiärfunktionen zu gewährleisten ist. Diese Bedürfnisse sind unabhängig von den technischen Abfertigungsprozessen und umfassen bspw. Angebote in den Segmenten Gastronomie und Einzelhandel. Diese Entwicklung wird unter dem Schlagwort „Airport City" zusammengefasst.[323]

---

[320] Vgl. Trumpfheller, M. (2006), S. 1.
[321] Vgl. Mensen, H. (2007), S. 8.
[322] Vgl. Klingenstein, S. (2008), S. 7.
[323] Vgl. Trumpfheller, M. (2006), S. 33ff.

6.5.2 Gebäudemanagement an Flughäfen

Ein Flughafen stellt hohe Ansprüche an Logistik und Sicherheit. In Verbindung mit Flughäfen stehen nicht nur Flugzeuge und Start- und Landebahnen, Flughäfen sind vielmehr große Zentren, die u. a. Terminals, Flugzeughangars, Frachthallen, Verwaltungsgebäude oder eine Feuerwache umfassen. Diese Bereiche des Flughafengeländes sind im Rahmen des GM zu bewirtschaften, wobei gleichzeitig Strukturen angepasst und optimiert werden sollen, um Güter und Fluggäste pünktlich und sicher zu ihrem Ziel zu leiten und Kosten sparend zu wirtschaften.

6.5.3 Aufgaben des IGM an Flughäfen

Unter Airport Cities werden die Leistungen der Personen- und Frachtbeförderung verstanden, aber auch Servicebereiche in Terminals.

Ein gut organisierter Terminalbetrieb mit all seinen Servicebereichen übernimmt eine wichtige Rolle und trägt zum Geschäftserfolg und zum Imageaufbau eines Flughafens erheblich bei. Es werden Servicebereiche angeboten, denen ertragsmäßig eine immer größer werdende Stellung beigemessen wird, die aber mit dem Flugbetrieb teilweise nichts mehr zu tun haben.[324] Sowohl diese, als auch das gesamte Fluggelände fallen unter die Bewirtschaftung und somit unter das Leistungsspektrum des IGM an Flughäfen, was Abb. 64 veranschaulicht.

Das Dienstleistungsspektrum eines Flughafenbetreibers sollte primär die Abfertigung und Versorgung von Flugzeugen umfassen, um die Passagier- und Frachtbeförderung zu gewährleisten. Das IGM soll hierbei geschäftsunterstützende Dienstleistungen erbringen, die es einem Flughafenbetreiber ermöglichen, sein Kerngeschäft zu erbringen.

Zusätzlich gibt es verschiedene Dienstleistungen, die sich speziell auf die Anforderungen von Flughäfen im Bereich der Personen- und Frachtbeförderung konzentrieren.

6.5.3.1 Flugzeugabfertigung

Unter dem Begriff Flugzeugabfertigung, der die Bodenabfertigung beinhaltet, ist der so genannte Turnaround einer Maschine gemeint. Dieser erstreckt sich vom Ankommen eines Flugzeugs an der Abfertigungsstelle („on block") bis hin zum Verlassen dieser Position („off block"). Die komplette Flugzeugabfertigung wird als Ground Handling bzw. Ground Services bezeichnet.[325]

Diese Bodenabfertigung beinhaltet alle Leistungen, die zur Abfertigung eines Flugzeugs, seiner Passagiere und seiner Fracht erforderlich sind. Hierzu gehören u. a. Leistungen der:

---

[324] Vgl. Mensen, H. (2007), S. 941; Vgl. dazu auch Beyerle, T. (2008).
[325] Vgl. Templin, C. (2007), S. 21.

6.5 Infrastrukturelles Gebäudemanagement auf Flughäfen

- Fluggastabfertigung,
- Gepäckabfertigung,
- Luftfracht- und Luftpostabfertigung,
- Vorfelddienste,
- Reinigungs- und Servicedienste am Flugzeug,
- Betankungsdienste für Flugzeuge,
- Überwachung und Verwaltung der Dienste.

Flugzeugabfertigung
- Fluggastabfertigung
- Gepäckabfertigung
- Luftfracht- und Postabfertigung
- Vorfelddienste
- Reinigungs- und Servicedienst
- Betankungsdienst

Fluggastservices
- Loungeservices
- Flughafentransfer

Reinigungsdienste
- Flugzeuginnenreinigung
- Flugzeugaußenreinigung
- Flugzeugenteisung

Sicherheitsdienste
- Empfangsdienst
- Objektbewachung
- Sicherheitsbegleitung
- Flugzeugbewachung
- Flugzeugzugangskontrolle

Verpflegungsdienste
- Catering
- Kabinencatering

Terminalbetrieb
- Shops/Shopping
   - Duty Free
   - Travel Value
- Gastronomie
   - Bars
   - Restaurants
   - Fast Food
- Autovermietung
- Informationsdienste
- Fundbüro
- Bank und Bankautomaten
- Communication Center
- Flugdateninformationen

Abb. 64: Leistungsspektrum IGM an Flughäfen

Anbieter dieser Dienstleistung können Flughafengesellschaften, Flughafenbetreiber und unabhängige Drittabfertiger, „Handling Agencies" genannt, sein.[326]

Die **Fluggastabfertigung** umfasst bei der Ankunft, beim Abflug, während des Transits oder bei Anschlussflügen die gesamte Passagierbetreuung. Besonders wichtig sind hierbei die Flugscheinkontrolle sowie die Kontrolle der Reiseunterlagen, die Flugsicherheitskontrolle und die Registrierung des Gepäcks nebst dessen Beförderung.[327] Innovative Abläufe in der Fluggastabfertigung bieten Check-in-Automaten, die es Fluggästen ermöglichen, selbst am Automaten einzuchecken. Zwischenzeitlich bieten diese Automaten auch die Möglichkeit der Gepäckannahme, was die Anzahl der Check-ins am Check-in-Schalter wesentlich reduziert. Auf Grund dessen werden die Check-in-Schalter erheblich entlastet, was die gesamte Fluggastabfertigung beschleunigt und den Ablauf reibungslos verlaufen lässt. Ein weiteres, innovatives Produkt in der Fluggastabfertigung ist das weltweite Einchecken per Handy und Internet.[328]

Im Rahmen der **Gepäckabfertigung** wird das Gepäck sortiert, auf den Abflug vorbereitet, durchläuft die Flugsicherheitskontrolle und wird auf Shuttles oder Anlagen verladen, die es zum Sortierraum transportieren. Des Weiteren zählt zur Gepäckabfertigung die Beförderung des Gepäcks zwischen Sortierraum und Ausgaberaum.[329] Für eine zügige und rationelle Gepäckbeförderung ist eine umfangreiche Infrastruktur, bestehend aus Transportbändern, Sortieranlagen und Bändern für die Gepäcklogistik erforderlich. Luftfrachtterminals und Luftpostzentren sind hochtechnisierte Logistikanlagen, in denen automatisierte Hochregallager, EDV-Systeme und verschiedene Geräte für die Abfertigung zur Verfügung stehen.[330]

Die **Luftfrachtabfertigung** umfasst die Bearbeitung der Frachtpapiere bei Ein- und Ausfuhr, die Zollformalitäten und die geforderten Sicherungs- und Sicherheitsmaßnahmen. Das Leistungsspektrum der **Luftpostabfertigung** entspricht bis auf die Bearbeitung der Zollformalitäten den Anforderungen der Luftfrachtabfertigung.

Unter **Vorfelddienst** ist das Lotsen der Flugzeuge bei der Ankunft und beim Abflug, die Unterstützung beim Parken der Flugzeuge, das Be- und Entladen sowie die Beförderung der Besatzung und der Passagiere zu verstehen, hierzu gehören auch die Beförderung des Gepäcks zwischen Flugzeug und Abfertigungsgebäude (Terminal). Des Weiteren gehört die Unterstützung beim Anlassen der Triebwerke und die entsprechende Bereitstellung von Hilfsgeräten, das Bewegen der Flugzeuge bei der Ankunft und beim Abflug, sowie das Catering zum Vorfelddienst. Für die Innen- und Außenreinigung, den Toiletten- und Wasserservice und die Enteisung der Flugzeuge ist der **Reinigungsdienst** zuständig. Der **Betankungsdienst** umfasst die Organisation und die Durchführung des Be- und Enttankens, die Lagerung der Betriebsstoffe, die Qualitäts- und die

---

[326] Vgl. Klußmann, N./Malik, A. (2007), S. 40.
[327] Vgl. Mensen, H. (2007), S. 548.
[328] Vgl. Rizk-Antonious, R. (2002), S. 122f.
[329] Vgl. Mensen, H. (2007), S. 548ff.
[330] Vgl. Sterzenbach, R./Conrady, R. (2003), S. 134.

6.5 Infrastrukturelles Gebäudemanagement auf Flughäfen

Quantitätskontrolle der Betriebsstofflieferungen. Zusätzlich ist der Betankungsdienst für das Nachfüllen von Ölen und Schmierstoffen verantwortlich.[331]

Für eine schnelle und Kosten sparende Flugzeugabfertigung wurde ein Mobiles Informations- und Dokumentationssystem für den Ladeservice (MobIS-L) entwickelt. Die Lademeister-Agenten, die dafür zuständig sind, dass das Flugzeug korrekt beladen wird, bekommen zukünftig über ein tragbares, elektronisches Gerät Flugplan-, Lade- und Gepäckdaten. Des Weiteren erfolgt die Dokumentation aller Abfertigungsvorgänge mit Hilfe des MobIS-L. Auf diese Art werden alle wichtigen Dokumente elektronisch zusammengefasst und mit Hilfe der Informationsübermittlung per Sprechfunk ist eine digitalisierte Abfertigung möglich, die die Arbeit der Verantwortlichen erleichtert. Der MobIS-L-Nutzer wird zudem stets mit aktuellen Flug- und Ladedaten versorgt, was für eine Transparenz des gesamten Abfertigungsvorgangs sorgt.

Die Vorteile eines solchen digitalisierten Systems sind die schnelle, papierlose Form der Datenübermittlung, deren Aktualität und Effizienzsteigerung. Das System erleichtert die Arbeit, gewährleistet eine schnelle, flexible und kundenfreundliche Informationsweitergabe und eine bessere Qualität der Dokumentation an die Airlines, außerdem erfasst es die Personaldisposition.

Abb. 65: Mobiles Informationssystem für den Ladeverkehr[332]

6.5.3.2 Sicherheitsdienst

Steigende Sicherheitsanforderungen an Flughäfen benötigen zuverlässige Sicherheitsdienste. Unter diesen Begriff fallen gem. Luftsicherheitsgesetz (LuftSiG):

---

[331] Vgl. Mensen, H. (2007), S. 548ff.
[332] Enthalten in: Stein, D. (o. J.), http://www.fraport.de/cms/innovationsprojekte/dokbin/321/321674.mobisl.pdf, Abruf: 17.06.2010.

6 Infrastrukturelles Gebäudemanagement

- § 5 LuftSiG: Passagier- und Handgepäckkontrollen und Abwehr der Einbringung von gefährlichen/verbotenen Gütern
- §§ 8 und 9 LuftSiG: Personal- und Warenkontrolle, Objektschutz für Flughafenanlagen, Passagierdatenerfassung, Ticket- und Bordkartenkontrolle, Flugzeugbewachung und Zugangskontrollen zum Luftfahrzeug, Überprüfung der Passagierkabinen, etc.[333]

Des Weiteren kann der Sicherheitsservice durch den Einsatz von Streifendiensten ausgebaut werden. Werttransporte zählen genauso zu diesen Leistungen, wie der Flughafenbrandschutz, der für den Brandschutz in den Terminals und Gebäuden sowie für den Flugzeugbrandschutz zuständig ist. Die Sicherheitsleistungen können durch medizinische Dienste ergänzt werden, indem diese am Flughafen angeboten werden.[334]

Auch im Sicherheitssegment wurden innovative Produkte entwickelt, um einen möglichst reibungslosen Terminalbetrieb und somit eine schnelle Passagierabfertigung zu gewährleisten. Zu erwähnen ist hier die Neukonzeption der Grenzkontrollschalter. Sie sind Platz sparend und können bei Bedarf auf Grund einer Rollkonstruktion an einen anderen Ort gefahren werden.

Abb. 66: Mobiler Grenzkontrollschalter

---

[333] Vgl. KÖTTER GmbH & Co. KG (2007), http://www.bdws.de/cms/DSD/1-2-07/04.pdf, Abruf: 17.06.2010.

[334] Vgl. Fraport AG (o. J.), http://www.fraport.de/cms/default/rubrik/16/16441.sicherheitsleistungen@55.htm, Abruf: 17.06.2010.

6.5 Infrastrukturelles Gebäudemanagement auf Flughäfen

Der Nutzen eines innovativen Grenzkontrollschalters liegt in der Platz sparenden Konstruktion und dem damit verbundenen Einsatz auf engem Raum sowie in der Optimierung des Passagierflusses.

Eine weitere Optimierung ist die automatisierte Passkontrolle namens „Easy Pass", die sowohl dem Sicherheitssegment als auch der Passagierabfertigung an Flughäfen zugeordnet werden kann. Dabei erfolgt die automatisierte Kontrolle auf Basis des elektronischen Reisepasses und des darin digital gespeicherten Bildes. Wird der elektronische Pass als gültig erkannt, öffnet sich die so genannte Grenzkontrollspur und eine Kamera erfasst das Gesicht des Reisenden und gleicht dieses mit dem Lichtbild auf dem Pass ab. Nach erfolgreicher Überprüfung kann der Passagier durch die nun geöffnete Ausgangstür treten. Diese Optimierung gewährleistet eine schnelle und effiziente Fluggastabfertigung auf höchstem technischem Niveau.

6.5.3.3 Loungeservices

Der Loungeservice stellt ausgewählten Fluggästen eine Räumlichkeit zur Verfügung, die Platz zum Ausruhen und Arbeiten bietet. Dort können sich Fluggäste zurückziehen und in Abgeschiedenheit auf ihren Flug bzw. ihre Weiterreisemöglichkeit warten. Solche Lounges sind meist mit Zeitungen, Zeitschriften, Getränken und Snacks sowie Steckdosen und Internetanschlüssen ausgestattet, um das Warten kundengerecht zu gestalten. Um diesen Service bieten zu können, müssen diese Räumlichkeiten bewirtschaftet werden, wobei das IGM hier die Verantwortung für die Koordination und die Bereitstellung des Services trägt.[335]

6.5.3.4 Pushback

Die Bereitstellung des Flugbetriebs ist die Hauptaufgabe eines Flughafens. Um diesen zu gewährleisten, gehört der Pushback zu den wichtigsten infrastrukturellen Leistungen am Flughafen.

Flugzeuge sind so konzipiert, dass sie nicht über einen Rückwärtsgang verfügen und somit nicht selbständig aus der Parkposition rückwärts ausparken können, wenn sie mit dem Heck in Richtung Rollbahn abgestellt wurden. Auf Grund dessen müssen die Flugzeuge mit so genannten Pushback-Fahrzeugen in die richtige Position geschoben werden. Dabei wird das Flugzeug durch eine Schleppstange mit dem Pushback-Schlepper verbunden.

Der Ramp Agent, der einerseits ständig Sichtkontakt zum Schlepperfahrer, andererseits permanenten Funkkontakt zum Piloten hält, ist zuständig für die Koordination des Schleppvorgangs und hat die Aufgabe, die Sicherheit während des Schleppvorgangs zu gewährleisten.[336]

---

[335] Vgl. FINNAIR (o. J.), http://www.finnair.com/finnaircom/wps/portal/LoungeServices/de_CH, Abruf: 17.06.2010.

[336] Vgl. ebenda, http://www.airportgroundservice.com/pushb.htm, Abruf: 29.06.2010.

Abb. 67: Push-Back-Services

6.5.3.5 Boarding Support

Der Boarding Support stellt eine wichtige Leistung in Bezug auf die Personenbeförderung dar. Hierbei steht die Betreuung körperlich beeinträchtigter Menschen und die Betreuung minderjähriger Fluggäste im Leistungsmittelpunkt. Der Support liegt sowohl in der Hilfeleistung und Wegbegleitung körperlich benachteiligter Fluggäste vom Terminal zum Flugzeug, als auch vom Flugzeug zum Terminal. Unter Zuhilfenahme von Equipment, wie bspw. Rollstuhlrampen und Treppenliften für Rollstühle, wird dem Passagier das Reisen erleichtert.[337]

6.5.3.6 Non-Aviation und Airport Retailing

Unter dem Begriff „Non-Aviation" sind alle Leistungen zu verstehen, die zwar nicht direkt für den Flugbetrieb notwendig sind, aber dennoch einen wesentlichen Beitrag zur Attraktivität und Wirtschaftlichkeit eines Flughafens leisten. In diesem Segment werden hohe Umsätze generiert, ihnen wird demzufolge eine große Bedeutung zugesprochen.[338] Unter den Non-Aviation-Bereich fallen Leistungen, wie

- Einzelhandel,
- Gastronomie,
- Besuchereinrichtungen,
- Management von Flughafenimmobilien,
- Parkraummanagement.[339]

Die Begrifflichkeit „Airport Retailing" steht für den Flughafen-Einzelhandel und beinhaltet zumeist auch die dort vorhandene Gastronomie, wie Snack-Bars, Bars, Bistros, Mobile Bars, Fine Dining und nationale sowie internationale Verköstigungs-Angebote. Des Weiteren umfasst es Geschäftsbereiche wie z. B.:

---

[337] Vgl. ebenda, http://www.airportgroundservice.com/bsup.htm, Abruf: 29.06.2010.
[338] Vgl. Trumpfheller, M. (2006), S. 168.
[339] Vgl. HOCHTIEF AG (o. J.), http://www.reports.hochtief.com/gb06/cnt_150.jhtml, Abruf: 25.062010.

6.5 Infrastrukturelles Gebäudemanagement auf Flughäfen

- Duty Free/Travel Value,
- Services, wie Banken, Geldwechsel, Kommunikation, Autovermietung, Apotheken, Frisöre und Reisebüros,
- Werbung.

Um die Bedeutung des Airport Retailing aufzuzeigen, wird besonderes Augenmerk auf den Frankfurter Flughafen geworfen, der im Jahr 2008 über 222 Shops (davon 19 Duty Free/Travel Value-Shops) und 62 gastronomische Einrichtungen verfügte. Des Weiteren kann als spezieller Geschäftsbereich im Airport Retailing sowohl das Spielkasino, als auch der Supermarkt und das Wellness-Angebot genannt werden.[340]

---

[340] Vgl. Fraport AG (2009), http://www.fraport.de/cms/produkte_services/dokbin/382/382322.zahlen_und_daten_airport_retailing_2009d.pdf, Abruf: 25.06.2010.

Flächenmanagement

7

7.1 Einführung

Das Flächenmanagement als Grundlage für die Bereiche des Gebäudemanagements wuchs – dank der Erkenntnis seiner Bedeutung und dem Aufkommen immer neuerer und verbesserter Computersoftware – zu einem bedeutenden, unverzichtbaren Teil des gesamten Facility Managements an. Die Bedeutung und Tragweite dieses Bereiches wird jedoch von vielen Beteiligten immer noch des Öfteren unterschätzt, was zur Folge hat, dass bestehende und zum Teil einfach zu hebende Ressourcen nicht genutzt werden.

In diesem Kapitel soll dem Leser daher verdeutlicht werden, was unter dem Thema des Flächenmanagements verstanden werden kann, welche Zielsetzungen das Flächenmanagement verfolgt und welche gängigen Flächendefinitionen in der Praxis gebraucht werden. Zudem wird der Zusammenhang zwischen Büroformen und Flächeneffizienz verdeutlicht sowie ein Beispielablauf eines Flächenmanagementprozesses dargelegt.

7.2 Eingliederung und Grundlagen des Flächenmanagements

7.2.1 Eingliederung des Flächenmanagements im Facility Management

Die Bestimmung der Zugehörigkeit des Flächenmanagements (FLM) innerhalb des Facility Managements und des Gebäudemanagements gestaltet sich vergleichsweise schwierig. Bei Betrachtung der klassischen Sichtweise wird das Gebäudemanagement in die drei folgenden Leistungsbilder unterteilt: das kaufmännische Gebäudemanagement (KGM), das technische Gebäudemanagement (TGM) und das infrastrukturelle Gebäudemanagement (IGM). Das Flächenmanagement wird in dieser klassischen Aufteilung zum infrastrukturellen Gebäudemanagement gezählt und ordnet sich somit diesem Leistungsbild unter.

Bei der neueren Definition der DIN 32736 wird das Flächenmanagement als viertes Leistungsbild neben den bereits bestehenden klassischen Leistungsbildern KGM, TGM und IGM angesehen. Die GEFMA versteht das FLM in ihrer Richtlinie 100-1 sogar als Querschnittsaufgabe im Gebäudemanagement, das sich als Grundlage der drei Leistungsbilder versteht und sich somit nicht explizit unterordnet. Nachfolgend wird diese Eingliederung des Flächenmanagements als vierter Leistungsbereich angenommen und vorausgesetzt, da sich eine alleinige Zuordnung des FLM zum IGM vor allem in der Praxis aufgrund seiner Vielzahl an Schnittstellen mit anderen FM-Bereichen nicht mehr durchsetzen lässt.

7.2.2 Grundlagen des Flächenmanagements

In Anlehnung an die GEFMA 130 wird der Begriff des Flächenmanagements durchaus eng gefasst. Flächenmanagement gilt hier nur als eine „... *konzeptionelle und planerische Leistung, die damit beginnt, [dass] ein Unternehmen die Erhöhung der Leistungsfähigkeit seiner Flächen beschließt und die damit endet, [dass] ein schlüsselfertiges Konzept mit einem Flächenlayoutplan vorliegt, der beschreibt, wie dies im einzelnen erfolgen kann.*" Somit gehören nach GEFMA sowohl das Umzugsmanagement als auch die Belegungsplanung und die Flächenverwaltung nicht mehr zum eigentlichen Kern des Flächenmanagements. Daher werden diese Bereiche in einer getrennten GEFMA-Richtlinie behandelt. Das generelle Verständnis des Flächenmanagements basiert in der Literatur dagegen hauptsächlich auf den drei Dienstleistungsbereichen der Flächenverwaltung, der Flächenbelegung und der Flächennutzung. Zusätzlich zählt immer mehr der Bereich des Flächencontrollings mit der Kennzahlenbildung zum Inhalt des Flächenmanagements.

Grundsätzlich steht beim Flächenmanagement die Steigerung der Flächenproduktivität und Flächeneffektivität im Mittelpunkt. Es ist die zentrale Basis für eine effiziente Flächenbewirtschaftung der jeweiligen Immobilie. Ziel ist es dabei, die verfügbare Fläche möglichst optimal zu nutzen. Die Fragestellungen des Flächenmanagements können lauten: Was für Flächenarten sind vorhanden? Wie viel ist von jeder Flächenart vorhanden? Wie werden die jeweiligen Flächen genutzt (Eigennutzung oder Vermietung)? Sind alle Flächen belegt oder gibt es Leerstände? Wie ist das Verhältnis der einzelnen Flächen untereinander? Welche Kosten entstehen auf den jeweiligen Flächen? Wie können die vorhandenen Flächen besser ausgenutzt werden bzw. die Effektivität gesteigert werden?

Das Flächenmanagement ist auch Grundlage und Verknüpfungspunkt für viele Dienstleistungsbereiche im Facility Management, u. a. für

- **das Umzugsmanagement**:
  Auf der Grundlage der gelieferten Flächendaten aus dem Flächenmanagement wird mit Hilfe von Grundrissen und Datenbanken der Umzug einzelner Mitarbeiter oder ganzer Abteilungen vollzogen.

- **die Belegungsplanung**:
  Die Verteilung des Personals spielt neben dem Inventar und der Kostenstellenverteilung eine wesentliche Rolle. Mit Hilfe der Belegungsplanung kann so z. B. eine optimale Arbeitsplatzanzahl in Büros ermittelt und umgesetzt werden.

- **das Reinigungsmanagement**:
  Die Reinigungskosten machen einen großen Teil der Immobilienbewirtschaftungskosten aus. Ein effizientes Reinigungsmanagement hat somit auch die Kostensenkung im Blick. Da die vorhandenen zu reinigenden Flächen sehr unterschiedlich sind (z. B. Teppich in Büros, Kacheln in Kücheneinrichtungen und Sanitärräumen, Steinboden im Treppenhaus, etc.), macht dies die Reinigungsarbeiten umso schwieriger. Die Flächen müssen genau definiert und erfasst sein um eine effektive und kostengünstige Reinigung vorneh-

7.2 Eingliederung und Grundlagen des Flächenmanagements

men oder vergeben zu können. In der Praxis wird für jede real existierende Fläche eine Reinigungsfläche definiert, der jeweilige Belag festgelegt, Reinigungsgruppen mit Leistungskategorien definiert und der Reinigungsturnus festgelegt.

- **das Mietmanagement:**
Die Fläche für den jeweiligen Mietvertrag wird aus der Flächenzusammenstellung des Flächenmanagements entnommen. Wichtig ist vor allem bei einer Flächenaufstellung nach der gif-Richtlinie MF-G die Unterscheidung in Mietflächen mit exklusiver Nutzung und gemeinschaftlicher Nutzung.[341]
- **das Kostenmanagement:**
Je nach Fläche muss z. B. eine andere Reinigungsform mit unterschiedlichen Intervallen vorgenommen werden. Dies ist wiederum mit unterschiedlichen Kosten verbunden. Außerdem kann je nach Art und Aufteilung der Fläche eine unterschiedliche interne Kostenverrechnung einzelner Abteilungen erfolgen (internes Mietmodell).
- **Immobilienkennwerte:**
Z. B. Erlöse der Immobilie je m^2 BGF, NGF oder vermieteter Fläche.
- **die Immobilienbewertung:**
Je nach Bewertungsverfahren spielt die vorhandene und zu bewertende Gesamtfläche eine entscheidende Rolle.

7.2.3 Leistungen des Flächenmanagements

Laut DIN 32736 gliedern sich die Leistungen des Flächenmanagements wie folgt:

(1) Nutzerorientiertes Flächenmanagement:
- Nutzungsplanung, räumliche Organisation von Arbeitsprozessen und Arbeitsplätzen, ergonomische Arbeitsplatzgestaltung
- Planung von Belegungs- und Umbelegungsprozessen

(2) Anlageorientiertes Flächenmanagement:
- Flächen- und raumbezogene Analyse im Hinblick auf Baukonstruktionen (bauliche Anlagen) und technische Gebäudeausrüstungen
- Verknüpfung von raumbezogenen Nutzungsanforderungen mit den Leistungen des Technischen Gebäudemanagements

(3) Immobilienwirtschaftlich orientiertes Flächenmanagement:
- Verknüpfung von Flächen und Räumen zu vermietbaren Einheiten
- Belegungsberatung und Belegungssteuerung
- Erfassung und Bewertung von Leerständen

(4) Serviceorientiertes Flächenmanagement:
Für Leistungen des IGM sind Flächen und Räume sowohl organisatorischer Bezugspunkt für die Leistungserbringung als auch Grundlage für die Abrechnung. In dieser Hinsicht ist der Umgang mit der Ressource Fläche eine Aufgabe des Flächenmanagements:

---

[341] Vgl. gif – Richtlinien zur Berechnung der Mietfläche für den gewerblichen Raum (MF-G), S. 6.

- Zeitmanagement von Raumbelegungen
- Flächen- bzw. raumbezogene Reinigungsleistungen
- Flächen- bzw. raumbezogene Sicherheitsleistungen

(5) Dokumentation und Einsatz informationstechnischer Systeme im Flächenmanagement:
   - Dokumentation von Plänen und alphanumerischen Daten für das Flächenmanagement (verfügbare Belegungsflächen, Dokumentation von Belegungszuständen bzw. Mietflächen, Nutzungslayouts, Reinigungspläne, Schlüsselpläne usw.)
   - Einbindung der flächenorientierten Dokumentation in ein geeignetes CAFM-System

7.2.4 Internes Mietmodell als Werkzeug im Flächenmanagement

Es ist i. d. R. festzustellen, dass in vielen Unternehmen dort ein ständig steigender Flächenbedarf vorhanden ist, wo keine interne Leistungsverrechnung für die genutzten Flächen erfolgt. Die interne Verrechnung genutzter Flächen ist daher die wirksamste Methode, einen Anreiz zum sparsamen Umgang mit Flächen zu schaffen. Die einzelnen Flächennutzer, wie z. B. Abteilungen oder Organisationseinheiten, werden dabei Mietern gleichgestellt. Somit werden die genutzten Flächen mit dem Budget der Nutzer verrechnet. Diese Methode wird daher auch Verrechnungspreismodell genannt. Hierfür gibt es unterschiedliche Ansätze:

- Welche Fläche wird angesetzt?
  Meist werden nur die Flächen mit exklusivem Nutzungsrecht des jeweiligen Nutzers angesetzt. Für Flächen mit gemeinschaftlichem Nutzungsrecht besteht für die einzelnen Nutzer kaum die Möglichkeit einer wirksamen Flächeneinsparung und somit auch kaum Anreiz.
- Welche Verrechnungssätze werden gewählt?
  Hier können marktübliche Nettomietansätze oder fiktiv angesetzte Mieten gewählt werden. Bei der Landesbank Baden-Württemberg werden den jeweiligen Abteilungen z. B. pauschal 54 €/m² intern als Miete in Rechnung gestellt.

Bei der internen Flächenverrechnung wird vorrangig der Einspareffekt von Fläche angestrebt, denn wenn die jeweiligen Abteilungen intern für ihre benötigten Flächen berechnet werden, wird sich der tatsächliche Flächenbedarf auch verringern. (Vgl. GEFMA-Richtlinie 130).

7.3 Ziele des Flächenmanagements

7.3.1 Ziele aus der Sicht des Nutzers oder Mieters

Das grundsätzliche Ziel des Flächenmanagements ist es, eine Fläche möglichst effektiv und optimal zu nutzen und zu verwalten. Somit ist auch nach GEFMA 130 das vorrangige Ziel aus der Sicht des Nutzers oder Mieters, die Leistungsfähigkeit der belegten Flächen zu steigern (Flächeneffizienz). Die Fläche einer Immobilie dient dieser Personengruppe als Voraussetzung für die Produktivität und Wertschöpfung, denn die jeweiligen Geschäftsräume sind der Ort an dem die jeweilige Produktivität vom Mitarbeiter geleistet wird. Für den Nutzer oder Mieter bedeutet dies, den anfallenden Aufwand während der Nutzung der Flächen zu verringern und gleichzeitig den daraus zu ziehenden Nutzen zu erhöhen. Der Aufwand besteht aus den Bereitstellungskosten der Flächen (z. B. Miete) und den Kosten für die Flächenbewirtschaftung (z. B. Reinigungskosten). Eine Optimierung von Nutzen und Aufwand kann in diesem Fall erreicht werden, indem

(1) entweder die Fläche durch Flächeneinsparungen, Verdichtungen oder Weggabe der bisher belegten Fläche verringert wird, die Produktivität jedoch gleich bleibt;
(2) oder indem die Flächengröße beibehalten wird, jedoch die Produktivität ansteigt, z. B. durch eine effektivere Nutzung der bisherigen Fläche anhand einer neuen Büroform;
(3) oder durch eine Kombination aus Flächeneinsparung und Produktivitätssteigerung.

Für Nutzer oder Mieter sind zudem Informationen, wie z. B. die Beschaffenheit der Bodenbeläge für die Ausschreibung der Reinigungsarbeiten, von Interesse oder die Anzahl der Glasflächen, Fenster, Türen und die Wischflächen des Mobiliars, um eine geeignete Ausschreibung dieser Gewerke zu gewährleisten.[342]

Ein Nutzer oder Mieter kann in seiner Unternehmung das Thema Flächenmanagement entweder selber in die Hand nehmen oder es einem externen Anbieter übertragen. Wichtig ist jedoch die Erkenntnis, dass er das Flächenmanagement auch dazu einsetzen kann, z. B. Teile seiner Mietfläche freizustellen (entweder zu entmieten oder an Dritte weiter zu vermieten) und die von ihm gemietete Fläche entsprechend zu verringern.

7.3.2 Ziele aus der Sicht des Vermieters

Der Vermieter verfolgt i. d. R. andere Interessen als ein Nutzer oder Mieter. Er hat das Ziel den Anteil an nicht vermieteten oder selbstgenutzten Flächen in dem jeweiligen Objekt möglichst gering zu halten. Zum einen ist dies für ihn von Interesse, da er den Anteil an vermieteten Flächen möglichst groß halten

---

[342] Vgl. Braun, H.-P. (2004), Dokumentation des Gebäudebestandes, in: Braun, H-P. et al (Hrsg.) (2004), S. 43–52, hier: S. 52.

7 Flächenmanagement

kann und somit einen höheren Mieterlös erzielt, zum anderen, um die Bewirtschaftungskosten, die auf ihn zurückfallen, möglichst gering zu halten.

Vor allem in Zeiten hohen Leerstands, z. B. im Bürosektor, ist es für einen Vermieter wichtig eine Immobilie mit möglichst flexiblen Flächen und einem effizienten Flächenmanagement zu besitzen. Hinzu kommt, dass mit einer wechselnden Wirtschaftslage auch immer häufiger Umstrukturierungen in den Unternehmen vorkommen, die die Flächen nutzen oder projektbezogene Arbeitsformen entstehen, die eine möglichst flexible Flächengestaltung verlangen. Nur unter der Vorraussetzung eines guten Flächenmanagements kann ein Vermieter seine Immobilie im Wettbewerbsumfeld positionieren und an geeignete Nutzer vermieten.

Ein gutes Beispiel wie die Nutzungsintensität einer Bestandsfläche gesteigert werden kann, zeigt der Vergleich verschiedener Flächenstrukturen in Abb. 68. Aufgrund eines aktiven Flächenmanagements konnte die Nutzfläche (HNF) von 2.208 m² um ca. 264 m² auf 2.472 m² in Variante 2b vergrößert werden.

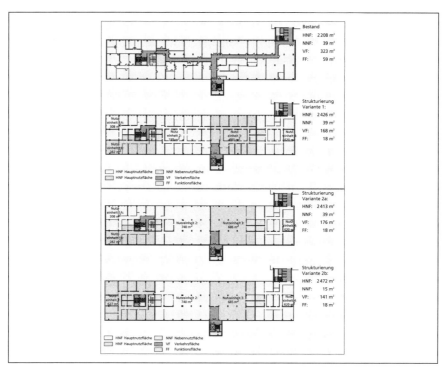

Abb. 68: Strukturierungsmöglichkeiten einer Bestandsfläche

7.3.3 Ziele aus der Sicht des Investors

Der Investor ist grundsätzlich an einer möglichst genauen und detaillierten Aufstellung der bestehenden Gebäudeflächen und der jeweils damit verbunden Nutzungsmöglichkeiten interessiert. Zudem ist für ihn die Reduzierungsmöglichkeit der anfallenden Mietnebenkosten (auch „zweite Miete" genannt) von großer Bedeutung, denn somit steigen für ihn die Chancen einer Neuvermietung. Des Weiteren ist der Investor – ebenso wie der Vermieter – i.d.R. daran interessiert, die nicht vermietbaren Flächen möglichst gering zu halten und eine hohe Flexibilität der Flächen (insbesondere im Zusammenhang mit der Nachvermietung) zu erreichen.

7.4 Flächendefinitionen

7.4.1 Allgemeine Flächendefinitionen

Bei der Betrachtung des Begriffs „Fläche", losgelöst vom Gebiet des Facility Managements, so definiert sich diese wie folgt: Fläche steht für einen nach Länge und Breite flach ausgedehnten Bereich, der zudem messbar ist. Nicht anders als im allgemeinen Sprachgebrauch ist auch die Fläche im Facility Management eine genau definierte Größe und wird als die zentrale Einheit im Flächenmanagement angesehen. Sie ist eine Grundgröße auf die viele Leistungsbereiche des Facility Management zurückgreifen. Sie ist z. B. Bestandteil im Mietmanagement, ist Basis für das Reinigungsmanagement und wird für die interne Flächenverrechnung in der jeweiligen Unternehmung herangezogen. Im Facility Management wird u. a. unterschieden zwischen horizontalen und vertikalen Flächen.

- Horizontale Flächen:
Hierunter sind zum einen die Raumflächen zu verstehen, die auch eine Zuordnung zu einer DIN-Flächenart haben und in Abhängigkeit zur Raumnutzung stehen. Zum anderen sind darunter Flächen für den Bodenbelag zu verstehen, denen auch die Oberflächenbeschaffenheit des Bodens zugeordnet ist. Sowohl die erstgenannte Raumfläche als auch die Fläche des Bodenbelages bilden Räume ab.[343]

Somit kann ein Raum mit seiner eigentlichen Fläche auch mehrmals erfasst sein. Zum einen ist der Raum mit seiner Raumfläche erfasst, z. B. in einem Mietvertrag, zum anderen ist er mit seiner Bodenfläche erfasst, z. B. im Reinigungsvertrag mit einem externen Anbieter. Diese zusätzliche Bodenflächenerfassung wird benötigt, wenn mehrere Bodenbeläge in einem Bereich vorkommen, z. B. in einem Eingangsbereich.

- Vertikale Flächen:
Diese Flächen sind im Flächenmanagement nur mit Hilfe eines 3D-Modells erkennbar, denn darunter werden u. a. die Flächen von Wänden, Fenstern, Türen,

---
[343] Vgl. Braun, H.-P. et al., S. 52f.

Möbeln bzw. andere Wischflächen verstanden. Eine genauere Definition und Begriffsbestimmung der Fläche im Facility Management wird von der DIN 277 sowie der gif MF-G und der GEFMA 130 geliefert. Im Folgenden wird auf die einzelnen Quellen näher Bezug genommen.

7.4.2 Grundflächendefinition nach DIN 277

Das Deutsche Institut für Normung e.V. (DIN) hat neben vielen anderen Normen auch eine verbindliche Flächendefinition mit der DIN 277 aufgestellt. Diese DIN-Norm gilt für die Ermittlung der Grundflächen und Rauminhalte von Bauwerken oder von Teilen von Bauwerken im Hochbau. Sie dient als maßgebliche Grundlage für das Verständnis von Grundflächen in Gebäuden.

Die DIN 277 wird unterteilt in:

- DIN 277-1: Begriffe, Ermittlungsgrundlagen
- DIN 277-2: Gliederung der Nettogrundfläche (Nutzfläche, Technische Funktionsfläche und Verkehrsfläche)
- DIN 277-3: Mengen und Bezugseinheiten

Die DIN 277-1 (Begriffe und Ermittlungsgrundlagen) des Deutschen Instituts für Normung e.V. definiert folgende Flächenbezeichnungen:

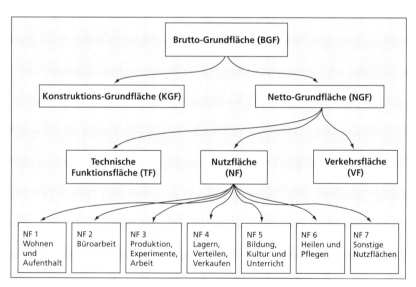

Abb. 69: Vereinfachte Flächendarstellung nach DIN 277-2

- **Brutto-Grundfläche (BGF):** Die BGF wird gem. DIN 277-1 definiert als diejenige Fläche, die sich als „Summe der Grundflächen aller Grundrissebenen eines Bauwerks" ergibt. Die BGF gliedert sich auf in die Netto-Grundfläche (NGF) und die Konstruktions-Grundfläche (KGF). Die BGF erfasst somit im

7.4 Flächendefinitionen

Gegensatz zur Geschossfläche (GF) sämtliche Vollgeschosse eines Bauwerkes inkl. unterirdischer Flächen (z. B. Tiefgaragen und Kellerräume). Die Geschossfläche erfasst dagegen nur die oberirdischen Vollgeschosse. Für die Ermittlung der Brutto-Grundfläche sind die äußeren Maße der Bauteile einschließlich der Bekleidung, z. B. Putz, anzusetzen.

- **Konstruktions-Grundfläche (KGF):** Die KGF bezieht sich auf den Anteil der BGF, der von darauf stehenden Bauteilen eingenommen wird. Diese Bauteile können u. a. Wände, Säulen, Stützen, Pfeiler, Schornsteine und Wandöffnungen wie Türen und Fenster sein. Zudem ist die KGF die Differenz von BGF und NGF. Die Konstruktions-Grundfläche ist aus den Grundflächen der aufgehenden Bauteile zu ermitteln. Konstruktive und gestalterische Besonderheiten wie z. B. Wand- oder Türvorsprünge bleiben unberücksichtigt.

- **Netto-Grundfläche (NGF):** Die NGF entsteht durch den Abzug der KGF von der BGF. Für die Ermittlung der Netto-Grundfläche sind die lichten Maße zwischen den Bauteilen, z. B. Wänden anzusetzen. Gestalterische Besonderheiten wie z. B. Wand- oder Türvorsprünge bleiben dabei unberücksichtigt. Die NGF teilt sich auf in die Nutzfläche (NF), in die Technische Funktionsfläche (TF) und in die Verkehrsfläche (VF):

Nutzfläche (NF):

Die Nutzfläche bezieht sich auf die Flächen, die der Nutzung entsprechend ihrer Zweckbestimmungen dienen. Somit gehören Verkehrsflächen und Technische Funktionsflächen nicht zur Nutzfläche. Die NF beinhaltet aber durchaus Sanitärräume, Fahrzeugabstellflächen und Flächen der zentralen Technik. Die DIN 277-1 unterteilt die NF in sieben Gebiete (vgl. Abb. 69 DIN 277-2). Hierbei ist zu erwähnen, dass die Neuauflage der DIN 277 im Jahr 2005 einige Veränderungen im Vergleich zu ihrer Vorgängerversion aus dem Jahr 1987 mit sich brachte. Die ehemalige Unterscheidung der Nutzfläche (NF) in Hauptnutzfläche (HNF) und Nebennutzfläche (NNF) entfällt und wird nicht mehr verwendet. Die Nutzfläche innerhalb eines Gebäudes sollte einen möglichst großen Anteil innehaben, da sie den eigentlichen Nutzungszweck des Gebäudes repräsentiert (Vgl. GEFMA 130).

Technische Funktionsfläche (TF):

Die Technische Funktionsfläche bezieht sich auf den Anteil der NGF, der der Unterbringung von zentralen (haustechnischen) Anlagen dient, wie z. B. Heizung, sowie für den Betrieb einer Klimaanlage. Dennoch muss unterschieden werden zwischen diesen haustechnischen Anlagen, die zur TF zählen und betriebstechnischen Anlagen, die der Mieter z. B. speziell aufgrund seiner Tätigkeit einbauen lässt. Diese betriebstechnischen Anlagen zählen nicht zur TF, sondern zur Nutzfläche. Bestes Beispiel hierfür wäre u. a. eine zusätzliche Klimaanlage für die Kühlung eines mietereigenen Serverraums. Aufgrund der Neuauflage der DIN 277 im Jahr 2005 ergab sich auch bei der TF eine Änderung: Die ehemalige Bezeichnung der „Funktionsfläche" entfällt und wird durch die Bezeichnung „Technische Funktionsfläche" ersetzt.

Verkehrsfläche (VF):

Die Verkehrsfläche bezieht sich auf den Anteil der NGF, der dem Zugang zu den jeweiligen Räumen, dem Verkehr innerhalb von Gebäuden oder dem Verlassen im Notfall dient. Zur VF zählen z. B. Treppen und Flure, Hallen und Fahrzeugverkehrsflächen, aber auch Flächen für Notausgänge und Fluchtwege. Im Sinne des Flächenmanagement sollen alle Flächen, die nicht der Nutzfläche dienen auf ein erforderliches Maß beschränkt werden, sofern nicht andere Gründe wie z. B. Repräsentation dagegen sprechen (vgl. GEFMA-Richtlinie 130).

Die DIN 277-1 definiert neben den vorgenannten Flächenmaßen auch den Brutto-, Netto- und Konstruktions-Rauminhalt. Diese Größen bleiben allerdings hier unberücksichtigt.

Die DIN 277-3 (Mengen und Bezugseinheiten) legt Bezugseinheiten für Kostengruppen (KG) nach DIN 276 (Kosten im Hochbau) fest. Sie dient damit der allgemeinen Kostenplanung, der Bildung von Kostenkennwerten und dem Vergleich von Bauwerken. Auf diese DIN-Norm 277-3 wird im weiteren Verlauf dieser Arbeit nicht näher eingegangen.

7.4.3 Mietflächenrichtlinien nach gif (MF-G)

Die Richtlinie MF-G (Richtlinien für die Berechnung der Mietfläche für den gewerblichen Raum) aus dem Jahr 2004 ist eine Zusammenfassung der bisher existierenden Richtlinien MF-B (1996) und MF-H (1997) zur Ermittlung der Mietflächen für Büro- bzw. Handelsräume. Die DIN 277 definiert zwar die Fläche im Allgemeinen, jedoch gibt sie keine verbindliche Definition der Mietfläche für gewerblich genutzte Objekte. Die Richtlinie der gif (MF-G) stellt dagegen eine Definition der Mietfläche von gewerblich genutzten oder vermieteten Immobilien auf. Sie geht mit den Begriffen und Wesenszügen der DIN 277 (Grundflächen und Rauminhalte von Bauwerken im Hochbau) konform. Die MF-G baut somit auf den Definitionen der DIN 277 auf. Daher ist es notwendig die Flächendefinitionen der DIN 277 zu kennen um die MF-G Richtlinien anwenden zu können.

Die DIN 277 definiert und systematisiert Flächen nach baulichen Gesichtspunkten. Die Richtlinie der gif (MF-G) baut darauf auf und geht in ihrer Aussage über die DIN 277 hinaus, indem sie festlegt, welche Flächen zu einer Mietfläche zählen und welche nicht. Nach der Richtlinie MF-G wird die Mietfläche i. d. R. auch geringer ausfallen als die Brutto-Grundfläche der DIN 277. Dies resultiert aus der Berechnung der gif, in der bestimmte Flächen nicht als Mietfläche angesehen werden, die jedoch bei der BGF-Berechnung mit einfließen. Die MF-G stellt in Anlehnung an die Brutto-Grundfläche der DIN 277 ihr eigene Mietflächendefinition auf:

- **MF-0 (Keine Mietfläche)**

Grundsätzlich sind Mietflächen mit der Bezeichnung MF-0 keine Mietflächen. Aus den Flächendefinitionen der DIN 277 sind dies alle Technischen Funktionsflächen (TF), Verkehrsflächen (VF) und Konstruktions-Grundflächen (KGF).

7.4 Flächendefinitionen

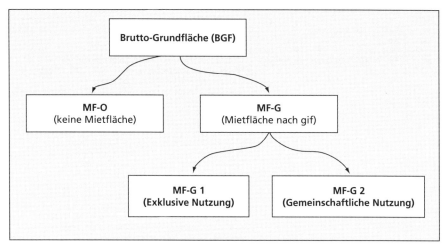

Abb. 70: Flächenarten nach gif (MF-G)

Diese Flächen können jedoch auch Mietfläche werden, wenn dies ausdrücklich im Mietvertrag zwischen Mieter und Vermieter vereinbart wird.

- **MF-G (Mietfläche nach gif)**

Flächen mit der Bezeichnung MF-G sind Mietflächen. Nach den Flächendefinitionen der DIN 277 sind dies Flächen, die zur BGF gehören und nicht zur MF-0 gerechnet werden. In Abhängigkeit von der Vermietungssituation lässt sich die Mietfläche MF-G in Mietflächen mit exklusivem Nutzungsrecht (MF-G 1) und solche mit gemeinschaftlichem Nutzungsrecht (MF-G 2) gliedern:

MF-G 1: Mietfläche mit exklusivem Nutzungsrecht, ist einem Mieter zuzuordnen. Die Einordnung als Fläche mit exklusivem Nutzungsrecht wird zum einen charakterisiert durch das Recht, andere Nutzer auszuschließen, zum anderen durch das Recht, die Fläche personell und/oder sächlich zu belegen.

MF-G 2: Mietfläche mit gemeinschaftlichem Nutzungsrecht, ist allen oder mehreren Mietern anteilig im Verhältnis der MF-G 1 zuzuordnen. Sie ist somit auf alle beteiligten Mietparteien umzulegen und die Art der Zuordnung ist anzugeben.

Die gif stellt zudem in der MF-G Mietflächen auf, die Mietobjekt sein können, deren zugrunde liegende Fläche jedoch nicht der Mietfläche MF-G zugerechnet werden. Zu ihnen gehören z. B. Fahrzeugabstellplätze, Schaufenster, Kundenbedienzonen und Gastronomiezonen. Diese Mietobjekte unterliegen individuellen Mietanforderungen und sind dann ausdrücklich zu vereinbaren. Zusammenfassend wird in der nachfolgenden Graphik aufgezeigt, wie die Flächendefinitionen der DIN 277 und die der MF-G zusammenspielen.

Des Weiteren veröffentlichte die Gesellschaft für Immobilienwirtschaftliche Forschung e.V. (gif) im November 2005 eine neue englischsprachige Richtlinie, um auch im englischsprachigen europäischen Raum eine verlässliche Grundlage für gewerbliche Mietflächen zu schaffen: „Standard for Calculating

7 Flächenmanagement

DIN 277	gif-Flächenarten	
BGF	MF-0	MF-G
NF	Fahrzeugabstellflächen (Stellplätze)	Gemeinschaftsräume, Pausenräume, Sozialräume, Warteräume, Speiseräume, Haftträume, Büroräume, Großraumbüros, Besprechungsräume, Konstruktionsräume, Schalterräume, Bedienungsräume, Aufsichtsräume, Bürotechnikräume, Werkhallen, Werkstätten, Labore, Räume für Tierhaltung und Pflanzenzucht, Küchen, Sonderarbeitsräume, Lagerräume, Archive, Sammlungsräume, Kühlräume, Annahme- und Ausgaberäume, Verkaufs- und Ausstellungsräume, Differenzstufen (max. 3 Stufen), Unterrichts- und Übungsräume, Bibliotheksräume, Sporträume, Versammlungsräume, Bühnen, Studioräume, Schauräume, Sakralräume, Räume mit medizinischer Ausstattung für Operationen, Diagnostik und Therapie, Bettenräume, Sanitärräume, Garderoben, Abstellräume, Räume für Technik von zentralen Versorgern (z.B. Kraftwerk, Sendezentrale), Schutzräume, Loggien, Balkone, überdachte Gebäudegrundflächen, nutzbare Dachflächen
TF	Abwasseraufbereitung und -beseitigung, Wasserversorgung, Heizung und Brauchwassererwärmung, Brennstofflagerung, Gase und Flüssigkeiten, Elektrische Stromversorgung, Fernmeldetechnik, Raumlufttechnische Anlagen, Aufzugs-und Förderanlagenmaschinenräume, Schachtflächen, Hausanschluss und Installation, Abfallverbrennung	Technische Anlagen mit individuellen Mieteranforderungen
VF	Überwiegend der Flucht und Rettung dienenden Wege, Treppen und Balkone	Flure, Eingangshallen, Foyers (außer in Shopping-Centern), Etagenpodeste von Treppen
	Flächen ohne individuellen Mieteranforderungen: Feste und bewegliche Treppen und Rampen und deren Zwischenpodeste, Aufzugsschächte, Abwurfschächte (jew. je Geschoss), Fahrzeugverkehrsflächen	Flächen mit individueller Mieteranforderung: Feste und bewegliche Treppen und Rampen und deren Zwischenpodeste, Aufzugsschächte, Abwurfschächte (jew. je Geschoss), Laderampen, -bühnen
KGF	Außenwände und -stützen, Innenwände und -stützen, die konstruktiv (tragend oder aussteifend) notwendig sind, Umschließungswände von der die MF-0 umgebenden TF und VF	Leichte Trennwände oder andere versetzbare Konstruktionen, Mietbereichstrennwände zw. MF-G-Flächen, KGF, die aufgrund individueller Mieteranforderungen erforderlich wird

Abb. 71: Mietflächenschema nach gif

the Rental Area of Commercial Premises (RA-C)" (vgl. Abb. 72). Probleme bereitete dabei hauptsächlich die Wahl der englischen Übersetzungen für die deutschen Flächendefinitionen und die Bezugnahme zur DIN 277, da es eine solche Norm im europäischen Ausland nicht gibt. Anhand dieser neuen Richtlinie können die genauen englischen Flächenbegriffe in ihrer korrekten Form gezeigt werden.

7.4 Flächendefinitionen

DIN 277	TYPES OF AREA pursuant to gif*	
GFS	RA-0 (no rental area)	RA-C (rental area)
UA	Parking area (parking spaces)	Common rooms, break rooms, staff rooms, waiting rooms, dining rooms, cells, office rooms, landscape offices, conference rooms, designers rooms, banking halls, service rooms, supervision rooms, office technology rooms, sheds, workshops, laboratories, rooms for animal, husbandry and plant breeding, kitchens, special workrooms, storage rooms, filling areas, disposal rooms, refrigerated rooms, rooms for reception and delivery, salesrooms and exhibition rooms, steps (max. 3) connecting two different floor levels, class and exercise rooms, library rooms, sports rooms, assembly rooms, stages, studios, showrooms, ecclesiastical rooms, rooms with medical equipment for surgery, diagnosis and therapy, rooms for storing, hospital beds, sanitary areas, cloakrooms, store rooms, rooms for technical equipment of public utilities (e.g. power plant, master control room), shelters, loggias, balconies, roofed-over areas, usable roof surfaces
TA	Waste water treatment and disposal, water supply, heating and hot water generating system, fuel storage, gases and liquids, electric power supply, telecommunication engineering, ventilation and air conditioning, power rooms for lifts and conveyors, shaft areas, services connection and installation, incinerator	Technical areas with individual tenant demand
CA	Routes staircases and balconies mainly used for escape and rescue purpose Areas without individual tenant demand: Stationary and mobile flights of stairs and ramps and their intermediate landings, lift shafts, refuse chutes (each per floor), circulation areas for vehicle	Corridors, entrance halls, foyers (except in shopping centres), floor landings of flight of stairs Areas with individual tenant demand: Stationary and mobile flights of stairs and ramps and their intermediate landings, lift shafts, refuse chutes (each per floor), loading ramps and platforms
SFS	Exterior walls and columns, structurally required (load baring or bracing), interior walls and columns, enclosing walls of TA and CA surrounding RA-0	Light partition walls or other displaceable or modifiable constructional elements, partitions in rental units between RA-C areas, SFS resulting from individual tenant demands

*These are some non-exclusive examples of typical cases of utilization. In case of doubt, the definition of the RA-C standard take priority over the diagram shown above.
GFS = Gross floor space (Brutto-Grundfläche, BGF)
UA = Utilisation area (Nutzfläche, NF)
TA = Technical operating area (TechnischeFunktionsfläche, TF)
CA = Circulation area (Verkehrsfläche, VF)
SFS = Structural floor space (Konstruktions-Grunfläche, KGF)

Abb. 72: Rental Area Diagramm nach gif (RA-C)

7.4.4 Büroarbeitsplatzflächen nach DIN 4543-1

Die DIN 4543-1 schreibt keine feste Quadratmeterzahl vor, die ein Büroarbeitsplatz mindestens haben muss. Die Norm 4543-1 der DIN legt hingegen die Anforderungen an Flächen für die Aufstellung und Benutzung von Büromöbeln fest. Sie hat den Zweck, die Berechnung und Gliederung der Nutzfläche für Büroarbeiten nach DIN 277-2 zu unterstützen und gibt Hinweise für die ergonomische Gestaltung, Zuordnung und Eingliederung von Arbeitsplätzen in Räumen und Bauten.

Die DIN 4543-1 stellt auch einige Flächendefinitionen im Bürobereich auf, die bisher weder von der DIN 277 noch von der MF-G aufgegriffen wurden:

- **Arbeitsfläche:**

Dies ist im Bürowesen die erforderliche Fläche der Arbeitsplatten, z. B. von Arbeitstischen und Tischkombinationen. Die Mindestgröße beträgt laut DIN 4543-1 1,28 m^2.

- **Stellfläche:**

Dies ist der Teil der Bodenfläche im Büro, der für die Unterbringung von Arbeitsmitteln und Ausstattungsgegenständen benötigt wird, z. B. der Teil der Bodenfläche auf der ein Schreibtisch steht. Stellflächen untereinander, z. B. von Schreibtisch und Rollcontainer, dürfen sich überlagern. Hingegen darf sich die Stellfläche nicht mit der Möbelfunktionsfläche, der Benutzerfläche und der Verkehrswegefläche überschneiden.

- **Wirkfläche:**

Dies ist die Fläche, die für die Benutzung von Arbeitsmitteln sowie für die ungehinderte Tätigkeit am Arbeitsplatz notwendig ist. Sie setzt sich zusammen aus:

Möbelfunktionsfläche (Dies ist der Teil der Bodenfläche, der bei der Bewegung der Bauteile von Möbeln, z. B. von Türen, Schubladen und Aufzügen, überdeckt wird) und

Benutzerfläche/Benutzungsfläche (Dies ist der Teil der Bodenfläche, der bei der funktions- und sachgerechten Ausübung der jeweiligen Tätigkeit für den Benutzer mindestens erforderlich ist).

- **Freie Bewegungsfläche:**

Dies ist jene zusammenhängend freie, unverstellbare Bodenfläche, die im Bereich des Arbeitsplatzes mindestens erforderlich ist, um eine ungehinderte Bewegung zu ermöglichen.

- **Verkehrswegefläche:**

Dies ist die Fläche für Verkehrswege im Raum, die für den innerbetrieblichen Personenverkehr und Materialtransport benötigt wird.

Neben der DIN 4543-1 gelten aber auch im Bereich des Büroarbeitsplatzes und den damit verbundenen Flächen einige Einzelheiten und gesetzliche Grundlagen, die beachtet werden müssen. Zu ihnen zählen u. a. die Arbeitsstättenverordnung (ArbStättV) und die Bildschirmarbeitsplatzverordnung (BildscharbV). So muss z. B. der entsprechende Raum über mindestens ein Fenster oder aber über eine Sichtverbindung nach außen verfügen. Zudem sollte ein Arbeitsplatz in Deutschland mit einer Zellenbüroform über eine Mindestfläche von 8 m^2 bis 10 m^2 verfügen, bei Bedarf auch durchaus mehr. In einem Großraumbüro werden je Arbeitsplatz sogar 12 m^2 bis 15 m^2 benötigt, da hier ein höherer Flächenbedarf durch Verkehrswege und Sichtschutz besteht. Dass ein Arbeitsplatz aber in anderen Teilen der Welt auch mit einer anderen Mindestflächenanzahl ausgestattet sein kann, zeigt Abb. 73. Bei Prüfung der Angaben zum Flächenmindestbedarf fällt auf, dass ein starkes Gefälle zwischen den einzelnen Arbeitsplatzflächen in Mitteleuropa, den USA und Japan liegt.

7.4 Flächendefinitionen

Während die Arbeitnehmer in Japan mit 4,0 m² und in den USA mit 5,2 m² auskommen müssen, liegt die durchschnittliche Arbeitsplatzfläche in Mitteleuropa bei 7,0 m². Diese geringe Flächenanzahl in Japan und den USA ist jedoch nur mit Hilfe von speziellen Hängeschrankkonstruktionen, die somit Platz sparend arbeiten (siehe gestrichelte Linien in Abb. 73), zu realisieren.

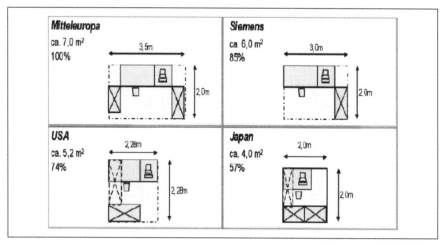

Abb. 73: Arbeitsplatzflächen (Mindestbedarf) im Vergleich

Zusammenfassend ist festzustellen, dass die DIN 4543-1 u. a. als wichtigstes Regelwerk gilt, wenn es um die Flächen im Büro geht. Sie ist in der Praxis in Kombination mit der DIN 16555 (Flächen für Kommunikationsarbeitsplätze in Büro- und Verwaltungsgebäuden) vor allem in der Raumplanung und im Umzugsmanagement von Bedeutung.

7.4.5 Flächenbestimmung nach GEFMA

Die Richtlinien der GEFMA (hier GEFMA 130) nehmen Bezug auf die jeweiligen Richtlinien der DIN und der MF-B und MF-H. Die neueren Versionen der MF-G und der DIN 277 aus den Jahren 2004 und 2005 entstanden erst nach dem Erscheinen der Richtlinie GEFMA 130 im Jahr 1999 und sind noch nicht berücksichtigt. Somit nehmen alle Flächenbezeichnungen auf bereits wieder überarbeitete Definitionen Bezug. Aufgrund der fehlenden Aktualität wird an dieser Stelle nur ein kurzer Abriss der GEFMA Flächenbestimmungen gegeben.

Unter dem Gliederungspunkt „Begriffsbestimmungen Fläche" in der Richtlinie der GEFMA werden ausschließlich Grundflächen verstanden und darunter wiederum auch nur solche, auf denen Wertschöpfung erzielt wird oder Vermietung möglich ist. Neben der DIN 277, die „... als maßgebende Grundlage für das Verständnis von Grundflächen in Gebäuden ..." bezeichnet wird, wird auch die DIN 4543 aufgeführt. Die darin definierte Bürofläche kann sich laut GEFMA im Laufe der Nutzung eines Gebäudes allerdings zum Teil stark verändern. Die nach den gif-Richtlinien (MF-B und MF-H) mögliche Berechnung der Mietfläche ist laut GEFMA auch als Grundlage für eine interne Flächenverrechnung von Bedeutung. Des Weiteren wird in der GEFMA-Richtlinie Bezug auf die Arbeitsplatzfläche nach GEFMA 195/2 genommen und es werden Grundflächenzahl und Geschossflächenzahl definiert.

Die Flächendefinitionen der DIN 277 sowie die MF-G sind für das Flächenmanagement von großer Bedeutung. Dies wird nicht zuletzt dadurch verdeutlicht, dass sich die GEFMA 130 eindeutig auf die bereits vorhandenen Richtlinien bzw. Normen beruft und keine eigene Definition einer Fläche aufstellt.

7.5 Büroformen im Hinblick auf das Flächenmanagement

7.5.1 Historie

Neben den einzelnen Baustilen der letzten Jahrhunderte gibt es nur wenige Größen, an denen sich die Entwicklung der Wirtschaft und der Technik so deutlich ablesen lässt, wie an den Büroformen. Alleine im vergangenen Jahrhundert entwickelte sich die Bürolandschaft rasant von Bürosälen mit minimaler Arbeitsplatzfläche hin zu Teambüros mit Kommunikationszonen und Arbeitskojen. Der folgende Historienüberblick zeigt einige wichtige Stationen der Büroentwicklung:

Die Anfänge des Büros im frühen 20. Jahrhundert

Bis zum Beginn des 20. Jahrhunderts war die Bürotätigkeit eine Tätigkeit, die ausschließlich Notaren in ihren Kanzleien, Bankiers und Kaufmännern vorbehalten war, die des Lesens und Schreibens fähig waren. Vom Büro nach heutigem Verständnis wurde allerdings erst mit zunehmender Industrialisierung und Technisierung gesprochen. Bis dahin war der Büroalltag hauptsächlich durch Griffel, Feder und Rechengerät gekennzeichnet. Durch die Einführung von Schreibmaschine und Telefon änderten sich die Aufgaben jedoch grundlegend. Ab diesem Zeitpunkt wuchs der Bedarf an Büroarbeitsplätzen stetig, z. B. in England stieg der Anteil der Bürobeschäftigten von 0,8 % im Jahr 1851 auf 7,2 % im Jahr 1921 stark an.

Das Wirtschaftswachstum und vor allem die Veränderung der Büroarbeit hatten, von den USA ausgehend, auch Auswirkungen auf den Bau von Bürogebäuden. Das Larkin Building in Buffalo von 1904 (vgl. Abb. 74: Larking Building 1904, Buffalo) war in dieser Zeit richtungweisend, denn in ihm arbeiteten schon damals knapp 1.000 Menschen in so genannten Bürosälen, die in den folgenden Jahren in den USA zum Standard wurden. Nach dem bereits aus der Fabrik bekannten Prinzip der Arbeitsteilung (Taylorismus) saßen alle Mitarbeiter wie in Schulklassen mit dem Blick auf einen Vorarbeiter. Zu dieser Zeit hatten lediglich die Manager Zellenbüros, allerdings waren auch diese meist nur mit Fenster zum Großraum hin ausgestattet.

7.5 Büroformen im Hinblick auf das Flächenmanagement

In Europa verlief die Entwicklung etwas langsamer als in den USA. Zwar gab es auch in Europa vereinzelt Nachahmer dieses amerikanischen Modells, allerdings blieb in Europa überwiegend die Büroform mit Mittelflur und Zellenbüros an beiden Seiten. Diese Büroform war bis weit in die 1950er aktuell.

Abb. 74: Larking Building 1904, Buffalo

Die Bürogebäude der 1950er Jahre

Bis zum Ende der 1950er Jahre ist auch die Entwicklung der Bürogebäude stark von den USA geprägt. So dominierte z. B. auch in Europa nach dem zweiten Weltkrieg immer mehr das Hochhaus mit seinen Glasfassaden das Stadtbild (vgl. Abb. 75: Seagram Building 1958, New York).

Bei näherer Betrachtung waren die Unterschiede zwischen den USA und Europa enorm. Während in den USA weiterhin der Bürosaal vorherrschte, war die Mitarbeiterhierarchie in Europa durch kleinere Strukturen geprägt. Es gab in Europa das klassische Chefbüro, das Zwei-Personen-Büro für leitende Angestellte und für alle anderen Mitarbeiter Mehr-Personen-Büros. Diese Bürostrukturen schlugen sich auch auf die Gebäudetiefe der jeweiligen Immobilie nieder. Während die meisten Gebäude dieser Zeit in den USA eine durchschnittliche Gebäudetiefe von 40 m hatten, maß z. B. das Pirelli Gebäude in Mailand lediglich eine Tiefe von 18,50 m. Die Auseinandersetzung mit der amerikanischen Büroform des Bürosaals begann in Europa erst Anfang der 1960er Jahre mit der Interpretation zum Großraumbüro.

Abb. 75: Seagram Building 1958, New York

Sternstunde des Großraumbüros in den 1960er Jahren

Das typische Büro der 1960er war ohne Zweifel das Großraumbüro. In Europa wurde der Versuch unternommen mit neuen Bürolandschaften die Entwicklung der amerikanischen Bürosäle zu übertragen. Anders als in den USA wurde jedoch diese große und kommunikationsfördernde Büroform, z. B. mit Hilfe einer freien Anordnung der Arbeitsbereiche, flexibler und freundlicher gestaltet, um so von vornherein die typische Atmosphäre eines amerikanischen Bürosaals zu umgehen.

Diese Änderung der Büroform führte jedoch auch dazu, dass es zu einem Umbruch in der Planung und im Bau von Verwaltungsgebäuden kam. Bisher war ein solches Gebäude aus einfachen Reihen mit Zellenbüros aufgebaut worden, nun aber wurde ein Großraum mit sehr vielen Arbeitsplätzen angestrebt. Mit

Abb. 76: Beispiel eines Großraumbüros, 1960

7.5 Büroformen im Hinblick auf das Flächenmanagement

dem Einsatz dieser Büroform wurden zudem auch die Erwartungen verbunden, dass sich z. B. das gesamte Büroklima entspannte, vor allem da die Arbeit des Einzelnen nun offen sichtbar wurde, im Großraum rücksichtsvoller miteinander umgegangen wurde und sich die einzelnen Personen auch disziplinierter verhielten und leiser sprachen. Obwohl einige dieser Erwartungen nicht erfüllt wurden, besteht heute vor allem bei Call Centern ein erneuter Trend zu dieser Büroform.

Die 1970er zwischen Kollektiv und Individualität

Die siebziger Jahre waren gesellschaftlich gesehen eine Zeit des großen Umbruchs. Die Nachteile des Großraumbüros lagen mittlerweile auf der Hand: Zu laut, zu wenig Tageslicht, keine Sicht nach außen sowie keine ausreichende Frischluftzufuhr. Die Unzufriedenheit der Mitarbeiter führte nach und nach in ganz Europa zu einer Rückbesinnung zu kleineren und sozial verträglicheren Bürostrukturen.

Technologisch wurden in dieser Zeit aus raumbeherrschenden Maschinen (EDV und Telekommunikation) handliche Tischgeräte. Diese Entwicklung hatte nun auch Einfluss auf die Büroformen der späten 1970er Jahre. Zum einen wurden die Bildschirmarbeitsplätze nun nicht mehr von großen Apparaten beherrscht und zum anderen hatten vor allem in den kommenden Jahren die technischen Vernetzungssysteme mit all den damit verbundenen Konsequenzen für die Arbeitswelt eine entscheidende Rolle in der Neubildung der Büroform. Mit der Ölkrise von 1973 bestand in wirtschaftlicher Hinsicht zusätzlicher Handlungsbedarf. Es galt die enormen Energiekosten einzudämmen, die gerade die Gebäude aus der jüngsten Vergangenheit verursachten.

Herausforderung der 1980er – Kabel und Kühlung

Die gesellschaftlichen und technischen Strukturveränderungen in den 1970er Jahren hatten auch in den 1980er Jahren einen großen Einfluss auf Architektur, Design und Bauwesen. Der einzelne Arbeitsplatz musste mit zunehmender Einführung von technischen Geräten mit zusätzlicher Elektrizität ausgestattet werden, was sowohl Architekten wie auch Bauplaner und Büromöbelhersteller vor große Herausforderungen stellte. Ein zusätzliches und damit verbundenes Problem stellte die Wärmeentwicklung dar, die von den zahlreichen elektrischen Geräten im Büro verursacht wurden. Diese Entwicklung machte die Installation von wirksamen Kühlungssystemen notwendig. Daher ist es sicherlich auch nicht verwunderlich, dass in diese Zeitspanne auch die Geburtsstunde des Facility Managements fällt. Eine der Hauptaufgaben bestand damals darin, die immer komplexer werdenden technischen Systeme, die ein Gebäude mit Büronutzung mittlerweile benötigte, bereitzustellen.

In den 1980er Jahren wurde jedoch auch sichtbar, dass sich die einzelnen Länder mit ihren Schwerpunkten bei Bürogebäuden unterschiedlich entwickelten. Bestes Beispiel hierfür ist England. Während im übrigen Europa die Entwicklung des Büros als sozialer Ort viel mehr im Mittelpunkt stand, war es für die Engländer von Bedeutung die zunehmende Technisierung zu betonen und sie sichtbar in die Gebäudestruktur einzubringen.

7 Flächenmanagement

Das Büro am Anfang des 21. Jahrhunderts

Besonders was die Art und die Organisation der Arbeit angeht, ist in den vergangenen Jahren viel in Bewegung geraten. Das Ein-Personen-Büro steht zwar bei den Mitarbeitern weiterhin an erster Stelle der Büroformen, dennoch ist mittlerweile eine ganz andere Form des Büros verbreitet: das Teambüro. Wichtigstes Kennzeichen dabei ist auf der einen Seite eine relativ große Kommunikationszone, in der sich die Mitarbeiter kommunikativ austauschen können. Auf der anderen Seite ist das Bild des Teambüros auch geprägt von flexiblen und ständig wechselnden Arbeitsplätzen. Nach Ansicht von Experten scheint sich die Entwicklung der Mitarbeiter dahingehend zu verändern, dass in Zukunft nicht mehr die tägliche Anwesenheit von 8.00 bis 17.00 Uhr an ein und demselben Arbeitsplatz stattfindet, sondern in Teamwork und mit wechselnden Aufgaben und Arbeitsplätzen zu rechnen ist. An der Akzeptanz dieser neuen und nonterritorialen Bürokonzepte muss allerdings erst noch gearbeitet werden.

7.5.2 Büroformen

Aus der Historie wurde deutlich, dass es noch heute verschiedene Büroformen gab und gibt:

Großraumbüro

Soll das typische Büro der 1960er Jahre benannt werden, so ist es eindeutig das Großraumbüro.

Grundsätzlich gesehen ist das Großraumbüro eine Büroform, die eine Größe von 400 m^2 bis 1.200 m^2 misst. Die jeweiligen Arbeitsplätze lassen sich auf dieser Fläche je nach Bedarf variabel anordnen. Mit Hilfe von Stellwänden, Pflanzen oder Schränken wird hierbei versucht, verschiedene Bereiche zu schaffen.

Als Vorteile dieser Büroform sprechen demnach auch die variable Nutzungsmöglichkeit der Fläche und die Fähigkeit der Kommunikationsförderung. Vor allem Tätigkeiten, die einer schnellen und spontanen Kommunikation zwischen den Mitarbeitern bedürfen, profitieren von dieser Büroform. Zudem wird das Teamwork der einzelnen Mitarbeiter gefördert.

Der große Nachteil ist allerdings die im Vergleich zu allen anderen Büroformen sehr hohe Lärmbelastung für die jeweiligen Mitarbeiter durch z. B. Telefonate und Gespräche der Kollegen. Zudem wird die Versorgung der Mitarbeiter mit Tageslicht und Frischluft als problematische angesehen. Gebäude mit Großraumbüros sind dennoch weit verbreitet und selbst in jüngsten Planungen ist diese Büroform wieder weit verbreitet, z. B. bei Call Centern.

Gruppenbüro

Die Gruppenbüros sind eine Weiterentwicklung vorgenannten Großraumbüros. Mit Hilfe von offenen Büros mit einer überschaubaren Gruppe von jeweils bis zu vier Personen sollen die negativen Merkmale des Großraumbüros umgangen werden, jedoch die Kommunikation zwischen den Mitarbeitern erhalten

7.5 Büroformen im Hinblick auf das Flächenmanagement

bleiben. Diese Büroform ist vor allem bei Projektarbeiten aufgrund ihrer kurzen Wege und der bestehenden, arbeitsübergreifenden Kommunikation ideal.

Auch hier werden die einzelnen Gruppenräume mit Stellwänden, Schränken oder Pflanzen von den übrigen Zonen getrennt. Eine Gruppenbüro-Landschaft misst zwischen 100 m² und 300 m². Die variable Gestaltung der Arbeitsplätze ist bei dieser Büroform allerdings kaum mehr vorhanden, da die Bindung an die vorgegebenen offenen Büros gegeben ist.

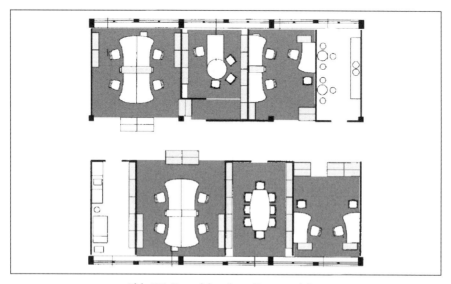

Abb. 77: Grundriss eines Gruppenbüros

Zellenbüros

Bis in die 1950er Jahre hinein war das Zellenbüro eine weit verbreitete Büroform in Europa, bevor die Form des Großraumbüros auch in Deutschland Einzug hielt. Nach wie vor sind Zellenbüros weit verbreitet und durch den privaten Charakter bei den Mitarbeitern auch sehr beliebt. Meist sind die einzelnen Büros rechts und links entlang eines Mittelflurs angeordnet, i. d. R. durch feste Wände voneinander getrennt und über eine Zwischentür miteinander verbunden. Somit ergeben sich bei Gebäuden mit Zellenstruktur meist zwei Verkehrswege. Als Vorteil dieser Büroform gelten das konzentrierte und durch Mitarbeiter ungestörte Arbeiten und die meist direkte Nähe des Arbeitsplatzes an einem Fenster mit Tageslichtzufuhr. Zudem besteht die Möglichkeit für den jeweiligen Mitarbeiter die Beleuchtung, Lüftung und Heizung individuell zu bestimmen. Die fehlende direkte Kommunikation zwischen den einzelnen Mitarbeitern, die längeren Wege sowie der enorme Flächenbedarf pro Arbeitsplatz können dagegen als Nachteil angeführt werden. Bei der Büroform mit Zellenstruktur lassen sich drei verschiedene Arten unterscheiden:

7 Flächenmanagement

a) Ein-Personen-Zellenbüro

Diese Zellenbüroform gilt als traditionelle Büroform, die in alten Verwaltungsgebäuden auch weiterhin weit verbreitet ist. Ein einzelnes Büro verfügt über eine Raumfläche von 10 m² bis 12 m². Als flächenwirtschaftlich günstigste Raumbreite hat sich in der Praxis zudem ein Maß von 1,50 m erwiesen. Diese Büroform ermöglicht dem einzelnen Mitarbeiter ein hohes Maß an konzentriertem Arbeiten, jedoch ist die direkte Kommunikation zwischen den einzelnen Mitarbeitern nicht vorhanden. Ein zusätzliches Problem aus flächentechnischen Gesichtspunkten stellt der enorme Platzbedarf je Mitarbeiter dar.

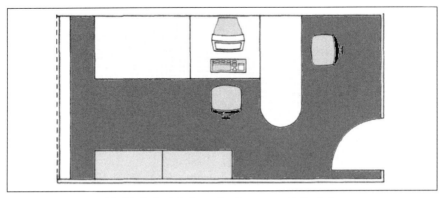

Abb. 78: Beispiel eines Ein-Personen-Zellenbüros

b) Zwei-Personen-/Mehr-Personen-Zellenbüro

Diese Form des Zellenbüros bietet sich vor allem dann an, wenn zwei oder mehrere Personen auf eine intensive Zusammenarbeit angewiesen sind. Die Raumfläche bei dieser Büroform beträgt ca. 25 m² – pro Arbeitsplatz somit wie-

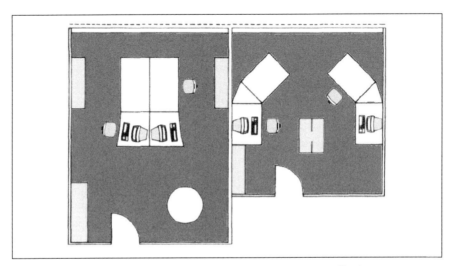

Abb. 79: Grundrissvarianten eines Zwei-Personen-Zellenbüros

7.5 Büroformen im Hinblick auf das Flächenmanagement

derum 10 m² bis 12 m². Der Vorteil dieser Zwei- oder Mehr-Zellenbüros liegt auf der Hand: Das ansonsten typische Fehlen der Kommunikation zwischen den Mitarbeitern wird hier auf kleinerer Ebene wieder aufgehoben. Dennoch bleibt auch hier das Problem, dass sich ein Mitarbeiter in seiner Konzentration durch den Kollegen gestört fühlen könnte.

Kombibüro

Das Kombibüro (auch Kokonbüro) besteht auf der einen Seite aus individuellen Arbeitskojen mit 10 m² Fläche, den so genannten Cockpits, und auf der anderen Seite aus einer gemeinschaftlichen Kommunikationszone. Somit versucht das Kombibüro, jeweils die Vorteile von Zellen- und Großraumbüro zu vereinen. Es kombiniert beide Raumkonzepte so, dass für die unterschiedlichen Arbeiten eine jeweils optimale räumliche Gegebenheit zur Verfügung steht und sowohl Teamarbeit als auch konzentrierte Einzelarbeit möglich sind.

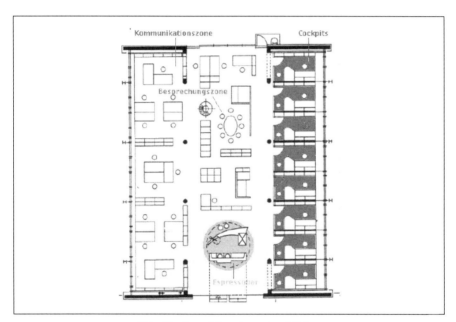

Abb. 80: Grundriss eines Kombibüros

Der Vorteil dieser Büroform liegt somit in der einzigartigen Möglichkeit, zwischen den beiden Arbeitsformen zu wechseln. Zudem gibt es im Kommunikationsraum einen Empfangs- und Besprechungsbereich, Steharbeitsplätze und zum Teil auch Espressobars oder Stehcafes. Laut Experten ist dies der erste Schritt in die richtige Richtung, denn es wird in Zukunft immer mehr nonterritoriale Büroformen geben.

Teambüro/Business Club

Das Teambüro – oder auch Business Club genannt – ist ohne Zweifel eine der modernsten Büroformen. Allerdings setzt es in einem Unternehmen auch eine zeitgemäße Organisations- und Arbeitsstruktur voraus. So treten an die Stelle von hierarchischer Struktur und damit verbundener Kontrolle Ergebnisorientierung und Effektivität. Zudem geht es von einem Arbeitsmodell aus, in dem immer weniger Mitarbeiter zu einer festen Zeit einen festen Platz zum Arbeiten brauchen. Somit muss dieser Arbeitsplatz auch nicht mehr permanent bereitgestellt werden. Die Arbeitszeiten und der jeweilige Arbeitsort werden somit immer flexibler. Viele Mitarbeiter sind heute schon arbeitsbedingt häufig unterwegs und arbeiten somit auch von unterwegs. Zudem besteht immer öfter die Möglichkeit, per Telearbeit auch von zu Hause aus zu arbeiten.

Die Merkmale eines Teambüros sind somit:

- Einzelarbeitsplätze, Gesprächszonen und Besprechungszimmer können von jedem Mitarbeiter flexibel genutzt werden.
- Der Mitarbeiter hat keinen fest zugewiesenen Arbeitsplatz mehr (nonterritorial). Er hat seine Arbeitsmaterialien in einem kleinen Rollcontainer und sucht sich jeden morgen einen neuen Arbeitsplatz. Somit führt er täglich an unterschiedlichen Arbeitsplätzen seine Arbeit aus.
- An jedem Arbeitsplatz sind variable Anschlüsse für Notebooks vorhanden. Jeder Arbeitsplatz ist somit auch technisch identisch ausgestattet.
- Die Mitarbeiter werden entweder mit schnurlosen Telefonen ausgestattet oder erhalten eine spezielle ID, mit der sie sich an jedem beliebigen Apparat anmelden können.
- Es gibt insgesamt weniger Arbeitsplätze als Mitarbeiter. Dies wird etwa im Verhältnis von 3 zu 5 gehalten, d.h. bei 100 Mitarbeitern stehen 60 Arbeitsplätze zur Verfügung.

Im Hinblick auf das Flächenmanagement verspricht diese Büro- und Arbeitsform eine enorme Flächeneinsparung, da nur noch für einen Teil der Beschäftigten ein reeller Arbeitsplatz bereitgestellt werden muss, der dann gemeinschaftlich von allen Arbeitnehmern in unterschiedlichen Zeitfrequenzen genutzt wird. Zudem reduziert sich der Flächenbedarf je Mitarbeiter.

Abschließend muss eine Unternehmung entscheiden, welche Büroform für die eigenen Mitarbeiter und für die Effizienz der Arbeit die beste ist. Um die richtige Büroform zu wählen, müssen drei Faktoren berücksichtigt werden (K-Faktoren):

- Kommunikation – sowohl intern als auch extern
- Kreativität der Mitarbeiter
- Konzentration des einzelnen Mitarbeiters

Es kommt im Vorfeld der Planung somit darauf an zu analysieren, wie hoch der jeweilige Anteil der K-Faktoren sein wird und sich daraufhin für eine Büroform zu entscheiden. Ist das konzentrierte Arbeiten des einzelnen Mitarbeiters in einer Unternehmung besonders wichtig, eignet sich das Zellenbüro hierfür

7.5 Büroformen im Hinblick auf das Flächenmanagement

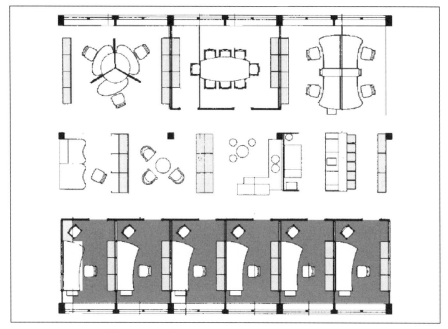

Abb. 81: Grundriss eines Teambüros/Business Club

wesentlich besser als z. B. der Business Club. Geht es jedoch um den Kommunikationsfluss zwischen den einzelnen Mitarbeitern und um die kreative Informationsverarbeitung, so liegen der Business Club und das Kombibüro weit vor der Zellenbüroform.

Welche der oben genannten Büroform letztendlich für welche Unternehmung eingesetzt wird, bleibt den jeweiligen Unternehmungen selbst überlassen.

Aufgrund der vielen möglichen Büroformen ist es allerdings für die Wettbewerbsfähigkeit eines Gebäudes wichtig, dass es über eine möglichst große räumliche Flexibilität verfügt. Darüber hinaus sollte ein professionelles Flächenmanagement eingesetzt werden, um die Flächenressourcen des Gebäudes auch bestmöglich auszunutzen.

7.5.3 Büroflexibilität

Das Wort „Flexibilität" bedeutet im Wirtschaftsleben „…die Fähigkeit, sich auf geänderte Anforderungen und Gegebenheiten einer Umwelt einstellen zu können. Sie weist auf eine umstellungsfähige und wenig festgefahrene […] Struktur hin." Bei Übertragung dieser Definition auf Büros und ihre Flächen im Allgemeinen, stellt diese eine Fläche in den Mittelpunkt, die ohne größeren Aufwand an Material und Zeit eine größtmögliche Wandelbarkeit besitzt und sich jeder Bürosituation bestmöglich anpassen kann.

7 Flächenmanagement

Die Betrachtung der Büroneubauten der letzten Jahre zeigt ein ähnliches bis gleiches Muster in Planung und Bau. Die Flexibilität der Büros und ihren Flächen beschränkte sich damals – und zum Teil auch noch heute – auf das reine Einbauen, Abreißen oder Versetzen von Trennwänden.

Im ehemals durch eine dominierende Stellung der Vermieter geprägten deutschen Immobilienmarkt waren solche Immobilien dennoch relativ einfach zu vermieten. Mit Verschlechterung der Vermietbarkeit im Bürosektor fanden aber auch diese Immobilien bald keine Mieter mehr. Im jetzigen nachfrageorientierten Markt sind diese Immobilien kaum oder nur sehr schwer zu vermieten, denn sie bieten den jeweiligen Mietern zu wenig Möglichkeiten, eine flexible Flächenplanung und Flächenbewirtschaftung durchzuführen. Der Entwicklung neuer Strategien zur Vermarktbarkeit solcher „Problem"-Immobilien, der Festlegung einer neuen, geeigneteren und vor allem flexibleren Flächenaufteilung müssen sich sowohl die Bauherren als auch die Investoren stellen.

Wesentlich hierbei ist das Thema Facility Management mit dem Bereich des Flächenmanagements. Idealerweise sollte bereits in der Planungsphase ein Manager mit dabei sein, um Planungsfehler zu beseitigen, bevor sie zur Ausführung kommen. Vor allem in der Flächen- und Büroplanung spielt ein ganzheitlicher Überblick über die Unternehmung und deren Kultur eine große Rolle, um z. B. nicht eine veraltete aber bisher immer gebrauchte Büroform in ein neues Gebäude zu stecken. Je früher das Flächenmanagement in die Gesamtplanung des jeweiligen Gebäudes mit eingebracht wird, desto größer stehen auch die Chancen, ein einheitliches und stimmiges Konzept zu liefern. Dies kommt zu einem späteren Zeitpunkt vor allem der Vermarktbarkeit der Immobilie und dem Büroflächennutzer zu Gute.

7.5.4 Praxisbeispiel der Landesbank Baden-Württemberg

Die Landesbank Baden-Württemberg (LBBW) hat im Juni 2005 in Stuttgart ihr bisher größtes Bauvorhaben erfolgreich abgeschlossen. Mit den Neubauten rund um den Pariser Platz, die aus drei Häusern und einem Hochhaus bestehen, entstanden 58.000 m^2 Bruttogeschossfläche mit rund 2.000 Arbeitsplätzen (vgl. Abb. 82). Diese neu entstandenen Arbeitsplätze werden allerdings nicht wie es in den Altgebäuden der Fall war in Ein- oder Mehrpersonen-Zellenbüros untergebracht, sondern erleben eine ganz neue Büroform.

Tatsächlich werden die Mitarbeiter in offenen Bürostrukturen arbeiten. Diese Landschaften mit den Gruppenarbeits- und Sonderzonen haben mit den herkömmlichen Großraumbüros nichts mehr gemein. Dennoch sind einige Mitarbeiter von den neuen Gruppenbüros nicht voll überzeugt, denn sie fürchten sich vor der Lärmbelastung und den damit verbundenen Auswirkungen auf ihre Konzentration. Dabei überrascht der Neubau u. a. auch durch seinen geringen Geräuschpegel in den Gruppenbüros. Dieser wurde mit Hilfe von hochwertigen Teppichböden und hohen Raumteilern zur Schalldämmung gemindert.

7.5 Büroformen im Hinblick auf das Flächenmanagement

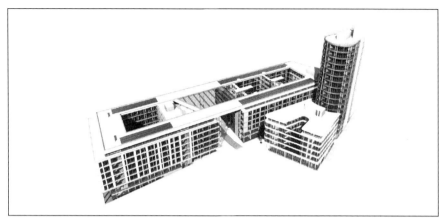

Abb. 82: Neubau der Landesbank Baden-Württemberg in Stuttgart

Eine Bürolandschaft ist im Vergleich zu Einer-, Zweier-, oder Dreierbüros eine vollkommen neue Arbeitswelt. Die Schreibtische stehen in losen Vierer- oder Dreiergruppen zusammen. Zu jedem Tisch gehört ein gut ein Meter hoher Rollcontainer, der sowohl für Arbeitsmaterial als auch persönliche Gegenstände Stauraum bietet.

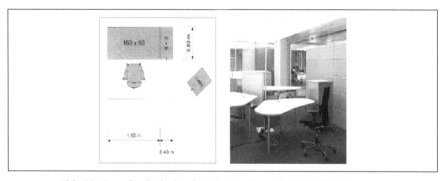

Abb. 83: Standardarbeitsplatz im Neubau der LBBW in Stuttgart

Zudem dienen die deckenhohen Raumteiler nicht nur als Schall- und Sichtschutz, sondern bieten auch reichlich Platz für Garderobe und Aktenordner. In den so genannten Sonderzonen oder Variozonen sind Extras für die Mitarbeiter untergebracht: Denkerzellen – in der Einzelarbeit oder intensive Gespräche möglich sind; Treffpunkt/Lounge – hier können im Sitzen oder Stehen bei einer Tasse Kaffee Themen besprochen werden; eine kleine Bibliothek bietet die Möglichkeit entspannt in Fachbüchern zu lesen. Trotz zusätzlichen Neuheiten erfordert das Arbeiten in einem solchen Gruppenbüro eine stärkere Abstimmung, vor allem was den Geräuschpegel des einzelnen Mitarbeiters betrifft. Ähnlich wie in einer Wohngemeinschaft gilt es auch hier mehrere Interessen unter einen Hut zu bringen: Eine Heizung, die sich nicht individuell pro Arbeitsplatz regulieren lässt, offene Fenster und das Thema der Jalousien mit der Problematik, wann sie bei Sonnenlicht heruntergelassen werden. Die eine oder andere Diskussion wird sich in diesem Fall sicherlich nicht vermeiden lassen. Den meisten Mitarbeitern blieb das „Desksharing" jedoch erspart, da momentan keine weiteren Mietverhältnisse seitens der LBBW aufgelöst werden und so momentan keine weiteren Mitarbeiter in den Neubauten untergebracht werden müssen.

Abb. 84: Denkerzelle, Grundmodel und Lounge des LBBW Neubaus

Eine Abteilung, bei der das Desksharing jedoch eingeführt wurde, ist die Abteilung des Communication Centers der LBBW. In diesem Call Center werden jährlich mehr als eine Million Kontakte abgewickelt. Die Mitarbeiter, alle qualifizierte Bankkaufleute, geben Auskunft zu allen Fragen rund um das Thema Bank- und Finanzdienstleistung, dienen als Hotline für das Onlinebanking, nehmen Aufträge für den Giro- und Zahlungsverkehr sowie den Wertpapierhandel entgegen und sperren auch verloren gegangene Kreditkarten.

Um all diesen Aufgaben auch gerecht zu werden, arbeitet das Communication Center mit seinen Mitarbeitern 65 Stunden pro Woche im dynamischen Schichtbetrieb. Etwa die Hälfte der Beschäftigten sind Teilzeitkräfte, was wiederum bedeutet, dass das Center mit weniger Arbeitsplätzen auskommt als Mitarbeiter beschäftigt sind. Diese Teilzeitmitarbeiter haben nun im Neubau keinen eigenen Schreibtisch mehr, sondern teilen sich einen Arbeitsplatz mit einem oder mehreren Kollegen (= Desksharing). Wer morgens um acht Uhr Arbeitsbeginn hat sitzt in aller Regel am gleichen Platz. Wer jedoch später anfängt sucht sich einen freien Schreibtisch. Die persönlichen Arbeitsutensilien werden in einem Caddy verstaut, der etwa doppelt so hoch ist wie ein normaler Schreibtischcontainer. Abends oder am Ende der Arbeitsschicht werden alle persönlichen Arbeitsutensilien wieder in den Caddy verstaut und dieser an speziellen Caddystationen geparkt.

Rückblickend auf die Einführungsphase waren die meisten Befürchtungen bezüglich der neuen Gruppenbüros in den Neubauten der Landesbank Baden-Württemberg unbegründet. Denn im Gegenteil hat sich in den einzelnen Abteilungen das Gruppenarbeitsklima verbessert und viele der Mitarbeiter würden ihren jetzigen Arbeitsplatz nicht mehr gegen ein Einzelbüro tauschen. Dies zeigt sich auch in einer von der LBBW beauftragten Umfrage des Fraunhofer Institutes.

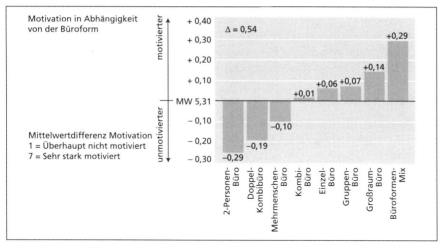

Abb. 85: Motivation in Abhängigkeit von der Büroform

7.6 Kennzahlen im Flächenmanagement (Flächencontrolling)

7.6.1 Kennzahlengruppen

Wie in vorigem Kapitel definiert, gehören zum Inhalt des Flächenmanagements nicht nur die klassischen Felder der Flächenplanung, Flächenbewirtschaftung und Flächenverwaltung, sondern auch das Flächencontrolling, das mit Hilfe von Kennzahlen betrieben wird. Zum Thema Kennzahlen ist festzustellen, dass grundsätzlich sehr viele Kennzahlen in der Immobilienwirtschaft denkbar sind. Es muss jedoch geprüft werden ob sie auch aussagekräftig sind und für wen sie sinnvoll erscheinen. Immobilienwirtschaftliche Kennzahlen können grundsätzlich in vier Gruppen eingeteilt werden:

Portfoliokennzahlen

Sie geben Informationen über das jeweilige Immobilienportfolio und werden im CREM bzw. Portfoliomanagement eingesetzt. Beispiele hierfür wären: Fläche je m² nach Nutzungsart oder Region sowie Eigen-/Fremdnutzungsverhältnis.

Performancekennzahlen

Sie liefern Informationen, die sich auf die jeweilige Performance des Immobilienbestandes beziehen und werden im CREM eingesetzt. Beispiele hierfür wären: Umsatz pro m², Gesamtperformance einer Immobilie.

7 Flächenmanagement

Kostenkennzahlen

Sie geben Informationen über die Kosteneffizienz der erbrachten Leistungen und werden im operativen FM eingesetzt. Beispiele hierfür wären: Liegenschaftskosten je m², in % des Umsatzes oder je Mitarbeiter.

Flächenkennzahlen

Sie geben Informationen über die Effizienz der Flächennutzung und werden im operativen und strategischen FM sowie im CREM eingesetzt. Bsp. hierfür: Fläche in m² je Mitarbeiter, pro Arbeitsplatz oder pro Abteilung, Leerstand je m².

Von allen vier Kennzahlenbereichen besitzen jedoch die Flächenkennzahlen und Kostenkennzahlen für Kontroll- und Steuerungsaufgaben im Facility Management die größte Aussagekraft.

Grundsätzlich muss bei der Kennzahlendefinition auf die Aussagefähigkeit geachtet werden. So darf das jeweilige Ergebnis bspw. nicht absolut betrachtet werden, sondern es muss relativ angesehen und zudem immer interpretiert werden.[344]

7.6.2 Mögliche Kennzahlenbildung

In den meisten Fällen, in denen mit Flächenkennzahlen gearbeitet wird, steht die Kennzahlenbildung der Fläche je Mitarbeiter und der Fläche je Arbeitsplatz im Mittelpunkt. Neben diesen beiden Werten können jedoch auch andere Größen ermittelt werden:

- **Grundflächenzahl (GRZ)**
Sie gibt den Anteil einer Grundstücksfläche (in Prozent) an, die mit einem Gebäude überbaut werden kann. Aufgrund der heutigen Grundstückskosten spielt die Ausnutzung des Grundstückes eine wichtige Rolle. Bsp.: Grundstück mit 800 m² hat eine GRZ von 0,5 – dies bedeutet, dass mit dem jeweiligen Gebäude eine Grundstücksfläche von 400 m² überbaut werden kann.

- **Geschossflächenzahl (GFZ)**
Sie gibt an, wie hoch das Verhältnis der gesamten Geschossfläche aller Vollgeschosse des jeweiligen Gebäudes zu der dazugehörenden Grundstücksfläche maximal sein darf. Zu beachten ist hier, dass die GFZ nicht aus der BGF berechnet werden darf, sondern nur aus den Flächen aller Vollgeschosse. Somit dürfen nur die oberirdisch liegenden Flächen gerechnet werden und nicht unterirdische wie z. B. der Keller. Sowohl die GFZ als auch die zuvor genannte GRZ finden im Flächenmanagement allerdings keine große Bedeutung.

- **Verhältnis Bruttorauminhalt zu Brutto-Grundfläche (BRI/BGF)**
Diese Kennzahl gibt das Verhältnis der Kubatur und der gesamten Geschossfläche eines Gebäudes an. Eine hohe Zahl bedeutet eine große Kubatur im Verhältnis zur Gesamtfläche. Dies drückt sich im Gebäude durch einen großzügigen Raumeindruck (hohe Decken) aus. Es bedeutet allerdings auch höhere

---
[344] Vgl. Braun, H-P. et al (Hrsg.) (2004), S. 55.

Investitionskosten und vor allem höhere Betriebskosten (z. B. durch erhöhte Heizkosten). Auch diese Kennzahl wird jedoch selten hinzugezogen.[345]

- **Flächennutzungsgrad (NF/BGF)**

Der Flächennutzungsgrad ist ein Maß für die Ausnutzung der Gesamtfläche für den jeweiligen Nutzungszweck. Da dieser i. d. R. durch die Nutzfläche (NF) repräsentiert wird, lässt sich der Flächennutzungsgrad durch das Verhältnis NF/BGF errechnen. Er sollte bei Bürogebäuden (ohne Klima, ohne Berücksichtigung von Küche und Tiefgarage) bei mindestens 55 % liegen. Der Flächennutzungsgrad lässt allerdings keine Aussage darüber zu, inwieweit die Nutzfläche tatsächlich zweckentsprechend belegt ist oder evtl. teilweise leer steht (vgl. GEFMA-Richtlinie 130).

- **Flächenbelegungsgrad**

Der Belegungsgrad gibt an, zu welchem Anteil eine Gesamtfläche belegt ist. Zudem gibt er Aufschluss über Reserveflächen in einem Gebäude.

Bei dieser Kennzahl ist zu unterscheiden zwischen:

- Flächenanteiliger Belegungsgrad:
  Dieser gibt an, zu welchem Flächenanteil eine verfügbare Fläche zum Stichtag belegt ist, z. B. können an einem Stichtag 75 % der verfügbaren Mietfläche eines Gebäudes vermietet sein.
- Zeitanteiliger Belegungsgrad:
  Dieser Belegungsgrad gibt an zu welchem Zeitanteil eine verfügbare Fläche belegt ist.
- Raumanteiliger Belegungsgrad:
  Hier wird angegeben, zu welchem Anteil eine verfügbare Fläche belegt ist, bezogen auf alle verfügbaren Räume. Diese Kennzahl findet häufig im Hotelgewerbe ihre Anwendung.
- Gesamt-Belegungsgrad:
  Dieser gibt sowohl die Flächen- als auch den Zeitanteil wieder. Bsp.: In einem Bürogebäude mit 10.000 m² Mietfläche waren sechs Monate 8.000 m² belegt, die übrigen sechs Monate nur 7.000 m². Der Belegungsgrad im Jahresmittel errechnet sich daraus wie folgt: (80 % x 6/12) + (70 % x 6/12) = 75 %.

Bei der Ermittlung des Belegungsgrades werden nicht vermietete Flächen (Leerstand) nicht mit einbezogen. Die Belegung im Sinne des Belegungsgrades ist zudem zur tatsächlichen Nutzung zu unterscheiden. Ein Mieter kann eine Mietfläche belegen (= anmieten), faktisch aber ungenutzt lassen.

- **Spezifischer Flächenbedarf**

Diese Kennzahl gibt die Grundfläche je Nutzungseinheit wieder. Eine Nutzungseinheit kann dabei ein Arbeitsplatz in einem Büro sein oder auch eine Fertigungseinheit in einem Produktionsbetrieb. Übliche spezifische Flächenbedarfskennzahlen sind z. B.:

---

[345] Vgl. Zechel, P. (2005), S. 64 f.

7 Flächenmanagement

- Kombibüro: 10–12 m² NF/Büroarbeitsplatz
- Zellenbüro: 10–15 m² NF/Büroarbeitsplatz
- Großraumbüro: 8–15 m² NF/Büroarbeitsplatz

Diese Zahlen sind jedoch nicht fix, denn es ergeben sich aufgrund von unternehmensspezifischen und standortbedingten Anpassungen enorme Schwankungsbreiten. Hier spielt zudem auch die unterschiedliche Art der Bürotätigkeit eine entscheidende Rolle.

- **Verhältnis Nutzfläche zur Netto-Grundfläche (NF/NGF)**

Diese Kennzahl zeigt den Anteil der produktiven Nutzfläche im Verhältnis zur gesamten Netto-Grundfläche eines Gebäudes auf. Aufgrund der hohen Nutzungskosten eines Gebäudes ist dies eine entscheidende Kennzahl geworden. Bei einer optimalen Nutzung sollte diese Kennzahl zwischen 68 % und 78 % liegen.[346]

- **Verhältnis Nutzfläche zur Anzahl der Büroarbeitsplätze**

Diese Kennzahl ist vor allem für die Auswahl und den Vergleich zwischen Büroformen eine relevante Größe, denn sie differiert je nach Form des Büros enorm. Während die Bürofläche pro Arbeitsplatz bei Zellenbüros relativ hoch ist, nimmt sie zum Business Club hin immer mehr ab. Aufgrund dieser Gruppenbüros/Business Clubs gilt auch der Trend: „Je mehr Menschen in einem Unternehmen arbeiten, desto effizienter können die Flächen genutzt werden."

- **Verhältnis der Nutzfläche zur Anzahl der Mitarbeiter**

Mit Hilfe dieser Kennzahl ist der Büroplatzbedarf der einzelnen Mitarbeiter ersichtlich. Außerdem lassen sich z. B. Vergleiche zwischen mehreren Abteilungen ziehen, um zu erkennen welche Abteilung einen besseren und günstigeren Belegungsgrad erreicht. Benötigt eine Abteilung A z. B. im Durchschnitt 20 m²/Mitarbeiter und eine Abteilung B nur 14 m²/Mitarbeiter, so muss hinterfragt werden wie es zu so einer unterschiedlichen Verteilung kommen kann und welche Ursachen dafür vorliegen. In den meisten Fällen liegt es an einer unterschiedlichen Büroform in den jeweiligen Abteilungen. So könnten in diesem Beispiel die Mitarbeiter der Abteilung A in Einzelbüros untergebracht sein, die Mitarbeiter der Abteilung B jedoch in einem Gruppenbüro.[347] Zudem ist in diesem Zusammenhang auch auffällig, dass ein ständig steigender Flächenbedarf dort vorhanden ist, wo keine interne Leistungsverrechnung (= internes Mietmodell) für genutzte Flächen erfolgt. Eine Reduzierung kann hier über Controlling und ein kostenstellenorientiertes Flächenmanagement erreicht werden.[348]

Werden im Flächenmanagement jedoch Kennzahlen benötigt, so wird meist die jeweilige Fläche je Mitarbeiter ausgegeben.

---

[346] Vgl. Zechel, P. (2005), S. 64f.
[347] Vgl. Braun, H-P. et al (Hrsg.) (2004), S. 54f.
[348] Vgl. ebenda, S. 56.

7.6.3 Büroflächenkennzahlen in der Praxis

Je nach Art und Umfang der Unternehmung bestehen für die jeweiligen Mitarbeiter unterschiedliche Büroformen und somit auch unterschiedlich große Büroflächen. In der Praxis wird i. d. R. die Gesamtbürofläche einer Unternehmung ermittelt und diese dann durch die Anzahl der Mitarbeiter geteilt. Als Resultat lässt sich die individuelle Büroflächenkennziffer der Unternehmung – gemessen in m² pro Person – erkennen.

Im Praxismarktbericht von Jones Lang LaSalle wurden 210 Unternehmungen befragt, die über eine Bürogesamtfläche von mehr als 284.000 m² verfügen. Im Mittelwert (Median) über alle befragten Unternehmungen ergibt sich eine relativ hohe Flächenkennziffer von 31,0 m². Dies bedeutet, dass die Hälfte der Befragten ihren Beschäftigten mehr Fläche zur Verfügung stellen, die andere Hälfte dagegen weniger. Bei Vergleich dieser Flächenkennziffer mit den Vorjahren lässt sich jedoch eine Reduzierung der Bürofläche je Beschäftigtem erkennen, sodass sich das Niveau wieder auf dem Stand von Juli 2002 befindet. Zurückzuführen ist dies nach dem Marktbericht darauf, dass die Unternehmungen bei der Einstellung von neuen Mitarbeitern bereits bestehende und freie Flächenkapazitäten ausgenutzt haben, ohne zusätzliche Flächen anzumieten.

Grundsätzlich gilt auch hier: Je mehr Menschen in einer Unternehmung beschäftigt sind, desto effizienter können Flächen genutzt werden. Dies liegt vor allem daran, dass in größeren Unternehmungen Büroformen wie der Business Club gelebt werden. Hinzu kommt, dass in diesen Unternehmungen der Pro-Kopf-Anteil an gemeinschaftlich genutzten Flächen geringer ausfällt. Der Marktbericht zeigt zudem, dass je größer eine Unternehmung ist, desto niedriger auch die Flächenkennziffer im Mittel ist.

Bei Betrachtung ausgewählter Branchen zeigt der Marktbericht keine großen Unterschiede bei der Analyse des durchschnittlichen Flächenverbrauchs der typischen Dienstleistungsbranchen.

Branche	Anzahl Unternehmen	Büroflächenkennziffer in m² pro Mitarbeiter
Banken, Finanzdienstleister	21	32,4
EDV	23	30,7
unternehmensbez. Dienstleister	50	29,7
Bau, Immobilien	23	28,5
Verlagswesen, Medien	11	27,9

Abb. 86: Büroflächenkennziffern ausgewählter Branchen

Die gewählte Organisations- und Bürostruktur beeinflusst hingegen sehr stark die Flächenkennziffer. So haben Unternehmungen, die auf ihrer Bürofläche Einzelbüros untergebracht haben die höchste Flächenkennziffer. Eine dichtere Belegung ist dagegen in Großraumbüros und Business Clubs möglich und hier liegt die Kennziffer somit auch deutlich niedriger.

7 Flächenmanagement

Das befragte Unternehmen hat u. a. ...	Anzahl Unternehmen	Flächenkennziffer in m² pro Mitarbeiter
Einzelbüros	174	31,2
Teambüros	139	30,3
Großraumbüros	50	26,7
Bürolandschaft	10	24,3

Abb. 87: Büroflächenkennziffer je Büroform

7.7 Prozessablauf eines effizienten Flächenmanagements

7.7.1 Hauptprozesse des Flächenmanagements

Grundsätzlich ist es an dieser Stelle ratsam, den Prozessablauf des Flächenmanagements in einen Hauptprozess und mehrere Nebenprozesse zu unterteilen, um einen möglichst ganzheitlichen Überblick zu vermitteln.

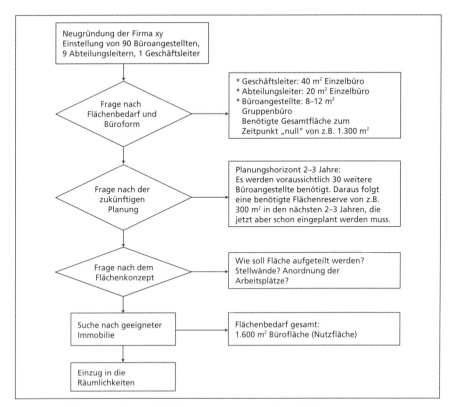

Abb. 88: Stark vereinfachter Hauptprozess im Flächenmanagement

7.7 Prozessablauf eines effizienten Flächenmanagements

Der Hauptprozess bezieht sich dabei auf die ersten Kernfragen des Flächenmanagements, die bei der Gründung einer Firma auftreten. Im unten stehenden, stark vereinfachten Beispiel bezieht sich dieser Prozess auf die Neugründung einer Unternehmung im Zeitpunkt „null" bis hin zum Einzug in die Unternehmensräume.

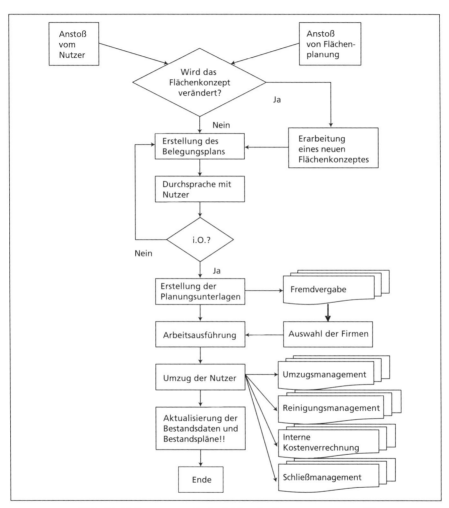

Abb. 89: Nebenprozessbeispiel im Flächenmanagement[349]

Obwohl grundsätzlich immer eine möglichst hohe Flächenbelegung (= geringer Leerstand) anzustreben ist, müssen in angemessenem Umfang Reserveflächen eingeplant und vorgehalten werden. Diese dienen als Puffer, z. B. für kurzfristige zusätzliche Arbeitsplätze in Spitzenzeiten, für Zwischenlagerplätze bei Umzügen oder für zukünftige Einstellungen. Diese Reserveflächen sollen aber

---
[349] Vgl. Robert Bosch Arbeitshandbuch Facility Management (o.J.), S. 2.

auch zwischenzeitlich anders genutzt werden können und müssen auch kurzfristig umnutzbar sein. Somit steht auch hier die Flexibilität im Mittelpunkt. Richtwerte für die erforderliche Größe dieser Reserveflächen muss jede Unternehmung intern aus eigenen Erfahrungen ableiten.

7.7.2 Nebenprozesse des Flächenmanagements

Ein Nebenprozess des Flächenmanagements kann u. a. die Belegungsplanung einer Bürofläche darstellen. Hierbei lassen sich auch sehr schön die Schnittstellen mit anderen Facility Management Bereichen aufzeigen, z. B. mit der Fremdvergabe, dem Umzugsmanagement, dem Reinigungsmanagement, dem Schließmanagement und dem kaufmännischen Gebäudemanagement aufgrund der internen Kostenverrechnung.

Facility Management im Immobilien-Lebenszyklus

8

8.1 Einführung

Immobilien unterliegen, wie auch andere Güter einem Lebenszyklus, der gesteuert und beeinflusst werden kann. Es bestehen jedoch einige Unterschiede, z.B. zu Gebrauchsgütern, die eine Lebenszyklusbetrachtung bei Immobilien umso notwendiger machen. Das vergleichsweise hohe Investitionsvolumen, lange Herstellungsdauer, Heterogenität und lange Lebensdauer unterscheiden die Immobilie im Wesentlichen von anderen Gütern. Hinzu kommt noch, dass ein Gebäude nach der Herstellung nur mit großem Aufwand verändert werden kann.[350]

Hier setzt der Lebenszyklusgedanke des Facility Management an. Es geht bei der Lebenszyklusbetrachtung in erster Linie darum, bereits vor der Erstellung der Immobilie den gesamten Zyklus zu überblicken und so den Nutzen zu steigern und gleichzeitig die Gesamtkosten zu optimieren. Das Ziel ist es, die Instrumente des Facility Managements frühzeitig einzusetzen und der geplanten Nutzung in punkto Qualität, Quantität und Kosten anzupassen. Die Verkürzung wirtschaftlicher Lebenszyklen von Immobilien kommt dem Life-Cycle-Costs-Ansatz entgegen, denn durch die kürzeren Betrachtungszeiträume steigt die Informationsdichte (vgl. GEFMA-Richtlinie 220-1). Daher birgt die Lebenszyklusbetrachtung eines Gebäudes Potenziale, die mit dieser Betrachtung gehoben werden können. In diesem Kapitel sollen verschiedene Ansätze zur Betrachtung des Immobilien-Lebenszyklus und die Leistungen des Facility Management in diesem Zusammenhang aufgezeigt werden. Formale Grundlagen zur Strukturierung und Erfassung der Lebenszykluskosten einer Immobilie zeigt die nachfolgende Übersicht:

DIN 18960	Nutzungskosten im Hochbau	Februar 2009
DIN 276	Kosten im Bauwesen	Dezember 2008
DIN 32736	Gebäudemanagement	August 2000
GEFMA 100	Facility Management	Juli 2004
GEFMA 200	Kosten im Facility Management	Juli 2004
GEFMA 220	Lebenszykluskostenrechnung im FM	September 2010
VDI 2067	Wirtschaftlichkeit gebäudetechnischer Anlagen	September 2000
	Leitfaden Nachhaltiges Bauen	Januar 2001, Entwurf 2011
DGNB – Kriteriensteckbrief NBV09-16 v 2.0		2009

Abb. 90: Übersicht der Lebenszykluskosten in der Literatur

---
[350] Vgl. Gondring, H. (2009), S. 19 f.

8.2 Grundlagen des Life-Cycle-Cost-Ansatzes (LCCA)

8.2.1 Wesentliche Inhalte des LCCA

Die Immobilie wird im Facility Management einer Lebenszyklus-Betrachtung unterzogen. Die modellhafte Darstellung einzelner Phasen gestattet eine systematisierte Veranschaulichung, die im Allgemeinen bei Produkten im Rahmen der Wirtschaftswissenschaft herangezogen wird. Ein vereinfachtes Modell ermöglicht die Feststellung und Entwicklung standardisierter und allgemeingültiger Prozesse beim heterogenen und komplexen Gut Immobilie. Hierbei spielen insbesondere die in den jeweiligen Phasen des Lebenszyklus entstehenden Kosten eine Rolle.

Bevor Aussagen zu Kosten getätigt werden können, muss der Begriff definiert werden. Denn der Kostenbegriff nach der DIN ist ein anderer als in der Betriebswirtschaftslehre. Während die Kosten von der Betriebswirtschaftslehre als betriebsbedingter Werteverzehr von Produktionsfaktoren zur betrieblichen Leistungserstellung einer Rechnungsperiode definiert werden, betrachtet die Definition nach DIN aus betriebswirtschaftlicher Sicht lediglich die Ein- und Auszahlungen[351] (pagatorischer Kostenbegriff).

Kosten im Hochbau sind Aufwendungen für Güter, Leistungen und Abgaben, die für die Planung und Ausführung von Baumaßnahmen erforderlich sind. Die Definition ist in der DIN 276 festgelegt und beschreibt die anfallenden Kosten zur Erstellung der baulichen Anlage.[352] Die DIN 18960 und 32736 definieren dagegen die Nutzungskosten.[353] Dabei hat sich die DIN 32736 in Deutschland

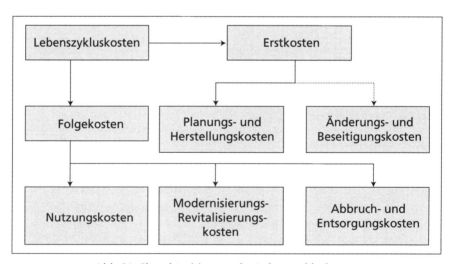

Abb. 91: Charakterisierung der Lebenszykluskosten

---

[351] Vgl. Riegel, G. W., Ein softwaregestütztes Verfahren zur Prognose und Beurteilung der Nutzungskosten von Bürogebäuden, S. 17.
[352] Vgl. Fröhlich, P.J., Hochbaukosten – Flächen – Rauminhalte, S. 20.
[353] Vgl. ebenda, S. 177.

stärker etabliert und wird von der GEFMA als Grundlage für den Teilleistungsbereich in der Betriebs- und Nutzungsphase verwendet (vgl. GEFMA-Richtlinie 100-2). Lebenszykluskosten setzen sich aus der Summe aller Kosten zusammen, die im Laufe der Lebensspanne bei der Erstellung, Nutzung und Verwertung einer Immobilie anfallen.[354] Die Kosten können in Erst- und Folgekosten aufgeteilt werden, wobei die Übergabe an den Nutzer die Schnittstelle darstellt.[355]

8.2.2 Ziele und Fragestellungen des Life-Cycle-Cost-Ansatzes

In der gegenwärtigen Betrachtung eines Bauprozesses ist festzustellen, dass die Nutzungsphase in der Entstehungsphase eine untergeordnete Rolle spielt. Daher werden Bewirtschaftungskonzepte in der Entstehungsphase nicht ausreichend ausgearbeitet. Das liegt u. a. daran, dass der Begriff Erfolg in der Bauphase nicht mit dem Erfolg in der Nutzungsphase einhergeht. In der Struktur des traditionellen Bauprozesses wird der Erfolg daran gemessen, ob Herstellungskosten, Termine und Beschaffenheit der zu erstellenden Immobilie eingehalten wurden. Die Folgekosten werden jedoch nicht als ein Erfolgskriterium im Bauprozess mit eingebunden. Aus der Sicht des Facility Managements muss der Erfolg neu definiert werden.[356] Da eine Erfolgsfeststellung nur durch einen Soll-Ist Vergleich abschließend ermittelbar ist, ergibt sich die Problematik für den Facility Manager den tatsächlichen Erfolg bereits in der Planungsphase zu beziffern.

Infolge dessen mangelt es den Unternehmen am Bewusstsein der Dimension der Kosten von Immobilien. Die Schnittstellenproblematik zwischen Planungs- und Nutzungsphase erschwert die einheitliche Erfassung und Zuordnung der Kosten. Die stark abnehmende Beeinflussbarkeit der Nutzungskosten nach der Herstellung einer Immobilie verstärkt den Effekt zusätzlich.[357] Dem Grundgedanken des LCCA liegen zwei Thesen zugrunde. Die besagen, dass die Nutzungskosten ein Vielfaches der Herstellungskosten eines Gebäudes darstellen und dass sie überwiegend in der Planungs- und Ausführungsphase determiniert werden.[358]

Einer Investitionsentscheidung für eine Produktionsanlage liegt eine dynamische Lebenszykluskostenanalyse zugrunde, die eine objektive und präzise Planung ermöglicht und den gestifteten Nutzen während der gesamten Laufzeit dagegenstellt. Dieser Gedanke liegt auch bei der Betrachtung der Immobilie zugrunde. Auf diese Weise kann bereits in der Planung die Wirtschaftlichkeit in Abhängigkeit des vorherbestimmten Zeitraums, zumindest als eine Zielgröße, vorgegeben werden. Die Heterogenität von Immobilien erschwert den LCCA.

---

[354] Vgl. Graubner, C., Life Cycle Costs-Lebenszykluskosten, in: Zehrer, H./Sasse, E. (Hrsg.) (2005), S. 3.
[355] Vgl. Riegel, G. W., a. a. O., S. 18.
[356] Vgl. Krimmling, J. (2005), S. 25f.
[357] Vgl. Schäfers, W., Strategisches Management von Unternehmensimmobilien, S. 66f.
[358] Vgl. Bogenstätter, U., Der Lebenszyklus eines Gebäudes, in: Kippes, S./Sailer, E. (Hrsg.) (2005), S. 340.

8 Facility Management im Immobilien-Lebenszyklus

Dazu kommen die Langlebigkeit und Komplexität des Gutes als hinderliche Faktoren.[359]

Die Lebenszykluskostenberechnung ist mit der Betrachtung der Gesamtkosten ein Managementwerkzeug für die Bestimmung der vorteilhaftesten Ausführungsalternative über den gesamten Zyklus gesehen. Je nach Differenzierungsgrad kann diese Betrachtung auf verschiedenen Ebenen gemacht werden. Es können die Gebäude-, Bauteil- und Anlagenebene betrachtet werden. Mit Hilfe einer solchen Berechnung lässt sich überprüfen, ob sich eine höhere Anfangsinvestition zu Gunsten niedrigerer Folgekosten lohnt.

Wie Abb. 92 zeigt, ist der Immobilienzyklus als ein Gesamtprozess zu sehen, der sich in Einzelprozesse aufteilt:

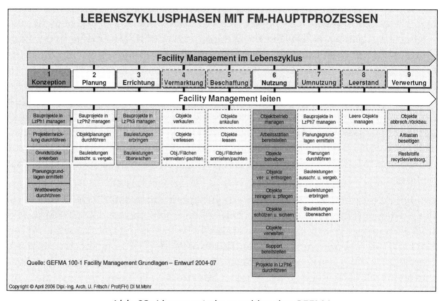

Abb. 92: Linearer Lebenszyklus der GEFMA

Der Management-Gedanke implementiert ein Lebenszyklus umfassendes System. Das Ziel ist, diesen Ansatz in die Realität umzusetzen. Das systematische Auseinanderfallen aufgrund der Vielzahl von Beteiligten in der Praxis erschwert die Betrachtung als einen Gesamtprozess. Daher ist dieser Gedanke umso wichtiger, um das Schnittstellenmanagement durch den perioden- bzw. phasenübergreifenden Einsatz des Facility Managements in der Praxis umzusetzen. Die Periodenbetrachtung ist dabei ein Instrument des Controllings, das der Erreichung des Ziels, welches sich aus der Lebenszyklusbetrachtung ergibt, dient. Die Fragestellung beschäftigt sich also damit, bereits in der Planung die gesamte Lebensspanne eines Gebäudes mit Anfang und Ende, in der Gesamtheit seiner Kosten zu erfassen und die notwendigen Vorkehrungen für eine optimale Nutzung zu treffen.

---

[359] Vgl. Graubner, C., a. a. O., S. 2 f.

8.3 Elemente des Life-Cycle-Cost-Ansatzes

8.3.1 Ansätze zur Lebenszyklusbetrachtung der Immobilie

Die Dauer des einmal durchlaufenen Lebenszyklus differiert je nach Art und Nutzung der baulichen Anlagen. Außerdem gibt es zwei Betrachtungsweisen, die zeitlich wesentlich auseinander liegen können. Die eine ist die technische und die andere ist die wirtschaftliche Lebensdauer einer Immobilie. Die **technische Lebensdauer** bezieht sich rein auf den physischen Zustand der Immobilie.[360] Es ist die Lebenserwartung in der ein Gebäude unter Einbeziehung der notwendigen Instandhaltungsmaßnahmen und der für das Gebäude vorgesehenen Nutzung, seinen Funktionen und dem bestimmungsgemäßen Gebrauch technisch genügen kann. Diese wird von der Qualität der Grundstoffe und der Ausführung bei grundlegenden Bestandteilen bzw. der Primärstruktur des Gebäudes entscheidend beeinflusst. Die Instandhaltungsqualität und äußere Einflüsse spielen ebenso eine Rolle wie die konstruktive Abhängigkeit einzelner Komponenten.[361]

Für die Bestimmung der **wirtschaftlichen Nutzungsdauer** ist eine breite Datenbasis mit den entsprechenden Parametern notwendig. Dies sind z. B. Kostenrechnungen im Grundstücksbetrieb, umfassende Objektdaten, Kenntnis der technischen Lebensdauer und der betriebsgewöhnlichen Nutzungsdauer sowie die Aktivierung von Reparaturen. Eine Computeranalyse kann durch eine fraktale Abschreibung der Anlagengegenstände die wirtschaftliche Nutzungsdauer der gesamten Anlage beschreiben. Die fraktale Abschreibung ist ein Bestandteil der Kosten- und Leistungsrechnung (KLR) und korrespondiert somit nicht mit dem Werteverzehr, der durch das Steuerrecht bedingt ist. Also beschreibt der Begriff der wirtschaftlichen Nutzungsdauer, bis wann ein Gebäude spätestens zu ersetzen oder zu erneuern ist, um die Wirtschaftlichkeit des Grundstücks zu erhalten. Die Nutzungsdauer wird durch verschiedene Aspekte wie den technischen Fortschritt, Marktsituation, Konjunktur und die Intensität der Nutzung sowie die technische Lebensdauer beeinflusst bzw. begrenzt.[362]

Aufgrund steigender Anforderungen und kürzer werdender wirtschaftlicher Lebenszyklen von Immobilien steigt die Bedeutung der Lebenszyklusbetrachtung, da es für den Investor gilt, die Investition auf einen kürzeren Zeitabschnitt zu planen. Damit verkürzt sich tendenziell der Amortisationszeitraum. Um eine zielgenaue Analyse zu tätigen, muss der Zyklus zwar als ein Prozess gesehen werden, jedoch ist es in der Umsetzung wichtig, dass die einzelnen Phasen in Teilabschnitte, ähnlich wie beim Projektmanagement, differenziert werden. Es gibt unterschiedliche Ansätze, einen Lebenszyklus darzustellen. Die Differenzierung basiert im Wesentlichen auf den verschiedenen Perspektiven des Betrachters.

---

[360] Vgl. Sasse, E., a.a.O., S. 3f.
[361] Vgl. Herzog, K., Lebenszykluskosten von Baukonstruktionen, S. 37f.
[362] Vgl. Oppitz, V., Liegenschaftszins und wirtschaftliche Nutzungsdauer – ein Berechnungsvorschlag, in: GuG 1999 Nr. 3, S. 155ff.

8 Facility Management im Immobilien-Lebenszyklus

Grundsätzlich gibt es zwei verschiedene Ansätze für den Lebenszyklus in der zeitlichen Betrachtung. Der eine bezieht sich mehr auf das Gebäude und besteht aus einer endenden Sequenz. Dieser Ansatz orientiert sich an einer Lebensspanne. Der zweite Ansatz basiert auf einem unendlichen Kreislaufgedanken.[363]

Die **GEFMA** (Richtlinie 100-1) bedient sich zweier Modelle mit neun Phasen, die sich auf den Lebenszyklus beziehen. Die lineare Darstellung wird dem Gedanken und der Begrifflichkeit des Lebenszyklus nicht gerecht (vgl. Abb. 93). Denn das Wort „Zyklus" ist definiert als ein regelmäßig wiederkehrender Kreislauf von Abläufen. Der Kreislauf findet zwar mit der Sanierung eines Gebäudes einen erneuten Anfang, wird jedoch spätestens beim Abriss in der Verwertungsphase nicht weiter verfolgt. Deswegen darf diese Betrachtung des Zyklus streng genommen nur auf das Grundstück projeziert werden, da es sich bei einem Gebäude um eine Lebensspanne handelt und nicht um einen wiederkehrenden Ablauf.[364]

Im **HOAI-Phasen-Modell** nach Kahlen wird zwischen fünf verschiedenen Phasen differenziert.[365] Diese Darstellung ist sicherlich aus der Sicht eines Architekten und seinem Leistungsspektrum durchaus sinnvoll, wird jedoch einer ausgewogenen Darstellung des Lebenszyklus nicht gerecht. Die neun Phasen der HOAI spielen sich hauptsächlich in der Planung und teilweise in der Realisierung ab. Dadurch geraten die Proportionen, was die Dauer der einzelnen Phasen anbelangt, nicht nur in der graphischen Darstellung in ein Ungleichgewicht.

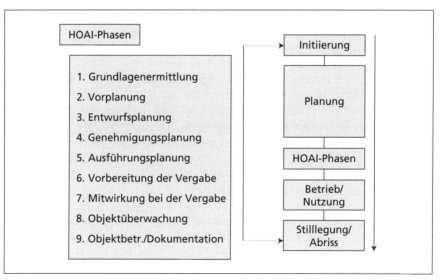

Abb. 93: HOAI-Phasenmodell nach Kahlen

---

[363] Vgl. Riegel, G. W., a. a. O., S. 10.
[364] Vgl. ebenda, S. 5.
[365] Vgl. Kahlen, H., Facility Management Entstehung Konzeptionen Perspektiven, S. 266.

8.3 Elemente des Life-Cycle-Cost-Ansatzes

Die **allgemeine Darstellung des Lebenszyklus** beginnt mit der Idee und geht soweit, dass das FM dem Zyklus nicht dient, sondern ihn bestimmt. Daher ist das FM mit dem Lebenszyklus unabdingbar verbunden. Die Betrachtung beschränkt sich auch, wie in der ersten Darstellung der GEFMA, lediglich auf das Gebäude und stellt somit eine endende Sequenz dar. Diese Lebenszyklusbetrachtung ist praktisch angelehnt und erweist sich insbesondere für diejenigen als sinnvoll, die ein Gebäude über einen überschaubaren Zeitraum von 10–15 Jahren betrachten. Die Lücken innerhalb der Sequenz deuten daraufhin, dass es nur wenige allgemeingültige Phasen gibt. Das Gerüst allgemeingültiger Bestandteile liefert eine Vorlage und jede einzelne Immobilie füllt die Lücken je nach Gegebenheit aus.

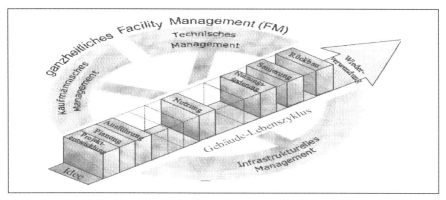

Abb. 94: Lebenszyklusdarstellung

Das sogenannte **Integrale Polyzyklen Modell** von Riegel basiert auf den vorhergehenden Modellen und ermöglicht darüber hinaus die Betrachtung interner Kreislaufprozesse. Die wiederkehrenden Alternativen (Abb. 95) werden der Lebensphase eines Gebäudes, welches aus zahlreichen inneren Zyklen besteht, gerecht. Die einzelnen technischen Komponenten haben ihre eigenen Lebensphasen und die Instandhaltung und Modernisierung dieser, verlängert den Zyklus der Immobilie und die Lebensphase des Gebäudes insgesamt. Die Option, nach Verschleiß einzelner technischen Komponenten die Investition auf die Wirtschaftlichkeit zu überprüfen, ist eine Erweiterung, die das Modell um praxisrelevante Aspekte bereichert.[366]

Der Gedanke des Polyzyklen-Modells wird durch das **zyklische Modell der GEFMA** ebenfalls aufgegriffen. Wobei die größere Vielfalt der Eventualitäten zum Ende der jeweiligen Phase und der Leerstand als Bestandteil des Lebenszyklus das Modell als vollständiger erscheinen lassen. Nun können insbesondere weiche Aspekte wie z. B. die Vermarktung oder Beschaffung als vorübergehende Zustände oder der Leerstand auch als ein Bestandteil der Vermarktung betrachtet werden. Denn es sind keine dauernden Phasen, die durch eine Gesetzmäßigkeit per se auftreten.

---

[366] Vgl. Riegel, G. W., a. a. O., S. 10.

8 Facility Management im Immobilien-Lebenszyklus

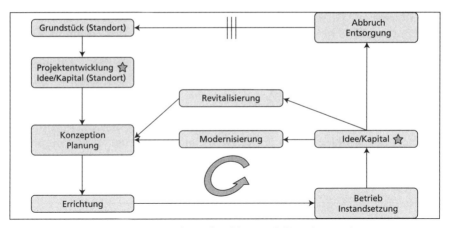

Abb. 95: Integrales Polyzyklenmodell nach Riegel

Es ist kaum möglich, eine allgemeingültige Aussage zur Richtigkeit einzelner Modelle zu treffen. Ein höherer Detaillierungsgrad ist auf den ersten Blick die bessere Betrachtung, jedoch birgt die Vertiefung einer allgemeinen Aussage die Gefahr, dass gerade durch die Detaillierung die Allgemeingültigkeit verloren geht.

Es ist deutlich geworden, dass die Lebenszyklusbetrachtung eine entsprechende Resonanz in der Forschung und Weiterentwicklung dieses Themas findet. Die verschiedenen Perspektiven bieten zahlreiche adäquate Betrachtungen. Die Betrachtung der GEFMA bildet die Phasen des Immobilien-Lebenszyklus sicherlich relativ umfassend und flexibel ab. Je nach Perspektive und abneh-

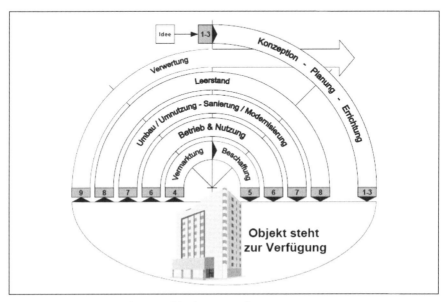

Abb. 96: Zyklische Darstellung von GEFMA

mender Haltedauer von Gebäuden erscheint in der Praxis auch eine sequentielle Betrachtung als eine sinnvolle Ergänzung.

8.3.2 Entstehungsphase

Die Dauer der Entstehungsphase kann stark variieren. Sie umfasst den gesamten Zeitraum zwischen der Projektidee und der Realisierung bzw. Fertigstellung. Die Breite und Anzahl von Maßnahmen und Einzelschritten ist abhängig vom Projekt, aber es gibt auch konstante Bestandteile, die sich wiederholen. Diese finden in ihrer gesamten Breite innerhalb der drei Phasen, Projektinitiierung/-konzeption und -realisierung, statt.[367] Als übergeordnetes Ziel der Entstehungsphase gilt es die drei Komponenten Standort, Kapital und Projektidee zu einem marktfähigen Produkt zu kombinieren und dabei die Interessen der Beteiligten entsprechend zu würdigen.[368]

Ist das Projekt angestoßen, wird die Idee anhand einer sorgfältigen Analyse, auf die Umsetzbarkeit der damit verfolgten Ziele, untersucht. Dazu gehören verschiedene Komponenten, die in Abb. 97 dargestellt werden. Sobald die Erkenntnis gewonnen werden kann, dass die Idee sich mit entsprechenden Anforderungen am Markt platzieren lässt, wird ein Nutzungskonzept erstellt.[369] Das Konzept sollte auf die Gegebenheiten des Standortes abgestimmt werden und bereits vor der Planung weitestgehend abgeschlossen sein, um alle Potenziale in der Planungsphase auf die Nutzung anzupassen. In der Konzeption werden weitere Analysen durchgeführt, die sich schwerpunktmäßig mit Szenarien in der Nutzungsphase, der Finanzierung und den Rentabilitäts- und Sensitivitätsanalysen beschäftigen.[370]

Nach der Konzeption beginnt die Planungsphase, die sich wiederum in die Projektplanung und die Ausführungsplanung aufgliedern lässt. Die Projektplanung beschäftigt sich mit der baulichen und rechtlichen Umsetzung der Nutzungskonzeption. Hier geht es vor allem darum, ein Objekt innerhalb des gesetzlichen Rahmens zu entwickeln, das den Anforderungen der späteren Nutzer bestmöglich entspricht. Es ist wichtig bei der Planung auch die gesetzten wirtschaftlichen, qualitativen, quantitativen und zeitlichen Rahmenbedingungen zu berücksichtigen.[371] Denn einmal getroffene Entscheidungen sind nur unter Inkaufnahme von Kosten und Zeit korrigierbar. Es gilt also bereits bei der Konzeption und Planung zu berücksichtigen, dass sich durch Nutzerwechsel auch andere wirtschaftliche, technische und soziale Anforderungen an die Immobilie ergeben können. Deswegen ist die Drittverwendungsmöglichkeit und entsprechende Flexibilität bereits während der Planung in die Überlegungen mit einzubeziehen.[372] Die Ausführungsplanung vertieft nochmals die Projektplanung unter Berücksichtigung städtebaulicher, gestalterischer, funk-

---

[367] Vgl. Gondring, H. (2004), S. 270.
[368] Vgl. Diederichs, C. J. (2006), S. 5.
[369] Vgl. Gondring, H. (2004), S. 276.
[370] Vgl. Hellerforth, M. (2001), S. 73f.
[371] Vgl. Diederichs, C. J. (2006), S. 55f.
[372] Vgl. Schäfers, W., a. a. O., S. 28.

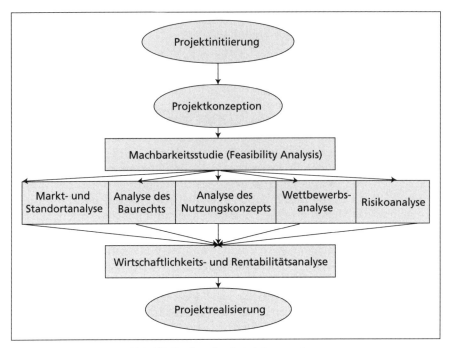

Abb. 97: Stufen der Entstehungsphase

tionaler, technischer und wirtschaftlicher Anforderungen (vgl. § 15 HOAI). Das Vermietungskonzept ist im Zuge der Planung und der FM-Maßnahmen zu berücksichtigen, denn das Facility Management soll auf den späteren Mietermix abgestimmt sein.[373]

8.3.3 Nutzungsphase

In der Nutzungsphase wird die Immobilie ihrer eigentlichen Verwendung, gem. der geplanten Nutzungskonzeption, überlassen. Diese Phase ist im Normalfall die längste im Lebenszyklus eines Gebäudes. Wie lange sie tatsächlich andauert, ist nicht nur von der gesamten Immobilie abhängig, sondern insbesondere auch von der Lebensspanne einzelner Komponenten aus denen die Immobilie besteht und zahlreichen äußeren Einflussfaktoren. Im ökonomischen Blickwinkel dauert diese Phase jedoch nur solange an, bis das Objekt nicht mehr unter der Wahrung der Wirtschaftlichkeit der vorgesehen Nutzung dienen kann. Das kann in der Konsequenz bedeuten, dass stark betreiberabhängige Gebäude wie Kinos, die lediglich als „Hülle" einer gewinnorientierten Dienstleistung dienen, durchaus nach nur wenigen Jahren das Ende der wirtschaftlichen Lebensspanne erreichen können. In der Nutzungsphase entstehen i. d. R. Umbau-, Umnutzungs-, Sanierungs- und Revitalisierungsmaßnahmen, die sowohl aus

---

[373] Vgl. Hellerforth, M. (2001), S. 230.

8.3 Elemente des Life-Cycle-Cost-Ansatzes

technischer aber auch ästhetischer oder vermietungstechnischer Notwendigkeit resultieren können.[374]

Es ist bereits zu beobachten, dass Bürogebäude nach nur 20 bis 30 Jahren Nutzung in den Rohbauzustand gebracht und entkernt werden, um neue Sekundär- und Tertiärstrukturen aufzutragen. Die Immobilie kann ab einem bestimmten Zeitpunkt nicht mehr das anfängliche reale Mietniveau halten und erfordert Maßnahmen, die über das übliche Maß an Instandhaltung hinausgehen. Das lässt die Schlussfolgerung zu, dass die wirtschaftliche Nutzungsphase sich tendenziell verkürzt und bei Büros teilweise oft nach 30 Jahren schon beendet ist. Andererseits wird diese Phase durch die Maßnahmen, die durch Anpassung an den Technologiefortschritt vorgenommen werden, immer wieder verlängert. Ob damit lediglich die technische Nutzungsdauer oder auch die wirtschaftliche Nutzungsdauer verlängert wird, hängt vom Nutzen-Kostenverhältnis ab. Also kann eine entsprechende Primärstruktur als Grundlage für die Verlängerung der Nutzungsphase dienen, indem sie durch ihre Qualität und gestalterische Freiheit das Nutzungspotential verlängert.[375]

Der Gebäudelebenszyklus ist eine Komposition individueller Zyklen einzelner Gebäudekomponenten. Damit wird bei Modernisierung und Instandhaltung die Immobilie zunächst nicht als Ganzes betrachtet, sondern der jeweilige Bestandteil, welcher einer Modernisierung oder Instandhaltung bedarf. Die

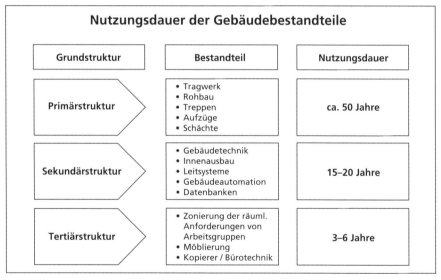

Abb. 98: Lebensdauer der verschiedenen Gebäudebestandteile[376]

---

[374] Vgl. Herzog, K., a.a.O., S. 33.
[375] Vgl. Engel, R., u.a., Der Einfluss von Modernisierungskosten auf Nutzungsdauer, Ertragswert und Immobilienrenditen; Herleitung einer Rendite-Risiko-Analyse (Teil 1), in: GuG 2005 Nr. 6, S. 321 ff.
[376] Vgl. Friedrichs, K. (2000), Integrale Gebäudeplanung, in: Schulte, K-W./Pierschke, B. (Hrsg.) (2000), S. 67.

8 Facility Management im Immobilien-Lebenszyklus

Kombination der Komponenten macht das Gebäude als Ganzes zum Gegenstand der Betrachtung. Die Modernisierung bzw. Instandhaltung einzelner Komponenten verlängern die Lebensspanne des gesamten Gebäudes. Die spezifischen Instandsetzungszyklen müssen aufeinander abgestimmt werden, denn bestimmte Maßnahmen erfordern vorbereitende Arbeiten oder Beseitigungen von nahe liegenden oder verbundenen Stoffen. Die Primärstruktur eines Gebäudes hat i. d. R. die längste technische Lebenserwartung. Die Sekundärstruktur ist deutlich stärker vom Verschleiß, technisch-mechanischen Vorgängen und Neuerungen betroffen und hat somit eine deutlich kürzere Lebensdauer. Die kürzeste Lebensdauer besitzt die Tertiärstruktur, die aufgrund ihrer Beschaffenheit, dem hohen Verschleiß sowie einer dynamischen Entwicklung und Neuerung relativ kurzen Zyklen unterliegt[377].

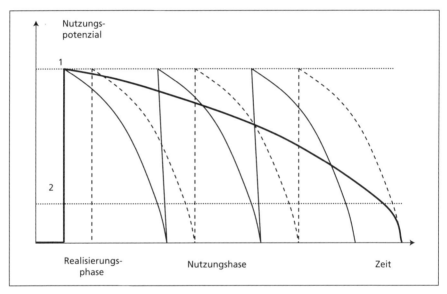

Abb. 99: Nutzungsdauer einzelner Gebäudekomponenten und des Gebäudes

8.3.4 Verwertungsphase

Die Verwertungsphase ist die letzte Phase eines Gebäudes. Dabei gibt es verschiedene Möglichkeiten die Lebensspanne des Gebäudes aus der Perspektive des Eigentümers zu beenden. Es gibt die Möglichkeit die Immobilie zu veräußern, sie abzureißen oder neu zu projektieren. Wobei es durchaus auch eine Kombination verschiedener Optionen geben kann. Die Verwertungsphase spielt lediglich für die Art und Weise eines Neubeginns des Lebenszyklus eine Rolle.[378] Die Bestimmung dieses Zeitpunktes ist nicht rein mathematisch zu

---

[377] Vgl. Hellerforth, M. (2001), S. 207; vgl. Herzog, K., a. a. O., S. 93.
[378] Vgl. Bruhnke, K-H u. a., Der Lebenszyklus einer Immobilie, in: LACER No. 8/2002, Leipzig, S. 504.

ermitteln, da es sich um ein intransparentes und inhomogenes Gut handelt. Der mathematische Ansatz kann jedoch ergänzend zu den Erfahrungs- und Erwartungswerten hinzugezogen werden um ein breiteres Repertoire für die Entscheidungsfindung zu nutzen und die Entscheidung letztendlich unter betriebswirtschaftlichen Aspekten zu treffen.[379]

Die Entscheidung zur Verwertung basiert idealtypisch auf dem so genannten Grenznutzen-Grenzkosten-Kalkül (Cost-Benefit-Relation). Übersteigen die Kosten, die dafür benötigt werden das Gebäude wieder in den gewünschten Zustand zu bringen, den Mehrnutzen der dadurch entsteht, ist eine weitere Investition aus betriebswirtschaftlicher Sicht wenig sinnvoll. Ferner kann zum Zusammenspiel von Zeit und Abnutzung ebenso eine Verschlechterung der Standortqualität bzw. der Nutzbarkeit das Einsetzen der Verwertungsphase beschleunigen. Auf dieser Grundlage muss entschieden werden, ob eine Revitalisierung und damit eine Anpassung an den Markt unter gegebenen Strukturen oder ein Totalabriss durchgeführt wird. Das hängt im Einzelnen mit den Zielen des Eigentümers und den übrigen Gegebenheiten zusammen.[380]

8.4 Investitionsrechnung und Lebenszykluskostenermittlung

8.4.1 Investitionsrechnung

Die in Literatur vorzufindenden Investitionsrechenarten sind Entscheidungsmodelle unter Sicherheit, die von der wesentlichen Prämisse der „vollständigen Information" ausgehen. Grundsätzlich ist zwischen den statischen (Ein-Perioden-Rechnung) und den dynamischen Methoden (Mehr-Perioden-Rechnung) zu unterscheiden. Letztere dienen dazu, zukünftig „sicher" zu erwartende Einzahlungsüberschüsse mit der Rendite einer Vergleichsinvestition abzudiskontieren und mit der Anschaffungsauszahlung (= Investitionsauszahlung) zu vergleichen. Der Differenzbetrag wird als Kapitalwert (Net Present Value) bezeichnet, der entweder positiv (interne Verzinsung höher als die externe) oder negativ (interne Verzinsung niedriger als die externe Verzinsung) sein kann. Es gilt eine fundierte Entscheidungshilfe zu finden, die dem Investor eine Entscheidung unter objektiven Gesichtspunkten ermöglicht. Da am Anfang die relevanten Größen unbekannt sind, gilt es sie in einer Ex-Ante Analyse zu prognostizieren. Es handelt sich um folgende Werte: Einzahlungen, Auszahlungen, Investitionsdauer, Liquiditätserlös am Ende der Investitionsdauer und Zinssatz.

In der Immobilienwirtschaft wird häufig die statische Methode angewandt, bei der die Anfangsmiete ins Verhältnis zur Investitionssumme gesetzt wird. Dabei werden die Wertveränderungen im Laufe der Investitionsspanne nicht berücksichtigt. Doch gerade dieser Effekt kann für die Rentabilität einer Investition

---

[379] Vgl. Gondring, H. (2004), S. 498f.
[380] Vgl. ebenda, S. 500f.

8 Facility Management im Immobilien-Lebenszyklus

über den gesamten Zeitraum von entscheidender Bedeutung sein. Außerdem beschränken sich die statischen Verfahren auf nur eine Periode.

Die dynamischen Verfahren verfolgen im Grunde genommen das gleiche Ziel wie die statischen Methoden. Sie wollen eine Aussage über die Vorteilhaftigkeit einer Investitionsentscheidung treffen. Im Gegensatz zu den einperiodigstatischen Verfahren, betrachten die dynamischen den gesamten Investitionszeitraum in einem mehrperiodischen Modell unter Berücksichtigung der ggf. unterschiedlichen Dauer des Investitionshorizonts verschiedener Anlagemöglichkeiten. Die dynamische Betrachtung beurteilt die Vorteilhaftigkeit nicht nur in der isoliert betrachteten Periode, sondern über den gesamten Investitionszeitraum.[381] Durch die Transformation der Zahlungsströme mit Hilfe des Zinssatzes werden die unterschiedlichen Perioden vergleichbar gemacht.[382] Die wesentlichen dynamischen Verfahren werden beschrieben um dann an die dynamische Kostenermittlung anzuknüpfen.

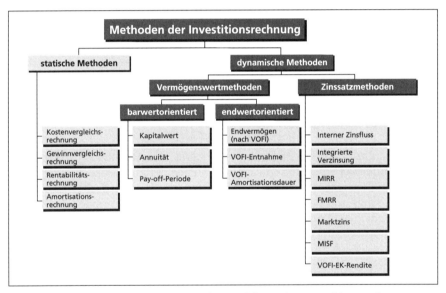

Abb. 100: Statische und dynamische Verfahren der Investitionsrechnung

8.4.1.1 Statische Investitionsrechenverfahren

Die statischen Investitionsrechenverfahren berücksichtigen lediglich eine Periode (daher auch Einperioden-Investitionsrechenverfahren) aus der gesamten Nutzungsdauer, i. d. R. wird lediglich die erste Nutzungsperiode berücksichtigt. Diese Nutzungsperiode ist weder repräsentativ noch durchschnittlich für die gesamte Nutzungsdauer.

---

[381] Vgl. Gondring H. (2007), Risiko Immobilie, Oldenbourg Verlag, 2007.
[382] Vgl. Herzog, K., a. a. O., S. 65.

8.4 Investitionsrechnung und Lebenszykluskostenermittlung

Die Kostenvergleichsrechnung

Die Kostenvergleichsrechnung stellt die Kosten von zwei oder mehreren Investitionsalternativen einander gegenüber. In der Immobilienwirtschaft werden die Kapitalkosten sowie die variablen Nutzungskosten nach DIN 18960 berücksichtigt:

	Art der Erneuerungsinvestition	Nutzungskosten nach DIN 18960 pro Jahr				
		Kapitalkosten	Verwaltungskosten der Immobilie	Betriebskosten	Instandsetzungskosten	Summe der Kosten
Inv. A	Fensteraustausch Wärmedämmverbundsystem	13.000 €	12.000 €	60.000 €	25.000 €	110.000 €
Inv. B	Erneuerung der Heizungsanlage und Installation Solaranlage	16.000 €	18.000 €	50.000 €	30.000 €	114.000 €
Inv. C	Keine Maßnahme	0,00 €	12.000 €	90.000 €	48.000 €	150.000 €

Die Investitionsalternative A verursacht die geringsten Kosten und wäre damit zu realisieren.

Die Gewinnvergleichsrechnung

Nicht immer ist die kostengünstigste Alternative auch diejenige, die den größten Gewinn erzielt. Daher wird die Kostenvergleichsrechnung um die Erlöse erweitert. Es wird bei dem folgenden Beispiel unterstellt, dass durch den Ersatz der Heizungsanlage durch eine verbrauchsgünstigere Anlage sowie der Einspeisung von Solarenergie die Betriebskosten reduziert werden und im gleichen Maße die Nettomiete entsprechend erhöht wird:

	Art der Erneuerungsinvestition	Nutzungskosten nach DIN 18960 pro Jahr					
		Kapitalkosten	Verwaltungskosten der Immobilie	Betriebskosten	Instandsetzungskosten	Nettomieterträge	Gewinn
Inv. A	Fensteraustausch Wärmedämmverbundsystem	13.000 €	12.000 €	60.000 €	25.000 €	150.000 €	40.000 €
Inv. B	Erneuerung der Heizungsanlage und Installation Solaranlage	16.000 €	18.000 €	50.000 €	30.000 €	165.000 €	51.000 €
Inv. C	Keine Maßnahme	0,00 €	12.000 €	90.000 €	48.000 €	130.000 €	−20.000 €

Nach der Gewinnvergleichsrechnung ist die Investitionsalternative B zu realisieren, da mit ihr der höchste Gewinn zu erzielen ist.

Die Rentabilitätsrechnung

Wird der Gewinn in das Verhältnis zum eingesetzten Kapital gesetzt, ergibt sich die Kapitalrentabilität der Investition. Es werden 10 % Kapitalkosten unterstellt. Die Rendite in % errechnet sich aus dem Nettoerlös x 100/eingesetztes Kapital:

		Nutzungskosten nach DIN 18960 pro Jahr						
	Art der Erneuerungsinvestition	Kapital (Kapitalkosten)	Verwaltungskosten der Immobilie	Betriebskosten	Instandsetzungskosten	Nettomieterträge	Gewinn	Rentabilität
Inv. A	Fensteraustausch Wärmedämmverbundsystem	130.000 € (13.000 €)	12.000 €	60.000 €	25.000 €	150.000 €	40.000 €	30,77 %
Inv. B	Erneuerung der Heizungsanlage und Installation Solaranlage	160.000 € (16.000 €)	18.000 €	50.000 €	30.000 €	165.000 €	51.000 €	31,88 %
Inv. C	Keine Maßnahme	0,00 € (0,00 €)	12.000 €	90.000 €	48.000 €	130.000 €	–20.000 €	0,00 %

Unter Rentabilitätsgesichtspunkten ist die Investitionsalternative B zu realisieren, da die Verzinsung des eingesetzten Kapitals von allen anderen Investitionsalternativen am höchsten ist.

Statische Amortisationsrechnung

Diese Methode wird auch Pay-Off-Methode bzw. Pay-Back-Methode genannt. Mit Hilfe der Amortisationsrechnung wird ermittelt, in welchem Zeitraum die Investitionssumme durch Gewinne und verdiente Abschreibungen als Liquidität wieder in das Unternehmen zurückfließt (Kapitalrückgewinnungszeit). Die Amortisationsdauer sollte kürzer als die Nutzungsdauer sein und es ist die Investition zu wählen, die die kürzeste Amortisationszeit hat.

p = I/(G + A)
P = Pay-Back-Zeitraum
I = Investitionsauszahlung
G = Gewinn
A = Abschreibung

8.4 Investitionsrechnung und Lebenszykluskostenermittlung

	Art der Erneuerungsinvestition	Nutzungskosten nach DIN 18960 pro Jahr						
		Kapital (Kapitalkosten)	Verwaltungskosten der Immobilie	Betriebskosten	Instandsetzungskosten	Nettomieterträge	Gewinn	Abschreibung
Inv. A	Fensteraustausch Wärmedämmverbundsystem	130.000 € (13.000 €)	12.000 €	60.000 €	25.000 €	150.000 €	40.000 €	6.500 €
Inv. B	Erneuerung der Heizungsanlage und Installation Solaranlage	160.000 € (16.000 €)	18.000 €	50.000 €	30.000 €	165.000 €	51.000 €	8.000 €
Inv. C	Keine Maßnahme	0,00 € (0,00 €)	12.000 €	90.000 €	48.000 €	130.000 €	–20.000 €	0,00

Ausgehend von einer Nutzungsdauer von 20 Jahren wird die Investition linear abgeschrieben. Damit ergibt sich folgende Rechnung:

Investition A: p = 130.000/(40.000 + 6.500) = 2,8 Jahre

Investition B: p = 160.000/(51.000 + 8.000) = 2,7 Jahre

Investition B hat die kürzeste Kapitalrückgewinnungszeit und wäre damit gegenüber der Investition A im Vorteil.

8.4.1.2 Dynamische Investitionsrechenverfahren

Während die statischen Investitionsrechenverfahren eine Zeitpunktrechnung sind, entsprechen die dynamischen Investitionsrechenverfahren einer Zeitraumrechnung, d.h. sie umfassen zwei oder mehr Perioden. Gegenüber den statischen Verfahren haben sie den Vorteil, das Veränderungen im Zeitablauf abgebildet werden und in die Entscheidungsgröße mit einfließen.

Kapitalwertmethode

Der Kapitalwert (Net Present Value) drückt die relative Vorteilhaftigkeit einer Investition gegenüber einer Alternativinvestition aus. Danach ist eine Investition vorteilhafter, wenn der Kapitalwert größer der Opportunitätskosten (entgangener Ertrag bzw. Einzahlungsüberschuss der Alternativanlage) ist.

K bzw. C = Kapitalwert der Investition
E_t = Einzahlungen der Periode t
A_t = Auszahlungen der Periode t
$1/(1+i)^t$ = Abzinsungsfaktor
i = Kalkulationszinssatz
n = Nutzungsdauer Investitionsobjekt
A_o = eingesetztes Kapital
r = Rentenbarwertfaktor

Kapitalwert: $K = -A_0 + \sum_{t=0}^{n}(E_t - A_t)\dfrac{1}{(1+i)^t}$ Rentenbarwertfaktor $r = \dfrac{(1+i)^t - 1}{(1+i)^t \cdot i}$

Ausgehend von dem obigen Beispiel wird unterstellt, dass die Nutzungsdauer 20 Jahre beträgt und die geforderte Rendite der Investition 10 % beträgt. Weiterhin wird unterstellt, dass die Mieteinnahmen und Kosten über die Nutzungsdauer konstant bleiben und am Ende der Nutzungsdauer der Restwert gleich Null ist. Zur Anwendung kommt der Rentenbarwertfaktor:

Kapitalwert der Investition A = – 130.000 + 40.000 x 8,513564 = + 210.542,56 €

Kapitalwert der Investition B = – 160.000 + 51.000 x 8,513564 = + 274.191,76 €

Da die Investition B den höchsten Kapitalwert aufweist, ist sie am vorteilhaftesten.

Interne Zinsfußmethode

Der interne Zinsfuß (Internal Rate of Return = IRR) entspricht der Effektivverzinsung einer Investition unter Sicherheit. I. d. R. wird der interne Zinsfuß mit Hilfe der Regula falsi (Newton'sches Verfahren) ermittelt:

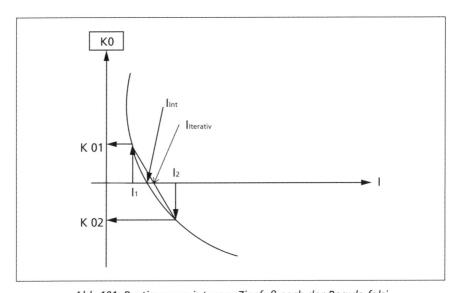

Abb. 101: Bestimmung interner Zinsfuß nach der Regula falsi

$i_{int} = i_1 - C_{0,1} \cdot \dfrac{i_2 - i_1}{C_{0,2} - C_{0,1}}$

Die Regula falsi ist ein Näherungsverfahren, nach dem zwei Zinssätze geschätzt werden, von denen der eine Zinssatz zu einem positiven Kapitalwert und der andere zu einem negativen Kapitalwert führt, d. h. der gesuchte Zinssatz muss

8.4 Investitionsrechnung und Lebenszykluskostenermittlung

zwischen den beiden Schätzgrößen liegen. Mathematisch ergibt sich durch Einsetzen des internen Zinsfußes in die Kapitalwertgleichung ein Kapitalwert von Null.

Das Schätzintervall für die beiden Investitionsalternativen wird auf 25% und 35% festgelegt. Da angenommen wird, dass der Gewinn über 20 Jahre konstant bleibt, erfolgt die Abdiskontierung mit Hilfe des Rentenbarwert- bzw. Diskontierungssummenfaktors:

Investitionsalternative A

Kapitalwert (i_1 = 25%) = −130.000 € + 40.000 € x 3,95388 = +28.155,20 €

Kapitalwert (i_2 = 35%) = −130.000 € + 40.000 € x 2,85008 = −15.996,80 €

Durch Einsetzen in die Formel i_{int}:

i_{int} = 0,25 − (28.155 x 0,35 − 0,25/−15.996 − 28.155) = 0,31376 ~ 31,38%

Proberechnung:

C_o = −130.000 + 40.000 x 3,1732 = −3,073

Da das Schätzintervall sehr groß ist, muss auch das Ergebnis bei der 1. Iteration ungenau sein. Am Ergebnis lässt sich aber erkennen, dass der gesuchte Wert in der Nähe von 30% liegen muss. Daher wird eine 2. Iteration mit einem Schätzintervall von 29% − 32% durchgeführt:

Kapitalwert (i_1 = 29%) = −130.000 € + 40.000 € x 3.4271 = +7.084 €

Kapitalwert (i_2 = 32%) = −130.000 € + 40.000 € x 3,11288 = −5.484 €

Durch Einsetzen in die Formel i_{int} :

i_{int} = 0,29 − (7.084 x 0,32 − 0,29/−5.484−7.084) = 0,3069 = 30,69% (ungefährer Wert)

Proberechnung:

C_o = −130.000 + 40.000 x 3,24297 = −281,20 €

Der genaue Wert liegt bei 30,622%, d. h. durch eine 3. Iteration wäre dieser Wert ermittelbar.

Investitionsalternative B

Hier wird von einem kleineren Schätzintervall zwischen 31% und 33% ausgegangen:

Kapitalwert (I_2 = 31%) = −160.000 + 51.000 x 3,21124 = +3.773 €

Kapitalwert (I_1 = 33%) = −160.000 + 51.000 x 3,02020 = −5.970 €

Durch Einsetzen in die Formel i_{int}:

i_{int} = 0,31 − (3.773 x 0,33 − 0,31/−5.970 − 3.773) = 0,3177 = 31,77%

Proberechnung:

C_o = −160.000 + 51.000 x 3,1350 = −115,70 €

Mit der engen Begrenzung des Schätzintervalls reicht eine 1. Iteration aus, um einen Näherungswert nahe dem tatsächlichen Wert zu erreichen.

Die Ergebnisse zeigen, dass der Investitionsalternative B mit 31,77% eine höhere interne Verzinsung hat als die Investitionsalternative A mit 30,62%.

Annuitätenmethode

Der Annuitätenmethode liegt das gleiche mathematische Grundmodell zugrunde wie der Kapitalwertmethode. Der Unterschied liegt darin, dass hier nicht der Kapitalwert gesucht wird, sondern die Annuität. Der Barwert wird hierbei in gleich große Periodenwerte umgerechnet. Die Annuität kann als der Betrag interpretiert werden, welcher der Investition in jeder Periode entnommen werden kann. Je höher die Annuität, desto vorteilhafter ist die Investition. Der Vorteil dieser Methode gegenüber der Kapitalwertmethode liegt darin, dass Investitionen mit unterschiedlicher Dauer verglichen werden können.

$$Ann = C_o \cdot \frac{(1+i)^t \cdot i}{(1+i)^t - 1}$$

Ann	= Annuität	t	= Nutzungsdauer
C_0	= Kapitalwert	q	= (1+i) Kalkulationszinsfuß

Mit Hilfe der Annuitätenmethode wird der jeweilige Kapitalwert einer Zahlungsreihe in Beträge gleicher Höhe (Annuitäten) umgerechnet. Mathematisch wird der Kapitalwert mit dem Annuitätenfaktor multipliziert:

Kapitalwert (C_0) x Annuitätenfaktor = Annuität

Für unser Beispiel ergeben sich folgende Werte (Annuitätenfaktor für 10 % bei 20 Jahren):

Investitionsalternative A: 210.542,56 x 0,11746 = 24.730,33 €

Investitionsalternative B: 274.191,76 x 0,11746 = 32.206,56 €

Die Investitionsalternative mit dem höchsten Kapitalwert hat auch die höchste Annuität, sodass dieses Verfahren eigentlich keine Entscheidungshilfe darstellt. Lediglich gibt die Annuität den durchschnittlich über die Dauer erzielten, monetären Vorteil gegenüber einer Alternativinvestition (hier mit 10 % unterstellt) an.

8.4.1.3 Vollständiger Finanzplan (VoFi)

Der vollständige Finanzplan (VoFi) wird bevorzugt in der Praxis eingesetzt, da mit diesem Investitionsrechenverfahren auf die restriktiven Prämissen der dynamischen Investitionsrechnung verzichtet wird und die Zahlungsströme realitätsnäher dargestellt werden. Jedoch lässt sich die Berechnung nicht mehr vereinfacht auf der Basis von mathematischen Formeln, sondern nur durch eine Tabellenkalkulation durchführen. Insbesondere können folgende Daten im VoFi exakt erfasst werden:

- Unterschiedliche Zinsfaktoren (Kreditzinsen, Habenzinsen, Eigenkapitalzinsen usw.)
- Periodisierte Steuerzahlungen
- Erfassen der Verlustvorträge
- Zins- und Tilgungsleistungen
- Zwischenanlage von Liquiditätsüberschüssen

8.4 Investitionsrechnung und Lebenszykluskostenermittlung

Im Gegensatz zu den dynamischen Investitionsrechenverfahren zielt der VoFi auf das Endvermögen (Endvermögensmaximierung) und nicht auf den Barwert (Barwertmaximierung) ab. Die VoFi-Methode unterstellt

- Vermögensendwertmaximierung
- Laufzeit der Ergänzungsinvestition und -finanzierung jeweils für nur ein Jahr; die Ergänzungsinvestiton entspricht der Geldanlage, die Ergänzungsfinanzierung der Kreditaufnahme
  - Beträge sind beliebig teilbar
  - Unterscheidung zwischen Soll- und Habenzinsen

Das o.g. Beispiel für zwei Investitionsalternativen geht von einer Laufzeit von 20 Jahren aus. Aus Gründen der Vereinfachung wird eine Laufzeit von nur 4 Jahren unterstellt. Weiterhin wird unterstellt, dass der Investor über liquide Mittel in Höhe von 150.000 € verfügt. Die Zahlungen über die Laufzeit sind konstant. Der Sollzinssatz beträgt 6 % und der Habenzinssatz 2 %. Der Restwert entspricht dem Buchwert im 4. Jahr. Danach ergibt sich folgender VoFi:

	t = 0	t = 1	t = 2	t = 3	t = 4
Liquide Mittel	+150.000,00	0,00	0,00	0,00	0,00
Investition A	−130.000,00	+40.000,00	+40.000,00	+40.000,00	+40.000,00
Abschreibung		−6.500,00	−6.500,00	−6.500,00	−6.500,00
Restwert (Buchw.)					+104.000,00
Gewinn/Verlust	−130.000,00	+33.500,00	+33.500,00	+33.500,00	+137.500,00
Ergänz.Investition	−20.000,00	+20.400,00			
Ergänz.Investition		−53.900,00	+54,978,00		
Ergänz.Investition			−88.478,00	+90.247,56	
Ergänz.Investition				−123.747,56	+126.222,51
Endwert Projekt A		0,00	0,00	0,00	0,00	+263.722,51
Liquide Mittel	+150.000,00				
Investition B	−160.000,00	+51.000,00	+51.000,00	+51.000,00	+51.000,00
Abschreibung		−8.000,00	−8.000,00	−8.000,00	−8.000,00
Restwert (Buchw.)					+128.000,00
Gewinn/Verlust	−160.000,00	+43.000,00	+43.000,00	+43.000,00	+171.000,00
Ergänz.Finanzierung (endfälliges Darlehen)	+10.000,00	−600,00	−600,00	−600,00	−10.600,00
Ergänz.Investition		−42.400,00	+43.248,00		
Ergänz.Investition			−85.648,00	−87.360,96	

8 Facility Management im Immobilien-Lebenszyklus

	t = 0	t = 1	t = 2	t = 3	t = 4
Ergänz.Investition				–129.760,96	+132.356,18
Endwert Projekt B					+292.756,18
VoFi-Rendite A					15,00 %
Vofi-Rendite B					18,00 %

Nach der folgenden Formel lässt sich die VoFi-Rendite berechnen:

$$\sqrt[n]{\left(\frac{Ew}{A_o}\right)} - 1$$

Durch Einsetzen der Werte ergeben sich folgende VoFi-Renditen:
– für die Investition A:

$$\sqrt[4]{\frac{263.722,51}{150.000,00}} - 1 = \sqrt[4]{1,75815} - 1 = 1,1515 - 1 = 0,1515 = 15,15\ \%$$

Durch Einsetzen der Werte ergeben sich folgende Vofi-Renditen:
– für die Investition B:

$$\sqrt[4]{\frac{292.756,18}{150.000,00}} - 1 = \sqrt[4]{1,951707867} - 1 = 1,1819625 - 1 = 0,1820 = 18,20\ \%$$

Damit hat die Investition B gegenüber der Investition A im 4. Jahr einen leichten Renditevorsprung.

8.4.2 Berechnung der Lebenszykluskosten

Aufgrund der dargestellten Lebenszyklusmodelle und der verschiedenen Kosten in den einzelnen Lebensphasen eines Gebäudes, ergibt sich ein allgemeiner ökonomischer Berechnungssatz für die Aufstellung der Lebenszykluskosten.[383]

---

[383] Vgl. Riegel, G. W., a.a.O., S. 24f.

8.4 Investitionsrechnung und Lebenszykluskostenermittlung

$$LCC = E + \sum_{i=1}^{m} N_i + \sum_{j=1}^{n} M_y + \sum_{k=1}^{o} R_k + A$$

LCC = Lebenszykluskosten
N = Nutzungskosten
M = Modernisierungskosten
R = Revitalisierungskosten
A = Abbruch- und Entsorgungskosten

E = Entwicklungs- und Erstellungskosten
m = Anzahl der Nutzungsphasen
n = Anzahl der Modernisierungen
o = Anzahl der Revitalisierungen

Der allgemeine Berechnungssatz (statisch) erfasst die Kosten in der Gesamtheit, lässt jedoch den finanzmathematischen Grundsatz der Kapitalwertmethode unberücksichtigt. Um dem Grundgedanken, dass zukünftige Zahlungsströme nicht den gleichen Wert besitzen wie zu Anfang der Investition, gerecht zu werden, wird das Modell um den Faktor Zeit und damit auch den Zins erweitert. Es wird also auf die Kapitalwertmethode abgestellt, ohne die Einnahmen zu berücksichtigen. Damit ergibt sich folgende mathematische Definition:

$$LCC = E + \sum_{t=0}^{T} (A_t \cdot q^{-t}) + A \cdot q^{-t}$$

LCC = Lebenszykluskosten
A = Abbruch- und Entsorgungskosten
q = (1+i) Kalkulationszinsfuß

E = Entwicklungs- und Erstellungskosten
A_t = Ausgaben
t = laufender Zeitindex

Dynamische Amortisationsrechnung

Die dynamische Amortisationsrechnung, auch als Pay-Off-Methode bekannt, dient der Ermittlung der Amortisationsdauer einer Investition. Diese wird als der Zeitpunkt definiert, an dem das eingesetzte Kapital zzgl. Verzinsung wieder zurückgeflossen ist. Der Zeitpunkt ist erreicht, sobald der Kapitalwert den Wert Null angenommen hat. Ab diesem Zeitpunkt wird ein positiver Kapitalwert geschaffen.

Diese Methode dient der Ermittlung des Risikos einer Investition und kann nur in Verbindung mit dem Kapitalwert als Erfolgskriterium herangezogen werden. Diese Tatsache basiert auf der Annahme, dass die Informationsdichte mit der Zeit abnimmt. Je länger die Amortisationszeit, desto höher das Risiko der betrachteten Investition.[384]

$$(e_t - a_t) \cdot \frac{(q_n - 1)}{q_n (q-1)} - A_o = C$$

q = 1 + p/100 mit Zinssatz p in [%]
e_t = Einzahlungen in der Periode t
a_t = Auszahlungen in der Periode t

A_o = Investitionsausgabe
n = Jahre
C = Kapitalwert

---

[384] Vgl. Gondring, H. (2004), S. 614f.

8.4.3 Prognosemethoden zur Ermittlung von Nutzungskosten

Um die Lebenszykluskosten bzw. Nutzungskosten mit Hilfe mathematischer Formeln berechnen zu können, müssen zunächst die relevanten Eingangsdaten ermittelt werden. Dazu bieten sich verschiedene Methoden und Verfahren an. Um eine möglichst treffende Aussage über die Kosten machen zu können, müssen zunächst die bereits vorliegenden Erfahrungswerte analysiert werden, um die zukünftigen Kosten prognostizieren zu können, oder aber es wird losgelöst von den bisherigen Erfahrungen eine Prognose aufgestellt, die sich durch die Verdichtung von Expertenmeinungen ergibt. Daraus ergeben sich zwei verschiedene Methoden. Die extrapolative und die antizipative Prognosemethode. Die extrapolativen Methoden bauen auf stetigen Entwicklungen auf und versuchen Gesetzesmäßigkeiten zu erkennen. Dabei werden kausale Zusammenhänge, Einflussgrößen und Ergebnisfolgen identifiziert um daraus zukünftige Entwicklungen abzuleiten. Bei der Antizipation handelt es sich um eine Vorwegnahme der Ergebnisse, die durch eine systematische Zusammenfassung und Verwertung von Expertenmeinungen begründet wird. Da gilt es, Gefahren und Einflüsse mit zu berücksichtigen, die durch Datenreihen und ex-post Analysen nicht zu prognostizieren sind. So können künftige Ereignisse wie z. B. eine sich anbahnende Energiekrise oder neue gesetzliche Vorgaben in die Berechnung miteinbezogen werden.[385]

Des Weiteren werden die Methoden auf ihre Vorgehensweise in drei verschiedene Verfahren eingeteilt. Diese Verfahren werden hinsichtlich ihrer Systematik in statistische, technisch-statistische oder technisch-analytische Vorgehensweisen eingeordnet. Statistische Verfahren verzichten bei der Ermittlung der Nutzungskosten gänzlich auf den Einsatz von Berechnungsformeln. Sie beruhen auf den gesammelten Erfahrungswerten und werden als Benchmarks verwendet. Der Vorteil liegt in der einfachen Handhabung und Anwendung, die keinerlei Kenntnisse über die Materie erfordert. Ein Nachteil liegt darin, dass durch die Heterogenität von Gebäuden, Lagen und Datenbasen die Aussagefähigkeit kritisch zu betrachten ist. Nichtsdestotrotz wurden von den Marktteilnehmern Benchmarks entwickelt, die ihre Anwendung finden.[386] Einige Benchmarks konnten sich in der Immobilienwirtschaft bereits etablieren. Voraussetzung für die Anwendung solcher Benchmarks ist die Vereinheitlichung der Kostenerfassung in der Entstehung und Zuordnung. Einige Beispiele von Benchmark-Ansätzen werden im Kapitel Kaufmännisches Gebäudemanagement vorgestellt.

Die technisch-statistische Prognosemethode basiert einerseits auf den empirischen Erkenntnissen wie die statistische Prognosemethode, wird aber durch die Abbildung der Nutzungsprozesse anhand einer mathematischen Funktion erweitert. Damit fließen zusätzlich die physikalischen Gegebenheiten des betrachteten Gebäudes in die Berechnung mit ein. Hier ist also eine gebäudespe-

---
[385] Vgl. Graubner, C., a. a. O., S. 50f.
[386] Vgl. Riegel, G. W., a. a. O., S. 15, 35.

zifische Prognose möglich, ohne dass empirische Erhebungen unberücksichtigt bleiben. Das Verfahren ermöglicht Variabilität und durch die vorhandenen Stellschrauben ebenso eine Sensitivitätsanalyse. Da die Methode auf den empirischen Daten basiert, ist hier dieselbe Kritik wie auch beim statistischen Verfahren anzubringen.[387]

Beim technisch-analytischen Verfahren werden die Einflussgrößen und das Gebäudeverhalten auf der Basis physikalischer und mutmaßlicher Gesetzmäßigkeiten mathematisch dargestellt. Dieses Verfahren hat den Charakter einer Simulation mit allen möglichen Eventualitäten und kann das Verhalten des Gebäudes wirklichkeitsnah abbilden. Das hängt jedoch davon ab, wie realistisch die eingespeiste Datengrundlage ist. Dieses Verfahren ist sehr mittel- und zeitaufwändig und zeichnet sich durch hohe Komplexität aus.[388]

8.4.4 Kritische Betrachtung der Lebenszykluskostenermittlung

Die wissenschaftliche Auseinandersetzung mit dem Life-Cycle-Costs-Ansatz bringt zunehmend anwendbare Verfahren und Methoden hervor. Jedoch bestehen in der praktischen Anwendung im Facility Management Barrieren, die durch das Risiko der abnehmenden Informationsdichte und Entscheidung unter Unsicherheit erschwert werden. Die große und insgesamt heterogene Anzahl von Einflussfaktoren erschweren die Erarbeitung allgemein geltender Berechnungsverfahren mit Hilfe eines Modells. Der finanzmathematische Ansatz bringt durch die Annahme des vollkommenen Kapitalmarktes einen weiteren Risikoaspekt. Nichtsdestotrotz zeigt die praktische und wissenschaftliche Auseinandersetzung die Potenziale und Bedeutung der Berechnung von Lebenszykluskosten.[389] Problematisch für eine zutreffende Prognose wirkt sich der permanente technische Fortschritt aus, der den Wahrheitsgehalt der Prämissen durch Innovationen relativieren kann.[390]

8.5 Facility Management im Immobilienlebenszyklus

Das Erfolgspotenzial einer Immobilie kommt durch den Erhalt und die Bereitstellung der geforderten Objekteigenschaften zur Geltung. Diese ermöglichen eine signifikante Überlegenheit und langfristig überdurchschnittliche Ergebnisse aus der Immobilie heraus. Dem Wirtschaftlichkeitsprinzip zufolge sind die Bereitstellung des Flächennutzungspotenzials, die professionelle Betreuung sowie die Herausbildung spezifischer Objekteigenschaften notwendig, um über

---

[387] Vgl. ebenda, S. 16, 41.
[388] Vgl. Graubner, C., a.a.O., S. 55f.
[389] Vgl. Glauche, U. (2003), S. 18f.
[390] Vgl. Friedrichs, K. (2000), a.a.O., S. 60.

die bloße Überlebensfähigkeit hinaus den wirtschaftlichen Erfolg der Immobilie zu gewährleisten.[391]

Das Facility Management als ganzheitlicher Ansatz geht noch über die Betrachtung des Gebäudes hinaus. Das Projektziel erstreckt sich auf die Verbesserung von Strategien, Organisationen, Prozessen, Methoden und Werkzeugen zur Steigerung der Leistungsfähigkeit und Produktivität. Um diese Ziele verfolgen zu können, müssen dazu zunächst die Bedingungen geschaffen werden.[392] Das Facility Management weist ein breites Leistungsfeld innerhalb der einzelnen Lebenszyklusphasen auf und kann eine Immobilie dementsprechend über den gesamten Zyklus begleiten. In den frühen Phasen des Lebenszyklus bieten sich mehr Ansatzpunkte für eine entscheidende Beeinflussung der Immobilie und ihrer Eigenschaften im Sinne der Optimierung über die gesamte Lebensdauer. Abb. 102 greift hier wesentliche Meilensteine heraus an denen das Facility Management den wirtschaftlichen Erfolg einer Immobilie beeinflussen kann.

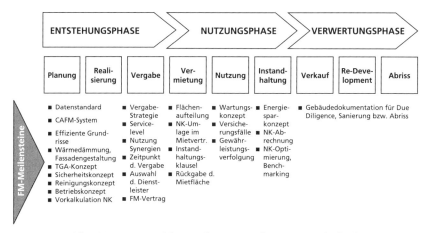

Abb. 102: Ausgewählte Meilensteine des FM innerhalb des Immobilien-Lebenszyklus

8.5.1 Einflussmöglichkeiten in der Entstehungsphase

Im Laufe des Immobilienlebenszyklus werden zahlreiche Entscheidungen im Zusammenhang mit Gebäuden, Grundstücken, Infrastruktur sowie in deren Bewirtschaftung getroffen. Um dies konkret planen und ausführen zu können, muss das Facility Management bereits in der Projektentwicklungsphase konzeptionell miteinbezogen werden. Hier ist die strategische Komponente des Facility Managements gefordert, um in der Betriebsphase die Potenziale entsprechend lokalisieren und heben zu können.[393] Die Einbeziehung des Facility Managers ist insofern wichtig, weil der lebenszyklusorientierte Ansatz über

---

[391] Vgl. Homann, K., a.a.O., S. 396f.
[392] Vgl. Schneider, H. (2004), S. 18f.
[393] Vgl. Preuß, N./Schöne, L. (2003), S. 23.

8.5 Facility Management im Immobilienlebenszyklus

die üblichen Planungsanforderungen hinaus geht und das Leistungsbild nach der HOAI nicht ausreicht um das FM-Konzept umzusetzen.[394] Hinzu kommt die Interessensdiskrepanz zwischen dem Architekten und Facility Manager in einigen Bereichen.

Während der Entstehungsphase bieten u. a. folgende Methoden und Instrumente des Facility Managements Ansätze, die Lebenszykluskosten einer Immobilie zu optimieren:

- Implementierung von konsistenten, digitalen Standards für die Daten bzw. Dokumentationen, die von Architekten, Fachplanern und ausführenden Firmen erstellt werden
- Einführung eines CAFM-Systems zur Optimierung der Datenhaltung und Bewirtschaftungseffizienz während des gesamten Lebenszyklus
- Mitgestaltung der Grundrissplanung unter den Gesichtspunkten der Effizienz und Nutzungsflexibilität
- Mitgestaltung der Fassadenplanung unter dem Blickwinkel der Energieeffizienz und der Minimierung von Reinigungskosten
- Mitgestaltung des TGA-Konzepts unter den Gesichtspunkten der Optimierung von Nutzungsqualität und Betriebskosten
- Definition eines angemessenen Sicherheitskonzepts und Identifikation der entsprechenden Auswirkungen auf die Planung
- Definition eines angemessenen Betriebskonzepts (Gebäudebetrieb, Reinigung, Ver- und Entsorgung) und Identifikation der relevanten Auswirkungen auf die Planung
- Vorkalkulation der zu erwartenden Nebenkosten als Basis für Planungsentscheidungen und Instrument für die frühzeitige Vermarktung der Mietflächen
- Frühzeitige Definition einer Strategie für die Vergabe der Leistungen des Gebäudemanagements und Erstellung einer detaillierten Funktionsbeschreibung der erwarteten Leistungen

8.5.1.1 Facility Management während der Planung

Grundlage einer Aufgabenstellung an das Facility Management ist die Zielformulierung des Entscheidenden. Das Repertoire des Facility Managements ist breit gefächert und kann in unterschiedlichem Maße in Anspruch genommen werden. Erst wenn die Zielvorgabe formuliert ist, kann das Instrument entsprechend angewandt werden.[395] Es wird dabei auch von einem Facility Management Konzept gesprochen, welches für eine planmäßige und optimierende Vorgehensweise über den gesamten Zyklus, notwendig ist.[396]

---

[394] Marchtaler,. A., Die Rolle des Architekten bei der lebenszyklusorientierten Planung, in: Kippes, S./Sailer, E. (Hrsg.) (2005), S. 366f.
[395] Vgl. Nävy, J. (2002), S. 28.
[396] Vgl. Stadloeder, P., Implementierung des Facility Management in der Planungsphase, in: Kippes, S./Sailer, E. (Hrsg.) (2005), S. 354.

Um die Zielsetzung auch tatsächlich erreichen zu können, müssen in der Planungsphase die Kompetenzen und Verantwortung entsprechend verteilt werden. Es genügt nicht den Facility Manager als eine „kritische Stimme" im Hintergrund innerhalb der Beteiligten zu platzieren. Die Widerstände der konventionellen Organisation sind zu stark, um in dieser Weise ein entsprechendes FM-Konzept in vollem Umfang zu realisieren. Daher ist die Organisation der Beteiligten am Planungsprozess auf die Zielkongruenz zu überprüfen. Für die vollständige Umsetzung des FM-Konzeptes ist eine entsprechende Stellung des Facility Managers erforderlich.[397]

Der Planungsprozess ist der erste Schritt bei der Erstellung eines Gebäudes. In der Planung werden Entscheidungen getroffen, die den Lebenszyklus bedeutend beeinflussen. Damit wird hier der Grundstein gelegt für die Höhe der Lebenszykluskosten. Das Facility Management gehört damit auf der strategischen Ebene in die Planungsphase, da in der Planungsphase die wichtigen Aspekte in punkto Funktionalität, Flexibilität, Behaglichkeit und Gesamtkosten festgelegt werden. Um den maximalen Erfolg zu gewährleisten, kann der zukünftige Nutzer bzw. der Betreiber in die Planungsphase einbezogen werden. In dieser Phase werden die Folgekosten maßgeblich bestimmt, denn nach der Fertigstellung nimmt die Beeinflussbarkeit der Bewirtschaftungskosten ab (vgl. Abb. 103). Die höheren Erstkosten, die durch eine FM-Maßnahme entstehen, werden auf Vorteilhaftigkeit überprüft, denn die Folgekosten übersteigen i. d. R. nach wenigen Jahren die Erstkosten.[398] Die Fokussierung auf den Ressourcenverbrauch löst sich im Rahmen des Facility Managements vom Gedanken, ein möglichst technisiertes Gebäude zu erstellen. Die Aufgabe des Facility Managements liegt darin, das Notwendige vom Möglichen zu unterscheiden und die Gestaltung der Immobilie nutzungsadäquat zu realisieren.[399]

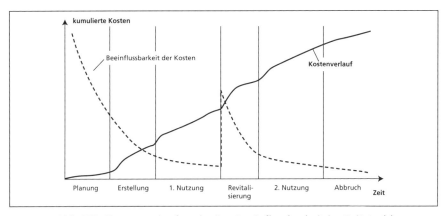

Abb. 103: Kostenverlauf und seine Beeinflussbarkeit im Zeitstrahl

---

[397] Vgl. Krimmling, J. (2005), S. 26.
[398] Vgl. Krimmling, J. et al (2005 a), S. 23f.
[399] Vgl. ebenda, S. 55.

8.5 Facility Management im Immobilienlebenszyklus

Aufgrund der zahlreichen Beteiligten und der komplexen Aufgabe ist eine Datendurchgängigkeit und -integrität für den erforderlichen Informationsaustausch notwendig. Gerade bei komplexen und größeren Neubauvorhaben setzt sich die CAD-Anwendung zunehmend durch.[400] Um die CAD-Anwendung optimal in den Lebenszyklus integrieren zu können, muss dafür Sorge getragen werden, dass die Objektdokumentation bereits in der Planung CAFM-kompatibel umgesetzt wird, um später an den Schnittstellen Datenverluste zu vermeiden.[401]

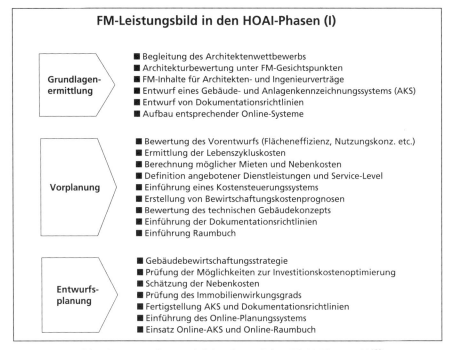

Abb. 104: FM-Leistungsbild während der HOAI-Phasen (I)[402]

In die Planung sollte auch die Überlegung und Identifikation der Kostentreiber mit einfließen. Die Unterteilung nach den Kostenverursachern in der Nutzungsphase ermöglicht dementsprechend die Würdigung der Hauptkostenstellen. Die Hauptkostenblöcke eines Verwaltungsgebäudes liegen bspw. in der Reinigung, dem technischen Betrieb und der Sicherheit. Damit sind die Punkte, die die Priorität des Facility Managers in der Planung mit Blick auf den Betrieb haben sollten, deutlich zu erkennen. Aufgrund dieser Informationen können jetzt Überlegungen zur Ausstattung, Technik und Materialauswahl

---

[400] Vgl. Nävy, J. (2002), S. 29.
[401] Vgl. Hellerforth, M. (2002), Optimierung erwünscht!, in: Facility Manager, 2002 Nr. 5, S. 22.
[402] Vgl. Hellerforth, M. (2006), Handbuch Facility Management für Immobilienunternehmen, S. 98.

8 Facility Management im Immobilien-Lebenszyklus

Abb. 105: FM-Leistungsbild während der HOAI-Phasen (II)[403]

in der Planungsphase beginnen.[404] Dabei bietet sich sowohl für die Simulation des thermischen Verhaltens als auch des Energiebedarfs eine Software an, die dabei unterstützend wirkt.[405]

Aufgrund der Kostenintensität für Energie muss dieser Bereich bereits in der Planung in die ganzheitliche Betrachtung miteinbezogen werden. Dabei geht es nicht nur um die Energie, die zum Betrieb der Immobilie benötigt wird, sondern auch um Energie, die für die betriebliche Leistungserstellung benötigt wird. Entscheidend ist die frühzeitige Implementierung des Energiemanagements in das Projekt, besonders bei größeren und technisch komplexen Bauvorhaben (vgl. GEFMA-Richtlinie 124, Energiemanagement – Leistungsbild). Um Kosten und Qualitäten frühzeitig beeinflussen zu können, sollte es bereits bei der Projektentwicklung mit integriert werden. Auch bedingt durch Energieeinsparmaßnahmen (z. B. Energieeinsparverordnung), die gesetzlich vorgegeben sind, können Energiekosten niedrig gehalten werden. Der Energieverbrauch wird bereits bei der Auswahl von Materialien, Architektur und Grundrissen

---

[403] Vgl. ebenda, S. 99.
[404] Vgl. Stadloeder, P., Implementierung des Facility Management in der Planungsphase, in: Kippes, S./Sailer, E. (Hrsg.) (2005), S. 355f.
[405] Vgl. Gondring, H. (2004), S. 478.

8.5 Facility Management im Immobilienlebenszyklus

um grundlegende Voraussetzungen für den Energieverbrauch miteinbezogen. In dieser Phase ist das Energiemanagement auf Kennzahlen angewiesen, wobei innovative oder besonders ausgefallene Architektur die Aussagefähigkeit dezimiert, da es dazu keine Erfahrungswerte gibt. In solchen Fällen bietet sich der Einsatz von Computer gestützten Simulationen an. Eine sensitive Betrachtung einzelner Energiekonzepte kann bei der Entscheidungsfindung eine wesentliche Grundlage bieten.[406] I.d.R. ist die optimale Vermarktung für den Projektentwickler der entscheidende Punkt, sei es die Vermietung oder der Verkauf.[407] Dennoch darf die Höhe der Investitionen und die der Betriebskosten nicht außer Acht gelassen werden.

Anhand des folgenden Beispiels soll eine Lebenszykluskostenbetrachtung für Bodenbeläge angestellt werden. Es handelt sich hier um ein geplantes Bürogebäude, das 25 Jahre lang durch den Eigentümer selbst genutzt wird. Für die Berechnung laufender Kosten wird von einer Wochenanzahl von 50 p.a. ausgegangen.

Würden an dieser Stelle in der Entstehungsphase allein die Erstkosten betrachtet werden, würde möglicherweise eine Entscheidung zu Gunsten des textilen Bodenbelags fallen. Bei Berücksichtigung der Folgekosten über den Zeitraum von 25 Jahren wird deutlich, dass dieser Belag betriebswirtschaftlich gesehen unvorteilhaft ist. Bei dieser Betrachtung müssen jedoch auch die spezifischen Präferenzen des Nutzers im Hinblick auf Inneneinrichtung und Corporate Design berücksichtigt werden. Darüber hinaus führt die Diskrepanz zwischen

	Textiler Bodenbelag	Linoleumbelag	Holzbelag	Bodenbeschichtung
Anschaffungskosten	15 €/m²	30 €/m²	50 €/m²	28 €/m²
Lebensdauer (Jahre)	7	28	55	23
Unterhaltsreinigung	0,04 €/m² 2x pro Woche	0,05 €/m² 1x pro Woche	0,06 €/m² 1x pro Woche	0,04 €/m² 1x pro Woche
Zwischenreinigung		0,10 €/m² 10 x p.a.	0,15 €/m² 4 x p.a.	0,10 €/m² 10 x p.a.
Grundreinigung	2,10 €/m² 2 x p.a.	1,05 €/m² 2 x p.a.	0,40 €/m² 4 x p.a.	1,08 €/m² 2 x p.a.
Instandsetzung	28 €/m² Austausch nach 7 J.		25 €/m² Abschleifen nach 15 J.	25 €/m² Erneuerung nach 20 J.
Gesamtkosten (LCC)	304 €/m²	170 €/m²	205 €/m²	182 €/m²

Abb. 106: Beispiel: Lebenszykluskosten von Bodenbelägen

---

[406] Vgl. Schwan, S., Energiemanagement, in: Zehrer, H./Sasse, E. (Hrsg.) (2005), S. 21–23.
[407] Vgl. ebenda, S. 21.

technischer und wirtschaftlicher Lebensdauer möglicherweise zu einem vorzeitigen Austausch des Bodenbelags.

Einen weiteren wichtigen Aspekt während der Planungsphase stellt das Flächenmanagement dar. Ein effizientes Flächenmanagement beginnt in der Planungsphase mit den Überlegungen einzelner Arbeitsprozesse und einer optimalen Flächenproduktivität. Mit Hilfe eines CAFM-Systems können Flächenstrukturen und Bürokonzepte bereits in der Planung simuliert und erarbeitet werden. Je nach Zielvorgabe kann die Flächenplanung gesteuert werden. Die Prioritätensetzung zu Gunsten der Produktivität bzw. Großzügigkeit und Image der Räumlichkeiten können so besser umgesetzt werden. Damit werden die Flächendaten erfasst, um später bei der Schaffung von Kennzahlen verwendet zu werden aber auch als Grundlage für die weiteren Aktivitäten in der Realisierungsphase.[408]

8.5.1.2 Facility Management während der Realisierung

In der Realisierungsphase besteht die Aufgabe des Facility Managements in der Fortsetzung der Dokumentation gebäuderelevanter Daten. Wichtig ist, dass die Informationen logisch aufgebaut sind und für die Nutzungsphase verwendbare Strukturen aufweisen. So kann die mehrmalige Bestandsaufnahme bewirtschaftungsrelevanter Daten verhindert werden. Ansonsten müssen die Daten (Flächenpolygone, Reinigungsflächen, wartungsrelevante Aggregate etc.) vor der Inbetriebnahme des Gebäudes aufwändig ermittelt werden.[409]

Während der Bauphase kann der Facility Manager die Funktion des Controllers übernehmen. Diese Aufgabe fällt ferner dem Architekten bzw. dem Projektmanagement zu, wird jedoch durch einen inneren Interessenskonflikt gerade beim erstgenannten oft vernachlässigt. Denn das Honorar des Architekten orientiert sich an den anrechenbaren Herstellungskosten. Hinzu kommt noch ein geringes Honorar für die Leistungen des Baustellencontrollings. Wegen der Aufgabenstellung eines Facility Managers kommt ihm vor allem diese Rolle zu, da es in seinem Interesse liegt, die Erstellungs- und Nutzungskosten zu optimieren und eine Grundlage für einen möglichst reibungslosen Betrieb zu legen. Zusätzlich kommt die Überprüfung der Umsetzung der FM gerechten Planung und die Informationskontinuität im Zusammenhang mit möglichen Änderungen hinzu, die während der Realisierung nicht vernachlässigt werden dürfen.[410] Die Phasen der Planung und Realisierung überschneiden sich permanent bis zur Fertigstellung. Daher ist es wichtig, dass die Zielvorgaben bei Planungsänderungen permanent angepasst werden.[411]

In der Realisierungsphase sollen aber auch sämtliche Facility Management Dienstleistungen vergeben werden, die für den späteren Betrieb erforderlich sind. Instandhaltungsrahmenverträge, Reinigungsarrangements sowie Baustellen- und später auch die Gebäudeüberwachung und Sicherheit. Solche

---

[408] Vgl. Preuß, N./Schöne, L. (2003), S. 235f.
[409] Vgl. ebenda, S. 23.
[410] Vgl. Hellerforth, M. (2001), S. 90f.
[411] Vgl. Nävy, J. (2002), S. 30f.

Leistungen müssen frühzeitig integriert werden, um bei der Inbetriebnahme Anfangsschwierigkeiten durch mangelnde Koordination zu vermeiden. So hat der Betreiber genügend Zeit, um ein entsprechendes Arrangement zu erwirken, ohne dass er unter Zeitdruck zu suboptimalen Lösungen gezwungen ist. Erst eine Bündelung von Leistungen zu einem Paket schafft die Voraussetzung für eine langfristige und strategische Zielformulierung. Durch solche Maßnahmen werden Bedingungen geschaffen, die notwendig sind um mittel- bis langfristig das FM als einen dynamischen Prozess der Verbesserung gestalten zu können. Durch eine langfristig ausgelegte Zusammenarbeit auf einer breiten Leistungsbasis kann eine nur an kurzfristigen Zielen orientierte Denk- und Handlungsweise der Vertragspartner vermieden werden. So kann die Qualität des Gebäudebetriebs besser sichergestellt werden, als in einem kurzfristigen Preis- und Konkurrenzkampf. Eine gewerkeübergreifende Vergabe von Paketleistungen und die stärkere Einbeziehung des Facility Managements in die strategischen Überlegungen können zu einem besseren Verständnis und einer effizienteren Zusammenarbeit verhelfen. Neben der reinen Kostenfixierung hilft es die Gesamtheit der Ressourcen zu betrachten und ein optimales Zusammenspiel zwischen Personal, Immobilie und Prozessen zu gewährleisten.[412] Allerdings sollten Leistungsspektrum und Konditionen des Facility Managers am marktüblichen Niveau überprüft und ggf. entsprechend angepasst werden.

8.5.2 Facility Management in der Nutzungsphase

Die Ansatzpunkte des Facility Managements während der Nutzungsphase beziehen sich schwerpunktmäßig auf die Optimierung von bestehenden Wartungs- bzw. Dienstleistungsverträgen, Maßnahmen zur Energieoptimierung, Optimierung von Instandhaltungsprozessen, etc. Im Einzelnen können die nachfolgenden Maßnahmen des Facility Managements einen Beitrag zur Optimierung der Immobilien-Lebenszykluskosten und des Gebäudebetriebs leisten:

- Optimierung der Betriebskosten durch Benchmarking (Anpassung von Wartungs- und Dienstleistungsverträgen etc.)
- Optimierung der Energiekosten durch Energiemanagement, Contracting etc.
- Verlängerung der Nutzungsdauer von Bauteilen und technischen Anlagen durch angemessene Instandhaltung
- Erhöhung der Mieterbindung durch angemessene Servicequalität der Facility Management Leistungen
- Minimierung der Eigentümerkosten durch effizientes Vertragsmanagement und Gewährleistungsverfolgung

8.5.2.1 Instandhaltung/Modernisierung/Umbau

Die Instandhaltung ist ein wichtiger Bestandteil des Technischen Gebäudemanagements innerhalb der Nutzungsphase. Sie tritt wiederkehrend auf und

---
[412] Vgl. Pfnür, A. (2004), S. 378.

ist aufgrund der betriebswirtschaftlichen Bedeutung und Kostenintensität entscheidend für die Rentabilität einer Immobilie. Je nach Objekt kann der Aufwand jährlich bis zu 10 % der Erstellungskosten ausmachen. Wie auch der Lebenszyklus der gesamten Immobilie, kann die Intensität der Instandhaltung bereits in der Planungs- und Realisierungsphase wesentlich beeinflusst werden.[413] Dabei ist es wichtig, je nach Strategie entsprechende Maßnahmen einzuleiten. Das kann z. B. bei der Präventivstrategie die Gewährleistung günstiger Ablesbarkeit oder Messung und Feststellung von Ist-Zuständen durch technische Vorkehrungen sein. Durch die drei Bestandteile der Instandhaltung ergeben sich verschiedene Instandhaltungsstrategien, die im Einzelnen im Kapitel zum TGM beschrieben werden.

Eine Verlängerung der technischen Nutzungsdauer muss stets im Einklang mit der wirtschaftlichen Nutzungsdauer stehen. Das Instandhaltungsmanagement integriert die Instandhaltung in die Gesamtbetrachtung der Immobilie. Die Instandhaltung ist nicht nur als eine isolierte technische Maßnahme zu betrachten, sondern als ein optimierendes Instrument für Prozesse und die Bewirtschaftung der Immobilie innerhalb der Nutzungsphase. Die Kostenintensität der Instandhaltung erfordert eine organisierte und zielorientierte Handhabung. Es gilt aber auch die Prozesse und Abläufe innerhalb der Instandhaltung zu optimieren. Zur Organisation der Instandhaltung ist eine Zielvorgabe notwendig. Durch die Vielzahl von Komponenten ergibt sich eine Zielstruktur. Aus dieser Zielstruktur heraus wird das Gebäude einer Potenzialanalyse unterzogen. Die Potenziale werden identifiziert und somit kann eine entsprechende Instandhaltungsplanung erfolgen.[414] Nur eine lebenszyklusübergreifende Instandhaltungsstrategie kann die darin verborgenen Potenziale heben und zu einer positiven Wertentwicklung der Immobilie beitragen.[415]

Im Normalfall weist eine Heizungsanlage eine kürzere Lebensdauer auf als das Gebäude selbst oder sie wird im Laufe der Zeit unwirtschaftlich, da der technische Fortschritt den wirtschaftlichen Lebenszyklus mit beeinflusst. Im nachfolgenden Beispiel wird eine Betrachtung zur optimalen Ersatzinvestition einer Heizungsanlage angestellt. Dabei ist neben der Lebensdauer der Heizungsanlage auch die wirtschaftliche und technisches Lebensdauer des Gesamtgebäudes zu berücksichtigen.

In dem Beispiel wird angenommen, dass eine bestehende Heizungsanlage ersetzt werden muss. Als Investitionsalternativen kommen zwei Heizungsanlagen in Betracht, die den Anforderungen gleichermaßen genügen. Anlage A hat höhere Anschaffungskosten als Anlage B, ist aber in den Energie- und lfd. Betriebskosten günstiger. Es wird zunächst untersucht, welche Anlage sich – unter Gesamtbetrachtung der Anschaffungs- und Betriebskosten – am schnellsten amortisiert.

Prämisse: Nachschüssige konstante ganzjährige Zahlungsströme, Kalkulationszinssatz 5 %.

---

[413] Vgl. Werner, G.-W., Instandhaltungsmanagement, in: Zehrer, H./Sasse, E. (Hrsg.) (2005), S. 1.
[414] Vgl. Preuß, N./Schöne, L. (2003), S. 220f.
[415] Vgl. Gänßmantel, J., u. a., Sanierung und Facility Management, S. 42f. u. 38.

8.5 Facility Management im Immobilienlebenszyklus

	Anlage A	Anlage B
Es bestehen zwei Investitionsalternativen (Anlagen A und Anlage B), die den Anforderungen gleichermaßen genügen		
Anschaffungskosten	158 000 €	126 000 €
Heizkosten p.a.	10 500 €	14 000 €
Instandhaltungskosten p.a.	500 €	900 €
Ersparnis p.a.	17 900 €	14 000 €
Bisherige Heiz- und Instandhaltungskosten: 28 900 € p.a.		

Abb. 107: Wirtschaftlichkeitsvergleich zweier Heizungsanlagen

⇨ A: $(17\,900) \cdot (1+0{,}05)^{-1} + \ldots + (17\,900) \cdot (1+0{,}05)^{-12} = 158\,652$
Daraus folgt: Die Einsparungen übersteigen im 12. Jahr die Ausgaben.
⇨ B: $(14\,000) \cdot (1+0{,}05)^{-1} + \ldots + (14\,000) \cdot (1+0{,}05)^{-13} = 131\,510$
Daraus folgt: Die Einsparungen übersteigen im 13. Jahr die Ausgaben.

Demzufolge ist die Anlage A betriebswirtschaftlich gesehen die vorteilhaftere, da sie sich in einem kürzeren Zeitraum amortisiert als die Anlage B.

⇨ A: 158 000/17 900 = 8,827
Daraus folgt: Bei einem Rentenbarwertfaktor von 8,827 ergibt sich eine Amortisationsdauer von 11–12 Jahren (siehe Tabelle Rentenbarwertfaktoren).
⇨ B: 126 000/14 000 = 9
Daraus folgt: Bei einem Rentenbarwertfaktor von 9 ergibt sich eine Amortisationsdauer von 12–13 Jahren (siehe Tabelle Rentenbarwertfaktoren).

Rentenbarwertfaktoren
(Kalkulationszins: 5,0%)

Jahr	Abzinsungs-Faktor	Aufzinsungs-Faktor	Rentenbarwert-faktor
1	0,95238	1,05000	0,95238
2	0,90703	1,10250	1,85941
3	0,86384	1,15763	2,72325
4	0,82270	1,21551	3,54595
5	0,78353	1,27628	4,32948
6	0,74622	1,34010	5,07569
7	0,71068	1,40710	5,78637
8	0,67684	1,47746	6,46321
9	0,64461	1,55133	7,10782
10	0,61391	1,62889	7,72173
11	0,58468	1,71034	8,30641
12	0,55684	1,79586	8,86325
13	0,53032	1,88565	9,39357

Abb. 108: Tabelle Rentenbarwertfaktoren (Kalkulationszins 5,0 %)

Weist das betrachtete Gebäude jedoch nur noch eine wirtschaftliche Restnutzungsdauer von 10 Jahren auf, muss diese Voraussetzung in die Entscheidungsfindung mit einfließen. In der weiteren Betrachtung werden die kumulierten Kosten errechnet, die für die Anschaffung und den Betrieb der jeweiligen Anlage innerhalb von 10 Perioden entstehen.

⇨ A: $(158\,000)+(11\,000) \cdot (1+0{,}05)^{-1} +\ldots+(11\,000) \cdot (1+0{,}05)^{-10} = 242\,939$
Daraus folgt: Die Anlage A kostet in 10 Jahren 242.939 Euro.

⇨ B: $(126\,000)+(14\,900) \cdot (1+0{,}05)^{-1} +\ldots+(14\,900) \cdot (1+0{,}05)^{-10} = 241\,054$
Daraus folgt: Die Anlage B kostet in 10 Jahren 241 054 Euro.

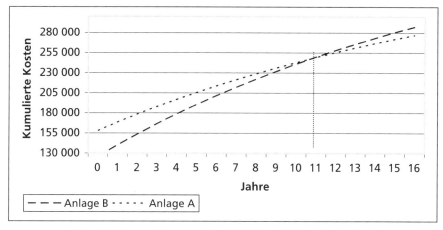

Abb. 109: Gesamtkostenverlauf der Investitionsalternativen

Demzufolge ist die Anlage B betriebswirtschaftlich gesehen die vorteilhaftere, da sie im betrachteten Zeitraum die niedrigeren Gesamtkosten aufweist. Das bedeutet, dass bei der Betrachtung einzelner Komponenten innerhalb eines Gebäudes nicht nur die Amortisationsdauer als Entscheidungsgrundlage dient, sondern auch der Gesamtinvestitionszeitraum im Verhältnis zur Lebensdauer des Gebäudes. Würde sich der betrachtete Zeitraum auf 12 Jahre erstrecken, wäre die Anlage A die bessere. In der 11. Periode übersteigen die Gesamtkosten der Anlage B die Kosten der Anlage A. Daher bedarf es mehrerer Betrachtungsweisen bei einer Investition, um eine entsprechende Entscheidungsbasis zu erreichen.

In der Praxis finden noch weitere Aspekte Beachtung bei der Entscheidungsfindung. Dabei spielt die Perspektive eine wichtige Rolle. Gerade bei Heizungsanlagen hat der Eigentümer, sofern er das Gebäude vermietet, keinen direkten Nutzen in Form von höheren Cash-Flows, denn i.d.R. trägt die Heizkosten ohnehin der Mieter. Andererseits erlauben Instrumente wie das Benchmarking einen Vergleich der Heizkosten für den Mieter und dies kann zu Wettbewerbsnachteilen in der Nachvermietung führen. Das bedeutet, dass ein Kapitalanleger seinen Fokus nicht nur auf die Minderung der umlagefähigen Kosten legen sollte, sondern auch auf die Wertsteigerung ebenso wie die Marktfähigkeit des Gebäudes. Ansonsten wird ein deutlicher Vorteil einer solchen Investition für den Vermieter schwer zu quantifizieren. Eine ganz andere Rolle spielt die Betrachtung der nicht umlegbaren Betriebskosten für den Eigennutzer z. B. im Rahmen des CREM. Hier geht der Aspekt der Vermietbarkeit unter und der Vorteil der eingesparten Betriebskosten steht im Vordergrund. Daher ist eine solche Investitionsentscheidung nie eine rein finanzmathematische Betrachtung, sondern eine von verschiedenen Aspekten, wie z. B. der Gesamt-Restnutzungsdauer des Gebäudes, der Gestaltung des Mietvertrages und der Perspektive des Betrachters, beeinflusste Entscheidung, die im Gesamtkontext getroffen wird.

8.5.3 Einflussmöglichkeiten in der Verwertungsphase

Die Einflussnahme des Facility Managements bedarf zunächst einer Standortbestimmung der Immobilie innerhalb des Lebenszyklus. Denn abhängig von Zustand und den Gegebenheiten sowie der Art und Weise der Verwertung, ist auch die Einflussnahme des Facility Managements diesen Faktoren untergeordnet.[416] Unabhängig davon kann jedoch festgestellt werden, dass eine vom Facility Management in digitaler Form erstellte, aktuelle Gebäudedokumentation sämtliche alternativen Möglichkeiten in der Verwertungsphase (Verkauf, Redevelopment oder Abriss) erleichtert und die Kosten in dieser Phase entsprechend reduziert.

8.5.3.1 Facility Management im Verkauf

Der Verkauf ist eine Möglichkeit der Verwertung einer Immobilie. Bei der Betrachtung des Objektes wird entschieden, ob die noch vorhandenen Potenziale vor dem Verkauf gehoben werden sollen oder das Risiko auf den Käufer abgewälzt werden soll.[417] Der Operating-Cash-Flow, der beim Verkauf einer Immobilie eine wesentliche Rolle für die Wertfindung spielt, kann durch verschiedene Maßnahmen des Facility Managements optimiert werden um einen höheren Preis zu erzielen. Solche Maßnahmen können z. B. sein: Die Beseitigung von verzichtbaren Kostenfaktoren innerhalb der Bewirtschaftung oder eine rechtzeitige Überprüfung der Mieterträge, die möglicherweise Steigerungspotenziale bergen. Üblich ist vor dem Verkauf gewerblicher Objekte eine Due Diligence, die durch entsprechend aktuelle, digitale Daten aus dem Facility Management erheblich verkürzt und erleichtert werden kann.

8.5.3.2 Facility Management beim Abriss

Der Abriss eines Gebäudes und damit die Freilegung des Grundstückes ist eine Folge der mangelnden Nutzbarkeit oder einer besseren Nutzungsalternative eines Gebäudes. Dieser Schritt wird unternommen, wenn selbst eine Modernisierung bzw. Sanierung unter den wirtschaftlichen Aspekten die Immobilie für den Eigentümer nicht mehr attraktiv machen kann. Eine solche Maßnahme

---

[416] Vgl. Hellerforth, M. (2001), S. 341.
[417] Vgl. Gondring, H. (2004), S. 507.

bringt Ungewissheiten über die Baugrundfähigkeit des Grundstückes für ein neues Projekt mit sich, denn verschiedene unvorhersehbare Aspekte können die Betrachtung verändern. Daher sieht die GEFMA hier auch die Aufgabenstellung des Facility Managements in der Vorbereitung des Abrisses unter verschiedenen Gesichtspunkten. Die Vorbereitung eines Abrisses muss sowohl rechtlich als auch technisch begleitet werden. Es muss eine Abbruchgenehmigung eingeholt werden und der Abbruch selbst geplant und von entsprechenden Dienstleistern erbracht werden. Dem Abriss geht meist die Phase des Leerstandes voraus. Das Facility Management kann hier, durch frühzeitige Stilllegung technischer Anlagen, Entleerung von Betriebsstoffbehältern, rechtzeitige Kündigung von Dienstleistungsverträgen und Sicherung des Gebäudes, Kosten sparen und Gefahren vermeiden (vgl. GEFMA-Richtlinie 100-2). Insbesondere innerstädtische Bürogebäude bedürfen einer kontrollierten und professionellen Beseitigung der Abrissmasse. Mögliche Probleme mit Altlasten wie Asbest oder Ölrückstände erfordern eine frühzeitige Planung der Entsorgungsstrategie. Dazu kann die Auswahl der Abrissmaßnahme oder Sprengungsszenarien gehören.[418]

Der Rückbau und die Entsorgung der Gebäudestrukturen können aufgrund der vorhandenen Daten, die im Rahmen des Facility Managements im Lebenszyklus zur Verfügung stehen, effizienter durchgeführt werden. Angaben zu technischen Anlagen, ihrem Zustand und Betriebsstoffen, sparen wichtige Ressourcen. Die Kenntnis über die verwendeten Materialien bringt Gewissheit über die damit zusammenhängenden umwelttechnischen Aspekte. Es ist auch vorstellbar, dass Bestandteile wieder verwendet oder veräußert werden können.[419] Somit wird der Lebenszyklus durch das Facility Management abgerundet und es kann eine Grundlage gelegt werden für ein neues Projekt.

8.6 Fallbeispiel: Facility Management im Immobilien-Lebenszyklus

8.6.1 Ausgangssituation

Der Facility Manager Herbert Hilfreich berät den Immobilien-Investor Karl Klotz im Zusammenhang mit dessen aktueller Entwicklung einer gewerblichen Immobilie bei der Planung der haustechnischen Anlagen. Für die Klimatisierung des Gebäudes stehen zwei Klimaanlagen (A und B) zur Auswahl, die sich beide durch eine technische Lebensdauer von mind. 10 Jahren und vergleichbare Leistungswerte auszeichnen.

Die Anschaffungskosten von Anlage A betragen 140.000 EUR und die laufenden Kosten für Energie und Betrieb 10.000 EUR p.a. Die angenommenen Kosten für den Ausbau und die Entsorgung der Anlage im Jahr 10 betragen 10.000 EUR. Bei Anlage B betragen die Anschaffungskosten 90.000 EUR und die Kosten für den

---

[418] Vgl. Bogenstätter, U., a.a.O., S. 347.
[419] Vgl. Hellerforth, M. (2001), S. 373.

8.6 Fallbeispiel: Facility Management im Immobilien-Lebenszyklus

lfd. Betrieb 14.000 EUR. Der Rückbau der Anlage in Jahr 10 kostet 20.000 EUR. Außerdem muss alle vier Jahre (in t = 4 und t = 8) der Wärmetauscher gewechselt werden, was Kosten i.H.v. jeweils 10.000 EUR verursacht.

Die Verteilung der Zahlungsströme der beiden Anlagen ist in den nachfolgenden Tabellen wiedergegeben:

Cash Flow Anlage A

t	0	1	2	3	4	5	6	7	8	9	10	Gesamt
CF(t) ≠ A	-140.000										-10.000	-150.000
CF(t) = A		-10.000	-10.000	-10.000	-10.000	-10.000	-10.000	-10.000	-10.000	-10.000	-10.000	-100.000
CF(t) gesamt	-140.000	-10.000	-10.000	-10.000	-10.000	-10.000	-10.000	-10.000	-10.000	-10.000	-20.000	-250.000

Cash Flow Anlage B

t	0	1	2	3	4	5	6	7	8	9	10	Gesamt
CF(t) ≠ A	-90.000				-10.000				-10.000		-20.000	-130.000
CF(t) = A		-14.000	-14.000	-14.000	-14.000	-14.000	-14.000	-14.000	-14.000	-14.000	-14.000	-140.000
CF(t) gesamt	-90.000	-14.000	-14.000	-14.000	-24.000	-14.000	-14.000	-14.000	-24.000	-14.000	-34.000	-270.000

Abb. 110: Fallbeispiel Lebenszyklus – Cashflow-Profil Anlagen

8.6.2 Fragestellung

(1) Ermitteln Sie für beide Investitionsalternativen jeweils den Discounted Cash Flow nach der Kapitalwertmethode! Legen Sie dabei einen Diskontierungszins von 5,5 % zugrunde. Für die Berechnung des Barwerts der Annuitäten können Sie den nachfolgend angegeben Rentenbarwertfaktor für den Barwert (Present Value) verwenden:

$$PV(R,T,A) = A \cdot \frac{(1+R)^T - 1}{(1+R)^T * R}$$

mit: R: Diskontierungszins
  T: Gesamtperiode (in Jahren)
  A: Betrag der Annuität

Für die Berechnung der Einzelperioden gilt:

$$PV_{At} = \frac{A}{(1+R)^t}$$

mit: R: Diskontierungszins
  t: laufende Periode
  A: Betrag der Annuität

(2) Welchen Rat wird Herr Hilfreich Herrn Klotz auf der Basis der Ergebnisse der statischen bzw. der dynamischen Berechnung der Lebenszykluskosten der Anlagen geben?
(3) Wie würde sich das Ergebnis der dynamischen Berechnung der Lebenszykluskosten ändern, wenn statt 5,5 % ein Diskontierungszins von 2,0 % (8,0 %) würde? Begründen Sie ohne neue Berechnung!
(4) Wie würde sich das Ergebnis der Betrachtung ändern, wenn die technische Lebensdauer der Anlagen statt 10 Jahre 15 Jahre betragen würde?

8.6.3 Lösungsansatz

(1) Die Discounted Cashflows der Anlagen A und B ermitteln sich wie folgt:

Alternative A

R = 0,055
T = 10 Jahre
A = –10.000 EUR

Berechnung des Barwerts der kontinuierlichen Auszahlungen (Annuitäten) über die Laufzeit von t1 bis t10 mit Hilfe der Rentenbarwertformel:

$$PV_{Ann} = -10.000 \text{ EUR } \frac{1,055^{10} - 1}{1,055^{10} \cdot 0,055}$$

$$PV_{Ann} = -10.000 \text{ EUR } \frac{0,70814}{0,09395}$$

$$PV_{Ann} = -10.000 \text{ EUR} \cdot 7,5376$$

$$PV_{Ann} = -75.376 \text{ EUR}$$

Zusätzlich zum Barwert der annuitätischen Zahlungen müssen noch die Barwerte der Anschaffungsauszahlung in t_0 (PV A_{t0} = –140.000 EUR) und der Barwert der Rückbaukosten in t_{10} ermittel werden:

$$PV_{At10} = \frac{-10.000 \text{ EUR}}{1,055^{10}}$$

$$PV_{At10} = -5.845 \text{ EUR}$$

Insgesamt ergibt sich dann der Barwert der Gesamtinvestition für die Alternative A zu:

$$PV_{AltA} = -140.000 \text{ EUR} - 75.376 \text{ EUR} - 5.854 \text{ EUR}$$

$$PV_{AltA} = -221.230 \text{ EUR}$$

Die Berechnung des Barwerts für Alternative B erfolgt analog (siehe auch Abb. 111). Um hier die Gesamtinvestition zu ermitteln werden neben dem Barwert der Anschaffungsauszahlung in t_0 und dem Barwert der Rückbaukosten in t_{10} auch noch die Barwerte der zusätzlichen Ausgaben in t_4 und t_8 berücksichtigt

$$PV_{AltB} = -90.000 \text{ EUR} - 105.527 \text{ EUR} - 11.709 \text{ EUR} - 8.072 \text{ EUR} - 6.516 \text{ EUR}$$

$$PV_{AltB} = -221.824 \text{ EUR}$$

8.6 Fallbeispiel: Facility Management im Immobilien-Lebenszyklus

Alternative A

t	0	1	2	3	4	5	6	7	8	9	10	Gesamt
CF(t) ≠ A	- 140.000											
CF(t) = A		- 10.000	- 10.000	- 10.000	- 10.000	- 10.000	- 10.000	- 10.000	- 10.000	- 10.000	- 10.000	- 150.000
CF(t) gesamt	- 140.000	- 10.000	- 10.000	- 10.000	- 10.000	- 10.000	- 10.000	- 10.000	- 10.000	- 10.000	- 10.000	- 100.000
CF(t) kum.	- 140.000	- 150.000	- 160.000	- 170.000	- 180.000	- 190.000	- 200.000	- 210.000	- 220.000	- 230.000	- 250.000	- 250.000
NPV CF(t) ≠ A		9.479	8.985	8.516	8.072	7.651	7.252	6.874	6.516	6.176	5.854	75.376
NPV CF(t)	- 140.000	9.479	8.985	8.516	8.072	7.651	7.252	6.874	6.516	6.176	11.709	- 221.231

Alternative B

t	0	1	2	3	4	5	6	7	8	9	10	Gesamt
CF(t) ≠ A	- 90.000				- 10.000				- 10.000		- 20.000	- 130.000
CF(t) = A		- 14.000	- 14.000	- 14.000	- 14.000	- 14.000	- 14.000	- 14.000	- 14.000	- 14.000	- 14.000	- 140.000
CF(t) gesamt	- 90.000	- 14.000	- 14.000	- 14.000	- 24.000	- 14.000	- 14.000	- 14.000	- 24.000	- 14.000	- 34.000	- 270.000
CF(t) kum.	- 90.000	- 104.000	- 118.000	- 132.000	- 156.000	- 170.000	- 184.000	- 198.000	- 222.000	- 236.000	- 270.000	- 270.000
NPV CF(t) ≠ A		- 13.270	- 12.578	- 11.923	- 11.301	- 10.712	- 10.153	- 9.624	- 9.122	- 8.647	- 8.196	- 105.527
NPV CF(t)	- 90.000	- 13.270	- 12.578	- 11.923	- 19.373	- 10.712	- 10.153	- 9.624	- 15.638	- 8.647	- 19.905	- 221.824

Abb. 111: Fallbeispiel Lebenszyklus – Barwertberechnung

(2) Nach der Methode der statischen Ermittlung der Lebenszykluskosten wäre Anlage A der Anlage B vorzuziehen, da diese um 20.000 EUR geringere Lebenszykluskosten über 10 Jahre aufweist. Die nach der DCF-Methode ermittelten Kapitalwerte der Lebenszykluskosten sind annähernd gleich für beide Anlagen (Anlage A: 221.231 EUR, Anlage B: 221.824 EUR), so dass bei einem Diskontierungszins von 5,5 % keine eindeutige Empfehlung für eine Alternative ausgesprochen werden kann.

(3) Bei einem niedrigeren Diskontierungszins als 5,5 % würde Alternative A durch die Annäherung an den statischen LZK attraktiver. Umgekehrt wird bei Wahl eines höheren Diskontierungsfaktors Alternative B günstiger, weil die in der Zukunft liegenden Zahlungen stärker abdiskontiert werden.

(4) Bei einer Verlängerung der Restlaufzeit der Anlagen und gleichbleibendem Diskontierungszins wird Alternative A auch in der DCF-Betrachtung attraktiver, da die lfd. Kosten der Alternative geringer sind und sich die hohe Anschaffungsauszahlung über einen längeren Zeitraum verteilt.

9

Nachhaltige Immobilien zwischen Energieeffizienz und Wirtschaftlichkeit

9.1 Einleitung

Das bereits in vielen wirtschaftlichen Bereichen umfassend diskutierte Thema „Nachhaltigkeit" ist auch in der Immobilienwirtschaft neben der fortschreitenden Globalisierung und der demographischen Entwicklung eine der wichtigsten Herausforderungen. Immobilien tragen als einer der größten Emittenten von Kohlenstoffdioxiden in erheblichem Maße zum Klimawandel und zur Umweltzerstörung bei und beeinträchtigen damit auch das Wohlbefinden der Menschen. Die Umwelt ist die Grundlage jeglichen wirtschaftlichen Handelns und muss deshalb für zukünftige Generationen geschützt und erhalten werden. Eine nachhaltige Entwicklung ist daher in allen wirtschaftlichen Bereichen, insbesondere in der Immobilienwirtschaft, zwingend notwendig. Der deutsche Gebäudebestand bietet ein enormes Einsparpotenzial, welches durch verschiedene Maßnahmen erschlossen werden kann. Die Errichtung von nachhaltigen Immobilien bzw. die energieeffiziente Sanierung von Bestandsgebäuden ist daher im Hinblick auf steigende Energiepreise und zur Ressourcenschonung dringend erforderlich. Die Immobilienwirtschaft steht in der Verantwortung, mithilfe nachhaltiger Konzepte zur Entwicklung und zum Betrieb von Immobilien einen Beitrag zur Abmilderung der Auswirkungen des Klimawandels zu leisten.[420]

9.2 Nachhaltigkeit in der Immobilienwirtschaft

Nachhaltigkeit ist derzeit eine der größten Anforderungen in der Immobilienwirtschaft. Immobilien sind für ca. 25 bis 40 Prozent des Primärenergieverbrauchs und demzufolge für ca. 20 bis 40 Prozent der Treibhausgasemissionen verantwortlich, wodurch sie in erheblichem Maße zum Klimawandel beitragen. Der weltweite Anstieg der Kohlenstoffdioxidkonzentration in der Atmosphäre erfordert von Seiten der Immobilienbranche einen wesentlichen Beitrag, um negative Auswirkungen auf die Umwelt zu begrenzen und den Klimawandel einzudämmen.[421]

9.2.1 Dimensionen der Nachhaltigkeit

Das Leitbild der Nachhaltigkeit besteht aus einem Konzept, dass drei unterschiedliche Dimensionen gleichrangig berücksichtigt und daher auch als „Triple-Bottom-Line-Ansatz" bezeichnet wird. Wie Abb. 112 zeigt, besteht der Ansatz aus drei tragenden Säulen, einer ökologischen, einer ökonomischen und einer sozialen Dimension. Eindimensionale Betrachtungen, in denen oftmals

---
[420] Vgl. Rottke, N./Reichardt, A. (2010), S. 26ff.
[421] Vgl. Koch, M. (2010), S. 158.

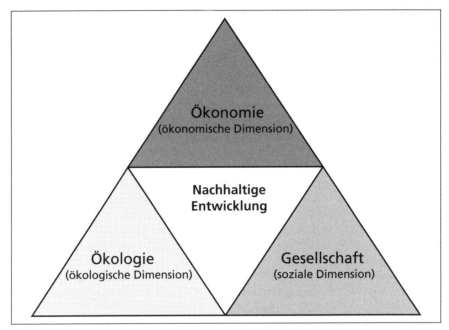

Abb. 112: Das magische Dreieck der Nachhaltigkeit[422]

die ökologische Dimension im Vordergrund steht, werden dem Konzept der nachhaltigen Entwicklung nicht gerecht.[423]

9.2.1.1 Ökologische Nachhaltigkeit

Die ökologische Dimension der Nachhaltigkeit umfasst den Umweltschutz, also den Erhalt von Natur und Umwelt durch einen schonenden Umgang mit den Rohstoff- und Energieressourcen. Ihre Aufgabe ist es, die natürlichen Lebens- und Wirtschaftsgrundlagen für die zukünftigen Generationen zu sichern. In diesem Zusammenhang sucht sie nach Möglichkeiten zur Minimierung des Ressourceneinsatzes, zur Minimierung der Emissionen und grenzt Gefahrenpotenziale ein.

Bezogen auf die Immobilienwirtschaft ist die Zielstellung der ökologischen Dimension der Nachhaltigkeit vor allem die Reduzierung des Schadstoffausstoßes, insbesondere des CO_2-Ausstoßes. Dadurch wird die Gefahr der Zerstörung der Ozonschicht und der Entstehung des Treibhauseffektes reduziert. Bedeutsam ist auch, den gesamten Energiebedarf im Lebenszyklus einer Immobilie zu minimieren, indem der Einsatz von nicht erneuerbarer Primärenergie verringert und der Einsatz von erneuerbaren Energien maximiert wird. Weitere Aufgaben sind die Reduzierung des Wasser- und Abwasserverbrauchs und der durch die Immobilie produzierten Abfälle, der verstärkte Einsatz umweltfreundlicher Ma-

---
[422] Mit Änderungen entnommen aus: Gänßmantel, J./Geburtig, G./Schau, A. (2005), S. 67.
[423] Vgl. Rottke, N./Reichardt, A. (2010), S. 30.

terialien sowie die Erhöhung der Recyclingfähigkeit. Die lokale Umwelt rund um die Immobilie darf nicht belastet werden bzw. die Auswirkungen sollten minimiert werden.[424]

9.2.1.2 Ökonomische Nachhaltigkeit

Die ökonomische Dimension der Nachhaltigkeit hat die Aufgabe, den Wohlstand der einzelnen Menschen bzw. der gesamten Gesellschaft zu maximieren und langfristig zu sichern. Der Fokus des ökonomischen Systems liegt auf der Produktion von Gütern und Dienstleistungen. Die Akteure des Systems, also private Haushalte, Unternehmen und Staat, konsumieren die Güter und Dienstleistungen und versuchen ihr Einkommen zu maximieren. Das Einkommen dient der Befriedigung kultureller und materieller Bedürfnisse sowie der Sicherung der materiellen Existenz. Die ökonomische Dimension versucht geeignete und langfristige Formen des Wirtschaftens zu entwickeln, in denen Ressourcenschonung mit Wohlstandsmaximierung und Einkommenssicherung verbunden ist.[425]

In der Immobilienwirtschaft hat die ökonomische Dimension der Nachhaltigkeit die Aufgabe, die Lebenszykluskosten von Immobilien zu minimieren. Rund 80 Prozent dieser Kosten entstehen bei der Bewirtschaftung von Immobilien, daher besteht in dieser Phase des Lebenszyklus ein enormes Optimierungspotenzial. Ökonomische Nachhaltigkeit heißt vor allem aber auch, den Wert einer Immobilie stabil zu halten. Immobilien, die sich durch einen geringen Ressourcenverbrauch auszeichnen, können leichter an die Bedürfnisse des Mieters angepasst werden. Durch die hohe Flexibilität in der Nutzung der Immobilie sinkt die Leerstandsdauer und laufende Erträge sind gesichert. Weiterhin weisen nachhaltige Immobilien i. d. R. eine höhere Miete bzw. einen höheren Kaufpreis aus.[426]

9.2.1.3 Soziale Nachhaltigkeit

Die soziale Dimension der Nachhaltigkeit beinhaltet die Bereitstellung und die gerechte Verteilung von sozialen Grundgütern sowie die Weiterentwicklung der Güter und deren Weitergabe an nachfolgende Generationen. Zu den sozialen Grundgütern zählen z. B. die Versorgung mit Grundnahrungsmitteln, Wohnraum und Bekleidung sowie die Erhaltung der Gesundheit. Insbesondere wird in dieser Dimension auf die Beziehungen zwischen den Gemeinschaften geachtet. Die durch das ökonomische System entstehenden Ungleichgewichte unter der Bevölkerung werden durch Verteilungsprozesse reguliert, das heißt abgeschwächt und gemildert. Die Erhaltung des sozialen Friedens ist das oberste und wesentlichste Ziel der sozialen Dimension.[427]

Die soziale Dimension in der Immobilienwirtschaft zielt in erster Linie auf den Komfort, sowohl aus thermischer, visueller als auch aus akustischer Sicht, einer

---

[424] Vgl. Rottke, N./Reichardt, A. (2010), S. 31.
[425] Vgl. Grunwald, A./Kopfmüller, J. (2006), S. 47f.
[426] Vgl. Rottke, N./Reichardt, A. (2010), S. 31f.
[427] Vgl. Grunwald, A./Kopfmüller, J. (2006), S. 49.

Immobilie ab. In diesen Faktoren liegen erhebliche Potenziale. Sie beeinflussen zum einen die Gesundheit und Zufriedenheit der Nutzer von Immobilien, zum anderen haben diese Faktoren auch unmittelbaren Einfluss auf die Produktivität von in Gebäuden arbeitenden Menschen. Ca. 80 Prozent der Gesamtkosten eines Unternehmens sind Personalkosten, somit besteht für ein Unternehmen ein enormes Einsparpotenzial. Weitere Aufgabenschwerpunkte der sozialen Dimension sind die Eingliederung einer Immobilie in das Stadtbild einschließlich Zugang zum Verkehrsnetz, aber auch Themen wie Flächeneffizienz und Zugänglichkeit spielen eine große Rolle.[428]

9.2.2 Immobilienwirtschaftliche Begriffe für Nachhaltigkeit

Das Konzept „Nachhaltigkeit in der Immobilienwirtschaft" wird mittlerweile durch eine Vielzahl von Begriffen wie z. B. „Green Building", „nachhaltige Immobilien" oder auch „Sustainable Building" beschrieben. Aus einer Studie des Real Estate Management Institutes über das Umweltbewusstsein in der deutschen Immobilienwirtschaft im Jahr 2009 wurde ersichtlich, dass die Marktteilnehmer der deutschen Immobilienbranche die Meinung vertreten, dass der Begriff „Nachhaltigkeit" für die Immobilienwirtschaft nicht eindeutig definiert ist.[429] Nachfolgend werden die Bezeichnungen „Green Building" und „Sustainable Building" anhand ihrer Definitionen voneinander abgegrenzt.

„Green Building" ist das wahrscheinlich am häufigsten verwendete Synonym für nachhaltige Immobilien und beschreibt dieses Konzept. Jerry Yudelson, einer der führenden „Green Building"-Experten der Vereinigten Staaten, definiert den Begriff folgendermaßen:

„A green building is a high-performance property that considers and reduces its impact on the environment and human health. A green building is designed to use less energy and water and to reduce the life-cycle environmental impacts of the materials used."[430]

„Green Buildings" werden gem. dieser Definition als Immobilien verstanden, die bewusst eine Reduzierung ihres Einflusses auf Umwelt und auf die menschliche Gesundheit zum Ziel haben. Derartige Immobilien werden konzipiert, um Strom und Wasser einzusparen sowie die negativen Auswirkungen auf die Umwelt und den Menschen über den gesamten Lebenszyklus einer Immobilie zu minimieren.[431] Die Definition von Yudelson betrachtet vorrangig ökologische Aspekte und bezieht teilweise die soziale Dimension mit ein. Die ökonomische Dimension wird dabei außer Acht gelassen.[432]

Grundsätzlich lässt sich festhalten, dass keine verbindliche bzw. einheitliche Definition für den Begriff „Green Building" existiert. Er entstand durch eine Zusammenführung unterschiedlicher Konzepte und Strömungen. In Deutschland wurde der Begriff durch bauökologische und baubiologische Strömungen

---

[428] Vgl. Rottke, N./Reichardt, A. (2010), S. 32.
[429] Vgl. ebenda, S. 34.
[430] Yudelson, J. (2008), S. 13.
[431] Vgl. Puls, C. (2009), S. 13.
[432] Vgl. Rottke, N./Reichardt, A. (2010), S. 36.

9.2 Nachhaltigkeit in der Immobilienwirtschaft

beeinflusst, die sich u. a. mit Strategien zum energiesparenden, umweltfreundlichen und gesundheitsgerechten Planen, Bauen und Betreiben umschreiben lassen. Eine derartige Immobilie geht daher weit über den Ansatz zur Reduzierung des Energieaufwandes und der resultierenden Umweltwirkungen in der Nutzungsphase hinaus. Es wird der vollständige Lebenszyklus mit einbezogen, also die Herstellung der Bauprodukte, über die Bauprozesse sowie die Reinigung, Wartung und Instandhaltung bis hin zur Rückbaubarkeit und Recyclingfreundlichkeit der Konstruktion.[433]

Eine zweite Begrifflichkeit, die ebenfalls oft als Synonym für nachhaltige Immobilien verwendet wird, ist „Sustainable Building". Lützkendorf und Lorenz definieren den Begriff folgendermaßen:

"A sustainable building is meant to be a building that contributes – through its characteristics and attributes – to sustainable development. By safeguarding and maximizing functionality and serviceability as well as aesthetic quality a sustainable building should contribute to the minimization of life cycle costs; the protection and/or increase of capital value; the reduction of land use, resources, raw material and resource depletion; the reduction of malicious impacts on the environment; the protection of health, comfort and safety of workers, occupants, users, visitors and neighbours; and (if applicable) to the preservation of cultural values and heritage."[434]

Der Begriff "Sustainable Building" berücksichtigt alle Aspekte der Nachhaltigkeit, also sowohl die ökologische sowie die soziale als auch die ökonomische Dimension. Mit der Planung, Errichtung und anschließenden Bewirtschaftung von nachhaltigen Immobilien wird das Ziel verfolgt, Gebäude mit einer hohen städtebaulichen, gestalterischen, funktionalen und technischen Qualität zu realisieren und in diesem Zusammenhang ökologische, ökonomische und soziale Anforderungen gleichzeitig und gleichberechtigt zu berücksichtigen.[435]

Bei der Betrachtung beider Konzepte lässt sich festhalten, dass bei der Beurteilung der Nachhaltigkeit der gesamte Lebenszyklus einer Immobilie berücksichtigt wird. Green Buildings fokussieren sich vordergründig auf Umweltaspekte und Aspekte der Gesundheit sowie Behaglichkeit und Zufriedenheit der Nutzer. Bei Sustainable Buildings spielen zusätzlich ökonomische Aspekte wie Bau- und Nutzungskosten sowie Wertstabilität bzw. Wertentwicklung eine große Rolle.[436]

---

[433] Vgl. Lützkendorf, T. (2007), S. 35.
[434] Lützkendorf, T./Lorenz, D. (2007): Integrating sustainability into property risk assessments for market transformation, zit. nach Rottke, N./Reichardt, A. (2010), S. 36.
[435] Vgl. Lützkendorf, T. (2007), S. 36.
[436] Vgl. Landgraf, D./Rohde, C. (2010), S. 235.

9.3 Unterstützer der nachhaltigen Entwicklung

9.3.1 Der Staat

Die Bundesregierung hat einen erheblichen und wahrscheinlich den größten Einfluss auf die nachhaltige Entwicklung in der deutschen Immobilienwirtschaft. Im August 2007 hat das Bundeskabinett ein umfangreiches und ambitioniertes Energie- und Klimaprogramm mit 29 Eckpunkten beschlossen, welches im Dezember 2007 und im Juni 2008 mittels 14 Gesetzen und Verordnungen umgesetzt wurde. Das Ziel dieser Maßnahmen ist die Reduzierung der Treibhausgasemissionen um circa 40 Prozent gegenüber dem Jahr 1990.[437]

Das zum Auftakt der Weltklimakonferenz 2007 geschnürte Energie- und Klimaprogramm ist in der Geschichte der deutschen Klimapolitik einmalig. Das Maßnahmenpaket zielt auf einen effizienten Klimaschutz ab, jedoch unter Beachtung, dass der Klimaschutz bezahlbar ist und mit der wirtschaftlichen Entwicklung Schritt hält. Es werden seitens der Bundesregierung Maßnahmen ergriffen, die eine günstige CO_2-Bilanz und möglichst große Kosteneffizienz aufweisen. Dabei soll die Wettbewerbsfähigkeit der Unternehmen nicht beeinträchtigt und die Verbraucher nicht überfordert werden.[438]

9.3.1.1 Die Energieeinsparverordnung (EnEV)

Einen wesentlichen Teil des Maßnahmenpakets bildet die zweifache Novellierung der Energieeinsparverordnung, deren erste Novellierung bereits zum 01. Oktober 2009 in Kraft getreten ist. Das Ziel der Novellierung der Energieeinsparverordnung ist es, den Primärenergieverbrauch, insbesondere für Heizung und Warmwasser, bei neu errichteten Gebäuden in zwei Stufen um jeweils 30 Prozent zu reduzieren. Die erste Novellierung sieht zudem bereits vor, dass bei anstehenden Sanierungsmaßnahmen am Gebäudebestand ebenfalls Vorgaben für die deutliche Verbesserung der Energieeffizienz von Bestandsgebäuden zu beachten sind.[439] So sollen z. B. Nachtstromspeicher, die älter als 30 Jahre sind, durch effiziente Geräte ersetzt werden.

Des Weiteren werden bei Modernisierungen von Altbauten 30 Prozent höhere Maßstäbe und Normen hinsichtlich der Bauteileanforderungen bei baulichen Änderungen der Gebäudehülle festgelegt. Auch im Bereich der Wärmedämmung sieht die Novellierung sowohl bei Alt- als auch bei Neubauten höhere Maßstäbe vor. Die Wärmedämmung der Gebäudehülle bei Neubauten muss nunmehr 15 Prozent mehr leisten als vorher. Weiterhin regelt die Energieeinsparverordnung die Ausstellung, Verwendung und die Grundsätze des Energieausweises, der bereits seit dem 01. Juli 2008 für Wohngebäude Pflicht ist. Für Nichtwohngebäude ist der Energieausweis seit dem 01. Juli 2009 verpflichtend.

---

[437] Vgl. Rottke, N./Reichardt, A. (2010), S. 36f.
[438] Vgl. Das Integrierte Energie- und Klimaprogramm der Bundesregierung (2007), S. 1.
[439] Vgl. Rast, R. (2009), S. 299.

Er stellt die Energieeffizienz von Gebäuden dar, was zu einer höheren Transparenz und zu Energieeinsparungen führen soll.[440]

9.3.1.2 Das Erneuerbare-Energien-Wärmegesetz (EEWärmeG)

In einem engen Zusammenhang mit der Novellierung der Energieeinsparverordnung steht das Erneuerbare-Energien-Wärmegesetz. Das Gesetz schreibt vor, dass spätestens im Jahr 2020 14 Prozent der Wärme in Deutschland aus erneuerbaren Energien erzeugt werden muss. Es soll zum einen die Umwelt schützen und zum anderen dazu beitragen, dass der Ausstoß von klimaschädlichen Treibhausgasen verringert wird. Die Zielsetzung dieses Gesetzes ist es, einerseits Ressourcen zu schonen, andererseits aber auch eine sichere und nachhaltige Energieversorgung zu gewährleisten.

Das Gesetz besteht im Wesentlichen aus drei Bereichen. Erstens besteht für alle Eigentümer von neu gebauten Gebäuden, das heißt sowohl für Privatpersonen, für die öffentliche Hand oder die Wirtschaft, seit dem 01. Januar 2009 eine Pflicht zur Nutzung von erneuerbaren Energien für ihre Wärmeversorgung. Dabei obliegt es dem Eigentümer, welche Formen von erneuerbaren Energien er nutzt. Der zweite Bereich des Gesetzes bildet die finanzielle Förderung der Nutzung von erneuerbaren Energien. Zuletzt erleichtert das Gesetz den Ausbau von lokalen und regionalen Wärmenetzen. Die Kommunen können jetzt im Interesse des Klimaschutzes den Anschluss und die Nutzung eines Wärmenetzes vorschreiben.[441]

9.3.2 Unternehmen und Investoren

Nachhaltige Immobilien weisen gegenüber den konventionellen Immobilien eine Reihe von Vorteilen auf. Demzufolge wächst das Interesse der Unternehmen und Investoren an nachhaltigen Immobilien stetig. Zum einen erhalten die Eigentümer i. d. R. für den Bau einer nachhaltigen Immobilie eine ansehnliche Förderung, später für deren Nutzung höhere Mieten und schließlich, bei einem möglichen Verkauf, einen höheren Kaufpreis. Zum anderen spielt bei den Unternehmen und Investoren das steigende gesellschaftliche Verantwortungsbewusstsein eine große Rolle. Nicht zuletzt führt das verantwortungsbewusste Handeln der Unternehmen und Investoren zu einem großen Imagegewinn.[442]

Die Wirtschaft hat erkannt, dass es notwendig ist, die wirtschaftliche und soziale Entwicklung im Einklang mit der Tragfähigkeit des Ökosystems zu gestalten und die Zahl der Unternehmen, die das Konzept der Nachhaltigkeit in ihr Leitbild integrieren, wird zunehmend größer. Sie versuchen im verstärkten Maße zu einer Stabilisierung weltweiter gesellschaftlicher Prozesse beizutragen."[443] Vielen Unternehmen wird bewusst, dass deren Aktivitäten erhebliche Auswirkungen auf die Umwelt und auf die Gesellschaft haben. Zusätzlich

---

[440] Vgl. Rottke, N./Reichardt, A. (2010), S. 37.
[441] Vgl. BMU (2008), URL: http://www.bmu.de.
[442] Vgl. Rottke, N./Reichardt, A. (2010), S. 38.
[443] Vgl. Lützkendorf, T./Lorenz, D. (2005), S. 2.

werden die Unternehmen durch den öffentlichen Druck gezwungen, ihre Unternehmensstrategie nicht nur an den wirtschaftlichen Faktoren zu orientieren, da sie eine Verantwortung gegenüber allen Stakeholdern haben. Diese freiwillig auferlegte Verantwortung seitens der Unternehmen wird als „Corporate Social Responsibility", kurz CSR, bezeichnet.[444]

9.3.2.1 Corporate Social Responsibility

Der Begriff „Corporate Social Responsibility" (CSR) bezeichnet die freiwillige Integration von sozialen Belangen und Umweltbelangen in die Unternehmenstätigkeit und die Wechselbeziehungen mit den Anteilseignern.[445] Es ist ein Konzept unternehmerischer Verantwortung, das den Nachhaltigkeitsgedanken aufnimmt und die drei Säulen Ökonomie, Ökologie und Gesellschaft mit unternehmerischem Handeln verbindet. CSR gilt als Instrument zur Sicherung einer nachhaltigen Entwicklung. Alle Aktivitäten im Rahmen von CSR gehen über gesetzliche bzw. rechtliche Verpflichtungen hinaus. Sie sind freiwillig und zeichnen sich durch Eigeninitiative und Eigenverantwortung der Unternehmen aus. Die Prinzipien der CSR betreffen alle Aktivitäten und Geschäftsfelder der Unternehmen und beinhalten u. a. auch die Investitionspolitik, die als „Socially Responsible Investment", kurz SRI, bezeichnet wird.[446]

Der Ursprung der CSR liegt in der industriellen Revolution, als Unternehmen im Zuge der sozialen Notlage verschiedene Wohnbauprojekte für die Arbeiter und die Krankenversorgung förderten. Eine der ersten Publikationen zu diesem Thema war „Social Responsibilities of the Businessman" von Howard R. Bowen im Jahr 1953. Er vertrat die Meinung, dass sich die soziale Verantwortung von Unternehmen an den gesellschaftlichen Erwartungen und Werten orientieren sollte. Verantwortungsbewusstsein ist seiner Meinung nach eine Unternehmenspflicht, da ein Unternehmen sowohl die Umwelt als auch die Bürger in vielen Bereichen in Anspruch nimmt.[447]

In den letzten zwei Jahrzehnten des 20. Jahrhunderts gewann die Diskussion über die soziale Verantwortung von Unternehmen, getrieben durch unterschiedliche Entwicklungen, zunehmend an Dynamik. In den USA und Europa stieg in den achtziger Jahren des 20. Jahrhunderts die Zahl feindlicher Übernahmen von Firmen stark an. Es führte oftmals zur Zerschlagung gewachsener Produktionsstrukturen. Diese Entwicklung wurde in der Öffentlichkeit zunehmend mit Sorge und als Ausdruck unsozialen Unternehmerverhaltens wahrgenommen. Ein weiterer Treiber war die sich vertiefende internationale Arbeitsteilung in der Industrieproduktion sowie die Globalisierung von Güter- und Finanzströmen, wodurch die Wirkungen unternehmerischen Handelns in Entwicklungsländern zunehmend in den Blick der Öffentlichkeit rückten. Schließlich nahm die Global Compact Initiative, die im Jahr 1999 von UN-Generalsekretär Kofi Annan auf dem World Economic Forum in Davos ins

---

[444] Vgl. Rottke, N./Reichardt, A. (2010), S. 39.
[445] Vgl. ebenda, S. 39.
[446] Vgl. Lützkendorf, T./Lorenz, D. (2005), S. 2.
[447] Vgl. Rottke, N./Reichardt, A. (2010), S. 39f.

9.3 Unterstützer der nachhaltigen Entwicklung

Leben gerufen wurde, einen hohen Stellenwert in der Entwicklung ein. Er verlangte von den Unternehmen, freiwillig ihre Pflichten als Teil der Gesellschaft wahrzunehmen und aus Eigeninitiative einen positiven Gestaltungsbeitrag zu leisten.[448]

Die positiv zu bewertende öffentliche Diskussion in den letzten Jahren über CSR leidet aber unter einer konzeptionellen Unschärfe. Das sozial verantwortliche Verhalten von Unternehmen wird von den Beteiligten und auch von den Beobachtern sehr unterschiedlich verstanden bzw. ausgelegt. Dies spiegelt sich in sehr verschiedenen Aktivitäten der Unternehmen wider, angefangen von der Fort- und Weiterbildung von Mitarbeitern über Frauenförderung und Kinderbetreuung am Arbeitsplatz, Herstellung umweltfreundlicher Produkte, den fairen Umgang mit Zulieferern bis hin zu einem außergeschäftlichen Engagement wie Sponsoring von Sport- und Kulturvereinen oder auch der Förderung von Wissenschaft und Forschung.[449]

Neben CSR existieren noch gleiche oder zumindest ähnliche Konzepte. Dazu gehören z. B. die Begriffe „Corporate Sustainability" oder „Corporate Citizenship". Der Begriff „Corporate Citizenship", kurz CC, umfasst das soziale und gesellschaftliche Engagement eines Unternehmens im lokalen Umfeld, das aus Eigeninitiative der Unternehmen erfolgt und somit über gesetzliche Anforderungen hinausgeht. Unternehmen engagieren sich über die eigentliche Geschäftstätigkeit hinaus als „guter Bürger". Der Corporate Citizenship Mix beschreibt neun Instrumente:

- Unternehmensspenden
- Soziales Sponsoring
- Zweckgebundenes Marketing
- Unternehmensstiftungen
- Gemeinnütziges Arbeitnehmerengagement
- Auftragsvergabe an soziale Organisationen
- Gemeinwesen Joint-Venture
- Lobbying für soziale Anliegen
- Soziales Risiko-Kapital

Ein Unternehmen kann sich im Rahmen seiner Corporate Citizenship Strategie aus ihrer Sicht passende Instrumente aus dem Mix aussuchen und diese in der Praxis umsetzen.[450]

Die Bezeichnung „Corporate Sustainability" (CS) beschreibt den oben bereits beschriebenen „Triple-Bottom-Line"-Ansatz und wird auch als Nachhaltigkeitsmanagement bezeichnet. CS unterscheidet sich von CSR-Maßnahmen insbesondere durch zwei Aspekte. Das wesentliche Merkmal der CSR ist die Selbstverpflichtung zur Durchführung freiwilliger Maßnahmen. CS hingegen bezieht auch die Aktivitäten mit ein, die unfreiwillig erfolgen, wie z. B. durch den öffentlichen Druck oder durch die Anforderungen von Kunden hervor-

---

[448] Vgl. de Carlo, L. (2004), S. 1.
[449] Vgl. ebenda, S. 1f.
[450] Vgl. Rottke, N./Reichardt, A. (2010), S. 39.

9 Nachhaltige Immobilien

gerufene Handlungen. Der zweite Aspekt ist, dass sich CSR lediglich auf die ökologische und soziale Dimension der Nachhaltigkeit bezieht, wohingegen CS zusätzlich die ökonomische Dimension mit berücksichtigt. Daraus resultiert, dass CSR nur als Teilaspekt des Nachhaltigkeitsmanagement interpretiert werden kann.[451]

Abb. 113 zeigt, wie diese Begriffe zusammenhängen und mithilfe nachhaltiger Unternehmensführung zur nachhaltigen Entwicklung beitragen.

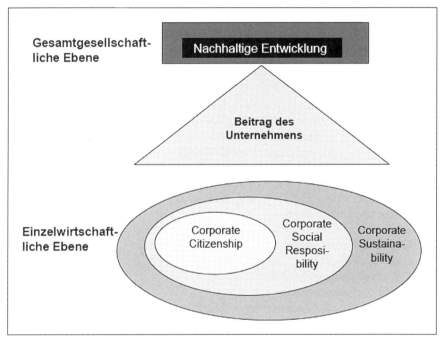

Abb. 113: Corporate Responsibility und Nachhaltigkeit[452]

9.3.2.2 Socially Responsible Investment

CSR betrifft alle Aktivitäten eines Unternehmens und beinhaltet somit auch die Investmentstrategie. Diese Investmentstrategien werden auch „Socially Responsible Investment" (SRI) genannt. Sie prägen das Verhalten von Investoren, die neben den ökonomischen Faktoren auch ökologische und soziale Aspekte bei ihrer Investitionsentscheidung berücksichtigen. Im Bereich der Immobilieninvestitionen werden die Strategien als „Responsible Property Investment" (RPI) bezeichnet.[453]

---

[451] Vgl. Zirnig, D. (2009), S. 11.
[452] Enthalten in: Schäfer, H. u. a. (o. J.), S. 23.
[453] Vgl. Rottke, N./Reichardt, A. (2010), S. 40.

9.3 Unterstützer der nachhaltigen Entwicklung

Der SRI-Markt mit entsprechenden Investmentprodukten und Kapitalanlagemöglichkeiten zählt insbesondere in Europa und in den USA zu den am schnellsten wachsenden Anlagemärkten. Die wesentlichen Akteure, die nach der Strategie des SRI ihr Kapital anlegen, sind neben den privaten und institutionellen Investoren vor allem Finanzinstitute und Fondsgesellschaften. Unternehmen, die ihre Produkte bzw. Dienstleistungen freiwillig und selbständig einem Nachhaltigkeitsrating stellen, gehören ebenfalls zu den Akteuren des SRI-Marktes.[454]

Seit einigen Jahren wird seitens der Politik, der Gesellschaft sowie der Investoren ein sehr großer Druck auf die Unternehmen ausgeübt. Von ihnen wird erwartet, dass sie ihre wirtschaftlichen Aktivitäten unter Beachtung ihrer Verantwortung für Umwelt und Gesellschaft ausrichten. Eine Nichtbeachtung der Erwartungshaltung kann für die Unternehmen zu einem enormen Imageverlust und damit auch zu finanziellen Risiken führen. Aufgrund des öffentlichen Drucks integrieren die Unternehmen zunehmend Nachhaltigkeitsaspekte in ihr Unternehmensleitbild.[455]

Socially Responsible Investments lassen sich mittels unterschiedlicher Anlagestrategien in einzelne Teilmärkte klassifizieren. Im Wesentlichen existieren vier unterschiedliche, jedoch teilweise in Kombination angewandte Anlagestrategien. Die erste Möglichkeit nennt sich Nachhaltigkeitsrating oder „Positive Screening". Dabei werden die Unternehmensaktivitäten bzw. die Investitionsmöglichkeiten mithilfe von Fragebögen, Checklisten oder anderen öffentlich verfügbaren Informationen nach ökonomischen, sozialen und ökologischen Kriterien beurteilt. Die Ergebnisse des Ratings entscheiden anschließend darüber, welche Investitionsmöglichkeit im Rahmen der Kapitalanlageentscheidung gewählt wird. Eine sehr häufig verwendete Variante des Nachhaltigkeitsratings ist das so genannte „Best-of-Class-Rating". Bei diesem Verfahren werden zunächst viele Unternehmen aus allen Branchen einem Nachhaltigkeitsrating unterzogen. Diejenigen Unternehmen mit den besten Ergebnissen hinsichtlich ökologischer und ethischer Standards werden anschließend in den Index aufgenommen. Diese Strategie bildet den Kernbereich des SRI-Marktes.[456]

Die weiteren Anlagestrategien lauten Ausschlussverfahren bzw. „Negative Screening", „Shareholder Engagement" und „Community Investing". Beim Ausschlussverfahren werden einzelne Geschäftstätigkeiten, Branchen sowie auch Investitionen in einzelnen Ländern kategorisch als nicht nachhaltig definiert und scheiden somit als Anlageoption aus.

Die Strategie „Shareholder Engagement" ermöglicht den Aktionären, ihre Stimmrechte und ihre sonstigen Aktionärsrechte kritisch auszuüben. Dabei wird das Ziel verfolgt, die Unternehmens- und Investitionsstrategien so zu beeinflussen, dass nachhaltige Prinzipien mehr berücksichtigt werden.

Beim „Community Investing" werden Finanzmittel für lokale und kommunale Organisationen zur Verfügung gestellt, die sie über den Bankenmarkt nicht

---

[454] Vgl. Lützkendorf, T./Lorenz, D. (2005), S. 3f.
[455] Vgl. Lützkendorf, T./Lorenz, D./Thöne, C. (o. J.), S. 198f.
[456] Vgl. Landgraf, D. (2010), S. 118.

erhalten würden. Mithilfe der zusätzlichen Gelder wird insbesondere das gemeindliche Gesundheitswesen oder Dienstleistungen im Bereich der Altenpflege und Kinderbetreuung finanziell unterstützt. Des Weiteren werden Kredite an Geringverdiener und Kleinstgewerbetreibende vergeben.[457]

Die Märkte für SRI haben sich in den letzten Jahren rasant weiterentwickelt. Am weitesten fortgeschritten sind die SRI-Märkte in Europa und in den USA. Im Jahr 2007 waren knapp elf Prozent aller professionell verwalteten Assets in den USA den Socially Responsible Investments zuzuordnen. Das Marktvolumen hat sich im Zeitraum von 1995 bis 2007 von 639 Mrd. US-Dollar auf 2,71 Bio. US-Dollar erhöht, dies entspricht einem Zuwachs von 324 Prozent. Diese Entwicklung verdeutlicht, dass die privaten und institutionellen Anleger zunehmend an nachhaltigen Investmentprodukten interessiert sind. Gründe dafür sind die steigende Akzeptanz einer gesamtgesellschaftlichen Verantwortung sowie der sich langsam abzeichnende Wertewandel in der Gesellschaft. Auch der Staat trägt durch eine strenger werdende Gesetzgebung in den Bereichen Soziales, Umwelt und Gesundheit maßgebend dazu bei.[458]

9.3.2.3 Responsible Property Investment

Die Immobilienwirtschaft hat gute Voraussetzungen zur Integration von Nachhaltigkeitsaspekten. Im Vergleich zu anderen Wirtschaftszweigen spielt sie eine große Rolle für die Erreichung von Nachhaltigkeitszielen. Die Grundsätze des „Responsible Property Investment" (RPI) sind aus dem SRI abgeleitet. Sowohl die Immobilieninvestoren als auch die Immobilienentwickler haben die Möglichkeit, ihre Verantwortung gegenüber der Gesellschaft und der Umwelt mit wirtschaftlich sinnvollen Investitionen zu verbinden. Die Strategien des RPI adressieren u. a. das Wohlbefinden der Arbeitnehmer bspw. durch Kinderbetreuungsstätten, die Energieeffizienz durch die Umrüstung auf LED-Beleuchtung oder auch den sozialen Wohnungsbau durch die Schaffung von bezahlbarem Wohnraum für Geringverdiener.[459]

9.4 Bemessungsgrundlagen der Nachhaltigkeit

Eine Vielzahl von Unternehmen aus dem Immobilienbereich hat inzwischen die Wichtigkeit und Notwendigkeit erkannt, Nachhaltigkeitsaspekte in ihr Geschäftsmodell zu integrieren. Einer der wichtigsten Entwicklungsschritte ist die Schaffung internationaler Marktstandards und Grundsätze, um die Einführung nachhaltiger Methoden und Produkte zu beschleunigen.[460]

In den letzten Jahren haben sich gemeinsam mit staatlichen sowie politischen Gremien Verbände und Gesellschaften gegründet, die sich die Umsetzung von Nachhaltigkeitsaspekten in der Immobilienwirtschaft zum Ziel gesetzt haben.

---

[457] Vgl. Lützkendorf, T./Lorenz, D. (2005), S. 4f.
[458] Vgl. Landgraf, D. (2010), S. 118f.
[459] Vgl. ebenda, S. 119f.
[460] Vgl. Koch, M. (2010), S. 159.

9.4 Bemessungsgrundlagen der Nachhaltigkeit

Es entstanden weltweit diverse Zertifizierungssysteme, anhand derer Nachhaltigkeit an Gebäuden gemessen und dargestellt werden kann (vgl. Abb. 114).[461] Zertifizierungen sind für die Umsetzung von nachhaltigen Immobilien sehr wichtig. Im Folgenden werden die drei bekanntesten Verfahren kurz vorgestellt. Alle Verfahren bilden auf ähnliche Art und Weise die Nachhaltigkeit einer Immobilie ab und vergeben Zertifikate verschiedener Klassen, je nach Erfüllungsgrad der geforderten Eigenschaften.[462]

Bewertungssystem	Land	Jahr
BREEAM	Großbritannien	1990
HQE	Frankreich	1996
LEED	USA	1998
CASBEE	Japan	2001
Green Star	Australien	2003
Green Star New Zealand	Neuseeland	2005
BCA Green Mark	Singapur	2005
GRIHA	Indien	2008
DGNB	Deutschland	2009

Abb. 114: Zertifizierungssysteme für nachhaltige Gebäude[463]

9.4.1 BREEAM

Das Verfahren BREEAM (Building Research Establishment Environmental Assessment Method) ist das älteste Verfahren zur Beurteilung der Nachhaltigkeit von Gebäuden. Es wurde 1990 in Großbritannien hauptsächlich vom „World Green Building Council" entwickelt. BREEAM bewertet nach einem einfachen Punktesystem in acht Beurteilungskategorien. Diese Kategorien sind Management, Energie, Wasser, Landverbrauch/Ökologie, Gesundheit/Wohlbefinden, Transport, Material sowie Abfall. Anhand der erreichten Punktzahl wird ein Gütesiegel mit vier Abstufungen, von „bestanden" über „gut" und „sehr gut" bis „exzellent", vergeben. Die einzelnen Kriterien berücksichtigen Auswirkungen auf globaler, regionaler als auch lokaler Ebene. Das Zertifizierungssystem BREEAM beurteilte ursprünglich die Phasen von der Planung über die Ausführung bis hin zur Nutzung. Im Jahr 2008 erfolgte eine umfassende Novellie-

---

[461] Vgl. Frensch, S./Stock, A. (2009), S. 11.
[462] Vgl. Barthauer, M./Büchner, G. (2009), S. 315.
[463] Mit Änderungen entnommen aus: Alda, W./Hirschner, J. (2009), S. 16.

rung, die nun den gesamten Lebenszyklus berücksichtigt und u. a. auch eine veränderte Gewichtung der Umweltauswirkungen und zwingend erforderliche Anforderungen an die Gebäude einführt.

9.4.2 LEED

In den USA wird ein spezielles und das wohl bekannteste Zertifikat für Green Buildings verliehen, das so genannte „Leadership in Energy and Environmental Design", kurz LEED. Entwickelt wurde das Zertifikat durch die Organisation „US Green Building Council" im Jahr 1998 auf Basis des britischen BREEAM-Systems. Es handelt sich dabei um eine nicht staatliche, gemeinnützige Organisation, der mehrere Tausend Institutionen und Unternehmen der Immobilienwirtschaft angehören.[464] Das Gütesiegel erhalten nur Gebäude, die bestimmte Grundbedingungen des ökologischen Bauens erfüllen, wobei die Bewertung der Gebäude nach einem Punkteschema erfolgt. Die erreichte Gesamtpunktzahl entscheidet, wie das Gebäude bei der Zertifizierung eingestuft wird, die unterschiedlichen Kategorien lauten „zertifiziert", „Silber", „Gold" und „Platin". Das LEED-System bezieht sich wie das BREEAM-System auf alle Phasen des Lebenszyklus, der Schwerpunkt liegt auf Energie und Umwelt.

Für die fortlaufende Weiterentwicklung des Bewertungssystems sowie den operativen Zertifizierungs- und Weiterbildungsbetrieb ist das „US Green Building Council" verantwortlich. Die nachfolgend aufgeführten Bewertungsaspekte bzw. -kriterien werden je nach Gebäudeart differenziert berücksichtigt:

- Innovation und Design,
- Lage und Infrastrukturanbindung,
- Nachhaltigkeit des Bauorts,
- Effizienz des Wasserhaushalts,
- Materialien und Ressourcen,
- Energie und klimatische Raumverhältnisse,
- Raumqualität,
- Umgang der Eigentümer, Mieter oder Verwalter mit den „grünen" Komponenten des Gebäudes.[465]

Auf der internationalen Ebene hat das amerikanische LEED-System im Wettbewerb mit anderen nationalen Bewertungsverfahren für die Nachhaltigkeit von Gebäuden einen hohen Bekanntheitsgrad erreicht. Einige Fachleute üben jedoch harte Kritik an dem Verfahren. Sie behaupten, dass der Export des Verfahrens in andere Länder für die Verfasser des LEED-Systems wichtiger ist als die Erfüllung der selbst aufgestellten Nachhaltigkeitsregeln im eigenen Land. Derzeit wurden rund 23.000 Projekte für eine LEED-Zertifizierung angemeldet. Nur rund 7.900 Gebäude haben bislang den Zertifizierungsprozess abgeschlos-

---

[464] Vgl. Kemfert, C. (2010), S. 59.
[465] Vgl. Landgraf, D. (2010), S. 123.

9.4.3 DGNB

Viele ausländische Investoren engagieren sich auch auf dem deutschen Immobilienmarkt, daher wird eine Vielzahl von Gebäuden in Deutschland nach ausländischen Bewertungsmaßstäben zertifiziert. In diesem Zusammenhang hat die Bundesrepublik Deutschland erkannt, dass ein eigenes, nationales Zertifizierungssystem entwickelt werden muss. Die „Deutsche Gesellschaft für nachhaltiges Bauen" und das Bundesministerium für Verkehr, Bau und Stadtentwicklung haben im Jahr 2007 gemeinsam ein Nachhaltigkeitslabel für Gebäude entwickelt. Der Anspruch Deutschlands bei der Entwicklung eines eigenen Zertifikats war es, die Lücken bestehender Systeme zu schließen und weitere Qualitätskriterien einzuführen, die auch deutsche Normen und Regelungen berücksichtigen. „Deutsches Gütesiegel Nachhaltiges Bauen", kurz DGNB, steht für ein Qualitätslabel, das eine umfassende Bewertung von Gebäuden auf wissenschaftlicher Basis erlaubt. Zudem kann es weltweit für die unterschiedlichsten Bauwerktypen eingesetzt werden.[467]

Das neue Gütesiegel baut auf dem Lebenszyklusgedanken auf und bewertet, anders als die meisten eingeführten Bewertungsmethoden, alle Aspekte der Nachhaltigkeit, also sowohl ökologische und ökonomische als auch soziale Aspekte. Kriterien wie technische Qualität und auch die Standortqualität fließen ebenfalls in die Bewertung mit ein. Jeder einzelne Bereich umfasst Kriterien, die mittels definierter Zielwerte bewertet werden und mit einem spezifischen Gewichtungsfaktor in die Gesamtbewertung einfließen. Die Bewertung des Gebäudes drückt sich dann in einer Gesamtnote aus. Die zertifizierten Gebäude erhalten je nach Einstufung im Notensystem eine Plakette in den Qualitäten Gold, Silber und Bronze.[468]

Abb. 115 stellt das LEED-System und das DGNB-Siegel gegenüber und vergleicht beide Verfahren hinsichtlich ihrer Schwerpunkte bei der Prüfung.

Anfang des Jahres 2010 hat das Beratungsunternehmen Roland Berger eine Studie zum Thema „Nachhaltigkeit im Immobilienmanagement" veröffentlicht. An der Studie waren 40 Unternehmen aus Deutschland, Österreich und der Schweiz beteiligt. Die wesentlichsten Teilnehmer waren Manager von Immobilienportfolios. Die Befragten waren der Meinung, dass die große Vielfalt von Qualitätssiegeln die Transparenz und damit Akzeptanz in der Branche mindern.

Des Weiteren haben Gütesiegel wie LEED und DGNB nach Meinung der Studienteilnehmer drei wesentliche Nachteile. Erstens sind sie zu einseitig an der Ökologie ausgerichtet, wodurch die ökonomische Dimension hinter den Umweltaspekten zurücktritt. Als zweiter Punkt wird aufgeführt, dass Aufwand

---
[466] Vgl. Beyerle, T. (2010), S. 253.
[467] Vgl. DGNB (2008), URL: http://www.gesbc.org.
[468] Vgl. ebenda, URL: http://www.gesbc.org.

	LEED (Leadership in Energy and Environmental Design)	DGNB (Deutsches Gütesiegel Nachhaltiges Bauen)
Herausgeber	U.S. Green Building Council	Deutsche Gesellschaft für Nachhaltiges Bauen e.V.
Gründung	1998	2007
Schwerpunkte der Prüfung	▸ Nachhaltiger Grund und Boden ▸ Wasserwirksamkeit ▸ Energie und Atmosphäre ▸ Materialien und Ressourcen ▸ Raumluftqualität ▸ Innovation und Design	▸ Ökologische Qualität ▸ Ökonomische Qualität ▸ Soziokulturelle Qualität ▸ Funktionale Qualität ▸ Qualität der technischen Ausführung ▸ Prozessqualität und Standortqualität
Prädikate	Platinum, Gold, Silver, Certified	Gold, Silber, Bronze
Beispielprojekte	Umbau der Deutsche Bank Zentrale in Frankfurt a. M.	Tower 185 in Frankfurt a. M. Vorzertifikat Silber

Abb. 115: Vergleich LEED und DGNB Zertifizierung[469]

und Kosten des Zertifizierungsprozesses den Bedürfnissen des Nachfragers nicht gerecht werden und daher viele Investoren und Bauherren abschrecken. Drittens liefern immobilienspezifische Kennzahlen wie der Energieverbrauch genügend Rückschlüsse auf die Nachhaltigkeit von Gebäuden. Ein ökonomisch orientierter Nachfrager ist daher nicht auf ein zusätzliches Zertifikat angewiesen, um eine Immobilie als nachhaltig zu klassifizieren. Nichtsdestotrotz räumen die Befragten jedoch ein, dass Nachhaltigkeitszertifikate eine immer wichtigere Rolle als Werttreiber für Immobilien spielen werden und sich der Anteil zertifizierter Immobilien in den nächsten 5 Jahren signifikant erhöhen wird.[470]

Ein Vorteil des DGNB-Systems gegenüber anderen Bewertungsverfahren ist die Möglichkeit, dass die Ergebnisse der einzelnen Kategorien explizit darstellbar sind. Für die verschiedenen Akteure auf dem Immobilienmarkt können unterschiedliche Informationen interessant sein. Das Hauptinteresse der Nutzer von Immobilien ist sicherlich die Performance in der soziokulturellen und funktionalen Kategorie, wohingegen sich bspw. Investoren mehr für die ökonomische Dimension interessieren. Die Möglichkeit zur Detaillierung von Informationen kann sich jedoch auch negativ auswirken. Ein Beispiel dafür ist das LEED-System, das sich aufgrund seiner Einfachheit im Markt durchgesetzt hat. Durch die jahrelange Präsenz konnten sich schon existierende Verfahren gegenüber dem deutschen System bereits am Markt positionieren bzw. etab-

---

[469] Vgl. Frensch, S./Stock, A. (2009), S. 11.
[470] Vgl. Henzelmann, T./Büchele, R./Engel, M. (2010), S. 3ff.

lieren. Angesichts dieser Voraussetzungen bleibt abzuwarten, inwieweit das deutsche System sowohl national als auch international nachgefragt wird.[471]

9.5 Energieeffizienz und Wirtschaftlichkeit von nachhaltigen Immobilien

Die „Immobilie" ist ein Wirtschaftsgut mit einer erheblichen volkswirtschaftlichen Bedeutung. Im Vergleich zu allen anderen Wirtschaftsgütern übt sie einen großen Einfluss auf die Gesellschaft und die Umwelt aus, denn Menschen verbringen bis zu 90 Prozent des Tages innerhalb von Gebäuden. Der Verbrauch von Primärenergie und die Erzeugung von CO_2-Emissionen umfassen jeweils 30 bis 40 Prozent des gesamten Energieverbrauchs bzw. der erzeugten CO_2-Emissionen in Deutschland. Diese Faktoren zwingen die Immobilienbranche dazu, sich intensiv mit technischen und wirtschaftlichen Möglichkeiten zur Verbesserung der Energieeffizienz und der Umweltqualität von Immobilien auseinanderzusetzen. Der Begriff Umweltqualität beschreibt in diesem Zusammenhang den Umfang an Ressourceninanspruchnahme und an unerwünschten Auswirkungen auf die lokale und globale Umwelt, der im Lebenszyklus von Immobilien zur Erfüllung der Nutzeranforderungen erforderlich und notwendig ist.[472]

Der starke Rückgang von Abbaumöglichkeiten von Kohlenstoff-Energieträgern und drohende Klimakatastrophen zwingen die Gesellschaft zur Entdeckung einer neuen „Energiequelle", der so genannten Energieeinsparung. In allen drei großen Energieverbrauchssektoren, also Immobilien, Verkehr und Industrie, sind noch erhebliche Einsparpotenziale vorhanden, die es zu erschließen gilt. Immobilien sind dabei mit 30 bis 40 Prozent des Primärenergieverbrauchs die größte Energieeinsparquelle sowohl in Deutschland als auch in Europa.[473]

Nachhaltige Immobilien sind in Deutschland noch lange kein Standard geworden, obwohl die Immobilienbranche mit technischen Innovationen eine sehr große Chance hat, gegen den viel diskutierten Klimawandel auch mit ökonomischen Erfolgen zu wirken. Den größten Anteil am Energieverbrauch haben Altbauten. Nach Angaben der Deutschen Gesellschaft für Immobilienfonds sind 60 Prozent der Gebäude in Deutschland älter als 25 Jahre. Sie weisen zudem aus energetischer Sicht einen erheblichen Sanierungsstau auf.[474]

Investitionen in neue Gebäude oder in den Gebäudebestand haben daher einen entscheidenden Einfluss auf die Umweltqualität. Sie bieten die Möglichkeit, sowohl die ökologische und finanzielle Performance von Regionen und Städten als auch die Lebensqualität der heutigen und künftigen Generationen zu verbessern.[475]

---

[471] Vgl. Koch, M. (2010), S. 161.
[472] Vgl. Schäfer, H./u. a. (o. J.), S. 27.
[473] Vgl. Kofler, G. (2010), S. 367f.
[474] Vgl. Giljohann-Farkas, K./Pfleiderer, G. (2008), S. 4.
[475] Vgl. Lützkendorf, T./Lorenz, D. (2005), S. 11.

9 Nachhaltige Immobilien

Immobilien haben ein großes Potenzial, Energie einzusparen und damit den internationalen Klimaschutzzielen gerecht zu werden. Abb. 116 zeigt, welche äußeren Einflüsse zunehmend auf die Immobilienwirtschaft einwirken, welche Anforderungen an die Qualität einer Immobilie gestellt werden und welche wesentlichen Ziele durch nachhaltige Immobilien erreicht werden sollen. Beginnend mit der Planung, Errichtung und systematischen Bewirtschaftung von nachhaltigen Immobilien wird das Ziel verfolgt, Objekte mit einer hohen städtebaulichen, gestalterischen, funktionalen und technischen Qualität zu realisieren. Dabei werden ökonomische, ökologische und soziale Anforderungen gleichzeitig und gleichberechtigt berücksichtigt. Entscheidend ist jedoch nicht nur die Objektqualität, sondern auch die Lage und Anbindung der Immobilie an das öffentliche Leben, besonders an das Verkehrsnetz. Durch die steigenden Energie- und Rohstoffpreise und der Endlichkeit von Ressourcen ist es für eine energieeffiziente Immobilie zwingend notwendig, an den öffentlichen Nahverkehr bestmöglich angebunden zu sein.[476]

Aus diesen Anforderungen ergibt sich objektiv, welche Ziele durch nachhaltige Immobilien erreicht werden sollen. Die wesentlichen Ziele von nachhaltigen Immobilien sind die Erfüllung von gerechtfertigten Nutzeranforderungen, die Minimierung der Lebenszykluskosten einer Immobilie, die Ressourcenschonung, Umweltschonung und Naturschutz, die Erhaltung von kulturellen Werten sowie die Sicherung von Gesundheit, Behaglichkeit und Sicherheit der Nutzer und Anwohner.[477]

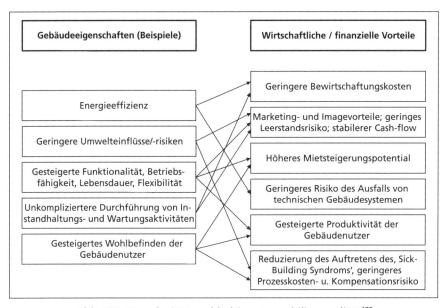

Abb. 116: Komplexität nachhaltiger Immobilienqualität[478]

---

[476] Vgl. Giljohann-Farkas, K./Pfleiderer, G. (2008), S. 2.
[477] Vgl. Schäfer, H./u. a. (o. J.), S. 30f.
[478] Enthalten in: Giljohann-Farkas, K./Pfleiderer, G. (2008), S. 2.

9.5.1 Anforderungen an nachhaltige Immobilien

Die Immobilienwirtschaft bietet gute Voraussetzungen für die Integration von Nachhaltigkeitsaspekten. Im Wesentlichen lassen sich Immobilien allgemein durch lange Lebensdauern und relativ gut vorhersehbare Cashflows charakterisieren, nachhaltige Immobilien müssen zusätzlich besondere Anforderungen erfüllen.[479]

Um den zwingend notwendigen Bau bzw. Ausbau von nachhaltigen Immobilien voran zu bringen, müssen diese am Markt durch ihre spezifischen Eigenschaften einen subjektiv hohen Nutzen für eine möglichst große Gruppe von Investoren erzielen. Neu gebaute Immobilien müssen sich daher u. a. durch eine Garantie für hohe Nutzungsflexibilität auszeichnen. Erreicht werden kann eine derartige Flexibilität durch spezielle Baukonstruktionen, die sich bspw. durch leicht versetzbare Wände während der Lebensdauer einer Immobilie an neue Nutzeranforderungen anpassen können. Durch eine hohe Nutzungsflexibilität kann eine Immobilie i. d. R. schneller vermietet werden und trägt somit zu einem geringeren Leerstand bei.[480]

Eine weitere wesentliche Anforderung an nachhaltige Immobilien ist deren ökologische Leistungsfähigkeit. Während des gesamten Lebenszyklus eines Gebäudes soll eine möglichst geringe Umweltbelastung erreicht werden. Mit der Verwendung umweltfreundlicher und schadstofffreier Baumaterialien und der Integration alternativer Energiekonzepte wird dieser Grundsatz bereits in der Projektentwicklungsphase berücksichtigt. Die Nutzungsphase sollte dann durch den Einsatz von Ökostrom und von einer effizienten Energienutzung geprägt sein. In dieser Phase liegt das höchste Einsparpotenzial hinsichtlich Ressourcenverbrauch und Senkung der Emissionen von Schadstoffen. Der Belastung von Klima und Umwelt kann mit besonderen Heizsystemen, einer individuellen Steuerbarkeit und strengen Wartung von Beleuchtungs-, Heizungs- und Klimatechnik sowie der Trennung und dem Recycling von Bau- und Haushaltsabfällen begegnet werden.[481]

Eine nachhaltige Immobilie sollte für den Investor eine attraktive Rendite erzielen, das heißt Nachhaltigkeit muss sich auch aus ökonomischer Sicht auszahlen. Um dieses Ziel zu erreichen, sind mehrere Möglichkeiten denkbar. Zum einen kann die Rendite über monetäre Einsparungen durch eine verbesserte Energieeffizienz erzielt werden, zum anderen durch eine bessere Wertentwicklung im Vergleich zu konventionellen Immobilien. Die monetären Einsparungen können auch über eine höhere Nettomiete an den Mieter weitergegeben werden.

Ein weiteres Kriterium, das nachhaltige Immobilien erfüllen müssen, ist die soziale Leistung. Dabei sollen nachhaltige Immobilien ein möglichst ausgeglichenes Verhältnis zu allen am Bauprozess und an den Bauten involvierten Anspruchsgruppen ermöglichen. Aspekte der Gemeinschaft wie bspw. Integration und soziale Kontakte, aber auch Aspekte der Gestaltung und der

---

[479] Vgl. Schmid-Schönbein, O./Flatz, A. (2005), S. 2.
[480] Vgl. Landgraf, D. (2010), S. 121.
[481] Vgl. ebenda, S. 121.

9 Nachhaltige Immobilien

Nutzung sowie der Erschließung gehören zu den sozialen Gesichtspunkten von nachhaltigen Immobilien. Durch den demographischen Wandel und der damit einhergehenden zunehmenden Alterung der Bevölkerung müssen alters- und behindertengerechte Aspekte bei neu zu bauenden Immobilien besonders beachtet werden.[482]

Nachhaltige Immobilien als Anlageoption sind daher besonders geeignet für sozial verantwortliche und nachhaltigkeitsorientierte Investoren. Sie bieten im Vergleich zu konventionellen Immobilien eine ganze Reihe von Vorteilen, auf die im Folgenden explizit eingegangen wird.

9.5.2 Vorteile von nachhaltigen Gebäuden

Nach Lützkendorf und Lorenz ist bei nachhaltigen Immobilien aufgrund ihrer Eigenschaften zu erwarten, dass sich die Berücksichtigung von nachhaltigen Prinzipien während des gesamten Lebenszyklus positiv auf die Immobilienwertentwicklung und auf den Cashflow auswirkt. Abb. 117 verdeutlicht die möglichen Zusammenhänge zwischen einzelnen Gebäudeeigenschaften und der Wirtschaftlichkeit nachhaltiger Immobilien.[483]

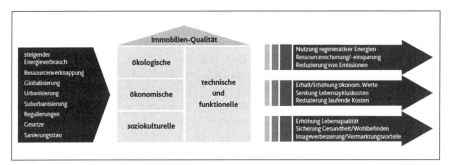

Abb. 117: Wirtschaftliche Vorteile von nachhaltigen Immobilien[484]

---

[482] Vgl. ebenda, S. 121.
[483] Vgl. Lützkendorf, T./Lorenz, D. (2005), S. 11.
[484] Enthalten in: Lützkendorf, T./Lorenz, D. (2005), S. 12.

9.5 Energieeffizienz und Wirtschaftlichkeit

Die quantitative und monetäre Erfassung der Vorteile von nachhaltigen Immobilien, mit Ausnahme der Bewirtschaftungskostenreduzierung, ist bisher nur schwer möglich und bleibt somit weiterhin ein bedeutendes Forschungsfeld. Dies ist einer der Hauptgründe, warum das Thema Nachhaltigkeit in der Immobilienwirtschaft noch nicht vollständig vom Markt angenommen wurde.[485]

Nichtsdestotrotz weisen nachhaltige Immobilien eine Reihe von ökologischen und ökonomischen Vorteilen gegenüber herkömmlichen Immobilien auf. Die Maßnahmen im Zuge der Nachhaltigkeit führen zu einer Senkung des Schadstoffausstoßes der Immobilien und zu einer Steigerung der Energieeffizienz. Erneuerbare Energien werden verstärkt eingesetzt, wodurch die Ressourcen für künftige Generationen erhalten bleiben. Des Weiteren sind nachhaltige Immobilien i. d. R. funktionaler und langlebiger im Vergleich zu konventionellen Immobilien und sie werden mit umweltfreundlichen Materialien gebaut.[486]

Durch die Umsetzung von Energiekonzepten kann der Primärenergieaufwand für Beheizung, Lüftung, Klimatisierung und Beleuchtung bei nachhaltigen Gebäuden gegenüber durchschnittlichen Bestandsbauten um ca. 65 Prozent reduziert werden. Die Einsparungen bei den Energiekosten liegen in einer vergleichbaren Größenordnung. Durch die Wahl langlebiger und hochwertiger Baukonstruktionen hat der Eigentümer i. d. R. geringere Instandsetzungskosten, muss jedoch bei hoch technisierten Gebäuden möglicherweise mit höheren Kosten für Wartung und Inspektion kalkulieren.[487]

Die ökonomischen Vorteile werden durch die Effizienzsteigerungen und Einsparungen selbst hervorgerufen, aber auch vom Markt getrieben. Nachhaltige Immobilien haben ein sehr großes Einsparpotenzial, da durch eine Sanierung des Altbestandes oder eine nachhaltige Planung bei Neubauten die wirtschaftliche Lebensdauer einer Immobilie verlängert und die Lebenszykluskosten verringert werden. Die zunehmende Berücksichtigung von Nachhaltigkeitsaspekten bei der Mietentscheidung wird die Nachfrage nach nachhaltigen Immobilien zukünftig erhöhen. Demzufolge werden die Mieteinnahmen in den nächsten Jahren höher sein als zuvor, der Leerstand wird sinken und es werden höhere Kaufpreise seitens der Eigentümer verlangt werden. Für den Mieter ergibt sich ein weiterer ökonomischer Vorteil aus der sozialen Dimension. Faktoren wie bessere Lichtverhältnisse und besseres Raumklima erhöhen das Wohlbefinden der Gebäudenutzer und senken somit die Kosten für die Gesundheitsversorgung. Gebäudebezogene Erkrankungen wie Allergien oder Infektionen treten seltener auf, außerdem wird die Mitarbeiterproduktivität durch sinkenden Krankenstand sowie Abwesenheitsraten und niedrigere Leistungseinbußen erhöht. Diverse Studien in den USA haben gezeigt, dass die Mitarbeiterproduktivität durch nachhaltige Immobilien durchschnittlich um ca. ein bis zwei Prozent erhöht werden kann.[488]

Aus Marketinggesichtspunkten ist die Anmietung von nachhaltigen Immobilien für ein Unternehmen besonders vorteilhaft, da es das Unternehmensimage

---

[485] Vgl. Landgraf, D. (2010), S. 126.
[486] Vgl. Rottke, N./Reichardt, A. (2010), S. 43.
[487] Vgl. Lützkendorf, T./Lorenz, D. (2007), S. 61.
[488] Vgl. Rottke, N./Reichardt, A. (2010), S. 41f.

positiv beeinflusst. Die Förderung des eigenen Images ist im Rahmen von CSR-Überlegungen sehr wichtig und kann zu einer höheren Unternehmensbewertung führen. Ein Unternehmen symbolisiert durch die Nutzung von nachhaltigen Immobilien, dass es sich seiner Verantwortung stellt und durch umwelt- und sozialverträgliches Handeln seine wirtschaftliche Entwicklung im Einklang mit dem Ökosystem gestalten möchte. Ergänzend dazu trägt ein Unternehmen zusätzlich zur Verbesserung der allgemeinen Lebensbedingungen bei.[489]

Ein weiterer Vorteil für Eigentümer und Investoren ist, dass sich die Eigenschaften und Merkmale von nachhaltigen Immobilien positiv auf die immobilienspezifischen Risiken auswirken. So führt bspw. die Verwendung von umwelt- und gesundheitsverträglichen Bauprodukten zu einer Verringerung von Prozess- und Haftungsrisiken im Zusammenhang mit der Vermeidung von unerwünschten Wirkungen auf die lokale Umwelt sowie auf die Gesundheit von Nutzern, Besuchern oder Anwohnern. Zusätzlich wird das Leerstandsrisiko verringert.[490]

Bei der Betrachtung der Vorteile von nachhaltigen Immobilien müssen jedoch die Zusatzkosten berücksichtigt werden. Es wird häufig davon ausgegangen, dass energiesparende, besonders umweltfreundliche und gesundheitsgerechte Gebäude nur mit deutlich erhöhten Investitionskosten realisiert werden können. Wenn eine Immobilie, ausgehend von ihrem Basisentwurf, mit zusätzlichen Maßnahmen verbessert wird, dann ist mit erhöhten Investitionskosten zu rechnen.[491] Viele Immobilieninvestoren vertreten den Standpunkt, dass die Integration von Nachhaltigkeitsaspekten im Rahmen von Neubauprojekten zu erheblichen Mehrkosten führt, die sich ökonomisch nicht rechtfertigen lassen. Die objektiv zu erwartenden steigenden Ressourcenpreise und Energiekosten widersprechen diesem Standpunkt. Die Berücksichtigung von Nachhaltigkeitsaspekten bei Immobilieninvestitionen wirkt sich nicht automatisch negativ aus. Eine möglichst frühzeitige und ganzheitliche Berücksichtigung von Nachhaltigkeitsaspekten reduziert die Mehrkosten und führt im Idealfall zu keinen Zusatzkosten. Außerdem kann die Höhe der Mehrkosten nicht verallgemeinert werden, da dies von der Art und Funktion des Gebäudes und dem Ausmaß der Integration von Nachhaltigkeitsaspekten abhängig ist.[492]

Bereits Greg Kats, Direktor des in New York angesiedelten Unternehmens „Good Energies", hat 2003 nachgewiesen, dass die Errichtungskosten einer nachhaltigen Immobilie höher sind als die eines konventionellen Gebäudes. Er stellte fest, dass die Erreichung der ersten Stufe des LEED-Standards mit einem Mehrkostenaufwand von unter einem Prozent verbunden ist. Selbst die höchste Zertifizierungsstufe des LEED-Verfahrens kann mit einem zusätzlichen finanziellen Aufwand von ca. sechs Prozent erreicht werden. Der Mehraufwand hängt von den jeweiligen Bauvorschriften eines Landes ab. Durch die Einhal-

---

[489] Vgl. Landgraf, D./Rohde, C. (2010), S. 237.
[490] Vgl. Lützkendorf, T./Lorenz, D. (2007), S. 62f.
[491] Vgl. ebenda, S. 61.
[492] Vgl. Landgraf, D. (2010), S. 125.

tung der Bauvorschriften in Deutschland kann bspw. eine Immobilie hierzulande schon die zweitbeste Zertifizierungsstufe des LEED-Verfahrens erreichen.[493]

9.5.3 Einfluss der Nachhaltigkeit auf die Rendite einer Immobilie

Professionelle Anleger beurteilen i.d.R. jedes Investment nach den Gesichtspunkten Rendite, Risiko und Liquidität, das oftmals auch als „magisches Dreieck" bezeichnet wird. Investoren orientieren sich jedoch bei ihrer Investitionsstrategie nicht nur ausschließlich an ökonomischen Aspekten, sondern beziehen übergeordnete Prinzipien der Nachhaltigkeit mit ein. Kirchliche Gemeinden oder Bistümer investieren bereits seit vielen Jahren auf Basis ihrer religiösen Grundhaltung in nachhaltige Anlagen. Aber auch andere Anlegergruppen wie bspw. Stiftungen oder Pensionskassen investieren zunehmend in Investments mit nachhaltigem Charakter. Nicht zu vergessen sind die vermögenden Privatanleger, die vermehrt ökologische, soziale und bspw. ethische Prinzipien bei ihrer Vermögensanlage berücksichtigen.[494]

Das magische Dreieck der Vermögensanlage wird zunehmend für viele Investoren ein „magisches Viereck". Die Ziele Rentabilität, Sicherheit und Liquidität einer Anlage werden um ein viertes Ziel erweitert, das die Anforderungen an die Nachhaltigkeit beinhaltet. Der Anspruch eines Investors, eine finanzielle Rendite mit seiner Anlage zu erwirtschaften, wird kombiniert mit der Erwartung, ökologische und soziale Faktoren in die Investitionsentscheidung einzubeziehen.[495]

9.6 Immobilieninvestments und Nachhaltigkeitsaspekte

9.6.1 Der Markt für nachhaltige Immobilieninvestments

In Deutschland hat sich, ausgehend vom begrenzten Angebot an nachhaltigen Immobilien, auch der Markt für nachhaltige Immobilieninvestments nur eingeschränkt entwickelt.

Die Zusammensetzung des deutschen Immobilienbestandes, in der circa 60 Prozent der bebauten Flächen älter als 25 Jahre und somit aus energetischer Sicht stark sanierungsbedürftig sind, ist für die Marktentwicklung ein einschränkender Faktor. Diese schlechte Ausgangssituation wird durch fehlende Liquidität und eine altersbedingt niedrige Investitionsbereitschaft der Gebäudeeigentümer sowie insbesondere durch Überlegungen hinsichtlich der Wirtschaftlichkeit von nachhaltigen Immobilien verstärkt.[496]

---

[493] Vgl. Barthauer, M./Büchner, G. (2009), S. 322.
[494] Vgl. Moll, K.-H. (2008), S. 27.
[495] Vgl. Schneider, H. (2008), S. 18.
[496] Vgl. Giljohann-Farkas, K./Pfleiderer, G. (2008), S. 4.

9 Nachhaltige Immobilien

Auch durch die Anzahl der Gebäude mit Nachhaltigkeitszertifikat wird deutlich, dass der Markt für nachhaltige Immobilien noch relativ gering ist. In Deutschland sind – Stand September 2009 – nur 19 Gebäude gem. dem Gütesiegel der DGNB zertifiziert worden, weitere 24 sind vorzertifiziert. Das ebenfalls in Deutschland verwendete LEED-Zertifikat zählt zu diesem Zeitpunkt lediglich eine Zertifizierung. Außerhalb von Deutschland sind in den letzten Jahren 3.111 Gebäude nach LEED zertifiziert worden. Das älteste britische BREEAM-Zertifikat wurde weltweit bereits an 185.000 Gebäude vergeben. In Deutschland wurden davon jedoch nur 4 Gebäude zertifiziert (Stand September 2009).[497]

Dennoch nimmt Deutschland im internationalen Vergleich eine wichtige Rolle ein. Die Kombination aus einem hohen Baustandard und Baukultur, verbunden mit einer hohen Innovationskraft bei gebäudebezogenen Nachhaltigkeitstechnologien hat Deutschland zu einem der bedeutendsten Märkte und wichtigsten Anbieter gemacht. Viele Anleger, auch aus dem Ausland, sehen in Deutschland sowohl im Neubau als auch in der nachhaltigen Sanierung von Bestandsgebäuden ein enormes Marktpotenzial.[498]

Die Entwicklung des Marktes wird durch starke Triebkräfte beschleunigt. Die wesentlichen Treiber sind die staatlichen Regulierungs- und Fördermaßnahmen für die Immobilienbranche, die durch die Verpflichtung zahlreicher nationaler Regierungen im Rahmen von internationalen Abkommen, z. B. zum Klimaschutz, ausgelöst wurden. Voraussichtlich wird sich diese anfängliche Dynamik in den nächsten Jahren fortsetzen. Des Weiteren wird die Entwicklung dadurch gefördert, dass immer mehr Unternehmen ihren CSR-Pflichten gegenüber Mitarbeitern, Kunden und Eigentümern ernsthafter nachkommen.[499]

Hervorzuheben ist auch die steigende Bereitschaft der Anleger, insbesondere von Kleinanlegern, ihr Kapital in den noch kleinen SRI-Markt zu investieren. Dies hat dazu beigetragen, dass sich der Markt zu einem der stärksten Wachstumssegmente entwickelt hat. Auch die zunehmende Erfahrung der Immobilienbranche in der ökologisch nachhaltigen Planung, dem Bau, dem Betrieb und der Entsorgung von Gebäuden fördert die Entwicklung des Marktes für nachhaltiges Immobilieninvestment. Nicht zuletzt durch den steigenden gesellschaftlichen Druck und die wirtschaftlichen Rahmenbedingungen, wie z. B. steigende Energiepreise, aber auch durch die Bereitschaft und die finanzielle Fähigkeit für nachhaltige Flächen höhere Kosten zu akzeptieren, wird die Nachfrage nach nachhaltigen Immobilien steigen.[500]

DEGI Research hat externe Steuerungsfaktoren identifiziert, die die Marktdurchdringung von Gebäuden mit energieeffizienten Ansätzen in Deutschland beeinflussen. Bei der Fokussierung auf nachhaltige Immobilien werden in Zukunft nicht mehr allein nur Imagevorteile im Vordergrund stehen, sondern auch ökonomische und vor allem langfristige Wettbewerbsvorteile.[501] Ob die Akzeptanz des DGNB-Gütesiegels steigen und sich zusammen mit dem Ener-

---

[497] Vgl. Jung, C. (2009), S. 3.
[498] Vgl. Barthauer, M./Büchner, G. (2009), S. 318.
[499] Vgl. ebenda, S. 316.
[500] Vgl. ebenda, S. 316f.
[501] Vgl. Giljohann-Farkas, K./Pfleiderer, G. (2008), S. 4.

9.6 Immobilieninvestments und Nachhaltigkeitsaspekte

gieausweis auf dem deutschen Immobilienmarkt durchsetzen wird, wird sich zeigen. Die steigenden Energie- und Rohstoffpreise und weitere energiewirksame Vorschriften wie bspw. die Novellierung der Energieeinsparverordnung im Jahr 2012 werden zum allmählichen Abbau des alten und sanierungsbedürftigen Gebäudebestands führen. In Abb. 118 ist zu erkennen, dass in den nächsten Jahren ein Abbau des nicht sanierten Bestands erwartet wird und sich damit nachhaltige Aspekte im Neubau durchsetzen werden.[502] Nach Ansicht von DEGI Research wird etwa im Jahr 2013 der nicht sanierte Gebäudebestand abgestraft und der nachhaltige Neubau wird honoriert.

Durch die neuen, vielschichtigen Möglichkeiten der Planung und Errichtung bzw. Sanierung von Gebäuden, die den Anforderungen an nachhaltige Immobilien entsprechen und dies über Bewertungen und Zertifikate belegen, werden sich neue Chancen zur Entwicklung von Produkten im Bereich der Immobilieninvestments eröffnen. Das Marktpotenzial für nachhaltige Immobilieninvestments ist nicht zuletzt durch den stetig wachsenden SRI-Markt enorm groß.[503]

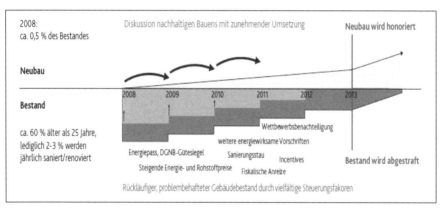

Abb. 118: Ausblick für nachhaltige Immobilien in Deutschland[504]

9.6.2 Strategien für nachhaltiges Immobilieninvestment

Die Geldanlage in Immobilien lässt sich sowohl über direkte als auch über indirekte Anlageformen realisieren. Dabei wurde zum einen hervorgehoben, dass eine Direktanlage mit einem hohen Kapitaleinsatz und Know-how des Investors verbunden ist und sich daher mehr für institutionelle Anleger eignet. Zum anderen wurden die indirekten Anlageformen wie z. B. offene und geschlossene Immobilienfonds für jeden potenziellen Anleger als interessante Anlage gekennzeichnet. Um neue nachhaltige Immobilieninvestmentprodukte

---

[502] Vgl. Rottke, N./Reichardt, A. (2010), S. 47.
[503] Vgl. Lützkendorf, T./Lorenz, D. (2007), S. 67.
[504] Enthalten in: Giljohann-Farkas, K./Pfleiderer, G. (2008), S. 4.

zu entwickeln bzw. bereits existierende Produkte neu auszurichten haben sich verschiedene Vorgehensweisen bzw. Strategien entwickelt.[505]

Eine dieser Strategien wird mit dem Begriff „Selection" bzw. „Screening" bezeichnet. Dabei werden Immobilien, die bestimmte Mindeststandards hinsichtlich ihrer ökologischen und sozialen Performance erfüllen, also einer nachhaltigen Immobilie nahe kommen, z. B. zur Portfoliooptimierung oder zur Portfoliozusammenstellung angekauft bzw. verkauft. Besonders geeignet für diese Strategie sind offene Immobilienfonds oder auch Immobilienaktiengesellschaften.

Eine zweite Strategie für nachhaltiges Immobilieninvestment nennt sich „Build and operate" bzw. „Build and sell". Hierbei investiert der Kapitalgeber in bestimmte Neubauprojekte, die ausschließlich unter Berücksichtigung von Nachhaltigkeitsaspekten geplant, errichtet und betrieben werden. Diese Strategie eignet sich besonders für geschlossene Fonds, Spezialfonds oder auch Direktinvestitionen.

Eine weitere Möglichkeit in nachhaltige Immobilien zu investieren wird mit dem Begriff „Optimization" bezeichnet. Wie der Name schon vermuten lässt, wird bei dieser Strategie in Bestandsobjekte zur Optimierung der ökologischen und sozialen Immobilieneigenschaften investiert. Insbesondere im Zusammenhang mit Ankauf und Optimierung von größeren Immobilienbeständen eignen sich hierbei so genannte „Real Estate Partnerships" und auch Immobilienaktiengesellschaften.

Schließlich richtet sich eine vierte Strategie für nachhaltige Immobilieninvestments darauf aus, Investitionen in Immobilien, die eine schädliche Einwirkung auf Umwelt und Gesellschaft erwarten lassen, zu vermeiden bzw. auszuschließen.[506]

Der Staat hat die Möglichkeit, mithilfe von zusätzlichen Anreizen sowohl bei institutionellen Investoren als auch bei privaten Anlegern, die Annahme der Anlagestrategien zu fördern. Verschiedene Handlungsoptionen stehen zur Verfügung, die bereits in einzelnen Ländern verwirklicht wurden. Der Staat kann bspw. durch die Implementierung des Konzeptes der nachhaltigen Entwicklung in nationale Planungs- und Bauvorschriften oder auch durch die Einrichtung von Förderprogrammen für nachhaltiges Bauen die Entwicklung und Realisierung von nachhaltigen Immobilieninvestments unterstützen. Aber auch ausgewählte Akteure der Immobilienwirtschaft haben mehrere Handlungsoptionen zur Verfügung. So können bspw. Banken durch Gewährung von niedrigen Zinssätzen zur Finanzierung nachhaltiger Gebäude die Entwicklung nachhaltiger Immobilieninvestments fördern.[507]

---

[505] Vgl. Lützkendorf, T./Lorenz, D. (2005), S. 24.
[506] Vgl. Lützkendorf, T. (2007), S. 38.
[507] Vgl. Lützkendorf, T./Lorenz, D. (2005), S. 24f.

9.6 Immobilieninvestments und Nachhaltigkeitsaspekte

9.6.3 „Grüne" Immobilienfonds

Durch den in Zukunft voraussichtlich wachsenden Markt für nachhaltige Immobilien werden Investoren zunehmend in Fonds investieren, die nachhaltige Immobilien enthalten. Die Immobilienwirtschaft spricht in diesem Zusammenhang von „grünen Immobilienfonds" oder auch „Green-Building-Fonds". Um eine erste Definition darüber zu erreichen, was unter einem „Green-Building-Fonds" zu verstehen ist, wurde durch die Deutsche Gesellschaft für Immobilienfonds von Juli bis August des Jahres 2009 eine repräsentative Umfrage unter Fondsmanagern von offenen und geschlossenen Immobilienfonds durchgeführt, um einen ganzheitlichen und umfassenden Überblick der aktuellen Lage zu erhalten.[508]

In Auswertung dieser Umfrage zeigt Abb. 119, dass rund ein Drittel der befragten Fondsmanager unter einem „Green-Building-Fonds" einen Fonds versteht, der zu 100 Prozent aus nachhaltigen Immobilien besteht. Rund ein Drittel akzeptiert einen geringeren Anteil von 75 Prozent. Daraus ergibt sich, dass je höher der Anteil an „Green Buildings" in einem Fonds, desto größer auch die Akzeptanz als „Green-Building-Fonds" ist.[509]

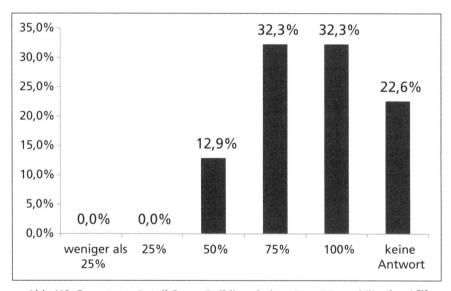

Abb. 119: Erwarteter Anteil Green Buildings bei „grünen" Immobilienfonds[510]

---

[508] Vgl. Jung, C. (2009), S. 3.
[509] Vgl. DEGI (2009), S. 14.
[510] Enthalten in: DEGI (2009), S. 14.

Im Vergleich zu einem Fonds mit herkömmlichen Immobilien haben „grüne Immobilienfonds" eine Reihe von Vorteilen. So sind die befragten Fondsmanager der Meinung, dass sich durch die Auflegung eines „Green-Building-Fonds" das Image des Unternehmens verbessert. Bemerkenswert sind jedoch auch die besseren Vermarktungschancen, die bessere Vermietbarkeit sowie der stabilere Werterhalt und schließlich die geringeren Nebenkosten einer nachhaltigen Immobilie. Bei der Hervorhebung dieser Vorteile gehen die Befragten generell davon aus, dass sich diese Vorteile in erster Linie langfristig auswirken werden. So schätzten einheitlich alle Befragten ein, dass ein „Green-Building-Fonds" kurzfristig gegenüber einem konventionellen Immobilienfonds keine höhere Rendite erzielen wird. Langfristig gesehen erwartet jedoch jeder Fünfte im Vergleich höhere Renditen.[511]

Mit der steigenden Nachfrage nach „grünen" Immobilienfonds ist zu untersuchen, welcher Produkttyp bzw. welche Anlageform das größte Potenzial für „Green-Building-Fonds" hat. Anhand der Online-Befragung von der Deutschen Gesellschaft für Immobilienfonds wird deutlich, dass das größte Potenzial im Bereich des offenen Immobilienspezialfonds, dicht gefolgt vom geschlossenen Immobilienfonds, zu erwarten ist. Keiner der befragten Fondsmanager gibt dagegen dem Real Estate Investment Trust als Produkttyp für „Green-Building-Fonds" eine Chance.[512]

Nachhaltige Immobilien spielen eine immer größere Rolle in den Anlage-Portfolios der Investoren. Durch die zunehmende Nachfrage nach „grünen" Immobilienfonds kommen immer mehr dementsprechend passende Anlageprodukte auf den Markt, wobei dabei besonders offene Immobilienfonds von Bedeutung sind. Die Wertentwicklung des Fonds wird insbesondere durch Miet- und Zinseinnahmen sowie durch die Wertsteigerungen der Immobilien beeinflusst. Da sich diese Aspekte bei nachhaltigen Immobilien i. d. R. langfristig überdurchschnittlich entwickeln, sind offene Immobilienfonds als Anlageform eines „Green-Building-Fonds" sehr gut geeignet.[513]

Vor Auflage eines neuen Fonds wird die Anlegergruppe mit Interesse an nachhaltigen Investmentprodukten eruiert. Das größte Interesse an Fonds mit einem hohen Anteil an nachhaltigen Immobilien haben nach Meinung der befragten Fondsmanager insbesondere Kirchen, Stiftungen, Altersvorsorgeeinrichtungen und Versicherungen.[514] Nachhaltige Immobilienfonds sind eine mittel- bis langfristige Form der Anlage, daher profitieren zunächst langfristige Investoren von dem Nachhaltigkeitstrend.

Die Zukunftschancen von nachhaltigen Immobilien und „grünen" Immobilienfonds sind nach Meinung der Fondsmanager sehr positiv. Über 70 Prozent der befragten Teilnehmer gehen davon aus, dass der Anteil an nachhaltigen Immobilien in ihren bestehenden Fonds in den nächsten fünf Jahren ansteigen wird. Dem widersprechen lediglich nur rund drei Prozent der Fondsmanager. Die Unsicherheit und Zurückhaltung der Befragten bei der Beurteilung der

---

[511] Vgl. DEGI (2009), S. 15.
[512] Vgl. ebenda, S. 16.
[513] Pex, S. (o. J.), URL: http://www.energiesparclub.de.
[514] Vgl. Jung, C. (2009), S. 5.

9.6 Immobilieninvestments und Nachhaltigkeitsaspekte

Zukunft von „Green-Building-Fonds" zeigte sich besonders deutlich darin, dass die Mehrheit zukünftig keinen reinen „Green-Building-Fonds" auflegen wird. Nur circa ein Viertel zieht in Betracht, in den nächsten fünf Jahren einen derartigen Fonds anzubieten.[515]

Das heißt aber nicht, dass Nachhaltigkeitsaspekte für die Mehrheit der Immobilieninvestoren keine große Rolle bei ihren Anlageentscheidungen spielen. Eine aktuelle Studie des Marktforschungsinstituts Ipsos im Auftrag von Union Investment Real Estate sagt aus, dass rund zwei Drittel der mehr als 220 befragten Immobilienunternehmen und institutionellen Anleger in Deutschland, Frankreich und Großbritannien zukünftig stärker in nachhaltige Gebäude investieren wollen. Zudem gaben 60 Prozent der Umfrageteilnehmer an, dass Nachhaltigkeitsaspekte bereits heute ein fester Bestandteil ihrer Anlagestrategie sind. Positiv stimmt auch die Aussage von rund 20 Prozent der befragten Investoren, dass sich bei nachhaltigen Immobilien höhere Renditen als mit konventionellen Immobilien erzielen lassen. Anhand dieser Ergebnisse ist für die Zukunft zu vermuten, dass sich Green Buildings in den nächsten Jahren zu einer eigenen Assetklasse entwickeln werden.[516]

Anfang des Jahres 2010 hat das Emissionshaus Hesse Newman den Vertrieb des Immobilienfonds „Green Building" gestartet. Interessierte Anleger können über den Fonds in die neue Siemens-Niederlassung direkt am Flughafen von Düsseldorf investieren. Das Bürohaus mit rund 10.000 Quadratmetern Mietfläche soll im Herbst 2010 fertig gestellt sein und zeichnet sich durch einen hohen Qualitätsstandard nach EU-Anforderungen aus. Für eine hohe Energieeffizienz sorgen eine besonders gute Wärmedämmung, hochwertige Baumaterialien und ein intelligentes Heizungs-, Licht- und Belüftungskonzept.[517]

Die Immobilie ist für zehn Jahre mit drei Verlängerungsoptionen um jeweils fünf Jahre an die Siemens AG vermietet. Dieser lange Vermietungszeitraum an einen bonitätsstarken Mieter ermöglicht eine gute Planbarkeit der Einnahmen und sichert zudem die Wertstabilität der Immobilie. Der nachhaltige Immobilienfonds soll bis 2022 laufen und anfänglich sechs Prozent Rendite pro Jahr ausschütten. Es wird prognostiziert, dass sich die Rückflüsse auf bis zu 178 Prozent des eingesetzten Kapitals summieren werden. Knapp 46 Millionen Euro, das sind rund die Hälfte des gesamten Fondsvolumens, will das Unternehmen als Eigenkapital bei den Anlegern einsammeln. Die restlichen 50 Prozent des Fondsvolumens werden mithilfe von Fremdkapital finanziert. Interessierte Anleger müssen sich mit mindestens 10.000 Euro plus fünf Prozent Ausgabeaufschlag beteiligen.[518] Bei einer positiven Entwicklung dieses Green-Building-Fonds werden sich zukünftig auch andere Investoren, Finanzinstitute und Investmentfondsgesellschaften für derartige Fonds interessieren.

---

[515] Vgl. DEGI (2009), S. 27.
[516] Vgl. Lindenberg, C. (2010), URL: http://www.dasinvestment.com.
[517] Vgl. Nachtweh, C. (2010), URL: http://www.dasinvestment.com.
[518] Vgl. ebenda, URL: http://www.dasinvestment.com.

9.6.4 Chancen und Risiken nachhaltiger Immobilieninvestments

Chancen und Risiken nachhaltiger Immobilieninvestments richtig bewerten und abwägen zu können setzt voraus, dass Klarheit über die Bedeutung der Nachhaltigkeit für die Zukunft und die sich daraus ergebende Verantwortung der Immobilienwirtschaft herrscht. Das Wissen über den Anteil von nachhaltigen Immobilien an der weiteren stabilen und erfolgreichen Entwicklung unserer Gesellschaft stärkt die Bereitschaft der Investoren, Eigentümer und Mieter gleichermaßen, die sich ergebenden Chancen, auch bei entsprechendem Risiko, zu nutzen. Durch unterschiedliche Zielsetzungen verfolgen Investoren, Eigentümer und Mieter unterschiedliche Interessen. Die Nachhaltigkeit zu akzeptieren, aber nur den eigenen bzw. persönlichen Vorteil anzustreben, widerspricht dem Anliegen einer nachhaltigen Entwicklung. Schließlich wird sich der Nutzen einer nachhaltigen Immobilienwirtschaft langfristig positiv auf alle Bereiche der Gesellschaft auswirken.

Die größten Vorteile, durch die sich ergebenden Chancen aus nachhaltigen Immobilien, haben die Investoren und Eigentümer. Sie tragen aber auch das größte Risiko. Die Chancen gleichen das Risiko i. d. R. jedoch mehr als aus. Solche Chancen, wie bspw. die Sicherung einer langfristigen Vermietbarkeit und besseres Nachvermietungspotenzial, insbesondere durch geringere Ausbaukosten und Incentives werden dem Risiko eventueller Mehrkosten durch Entwicklung, Ankauf und Sanierung von Gebäuden entgegenwirken. Das Gleiche trifft auf die zu erwartende höhere Mieterbindung zu. Allerdings ist die Bereitschaft der Mieter, höhere Mieten für „Nachhaltigkeit" zu zahlen, wesentlich von der konjunkturellen Entwicklung im Lande selbst, das heißt von den konkreten Lebenssituationen der Mieter abhängig. Durch nachhaltige Immobilien werden die Betriebs-, Wartungs- und Instandhaltungskosten gesenkt, was für den Vermieter und Mieter gleichermaßen direkt spürbar wird. Die Anforderung jedes Eigentümers von Immobilien an deren Werterhaltung wird bei nachhaltigen Immobilien am ehesten erfüllt. Hohe Werterhaltung der Immobilien bringen dem Eigentümer auch höhere Verkaufserlöse und bessere Verkaufsmöglichkeiten, was nicht zu unterschätzende Vorteile in einer dynamischen und flexiblen Gesellschaft sind. Ähnlich günstig sind nachhaltige Immobilien, wenn es gilt, Kostentransparenz über die Energiebilanz zu erreichen, was wiederum die Planungssicherheit erhöht. In diesem Zusammenhang soll auf die Funktion des Energieausweises verwiesen werden. Schließlich bietet ein nachhaltiges Immobilieninvestment die Chance steuerliche Vorteile im Zusammenhang mit Energieeffizienz und reduzierten CO_2-Emissionen zu erzielen.

Risiken nachhaltiger Immobilieninvestments sind zurzeit oftmals durch fehlendes oder zögerliches politisches Handeln der Regierenden begründet. Solche Risiken sind die konjunkturelle Abhängigkeit der Immobilienwirtschaft, was in Wirtschafts- und Finanzkrisen sehr auffällig ist, und die Unsicherheiten für Investoren hinsichtlich der Umlagefähigkeit der Kosten für die nachhaltige Sanierung eines Gebäudes. Leerstehende Gebäude und Bauruinen könnten so manchen Investor in die Insolvenz führen. Risiken für nachhaltige Im-

9.6 Immobilieninvestments und Nachhaltigkeitsaspekte

mobilieninvestments ergeben sich teilweise auch aus organisatorischen und technischen Ursachen. Das betrifft die noch nicht vollständig geklärte Art und Weise der Messbarkeit von Nachhaltigkeitskriterien genauso, wie den fehlenden internationalen Zertifizierungsstandard. Beides, fehlende Messbarkeit und uneinheitliche Zertifizierung von nachhaltigen Immobilien erschwert den Vergleich, der für einen entsprechenden Markt von großer Bedeutung ist. Gerade die verzögerte Marktbildung für nachhaltige Immobilien wird von den Investoren als noch zu großes Risiko angesehen. Nicht zu unterschätzen sind auf dem Gebiet der Immobilienwirtschaft auch die ständig, in kurzen Zeitabständen optimierten Möglichkeiten durch technische Innovationen. Deshalb scheuen viele Investoren, aus Angst vor einer Fehlinvestition, in den Markt mit nachhaltigen Immobilien einzutreten.

Wertorientiertes Facility Management

10

10.1 Einführung

Im kaufmännischen Gebäudemanagement stehen bislang hauptsächlich Kostenaspekte im Vordergrund. Dabei ist seit den 1980er Jahren eine Ausweitung des Betrachtungshorizonts vom reinen Periodenbezug nach und nach auf den Lebenszyklus der Immobilie erkennbar. Häufig thematisiert wird die Zurechnung von bestimmten Kostenpositionen zu einzelnen Immobilien im Rahmen eines Kosten- und Leistungsrechnungssystems von Non Property Companies. Diskutiert werden auch die Auswirkungen von Investitionskosten während der Bauphase auf die Betriebskosten während des restlichen Lebenszyklus. Als Steuerungskennzahl für Maßnahmen des Facility Managements reicht die Kostenbetrachtung jedoch nicht aus, da mögliche Auswirkungen auf die Ertragsposition und den Wert der Immobilie vernachlässigt werden. Daher ist der Zusammenhang zwischen FM- Maßnahme und dem Wert bzw. Rendite (Total Return) einer Immobilie zu betrachten.

Der Gedanke des Wertorientierten Facility Managements versucht, die Auswirkungen von Handlungsoptionen im Facility Management auf Cashflow und Wert der Immobilie transparent zu machen. Die zentrale Steuerungsgröße des Wertorientierten Facility Managements ist der Total Return der Immobilie. Insbesondere vor dem Hintergrund der Bilanzierung von Anlageimmobilien zu Marktwerten nach IFRS (IAS 40) ergeben sich auch im Bereich der Non Property Companies völlig neue Maßstäbe für die Bewertung von Maßnahmen im Facility Management und die Rolle des Facility Managers. Erst durch das Zusammenspiel von Facility Manager, Controller und Bewertungssachverständigem wird erst eine Optimierung der Immobilienanlagen im Sinne der Unternehmenszielsetzung erreicht.[519]

10.2 Grundlagen des Wertorientierten Facility Managements

10.2.1 Ziele und Elemente

Wertorientiertes Facility Management tritt wie alle unterstützenden Serviceleistungen aufgrund technologischer Trends und erhöhten Kostendrucks ins Bewusstsein der Entscheidungsträger. Ein selbständiges Facility Management ermöglicht dem Unternehmen, sich voll und ganz auf seine Kernkompetenz zu konzentrieren. Aufgrund des stetig wachsenden Wettbewerbsdrucks sind wichtige Argumente für die Einführung von Wertorientiertem Facility Management die Einsparung von Kosten sowie das Steigern des Werts einer Immobilie

---

[519] Vgl. Wagner, T. (2005a), Wertorientiertes Facility Management, in: Immobilienzeitung, 2005 Nr. 21, S. 42.

durch gezielte Investitionen.[520] Besonders unter dem Aspekt der Mehrung des Unternehmenswerts („Shareholder-Value-Sichtweise") wird die Immobilie zunehmend als handelbares Wirtschaftsgut begriffen. Im Übrigen verlangen die Anteilseigner eine entsprechende Verzinsung ihres im Unternehmen gebundenen Kapitals („Return on Investment").[521]

Erst wenn Wert und Ertrag von Grundstücken transparent mit ihren tatsächlichen Beträgen gezeigt werden, werden Möglichkeiten gesucht, diese zu optimieren. Zurzeit erhöht sich der Druck auf die Unternehmen ständig ihre Immobilien wirtschaftlich besser zu nutzen und kostengünstiger zu bewirtschaften.

Bei Non Property Companies wird i. d. R. zwischen betriebsnotwendigen und nicht betriebsnotwendigen Immobilien unterschieden. Betriebsnotwendige Immobilien sind solche, in deren Räumlichkeiten unmittelbar die Produktion von Gütern oder Dienstleistungen stattfindet. Die Immobilie ist wie der Mensch und die Maschine ein Produktionsfaktor. Die bei der Bereitstellung der Immobilie entstehenden Kosten müssen unter Berücksichtigung der vorgegebenen Qualität und der geforderten Verfügbarkeit optimiert werden. Nicht betriebsnotwendige Immobilien stehen in keinem Zusammenhang mit der Erfüllung des Kerngeschäfts der Unternehmung. Sie leisten einen eigenständigen Beitrag zum Unternehmensergebnis. Sie werden gehalten um Miete, Pacht oder sonstige regelmäßige Einkünfte und/oder Wertsteigerungen zu erzielen. Sie sind eine Möglichkeit überschüssige Mittel anzulegen oder stille Reserven zu bilden.[522]

Im Gegensatz zu institutionellen Anlegern, für die Immobilien Finanzanlagen sind, halten viele Non Property Companies ihre Immobilien allenfalls als „bilanzpolitische Manövriermasse." Das unternehmerische Engagement erschöpft sich in aller Regel in einem funktionserhaltenden Verwalten. Bis weit ins 20. Jahrhundert hinein wurden die Immobilien somit passiv verwaltet. Das Thema Kosteneinsparung spielte allenfalls bei den Kosten ihrer Verwaltung eine Rolle. Mittlerweile hat die Shareholder-Value-Orientierung in vielen Unternehmen eine so große Bedeutung, dass für die Nutzung von Immobilien dieselben Wirtschaftlichkeitskriterien gelten, wie für die Nutzung produktionstechnischer Maschinen.

Mit Immobilien lassen sich zusätzliche Erträge für die Unternehmen erwirtschaften. Dies gilt insbesondere für nicht betriebsnotwendige Immobilien, da diese vermietet oder verkauft werden können. Durch die Integration des CREM in das Unternehmen dienen Immobilien nicht mehr nur der Deckung des betrieblichen Eigenbedarfs. Sie werden vielmehr als Kapitalanlage verstanden, die einen entscheidenden Beitrag zum Unternehmenserfolg leisten kann.[523]

Als Maßgröße für die Effizienz und Wirtschaftlichkeit von Maßnahmen beim Betrieb von Immobilien werden daher im Wertorientierten Facility Management nicht Kosten (Periodenkosten oder Lebenszykluskosten) sondern die

---

[520] Vgl. ebenda, S. 42.
[521] Vgl. Schmieder, M., Facility-Management – Grundlagen und Methoden, in: Gondring, H./Lammel, E. (Hrsg.) (2001), S. 485.
[522] Vgl. Grünert, L., „Wertorientierte Steuerung in der Nutzungsphase betrieblicher Immobilien, S. 17.
[523] Vgl. Stürmer, M. (2005), in: BDO Deutsche Warentreuhand AG (Hrsg.), 2005, S. 542.

10.2 Grundlagen des Wertorientierten Facility Management

Veränderung der Immobilienrendite herangezogen. Als geeignete Renditekennzahl wird dabei der **Total Return** eingesetzt, der sich aus der **Netto-Cashflow-Rendite** und der **Wertänderungsrendite** zusammensetzt und damit sowohl Veränderungen des Objekt-Cashflows als auch des Objektwerts berücksichtigt.

Die **Netto-Cashflow-Rendite** (gelegentlich auch als Nettomietrendite bezeichnet) berechnet sich aus den tatsächlich erhaltenen Mieteinnahmen abzüglich der nicht umgelegten Bewirtschaftungskosten der Immobilie im Verhältnis zu in der Immobilie gebundenem Kapital. Soll die Betrachtung der Rendite über einen längeren, in der Zukunft liegenden Zeitraum erfolgen, so ist anstatt der Netto-Cashflow-Betrachtung die Discounted-Cashflow-Betrachtung zu wählen. Die Discounted-Cashflow-Methode basiert auf dem Barwertkalkül. Es werden die zukünftig erwarteten Netto-Cashflows aus einer Immobilie über die Planungszeit auf den Gegenwartswert abdiskontiert.

Die **Wertänderungsrendite** gibt die prozentuale Marktwertänderung der Immobilie wieder. Ausgangswert ist der aktuelle Marktwert, da Anschaffungskosten oder Bilanzwerte keine werthaltige Aussage am Immobilienmarkt darstellen. Es kann nur die realistische Ermittlung des Verkehrswertes Anwendung finden, da dieser mit den aktuellen Erlösen im Veräußerungsfall übereinstimmen sollte. Im Rahmen der Renditeermittlung hat eine regelmäßige Wertermittlung der Immobilie zu erfolgen. Zur Ermittlung des Verkehrswertes kommt bspw. das deutsche Ertragswertverfahren oder das Discounted-Cashflow-Verfahren zur Anwendung.

10.2.2 Einführungsbeispiel zum Wertorientierten Facility Management

Das Konzept des Wertorientierten Facility Managements geht davon aus, dass Wertschöpfung bzw. Wertvernichtung in erheblichem Umfang im operativen Rahmen des Facility Managements determiniert werden kann. Selbst in der Betriebsphase, in der nach herrschender Meinung die Möglichkeiten zur Beeinflussung der Lebenszykluskosten nur noch marginal sein sollen, bestehen hiernach erhebliche Potenziale zur Beeinflussung des Immobilienwerts, die jedoch vielfach aus Unkenntnis der Ursache-Wirkungs-Kette nicht genutzt werden. Ein Beispiel soll diesen Zusammenhang verdeutlichen.[524]

In einer Gewerbeimmobilie (10.000 m² Nutzfläche) könnten die nicht umlagefähigen Betriebskosten von 0,50 € pro Quadratmeter und Monat dadurch eliminiert werden, dass statt des personalintensiven Bewachungsdienstes eine Einbruchmeldeanlage mit Videoüberwachung und Fernaufschaltung (Lebensdauer 20 Jahre) installiert wird. Diese Investition wäre jedoch mit einmaligen Kosten von 750.000 € verbunden.

Davon ausgehend enstehen zwei Zahlungsströme: A_1 mit der Betrachtung der Ausgaben durch die Investition, A_2 mit der Berücksichtigung der durch die Investition eingesparten, nicht umlagefähigen Betriebskosten.

---

[524] Vgl. Wagner, T. (2005a) a.a.O., S. 42.

10 Wertorientiertes Facility Management

A_1:

t_0	t_1	t_2	t_3	t_4	...	t_{18}	t_{19}	t_{20}
750.000 €	–	–	–	–	...	–	–	–

In t_0 werden 750.000 € für die Einbruchmeldeanlage ausgegeben.

A_2:

t_0	t_1	t_2	t_3	t_4	...	t_{18}	t_{19}	t_{20}
	–60.000 €	–60.000 €	–60.000 €	–60.000 €	...	–60.000 €	–60.000 €	–60.000 €

Bei Anschaffung der Einbruchmeldeanlage werden jährlich 60.000 € nicht umlagefähige Betriebskosten eingespart (0,50 € x 10.000 m² x 12 Monate). Der Betrachtungszeitraum über 20 Jahre ergibt sich aus der Laufzeit der Anlage. Um die Investitionen vergleichen zu können wird der Wert der Einsparungen von t_1 bis t_{20} zum heutigen Zeitpunkt t_0 benötigt, also der abdiskontierte bzw. abgezinste Wert der Einsparungen. Zur Anwendung kommt der Rentenbarwertfaktor:

$$A_{2\ in\ t=0} : a \frac{(1+i)^n - 1}{(1+i)^n \cdot i}$$

mit a: Einsparung in Periode t
     i: Diskontierungszinssatz
     n: Gesamtperiode (in Jahren)

Mit einem angenommenen Diskontierungssatz von 5,5 % p.a. ergibt sich folgender Barwert der Einsparungen:

$$A_{2\ in\ t=0} : -60.000 \frac{(1+0,055)^{20} - 1}{(1+0,055)^{20} \cdot 0,055}$$

$A_{2\ in\ t=0} : -60.000 \cdot 11,9504$

$A_{2\ in\ t=0} : -717.023$

Die Gegenüberstellung der Anschaffungsinvestition der Einbruchmeldeanlage und der dadurch erzielten abdiskontierten Kosteneinsparung ergibt eine Differenz von 32.977 €. Die Investition amortisiert sich somit nicht innerhalb der Lebensdauer der Anlage, d.h. die Investition ist teurer als durch sie Kosten eingespart werden kann. Bei Betrachtung der Zahlungsströme kann demnach eine Anschaffung der Einbruchmeldeanlage nicht empfohlen werden.

Werden die Auswirkungen der Investition auf den Immobilienwert betrachtet, stellt sich der Sachverhalt jedoch anders dar. Die Immobilie hat einen Wert, der nach einem vereinfachten Ansatz des dt. Ertragswertverfahren mit gerundet 21 Mio. € ermittelt wurde. Hierbei wurde ein Liegenschaftszins von 6,15 % zugrunde gelegt. Durch die nachhaltige Einsparung der nicht umlagefähigen Betriebskosten würde sich der Wert der Immobilie auf 21,975 Mio. € erhöhen. Der Wertbeitrag der Investition beträgt also 975.000 €.

Nach Abzug der Kosten ergibt sich immerhin noch ein positiver Saldo von 225.000 €. Für Unternehmen, die ihre Anlageimmobilien nach IAS 40 zum beizulegenden Zeitwert (Marktwert) bilanzieren, hat diese Maßnahme eine

10.2 Grundlagen des Wertorientierten Facility Management

unmittelbare Auswirkung auf den Wertansatz der Aktiva (+ 225.000 €)[525] und den Erfolg vor Steuern (+ 225.000 €).[526]

Der Facility Manager in genanntem Beispiel (siehe hierzu Kapitel 10.4.2.1) hat damit einen Beitrag zum Shareholder-Value des Unternehmens geleistet. Die Entscheidung und Umsetzung von Maßnahmen im Facility Management nach wertorientierten Gesichtspunkten, wie in diesem Beispiel dargestellt, ist jedoch noch häufig die Ausnahme.

Das liegt vor allem daran, dass in vielen Unternehmen interdisziplinäre Zusammenarbeit und Kommunikation entlang von immobilienwirtschaftlichen Prozessen klein geschrieben werden. So findet im Tagesgeschäft kaum ein Austausch zwischen der Methodenkenntnis des Bewertungs-Sachverständigen und der Erfahrung und Objektkenntnis des Facility Managers statt. Zwischen den Benchmark-Analysen des Controllers und der täglichen Praxis des Facility Managers liegen oft genug ebenfalls Welten. Das führt dazu, dass viele Potenziale zur Steigerung der Immobilienperformance in Unternehmen nicht erkannt und nicht genutzt werden.

Die konsequente Umsetzung dieser Erkenntnisse führt zu einer Neudefinition der Rolle des Facility Managers in der immobilienwirtschaftlichen Wertschöp-

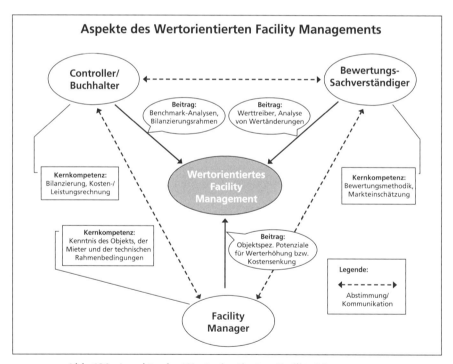

Abb. 120: Aspekte des Wertorientierten Facility Managements

---

[525] Zuwachs an Immobilienvermögen (+ 975.000 €) bei gleichzeitiger Minderung des Bankbestands (– 750.000 €) durch Investitionsauszahlung.

[526] Vereinfachend sei hier unterstellt, dass die Aufwendungen für die Durchführung der Investition (750.000 €) ebenfalls sofort erfolgswirksam werden.

fung. Er wird zum wichtigen Impulsgeber für die Hebung von Potenzialen bzw. Vermeidung von Risiken im Immobilienmanagement. Der Zusammenhang ist vereinfacht in Abb. 120 dargestellt.

10.3 Bilanzierung nach HGB und IFRS – Auswirkung auf das Immobilienmanagement

Die Verabschiedung der EU- Verordnung über die Anwendung internationaler Rechnungslegungsgrundsätze im Juli 2002 hat bedeutende Auswirkungen auf die Rechnungslegung von kapitalmarktorientierten Unternehmen.[527] Börsennotierte Gesellschaften in Deutschland müssen seit dem 01.01.2005 einen zusätzlichen Jahresabschluss nach den internationalen Rechnungslegungsstandards IFRS aufstellen.[528] Für nicht kapitalmarktorientierte (nicht börsennotierte) Unternehmen räumt die EU-Verordnung ein Wahlrecht ein, d. h. auch sie können dieses in vielen Aspekten völlig anders ausgerichtete Rechnungslegungskonzept einsetzen. Ziel der Vereinheitlichung durch die Übernahme internationaler Rechnungslegungsstandards in Form der IFRS ist es, die von den Unternehmen vorgelegten Finanzinformationen vergleichbarer zu machen und einen höheren Grad an Transparenz zu schaffen.

10.3.1 Bilanzierung nach HGB – Auswirkung auf die Wertansätze von Immobilien

10.3.1.1 Adressaten des Jahresabschlusses

Eine Unternehmung besteht aus einer „Koalition" von Personen, diese Personen stehen in unterschiedlicher Beziehung zu der Unternehmung. Es gibt

- die finanzwirtschaftlich orientierte Gruppierung (bestehend aus Anteilseignern und Gläubigern),
- die leistungswirtschaftlich orientierte Gruppierung (Kunden, Lieferanten und konkurrierende Unternehmen) sowie
- die Meinungsbildner (Finanzanalysten, Presse und Öffentlichkeit).

Jeder Koalitionär („Stakeholder") verfolgt eigene, finanzielle (Erhalt/Steigerung von Vermögen und Ertrag) und nicht-finanzielle Ziele (Erhalt von Arbeitsplätzen, Erzielen eines bestimmten Images). Dennoch haben alle das gemeinsame Interesse, Informationen über das Erreichen der gesetzten Unternehmensziele zu bekommen.

Nach dem Principal-Agent-Ansatz übertragen die Eigen- und Fremdkapitalgeber (Principals) die Leitungskompetenz an einen Geschäftsführer (Agent). Eine Folge davon ist, dass die Geldgeber (Aktionäre) nicht über alle Geschäftsvor-

---

[527] Vgl. Beck, M. (2005), in: BDO Deutsche Warentreuhand AG (Hrsg.), 2005, S. 143.
[528] Vgl. Vorwort, in: Klinger, F./Müller, M. (Hrsg.), 2004, S. 3.

gänge vollständig informiert sind [529] (bzw. sein können). Es besteht ein Zustand asymmetrischer Informationsverteilung. Stehen Kreditwürdigkeitsprüfungen, Unternehmensverkäufe oder Aktienbewertungen an, sind auch die Werte der Immobilien von Interesse.

Soll z. B. ein Unternehmenskredit eingeräumt oder verlängert werden, ist eine Immobilienbewertung bzw. Bewertungsüberprüfung unerlässlich. Immobilien dienen dem Darlehensgeber als Sicherheit. Sollte es zu einer Zahlungsunfähigkeit des Kreditnehmers kommen, kann ein grundpfandrechtlich gesicherter Darlehensgeber sogar die Verwertung der Immobilie betreiben. Ein besonderes Interesse an der gesonderten Bewertung von Immobilien hat der Unternehmer, wenn die Liegenschaften nicht optimal genutzt werden.

10.3.1.2 Zweck und Bestandteil der Rechnungslegung

Im Mittelpunkt der deutschen Rechnungslegung steht §264 Absatz 2 HGB, wonach „der Jahresabschluss ... ein den tatsächlichen Verhältnissen entsprechendes Bild der Vermögens-, Finanz- und Ertragslage der Kapitalgesellschaft zu vermitteln" hat. Dazu dienen die einzelnen Bestandteile des Jahresabschlusses. Gem. §242 Absatz 3 HGB umfasst der handelsrechtliche Jahresabschluss eine Bilanz und eine GuV, Kapitalgesellschaften haben sie um einen Anhang zu ergänzen. Der handelsrechtliche Jahresabschluss hat die wirtschaftliche Lage des Unternehmens gegenüber unternehmensexternen und -internen Adressaten widerzuspiegeln.[530] Für die Bewertung der in der Bilanz dargestellten Verhältnisse ist für den an Informationen Interessierten von großer Wichtigkeit, wie die Immobilien ausgewiesen und bewertet sind, denn sie haben großen Einfluss auf den tatsächlichen Wert des Unternehmens.

10.3.1.3 Bilanzierungs- und Bewertungsgrundsätze

Die Grundsätze für Ausweisungen und Bewertungen in den Bilanzen sind grundsätzlich auf alle Gegenstände des Sachanlagevermögens gleich. Sie werden im Folgenden für Immobilien beschrieben.

Anlage- oder Umlaufvermögen

Gem. §246 Absatz 1 HGB müssen im Jahresabschluss „sämtliche Vermögensgegenstände" enthalten sein, also auch Immobilien. Immobilien, die zur Vermietung oder Eigennutzung und damit „bestimmt sind, dauernd dem Geschäftsbetrieb zu dienen" (§247 Absatz 2 HGB) sind im Anlagevermögen unter der Position „Grundstücke und grundstücksgleiche Rechte" zu bilanzieren (§266 Absatz 2 HGB). Stellt die Immobilie das Produkt oder die Handelsware eines Unternehmens dar, so ist sie im Umlaufvermögen im Abschnitt „Vorräte" unter der Position „fertige Erzeugnisse und Waren" auszuweisen.

---

[529] Vgl. Wöhe, G. (2010), S. 64.
[530] Vgl. Schierenbeck, H. (2005), in: Francke, H. H./Rehkugler, H. (Hrsg.), S. 335.

10 Wertorientiertes Facility Management

Anschaffungs- oder Herstellungskosten

Eine neu erworbene bzw. selbst hergestellte Immobilie darf in der Bilanz höchstens mit den Anschaffungs- bzw. Herstellungskosten angesetzt werden (§ 253 Absatz 1 HGB). Anschaffungskosten sind die Aufwendungen, die geleistet werden, um einen Vermögensgegenstand zu erwerben und ihn in einen betriebsbereiten Zustand zu versetzen, soweit sie diesem einzeln zugeordnet werden können (§ 255 Absatz 1 HGB). Anschaffungskosten sind nach folgendem Schema zu ermitteln.

Anschaffungspreis

− Anschaffungspreisminderungen (Rabatte, Skonti)

+ Anschaffungsnebenkosten
(Gutachter-, Notariats- und Gerichtskosten, Grunderwerbsteuer, Maklergebühren)

+ Nachträgliche Anschaffungskosten
(Anschaffungsnaher Herstellungsaufwand)

= **Anschaffungskosten**

Abb. 121: Schema zur Ermittlung der Anschaffungskosten[531]

Herstellungskosten sind zu bilanzieren, wenn das Bauvorhaben selbstständig durchgeführt wird. Herstellungskosten von Gebäuden sind gem. § 255 Absatz 2 HGB alle Aufwendungen, die aus dem Verbrauch von Material sowie der Inanspruchnahme von Dienstleistungen für die Herstellung, Erweiterung und über den ursprünglichen Zustand hinausgehende Verbesserungen entstehen. Pflichtbestandteile der Herstellungskosten nach HGB bilden die Material- und Fertigungseinzelkosten und die Sondereinzelkosten der Fertigung. Wahlweise dürfen darüber hinaus die Material-, Fertigungs- und Verwaltungsgemeinkosten bilanziert werden.

Nachträgliche Herstellungskosten

Wenn nachträglich in eine Immobilie investiert wird ist zu unterscheiden, ob mit der Maßnahme nur der Zustand der Immobilie erhalten wird oder ob darüber hinausgehende Arbeiten durchgeführt werden. Gem. § 255 Absatz 2 Satz 1 a. E. HGB fallen Herstellkosten nicht nur bei der erstmaligen Herstellung, sondern auch bei der Erweiterung und der über den ursprünglichen Zustand hinausgehenden wesentlichen Verbesserung an.

Für die Abgrenzung zwischen Herstellungs- und Erhaltungsaufwand gibt es vier Fallgruppen.

---

[531] Vgl. Wöhe, G. (2010), S. 754.

10.3 Bilanzierung nach HGB und IFRS

1. **Nachträgliche Herstellungskosten, die nicht zum Entstehen eines „anderen" Wirtschaftsguts führen**
   Nachträgliche Herstellkosten liegen vor, wenn aufgrund von Baumaßnahmen das bisherige Gebäude erweitert wird, auch wenn die Erweiterung nur geringfügig ist (vgl. BStBl 1996 II, S. 630). Eine Erweiterung ist gegeben, wenn
   - die nutzbare Fläche eines Gebäudes vergrößert wird, z. B. durch Aufstockung des Gebäudes um ein weiteres Stockwerk.[532]
   - eine Mehrung der Bausubstanz durch einen nachträglichen Einbau von (unselbstständigen Gebäude-) Bestandteilen erfolgt, wenn z. B. aus einer großen Wohnung durch Einziehen von Trennwänden zwei kleine Wohnungen entstehen.

   Nachträgliche Herstellungskosten liegen auch bei Baumaßnahmen vor, die das Gebäude über seinen bisherigen Zustand hinaus wesentlich verbessern, was gegeben ist, wenn „die Maßnahme in ihrer Gesamtheit über die zeitgemäße Substanz erhaltende Bestandserneuerung hinaus den Gebrauchswert des Gebäudes im ganzen deutlich erhöht."[533] Unter ursprünglichem Zustand wird der Zustand des Gebäudes zum Zeitpunkt der Herstellung bzw. Anschaffung verstanden.

2. **Nachträgliche Herstellungskosten, die zum Entstehen eines „anderen" Wirtschaftsguts führen, das jedoch kein Neubau ist**
   Bei dieser Variante wird das Gebäude durch nachträgliche Herstellungsarbeiten nicht nur verbessert oder modernisiert, sondern es wird so weitreichend umgestaltet, dass die neu eingefügten Gebäudeteile das äußere Erscheinungsbild dominieren. Von der Herstellung eines „anderen" Wirtschaftsguts kann ausgegangen werden, wenn die angefallenen Bauaufwendungen den Verkehrswert des ursprünglichen Gebäudes übersteigen.[534]

3. **Nachträgliche Herstellungskosten, die zum Entstehen eines neuen Wirtschaftsguts („Neubau") führen**
   Die nachträglichen Herstellungsarbeiten sind so gravierend, dass danach ein Neubau vorliegt. Typische Beispiele sind die Herstellung eines zusätzlichen selbstständigen Gebäudeteils oder eines so umfangreichen Umbaus, dass es sich bei objektiver Betrachtung um einen neuen Bau handelt. Das Entstehen eines Neubaus kommt sehr selten vor; realistischer ist die Entstehung eines „anderen" Wirtschaftsguts.

4. **Erhaltungsaufwand**
   Erhaltungsaufwand liegt vor, wenn die durchgeführte Maßnahme lediglich der Erhaltung des ordnungsgemäßen Zustands dient. Nach Abschluss der Baumaßnahmen muss das Gebäude die gleiche Art und Funktion haben wie bisher. In diesem Fall werden die Aufwendungen für die Instandhaltungsmaßnahme unmittelbar in der GuV als Aufwand erfasst.

---

[532] Vgl. Beuttler, M., in: Gondring, H./Lammel, E. (Hrsg.) (2001), S. 894.
[533] Vgl. ebenda, S. 895.
[534] Vgl. Beuttler, M., a. a. O., S. 898.

10 Wertorientiertes Facility Management

Abschreibungen und Zuschreibungen

Nach §253 Absatz 2 HGB sind Anschaffungs- bzw. Herstellungskosten des Sachanlagevermögens während der Zeit der voraussichtlichen Nutzung abzuschreiben. Daraus ergeben sich neue Wertansätze in der Bilanz.

Im Handelsrecht gibt es keine Vorschrift, die die betriebsgewöhnliche Nutzungsdauer von Vermögensgegenständen mit begrenzter Nutzungsdauer regelt. Zur Orientierung sind die steuerlichen Vorschriften heranzuziehen. Aus §7 Absatz 4 und 5 EStG ergibt sich für Gebäude eine Nutzungsdauer zwischen 25 und 50 Jahren.[535] Grund und Boden unterliegen grundsätzlich keiner natürlichen Abnutzung, daher werden sie auch nicht planmäßig abgeschrieben.

Erhöht sich zu einem späteren Zeitpunkt der Wert der Immobilie, gleich aus welchem Grund, darf eine Zuschreibung (= Ertrag) nicht vorgenommen werden, da die Anschaffungs- bzw. Herstellkosten die Wertobergrenze bilden.

Verringert sich der Wert der Immobilie, so muss (darf) nach dem strengen (gemilderten) Niederstwertprinzip eine Abschreibung vorgenommen werden.[536] Dieser nicht vorhersehbare, außerplanmäßige Werteverzehr kann bei allen Vermögensgegenständen des Anlage- wie auch des Umlaufvermögens eintreten. Grund dafür können technische (z.B. außergewöhnlicher Verschleiß) oder wirtschaftliche Faktoren sein (z.B. Änderung der Konsumentennachfrage).[537] Außerplanmäßige Abschreibungen sind gem. §253 Absatz 2 Satz 3 HGB zwingend vorzunehmen, wenn der Vermögensgegenstand eine voraussichtlich dauernde Wertminderung erfährt, die sonst nicht erfasst würde. Liegt eine nur vorübergehende Wertminderung vor, besteht ein Wahlrecht bezüglich der außerplanmäßigen Abschreibung.

Fällt der Grund für die außerplanmäßige Abschreibung weg, so müssen nach §280 Absatz 1 HGB Zuschreibungen vorgenommen werden. Zuschreibungsobergrenze sind immer die historischen Anschaffungs- oder Herstellkosten (ggf. um die planmäßigen Abschreibungen vermindert).

Aussagefähigkeit der Wertansätze

Buchwerte von Immobilien können von den wahren, wirklich am Markt erzielbaren Werten stark abweichen. Ursächlich dafür sind Art und Umfang der bilanziell zugestandenen Wahlrechte und Ermessensspielräume durch die Unternehmenspolitik. Beeinflusst wird diese Abweichung im Einzelnen durch folgende Punkte:

- Bemessung der Anschaffungs- bzw. Herstellkosten
- Wahl der Abschreibungsmethoden
- Ansatz der Nutzungsdauer
- Vornahme und Bemessung außerplanmäßiger Abschreibungen/Zuschreibungen

---

[535] Vgl. Schierenbeck, H. (2005), a.a.O., S.341f.
[536] Vgl. Wöhe, G. (2010), S.738f.
[537] Vgl. Beuttler, M., a.a.O., S.913.

10.3 Bilanzierung nach HGB und IFRS

Selbst wenn Kapitalgesellschaften gem. § 284 HGB zusätzlich über angewandte Bewertungs- und Bilanzierungsmethoden im Anhang berichten müssen, so können doch weiterhin erhebliche Wertdifferenzen gegeben sein.

Das folgende Beispiel zeigt den Einfluss von Investitionen auf die Bilanzansätze:[538]

In ein am 1. Juli 2001 für[539] 600.000,– € erstelltes Bürogebäude wird im April 2005 ein Personenaufzug für 92.000,– € eingebaut. In Zusammenhang mit dem Einbau muss das Treppenhaus neu gestrichen werden (Aufwand 6.000,– €). Gleichzeitig wurde der Fußbodenbelag im Eingangsbereich erneuert (Aufwand 3.000,– €).

Der erstmalige Einbau eines Aufzugs verursacht nachträgliche Herstellungskosten. Die Kosten für das Streichen des Treppenhauses stehen in räumlichem und zeitlichem Zusammenhang mit dem Aufzugeinbau und zählen daher ebenfalls zu den nachträglichen Herstellungskosten. Die AfA Bemessungsgrundlage erhöht sich durch die nachträglichen Herstellungskosten. Die Erneuerung des Fußbodenbelags steht nicht im Zusammenhang mit dem Aufzugeinbau. Sie ist sofort abziehbarer Erhaltungsaufwand.

Der Vergleich der neuen Restabschreibungsdauer von 30,1 Jahren zu der bisherigen Restnutzungsdauer von (33 Jahre ./. 3,75 Jahre) 29,25 Jahren ergibt durch die Investition eine Verlängerung des Abschreibungszeitraums.

Ursprüngliche Herstellungskosten	600.000,– €
nachträgliche Herstellungskosten (92.000,– € + 6.000,– €)	98.000,– €
Neue AfA Bemessungsgrundlage zum 1.4.2005	698.000,– €
Davon AfA 3% (neue AfA: 698.000,– € · 3%)	20.940,– €
Ursprüngliche Herstellungskosten	600.000,– €
./. AfA bisher: 3%,	
für den Zeitraum 1.7.2001 – 31.03.2005 = 3 9/12 Jahre	– 67.500,– €
Buchwert zum 31.03.2005	532.500,– €
+ nachträgliche Herstellungskosten	98.000,– €
Neues AfA Restvolumen (Buchwert zum 1.4.2005)	630.500,– €
geteilt durch neue AfA (630.500,– €/20.940,– €) = Restabschreibungsdauer 30,1 Jahre.	

Dieses Beispiel zeigt, dass der Erhaltungsaufwand sich nicht auf den Buchwert auswirkt, wohl aber die nachträglichen Herstellungskosten. Bei Investition in eine Immobilie über den Erhaltungsaufwand hinaus, wirkt sich dies auch in der Bilanz nach HGB aus. Allerdings spiegelt der erhöhte Buchwert nicht den gegenwärtigen Verkehrswert wider, denn die Wertsteigerung, die durch den Einbau des Aufzugs in eine Büroimmobilie entsteht, kann weit mehr wert sein als die nachträglichen Herstellungskosten. Dieser gegenwärtige Verkehrswert kann in der Bilanz nach HGB nicht berücksichtigt werden, da § 253 Absatz 1

---

[538] Vgl. Beuttler, M., a. a. O., S. 902f.
[539] Der Vereinfachung halber werden hier bereits für 2001 Euro-Beträge ausgewiesen.

HGB vorschreibt, dass Vermögensgegenstände höchstens mit den Anschaffungs- bzw. Herstellkosten anzusetzen sind.

Dies zeigt, dass Jahresabschlussdaten allein nicht geeignet sind, um eine zuverlässige und umfassende Information über den Wert des Immobilienbestandes eines Unternehmens zu erhalten.

Der Buchwert einer Immobilie nimmt aufgrund der planmäßigen Abschreibungen stetig ab, wenn nur Erhaltungsaufwand betrieben wird. Abb. 122 zeigt diese Entwicklung des Buchwerts einer Immobilie bei linearer Abschreibung. Ob überhaupt Erhaltungsmaßnahmen getätigt wurden und in welchem Umfang, ist nicht zu erkennen.

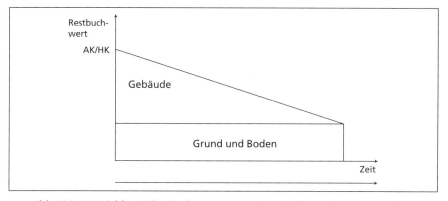

Abb. 122: Entwicklung des Buchwerts einer Immobilie im Anlagevermögen

Der Realität der Wertentwicklung einer Immobilie entspricht mehr die in Abb. 123 dargestellte Situation. Sie zeigt die Wertentwicklungen sowohl des Gebäudes als auch von Grund und Boden und somit des gesamten Anlagegutes. Bezeichnend ist die Wertentwicklung, die sowohl von der Wertsteigerung des Gebäudes als auch von der Wertsteigerung des Grund und Bodens geprägt wird.

Wie im Aufzug-Beispiel erörtert gibt es Wertsteigerungspotenzial bei Gebäuden. Selbst konsequentes Instandhalten und Renovieren beeinflussen den Buchwert nicht, es sei denn es lägen nachträgliche Herstellungskosten vor. Dennoch können solche Maßnahmen den Verkehrswert der Immobilie stark beeinflussen. Durch diese nicht ausgewiesenen Wertsteigerungen entstehen in der Bilanz nach HGB stille Reserven, die für den Bilanzleser nicht ersichtlich sind. Grundstücke sind zu den Anschaffungskosten in der Bilanz ausgewiesen. Sie können einem stetigen Aufwertungsprozess unterliegen, der allerdings in der Bilanz gem. § 253 Absatz 1 HGB nicht ausgewiesen werden darf; es entstehen ebenfalls stille Reserven.

Viele Aktiengesellschaften verfügen im Anlagevermögen über einen großen Bestand an Grundstücken und Gebäuden, die nur noch mit einem Erinnerungswert in der Bilanz stehen. Selbst wenn die abgeschriebenen Gebäude nicht mehr viel wert sind, so können die Grundstücke auf denen sie stehen dennoch durch den stetigen Aufwertungsprozess einen bedeutenden Wertzuwachs in

10.3 Bilanzierung nach HGB und IFRS

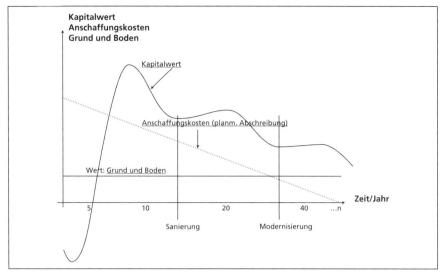

Abb. 123: Entwicklung des tatsächlichen Werts und des Buchwerts einer Immobilie im Anlagevermögen

den letzten Jahren erfahren haben. Hier liegen beträchtliche stille Reserven vor, zumal diese Grundstücke darüber hinaus nur mit den ursprünglichen Anschaffungskosten in der Bilanz stehen.

Der Jahresabschluss nach HGB hat Bewertungswahlrechte, die die reale Ertrags-, Vermögens- und Liquiditätslage nicht tatsächlich wiedergeben. Die Bildung stiller Reserven hat für ein Unternehmen nicht nur Vorteile. Nachteile ergeben sich durch die Informationsverzerrung, wenn aufgrund der schlechteren Darstellung in der Bilanz aufgrund stiller Reserven die Beschaffung von Fremd- oder Eigenkapital erschwert wird.

10.3.2 Bilanzierung nach IFRS – Auswirkung auf die Wertansätze von Immobilien

10.3.2.1 Ziele und Adressaten der IFRS

Die International Financial Reporting Standards (IFRS) sind supranationale Normen. Sie haben zunächst keine rechtsbindende Wirkung. Ziel der Erstellung des Jahresabschlusses nach IFRS ist die Vermittlung von Informationen über die Vermögens-, Finanz- und Ertragslage eines Unternehmens (und über deren Veränderung). Mit dieser Ausrichtung unterscheidet sich IFRS ganz bedeutsam vom HGB, das den Schutz des Gläubigers der Unternehmung als zentrales Anliegen zum Inhalt hat. Entscheidungsrelevant für Anleger sind die Jahresabschlussinformationen nach IFRS wie z. B. die zukünftigen Zahlungsströme (Cashflows), denn diese beeinflussen ihre Entscheidungen.[540]

---

[540] Vgl. Wöhe, G. (2010), S. 850.

	IFRS	**HGB**
Adressatenkreis	Shareholder/ Stakeholder	Stakeholder
Adressaten-vorrang	Eigenkapitalgeber (Anteilseignerschutz)	Fremdkapitalgeber (Gläubigerschutz)
Funktion	Informationsfunktion	Informations- und Zahlungs-bemessungsfunktion

Abb. 124: Adressaten und Funktionen nach IFRS[541]

Aus obiger Übersicht wird deutlich, dass die IFRS nur Informationsfunktionen aufweisen. Der IFRS Abschluss ist nicht Grundlage für Dividenden- und Ertragssteuerzahlungen.

10.3.2.2 Bilanzierungs- und Bewertungsgrundsätze

Ein vollständiger Jahresabschluss nach IFRS besteht gem. IAS 1.7 aus folgenden Bestandteilen:

- Bilanz,
- GuV,
- Aufstellung der Eigenkapitalentwicklung,
- Kapitalflussrechnung,
- Bilanzierungs-/Bewertungsmethoden und erläuternde Angaben zum Anhang (Notes)

Im Anhang (Notes) sind insbesondere die Kriterien für die Immobilienklassifikation sowie die für die Verkehrswertentwicklung herangezogenen Wertermittlungsverfahren zu erklären.[542]

Zuordnung zu Vermögenskategorien

Die IFRS klassifiziert Immobilien entsprechend ihrer Nutzung im Unternehmen. Die konkrete Einordnung der Immobilie richtet sich nach dem in Abb. 125 dargestellten Klassifikationsschema.

Bilanzierung und Bewertung bei zum Verkauf bestimmten Immobilien

Besteht die gewöhnliche Geschäftstätigkeit einer Unternehmung in der Entwicklung und dem Verkauf von Immobilien, werden die zum Verkauf bestimmten Objekte während und nach der Fertigstellungsphase nach IAS 2 im Vorratsvermögen bilanziert. Dies folgt den Bilanzierungsregeln nach HGB:

---

[541] Vgl. ebenda, S. 850.
[542] Vgl. Schierenbeck, H. (2005), a. a. O., S. 337.

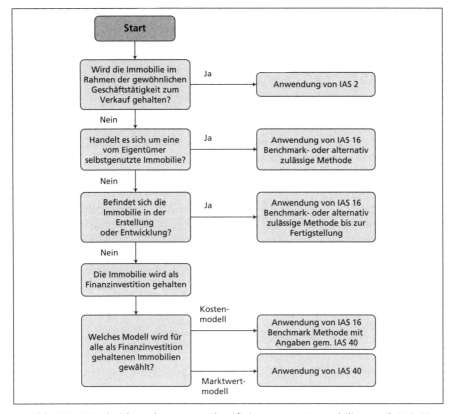

Abb. 125: Entscheidungsbaum zur Klassifizierung von Immobilien nach IAS 40

Stellt die Immobilie das Produkt eines Unternehmens dar, so ist sie im Umlaufvermögen auszuweisen.[543]

Auf diese Fallgestaltung wird hier nicht näher eingegangen, da unter dem Aspekt des Wertorientierten Facility Managements Maßnahmen bei Bestandsimmobilien betrachtet werden, die über einen gewissen Zeitraum im Unternehmen gehalten werden.

Bilanzierung und Bewertung bei betrieblich genutzten Immobilien

Selbstgenutzte Immobilien des Sachanlagevermögens i. S. v. IAS 16.6 rev. sind bebaute Grundstücke sowie Gebäude auf fremden Grundstücken, die im Rahmen der gewöhnlichen Geschäftstätigkeit erwartungsgemäß länger als eine Periode gehalten werden. Es sind Immobilien, die zum Zweck der Herstellung oder der Lieferung von Gütern bzw. der Erbringung von Dienstleistungen oder für Verwaltungszwecke genutzt werden. Beim erstmaligen Ansatz einer Immobilie in der Bilanz sieht die IFRS – wie das HGB – eine Bewertung zu Anschaf-

---

[543] Vgl. Baumunk, H., Schröder, D,. in: Weber, E./Baumunk, H. (Hrsg.), 2005, S. 35.

fungs- bzw. Herstellungskosten einschließlich der Erwerbsnebenkosten und abzüglich der Anschaffungspreisminderungen vor. Die Anschaffungskosten nach IFRS setzen sich anders zusammen als die nach HGB.[544]

Nachträgliche Anschaffungs- oder Herstellungskosten, die zu einer wesentlichen Verbesserung der Immobilie führen, sind dem Buchwert der Immobilie hinzuzurechnen, wenn es wahrscheinlich ist, dass sie einen zusätzlichen Nutzenfluss aus der Immobilie versprechen. Dazu muss sich durch die Investition die Nutzungsdauer wesentlich verlängern oder sich der Mietertrag wesentlich erhöhen.[545] Sonstige nachträgliche Ausgaben sind in der Periode als Aufwand auszuweisen, in der sie entstehen.

Für die Folgebewertung räumt IAS 16.29 grundsätzlich ein Wahlrecht ein zwischen der Bewertung zu fortgeführten Anschaffungs- bzw. Herstellungskosten (Benchmarkmethode, cost model) oder zum fortgeführten beizulegenden Zeitwert (Alternativ zulässige Methode, revaluation model). Die gewählte Bilanzierungsmethode der Folgebewertung ist konzernweit für jede Gruppe [546] von Sachanlagen einheitlich auszuüben und stetig beizubehalten.[547]

Nach der Benchmarkmethode ist nach erstmaligem Ansatz die Immobilie abzüglich eines Restwerts über die Nutzungsdauer abzuschreiben. Zusätzlich sind Wertminderungen ggf. durch außerplanmäßige Abschreibungen vorzunehmen. Diese Methode soll den Verlauf des Nutzens widerspiegeln.[548] Sie ist grundsätzlich mit der nach HGB identisch.

Alternativ zum Benchmarkansatz kann eine Neubewertung vorgenommen werden (Alternativ zulässige Methode). Hierunter wird die Bewertung zum beizulegenden Zeitwert (Fair Value) am Tag der Neubewertung verstanden, abzüglich der bis dahin kumulierten planmäßigen Abschreibungen und Wertminderungsaufwendungen.

Der Fair Value ist der Betrag, zu dem eine Immobile zwischen sachverständigen, vertragswilligen und voneinander unabhängigen Geschäftspartnern zu üblichen Marktbedingungen getauscht werden könnte (vgl. IAS 40.5). Gem. IAS 16 kann der beizulegende Zeitwert anhand von Vergleichspreisen eines aktiven Marktes bestimmt werden. Ist die Immobilie aufgrund ihrer speziellen Eigenschaften nicht vergleichbar, kann auf ein anerkanntes Bewertungsverfahren zurückgegriffen oder ihr Wert durch Gutachten von Sachverständigen bestimmt werden. Neubewertungen sind mit hinreichender Regelmäßigkeit für alle Gruppen von Sachanlagen durchzuführen. Der Buchwert am Bilanzstichtag soll nicht wesentlich von dem Wert abweichen, der sich bei einer Neubewertung ergibt.

Führt die Neubewertung einer Immobilie zu einer Erhöhung des bisherigen Buchwerts sind etwaige außerplanmäßige Abschreibungen aus den Vorjahren

---

[544] Vgl. Keller, N., Weber, E., in: Weber, E./Baumunk, H. (Hrsg.), S. 51.
[545] Vgl. ebenda, S. 56.
[546] Gruppe definiert sich als alle unter einer Bilanzposition erfassten Vermögensgegenstände.
[547] Vgl. Keller, N., et al., a. a. O., S. 57.
[548] Vgl. Schierenbeck, H. (2005), a. a. O., S. 341.

10.3 Bilanzierung nach HGB und IFRS

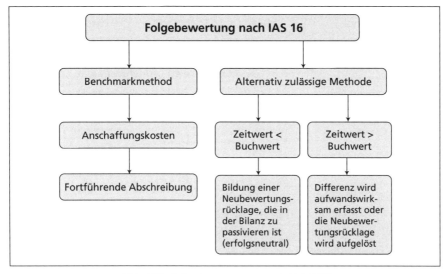

Abb. 126: Folgebewertung nach IAS 16[549]

ergebniswirksam rückgängig zu machen und der verbleibende Differenzbetrag erfolgsneutral in eine Neubewertungsrücklage als Unterkonto des Eigenkapitals einzustellen (vgl. IAS 16.37).

Vermindert sich der Buchwert einer Immobilie aufgrund einer Neubewertung, so ist die Abwertung als Aufwand erfolgswirksam in der GuV zu erfassen. Besteht für die betreffende Immobilie eine (ergebnisneutral gebildete) Neubewertungsrücklage, so ist diese gem. IAS 16.40 zunächst erfolgsneutral zu verrechnen, bevor der verbleibende Abwertungsbetrag ergebniswirksam als außerplanmäßige Abschreibung (= Aufwand) erfasst wird. [550]

Das Beispiel in Abb. 127 soll dies verdeutlichen. Eine Neubewertung der Grundstücke ergibt eine Wertsteigerung von 2.000 TEUR. Somit ist zum Zeitpunkt t_1 eine Neubewertungsrücklage auf der Passiv-Seite in Höhe von 2.000 TEUR zu bilden. Nach erneuter Bewertung der Grundstücke zum Stichtag t_2 mindert sich der Wert von 5.000 TEUR auf 2.000 TEUR. Deshalb ist eine erfolgsneutrale Verrechnung mit der zuvor gebildeten Neubewertungsrücklage vorzunehmen, bevor die restlichen 1.000 TEUR als Aufwand erfolgswirksam erfasst werden und in der Bilanz als Position „Jahresfehlbetrag" [551] erscheinen.

Wird das Grundstück veräußert kann die Neubewertungsrücklage, sofern sie realisiert ist, gem. IAS 16.39 direkt den Gewinnrücklagen zugeführt werden. Die erfolgsneutralen Werterhöhungen bleiben auch beim Verkauf der Immobilie von der erfolgswirksamen Erfassung ausgeschlossen.[552]

---

[549] Vgl. Gondring, H. (2004), S. 931.
[550] Vgl. Schierenbeck, H. (2005), a. a. O., S. 341f.
[551] In diesem Beispiel wird davon ausgegangen, dass der Jahresüberschuss = 0 ist, daher wird der Aufwand im Jahresfehlbetrag deutlich.
[552] Vgl. Schierenbeck, H. (2005), a. a. O., S. 341f.

10 Wertorientiertes Facility Management

Aktiva		Bilanz zum Stichtag t_0	Passiva
Grund und Boden	3 000	Gezeichnetes Kapital	1 500
		Jahresüberschuss/-fehlbetrag	0
sonst. Aktiva	6 000	Fremdkapital	7 500
Summe	9 000	Summe	9 000

Aktiva		Bilanz zum Stichtag t_1	Passiva
Grund und Boden	5 000	Gezeichnetes Kapital	1 500
		Neubewertungsrücklage	2 000
		Jahresüberschuss/-fehlbetrag	0
sonst. Aktiva	6 000	Fremdkapital	7 500
Summe	11 000	Summe	11 000

Der Buchungssatz zur Bildung der Neubewertungsrücklage lautet:
Grund und Boden 2 000 an Neubewertungsrücklage 2 000

Aktiva		Bilanz zum Stichtag t_2	Passiva
Grund und Boden	2 000	Gezeichnetes Kapital	1 500
		Neubewertungsrücklage	0
		Jahresfehlbetrag	– 1 000
sonst. Aktiva	6 000	Fremdkapital	7 500
Summe	8 000	Summe	8 000

Der Buchungssatz zur Abwertung des Grundstücks lautet:
*Neubewertungsrücklage 2 000 an Grund und Boden 3 000,
Aufwand 1 000* (Beträge in TEUR)

Abb. 127: Beispielbilanzen IAS 16 – Neubewertung Grund und Boden[553]

Die Fortführung des obigen Beispiels zeigt in Abb. 128 die Wertsteigerung eines Gebäudes unter abschreibungstechnischer Berücksichtigung der Neubewertungsrücklage bei folgenden Annahmen: Das Gebäude wurde vor 25 Jahren für 8.000 TEUR gekauft. Eine Nutzungsdauer von 50 Jahren hat einen jährlichen Abschreibungsbetrag von 160 TEUR zur Folge. Im Zeitpunkt t_0 steht das Gebäude noch mit 4.000 TEUR (= 8.000 TEUR – 25 · 160 TEUR) in der Bilanz. Eine

---

[553] Vgl. Schulte, K.-W. (Hrsg.) (2005), S. 1030.

10.3 Bilanzierung nach HGB und IFRS

Aktiva	Bilanz zum Stichtag t_0		Passiva
Gebäude	4 000	Gezeichnetes Kapital	2 500
		Jahresüberschuss/-fehlbetrag	0
sonst. Aktiva	6 000	Fremdkapital	7 500
Summe	10 000	Summe	10 000

Aktiva	Bilanz zum Stichtag t_1 (vor AfA)		Passiva
Gebäude	6 000	Gezeichnetes Kapital	2 500
		Neubewertungsrücklage	2 000
		Jahresüberschuss/-fehlbetrag	0
sonst. Aktiva	6 000	Fremdkapital	7 500
Summe	12 000	Summe	12 000

Der Buchungssatz zur Bildung der Neubewertungsrücklage lautet:
Gebäude 2 000 an Neubewertungsrücklage 2 000

Aktiva	Bilanz zum Stichtag t_2 (nach Afa)		Passiva
Gebäude	5 760	Gezeichnetes Kapital	2 500
		Neubewertungsrücklage	1 920
		Jahresfehlbetrag	–160
sonst. Aktiva	6 000	Fremdkapital	7 500
Summe	11 760	Summe	11 760

Der Buchungssatz zur Abwertung des Gebäudes lautet:
Abschreibung 160 und Neubewertungsrücklage 80 an Gebäude 240

Abb. 128: Beispielbilanzen IAS 16 – Neubewertung Gebäude[554]

Neubewertung zum Stichtag t_1 ergab einen Wert von 6.000 TEUR (Fair Value), weshalb eine Neubewertungsrücklage von 2.000 TEUR zu bilden ist (Bilanz zum Stichtag t_1 – vor Abschreibung). Dessen ungeachtet besteht die Notwendigkeit, den voraussichtlichen tatsächlichen Werteverzehr über Abschreibungen anzupassen. Die Grundlage für die zukünftigen Abschreibungen bilden die Fair Values der Vermögenswerte. Im obigen Beispiel muss das Gebäude zukünftig jährlich mit 240 TEUR (= 6.000 TEUR/25) abgeschrieben werden. Gem. IAS 16.41 soll das Ergebnis der gewählten Abschreibungsmethode dem

---

[554] Vgl. Schulte, K.-W. (Hrsg.) (2005), S. 1032.

10 Wertorientiertes Facility Management

Verbrauch des wirtschaftlichen Nutzens entsprechen. Die gewählte Methode ist so lange beizubehalten bis eine wesentliche Veränderung im erwarteten Nutzenverlauf eintritt, dann sind die Abschreibungsbeträge für die Folgeperioden anzupassen.[555]

Die neuen Abschreibungsbeträge (240 TEUR) sind lediglich in Höhe der ursprünglichen Abschreibung (160 TEUR) ergebniswirksam über die GuV zu verrechnen. Der auf die Aufwertung zurückzuführende erhöhte Teil des Abschreibungsbetrages (80 TEUR) kann gem. IAS 16.41 von der Neubewertungsrücklage erfolgsneutral abgezogen werden (Bilanz zum Stichtag t_1 – nach Abschreibung). Eine andere Möglichkeit ist, die Neubewertungsrücklage erst zum Zeitpunkt des Abgangs oder der Stilllegung des Gebäudes erfolgsneutral aufzulösen. Die in Abb. 128 dargestellte Methode zur Auflösung der Neubewertungsrücklage ist für eine umfassende Information die bessere, da die gleichmäßige Auflösung der Neubewertungsrücklage dem voraussichtlichen Nutzenverlauf des Gebäudes entspricht.[556] Unabhängig davon, ob es sich um nachträgliche Anschaffungskosten oder Erhaltungsaufwand handelt, der eingetretene positive Mehrwert der Immobilie wird nur in der IFRS Bilanz nach einer Neubewertung ersichtlich. Wichtig ist, dass sich das Unternehmen bewusst für die alternativ zulässige Methode entscheidet und diese für den gesamten selbstgenutzten Immobilienbestand anwendet. Die Unternehmen müssen sich bewusst machen, dass Neubewertungen von Immobilien nicht nur positive Wertsteigerungen mit sich bringen.

Bilanzierung und Bewertung bei als Finanzinvestition gehaltenen Immobilien

Immobilien, die nicht vom Unternehmen betrieblich genutzt, sondern zur Erzielung von Einkünften gehalten werden, sind Finanzanlagen. Diese Finanzanlagen erzeugen Cashflows wie Mieteinnahmen und/oder Wertsteigerungen, die unabhängig vom Kerngeschäft des jeweiligen Unternehmens erzielt werden können. Für diese Anlageimmobilien gilt IAS 40 – nicht nur für Immobilienunternehmen sondern für alle Unternehmen. Die Immobilien im Finanzanlagevermögen sind wie in IAS 16 beim erstmaligen Ansatz mit den Anschaffungs- oder Herstellungskosten zu bewerten. Die Regelungen für die Anschaffungsnebenkosten sowie für die nachträglichen Anschaffungskosten gelten wie in IAS 16. Für die Folgebewertung besteht für das Unternehmen wie in Abb. 129 dargestellt ein Wahlrecht zwischen Cost Model und Fair Value Model.

Entscheidet sich das Unternehmen für das Cost Model, so müssen alle im Finanzanlagevermögen gehaltenen Immobilien nach der Benchmarkmethode des IAS 16 bilanziert werden, d. h. die Immobilien werden über die Nutzungsdauer abgeschrieben. Der beizulegende Zeitwert der Immobilie wird in der Bilanz nicht gezeigt. IAS 40.26 empfiehlt dennoch den Fair Value zu ermitteln und

---

[555] Vgl. Schulte, K.-W. (Hrsg.) (2005), S. 1029.
[556] Vgl. Schmidt, M., Seidel, T., in: Betriebs Berater, 2006, Nr. 11, S. 597ff.

10.3 Bilanzierung nach HGB und IFRS

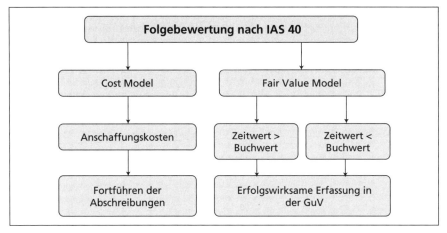

Abb. 129: Folgebewertung nach IAS 40 von Immobilien, die als Finanzinvestitionen gehalten werden[557]

im Anhang offen zu legen.[558] Bei dem Fair Value handelt es sich um einen dem Verkehrswert konzeptionell vergleichbaren Begriff. Das heißt auch deutsche Bewertungsverfahren können zur Bestimmung des Fair Value herangezogen werden.

In IAS 36 wurde eine auch für IAS 40 geltende Bewertungshierarchie zur Bestimmung des beizulegenden Zeitwerts festgelegt. Bevorzugt werden dabei:

1. Aktuelle Kaufpreise vergleichbarer Immobilien eines aktiven Marktes.
2. Sollten diese nicht in ausreichender Anzahl zur Verfügung stehen, kann auf angepasste Vergleichspreise anderer Immobilien oder
3. Auf diskontierte zukünftige Zahlungsströme zurückgegriffen werden.

Kommt „3." bei der Bestimmung des Fair Value zur Anwendung, so soll die Wertermittlung gem. IAS 40 auf Basis von verlässlichen, marktorientierten Schätzungen zur zukünftigen Ertragslage der Immobilie erfolgen. Hinsichtlich des spezifischen Wertermittlungsverfahrens macht die IAS 40 keine Angaben. Somit ist sowohl die Anwendung des Ertragswertverfahrens als auch des Discounted Cashflow-Verfahrens (DCF-Verfahren) möglich. Soll die Folgebewertung für die im Finanzanlagevermögen gehaltenen Immobilen nach dem Fair Value Model erfolgen sind diese Immobilien mit dem beizulegenden Zeitwert in der Bilanz anzusetzen. Der entscheidende Unterschied zur alternativ zulässigen Methode (IAS 16) ist, dass alle durch eine Neubewertung entstandenen Wertänderungen erfolgswirksam verbucht werden. Wertsteigerungen wirken sich folglich positiv auf das Jahresergebnis aus, was Abb. 130 belegt.

Im obigen Beispiel haben die Erträge aus Zeitwertänderungen das negative Ergebnis der gewöhnlichen Geschäftstätigkeit positiv beeinflusst. Diese Auswir-

---

[557] Gondring, H. (2004), S. 931.
[558] Vgl. Schulte, K.-W. (Hrsg.) (2005), S. 1032f.

kungen lassen sich nur in der IFRS Bilanz/GuV erkennen. Das Wertorientierte Facility Management ist hier vergleichbar mit einem guten Finanzanlagemanagement; Ziel sollte sein, zusätzliche Erträge zu erwirtschaften.

1.) GuV **ohne** Berücks. von Zeitwertänderungen		2.) GuV **unter** Berücks. von Zeitwertänderungen	
Umsatzerlöse	100	Umsatzerlöse	100
Sonstige betriebliche Erträge		Sonstige betriebliche Erträge	20
	100		120
Materialaufwand	−50	Materialaufwand	−50
Personalaufwand	−50	Personalaufwand	−50
	00		20
Abschreibungen	−50	Abschreibungen	−50
	−50		−30

Abb. 130: Erfolgswirksame Verrechnung von Wertänderungen[559]

10.4 Einfluss des Facility Managements auf Cashflow und Ertragswert

10.4.1 Renditeorientierte Ausrichtung im Facility Management

Bei der Beurteilung von Immobilieninvestments gewinnt die Renditebetrachtung immer mehr an Bedeutung, denn sie entscheidet letztendlich über den Verbleib oder Verkauf einer Immobilie im Unternehmen. Während im Bereich des Facility Managements die Beurteilung der Vorteilhaftigkeit von Maßnahmen fast ausschließlich nach Kostenaspekten (Perioden- oder Lebenszykluskosten) beurteilt wird, hat im Bereich des Asset Managements von Anlageimmobilien die Immobilienrendite als Erfolgs- und Steuerungsgröße seit Langem eine zentrale Stellung.

Sowohl Vermietungsergebnisse als auch die laufenden Aufwendungen für Instandhaltung und Modernisierung sowie die weiteren Betriebskosten haben einen wichtigen Einfluss auf die Rendite einer Immobilie. Die Immobilienrendite ist Grundlage für Planung, Steuerung und Kontrolle der Immobilien. Die Aufbereitung dieser Zahlen ermöglicht dem Eigentümer die richtigen und notwendigen Entscheidungen rechtzeitig zu treffen.[560]

---

[559] Vgl. Schulte, K.-W. (Hrsg.) (2005), S. 1034.
[560] Vgl. Niesslein, G./Lechtape, B., Facility Management, in: Schäfer, J./Conzen, G. (Hrsg.), Praxishandbuch der Immobilien-Investition, S. 553.

10.4 Einfluss des Facility Managements auf Cashflow und Ertragswert

Die **Cashflow-Rendite** berechnet sich aus den Mietzahlungen abzüglich der zahlungswirksamen, nicht umlegbaren Bewirtschaftungskosten der Immobilie im Verhältnis zu in der Immobilie durchschnittlich gebundenem Kapital.

Ausgangswert des gebundenen Kapitals ist der aktuelle Marktwert, da Anschaffungskosten oder Bilanzwerte nach HGB keine zutreffende Aussage am Immobilienmarkt darstellen. Es kann nur die realistische Ermittlung des Verkehrswertes Anwendung finden, da dieser mit den aktuellen Erlösen im Veräußerungsfall übereinstimmen sollte. Im Rahmen der Renditeermittlung hat eine regelmäßige Wertermittlung der Immobilie zu erfolgen. Zur Berechnung des Verkehrswertes kommt bei Anlageimmobilien i. d. R. das deutsche Ertragswertverfahren oder das DCF-Verfahren zur Anwendung. Die Rentabilität auf diesen Wert muss gegenüber alternativen Kapitalanlagemöglichkeiten als Vergleich bestehen können.

Exkurs: Trennung der Grundbegriffe des Rechnungswesens

Für die korrekte Bestimmung der Cashflow-Rendite sind die richtigen Begriffsbezeichnungen aus der Finanz- und Investitionsrechnung, Unternehmensebene und Betriebsebene eindeutig voneinander zu trennen. Besonders in der Praxis werden die Begriffe Ein-/Auszahlungen, Einnahmen/Ausgaben, Erträge/Aufwand und Leistungen/Kosten häufig miteinander verwechselt, untereinander gemischt oder falsch verwendet. Abb. 131 zeigt den Zusammenhang der Begriffe:

Strömungsgrößen		Bestandsgröße	Ebene
Abfluss bzw. Verzehr von Mitteln / Gütern	Zufluss bzw. Entstehung von Mitteln / Gütern		
Auszahlung	Einzahlung	„Kasse" bzw. liquide Mittel	Finanz-buchhaltung
Ausgabe	Einnahme	Geldvermögen	
Aufwand	Ertrag	Gesamtvermögen	
Kosten	Leistung	betriebsnotwendiges Vermögen	Kostenrechnung

Abb. 131: Grundbegriffe des Rechnungswesens

Mit den Begriffen Einzahlung und Auszahlung wird der Zu- oder Abfluss von Zahlungsströmen bezeichnet, unabhängig davon, ob es sich um Bargeld oder Giralgeld handelt. Da es sich um die Zu- und Abnahme liquider Mittel (Geld) handelt, wird diese Ebene auch die Liquiditätsebene genannt, wobei es dabei nicht relevant ist, ob die Einzahlung auch gleichzeitig eine Einnahme (Erhöhung des Geldvermögens) ist. Eine Einzahlung, die keine Einnahme ist liegt vor, wenn eine Kunde die Forderungen zum Zeitpunkt t_1 für Ware begleicht, die er schon zum Zeitpunkt t_0 erhalten hat. Da der Kunde die Ware in t_0 erhalten hat, liegt hier für das verkaufende Unternehmen eine Einnahme vor, obwohl noch kein Geldfluss stattgefunden hat, somit auch keine Einzahlung zum selben Zeitpunkt. Eine Einnahme, die zugleich eine Einzahlung ist findet bspw. bei einem Bareinkauf von Gütern statt.

Bezogen auf die Immobilienwirtschaft ist z. B. eine Mieteinzahlung gegeben, wenn auch tatsächlich die Gutschrift auf dem Bankkonto des Vermieters erfolgt.

Zu Einnahmen und Ausgaben werden alle Größen des Geldvermögens gerechnet: liquide Mittel, Forderungen und Verbindlichkeiten. Eine Unternehmung hat Einnahmen, d.h. eine Zunahme des Geldvermögens, wenn Ausgangsrechnungen für Güter oder Dienstleistungen gestellt und gebucht werden und sich die Forderungen dadurch erhöhen, auch wenn keine liquiden Mittel geflossen sind. Im Gegenzug verringert sich das Geldvermögen durch Ausgaben, die z. B. durch Wareneinkauf auf Ziel entstehen.

Bezogen auf die Immobilienwirtschaft ist z.B. eine Mieteinnahme gegeben, wenn der Mietvertrag rechtskräftig zustande gekommen ist. Die im Mietvertrag vereinbarte Miete ist somit eine Einnahme. Die Einnahme wird Monat für Monat zur Einzahlung, wenn der Mieter auch tatsächlich zahlt.

Während Forderungs- und Verbindlichkeitskonten zwar das Geldvermögen beeinflussen, betreffen sie nicht die Aufwands- oder Ertragskonten eines Unternehmens. Die Begriffe Ertrag und Aufwand werden verwendet, wenn es die Gesamtvermögensebene eines Unternehmens betrifft. Ertrag und Aufwand ergeben das Gesamtergebnis in der GuV-Rechnung eines Jahresabschluss pro Periode, hier werden die gesamten Wertmehrungen (z. B. der Gewinn beim Verkauf einer Handelsimmobilie, Umsatzerlöse von ausgeführten FM-Dienstleistungen oder Verzugszinsen eines Schuldners) und Wertminderungen (bspw. Löhne und Gehälter, Verbrauch von Dienstleistungen oder Fremdkapitalzinsen) des Eigenkapitals einer Unternehmung dargestellt. Erträge können, müssen jedoch nicht gleichzeitig Einnahmen oder Einzahlungen sein, ebenso kann Aufwand gleichzeitig eine Ausgabe oder Auszahlung sein, ist es jedoch nicht zwangsweise.

Aufwand und Ertrag können neutral oder ordentlich sein. Ordentliche Erträge und Aufwendungen betreffen direkt das Kerngeschäft eines Unternehmens (betriebliche Ebene), in einem Facility Unternehmen wären die Umsatzerlöse für Dienstleistungen bspw. ordentlicher Ertrag, Personalaufwand ordentlicher Aufwand. Neutrale Erträge und Aufwendungen betreffen nicht unmittelbar den Betriebszweck (z. B. Aufwand aus Spendenbeträgen, Zinsertrag aus Kapitalanlagen), sind periodenfremd oder außergewöhnlich, d.h. nicht planbar, z. B. durch Umweltschäden entstandener Aufwand.

In dem auf der Betriebsebene angesetzten, internen Rechnungswesen werden die Begriffe Kosten und Leistungen für ordentliche, also durch betriebliche Tätigkeiten entstandenen Aufwand und Ertrag verwendet. Aufwand und Ertrag, die nicht unmittelbar das Kerngeschäft eines Unternehmens betreffen, sind keine Kosten und Leistungen. Kosten und Leistungen, denen kein Aufwand oder Ertrag gegenübersteht werden als Zusatzkosten (z. B. kalkulatorische Kos-

10.4 Einfluss des Facility Managements auf Cashflow und Ertragswert 359

ten wie Mietausfallwagnis) oder Zusatzleistungen bezeichnet, auf beide soll an dieser Stelle jedoch nicht weiter eingegangen werden.[561]

Der Begriff „Cashflow" wird insbesondere außerhalb der akademischen Welt sehr unterschiedlich verwendet und führt nicht selten zu mehr Verwirrung als zur Klarheit. Dabei bedeutet der Cashflow nichts anderes als Zahlungsüberschuss. Er ist die Zentralgröße der pagatorischen Rechnung (zahlungsorientierte Rechnung) im Gegensatz zur kalkulatorischen Rechnung (nicht zahlungs-orientierte Rechnung). So wird im deutschen Sprachraum zwischen dem Cashflow aus laufender Geschäftstätigkeit, dem Cashflow aus Investitionstätigkeit und dem Cashflow aus Finanzierungstätigkeit unterschieden. Im angelsächsischen Raum wird unterschieden zwischen dem operating cashflow, dem free cashflow und dem flow to equity. Aufgrund der Vergleichbarkeit auf internationaler Ebene ist es ratsam, die angelsächsische Variante zu präferieren. Der Operating Cashflow ergibt sich aus der gewöhnlichen operativen Immobilienbewirtschaftung. Er entspricht der Differenz zwischen den Mieteinzahlungen/zahlungswirksamen Mieteinnahmen/Mieterlösen abzgl. den Auszahlungen/zahlungswirksamen Ausgaben/Aufwand für Bewirtschaftung, Instandhaltung, Schönheitsreparaturen, Modernisierung, Sanierung usw. (zukunftsorientiert).

Folgende Geschäftsvorfälle und Buchungssätze verdeutlichen die Zusammenhänge:

1. Mieteinnahme am 1.2.:
   Bank 1.000 € an Mieterlöse 1.000 € (= Erhöhung der Liquidität)
2. Zahlung einer Handwerkerrechnung am 4.2.:
   Reparaturaufwand 500 € (= Grundkosten) an Bank 500 € (= Abnahme der Liquidität)
3. Kauf von Materialien auf Ziel am 9.2.:
   Aufwand für Raumausstattung 1.250 € (= Grundkosten) an kurzfristige Verbindlichkeiten 1.250 € (= Ausgabe)
4. Stundung der Mietzahlung am 11.2.:
   Kurzfristige Forderungen 600 € an Mieterlöse 600 € (= Einnahme)

Der Unterschied zwischen den Begriffen ergibt sich aus dem Zeitbezug:

Ein-/Auszahlungen Bestandsgrößen: Leistung in der Vergangenheit, Zahlung in der Gegenwart

Einnahmen/Ausgaben Bestandsgrößen: Leistung in der Gegenwart, Zahlung in der Zukunft

Ertrag/Erlös/Aufwand Stromgrößen: Werteverzehr/Wertezunahme in der Gegenwart

Für das nachfolgende Fallbeispiel ergibt sich folgende vereinfachte Ermittlung des operativen Cashflows (dem Cashflow aus der laufenden Geschäftstätigkeit, der für Ersatzinvestitionen, Kapitalrückführung und Kapitalzinsen zur Verfügung steht), und des Free-Cashflows (der Cashflow, der zur freien Verfügung für die Zahlung von Dividenden/Eigenkapitalzinsen verbleibt):

---

[561] Vgl. Wöhe, G. (2005), S. 812 ff.

> **Mieterlöse**
> abzgl. zahlungswirksame, nicht umlagefähige Aufwendungen für die Bewirtschaftung, Renovierung, Verwaltung, Reparaturen usw. (Aufwand = Grundkosten)
> **Operativer Cashflow**
> abzgl. Ersatzinvestitionen
> abzgl. Fremdkapital-Tilgung
> abzgl. Fremdkapital-Zinsen
> **Free-Cashflow**

Die Gesamtkapitalrendite ergibt sich aus dem Verhältnis zwischen dem Operating Cashflow und dem durchschnittlich gebundenen Kapital und die Eigenkapitalrendite ergibt sich aus dem Verhältnis von Free Cashflow und dem durchschnittlich gebundenen Eigenkapital.

$$r_{GK} = \frac{\text{Operativer Cashflow}}{\text{durchschnittlich geb. Kapital}} \times 100$$

$$r_{EK} = \frac{\text{Free Cashflow}}{\text{Eigenkapital}} \times 100$$

Abb. 132: Rendite von operativem Cashflow und Free-Cashflow

mit: r_{GK}:   operative Cashflow-Rendite
        r_{EK}:   Free-Cashflow-Rendite

In dem Fallbeispiel der Büroimmobilie werden Zahlen aus der Liquiditätsebene (Cashflow) der Ebene des Geldvermögens (Mieteinnahmen) und der Ergebnisrechnung (Erträge und Kosten) verwendet. Sowohl die Renditerechnung als auch eine Ertragswertberechnung werden betrachtet, weshalb eine begriffliche Klarheit herrschen sollte. Aus Gründen der Vereinfachung gelten darum folgende Prämissen für die Renditeberechnung:

– Die Immobilie wurde ausschließlich mit Eigenkapital finanziert, darum entspricht in diesem Fall der Free-Cashflow dem operativen Cashflow und das durchschnittlich gebundene Kapital dem Eigenkapital.
– Steuerliche Einflüsse und Abschreibungsmöglichkeiten bleiben unberücksichtigt.
– Für die Berechnung des Cashflows wird bei Mieteinnahmen/-erträgen und Kosten angenommen, dass es sich stets um zahlungswirksame Vorgänge handelt, d.h. die Einnahmen und Erträge bzw. Kosten den Einzahlungen und Auszahlungen entsprechen.

Mit diesen Vorraussetzungen errechnet sich die Cashflow-Rendite durch:

10.4 Einfluss des Facility Managements auf Cashflow und Ertragswert

$$r = \frac{ME}{V} \times 100$$

Abb. 133: Cashflow-Rendite

mit: r: Rendite
      ME: zahlungswirksame Mieteinnahmen
      V: gebundenes Vermögen (Eigenkapital)

10.4.2 Fallbeispiel Büroimmobilie

10.4.2.1 Ausgangssituation

Es wird folgende Büroimmobilie betrachtet:	
Gebäudealter:	15 Jahre
Fläche:	10.000 m²
Vermietungsstand:	100 %
Miete:	12,– €/ m²/Monat
Nebenkosten umlagefähig:	3,50 €/ m²/Monat
Nebenkosten nicht umlagefähig:	0,50 €/ m²/Monat
Instandhaltung:	4,– €/ m²/Jahr
Mietausfallrisiko:	4 % d. Nettokaltmiete
Bodenwert (BW):	4,75 Mio. €
Liegenschaftszins (i):	6 %
Restnutzungsdauer Gebäude:	65 Jahre
Vervielfältiger (V):	16,29

Für die Berechnung der Cashflow-Rendite werden der Wert der Immobilie und die Mieteinnahmen benötigt. Der Wert wird nach dem Ertragswertverfahren berechnet:

Jahresrohertrag (10.000 m² · 12 €/m² · 12 Monate):	1.440.000 €
abzgl. nicht umlagefähige Nebenkosten (10.000 m² · 0,50 €/m² · 12 Monate):	60.000 €
abzgl. Instandhaltungskosten (10.000 m² · 4 €/m²):	40.000 €
abzgl. Mietausfallrisiko (4 % aus 1.440.000 €):	57.600 €
Jahresreinertrag des Grundstücks:	1.282.400 €
abzgl. Bodenwertverzinsung (6 % aus 4.750.000 €):	285.000 €
Reinertrag der baulichen Anlage:	997.400 €
· Vervielfältiger:	16,29
Wert der baulichen Anlage:	16.247.646 €
zzgl. Bodenwert:	4.750.000 €
Ertragswert des Grundstücks:	20.997.646 €
gerundet ca.:	**21.000.000 €**

Bei der Betrachtung des Cashflows muss beachtet werden, dass es sich bei dem Mietausfallrisiko um eine rein kalkulatorische Position aus dem internen Rechnungswesen handelt, die nicht von tatsächlichen Zahlungsströmen ausgeht.

Demnach dürfen bei der Ermittlung der Free-Cashflow-Rendite diese kalkulierten Kosten nicht miteingerechnet werden. Die zu verwendenden zahlungswirksamen Mieteinnahmen belaufen sich somit auf 1.340.000 € (Jahresrohertrag – nicht umlagefähige Nebenkosten – Instandhaltungskosten).

Die Free-Cashflow-Rendite liegt damit bei 6,38 %. (1,34 Mio. €/21 Mio. € · 100). Sie gibt die Gesamtverzinsung des in der Immobilie gebundenen Kapitals wieder.

10.4.2.2 Fall 1: Anschlussvermietung ohne Mietsteigerung

Mehr Mieteinnahmen kann ein Unternehmen durch Erhöhung der Mieten, eine raschere Vermietung der Immobilien, d. h. eine Verringerung der Leerstandsquote, oder durch eine effizientere Flächennutzung erreichen. Mieterhöhungen sind leichter durchsetzbar oder neue Mieter einfacher zu gewinnen, wenn bspw. „die zweite Miete" [562] gesenkt oder zusätzliche flexible Services zur Verfügung gestellt werden.[563] Berücksichtigt werden infrastrukturelle Dienste, wie Bewachung, Reinigung des Gebäudes oder die technische Betriebsführung von Anlagen.

Nachfolgend wird die Auswirkung von Vermietungsmaßnahmen am Beispiel der Eckdaten der Büroimmobilie (Ausgangssituation) dargestellt.

In der Büroimmobilie findet zum Jahresende ein Mieterwechsel statt. Die betreffende Fläche von 2.000 m² kann sofort wiedervermietet werden. Der neue Mietvertrag hat eine Laufzeit von 5 Jahren. Die Nominalmiete des neuen Mieters liegt auf dem gleichen Niveau wie die des Vormieters. Im Zuge der Vermietung muss ein pagatorischer Ausbaukostenzuschuss von 250 €/m² sowie 6 Monate mietfreie Zeit gewährt werden. Die Kosten für den Makler, die vom Eigentümer zu tragen sind, betragen 3 Monatsmieten (72.000 €).

(Pagatorische) Kosten der Anschlussvermietung:

Maklergebühr (3 Monatsmieten)	72.000 €
Mieterausbau (250 € · 2.000 m²)	500.000 €
Mietfreie Zeit	144.000 €
Sonstige Kosten (zahlungswirksam)	716.000 €

Berechnung des Cashflows (Prämisse: Beträge sind zahlungswirksam)

Mieterträge (100 % vermietet)	1.440.000 €/Jahr
– nicht umlf. Bew.-Kosten	60.000 €/Jahr
– Instandhaltung	40.000 €/Jahr
– Sonstige Kosten	716.000 €/Jahr
= Operativer/Free-Cashflow	624.000 €/Jahr

Durch die Wiedervermietung auf Basis der unveränderten Nominalmiete bleibt der Immobilienwert unverändert. Aufgrund der einmaligen Sonderkosten der Vermietung wird jedoch die Cashflow-Rendite belastet, die von 6,38 % auf

---

[562] Unter der zweiten Miete werden die auf den Mieter umlegbaren Nebenkosten verstanden.
[563] Vgl. Hellerforth, M. (2001), S. 201.

10.4 Einfluss des Facility Managements auf Cashflow und Ertragswert

2,97% sinkt (624.000 € / 21 Mio. €). Im Folgejahr, in dem der Sonderaufwand der Vermietung nicht mehr anfällt, steigt die Free-Cashflow-Rendite erneut auf 6,38% an.

10.4.2.3 Fall 2: Anschlussvermietung mit Flächenoptimierung

Eine effizientere Flächennutzung lässt sich erreichen, wenn durch Facility Management-Maßnahmen der Anteil der gemeinschaftlich genutzten Flächen in einem Objekt auf ein Mindestmaß beschränkt wird, um so die vermietbare Fläche zu erhöhen.

Im Zusammenhang mit einer Anschlussvermietung von 2.000 m² als Folge eines Mieterwechsels kann die vermietbare Fläche durch Flächenoptimierung um 15% (300 m²) gesteigert werden. Ansonsten gelten die bereits in Fall 1 beschriebenen Rahmenbedingungen der Vermietung: Demnach ist das Mietniveau unverändert gegenüber dem Vormieter und seitens des Eigentümers müssen Aufwendungen für Makler, Mieterausbau und Incentives (mietfreie Zeit) geleistet werden.

(Pagatorische) Kosten der Anschlussvermietung:

Maklergebühr (3 Monatsmieten)	82.800 €
Mieterausbau (250 € · 2.300 m²)	575.000 €
Mietfreie Zeit (6 Monate)	165.600 €
Sonstige Kosten (zahlungswirksam)	823.400 €

Berechnung des Cashflows (Prämisse: Beträge sind zahlungswirksam)

Mieterträge (100% vermietet)	1.483.200 €/Jahr
– Nicht umlf. Bew.-Kosten	61.800 €/Jahr
– Instandhaltung	41.200 €/Jahr
– Sonstige Kosten	823.400 €/Jahr
= Operativer/Free-Cashflow	556.800 €/Jahr

Neuberechnung des Ertragswerts

Jahresrohertrag (10.300 m² · 12 €/m² · 12 Monate):	**1.483.200 €**
abzgl. nicht umlagefähige Nebenkosten (10.000 m² · 0,50 €/m² · 12 Monate):	61.800 €
abzgl. Instandhaltungskosten (10.000 m² · 4 €/m²):	41.200 €
abzgl. Mietausfallrisiko (4% aus 1.483.200 €):	59.328 €
Jahresreinertrag des Grundstücks:	**1.320.872 €**
abzgl. Bodenwertverzinsung (6% aus 4.750.000 €):	285.000 €
Reinertrag der baulichen Anlage:	**1.035.872 €**
· Vervielfältiger:	16,29
Wert der baulichen Anlage:	**16.874.355 €**
zzgl. Bodenwert:	4.750.000 €
Ertragswert des Grundstücks:	**21.624.355 €**
gerundet ca.:	**21.624.000 €**

Der Wert des Objekts steigt in dieser Periode durch die Erweiterung der Mietfläche (bei gleich bleibendem Mietniveau pro Quadratmeter) von 21,0 Mio. € auf 21,624 Mio. €.

Die Free-Cashflow-Rendite in diesem Fall liegt bei 2,57 % (556.800 € / 21,624 Mio. €). In der Folgeperiode fallen 823.400 € Kosten weniger an, die der Eigentümer für die Neuvermietung hat aufbringen müssen. Der Cashflow liegt damit bei 1.380.200 €, die Cashflow-Rendite steht erneut bei 6,38 %.

Obwohl sich die Free-Cashflow-Rendite im Vergleich zu einer Neuvermietung ohne FM-Maßnahmen nicht erhöht hat, hat die Flächenoptimierung dennoch positive Auswirkungen auf die Immobilie. Der Cashflow je Periode ist um 40.200 € gestiegen (von 1.340.000 € auf 1.380.200 €). Zusätzlich und von langfristiger Bedeutung hat sich der Immobilienwert von 21.000.000 € um 624.000 € auf 21.624.000 € erhöht.

10.4.2.4 Fall 3: Einsparung von Bewirtschaftungskosten durch Investition

Entsprechend dem Eingangsbeispiel (ohne Berücksichtigung einer Flächenerweiterung nach Fall 2) werden durch den Einbau einer Einbruchmeldeanlage Bewirtschaftungskosten (personalintensive Gebäudebewachung) in Höhe von 60.000 € pro Jahr eingespart. Die Kosten für den Einbau der Anlage betragen 750.000 €, die voraussichtliche Lebensdauer der Anlage liegt bei 20 Jahren. Mit Hilfe der Investitionsrechnung wird zunächst die Vorteilhaftigkeit der Investition überprüft. Dabei wird ein Diskontierungszins von 5,5 % zugrunde gelegt, der sich an alternativen Anlagemöglichkeiten orientiert. Bei zeitlich begrenzter Nutzung des Investitionsobjekts und gleich bleibenden jährlichen Überschüssen lässt sich der Barwert der Investition folgendermaßen berechnen.[564]

Berechnung des Barwerts der Investition:

$$BW = ü \frac{(1+i)^n - 1}{(1+i)^n \cdot i} - a_0$$

mit: BW: Barwert der Investition
ü: Einzahlungsüberschuss (60.000 € p.a.)
a_0: Anschaffungsauszahlung (750.000 €)
i: Kalkulationszinssatz (5,5 %)
n: Nutzungsdauer der Investition (20 Jahre)

Die Investition ergibt einen negativen Barwert in Höhe von –32.977 €. Die Investition im Zeitpunkt t_0 ist im Vergleich zu den jährlichen Ausgaben von 60.000 € demnach nicht vorteilhaft. Die Auswirkungen auf den Immobilienwert werden dabei jedoch außer Acht gelassen. Die Cashflow-Rendite hingegen bezieht die Wertänderung der Immobilie aufgrund einer Investition mit ein, so kann sich die Investition ggf. doch als vorteilhaft herausstellen.

---

[564] Vgl. Olfert, K., S. 220ff.

10.4 Einfluss des Facility Managements auf Cashflow und Ertragswert

Aufgrund der jährlichen Einsparung im Falle der Investition muss die Immobilie hierzu neu bewertet werden. Der Wert wird abermals über den Ertragswert festgestellt:

Jahresrohertrag (10.000 m² · 12 €/m² · 12 Monate):	1.440.000 €
abzgl. Instandhaltungskosten (10.000 m² · 4 €/m²):	40.000 €
abzgl. Mietausfallrisiko (4 % aus 1.440.000 €):	57.600 €
Jahresreinertrag des Grundstücks:	**1.342.400 €**
abzgl. Bodenwertverzinsung (6 % aus 4.750.000 €):	285.000 €
Reinertrag der baulichen Anlage:	**1.057.400 €**
· Vervielfältiger:	16,29
Wert der baulichen Anlage:	**17.225.046 €**
zzgl. Bodenwert:	4.750.000 €
Ertragswert des Grundstücks:	**21.975.046 €**
gerundet ca.:	**21.975.000 €**

Der Ertragswert steigt aufgrund der Investition um 975.000 €, für den korrekten Vergleich müssen hier die Investitionskosten für die Einbruchmeldeanlage abgezogen werden, wodurch jedoch immer noch ein Mehrwert der Immobile von 225.000 € der Immobilie entsteht (21.975.000 € – 750.000 €).

Die Einsparungen von jährlich 60.000 € setzen den Abzug der Investition vom Ertragswert voraus, darum verbleibt der Ertragswert auch in den Folgeperioden in dieser Höhe.

Für die Errechnung der Free-Cashflow-Rendite werden wiederum die Mieteinnahmen ohne die kalkulatorischen Kosten ermittelt, die aufgrund der Einsparungen von 60.000 € höher ausfallen als ohne die Investition (1.440.000 € – 40.000 €).

Die Cashflow-Rendite nach Investition liegt damit bei 6,6 % (1,4 Mio. € / 21,225 Mio. €).

10.4.2.5 Auswirkungen der Facility Management-Maßnahmen auf Rendite, Cashflow und Bilanz und Erfolgsrechnung

Die Fallbeispiele 1–3 behandeln jeweils die Auswirkungen von Facility Management-Maßnahmen an einer Immobilie. Fall 1 veranschaulicht als Negativbeispiel die Neuvermietung ohne die Einbeziehung eines Facility Managers. Durch die Neuvermietung haben sich keine Langzeit-Änderungen ergeben. Durch geeignete Facility Management-Maßnahmen hätten im Zuge der Neuvermietung Möglichkeiten für eine Renditesteigerung oder eine Erhöhung des Immobilienwertes wie in Fall 2 oder 3 genutzt werden können.

In Fall 2 wird durch die Schaffung von zusätzlicher Fläche nicht die Cashflow-Rendite erhöht, jedoch zeigt sich die Hauptauswirkung der Flächenoptimierung in der Wertsteigerung der Immobilie um 624.000 € (60,58 € / m²) Für Unternehmen, die ihre Anlageimmobilien nach IAS 40 zum beizulegenden Zeitwert bilanzieren, hat diese Maßnahme eine unmittelbare Auswirkung auf den Wertansatz der Aktiva (+ 624.000 €) und den Erfolg vor Steuern (+ 624.000 €). Bei Aktivierung der Investition in der Bilanz ist das Periodenergebnis entsprechend höher. Facility Management kann folglich den Jahresabschluss positiv beeinflussen.

In Fall 3 wird die Investition einer Einbruchmeldeanlage geprüft. Die Anschaffung der Anlage nach Betrachtung der Zahlungsströme bzw. der Ermittlung des Barwerts erscheint nicht vorteilhaft. Die Gegenüberstellung der Investitionsauszahlung mit den abdiskontierten Kosteneinsparungen ergibt bei dem angenommenen Diskontierungszinssatz von 5,5 % p.a. einen Amortisationszeitraum von über 20 Jahren, d. h. länger als die Lebensdauer der Anlage.

Die Auswirkung der Investition auf den Immobilienwert ist hingegen positiv. Die Immobilie hatte vor der Investition einen Ertragswert von 21,0 Mio. €, der sich durch die nachhaltige Einsparung der nicht umlagefähigen Betriebskosten um jährlich 60.000 € auf 21,975 Mio. € erhöht. Nach Abzug der Investitionskosten von 750.000 € verbleibt dennoch die Wertsteigerung um 225.000 € (22,50 € / m²).

Neben der Wertsteigerung hat die Investition in die Einbruchmeldeanlage im Vergleich zur Ausgangssituation eine positive Wirkung auf die Cashflow-Rendite, (hier eine Steigerung der Cashflow-Rendite von 6,38 % auf 6,6 %) und kann somit trotz eines negativen Barwerts sinnvoll sein.

Die Investition hat gleichzeitig die Attraktivität der Immobilie für den Nutzer gesteigert indem die Nebenkosten gesenkt wurden und die daraus in Zukunft realisierbaren Mietsteigerungen wirken sich auch positiv auf die Rendite der folgenden Perioden aus.

Die verschiedenen Maßnahmen des Facility Managements in der Immobilie haben positive, jedoch unterschiedliche Wirkungen auf die Immobilie. Während die Flächenoptimierung in Fall 2 die Rendite nicht tangiert, erhöht sich der Immobilienwert, wohingegen die Investition aus Fall 3 zwar zu einer Wertsteigerung führt, hier jedoch die Steigerung der Free-Cashflow-Rendite im Fokus steht, da eine noch höhere Wertsteigerung bspw. durch die Flächenerweiterung in Fall 2 möglich wäre. Zwischen den verschiedenen möglichen Facility Management-Maßnahmen herrscht demnach keine Zielharmonie, sondern die Ziele können vielmehr gegensätzlich sein.

Während in Fall 2 durch die Flächenoptimierung die Wertsteigerung und somit das Ziel eine langfristige Werterhaltung und -verbesserung der Immobilie ist, zielt Fall 3 durch die höheren Cashflows und die höhere Rendite auf kurzfristige Abschöpfungen ab. Wesentlich bei der Hinzuziehung eines Facility Managers sind darum klare Zielvorgaben, die für die FM-Maßnahmen benötigt werden.

10.4.3 Treiber der Immobilienrendite

Unterschiedliche Einflussgrößen können die Immobilienrendite in der Nutzungsphase positiv oder negativ beeinflussen. Dabei kann die Wirkungsrichtung auf Cashflow- und Wertänderungsrendite durchaus gegenläufig sein, so dass bspw. eine Reduzierung des Cashflows durch eine positive Wertänderung (über-)kompensiert werden kann. Wichtig für die Beurteilung der Effekte ist auch die Wahl des Bewertungsverfahrens. So werden z. B. bei der angelsächsischen Investment Method bzw. bei der DCF-Kalkulation ggf. Leerstands- und

10.5 Auswirkung des Wertorientierten FM auf die Rolle des FM

Wiedervermietungskosten anders angesetzt als beim deutschen Ertragswertverfahren.

Die potenziellen Auswirkungen bestimmter Einflussgrößen und ihre Wirkung auf Cashflow- und Wertänderungsrendite sind in Abb. 134 schematisch wiedergegeben.

Wirkung ausgewählter Treiber auf Cashflow und Wert

Einflussgröße	Richtung	Cash Flow Wirkung	Wert Wirkung	
Mietfläche	+	+	++	Insgesamt gilt für die Beschreibung der Wirkungen die c. p.-Bedingung.
Nachhaltige Miete	+	+	++	+: proportionaler Anstieg -: proportionale Reduzierung ++: überprop. Anstieg --: überprop. Reduzierung 0: keine Auswirkung
Liegenschaftszins	+	0	--	
Restnutzungsdauer	+	0	+	* Der Anstieg der umlagefähigen Betriebskosten hat jedoch langfristig negative Folgen durch Verschlechterung der Wettbewerbsfähigkeit des Objekts und höheren Kosten bei Leerstand.
Betriebskosten (umlagefähig)	+	0*	0*	
Betriebskosten (nicht umlf.)	+	-	--	
Instandhaltung (einmalig)	+	-	0	** Bei der angelsächsischen Investment Method bzw. beim DCF-Verfahren werden Kosten für Leerstand und Neuvermietung beim Wertansatz i.d.R. voll berücksichtigt.
Leerstand	+	-/--	0/-**	
Neuvermietungskosten	+	-	0**	

Abb. 134: Einflussgrößen auf den Total Return von Immobilien

10.5 Auswirkung des Wertorientierten Facility Managements auf die Rolle des Facility Managers

Durch das Wertorientierte Facility Management haben sich die Anforderungen an den Facility Manager geändert. Auf ihn kommt eine zusätzliche Aufgabe als Impulsgeber für die Optimierung der Immobilienrendite und die Steigerung des Unternehmenswerts zu. Dabei ist es nicht erforderlich, dass der Facility Manager neben seinen Aufgaben in der Objektbewirtschaftung noch zusätzlich die Funktionen des Controllers und Bewertungssachverständigen übernimmt. Wichtig ist jedoch, dass sowohl der Facility Manager als auch der Sachverständige für Bewertung und der Controller gemeinsam eine Einschätzung dafür entwickeln, wo Potenziale und Risiken für die Immobilienrendite liegen und welche Auswirkungen auf Bilanz und Erfolgsrechnung damit verbunden sind.[565]

---

[565] Vgl. Wagner, T. (2005a), a.a.O., S. 42.

Wirksame Strategien zur Steigerung der Immobilienrendite und Vermeidung von Risiken können nur erkannt und umgesetzt werden, wenn Facility Manager, Controller und Bewertungssachverständiger eng zusammenarbeiten. Diese Zusammenarbeit sollte idealerweise nicht nur punktuell zu bestimmten Anlässen (Bewertungsstichtag, Verkauf etc.) erfolgen, sondern kontinuierlich während der Nutzungsphase. Dem Facility Manager kommt dabei besondere Bedeutung zu, weil er aus seinen Aufgaben vor Ort die Immobilie am besten kennt und die technischen Besonderheiten, Beschränkungen und Möglichkeiten i. d. R. sehr gut einschätzen kann. Außerdem ist der Facility Manager das direkte Bindeglied zum Nutzer bzw. Mieter und kann entsprechendes Hintergrundwissen zu den Absichten, Wünschen und Problemen des Mieters beisteuern.

Auch vor dem Hintergrund einer immer stärkeren Verbreitung eines aktiven Asset Managements für Anlageimmobilien gewinnt der Facility Manager an Bedeutung, da zur Realisierung der anspruchsvollen Renditeziele eine konsequente Ausnutzung der Potenziale eines Objekts angestrebt wird. Dies bedeutet jedoch auch, dass sich die Ausbildung und Qualifikation des Facility Managers an diesen neuen Aufgaben orientieren muss. Mit einer rein technisch geprägten Qualifikation wird der Facility Manager den kommenden Herausforderungen jedenfalls nicht mehr gerecht werden. Er muss sich vom Spezialisten zum Generalisten mit einer klaren Einsicht in die ökonomischen Auswirkungen seiner Handlungen entwickeln.

Organisatorische Aspekte des Facility Managements

11

11.1 Einführung

Immer mehr mittelständische Unternehmen und Organisationen entdecken in der Bewirtschaftung der Immobilien die Chance, ihre teilweise werteverschlingenden Immobilien zu wertschöpfenden Immobilien zu entwickeln. Sie beginnen Facility Management als wichtige Aufgabe in ihrem Unternehmen zu etablieren um ihre Gebäudeperformance zu optimieren. Die Überlegung zur Einbringung von FM-Strukturen in unternehmerische Entscheidungsprozesse bringt bestimmte Fragen mit sich: Welche Facilities sollen erworben, welche Facilities abgestoßen und welche Facilities nach Außen verlagert werden (Outsourcing)? Um eine erfolgreiche Implementierung von FM-Strukturen zu gewährleisten, müssen die entsprechenden organisatorischen Voraussetzungen geschaffen werden.

Das folgende Kapitel behandelt den Bereich rund um die Organisation des Facility Managements. Es soll gezeigt werden, dass bei der Einführung von FM-Strukturen im Unternehmen die strategische Zielsetzung von grundlegender Bedeutung ist. Eine genau definierte Einführungsstrategie mit einer richtigen Auswahl an Methoden und Werkzeugen, die in einen zeitlichen Umsetzungsrahmen gepackt ist, stellt hierfür die Basis dar. Ebenso fundamental ist die Projektorganisation, deren Aufgabe es ist, die Umsetzung und Koordination der Aufgaben und Ziele zu gewährleisten.

Mit Blick auf die Vor- und Nachteile für das FM, werden verschiedene Einbindungs- und Strukturierungsmöglichkeiten aufgezeigt. Neben den aufbauorganisatorischen Gestaltungsmöglichkeiten wird anschließend auf die ablauforganisatorischen Gestaltungsmöglichkeiten eingegangen. Da das FM eine ganzheitliche Betrachtungsweise verlangt, ist die Tendenz zum Prozessmanagement steigend. Die vielen bereichsübergreifenden Prozesse des FM können in der Prozessorganisation effektiver eingebunden werden, da diese einen umfassenderen Bezugsbereich verschafft. Abschließend wird das Thema Outsourcing behandelt. Das Auslagern oder Ausgliedern von (Teil-)Leistungen ist eine immer häufiger gestellte Aufgabe der Bedarfsdeckung. In Bezug auf die Chancen und Risiken werden die verschiedenen Formen und Ziele des internen Outsourcings sowie die Fremdvergabe, das so genannte externe Outsourcing vorgestellt.

11.2 Einführung von Facility Management im Unternehmen

11.2.1 Konzept und Projektplanung zur Einführung von FM

„Facility Management ist ein integrativ ausgerichteter unternehmerischer Prozess zur optimalen Gestaltung und Steuerung von Sach- und Dienstleistungen rund um die Gebäude, Anlagen und Einrichtungen eines Unternehmens".[566] FM wird nach dieser Definition im Unternehmen als Mittel zur Optimierung von Prozessen eingesetzt. Weitere Projektziele sind die Verbesserung von Strategien, Organisationen, Methoden und Werkzeugen zur Steigerung der Leistungsfähigkeit und Nutzung der Rationalisierungspotenziale.[567] Die FM-Prozesse umfassen den gesamten Lebenszyklus einer Immobilie: Von der Planung und Erstellung bis hin zum Abriss von Gebäuden und Gebäudeteilen. Für die Eingliederung von FM-Strukturen im Unternehmen gibt es zwei verschiedene Möglichkeiten: Entweder werden die geplanten FM-Eigenleistungen in eine geeignete Aufbauorganisation überführt, oder die geplanten FM-Fremdleistungen werden in ein Leistungsverzeichnis mit nachfolgender Ausschreibung und Vergabe überführt.[568]

Die Ausschreibung und Vergabe erfolgt nach den hierfür vorgesehenen rechtlichen Grundlagen. Die günstigste Voraussetzung für eine FM-Integration wäre die Neuplanung ohne bestehendes FM oder die Möglichkeit zur vollständigen Missachtung vorhandener Organisationsstrukturen. Diese Fälle treten aber in der Realität sehr selten auf.[569] Für die Einbindung einer FM-Struktur ist es sehr wichtig, dass im Unternehmen das Projekt von Anfang an auch als solches gesehen wird. Es ist ein Projektteam zu bilden, das den Planungsrahmen fokussiert und die Aufgabenstellung der Maßnahme überprüft. Die einzelnen Teilkonzepte wie Aufbau- und Ablaufplanung, Marktuntersuchungen, Auswahl des FM-Dienstleisters etc. müssen gut geplant und umgesetzt werden, damit auch das FM-Gesamtkonzept als solches erfolgreich funktionieren kann.

11.2.1.1 Rahmenbedingungen

Wichtig für die Projektplanung ist es, die Rahmenbedingungen der organisatorischen Integrationsebenen des FM zu untersuchen. Diese spielen vor allem im Hinblick auf die Gestaltungsmöglichkeiten eine Rolle.

Abb. 135 fasst die möglichen Einflussgrößen auf eine Facility-Management-Maßnahme zusammen:

---

[566] Vgl. Soboll, M., Integriertes Facility Management, in Lutz, U. (Hrsg.), Facility Management Jahrbuch 2002/2003, S. 126–140, hier S. 125.
[567] Vgl. Schneider, H. (2004), S. 17.
[568] Vgl. GEFMA-Richtlinie 100-2.
[569] Vgl. Schneider, H. (2004), S. 17.

11.2 Einführung von Facility Management im Unternehmen

Rahmenbedingung	Beeinflussung
Unternehmensgröße	→ Großes Unternehmen → großer Immobilienbestand → entsprechendes Management wird notwendig
Branchenzugehörigkeit	→ Branche determiniert Struktur des Immobilienbestandes → und damit Aufgaben des FM
Eigentumsverhältnis	→ hohe Eigentumsquote → bringt eine große Managementnachfrage mit sich
Unternehmensstrategie	→ Neuer Produktbereich oder Teil eines vorhandenen Bereichs? → Angebote auf Drittmarkt?
Human Resources	→ viele qualifizierte Mitarbeiter → interne Lösungen → wenige qualifizierte Mitarbeiter → externe Lösungen
Markt	→ Beschaffungs- und/oder Absatzmarkt? → gibt es für die Leistung überhaupt einen Markt?
Gebäudetechnologie	→ ist ein Gebäudemanagementsystem vorhanden? → Auswirkung auf Anforderungen an Mitarbeiter

Abb. 135: Rahmenbedingungen der Organisation des FM[570]

Welche Einflussgrößen tatsächlich mehr ins Gewicht fallen und welche weniger, muss immer vor dem Hintergrund des eigenen Unternehmens und der geplanten Maßnahme gesehen werden. Als relevante Einflussgrößen zählen insbesondere diejenigen, welche direkt von der Einführung einer FM-Maßnahme betroffen sind.

11.2.1.2 Strategische Zielsetzung von Projektmanagement im FM

Bevor eine Entscheidung für oder gegen eine FM-Maßnahme getroffen werden kann, müssen die Projektbeteiligten die Ziele definieren. In der Literatur wird die unklare Definition der Ziele als Hauptgrund für das Scheitern von Projekten genannt.[571]

Zuerst sollten die Ziele eindeutig und klar formuliert werden. Hierfür ist die Schnittstelle zwischen Unternehmensleitung und den betroffenen Stellen, sowie dem Projektteam wichtig. Dann sollten die Ziele auf ihre Realisierbarkeit geprüft und in eine strategische Reihenfolge gebracht werden.

Diese strategische Zielsetzung kann wie folgt aussehen:

- Erhöhung der Wirtschaftlichkeit
- Schaffung von Kostentransparenz (Controlling, Benchmarking)
- Know-how-Sicherung und Werterhalt

---

[570] Vgl. Pierschke, B. (2001), S. 404f.
[571] Vgl. Schneider, H. (2004), S. 18.

11 Organisatorische Aspekte des Facility Managements

- Minimierung des Ressourceneinsatzes
- Steigerung der Bearbeitungseffizienz
- Optimierung von Geschäftsprozessen und Informationsflüssen
- Effektiver und effizienter Einsatz integrierter DV-Lösungen
- Zentrale Datenverwaltung der Gebäudedaten
- Einfacher Zugriff auf Informationen

Wenn es zur Realisierung der Ziele kommt, sollten diese in einen zeitlichen Umsetzungsrahmen gepackt werden. Je nach Zieldefinition setzen anschließend individuelle Planungsarbeiten ein, wie z. B. die Auswahl der FM-Funktionen. Nachdem die Ziele eines Facility Managements festgelegt sind, müssen nun die Funktionen beschrieben werden, die das FM übernehmen soll. Empfehlenswert ist mit der Auswahl der Funktionen die Festlegung ihrer Prioritäten für die Projektverwirklichung.[572] Die Funktionen lassen sich in Anlehnung an die Strukturierung von IFMA bzw. GEFMA in verschiedene Kategorien gliedern: Die FM-Leitung, das technische Gebäudemanagement, das kaufmännische Gebäudemanagement, das Flächenmanagement und das infrastrukturelle Gebäudemanagement.

Bei der Planung einer FM-Maßnahme muss beachtet werden, dass dieser Prozess kein statischer, sondern ein dynamischer ist. Das bedeutet, es findet ein kontinuierlicher Verbesserungsprozess statt. Die ständigen Anpassungen können auf den Druck des Marktes zurückgeführt werden. Durch die Steigerung des Umsatzvolumens des gesamten FM-Marktes werden Kosten und Qualitätsmerkmale berührt und möglicherweise verschoben, was den Druck auf den Auftraggeber erhöhen kann.

11.2.2 Die Organisation des FM-Projekts

Ziel der Projektorganisation ist es, die Umsetzung der Aufgaben und Ziele zu gewährleisten. Hierfür müssen verschiedene Stellen gebildet werden, die unterschiedliche Aufgaben wahrnehmen: das Projektteam, die Projektleitung und der Projektpate.[573]

Projektteam

Aufgabe des Projektteams ist es, die Koordination zwischen den einzelnen betroffenen Abteilungen und der Projektleitung zu regeln. Bei der Einführung von FM entstehen viele offene Punkte, die am besten von einem Sachbearbeiter geklärt werden können. Wenn aus jeder betroffenen Abteilung ein Mitarbeiter, der über das nötige Fachwissen verfügt, in das Projektteam berufen wird, kann eine optimale Lösung erarbeitet werden.

---

[572] Vgl. Schneider, H. (2004), S. 25.
[573] Vgl. ebenda, S. 29ff.

11.2 Einführung von Facility Management im Unternehmen

Projektleitung

Ziel der Projektleitung ist es, die Aufgaben des Projektteams festzulegen und die Projektarbeit zu organisieren. Ein so weit reichendes Projekt wie die Einführung von FM im Unternehmen braucht eine Person, die die Verantwortung und die Führung übernimmt. Diese Führungsperson kann ein Mitarbeiter sein, der die Aufgabe neben seiner Haupttätigkeit ausführt, oder bei großen Projekten ein FM-Fachmann eines FM-Dienstleisters. Er muss in der Lage sein, das Projekt zu koordinieren und zu kommunizieren.

Projektpate

Die Einführung von FM hat meist die Zielvorgabe, die Unternehmensstrukturen zu verschlanken und die Prozesse zu vereinfachen. Hierfür müssen Veränderungen an der vorherrschenden Unternehmensstruktur vorgenommen werden und damit ist die Projektbeteiligung der obersten Hierarchieebene unumgänglich. Der Projektpate ist also ein Mitglied der Führungsebene, der das Projekt FM für das ganze Unternehmen fördern und dahinter stehen muss. Für die Führungskraft ist das regelmäßige Feedback an die Mitarbeiter unerlässlich. Sie ist der Kommunikationspunkt zwischen der Projektleitung und der Geschäftsleitung. Sie hat einen relativ geringen Zeitaufwand, muss aber Entschlossenheit besitzen bei Konflikten einzugreifen und Entscheidungen zu treffen.

Für eine erfolgreiche Einführung sind neben den Projektbeteiligten zudem Personen zu bestimmen, die sich ausschließlich um die Koordinierung und Steuerung des gesamten Projektes kümmern. Hier sind z. B. Fragen zu beantworten, die die Software (CAFM) oder die Kostenrechnung betreffen. Zudem hilft ein Mess- und Rückmeldesystem über alle Hierarchien, die Zielsetzungen in einer Organisation umzusetzen.[574]

11.2.3 Die Methoden und Werkzeuge des Projektmanagements im FM

Als erstes muss das Projektteam eine *Bestandsaufnahme* durchführen, um die benutzten betriebswirtschaftlichen Methoden und (Hilfs-)mittel aufzulisten. Dazu sind die notwendigen Fakten und Informationen sowie die grundlegenden Prioritäten im Dialog mit der Unternehmensführung zu erheben. Diese können sein: die Anzahl der Arbeitnehmer, ihre Tätigkeit, Kennzahlen zum Controlling des FM, Ausstattung des FM mit Software etc.[575] Diese Bestandsaufnahme ist vorläufig und wird während des ganzen FM-Einführungsprozesses ständig wieder verbessert bzw. aktualisiert. Neben der Erfassung des Personaleinsatzes und der Kosten ist die Ermittlung von Schwachstellen sehr wichtig. Sie sollten analysiert und während der ganzen Einführungsphase

---

[574] Vgl. Berg, T., Die organisationspsychologische Sicht auf die vorgestellten Projekte, FMN6 Nachbericht, i²fm Internationales Institut für Facility Management GmbH.
[575] Vgl. Kahlen, H., S. 89.

fortgeschrieben werden. Schwachstellen liegen z. B. vor, wenn die Beschreibung der Prozesse fehlt, die Kosten der Dienste nicht transparent sind oder wenn die Organisationsstrukturen für die Dienste nicht geeignet sind.

Als nächstes folgt die *Kostenrechnung*. Da diese sich i. d. R. auf die Kernprozesse bezieht, werden die nichtproduzierenden Nebenbereiche zu den Gemeinkosten zugerechnet. Hier stellt das FM andere Anforderungen. Die FM-Kostenrechnung muss objekt- und prozessorientiert sein, zudem verlangt sie eine verursachungsgerechte Kostenzuordnung, eine Direktverrechnung der Kosten und die Berücksichtigung von unterschiedlichen Abrechnungszeiträumen. Die Folge daraus ist, dass das FM eine eigene Kostenrechnung benötigt, da die Standardkostenrechnung den Anforderungen des FM nicht genügt. Die GEFMA hat mit der Richtlinie GEFMA 200 eine Norm für die Kostenrechnung im FM erstellt. Die Kostenrechnung dient als Grundlage des Kostenmanagements und liefert dem Controlling die Daten. Sie muss darum sorgfältig geprüft werden und vor allem transparent sein.

Weitere Werkzeuge und Methoden sind das *Controlling* und das *Benchmarking*. Hier werden messbare Eigenschaften von Immobilien und den dazugehörenden Prozessen kontrolliert, verglichen und gesteuert mit dem Ziel, vorhandene Optimierungspotentiale zu ermitteln.

Eines der wichtigsten Werkzeuge des Facility Managements ist die *Software*. FM ohne die Unterstützung von IT-Systemen ist in der heutigen Zeit unvorstellbar geworden. Mittlerweile gibt es am Markt eine Vielzahl von Integrationslösungen, von CAD über CAFM-Systeme bis hin zu ganzen Softwarelandschaften, die alle Funktionen vereinen. Jedoch darf hierbei nicht vergessen werden, dass die Software nur als Unterstützung dient und nicht die Planung des FM ersetzt. Oberste Priorität hat die Aktualität der Daten, denn nur mit gepflegten Daten kann die Software effektiv eingesetzt werden.

Durch die laufenden Veränderungen und neuen Erkenntnisse des FM sind ständige Überarbeitungen der Methoden und Werkzeuge auch nach deren Einführung unerlässlich. Dadurch bleibt der FM-Einführungsprozess dynamisch und wird ständig optimiert.

11.2.4 Zeitplanung und Terminüberwachung

Die Zeitplanung sowie die Terminüberwachung und -sicherung sind auch ein Teil des Projektmanagements betreffend die Einführung von FM. Für eine zielorientierte und erfolgreiche Implementierung von Facility Management-Strukturen im Unternehmen gelten diese als sehr wichtiges Instrumentarium. Bei Nichteinhaltung von fixen Terminen kann es schnell zu einer Verzögerung der kompletten FM-Einführung kommen, da oft die Einzeltermine und Fristen abhängig voneinander sind. In der Literatur wird die Gesamtdauer eines FM-Projekts von 12–18 Monaten als üblich angesehen. Die wesentliche Überschreitung dieser zeitlichen Angabe kann negative Folgen haben und sogar zum Scheitern der gesamten Maßnahme führen. Um dies zu verhindern, müssen die zeitlichen Abläufe genau und realistisch geplant werden.

11.2 Einführung von Facility Management im Unternehmen

Für die einzelnen Phasen der FM-Einführung, wie z. B. die Einführung eines CAFM-Systems, werden jeweils detailliertere Einzelterminpläne erstellt, da es hier etliche Zwischentermine zu koordinieren gilt. Zudem sollten zeitliche Puffer eingebaut werden, damit bei kleinen Verzögerungen von Terminen nicht gleich das ganze Projekt in Verzögerung gerät.

Genauso wichtig wie die Überwachung der Termine und Fristen des Auftragnehmers, ist die Überwachung der Termine und Fristen für den Auftraggeber, um einer selbstverschuldeten Verzögerung entgegenwirken zu können. Für die Erstellung eines vernünftigen Angebots braucht der Auftragnehmer rechtzeitig die Objektlisten, Leistungsbeschreibungen etc. Damit die zeitliche und sachliche Abstimmung zwischen FM-Anbieter und Kunde stimmt empfiehlt es sich, einen (zusätzlichen) gemeinsamen Terminplan zu erstellen.

11.2.5 Das Prozessmanagement

Das Prozessmanagement sorgt bei der Einführung von FM für die planerische und organisatorische Steuerung der Zielvorgaben. Außerdem beinhaltet es Kontrollmechanismen, die vor allem bei einer Einführung von FM in vorhandene Organisationsstrukturen notwendig sind. Das Prozessmanagement ist ein ebenso wichtiges Instrumentarium für die Einführung von FM-Strukturen im Unternehmen wie die in Abschnitt 11.2.3 genannten Werkzeuge. Denn diese können nicht optimal genutzt werden wenn die Funktionen nur bereichsintern und nicht als Ganzes gesehen werden. Gerade beim Facility Management gibt es eine Vielzahl von spezifischen Prozessen, die einen ganzheitlichen Betrachtungsansatz brauchen, damit sie effizient umgesetzt werden können. Da die FM-Prozesse auch Auswirkungen auf die Kernprozesse haben, profitiert nicht nur der Bereich FM von der Optimierung, sondern das ganze Unternehmen.

11.2.6 Erfolgsfaktoren für die Einführung von FM

Für eine erfolgreiche, d. h. kostensparende Einführung von FM ist eine genau definierte Einführungsstrategie eine wichtige Basis. Auf dem heutigen Markt für FM-Dienstleistungen gibt es eine Vielzahl von Anbietern, die die Unternehmen bei der gesamten Einführung von FM begleiten oder auch durch Übernahme einzelner Teilaufgaben unterstützen. Der Ablauf einer Implementierung von FM-Strukturen im Unternehmen kann in die Planungs- und Realisierungsphase gegliedert werden.

Primär muss geklärt sein, welche Leistungen von einer FM-Maßnahme betroffen sind, damit das entsprechende Know-how, das im Unternehmen hierzu vorhanden ist, gegenüber gestellt werden kann. Es wird eine Problemanalyse erstellt, aus der eine Zielformulierung entsteht. Anschließend ist zu definieren, wie die Leistungen am effektivsten realisiert werden können. Hierfür gibt es die Möglichkeiten des internen oder des externen Outsourcings. Für die Lösungssuche müssen verschiedene Lösungsalternativen entwickelt und analysiert werden. Diese werden dann bewertet und die am sinnvollsten erscheinende

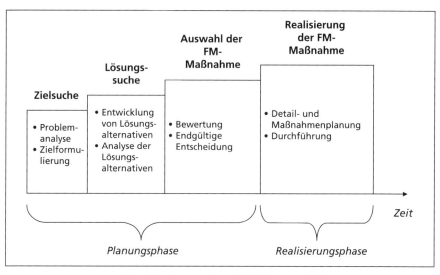

Abb. 136: Prozessablauf Einführung FM

Maßnahme wird ausgewählt. Hier wird deutlich, wie lange und intensiv die Planungsphase ist. Erst wenn die endgültige Entscheidung getroffen ist, befindet sich das Unternehmen in der Realisierungsphase.

Vor der Durchführung der FM-Maßnahme werden die Detail- und Maßnahmenplanungen durchgeführt, damit die Methoden und Werkzeuge, die Terminüberwachung und Zeitplanung, die Organisation und das Prozessmanagement ausgesucht bzw. festgelegt werden können. Im Zusammenhang mit der Einführung von Facility Management ist es wichtig, dass die Mitarbeiter auf Veränderungen vorbereitet werden. Eine halbherzige Einführung kann dazu führen, dass die Maßnahme nicht erfolgreich sein wird und zudem eine Menge unnötiger Kosten entstehen.[576] Weitere wichtige Erfolgsfaktoren bei der Umstrukturierung sind die Markt- und Prozessorientierung der Organisation des FM. Durch die Auslagerung der Dienste oder die Einführung von Cost- oder Profit-Centern werden die Dienstleister zu marktorientierten Organisationseinheiten. Durch die Prozessorientierung werden Kosten reduziert, die Innovation gefördert und die Qualität gesteigert.[577] Letztlich ist für den Erfolg einer Implementierung von FM-Strukturen die zielorientierte Planung, die Qualität, der Leistungsumfang und die Motivation der beteiligten Mitarbeiter entscheidend.

---

[576] Vgl. Faust, U., et al., Wie werden FM-Strukturen optimal eingeführt?, FMN6 Nachbericht, i²fm Internationales Institut für Facility Management GmbH.

[577] Balck, H., Die Immobilie als Prozess-Reengineering von Immobiliendienstleistungen, in Schulte, K.-W./Pierschke, B. (Hrsg.) (2000), S. 451–470, hier S. 465.

11.3 Aspekte der Aufbauorganisation

11.3.1 Vorbemerkung

Unter Organisation wird zum einen der Prozess der Schaffung von Regelungen zur Organisation aller betrieblicher Tätigkeiten (Strukturierung) verstanden, zum anderen das Ergebnis dieses Prozesses, d. h. die Gesamtheit aller Regelungen, deren sich die Betriebsleitung und die ihr untergeordneten Organe bedienen, um die durch Planung entworfene Ordnung aller betrieblichen Prozesse und Erscheinungen zu realisieren.[578]

Nach ihrem Gegenstand kann die Organisation in Aufbau- und Ablauforganisation unterteilt werden. Die Aufbauorganisation erstreckt sich auf die Verknüpfung der organisatorischen Grundelemente (Stelle, Instanz und Abteilung). Sie gliedert die Unternehmung in Teileinheiten und regelt deren Kompetenz- und Unterstellungsverhältnisse und fügt sie wieder in übergeordneten Struktureinheiten zusammen. Die Verknüpfung erfolgt in sogenannte Liniensystemen.[579]

Geeignete organisatorische Strukturen sind die Voraussetzung für die zielorientierte Erfüllung der Strategien und Aufgaben des Facility Managements.[580] Es ist bei der Aufbauorganisation zwischen der *Eingliederung des FM in die Unternehmensorganisation* und der *internen Struktur des FM* zu unterscheiden.

Zur Eingliederung des FM in die Unternehmensorganisation muss festgelegt sein, auf welcher Hierarchieebene und in welchem Funktionsbereich die Verantwortung des FM wahrgenommen wird, ob die Aufgabenerfüllung zentral oder dezentral erfolgt, und nach welchen Kriterien die Aufgabenteilung innerhalb des FM vorgenommen wird.[581] Mögliche Eingliederungsvarianten wären hier die Organisation als Stabsstelle, als Zentralbereich oder als eigenständiger Funktionsbereich.[582] Die drei Gestaltungsmöglichkeiten sind in Abb. 137 graphisch dargestellt. Die Einbindung als Stabsstelle ist vorzugsweise bei kleinen Unternehmen zu finden, da diese meist wenige Aufgaben des FM wahrnehmen. Für Unternehmen mit einem großen Immobilienbestand werden die Formen des Zentralbereichs oder des eigenständigen Funktionsbereichs als sinnvoller angesehen.

Neben der Einbindung des Immobilienbereichs in die Organisation der Unternehmung ist auch die interne Struktur des FM zu gestalten. Als mögliche Einbindungsformen der internen Struktur werden die funktionale, die divisionale und die Matrix-Organisation nachfolgend beschrieben.

---

[578] Vgl. Gutenberg, E. (1962).
[579] Vgl. Kosiol, E. (1962).
[580] Vgl. Pierschke, B. (2001), S. 86.
[581] Vgl. Pfnür, A. (2001), S. 415.
[582] Vgl. Pierschke, B. (2001), S. 407ff.

11 Organisatorische Aspekte des Facility Managements

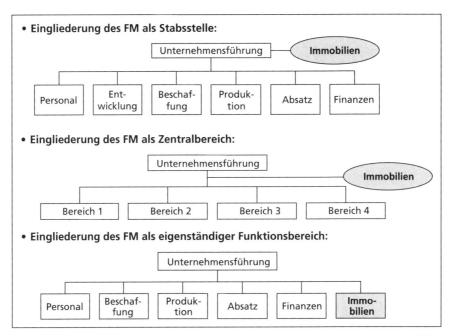

Abb. 137: Eingliederungsvarianten des FM in die Unternehmensorganisation[583]

11.3.2 Funktionalorganisation

Für die Einbindung der internen Struktur des Facility Managements stellt die Funktionalorganisation eine der Möglichkeiten dar. Diese Variante hat eine einfache und überschaubare Struktur; die Funktionsbereiche sind in sich geschlossen, abgegrenzt und somit auch gut kontrollierbar. Bezogen auf den Bereich des FM ergeben sich für die Gestaltung der funktionalen Organisation verschiedene Möglichkeiten. Da sich das Aufgabenspektrum des FM sehr an den Verrichtungen des Immobilienmanagements orientiert, ergeben sich hieraus verschiedene Lösungen für die Bildung von Abteilungen[584].

Die einfachste und auch sehr verbreitete Grundstruktur der funktionalen Organisation im Bereich FM ist die Abteilungsbildung in die 3 Säulen des FM: technisches Gebäudemanagement, kaufmännisches Gebäudemanagement und infrastrukturelles Gebäudemanagement. Eine zweite Variante wäre die in Abb. 138 dargestellte Einbeziehung der Phasen des Lebenszyklus einer Immobilie, um den ganzheitlichen Ansatz des FM abzubilden.

In der Immobilienwirtschaft, speziell für das Facility Management, wird diese Eingliederungsform gerne verwendet. Der Erfolg der funktionalen Organisation liegt in der vorgenommenen Differenzierung der Funktionsbereiche[585].

---

[583] Vgl. Pierschke, B. (2001), S 407ff.
[584] Vgl. ebenda, S 413.
[585] Vgl. Heyden, F., Immobilien-Prozessmanagement, S. 53.

11.3 Aspekte der Aufbauorganisation

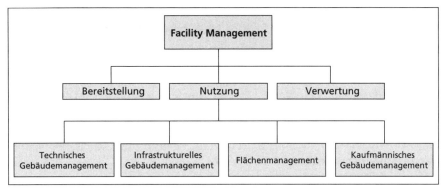

Abb. 138: Grundmodell der funktionalen Organisation des Facility Managements

Durch das Zusammenfassen der homogenen Handlungen können die Spezialisierungsvorteile (z. B. economies of scale) und die Ressourcenausnutzung optimal umgesetzt und genutzt werden[586]. Einfache, transparente Strukturen sind eine Basis für eine einfache Kontrolle und gute Effizienz.

Dieses Modell birgt aber auch Nachteile in sich: Die einzelnen Funktionsbereiche konzentrieren sich auf ihren eigenen Bereich anstatt auf die Gesamtabläufe. Dies kann zu Bereichsegoismus und damit zu suboptimalen Lösungen und Unternehmensineffizienzen führen. Ein weiterer Kritikpunkt ist die Vielzahl von Schnittstellen und Interdependenzen, durch welche erhebliche Koordinationsprobleme bei Entscheidungen mit funktionsübergreifendem Charakter entstehen können. Hier kann es dazu führen, dass bei Uneinigkeiten die Unternehmensführung eingreifen muss und es somit zu einer Überlastung dieser kommen kann[587]. Unter Berücksichtigung dieser Aspekte, bei einem relativ stabilen Unternehmensumfeld und einem überschaubaren homogenen Produkt- bzw. Leistungsprogramm, kann die funktionale Organisation jedoch eine erfolgreiche Gestaltungsvariante des Facility Managements darstellen.

11.3.3 Divisionalorganisation

Die divisionale Organisation wird durch das Objektprinzip charakterisiert. Es werden Divisionen (Sparten) gebildet, die auf Produkte, Produktgruppen, Betriebsprozesse oder räumliche Gegebenheiten ausgerichtet sind. Die Divisionalorganisation wird daher auch Spartenorganisation oder objektorientierte Organisation genannt. Die Sparten sind intern für gewöhnlich funktional gegliedert. Diese divisionale Alternative gilt als Gliederungsvorlage für mittlere bis große Unternehmen. Die Bedingungen für eine erfolgreiche Divisionalorganisation sind eine dynamische Unternehmensumwelt und ein großes heterogenes Produkt- bzw. Leistungsprogramm. Grundsätzlich gibt es zwei Typen der Divisionalorganisation: das Modell einer produktorientierten Organisation

---
[586] Vgl. Pierschke, B. (2001), S. 407ff.
[587] Vgl. Heyden, F., S. 51–53.

und das Modell einer Regionalorganisation. Für die interne Strukturierung des Facility Managements können beide Modelle angewandt werden.

Bei der produktorientierten Struktur erfolgt eine Gliederung nach Immobilientypen, z. B. Wohnimmobilien, Gewerbe-/Büroimmobilien und Industrieimmobilien. Durch diese Differenzierung der einzelnen Immobilientypen werden unterschiedliche Marktsegmente, ungleiche Anforderungen und die Ressourcennutzung voneinander getrennt.[588]

Auf der dritten Hierarchieebene werden dann wiederum funktional organisierte Bereiche wie Akquisition, Planung, Realisierung, Management und Verwertung untergliedert.

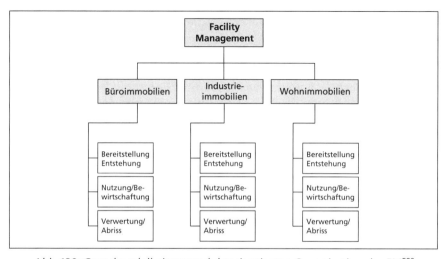

Abb. 139: Grundmodell einer produktorientierten Organisation des FM[589]

Eine Untergliederung nach Marktregionen ist nur dann sinnvoll, wenn das Unternehmen national bzw. international ausgerichtet ist. Dadurch kann das Unternehmen optimal auf die jeweils regional herrschenden Verhältnisse und auf die lokalen Bedürfnisse der Kunden eingehen.[590]

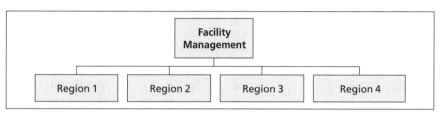

Abb. 140: Grundmodell eines regional-orientierten FM

---

[588] Vgl. Pierschke, B. (2001), S. 165.
[589] Vgl. Heyden, F., S. 56.
[590] Vgl. ebenda.

11.3 Aspekte der Aufbauorganisation

Die Vorteile der divisionalen Organisation liegen in der hohen Nutzerorientierung, die durch die Differenzierung der Immobilientypen oder der Regionen optimiert wird. Die einzelnen Divisionen haben eine bessere Koordination und die Entscheidungsfindung läuft schneller ab. Zudem können die einzelnen Sparten besser und flexibel auf Umweltänderungen reagieren. Die weitgehende unternehmerische Selbständigkeit der Spartenleiter kann die Motivation erhöhen und eine bessere Erfolgsbeurteilung ermöglichen.

Demgegenüber gibt es auch negative Aspekte zu beachten. Durch das getrennte Auftreten der Divisionen auf dem Markt kann es zu Marktinterdependenzen kommen, denn bei gemeinschaftlicher Teilnahme am Markt, d. h. des Gesamtunternehmens, können bessere Konditionen ausgehandelt werden. Ebenso wie bei der Funktionalorganisation kann es bei der Divisionalorganisation zu Spartenegoismus und zur kurzfristigen Gewinnorientierung kommen. Zudem besteht die Gefahr von Doppelarbeiten. Für die übergreifende Koordination der Divisionen wird eine Zentralfunktion erforderlich.[591]

11.3.4 Matrixorganisation

Durch die Kombination der funktionalen und der divisionalen Organisation entsteht die Matrixorganisation. Sie ist eine Überlagerung von funktionsorientierter und objektorientierter Organisationsstruktur, die formal einer Matrix

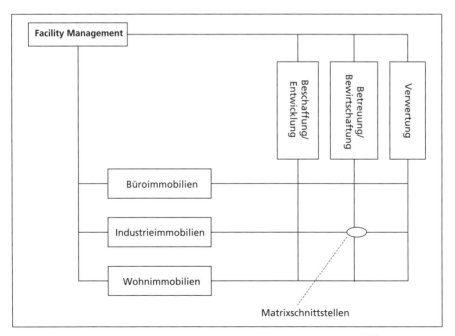

Abb. 141: Grundmodell einer Matrixorganisation des FM[592]

---
[591] Vgl. Pierschke, B. (2001), S. 53–56.
[592] Vgl. Heyden, F., S. 58.

gleicht. Die vertikale Gliederung (sogenannte Linieninstanz) ist i. d. R. funktionsorientiert und die horizontale Gliederung (sogenannte Matrixinstanz) objektorientiert, also von divisionalem Charakter.

Diese grundsätzlich zweidimensionale Organisationsform ist für große Mehrproduktunternehmen geeignet, die in einer sehr dynamischen Unternehmensumwelt agieren. Meist ist die Hauptaufgabe des Unternehmens in hohem Maße komplex oder neuartig. Diese Form der Organisationsstruktur kann auch für das Facility Management als Grundlage verwendet werden. Von Vorteil bei dieser Organisationsvariante ist die Flexibilität, die ein zeitnahes Reagieren auf Veränderungen des Marktes zulässt. Ein weiterer Vorteil dieses Modells liegt darin, dass eine ganzheitliche, innovative Problemlösung unter Berücksichtigung von unterschiedlichen Standpunkten möglich ist. Das Fachwissen der funktionsorientierten Instanzen sowie das der Objektspezialisten fließt in die Problemlösung mit ein. Als positive Folgen lassen sich daraus eine hohe Nutzerorientierung und eine effiziente Ressourcennutzung realisieren. Durch die spezialisierte Leitungsfunktion innerhalb der verschiedenen Dimensionen wird eine Entlastung der Unternehmensführung bewerkstelligt und die Kommunikationswege werden verkürzt. Zudem ist eine flexible Anpassung der Organisation an die Markt- und Wettbewerbserfordernisse gegeben. Durch die enge Zusammenarbeit der Objekt- und Funktionsinstanzen kann die Innovationsfähigkeit gesteigert werden.[593]

Es können jedoch durch die enge Zusammenarbeit der beiden Dimensionen auch Konflikte entstehen, z. B. eine problematische Kompetenzabgrenzung durch Mehrfachunterstellung, was zu Kompetenzkonflikten führt. Dies kann schwierige und zeitintensive Koordinations- und Entscheidungsprozesse herbeiführen und das nötige schnelle Handeln auf veränderte Nutzanforderungen verhindern. Diese negativen Aspekte der Matrixorganisation sind auch der Grund dafür, dass es selten reine Matrixorganisationen für das Facility Management gibt. In Abb. 141 wird eine Matrixorganisation des Facility Managements dargestellt.

Die horizontale, objektorientierte Strukturierung erfolgt nach den verschiedenen Immobilienarten Wohn-, Büro- und Industrieimmobilien. In der vertikalen Dimension werden die Bereiche Beschaffung/Entwicklung, Betreuung/Bewirtschaftung und Verwertung der Objekte funktionalorientiert gegliedert. Die Matrixorganisation stellt für den Bereich Facility Management eine mögliche Lösung dar, jedoch nur unter den Prämissen, dass strategische Gründe die zweidimensionale Strukturierung erfordern und dass das Unternehmen dazu in der Lage ist, die möglichen Kompetenzkonflikte zu lösen.[594]

---

[593] Vgl. Pierschke, B. (2001), S. 417.
[594] Vgl. Heyden, F., S. 58f.

11.4 Aspekte der Prozessorganisation

11.4.1 Abgrenzung zur Ablauforganisation

Gegenstand der Ablauforganisation ist die Ermittlung und Definition von Arbeitsprozessen unter Berücksichtigung von Raum, Zeit, Sachmitteln und Personen. Die Ablauforganisation gliedert und beschreibt den Ablauf des betrieblichen Geschehens und die Ausübung oder Erfüllung von Funktionen. Die Aufbau- und die Ablauforganisation stehen in einem Abhängigkeitsverhältnis und betrachten somit gleiche Objekte unter verschiedenen Aspekten. Während es bei der Aufbauorganisation um die Bildung von organisatorischen Potentialen geht, beschäftigt sich die Ablauforganisation mit dem Prozess der Nutzung dieser Potentiale. Die enge Verknüpfung der beiden Sachverhalte verursacht, dass Änderungen im Rahmen der Aufbauorganisation grundsätzlich auch Konsequenzen auf die Regelungen der Ablauforganisation haben.[595]

Ein großer Kritikpunkt an der Ablauforganisation ist, dass keine abteilungsübergreifenden Abläufe betrachtet werden, sondern nur Abläufe, die sich innerhalb der Organisationseinheiten vollziehen. Die Gefahr die dadurch entsteht, ist die Vernachlässigung der Zielerwartung des Kunden und die des Unternehmens. Zudem entsteht durch die „Zersplitterung" der Prozesse ein erhöhter Koordinationsbedarf der vielen Schnittstellen. Vor allem beim Facility Management in der Bewirtschaftungsphase kann es durch die Berücksichtigung von spezifischen Gegebenheiten zu sehr komplexen und aufwändigen Ablauforganisationen kommen.[596]

Diese Faktoren haben dazu geführt, dass die „klassische" Ablauforganisation von einem „neuen" Denkansatz überholt wurde, der Prozessorganisation. Der prinzipielle Unterschied der beiden Ansätze liegt in der Sichtweise. Die Ablauforganisation ist der Aufbauorganisation nicht nachgelagert, die Aufbauorganisation hat sich vielmehr an den Kernprozessen zu orientieren. Da viele innerbetriebliche Prozesse, insbesondere beim Facility Management, bereichsübergreifend ablaufen, besitzt die Prozessorganisation einen umfassenderen Bezugsbereich, der bereichs- und unternehmensübergreifend ausgeprägt sein kann. Die Marktdynamik, insbesondere der technologische Wandel, der verstärkte Wettbewerbsdruck, die zunehmende Internationalisierung und das steigende Kundenbewusstsein haben ebenfalls zu der Entwicklung der Prozessorganisation beigetragen.[597]

---

[595] Vgl. Schierenbeck, H.(2003), Grundzüge der Betriebswirtschaftslehre, S. 105.
[596] Vgl. Heyden, F., S. 64.
[597] Vgl. Pierschke, B. (2001), S. 182ff.

11.4.2 Instrumente und Ziele der Prozessorganisation

Ein Prozess ist die zielgerichtete Erstellung oder Veränderung eines Objekts oder einer Leistung durch zusammenhängende Aktivitäten mit dem Ziel, einen Wertzuwachs zu generieren.

Prozessarten

Prozessarten werden nach dem Prozessgegenstand gegliedert. Differenziert werden materielle Prozesse (Ablauf der Prozessaktivität von Objekten wie z. B. Rohstoffe) und Informationsprozesse, die Informationen tauschen, weiterleiten und verarbeiten. Mögliche Unterscheidungsmerkmale sind auch die Art der Tätigkeit (operative Prozesse oder Managementprozesse) sowie der Marktbezug, d. h. ob es sich um Kernprozesse (Primärprozesse) oder um Unterstützungsprozesse (Sekundärprozesse) handelt.

Kernprozesse

Für die Gestaltung der Prozessorganisation müssen die Kernprozesse, also die relevanten Prozesse des Unternehmens, festgelegt werden. Im Bereich des Facility Managements sind dies i. d. R. das kaufmännische, das technische und das infrastrukturelle Gebäudemanagement. Die Akquisition oder die Bereitstellung eines CAFM-Systems kann dagegen zu den unterstützenden Prozessen gezählt werden.

Ziele

Die Ziele der Prozessorganisation sind in erster Linie die Verkürzung der Durchlaufzeiten, die Erhöhung der Prozessqualität, die Senkung der Prozesskosten und die Verbesserung der Innovationsfähigkeit.

Prozessteam

Für jeden Prozess gibt es ein Team mit jeweils einem Prozessverantwortlichen. Dieser verfügt über genügend Rechte und Verantwortung, damit er sich gegen Bereiche durchsetzen kann, die mit dem Prozess in Verbindung stehen. Diese Form der Organisation knüpft also an die der Teamorganisation an. Der grundlegende Vorteil hierbei ist die Verbesserung der Koordination durch die Verkürzung der Kommunikationswege und die Minimierung der Konflikte durch die unmittelbaren persönlichen Kontakte.[598]

Im Bereich der Immobilienwirtschaft, insbesondere des Facility Managements, werden zunächst die Kernprozesse festgelegt. Hierbei handelt es sich in der Praxis fast immer um die Einteilung in technisches, kaufmännisches und infrastrukturelles Gebäudemanagement. Anschließend kann dann eine weitere Untergliederung der Kernprozesse in Teilprozesse erfolgen. Das technische Gebäudemanagement kann z. B. in Instandhaltung, Wartung und Reparatur un-

---

[598] Vgl. Pierschke, B. (2001), S. 190f.

terteilt werden, das Kaufmännische in Vertragsmanagement, Controlling und Objektbuchhaltung, das infrastrukturelle Gebäudemanagement in Umzugsmanagement, Hausmeisterdienste und Flächenmanagement. Diese Auflistung ist nicht abschließend und unternehmensspezifisch festzulegen.

Die Unterstützungsprozesse, so genannte Supportprozesse, können im Facility Management das IT-Management, das Personalmanagement, das juristische Management und das Finanzmanagement sein.

11.5 Outsourcing

11.5.1 Ziele und Inhalt des Outsourcing

Das Wort Outsourcing ist eine Wortschöpfung aus den englischen Begriffen „Outside Ressource Using"[599] und bedeutet, dass Aufgaben die bisher unternehmensintern erbracht wurden, mittels vertraglicher Regelungen an – meist externe – Dritte vergeben werden. Der Fremdbezug einzelner Leistungen ist nicht nur mehr ein Mittel zur Kostensenkung, sondern begründet sich immer mehr in der Bildung von Kernkompetenzen und der Steigerung des Know-hows. Das ausgliedernde Unternehmen kann seine Aktivitäten auf bestimmte Stufen der Wertschöpfungskette konzentrieren und somit die Handlungsfähigkeit und Flexibilität in den zentralen Geschäftsfeldern erhöhen. Diese strategische Betrachtungsweise der Fremdvergabe gewinnt immer mehr an Bedeutung.[600]

Der Kostendruck auf öffentliche und private Unternehmen und die zunehmende Professionalisierung der Dienstleistungen im FM werden voraussichtlich dafür sorgen, dass der Markt für externe FM-Leistungen auch in den nächsten Jahren weiter ansteigen wird und der strategische Ansatz eine ganzheitliche Betrachtungsweise verlangt.[601] Die klassische Problemstellung bei der Outsourcingentscheidung ist die „Make-or-Buy-Frage", d. h. welche Leistungen von der Unternehmung selbst erbracht und welche fremd bezogen werden sollen. Grundsätzlich ist die Auslagerung von Dienstleistungen für jede Funktion im Unternehmen denkbar.[602] Im Bereich des Facility Managements wird Outsourcing vor allem für das Gebäudemanagement genutzt. Hier ist es möglich eine einzelne Leistung auszugliedern oder ganze Aufgabenpakete. Bei einer umfänglichen Auslagerung von FM-Dienstleistungen bedeutet dies für das ausgliedernde Unternehmen eine volle Konzentration auf das Kerngeschäft. Erbringt der Lieferant seine Leistung ebenfalls als sein Kerngeschäft, ergeben sich erhebliche Synergieeffekte durch die Bündelung ausschließlich professioneller Leistungen.

Die meisten Outsourcing-Verträge zur Vergabe von Gebäudedienstleistungen werden bisher für technische FM-Leistungen (Wartungen und Instandhaltung)

---

[599] Vgl. Hellerforth, M. (2004), Outsourcing in der Immobilienwirtschaft, S 2.
[600] Vgl. Viering, M., Probleme und Gestaltungsmöglichkeiten des Outsourcings, in: Schulte, K.-W./Pierschke, B. (Hrsg.) (2000), S. 423–449, hier: S. 426.
[601] Vgl. Studie IC Market Tracking Facility Management in Deutschland, a. a. O.
[602] Vgl. Viering, M., a. a. O., S. 426.

11 Organisatorische Aspekte des Facility Managements

und infrastrukturelle FM-Leistungen (Reinigung und Pflege) abgeschlossen. Die Leistungen des kaufmännischen Facility Managements werden bislang vorwiegend intern erbracht.

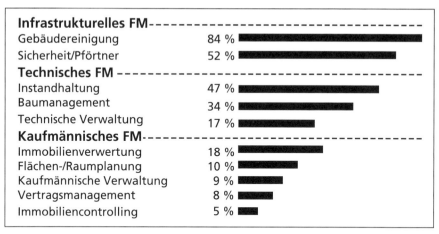

Abb. 142: Geplanter Fremdvergabeanteil in Prozent vom Gesamtvolumen (Datenerhebung 1998)[603]

Ein Outsourcing-Modell hat nicht nur Chancen, sondern auch Risiken. Dies muss im Entscheidungsprozess erkannt und berücksichtigt werden. In einer so genannten Worst-Case-Analyse müssen nicht nur der erkennbare Nutzen, sondern auch alle direkten und indirekten Kosten sowie alle möglichen Störfaktoren analysiert werden. Erkennbare Risiken lassen sich dann durch intelligente Unternehmensstrategie, eine gute Projektierung und die Wahl eines zuverlässigen Partners begrenzen.[604] Basierend auf einer solchen ausgiebigen Analyse und Prüfung der Outsourcingstrategie kann dann die richtige Entscheidung getroffen werden.

Um als Outsourcing-Modell gelten zu können, sollten gewisse grundlegende Kriterien erfüllt werden:

- Die Leistungsübertragung muss permanent sein, also mindestens mittelfristig, meist aber langfristig.
- Es muss eine spezifische, individuelle Form der Zusammenarbeit erkennbar sein.
- Die Auslagerung muss marktbezogen sein, d. h. es muss mindestens ein externes und wirtschaftlich eigenständiges Unternehmen beteiligt sein.

---

[603] Vgl. Pfnür, A. (2004), S. 333.
[604] Vgl. Schneider, H. (2004), S. 280f.

11.5.2 Die Make-or-Buy-Entscheidung

Die Entscheidung des „Make-or-Buy" ist eine individuelle Grundsatzentscheidung jeder Branche und jedes Unternehmens,[605] es wird zwischen der Eigenleistung, d. h. „Make" und der Fremdleistung, d. h. „Buy" differenziert.

Im ersten Schritt werden die strategischen und operativen Leistungsbereiche voneinander abgegrenzt und die damit verbundenen Aufgaben definiert. Um Schnittstellen und Leistungslücken vorzubeugen ist genau festzulegen, inwieweit die damit verbundenen Leistungen vom eigenen Unternehmen effizient zu bewältigen sind, oder ob anzuraten wäre die Leistung Dritter in Anspruch zu nehmen. I. d. R. werden strategische, globale, ortsunabhängige und differenzierte Aufgaben intern durch Eigenleistungen erbracht. Hingegen werden externe Dienstleistungsunternehmen mit den operativen, lokalen, standortbezogenen Aufgaben, die standardisierbar, kontrollierbar und optimierbar sind, beauftragt.[606] Idealerweise werden die Bedürfnisse aus den Bereichen des Kerngeschäftes zentral gebündelt und zuerst intern koordiniert, ehe sie von der zentralen Stelle an externe Anbieter vergeben wird.

Wenn die Auslagerung von Leistungsbereichen sinnvoll sein soll, ist die gesamte Wertschöpfungskette eines Unternehmens zu optimieren. Vom Anbieter wird erwartet, dass er die ihm übertragenen Leistungen besser, schneller, preiswerter, flexibler und innovativer erbringt, als es dem Auftraggeber möglich wäre. Kriterien für die Wahl der Kooperationspartner können in vier Grundaspekte eingeteilt werden:

- Operativ: Kann der Anbieter die Leistung erbringen?
- Finanziell: Kann der Anbieter die Leistung kostengünstiger erbringen?
- Rechtlich: Ist der Anbieter eine juristische Person?
- Kulturell: Hat der Anbieter eine korrespondierende Unternehmensphilosophie?

Die Fremdvergabe ermöglicht einem Unternehmen die Konzentration auf sein Kerngeschäft. Elementare Produktionsfaktoren (Personal, Betriebsmittel und Werkstoffe) können innerhalb des Sekundärprozesses bedarfsgerecht eingesetzt und Überkapazitäten erfolgreich vermieden werden.

Ein externer Dienstleister kann i. d. R. unter bestimmten Bedingungen die gleichen Leistungen preiswerter anbieten als der Auftraggeber. Das liegt vor allem an der Reduzierung der Personalkosten. Bspw. verursachen intern erbrachte Hausmeisterleistungen überwiegend Fixkosten in Form von Lohn- und Gehaltskosten. Beim Fremdbezug dieser Hausmeisterleistungen werden diese Fixkosten zu variablen Kosten, da eine konkrete Tätigkeit in Abhängigkeit des Leistungsumfangs in Rechnung gestellt wird. Folglich ist bei Fremdanbietern meist eine höhere Kostendegression zu beobachten.

---

[605] Vgl. Zechel, P. (2005), S. 128f.
[606] Vgl. Preugschat, F., a. a. O., S. 370.

Darüber hinaus haben externe Anbieter aufgrund von Erfahrungswerten meist höhere Lernkurveneffekte und Professionalität vorzuweisen. Sie verfügen über qualifiziertes Personal, das mit den Gegebenheiten auf den entsprechenden Märkten vertraut ist.[607] Der Nachteil für den Auftraggeber liegt im Verlust von Know-how und Zugriffsmöglichkeiten auf die vergebenen Leistungsbereiche seines Unternehmens.

	Make	Buy
Vorteile	– Unabhängigkeit – kein Know-how-Verlust	– professionelle Leistungserbringung – Reduzierung der Personalkosten – wirksame Kostenkontrolle – weniger Schnittstellen
Nachteile	– Überschätzung der eigenen Fähigkeiten – Ineffizienz – mittelmäßige Leistungen	– Erhöhung der Sachkosten (= Fremdleistung) – Interessenkonflikte – strategischer Überbau wichtig – Kontrolle der Fremdleistung (Qualität und Kosten) – Verlust von Know-how

Abb. 143: Vorteile und Nachteile der „Make-or-Buy" Entscheidung

Die Vor- und Nachteile der internen Leistungserbringung werden gegenüber dem leistungsfähigen Lieferanten nach dem Aspekt der Kostentransparenz und des Leistungsspektrums geprüft. Jedoch hat sich der Umfang der Transaktionskosten als erheblicher Faktor in der „Make-or-Buy"-Frage entwickelt.[608] In der Entscheidungsfindung sind Instrumente wie bspw. eine Stärken-Schwächen-Analyse, eine strategische Geschäftsfeldanalyse oder auch Benchmarking hilfreich.[609]

Mittlerweile ist beinahe jedes Unternehmen von der Auslagerung von Leistungen betroffen, selbst wenn es sich nur um die Wartungsarbeiten von technischen Anlagen handelt. Im Zuge des Lean Managements wird häufig die Fremdvergabe aller Leistungen des Sekundärprozesses konsequent durchgesetzt. Als Alternative ist jedoch auch eine Mischung aus beiden Elementen möglich.[610]

11.5.3 Formen des Outsourcing

Outsourcing ist heutzutage ein weitreichender Begriff und hinter ihm verbergen sich verschiedene Gestaltungsmöglichkeiten zur Ausgliederung bzw. Auslagerung von Leistungen. Die Ausgliederung einer Leistung oder Funktion

---

[607] Vgl. Preugschat, F., a. a. O., S. 365f.
[608] Vgl. ebenda, S. 27.
[609] Vgl. Hellerforth, M. (2004), S. 4.
[610] Vgl. Zechel, P. (2005), S. 158.

stellt das interne Outsourcing dar, die Auslagerung das externe Outsourcing. Nachfolgend werden die verschiedenen Gestaltungsmöglichkeiten aufgezeigt.

Internes Outsourcing

- Profit-Center
- Cost-Center
- Tochtergesellschaft
- Beteiligungsgesellschaft (gemischtes Outsourcing)

Externes Outsourcing

- Echtes Outsourcing/Fremdvergabe

11.5.3.1 Internes Outsourcing

Das interne Outsourcing, in der Fachliteratur auch oft als Inhouse Outsourcing bezeichnet, ist die Ausgliederung[611] der entsprechenden Tätigkeit in eine neue Stabsstelle oder Abteilung im Haus. Die andere Möglichkeit, die das Interne Outsourcing für die Gestaltung der Vergabe bietet, ist die Ausgliederung eines Unternehmensteils z. B. in eine rechtlich selbstständige, konzernangehörige Tochtergesellschaft, oder die Bildung eines Profit- oder Cost-Center.

Bei allen o.g. Modellen bleiben die ausgelagerten Dienste im Unternehmen bzw. Konzern und somit im direkten Einflussbereich[612]. Es entsteht eine bessere Kostentransparenz.[613] Für die Mitarbeiter bedeutet die Ausgliederung, dass sie im Kulturkreis des Unternehmens/Konzerns bleiben. Dies eröffnet die Möglichkeit, am Markt mit einer erhöhten Flexibilität zu agieren, sowie bei der Ausgliederung des Unternehmensteils durch externe Einnahmen die Fixkosten ergebniswirksam zu verbessern.

Profit-Center

Das Profit-Center ist eine gute Alternative zur Bildung einer neuen Abteilung/ Stabsstelle im Unternehmen. Eine neue Abteilung wäre ggf. unkomplizierter zu organisieren, dabei müssen jedoch auch alle organisatorischen und führungstechnischen Gegebenheiten berücksichtigt werden, die für das Kerngeschäft relevant sind. Das kann im Einzelfall im Hinblick auf die Kostentreiber eine unwirtschaftliche Arbeitsweise darstellen.[614] Anders bei einem Profit-Center; hier findet eine unternehmensinterne Verlagerung der Zuständigkeiten statt, wobei die Aufgaben und Verantwortung einzelner Funktionsbereiche neu gestaltet werden.[615] Die Leitung hat eine eigene Kosten- und Ergebnisverantwortung, was auch einen erweiterten Handlungsspielraum mit sich bringt.[616] Es wird eine

---

[611] Vgl. Viering, M., a.a.O., S. 430.
[612] Vgl. Schneider, H. (2004), S. 283.
[613] Vgl. Hellerforth, M. (2004), S. 21.
[614] Vgl. Schneider, H. (2004), S. 283.
[615] Vgl. Viering, M., a.a.O., S. 430.
[616] Vgl. Schneider, H. (2004), S. 284.

eigene Gewinn- und Verlustrechnung erstellt, so dass das Profit-Center wie ein Unternehmen im Unternehmen behandelt wird.

Beispiele:

- Ein Bauträger gliedert eine eigene Verwaltungsabteilung an, um das Nachfolgegeschäft der Wohnungsverwaltung übernehmen zu können. Es entsteht eine WEG-Verwaltung als Unternehmen im Unternehmen.
- Eine Wohnbaugenossenschaft organisiert im Rahmen eines neuen, eigenständigen Geschäftsbereichs Pflegedienste für Nutzer der Genossenschaftswohnungen als Profit-Center.

Mit der Schaffung von Profit-Centern entsteht auch die Möglichkeit für Unternehmen sich zu vergleichen, d. h. es wird eine Messgröße für die Anwendung des Benchmarking gebildet. Für den Mitarbeiter bedeutet eine Einbindung in ein Profit-Center eine dienstleistungsorientierte Denk- und Handlungsweise und eine Leistungssteigerung, die durch Schulungen und Umgestaltung erzeugt werden kann. Wenn das gebildete Profit-Center die Preise und Konditionen der Konkurrenz nicht bieten kann, muss die Wirtschaftlichkeit und Rentabilität der Ausgliederung geprüft werden, was im gegebenen Fall zur Nutzung externer Leistungen anstatt des eigenen Dienstleisters führen.[617]

Als Voraussetzung für die Strukturierung als Profit-Center gelten der freie Zugang zu den externen Beschaffungsmärkten und/oder die Existenz von Verrechnungspreisen. Die wichtigsten Funktionen von Verrechnungspreisen sind die Koordination und Lenkung einzelner Bereiche innerhalb des Unternehmens und die Ermittlung des Erfolgs von Teileinheiten.[618]

Beim betrieblichen Immobilienmanagement fehlt jedoch nicht selten der Zugang zum externen Markt. Ist dies der Fall, wenn z. B. die FM-Leistungen nur intern vergeben werden, muss ein interner, fiktiver Markt gebildet werden.[619] Schwierigkeiten bereitet hier allerdings die Ermittlung von marktorientierten Verrechnungspreisen für Spezialimmobilien.

Das Profit-Center gilt als gute Möglichkeit die Funktionsbereiche eines Unternehmens zu optimieren, die Effizienz zu steigern und das Kerngeschäft um die komplementären Leistungsbereiche zu entlasten. Die Mitarbeiter können „ihre" Leistungen in einem gesonderten Geschäftsergebnis nachvollziehen, was auch zu Leistungssteigerung und Mitarbeiterzufriedenheit führen kann. Nicht selten wird die Einbindung in ein Profit-Center als Vorstufe oder aber als Alternative zu der Gründung einer Tochtergesellschaft wahrgenommen.

Cost-Center

Bei einem Cost-Center steht die Planung, Steuerung und Kontrolle von Kostengrößen im Vordergrund. Es ist wie das Profit-Center eine organisatorische Umwandlung innerhalb des Unternehmens um Funktionsbereiche zu optimieren. Die Kosten werden abrechnungstechnisch zusammengefasst und die

---

[617] Vgl. Hellerforth, M. (2001), S. 249 ff.
[618] Vgl. Pfnür, A. (2004), S. 311.
[619] Vgl. Pierschke, B. (2001), S. 412.

11.5 Outsourcing

kostenmäßige Effizienz der Leistungserstellung wird gemessen. Uninteressant für diesen Verantwortungsbereich sind Änderungen in Art und Umfang der Aktivitäten.[620] Die Verantwortung beschränkt sich auf die Kostenverursachung durch Immobilien. Dieses System kann folglich nur funktionieren wenn es sich lediglich um die kostenminimale Bereitstellung dreht.

Im Bereich des Facility Managements ist es jedoch unwahrscheinlich, dass eine Beschränkung der Verantwortung auf die Kostenseite (vorgegebenes Kostenbudget, generelle Kostenminimierung) zu effizienten Lösungen führt (vgl. dazu auch Kapitel 10). In der Praxis aber findet diese Form der Organisation weite Verbreitung.

In Abb. 144 sind die wichtigsten Gründe aufgeführt, warum ein Cost-Center implementiert wurde (Die Angaben stammen aus einer empirischen Erhebung bei deutschen Unternehmen im Jahr 1997).

Immobilien werden nicht als Geschäftsfeld gesehen	81,4 %
Gemeinkostencharakter der Immobilien	52,5 %
Mangelnde Ergebniseigenständigkeit der Immobilien-Instanz	52,5 %
Einfachheit und geringer Managementaufwand	44,1 %
Überprüfung der Kosteneffizienz der Immobiliennutzung	30,5 %
Ergebnisverantwortung ist nicht möglich bzw. durchsetzbar	18,6 %
Sonstige Gründe	6,8 %

Abb. 144: Motive für die Einrichtung eines Cost-Centers[621]

Im Facility Management sollten neben der reinen Kosten- bzw. Investitionsrechnung zukünftig verstärkt auch die Wertaspekte berücksichtigt werden. Wenn eine Möglichkeit gesucht wird, Anreize zur Leistungseffizienz auszuüben, stehen andere Ausgliederungsmethoden wie z.B. das Profit-Center oder die Gründung einer Tochtergesellschaft zur Auswahl, da beim Cost-Center der Druck auf die Leistungseffizienz nur gering ist. Das Cost-Center wird auch gerne als Vorstufe im Rahmen der weiteren Entwicklung des Unternehmens und der weitergehenden Lösungen vorgeschaltet.

---

[620] Vgl. Hellerforth, M. (2004), S. 28.
[621] Vgl. Pfnür, A. (2004), S. 306.

Gründung einer Tochtergesellschaft

Für die Ausgliederung eines Unternehmensbereichs kann eine konzernangehörige Gesellschaft ohne Beteiligung eines externen Dienstleisters in Form einer rechtlich selbstständigen Tochtergesellschaft gegründet werden. Das Unternehmensgeflecht wird zum Konzern. §18 AktG versteht unter einem Konzern den Zusammenschluss mehrerer rechtlich selbständiger Unternehmen unter einheitlicher wirtschaftlicher Leitung. Die Muttergesellschaft bringt ausschließlich Vermögensgegenstände als alleinige Kapitalgeberin in die Tochtergesellschaft ein.

Die Tochtergesellschaft agiert im Sinne des Unternehmens, kann aber durch die rechtliche Selbstständigkeit ihre Innovationsfähigkeit und ihre Positionierung als FM-Anbieter am Markt deutlich machen. Ebenso ist das Betriebsergebnis bei einem rechtlich selbständigen Unternehmen transparenter als bei einem rechtlich unselbständigen Teilbereich. Voraussetzung für die gute Positionierung am Markt ist, dass die Tochter als mittelständisches Unternehmen geführt wird und Eingriffe der Mutter sowie Konzernumlagen, bürokratische Berichte und die Einhaltung von komplexen Verwaltungsstrukturen vermieden werden.[622]

Auch bei der Ausgliederung der Prozesse in eine Tochtergesellschaft, zeigen sich die Vorteile des eigenen betrieblichen Ergebnisses, was steigende Motivation und darüber hinaus auch die erhöhte Leistungsfähigkeit der Mitarbeiter mit sich bringen kann. Das Modell mit der Tochtergesellschaft gilt als Alternative zur Profit-Center-Struktur, wenn die Konzentration im (Mutter-)Unternehmen aller geschäftlicher Aktivitäten auf einen Kernbereich zurückgeführt werden soll.

Vorteile	Nachteile
• Ergebnisverantwortung und damit Kostenbewusstsein • Nachfragedisziplinierung • Mitarbeiter partizipieren am Erfolg • Unternehmergeist • Innovationsdruck durch Markt • Kein Servicerisiko • Marktfähigkeit der Leistungen • Personalüberführungen einfach • Hoher Einfluss auf Service	• Mitarbeiter bleiben im Unternehmensverbund • erhöhter Implementierungsaufwand • Aufbau eigener Support- und Overheadfunktionen • Verdeutlichung der begrenzten Verlustübernahmebereitschaft

Abb. 145: Die wesentlichen Vor- und Nachteile einer FM-Tochtergesellschaft

Gründung einer Beteiligungsgesellschaft

Die Beteiligungsgesellschaft wird mit einem externen Dienstleister gegründet. Vor der Gründung ist es sehr wichtig, dass ein ausführlicher Kooperationsvertrag geschlossen wird, in dem alle Formalien wie Art und Umfang der zu

---

[622] Vgl. Diederichs, C. J. (2006), S. 595.

gründenden Gesellschaft, Geschäftsführerfragen, Gründungen von Beiräten und Einzelheiten des Gesellschaftervertrages vereinbart werden.

Für das Entstehen einer Beteiligungsgesellschaft gibt es 3 Möglichkeiten:
- Ein Dienstleister beteiligt sich an der Tochtergesellschaft
- Die Tochtergesellschaft beteiligt sich an einem Dienstleister
- Es wird eine gemeinsame Gesellschaft von zwei Unternehmen gegründet.[623]

Diese Ausgliederungsmethode ist eine Untervariante der Tochtergesellschaft,[624] mit dem Unterschied, dass eine Beteiligungsgesellschaft mehrere Kapitalgeber besitzt, von denen mindestens einer, aber nicht alle eine Unternehmensfunktion ausgliedert und auf die Gesellschaft überträgt.[625] Durch die Gründung einer rechtlich selbstständigen Gesellschaft wird auch hier, ähnlich wie bei der Tochtergesellschaft, die Positionierung am Markt deutlicher gemacht und es kann bei der Beteiligungsgesellschaft zusätzlich von dem Know-how des externen Partners – des Dienstleisters – profitiert werden. Es werden gleichzeitig die Leistungs- und Kostenpotentiale des Outsourcings genutzt und dabei dennoch die Risiken der vollen Abhängigkeit von externen Dienstleistern vermieden.

Zu beachten ist bei der Ausgliederung eines FM-Prozesses in eine Beteiligungsgesellschaft, dass es sich um gesellschaftliche Umwandlungsvorgänge handelt, die im Umwandlungsgesetz und Umwandlungssteuergesetz reglementiert werden. Zur Konzeption und Umsetzung einer solchen Beteiligungsgesellschaft sind daher fachkundige Juristen und Steuerberater zwingend notwendig.[626]

Outsourcing durch Fremdvergabe

Echtes Outsourcing, auch Outhouse Outsourcing genannt, beschreibt die Fremdvergabe von betrieblichen Aufgaben und ist der weitestgehende Schritt in der Reduzierung der Leistungstiefe. Die zu erfüllenden Leistungen werden an außerhalb des Unternehmens stehende, mit diesem gesellschaftsrechtlich nicht verbundene Dienstleister vergeben. Hier liegt Outsourcing im eigentlichen Sinne vor, da auf Ressourcen außerhalb des Unternehmens zurückgegriffen wird.[627] Die Auslagerung von Leistungen wird mittels Verträgen abgeschlossen.

Für diese Auslagerungsform gibt es drei Formen:
- Die gesamte Dienstleistung wird an einen Generalkontraktor vergeben (sogenannte Komplettvergabe)
- Mehrere Teilwerke werden separat vergeben (sogenannte Teil-/Einzelvergabe)
- Management-buy-out: Dabei scheiden einige oder alle im Facility Management Beschäftigte aus dem Unternehmen aus, gründen ein eigenes Unternehmen und erhalten mit diesem den Auftrag

---

[623] Vgl. Hellerforth, M. (2004), S. 33.
[624] Vgl. Gondring, H. (2004), S. 515.
[625] Vgl. Viering, M., a. a. O., S. 430.
[626] Vgl. Diederichs, C. J. (2006), S. 595.
[627] Vgl. Pierschke, B. (2001), S. 418.

Durch die Komplettvergabe wird die Komplexität und die Anzahl der zu steuernden Außenbeziehungen verringert, allerdings besteht auch die Gefahr eines Know-how Verlustes im Unternehmen.[628]

11.5.4 Bestandteile von Outsourcing-Verträgen

Grundsätzlich kommt ein Vertrag gem. § 145 ff. BGB durch Annahme eines Angebots zustande und gilt dabei als Garant für die festgelegten Vereinbarungen der Vertragspartner. Es gilt der Grundsatz der Vertragsfreiheit. Dennoch muss sich auch der Outsourcing-Vertrag an gesetzlichen Mindeststandards, wie z. B. den guten Sitten, messen lassen.

Grundsätze der Vertragsgestaltung:

- Logische Gliederung des Vertrages
- Dem Vertrag sollte ein Inhaltsverzeichnis vorangestellt werden, damit die Vertragsparteien sich schnell zurechtfinden
- Klare und eindeutige Begriffsdefinitionen
- Zu viele Anlagen vermeiden
- Anlagen müssen mit dem Vertragstext korrespondieren
- Verweise, insbesondere Querverweise, in den Anlagen vermeiden

Abb. 146: Grundsätze der allgemeinen Vertragsgestaltung[629]

Eine ausgewogene und klare Vertragsgestaltung ist die Voraussetzung für eine unmissverständliche und langjährige Zusammenarbeit zwischen den Vertragspartnern. Auf diese Weise können Enttäuschungen, umständliche Vertragsanpassungen und vorzeitige Vertragskündigungen vorgebeugt werden. Dennoch kann es zur Unwirksamkeit einzelner Vertragsklauseln kommen. Für diesen Fall ist in Verträgen eine Salvatorische Klausel vorgesehen. Beim Vorliegen von unwirksamen Vertragsteilen wird der Vertrag als Gesamtwerk nicht ungültig.

Ein Outsourcing-Vertrag setzt sich i. d. R. aus dem Vertragsrahmen und den korrespondierenden Anhängen zusammen. Der Vertragsrahmen enthält alle allgemeinen Vertragsbestimmungen zu Vertragsgegenstand, Laufzeit, Kündigung und dem Vertrag zugrunde liegenden Gesetzen, Verordnungen und Bestimmungen. Ergänzt wird der Vertrag i. d. R. durch Anhänge. In den Anhängen sind alle Unterlagen und Tätigkeiten, die Vertragsbestandteil sein sollen, beizulegen. Dazu zählen die Beschreibung des Standortes und des Objektes, die Leistungsbeschreibung anhand eines Leistungsverzeichnisses, Vollmach-

---

[628] Vgl. Krimmling, J. (2005), a. a. O., S. 238.
[629] Vgl. Hellerforth, M. (2004), S. 176.

ten, Zeichnungen, Berechnungen etc. Gesetze und Verordnungen sind auch ohne ausdrückliche Nennung einzuhalten. In Abhängigkeit der beauftragten Leistungen sind dem Auftragnehmer z. B. Genehmigungen, Mitarbeiterverzeichnisse, Wartungs- und Übergabeprotokolle zu überreichen.

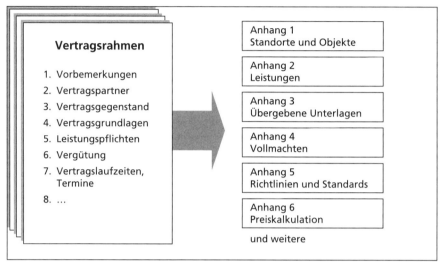

Abb. 147: Vertragsgliederung mit Vertragsrahmen und Anhängen[630]

11.5.4.1 Vorbemerkungen

In den Vorbemerkungen, der so genannten Präambel, werden kurz und präzise die Vertragsstruktur einschließlich ihrer Verbindung zu anderen Verträgen sowie die allgemeinen Leistungs- und Personalanforderungen erläutert. Eine Rangfolge regelt die Gültigkeit der Vereinbarungen bei widersprüchlichen Vertragsinhalten. Im Rahmen einer umfassenden immobilienspezifischen Betreuung wurde durch den ivp-Arbeitskreis in der Richtlinie GEFMA 732 folgende Rangordnung festgelegt:

(1) Vertrag einschl. Anhänge
(2) Vergabeprotokolle
(3) Schriftliche Vorgaben des Auftraggebers
(4) Verträge, Konzessionen, die gem. Anhang … durch den AN betreut werden
(5) VOL/B
(6) Sonstiges (z. B. VOB/B, Zusatzvereinbarungen, etc.)

---

[630] Vgl. Schneider, H. (2004), S. 310.

11.5.4.2 Besetzung der Clearingstelle

Mit Abschluss des Vertrages sind Projektverantwortliche als zuständige Ansprechpartner auf Seiten des Auftraggebers und des Auftragnehmers zu benennen. I.d.R. handelt es sich um Personen, die von AG und AN mit Einzelvertretungsbefugnissen ausgestattet sind. In einem regelmäßigen zeitlichen Rhythmus (wöchentlich, monatlich oder quartalsweise) treffen sich die Prozessverantwortlichen oder ihre Stellvertreter. Diese vertraglich vereinbarten Jour Fixe dienen zur ständigen Vertragskoordination, Kommunikation und eventueller Problem- und Konfliktlösung (vgl. GEFMA-Richtlinie 732). Die Projektverantwortlichen müssen bei einer Vielzahl von Projekten dafür sorgen, dass keine Vertragslücken entstehen. Alle Erklärungen, die gegenüber den Clearingstellen abgegeben werden, wirken grundsätzlich für und gegen die Vertragspartei. Dies gilt jedoch nicht im Kündigungsfall (vgl. GEFMA-Richtlinie 732).

11.5.4.3 Pflichten der Vertragspartner

Grundsätzlich werden alle Leistungen des Auftragnehmers in der Leistungsbeschreibung festgelegt. Es ist jedoch umstritten den Leistungsumfang zwischen Haupt- und Nebenpflichten zu differenzieren, denn die schuldhafte Vertragsverletzung einer Hauptleistungspflicht ermöglicht die Anfechtung, den Rücktritt vom Vertrag oder sogar die Kündigung aus wichtigem Grund. Die Verletzung einer Nebenpflicht begründet hingegen kein Kündigungsrecht.

Neben der Erfüllung der vertraglich vereinbarten Leistungen ist zu berücksichtigen, dass der AN ohne Mitwirkung durch den AG seine Leistungen nur teilweise oder gar nicht erbringen kann. Aus diesem Grund ist es wichtig, die Mitwirkungspflicht als separate Leistungspflicht vertraglich festzulegen. Auf diese Weise können die Verantwortlichkeiten eindeutig festgelegt werden. Es hat sich jedoch herausgestellt, dass es kaum möglich ist, alle Leistungen lückenlos und detailliert in der Leistungsbeschreibung aufzuführen. In Abb. 148 sind die Vertragspflichten von AG und AN auszugsweise dargestellt. Je nach Tätigkeitsfeld ergeben sich Leistungen, die eine besondere Beschreibung erfordern.

Beispiel: Der AG überträgt einem Dienstleistungsunternehmen die Verantwortung für die gesamte Drucktechnik. Die Geräte des Auftraggebers entsprechen jedoch nicht mehr dem Stand der Technik. Der Dienstleister soll alle Drucker, Faxe und Plotter austauschen. Um die Erfüllung der Leistungspflicht zu gewährleisten, empfiehlt es sich, die Art des Leistungsnachweises durch den AN vertraglich zu vereinbaren. Bspw. ist die Vorlage von Leistungsberichten in regelmäßigen Zeitabständen oder die Abnahme der Leistungen denkbar.

Mit der Abnahme erkennt der Auftragnehmer die Leistungen als vertragsgemäße Erfüllung der Hauptsache an.[631] Mit der **Leistungsabnahme** sind erhebliche Konsequenzen verbunden:

---

[631] Vgl. Busch A./Rösel W., S. 47f.

11.5 Outsourcing

Auftraggeber	Auftragnehmer
Vollmachten für den AN	Befähigungsnachweise
Bereitstellung von Räumen, Flächen	Genehmigung von Arbeitsmitteln u.a.
Bereitstellung von Energien	Dokumentation des technischen Zustandes
Bereitstellung von Material, Geräten	Nutzung der neuesten Technik
Bereitstellung von Daten und Dokumenten	Beachtung von Sicherheitsvorschriften
Einräumung von Hausrechten	Beachtung von Entsorgungs-/ Umweltvorschriften
Einräumung von Zutrittsrechten	Beachtung der Unfallverhütungsvorschriften
Genehmigung von Zutrittszeiten	Vorlage von Versicherungsnachweisen
Nutzungsgenehmigung für Verkehrsflächen	Beachtung des Datenschutzes
Informationen über wichtige Sachverhalte	Notwendige Investitionen
u.a.	u.a.

Abb. 148: Vertragspflichten für Auftraggeber und Auftragnehmer[632]

- Erfüllungsstadium und Vorleistungspflicht des Auftragnehmers enden
- Umkehr der Beweislast, d.h. der AG muss das Vorliegen von Mängeln beweisen
- Übergang der Vergütungsgefahr auf den AG
- Beginn des Abrechnungsstadiums und der Zahlungspflicht durch den AG
- Beginn der Gewährleistungsfristen
- Erlöschung von Vertragsstrafen- und Gewährleistungsansprüchen, wenn keine Mängelvorbehalte vorliegen

Grundsätzlich ist der Auftraggeber im Rahmen seiner werkvertraglichen Leistungspflicht zur Abnahme verpflichtet. Es wird zwischen drei Abnahmeformen unterschieden, die jedoch vom AG frei gewählt werden können.

Förmliche Abnahme: Innerhalb von 12 Werktagen nach Aufforderung durch den Auftragnehmer ist zwischen den Vertragsparteien ein Abnahmetermin zu vereinbaren.

Stillschweigende Abnahme: Diese Art der Abnahme liegt vor, wenn der AG durch vorbehaltlose Zahlung der Vergütung oder Inbetriebnahme der Leistungen zu erkennen gibt, dass er die Leistungen anerkennt.

Fiktive Abnahme: Wenn keine Abnahme verlangt wird und der AG die Leistungen in Betrieb nimmt, dann gilt die Abnahme laut VOB/B 6 Werktage nach Benutzung als erfolgt. Das BGB unterscheidet zwei Arten der Abnahmefiktion. Gem. § 640 Abs. 1 Satz 3 BGB liegt diese vor, wenn die Abnahme nach Ablauf

---

[632] Vgl. Schneider, H. (2004), S. 330ff.

einer angemessenen Frist oder nach max. 12 Werktagen nicht stattgefunden hat. Darüber hinaus gelten die Leistungen mit dem Vorliegen einer Fertigstellungsbescheinigung gem. § 641 a BGB als abgenommen. Eine Fertigstellungsbescheinigung stellt ein Gutachten dar, das jedoch nur der AN bei einem Sachverständigen in Auftrag geben kann. Voraussetzung für die Gültigkeit der Fertigstellungsbescheinigung als Abnahmefiktion ist das Vorliegen eines schriftlichen Vertrages.

Für Abnahmen ist die Anfertigung eines Protokolls anzuraten. Anhand einer Checkliste können alle Leistungsbedingungen geprüft werden. Zusätzlich werden alle mangelhaften Leistungen aufgenommen. Dieses Protokoll ist von beiden Vertragsparteien zu unterzeichnen.

I. d. R. wird vertraglich eine termingerechte, ordnungsgemäße und mängelfreie Leistungserbringung zu einer bestimmten Qualität vereinbart. Nur auf Grundlage dieser Vertragsvereinbarung sind Mängelansprüche innerhalb der in Abb. 149 dargestellten Verjährungsfristen durchsetzbar.

BGB	VOB
Die regelmäßige Verjährungsfrist beträgt 3 Jahre	Für feuerberührte und abgasdämmende Teile industrieller Feuerungsanlagen: 1 Jahr
Für Kauf-, Werk- und Werklieferungsverträge: 2 Jahre	Für Arbeiten am Grundstück und für Teile der Feuerungsanlage; für maschinelle und elektrotechnische/elektronische Anlagen ohne Wartungsvertrag: 2 Jahre
Für Bauwerke und ein Werk gem. § 634 a BGB: 5 Jahre	Für Bauwerke: 4 Jahre
Ansprüche auf Schadensersatz: 10 Jahre	Für arglistig verschwiegene Mängel: 30 Jahre
Ansprüche nach §197 BGB: 30 Jahre	

Abb. 149: Übersicht der Verjährungsfristen

Leistungsmängel innerhalb der vertraglich vereinbarten Verjährungsfrist sind vom AG gegenüber dem AN unverzüglich schriftlich zu melden. Der AG hat Anspruch auf die Mängelbeseitigung innerhalb einer angemessenen Frist durch den AN oder kann die Mängelbeseitigung u. U. auf Kosten des Auftragnehmers von einem anderen Unternehmen durchführen lassen. Darüber hinaus hat der AG die Möglichkeit Preisminderungen geltend zu machen. Einen Anspruch auf Schadensersatz besteht nur im Rahmen einer schuldhaften Pflichtverletzung gem. § 280 ff. BGB.

Beispiel: Ein Unternehmen beauftragt eine Firma mit der Wartung der Aufzugsanlage und einen Maler mit dem Anstrich der Empfangshalle. Aus Zeitmangel entfällt die Abnahme der Wartungsarbeiten und der Aufzug wird einfach wieder benutzt. Die Malerarbeiten werden vom AG begutachtet und alle Leistungen und Mängel in einem Protokoll fest gehalten. Vertraglich wurde gem. Werkvertragsrecht eine Verjährungsfrist von fünf Jahren vereinbart.

Nach 35 Monaten blättert die Farbe von der Wand ab. Der Auftraggeber rügt diesen Mangel gegenüber der Malerfirma schriftlich. Zwei Monate nach Aufforderung ist der Schaden beseitigt. Mit der neuen Abnahme beginnt für diese Leistung eine zweijährige Verjährungsfrist neu, die jedoch nicht vor Ablauf der ursprünglich vereinbarten, evtl. längeren Frist endet.

11.5.4.4 Vergütung

Gründliche Preiskalkulationen können nur auf Grundlage von vollständigen und genauen Leistungsbeschreibungen erstellt werden. Vergütungsvereinbarungen nach Erfolg haben den Vorteil, dass der Auftraggeber erst mit Eintritt des vereinbarten Erfolgs und der Leistungsabnahme zur Zahlung verpflichtet ist. Jedoch können vertragliche Abschlagszahlungen für in sich abgeschlossene Leistungen vereinbart werden. Vergütungsvereinbarungen nach Zeitaufwand sind nur schwer nachzuweisen. Aus diesem Grund sind lediglich Sonderleistungen bei Bedarf nach Stunden- oder Tagessätzen zu vergüten.

Beispiel: Ein Unternehmen vergibt die Reinigung von Büroflächen an eine Reinigungsfirma. Die wöchentliche Reinigung wird auf Grundlage von Einheitspreisen je Quadratmeter Bruttogeschossfläche vergütet. Bei Umzügen verschiedener Abteilungen innerhalb des Bürogebäudes werden die Leistungen der Reinigungskräfte auf Grundlage von Stundenzetteln abgerechnet.

Managementleistungen werden i. d. R. mit den Preisvereinbarungen der Leistungsbeschreibung abgegolten. Jedoch werden sehr umfangreiche strategische FM-Leistungen durch einen prozentualen Zuschlag auf die vertraglich vereinbarten Leistungen vergütet oder separat ausgeschrieben. Planungsleistungen werden auf Basis der Honorarordnung für Architekten und Ingenieure abgerechnet, soweit die Leistung in den Leistungsbildern der HOAI erfasst ist.[633]

Vereinbarungen von Festpreisen werden meist bei kurz- und mittelfristigen Verträgen angestrebt. Da die Marktpreise jedoch i. d. R. steigen, wird dies bei Vertragslaufzeiten von über einem Jahr vom Auftragnehmer nicht akzeptiert. Im Gegensatz dazu steht der Auftraggeber Vereinbarungen über automatische Preisgleitklauseln, die häufig an einen Lohn- und Materialindex gekoppelt sind, kritisch gegenüber.

Bei fehlenden Vereinbarungen wird gem. §§ 612, 632 Abs. 2 BGB die übliche Vergütung geschuldet. Dies führt jedoch häufig zu Meinungsverschiedenheiten zwischen den Vertragsparteien. Können einzelne Preisvereinbarungen bei Vertragsabschluss noch nicht festgelegt werden, ist zumindest die Kalkulationsbasis eventueller Leistungsänderungen zu bestimmen. Vergütungsanpassungen erfolgen bei Mengenmehrungen und Mengenminderungen ab 25 % des Leistungsumfangs. Ab einer Über- oder Unterschreitung von 3 % des vereinbarten Pauschbetrages erfolgt eine separate Vergütung und Preisanpassung ab dem nachfolgenden Abrechnungszeitraum. Zusätzliche Leistungen werden gesondert auf Grundlage der vereinbarten Stundensätze vergütet.[634]

---

[633] Vgl. Schneider, H. (2004), S. 346.
[634] Vgl. Rotermund, U., o. S.

11.5.4.5 Vertragsdauer und Kündigung

Facility Management-Verträge werden unterteilt in kurz-, mittel- und langfristige Verträge. Kurzfristige Verträge über eine Laufzeit von 1–3 Jahren werden i. d. R. bei einfachen Leistungen abgeschlossen, bei denen jederzeit ein Anbieterwechsel möglich ist. Mittelfristige Laufzeiten von 3–4 Jahren werden bei Verträgen vereinbart, die einen erheblichen Einarbeitungsaufwand erfordern. Bei einem größeren Investitionsbedarf seitens des Auftragnehmers werden Vertragslaufzeiten von über 5 Jahren vereinbart. Bei derartig langen Laufzeiten werden häufig Optionen zur Vertragsverlängerung um 1–2 Jahre verhandelt.[635] Eine weitere Möglichkeit bietet ein Zusatzvertrag, der unabhängig vom Hauptvertrag z. B. nur für den Investitionsumfang abgeschlossen wird.

Je länger die Vertragslaufzeit, umso größer muss das Vertrauen zwischen Auftraggeber und Auftragnehmer sein. Eine lange Laufzeit birgt jedoch auch Schwierigkeiten bei der Kündigung. Probleme treten auf, wenn sich Bedingungen, die zum Vertragsabschluss geführt haben, im Laufe der Vertragslaufzeit ändern.

Die FM-Verträge enden durch Ablauf der Vertragslaufzeit, durch eine ordentliche Kündigung oder durch Kündigung aus wichtigem Grund. Die Kündigungsfristen werden in Abhängigkeit der vertraglichen Bindungsdauer festgelegt. Die Kündigung ist mit der Angabe des Grundes schriftlich zu erklären.

11.5.4.6 Rückabwicklung und Vertragsende

Im Laufe einer langjährigen Kooperation der Vertragspartner kommt es oftmals zur Übertragung und Vermischung von Wirtschaftsgütern des Anlage- und Umlaufvermögens, Lizenzen, Rechten und Verträgen sowie Personal. Aus diesem Grund sind in den Vertragsendklauseln des Outsourcingvertrages Regelungen zu den Eigentumsverhältnissen, dem Besitzstand und den Nutzungsrechten festzulegen. Für die Nutzungsrechte der Räumlichkeiten und der Versorgungseinrichtungen sowie der Gültigkeit der Vollmachten sind keine besonderen Regelungen zu treffen. Sie enden automatisch mit Ablauf der Vertragslaufzeit.

Bei Vertragsabschluss ist es sinnvoll alle Mitarbeiter, die von einer Betriebsübernahme gem. §613a BGB betroffen sind, zu benennen. Darüber hinaus sollten Regelungen für die Personalübernahme durch den AG bei Vertragsende getroffen werden. Sind Mitarbeiter des Auftraggebers bei Vertragsabschluss vom AN übernommen worden, so handelt es sich bei der Rückübernahme des Personals durch den AG oder der Übernahme durch einen neuen AN erneut um einen Betriebsübergang gem. §613a BGB.[636] Die Betriebsübernahme bedarf jedoch grundsätzlich der Zustimmung durch die betroffenen Mitarbeiter.

Liegt kein Betriebsübergang vor, hat der AG i. d. R. dennoch großes Interesse an der Personalübernahme, da es sich um Mitarbeiter handelt, die sich im Rahmen des ausgelagerten Arbeitsbereiches ein umfassendes Wissen aneignen konnten.

---

[635] Vgl. ebenda.
[636] Vgl. Rotermund, U., o. S.

11.5 Outsourcing

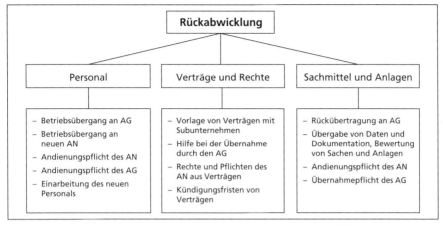

Abb. 150: Bestandteile einer Rückabwicklung[637]

Durch eine vertraglich vereinbarte Klausel kann sich der AN vor dem Abwerben seiner hoch qualifizierten Fachkräfte durch den AG schützen.

Schließt der AN mit einem Subunternehmen einen Vertrag, so ist dieser darauf hinzuweisen, dass gegebenenfalls der AG an die Stelle des Auftragnehmers in den bestehenden Vertrag zu den gleichen Vertragskonditionen einsteigt. Der AG ist über alle bestehenden Verträge, die Laufzeiten und die vereinbarten Vertragskonditionen zu informieren. Auf dieser Grundlage kann der AG prüfen, ob er die Verträge mit den Subunternehmen übernehmen möchte. Für den Fall, dass sowohl der AG als auch das Subunternehmen den Vertrag nicht fortführen wollen, hat der AN die vereinbarten Kündigungsfristen einzuhalten. Analog wird bei der Nutzung von Rechten und Lizenzen, wie z. B. von Softwaremodulen, verfahren.

Die Rückübertragung von Sachmitteln und Anlagen könnte sich problematisch gestalten, wenn vertraglich keine Eigentumsregelungen getroffen wurden. Gem. § 94 BGB verliert der AN sein Eigentum an den von ihm finanzierten und eingebauten Anlagen, wenn er diese fest mit dem Grund und Boden des Auftraggebers verbindet. Aus diesem Grund ist darauf zu achten, dass die Eigentumsverhältnisse durch ergänzende Vertragsklauseln, Grundbucheintragungen oder die Bestellung eines Erbbaurechts klar definiert sind[638].

Häufig ist der AG über die Vertragslaufzeit hinaus auf die Nutzung der eingebrachten Anlagen angewiesen. Für diesen Fall ist es sinnvoll, vertraglich eine Kaufoption mit dem Vertragsende zu vereinbaren. Um einen ausgewogenen Interessenausgleich zu gewährleisten, empfiehlt sich eine Bewertung des Vermögens nach dem Zeitwert[639].

Auf Grundlage von Übergabeprotokollen sind alle Unterlagen und Daten, die dem AN bei Vertragsbeginn zur Verfügung gestellt wurden, an den AG zurück

---

[637] Vgl. Schneider, H. (2004), S. 377f.
[638] Vgl. Hellerforth, M. (2004), S. 236f.
[639] Vgl. Schneider, H. (2004), S. 378f.

zu geben. Dazu gehören bspw. Pläne, Berechnungen, Genehmigungen, behördliche Auflagen, Abnahme- und Wartungsprotokolle.

11.5.5 Auswahl der Outsourcing-Variante

Generell kann keine Aussage darüber getroffen werden, welcher Weg des Outsourcing der Beste ist.[640] Wichtig für die Outsourcing-Entscheidung ist darauf zu achten, dass es nicht nur eine Entscheidung zwischen „reiner Eigenfertigung" oder „reinem Fremdbezug" ist, sondern dass es eine Reihe von institutionellen Einbindungsformen gibt.[641]

Für eine Outsourcing-Entscheidung müssen zunächst einmal die vorhandenen Auslagerungspotentiale ermittelt werden. Zunächst sollte eine klare Festlegung der wertschöpfenden Kernkompetenzen stattfinden, denn diese bilden die Schlüsselprozesse der Unternehmung ab und gehören somit zum sicheren Bereich der Eigenleistung in dem kein Outsourcing betrieben wird.

Eine Kernkompetenz ist ein Mechanismus, der einen überlegenen, langfristig verteidigbaren und wahrgenommenen Kundennutzen schafft und damit einen nachhaltigen Wettbewerbsvorteil erzeugt. Diese Kernprozesse, d.h. die Konzentration auf das, was ein Unternehmen im Vergleich mit den Konkurrenten am Besten kann, führt zu einer verbesserten Wettbewerbsfähigkeit. Das Unternehmen muss definieren, auf welche Kernkompetenzen es sich heute stützt und künftig stützen will.[642]

In Abb. 151 wird die Ermittlung vorhandener Auslagerungspotentiale auf Basis der vorgenannten Definition nochmals verdeutlicht:

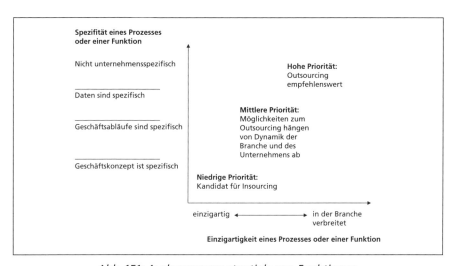

Abb. 151: Auslagerungspotentiale von Funktionen

---

[640] Vgl. Hellerforth, M. (2004), S. 53.
[641] Vgl. Viering, M., a.a.O., S. 431.
[642] Vgl. ebenda, S. 439f.

11.5 Outsourcing

Je weniger spezifisch und je verbreiteter die Funktion ist, desto besser eignet sie sich für das Outsourcing. Für die eindeutige Erkennung der Kernprozesse und als Entscheidungstechnik für das Outsourcing können auch Analyse-Methoden wie die Stärken-Schwächen-Analyse, die Portfolio-Analyse, Benchmarking oder die statischen und dynamischen Verfahren der Wirtschaftlichkeitsberechnung (Kostenvergleichsrechnung, Rentabilitätsrechnung, Investitionsrechnungsverfahren etc.) eingesetzt werden.[643]

Abb. 152 beschreibt das Verhältnis der Kosten pro Transaktion und die Fähigkeit des Unternehmens, diese Funktion wahrzunehmen. Sind die Kosten pro Transaktion niedrig und ist die geleistete Qualität hoch, sollte eine Ausgründung als neues Geschäftsfeld überlegt werden (Angebot der Leistung an Dritte). Liegen die Kosten pro Transaktion jedoch über dem Durchschnitt der Branche und ist das Unternehmen nicht in der Lage eine überdurchschnittliche Qualität der Funktion zu gewährleisten, sollte diese Funktion sinnvollerweise extern eingekauft werden.

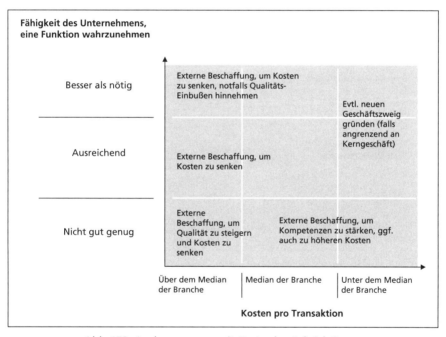

Abb. 152: Auslagerungen mit Kostenberücksichtigung

Wenn die strategische Bedeutung eines Prozesses, also die Relevanz für das Kerngeschäft, die Know-how-Intensität, der Integrationsgrad und die Verzahnung sowie die Kapitalintensität hoch sind, das Einsparpotential bei den Personalkosten, Sachkosten und bei den Investitionen aber niedrig, wäre die Entscheidung nach Outsourcing dieses Prozesses ganz klar negativ zu treffen.

---

[643] Vgl. Hellerforth, M. (2004), S. 4.

11 Organisatorische Aspekte des Facility Managements

Folglich ist das Outsourcing bei einem hohen Einsparpotential und einer niedrigen strategischen Bedeutung sehr empfehlenswert.

Die Motive für Outsourcing sind Kostenaspekte, Leistungsaspekte, sowie personelle und strategische Aspekte. Diese umfassen wiederum diverse Unterpunkte.[644] In Abb. 153 werden einige dieser Motive, wie z. B. der Umfang der Dienste, die Preise, die Flexibilität oder das strategische Management im Hinblick auf internes und externes Outsourcing verglichen.

Bei jeder dieser Outsourcing-Varianten müssen zahlreiche rechtliche, steuerliche und wirtschaftliche Kriterien beachtet werden.

Abb. 153: Vergleich einiger Kriterien beim internen und externen Outsourcing[645]

11.5.6 Vor- und Nachteile des Outsourcing

Wenn die unterschiedlichen Möglichkeiten des Outsourcing betrachtet werden zeigt sich eine Vielzahl von Argumenten, Gründen und Motiven, die für eine Einführung sprechen. Auf der anderen Seite gibt es allerdings auch eine Menge Risiken und Probleme, die beachtet werden müssen und nach denen

---

[644] Vgl. Herzog, R., Outsourcing des Facility-Managements: nur eine kurze Modeerscheinung? in: Financial Gates GmbH (Hrsg.), Corporate-Real-Estate Jahrbuch 2004, S. 80.

[645] Vgl. Hellerforth, M. (2004), S. 54.

das Outsourcing oft nicht zu empfehlen ist, weil hierdurch die Grenzen dieser strategischen Ansätze aufgezeigt werden.[646]

Eine klare Aussage, ob und wann Outsourcing Chancen und/oder Risiken bietet, kann nur vor dem Hintergrund der konkreten Unternehmenssituation entschieden werden. Zudem muss bei der Abwägung der Vor- und Nachteile auf die Ausprägungsform des Outsourcinggrades geachtet werden, denn bei der angestrebten externen Outsourcing-Variante können manche Kriterien anders ins Gewicht fallen als bei einer internen Outsourcing-Variante.

Kosten

Eine Kosteneinsparung wird beim Outsourcing nur erzielt wenn der FM-Dienstleister imstande ist, die Leistung kostengünstiger anzubieten, als es das eigene Unternehmen bisher in der Lage war. Ein weiterer Punkt bei der Kostenersparnis durch Outsourcing ist die Umwandlung von Fixkosten in variable Kosten, welche dann nur bei tatsächlicher Inanspruchnahme anfallen. Dies ist vor allem für Unternehmen, die saisonalen oder konjunkturellen Schwankungen unterliegen, attraktiv.[647] Dieser Aspekt stellt auch eine gute Grundlage für Planbarkeit und Kostentransparenz dar, vor allem wenn es sich bei der Verlagerung um strategisch unbedeutende Leistungen handelt, die bisher häufig untransparent und versteckt blieben.[648] Voraussetzung für die variable Anpassung der Kosten ist jedoch eine entsprechende Flexibilität der Leistungserbringung im Outsourcing-Vertrag.

Als problematischer Aspekt sind jedoch auch die anfallenden Transaktionskosten bei einem Outsourcing-Modell zu berücksichtigen: Kosten und Zeit der Suche nach einem geeigneten Outsourcing-Partner, der Vertragsabschluss, die Kommunikation, die Koordination und Kontrolle.[649] Hinzu kommen die sogenannten „Switching Costs": Umstellungskosten, die bei der Übertragung der Funktionen auf den FM-Anbieter einmalig anfallen. Möglich sind auch Erhöhungen der Leistungsentgelte über die Zeit des Outsourcing-Vertrages, die es mit zu beachten gilt.[650] Darüber hinaus sind ggf. auch steuerliche Aspekte (zusätzlich anfallende Umsatzsteuer, die nicht oder nur teilweise, als Vorsteuer geltend gemacht werden kann) in Betracht zu ziehen.

Strategie

Die Strategie „Do what you can do best, outsource the rest" empfiehlt die Auslagerung bzw. die Ausgliederung der Geschäftsfelder die nicht zum Kerngeschäft gehören und somit strategisch unbedeutend sind. Die Kernkompetenzen sind jene Unternehmensressourcen, die die Identität des Unternehmens bestimmen und somit die wesentlichen Wettbewerbsvorteile bilden. Durch das Outsourcing von strategisch unbedeutenden Leistungen werden im Unterneh-

---

[646] Vgl. Schwind, S., S. 13.
[647] Vgl. Viering, M., a.a.O., S. 432.
[648] Vgl. Hellerforth, M. (2004), S. 55f.
[649] Vgl. Frosch, E./Hartwig, G./Renner, G., Facility Management von Kliniken.
[650] Vgl. Viering, M., a.a.O., S. 432.

men Ressourcen und Kapital für das Kerngeschäft frei, was zu einer erhöhten Wettbewerbsfähigkeit und Liquidität führt. Hinzu kommt der Aspekt, dass das auslagernde Unternehmen durch die Konzentration auf die strategisch bedeutenden Stufen der Wertschöpfungskette die Komplexität seiner Aktivitäten reduzieren und die Betriebsabläufe optimieren kann. Die Handlungsfähigkeit und Flexibilität in den zentralen Geschäftsfeldern wird dadurch erhöht. Diese Flexibilität besteht u. a. darin, dass Kapazitäten und somit Dienstleistungen bedarfsgerecht bezogen und eingesetzt werden können. Ein zusätzlich positives Argument für Outsourcing ist die Verlagerung des Risikos und der Verantwortung für die Leistung auf den Dienstleister.

Ein strategisches Risiko ist die Abhängigkeit von FM-Dienstleister, vor allem im Hinblick auf die Steuerung und Kontrolle der Leistungserbringung. Es müssen exakte Definitionen der zu erbringenden Leistung vorhanden sein, eine präzise Kompetenzabgrenzung und gut funktionierende Schnittstellen.[651] Eine einmal getroffene Outsourcing-Entscheidung ist kaum mehr revidierbar. Deshalb muss bei der Outsourcing-Partnerwahl auf einige Dinge besonders geachtet werden: die Qualifikation des Personals, die Qualitätsstandards, die Preise und die wirtschaftliche Lage des Dienstleisters.

Know-how

Der Vorteil einer positiven Outsourcing-Entscheidung hinsichtlich des Knowhows liegt bei der Spezialisierung des FM-Dienstleisters auf die durchzuführenden Leistungen. Der Dienstleister verfügt i. d. R. über mehr Expertenwissen und Know-how auf seinem Gebiet, da dieses für ihn zu den Kernkompetenzen zählt. So ist es dem Outsourcing-Nehmer möglich, sein Know-how-Defizit durch die Vergabe der Leistungen an den Spezialisten auszugleichen. Die umfassende Kompetenz und die Servicementalität des Dienstleisters versprechen üblicherweise eine qualitativ bessere Leistungserstellung.[652]

Als ein wesentliches Gegenargument wird demgegenüber aber der Knowhow-Verlust aufgeführt. Bei der Ausgliederung bzw. Auslagerung geht das im Unternehmen vorhandene Know-how verloren bzw. es wird nicht weiter unterstützt. Der Know-how-Verlust manifestiert sich sogar darin, dass der Auftragnehmer in gewissem Sinne ausgebildet wird, das heißt, es findet ein negativer Wissenstransfer statt.[653] Vor allem bei Langzeitverträgen kann dieser Know-how-Verlust negative Folgen haben, denn der Prozess des Outsourcing lässt sich nur schwer rückgängig machen und das dann fehlende Know-how kann nur in einem langfristigen Prozess wieder aufgebaut werden.[654]

Personal

Durch die Auslagerung von Leistungen hat das Unternehmen in diesem Bereich keine Personalbeschaffungs- und Weiterbildungsprobleme mehr. Diese

---

[651] Vgl. Frosch, E./Hartwig, G./Renner, G., Facility Management von Kliniken.
[652] Vgl. Viering, M., a. a. O., S. 434.
[653] Vgl. Hellerforth, M. (2004), S. 57.
[654] Vgl. Viering, M., a. a. O., S. 434.

werden dem Dienstleister übertragen. Das auslagernde Unternehmen kann hier Einsparungen verzeichnen und evtl. die Effizienz durch die Verringerung des Auslastungsrisikos eigener Mitarbeiter steigern.[655]

Ein negativer Aspekt bei einer Outsourcing-Strategie sind die personalpolitischen Konsequenzen für die Mitarbeiter der betroffenen Bereiche. Hier können Gefühle der Zurücksetzung, Angst vor einem Standortwechsel, Arbeitgeberwechsel oder Angst vor finanziellen Einbußen auftreten, was eine sinkende Effizienz und eine Verzögerung des Projektes mit sich bringen kann.[656]

Abb. 154 fasst die aufgeführten Vor- und Nachteile des Outsourcing nochmals in Stichworten zusammen:

Vorteile	Nachteile
+ Veränderung von Personalfixkosten in variable Kosten	– Abhängigkeit von externen Dienstleistern
+ Ggf. Qualitätsverbesserung durch Intergration verschiedener Leistungsbereiche	– Evtl. Personalüberhang bzw. Problematik nach § 613 BGB
+ Kosten, Dienstleistungen und Unternehmensorganisation werden transparenter	– Know-how-Verlust
	– Ängste von Mitarbeitern
	– Anfallen von Transaktionskosten
+ Leistungsverbesserung durch Nutzung des externen Spezial-Know-hows	– Sicherheitsrisiko, wenn der Dienstleister Zugriff auf sensible Daten hat
+ Risikoverlagerung	– Probleme bei finanzieller Instabilität des Dienstleisters
+ Erhöhte Flexibilität	– Rückführungsprobleme in die Ausgangssituation
+ Konzentration auf das Kerngeschäft	
+ Geringere Kapitalbindung	

Abb. 154: Vor- und Nachteile des Outsourcing

11.5.7 Erfolgsfaktoren zur Abwicklung einer Outsourcing-Maßnahme

Nachfolgend sind die Faktoren zusammenfassend aufgelistet, die hilfreich und zum Teil sogar unumgänglich sind für eine erfolgreiche Implementierung einer Outsourcing-Maßnahme im Unternehmen. Die Erfolgsfaktoren können den Phasen der Einführung einer Outsourcing-Maßnahme wie dargestellt zugeordnet werden.

---

[655] Vgl. Gondring, H. (2004), S. 516.
[656] Vgl. Hellerforth, M. (2004), S. 58.

11 Organisatorische Aspekte des Facility Managements

1. Problemstellung und Situationsanalyse

- Bildung eines Projektteams (unter Einbeziehung von Experten und ggf. dem Betriebsrat)
- Benennen von Verantwortlichen
- Analyse der Kernkompetenzen
- Genaue Überprüfung der outsourcing-geeigneten Leistungen
- Frühzeitige Entscheidung welches Know-how unbedingt im Unternehmen bleiben muss
- Detaillierte Soll-Ist-Analyse des Leistungsumfangs und der Kostenstruktur

2. Outsourcing-Entscheidung

- Outsourcing zum Projekt erklären und als solches behandeln
- Festlegung eines Verfahrens zur Entscheidungsfindung
- Präzisierung der Zielvorstellung und ständige Verfeinerung
- Sorgfältige Auswahl der Outsourcing-Form
- Durchführung einer Nutzwertanalyse

3. Kontaktaufnahme und Wahl des Dienstleisters

- Erstellen eines Anforderungsprofils
- Implementierung von Streitvermeidungsmöglichkeiten
- Versuch des Aufbaus einer Win-Win-Partnerschaft
- Einbeziehung des Auftragnehmers in Entscheidungsprozesse

4. Vertragsverhandlung und -gestaltung

- Erstellung eines LOI
- Vorbereitung der Vertragsverhandlungen
- Sorgfältige Erstellung des Vertrages und Überprüfung ob alle Notwendigkeiten bedacht worden sind
- Verteilung der Aufgaben und der Verantwortungsbereiche

5. Implementierung und Kooperation

- Formelle (und) informelle Kommunikationskanäle müssen eingerichtet werden
- Genaue Ablauf- und Terminplanung
- Qualitätsmanagement, Vertragsmanagement und Vertragscontrolling muss eingeführt werden
- Schnittstellen zwischen interner und externer Leistungserstellung müssen gut funktionieren
- Outsourcing als dauerhafte Herausforderung behandeln[657]

---

[657] Vgl. Hellerforth, M. (2004), S. 298 ff. und Viering, M., a. a. O., S. 438 ff.

12

Ausschreibung und Vergabe von Facility Management-Leistungen

12.1 Einführung

Die gegenwärtige Marktsituation für Facility Management-Dienstleistungen ist in Deutschland sehr dynamisch. Sie ist gekennzeichnet durch starke Konzentrationsprozesse, Kosten- und Leistungsdruck. Viele Anbieter sind auf dem globalen Markt präsent. Daraus resultiert ein erheblicher Verdrängungswettbewerb. Vor dem Hintergrund eines stetig wachsenden Dienstleistungssektors sowie der Komplexität der Aufgabenbereiche und Anforderungen ist eine professionelle Ausschreibung ein sinnvolles Hilfsmittel, um aus einer Vielzahl von Anbietern den idealen Vertragspartner ausfindig zu machen.

Die Ausschreibung dient dazu, die Vergabe von Bau- und Dienstleistungen auf Grundlage des Wettbewerbs zu erstellen. Die Zielsetzung der Ausschreibung seitens des Auftraggebers ist es, die auszulagernden Teilprozesse an einen wirtschaftlich starken Kooperationspartner zu vergeben, der ein optimales Verhältnis zwischen Leistungsqualität und Kosten bietet. Mit Blick auf das Ziel der Steigerung der Wettbewerbsfähigkeit und Rentabilität der Immobilie sollten bei der Vergabe nicht ausschließlich Kostenaspekte im Vordergrund stehen. Insbesondere wenn eine längerfristige Zusammenarbeit angestrebt wird, treten Aspekte der Leistungsqualität, Zuverlässigkeit und Professionalität des Auftragnehmers in den Vordergrund. Im mittel- und langfristigen Kontext hat eine Strategie der Partnerschaft, die in regelmäßigen Abständen an Marktkonditionen gemessen wird, positive Auswirkungen auf die Wertschöpfungsprozesse beider Vertragspartner.

12.2 Vergabeprozess bei Facility Management-Dienstleistungen

12.2.1 Festlegung der Vergabestrategie

Die Festlegung der Vergabestrategie beeinflusst den gesamten Vergabeprozess maßgeblich. Im Vorfeld hat die Führungsebene grundsätzlich zu entscheiden, ob Leistungen im Unternehmen durch Eigenleistung oder Fremdleistung erbracht werden sollen (vgl. Kapitel 11). Die Entscheidung ist deshalb so zu treffen, dass in Abhängigkeit des Leistungsumfangs eine einheitliche Ausführung und eine zweifelsfreie, umfassende Gewährleistung erreicht werden kann.

12.2.1.1 Leistungsvergabe nach Losen

Umfangreiche Leistungen können in Teilabschnitte (Lose) gegliedert vergeben werden. Eine weitere Möglichkeit ist die Vergabe nach Fachlosen. Dabei werden alle technisch zusammenhängenden Arbeiten verschiedener Gewerbezweige

> **Ablauf von Ausschreibung und Vergabe bei FM-Leistungen**
>
> - Festlegung Vergabestrategie (Buy or Make, Definition Lose etc.)
> - Anforderung Grundlagen für Ausschreibung (Pläne, Flächen etc.)
> - Erstellung Leistungsverzeichnisse (Selektion möglicher Bieter)
> - Versand Ausschreibungsunterlagen mit Fristsetzung für Angebotsabgabe
> - Auswertung Angebote / Erstellung Preisspiegel
> - Durchführung Vergaberunde(n) / Dokumentation im Vergabeprotokoll
> - Auswahl eines bevorzugten Bieters
> - Verhandlung FM-Vertrag mit bevorzugtem Bieter
> - Unterzeichnung FM-Vertrag

Abb. 155: Ablauf von Ausschreibung und Vergabe von FM-Leistungen

zusammengefasst und in Fachlosen vergeben.[658] Durch die Gliederung in Teillose und Fachlose sollen gem. § 97 Abs. 3 GWB insbesondere mittelständische Unternehmen bei der Vergabe von Aufträgen berücksichtigt werden.

Beispiel: Ein Unternehmen plant die Vergabe des EDV-Services und der Reinigungsdienste an einen externen FM-Dienstleister. Zur Strukturierung des Angebots wird die Gesamtleistung in das Los „Technisches Gebäudemanagement" und das Los „Infrastrukturelles Gebäudemanagement" gegliedert.

12.2.1.2 Einzel-/Generalvergabe

Bei der Einzelvergabe wird für jede Leistung im Bereich Facility Management ein einzelnes Unternehmen beauftragt. Bei der Generalvergabe werden alle Leistungen zusammen an ein Unternehmen vergeben.

Einzelleistungsträger: Bei Einzelanbietern handelt es sich meist um kleine mittelständische Unternehmen mit regionalem Tätigkeitsumfeld und i. d. R. einem Aufgabenschwerpunkt. Im Gegensatz zur Generalvergabe steht der Auftraggeber einem Leistungspartner gegenüber. Die Verantwortung für die Koordination der Leistungspakete obliegt allein dem AG.

Generalunternehmer: Der Generalunternehmer bietet die Leistungen meist in einem Paket zu einer Pauschalsumme an. Gegenüber dem AG tritt er als einziger Vertragspartner auf. Ein Teil der Leistungen wird von ihm selbst erbracht und einzelne Leistungen vergibt er auf eigene Rechnung an Sub-/Nachunternehmen. Der Generalunternehmer übernimmt die Koordination und Gewährleistung sämtlicher an ihn übertragenen Leistungen.

---

[658] Vgl. Busch A./Rösel W., S. 18f.

12.2 Vergabeprozess bei Facility Management-Dienstleistungen

Generalübernehmer: Der Generalübernehmer schließt mit dem AG einen Vertrag über alle Leistungen. Ohne selbst Leistungen zu erbringen, übernimmt er die Rolle des Auftraggebers gegenüber den Subunternehmen. Darüber hinaus übernimmt er zahlreiche Nebenverpflichtungen, wie bspw. Managementfunktionen, Garantien sowie die Gewährleistung für alle vergebenen Leistungen.[659]

Totalübernehmer und Totalunternehmer übernehmen neben den Ausführungsleistungen auch Planungsleistungen. An diese Art von Leistungsträgern werden insbesondere Leistungen des technischen und infrastrukturellen Gebäudemanagement vergeben.

12.2.2 Grundlagen der Ausschreibung

Nachdem die Vergabestrategie sowie der Umfang der zu vergebenden Leistungen festgelegt wurden, ist in einem nächsten Schritt das richtige Vergabeverfahren auszuwählen. Im Hinblick auf die Rechtssicherheit ist die Einhaltung des richtigen Vergabeverfahrens unerlässlich. Ein Nachweis der Erfüllung der gesetzlichen Anforderungen gem. GEFMA 710 schützt sowohl Auftraggeber als auch Auftragnehmer bei öffentlichen Aufträgen im Haftungsfall.[660]

12.2.2.1 Rechtliche Grundlagen

Neben der Konkretisierung des bereits geltenden Rechts des BGB verfolgen die Verdingungsordnungen weitere Ziele. Die Chancengleichheit soll sowohl für nationale als auch für internationale Anbieter unabhängig von Herkunft, Staatsangehörigkeit und Unternehmenssitz gewährleistet werden. Insbesondere im Rahmen öffentlicher Aufträge sind alle Waren, Bau- und Dienstleistungen im Wettbewerb und im Wege transparenter Vergabeverfahren zu beschaffen. Gem. § 99 Abs. 1 GWB sind öffentliche Aufträge alle entgeltlichen Verträge, die zwischen einem öffentlichen Auftraggeber und Unternehmen, die Liefer-, Bau-, und Dienstleistungen zum Gegenstand haben, geschlossen werden. Darunter fallen auch Vergabeverfahren, die zu Dienstleistungsaufträgen führen. Der Begriff des öffentlichen Auftraggebers ist in § 98 GWB definiert.

Bei der Gestaltung von Bauverträgen sollte die Vergabe- und Vertragsordnung für Bauleistungen (VOB) zugrunde gelegt werden. Es handelt sich um Allgemeine Geschäftsbedingungen des Bauwesens im Sinne der §§ 305 ff. BGB.[661] Die VOB weist in der heutigen Form (Ausgabe 2009) folgende Gliederung auf:

---

[659] Vgl. Grabener H./Sailer E., S. 173 f.
[660] Vgl. GEFMA-Richtlinie 710 „Rechtssicherheit bekommt einen Namen", in: Immobilien Zeitung Nr. 11 vom 11. Mai 2006, S. 18.
[661] Vgl. Busch A./Rösel W., S. 6 f.

- VOB Teil A: Allgemeine Bestimmungen über die Vergabe von Bauleistungen
- VOB Teil B: Allgemeine Bestimmungen über die Ausführung von Bauleistungen
- VOB Teil C: Allgemeine Technische Vertragsbedingungen für Bauleistungen

Die Verdingungsordnung für Leistungen (VOL) gilt für alle Lieferungen und Leistungen, die nicht unter die VOB fallen. Die VOL ist wie die VOB für die Durchführung der Verdingung und die Auftragsabwicklung bestimmt. Sie umfasst jedoch keine technischen Bestimmungen im Sinne der VOB/Teil C. Bezüglich der rechtlichen Bedeutung gilt jedoch das gleiche wie bei der VOB. Die VOL besteht aus zwei Teilen:

- VOL Teil A: Allgemeine Bestimmungen für die Vergabe von Leistungen
- VOL Teil B: Allgemeine Bestimmungen für die Ausführung von Leistungen

Technische Bestimmungen im Sinne der VOB/C sind nicht Bestandteil der VOL. Die VOB und die VOL sind keine Rechtsnormen. Sie sind weder Gesetz noch Rechtsverordnung, auch nicht Gewohnheitsrecht. Es handelt sich um Allgemeine Geschäftsbedingungen im Sinne des BGB. Wenn sie Gültigkeit erlangen sollen, müssen sie zwischen den Vertragspartnern ausdrücklich vereinbart werden. Falls die VOB oder die VOL dem Vertrag nicht zugrunde gelegt werden, gilt uneingeschränkt das BGB. Grundsätzlich wird mit der Vereinbarung der VOB/B auch die VOB/C Vertragsbestandteil. Die VOB/A und die VOL/A sind nicht Vertragsbestandteil, weil sie nur die Vergabe regeln und bis zum Abschluss des Vertrages gelten.

Private Auftraggeber können den Teil B der VOB oder VOL jedoch auch in geringem Umfang durch Gesetze des BGB ersetzen.[662] In diesem Fall ist jedoch Vorsicht geboten. In der Praxis wird empfohlen, bereits bei geringfügigen inhaltlichen Abweichungen von der VOB/B oder VOL/B zu prüfen, ob sie als Ganzes vereinbart wurden und damit gegebenenfalls kritische Bestimmungen nichtig werden (BGH-Urteil vom 15. April 2004, VII ZR 419/02).

12.2.2.2 Vergabeverfahren

Auftraggeber des öffentlichen Rechts sind verpflichtet bei Vergaben von Bau- oder Dienstleistungen die VOB/A oder die VOL/A anzuwenden. Für den privaten Bereich gilt diese Verpflichtung nicht. Es ist aber zu empfehlen die Verdingungsordnungen auch in diesem Fall zu vereinbaren. Wenn nichts ausdrücklich vereinbart wurde gelten die Bestimmungen des BGB. Die Vergabeverordnung (VgV) enthält Bestimmungen über die Vergaberegelungen bei öffentlichen Aufträgen oder Auftragsvolumen ab bestimmten Schwellenwerten. Die VOB/A regelt das Vergabeverfahren bis zum Abschluss des Vertrages für die Bereiche

---

[662] Vgl. Busch A./Rösel W., S. 6f.

12.2 Vergabeprozess bei Facility Management-Dienstleistungen

Rohbau, Ausbau und Haustechnik. Die VOL/A erfasst Lieferungen und Dienstleistungen, bei denen die handwerkliche Leistung ausschließlich die Montage umfasst, wie z. B. Gebäudereinigung und Hausverwaltung. Darüber hinaus ist zu beachten, dass beide Verordnungen nicht gleichzeitig und gleichrangig gelten können.

Bedingt durch die grenzüberschreitenden Erfordernisse des europäischen Raumes wurden die Bestimmungen für die Ausschreibungsverfahren in den Teilen A der VOB und der VOL ergänzt. Neben den Basisparagraphen gelten die a-Paragraphen gem. der EG-Baukoordinationsrichtlinie für öffentliche Aufträge, deren Nettowert 5 Mio. € überschreitet. Die b-Paragraphen gelten für Aufträge in den Bereichen Wasser-, Energie-, Verkehrsversorgung und Telekommunikation, die einen Nettowert von 5 Mio. € überschreiten.

In den Sektorenrichtlinien des Abschnitt 4 „VOB/A-SKR" werden neben den öffentlichen auch private Auftraggeber der Wasser-, Energie-, Verkehrsversorgung und Telekommunikation, deren Auftragsvolumen einen Nettowert von 5 Mio. € überschreitet, zur Einhaltung der Vergabevorschriften verpflichtet. Jedoch handelt es sich hinsichtlich der Vertragsverhandlungen um ein großzügigeres Vergaberecht. Abb. 156 gibt einen Überblick über die Bereiche und die zu beachtenden Schwellenwerte.

Die Verdingungsordnung für freiberufliche Leistungen (VOF) kommt bei freiberuflich erbrachten Dienstleistungen zur Anwendung, deren geschätzter Nettoauftragswert mind. 200.000 € beträgt. Ist die zu vergebende Leistung nicht beschreibbar, führt dies wiederum zur Anwendung der VOL.

Nationale Vergabeverfahren:
Das nationale Vergabeverfahren wird auf Grundlage der Basisparagraphen gem. Abschnitt 1 VOB/A und VOL/A durchgeführt und ist von öffentlichen Auftraggebern anzuwenden, deren Auftragsvolumen einen Nettowert von 5 Mio. € nicht überschreitet.

Öffentliche Ausschreibung:
Das Regelausschreibungsverfahren ist die öffentliche Ausschreibung. Dabei wird eine unbeschränkte Zahl von Unternehmen zur Abgabe eines Angebots aufgefordert.

Beschränkte Ausschreibung:
Bei der Beschränkten Ausschreibung wird eine beschränkte Zahl von ausgewählten Unternehmen zur Abgabe eines Angebots aufgefordert.

Freihändige Vergabe:
Insbesondere bei Spezialgebieten, Patentschutz oder strenger Geheimhaltung erfolgt die Vergabe ohne förmliches Verfahren auf Grundlage eines Angebots.

Internationale Vergabeverfahren:
Ergänzend zu den Basisparagraphen ist das europaweite Vergabeverfahren auf Grundlage der a-Paragraphen, b-Paragraphen und der Sektorenrichtlinien in den Abschnitten 2–4 VOB/A und VOL/A bei öffentlichen Aufträgen über einem Nettowert von 5 Mio. € anzuwenden.

Offenes Verfahren:
Entspricht der öffentlichen Ausschreibung.

12 Ausschreibung und Vergabe von Facility Management-Leistungen

Geregelte Bereiche des öffentlichen Auftragswesens						
Bauleistungen		**Lieferungen**		**Dienstleistungen**		
Für allgemeine öffentliche AG RL 93/97/ EWG/BKR	Wasser, Energie, Telekommunikation RL 93/38/ EWG/SKR	Für allgemeine öffentliche AG RL 93/97/ EWG/LKR	Wasser, Energie, Telekommunikation RL 93/38/ EWG/SKR	Für allgemeine öffentliche AG RL 92/50/ EWG/DKR	Wasser, Energie, Telekommunikation RL 93/38/ EWG/SKR	
VOB/A a-§§ Abschnitt 2	VOB/A b-§§ SKR-§§ Abschnitt 3 Abschnitt 4	VOB/A a-§§ Abschnitt 2	VOB/A b-§§ SKR-§§ Abschnitt 3 Abschnitt 4	gewerbl. und vorab abschließend beschreibbare freiberufl. DL nach VOL/A a-§§; vorab nicht abschließend beschreibbare freiberufl. DL nach VOF	gewerbl. und vorab abschließend beschreibbare freiberufl. DL nach VOL/A b-§§ und SKR-§§; Abschnitt 3 und 4 vorab nicht abschließend beschreibbare freiberufl. DL	
5 Mio. €	5 Mio. €	200 000 €	400 000 € Telekommunikation 600 000 €	200 000 €	400 000 € Telekommunikation 600 000 €	

Abb. 156: Übersicht über die Vergaberichtlinien der EU[663]

Nationale Vergabeverfahren	Öffentliche Ausschreibung	Beschränkte Ausschreibung	Freihändige Vergabe
Internationale Vergabeverfahren	Offenes Verfahren	Nicht offenes Verfahren	Verhandlungsverfahren
Ablauf	1. Ausschreibung 2. Angebotsauswertung 3. Vergabe	1. Bietervorauswahl über Teilnahmewettbewerb 2. Ausschreibung 3. Angebotsauswertung 4. Vergabe	1. Bieterauswahl (direkt oder Teilnahmewettbewerb) 2. Ausschreibung 3. Angebotsauswertung 4. Vergabe

Abb. 157: Vergabeverfahren

Nicht offenes Verfahren:
Entspricht der beschränkten Ausschreibung

Verhandlungsverfahren:
Entspricht der freihändigen Vergabe

12.2.2.3 Ausschreibungsbasis

Der Prozess der Ausschreibung und Vergabe ist im Dienstleistungsbereich oft mit einem enormen Zeitaufwand verbunden und kann bei großen Dienstleistungspaketen bis zu ein Jahr in Anspruch nehmen. Um das Verfahren weitestgehend zu vereinfachen, sind Pläne, Flächenberechnungen und Baubeschreibungen den Ausschreibungsunterlagen beizulegen. Jedoch sind die Kosten der Datenbeschaffung und der Bearbeitung von Bestandsdaten für

---

[663] Vgl. Horn, L., Ausschreibung und Vergabe durch die öffentliche Hand, in: Usinger, W. (Hrsg.), Immobilien Recht und Steuern, S. 711–762.

12.2 Vergabeprozess bei Facility Management-Dienstleistungen

den Auftraggeber nicht unerheblich. Bei sehr alten Gebäuden kann sich die Datenerfassung sehr mühsam und aufwändig gestalten. Bei Neubauten liegen alle Informationen und Daten i. d. R. bei den Planungsbeteiligten und Ausführungsfirmen. Wenn es gelingt dieses Potential verfügbar zu machen, dann ist eine wesentliche Grundvoraussetzung für die Realisierung von FM-Leistungen erfüllt.

Als Basis zur Erstellung der Ausschreibungsunterlagen dienen vorhandene Unterlagen, Bestandsaufnahmen oder CAFM-Systeme. In Abb. 158 sind alle Vor- und Nachteile dieser verschiedenen Datengrundlagen übersichtlich dargestellt.

	Vorhandene Unterlagen	Bestandsaufnahmen	CAFM-System
Vorteile	– Ausschreibung früh möglich – Dienstleistungsbeginn mit Gebäudenutzung – Daten nur kurzfristig – geringer Zeitaufwand für LV-Erstellung	– Daten zu 90–95% zutreffend – geringer Aufwand zur Erstellung der Abrechnungsbasis – Vergabe eines Kennzeichnungsschlüssels als Bindeglied zwischen LV-Position und realer Anlage	– Daten im System vorhanden – LV-Generierung ohne Erhebungsaufwand – Ausschreibungsstand = Abrechnungsstand – Kennzeichnungssystematik vorhanden
Nachteile	– Anklagenkataster nur bedingt real – Abweichungen zw. LV und Anlagenbestand – LV-Bezug zur realen Anlage nur schwer herstellbar	– Aufwand für Datenerhebung sehr hoch – Zeitbedarf für LV-Generierung in Abhängigkeit der Aufnahmequalität	– hoher Aufwand für Datenpflege

Abb. 158: Vor- und Nachteile von Ausschreibungsgrundlagen

Die Ausschreibung erfolgt auf der Datenbasis der bisherigen Gebäudenutzung. Vorhandene Unterlagen wie Zeichnungen, Berechnungen und Objektbeschreibungen werden aus unterschiedlichsten Quellen zusammengetragen. Falls beim Bauherrn keine Unterlagen vorliegen, können diese bei den zuständigen Ämtern eingesehen und gegebenenfalls vervielfältigt werden. Häufig kommt es vor, dass die Unterlagen unvollständig sind oder Abweichungen zur baulichen Altsubstanz aufweisen. Aus diesem Grund sind die vorhandenen Unterlagen auf ihre Vollständigkeit und ihre Aktualität zu prüfen.[664] Darüber hinaus können störende Einflüsse durch Gespräche mit Nutzern aufgedeckt werden. Der Zeitaufwand für die Erstellung der Ausschreibungsunterlagen ist beim Vorliegen der notwendigen Unterlagen sehr gering. Jedoch können zwischen den Daten der Ausschreibung und den Daten der Abrechnung Abweichungen auftreten.

Die sicherste Variante der Datenerfassung ist die Bestandsaufnahme vor Ort. Jedoch ist dies mit einem hohen zeitlichen und finanziellen Aufwand verbunden. Die Daten müssen vor Ort aufgenommen werden, in Programme eingegeben und analysiert werden. Die Erstellung des Leistungsverzeichnisses erfolgt in

---

[664] Vgl. Schneider, H. (2004), S. 229f.

Abhängigkeit der aufgenommenen Daten. Folglich kann der Ausschreibungsprozess bei großen Objekten sehr viel Zeit in Anspruch nehmen. Es besteht jedoch die Möglichkeit mit Hilfe von geeigneten EDV-Programmen die CAD-Zeichnungen an ein Ausschreibungsprogramm zu koppeln.

Seit einigen Jahren erleichtern CAFM-Systeme die Verwaltung der Objektdaten und Zeichnungen. Mit Hilfe dieser Systeme entfällt die Bestandsaufnahme. Alle Daten werden an einem Ort gepflegt und auf diese Weise wird die Redundanzenfreiheit gewahrt. Voraussetzung ist jedoch die Aktualität der Daten, darum werden alle CAD-Pläne in numerischer Form gespeichert. Eine CAD-Zeichnung kann jederzeit gelöscht und aus der Datenbank neu generiert werden. Die Integration der Daten in die Ausschreibungs- und CAFM-Systeme erfordert viel Zeit, wobei dieser zeitliche Aufwand dadurch kompensiert wird, dass die Abrechnungsdaten den Ausschreibungsdaten entsprechen.

Neben der Leistung sind vor allem die Bezugsgrößen genau zu definieren. Bspw. führen unklare Flächenbezeichnungen zu Missverständnissen, woraus folgt, dass die Angebote nicht mehr vergleichbar sind.

Beispiel: Ein Unternehmen hat Ausschreibungsunterlagen für ihre Büroimmobilie einschließlich Pläne des gesamten Gebäudes mit der Aufforderung zur Angebotsabgabe an vier Reinigungsfirmen versandt. Nach 20 Kalendertagen sind alle Angebote eingetroffen. Bei der Prüfung stellt sich heraus, dass die Angebotssummen um bis zu 125% differieren. Die Ursache war, dass die Angebote zum Teil auf verschiedenen Datengrundlagen erstellt wurden. Ein Anbieter hat seinen Angebotspreis auf Grundlage der Bruttogeschossfläche nach DIN 277 ermittelt. Zwei weitere Anbieter haben ihre Preise auf Grundlage der Nettogeschossfläche nach DIN 277 berechnet. Der vierte Anbieter hat sein Angebot auf Grundlage der Mietfläche nach gif erstellt.

12.2.3 Erstellung der Ausschreibung für FM-Dienstleistungen

Trotz des enormen Vorbereitungs- und Arbeitsaufwandes ermöglichen Ausschreibungen auch im Bereich des Facility Managements einen fairen Preis- und Leistungswettbewerb. Die Bearbeitung von Ausschreibungsunterlagen erfordert sowohl auf der Seite des Auftraggebers als auch auf der Seite des Auftragnehmers große Sorgfalt. Erfahrungsgemäß können sich Ausschreibungsergebnisse je nach Leistungsumfang erheblich unterscheiden. Handelt es sich um sehr umfangreiche und detaillierte Ausschreibungen werden u. U. einzelne Positionen oder ganze Fachlose von einzelnen Anbietern aufgrund des fehlenden Know-hows oder zur Arbeitsersparnis nicht angeboten. Funktionale Ausschreibungen erschweren mangels Transparenz die Vergleichbarkeit einzelner Leistungen sowie die Prüfung der Angebote. Eine weitere Alternative zu den ursprünglichen Formen stellen Ausschreibungen auf der Grundlage eines Service-Level-Agreements dar.

12.2.3.1 Ausschreibungsformen

Aufgrund der derzeitigen Marktsituation des Facility Managements in Deutschland besteht die Gefahr, dass der Preis zum ausschlaggebenden Argument bei der Vergabe dieser Dienstleistungen wird. Dies hat laut GEFMA zur Folge, dass eine langfristige und faire Zusammenarbeit zwischen Auftraggeber und Dienstleistungsunternehmen aufgrund von intransparenten Kosten und Leistungen erschwert wird. Der Auftraggeber kann aus subjektiven Gesichtspunkten zwischen den Ausschreibungsformen frei wählen. Unterschiede zeichnen sich hinsichtlich Detaillierungsgrad und Erfassungsaufwand, Ausschreibungskosten, Vergleichbarkeit und Nachtragspotential ab. Die Ausschreibungsform wird jedoch in der Praxis vor allem in Abhängigkeit des Leistungsumfangs und des Erfassungsaufwandes gewählt.[665]

Massenbezogene Ausschreibung

Die massenbezogene Ausschreibung enthält eine detaillierte Aufstellung aller im Leistungsumfang enthaltenen Tätigkeiten und Massen, folglich werden alle Leistungen in Einzelpreisen ausgewiesen. Auf dieser Grundlage wird eine detaillierte Leistungsverrechnung erleichtert. Die massenbezogene Ausschreibung bedarf einer umfangreichen Bestandsaufnahme durch den Auftraggeber, dessen Ausschreibungskosten folglich steigen. Den Anbietern wird auf dieser Grundlage eine Kalkulation der Preise erleichtert. Eine detaillierte Ausschreibung bedarf kaum einer nachträglichen Änderung des Leistungsumfangs. Sollten sich dennoch Leistungsänderungen als notwendig erweisen, wird eine detaillierte Nachtragsprüfung auf Grundlage von Einheitspreisen erleichtert.

Funktionale Ausschreibung

Bei der funktionalen Ausschreibung wird nur das Ziel, d. h. das vom Auftraggeber erwartete Ergebnis der Leistung beschrieben. Diese Ausschreibungsart kommt ausschließlich bei abgeschlossenen globalen Leistungsbezügen zur Anwendung. Sie ist mit einem geringen Erfassungsaufwand und geringen Ausschreibungskosten verbunden. Die funktionale Ausschreibung ermöglicht einen Ideenwettbewerb. Die individuellen Angebote sind jedoch nur schwer vergleichbar. Die Zusammensetzung des Gesamtpreises ist nicht in jedem Fall nachvollziehbar, da i. d. R. keine Einzelpreise ausgewiesen werden. Aus diesem Grund weist die funktionale Ausschreibung ein hohes Leistungsänderungspotenzial auf. Eine Prüfung der Nachträge sowie eine detaillierte Leistungsverrechnung sind kaum möglich. Der Vorteil einer funktionalen Ausschreibung liegt für den AG darin, dass ein mögliches Kalkulationsrisiko vollständig auf den Auftragnehmer abgewälzt werden kann.

Massenbezogene funktionale Ausschreibung

In der massenbezogenen funktionalen Ausschreibung werden die für die Kalkulation und die Leistungsabrechnung benötigten Massen detailliert und die

---

[665] Vgl. Rotermund, U., o.S.

12 Ausschreibung und Vergabe von Facility Management-Leistungen

Qualität der Leistungserbringung funktional beschrieben. Diese Art der Ausschreibung ermöglicht ein optimales Kosten-Nutzen-Verhältnis. Entsprechend der benötigten Datentiefe wird die Leistung detailliert ausgeschrieben. Das Leistungsänderungspotenzial ist somit sehr gering. Aufgrund des Detaillierungsgrades eignen sich massenbezogene funktionale Ausschreibungen für CAFM-Systeme. Auf diese Weise können die Ausschreibungskosten für den AG gesenkt werden.

Service-Level-Agreement

Der Begriff Service-Level-Agreement (engl. für Serviceebenenvereinbarung) oder Dienstgütervereinbarung bezeichnet eine Vereinbarung zwischen Auftraggeber und Dienstleister bezüglich der Mindestqualität (Verfügbarkeitsgrad von Anlagen, Präsenzzeiten des Sicherheitsdienstes etc.) der zu erbringenden Leistung. Wiederkehrende Dienstleistungen können auf diese Weise für den AG in den Kontrollmöglichkeiten, wie z. B. Umfang, Kosten und Zeit transparent aufgeführt werden.

Der Schwerpunkt des Service-Level-Agreements liegt auf der Qualität der zu erbringenden FM-Leistung. Qualität in diesem Zusammenhang misst jedoch nicht die beste Leistung, sondern die Leistung in der vom AG gewünschten Art und dem dafür festgelegten Preis.[666] Folglich ist darauf zu achten, dass AG und AN das gleiche Qualitätsverständnis verbindet und die zu erbringende Leistung umfassend beschrieben ist. Bei der Bestimmung der Qualitätsstandards kann auf entsprechende Richtlinien von DIN, GEFMA, VDI etc. zurückgegriffen werden.

Ein Service-Level-Agreement wird einem Leistungsverzeichnis zugrunde gelegt, mit dem Ziel, ergebnis- und leistungsorientierte Angebote anzufordern. Der potentielle Auftragnehmer bietet die verschiedenen Dienstleistungspositionen oder Lose unaufgefordert in unterschiedlichen Gütestufen (engl. für Levels) an. Die Entscheidung über die Gütestufen obliegt dem AG, der sich in Anbetracht betriebswirtschaftlicher Aspekte entscheidet.

Objektiv messbare Qualitätskriterien sind:[667]

- Erfüllung aller beschriebenen Anforderungen der Leistungsverzeichnisse
- Einhaltung der gültigen/relevanten Gesetze, Verordnungen und Bestimmungen
- Unterstützung des Kernprozesses des Unternehmens
- Kostensenkung im FM-Bereich
- Werterhaltung des Objektes
- Umweltschonende Tätigkeiten und Techniken

Subjektive Qualitätskriterien sind:

- Zufriedenheit des Auftraggebers
- Zufriedenheit der Mitarbeiter und der Kunden des Auftraggebers

---

[666] Vgl. Schneider, H. (2004), S. 114.
[667] Vgl. ebenda, S. 111f.

12.2 Vergabeprozess bei Facility Management-Dienstleistungen

Zielgedanke einer Ausschreibung auf Grundlage eines Service-Level-Agreements ist die Schaffung von Transparenz und Kompetenz sowie die Optimierung der Kommunikation zwischen den Verhandlungspartnern. Ein Service-Level-Agreement bietet die Chance, das Kostenargument einer Vergabeentscheidung zu relativieren und ein Preisdumping insbesondere auf EU-Ebene zu verhindern. Diese Absicht zeigt sich u. a. in den EU-Richtlinien für Dienstleistungen. Grundsätzlich sind die Dienstleistungsanforderungen des EU-Landes, in dem die Leistung ausgeführt wird, einzuhalten.

12.2.3.2 Bieterauswahl

In Abhängigkeit der Dauer und Intensität der geschäftlichen Verbindung erfordert die Auswahl geeigneter Kooperationspartner eine große Sorgfalt. In der Praxis werden Unternehmen häufig aufgrund von Image, Bekanntheitsgrad oder Marktstellung zur Angebotsabgabe aufgefordert. Als besonders zuverlässige Arbeitsgemeinschaften erweisen sich Vertragspartner, die eine jahrelange Zusammenarbeit verbindet. I. d. R. erfolgt die Auftragsakquisition intuitiv durch Bestandspflege der Kontakte und den Aufbau von Neukunden.[668] Öffentliche Ausschreibungen sind gem. § 17 Abs. 1 Satz 1 VOB/A in Tageszeitungen oder Amtsblättern öffentlich bekannt zu machen. Wie in Abb. 159 dargestellt, lässt sich die Bieterauswahl in 5 Teilschritte untergliedern.

Abb. 159: Schritte der Anbieterauswahl[669]

In einem ersten Schritt definiert der Auftraggeber seine Zielvorstellungen. Zunächst wird jeder Unternehmensbereich bezüglich seiner Aufgaben und dem damit verbundenen Arbeitsaufwand definiert. Anhand von Untersuchungen und Analysen, wie z. B. einem Soll-Ist-Vergleich, kann die Wirtschaftlichkeit einzelner Tätigkeitsfelder und Arbeitsabläufe transparent dargestellt werden. Insbesondere durch Gespräche mit Unternehmensmitarbeitern können die Aufgabenbereiche praxisgetreu aufgenommen und die damit verbundenen Schwierigkeiten aufgezeigt werden. Abschließend wird durch die Führungsebene die Entscheidung bezüglich der auszulagernden Arbeitsbereiche und des Auslagerungsumfangs getroffen.

Als Grobauswahl wird eine Entscheidung bezüglich Einzelanbieter oder Generalvergabe angestrebt. Es erfolgt eine Prüfung der so genannten harten Faktoren, d. h. ob die Anbieter in der Lage sind den Auftrag operativ, finanziell und rechtlich zu übernehmen. Darüber hinaus ist bei einer Generalvergabe neben dem Hauptanbieter auch die Kompetenz der Subunternehmer zu prüfen. Als Qualifikationskriterien der Anbieter lassen sich ausreichendes fachliches

---
[668] Vgl. Hellerforth, M. (2004), S. 110.
[669] Vgl. ebenda, S. 84–95.

Know-how, lokale Unternehmenspräsenz, Gewährleistung des Kosten- und Zeitrahmens sowie eine kontrollierbare Leistungsqualität anführen.

Anhand von Empfehlungen anderer Unternehmen, Branchenbüchern, den Medien wie z. B. Internet oder Fachzeitschriften sowie den Mitgliederlisten von Verbänden wie z. B. GEFMA oder VDMA kann eine große Bieterauswahl zusammengestellt werden. Informationen über die potentiellen Anbieter können auf Nachfrage bei anderen Unternehmen, über Zertifikate, Unbedenklichkeitsbescheinigungen der Finanzämter und Krankenkassen, der Berufsgenossenschaft und aus Versicherungsnachweisen gewonnen werden.[670]

Im dritten Schritt wird die Auswahl der möglichen Anbieter auf eine Gruppe von bis zu max. fünf Anbietern, der so genannten „Short List", verkleinert. In dieser Phase wird der kulturelle Hintergrund des Unternehmens geprüft. Entscheidende Auswirkung hat die wirtschaftliche Leistungsfähigkeit und Unternehmensgröße des zukünftigen Kooperationspartners. Ist das Unternehmen des Anbieters im Vergleich zum Auftraggeber wesentlich größer, wird es für den AG schwierig, seine eigenen Interessen zukünftig durchsetzen zu können. Ist der AN auf dem Markt ein sehr kleines Unternehmen, werden voraussichtlich auf lange Sicht Kapazitätsengpässe auftreten. Darüber hinaus muss die Firmenphilosophie von Auftraggeber und Auftragnehmer zusammenpassen. Der AG erwartet vom AN Leistungsbereitschaft, Leistungsfähigkeit und Loyalität.[671] Der Anbieter sollte ausreichend über finanzielle und personelle Kapazitäten, Innovation, Flexibilität und branchenübergreifendes Know-how verfügen. Darüber hinaus beeinflussen vor allem subjektive Attraktivitätsmerkmale die Entscheidung einer möglichen Zusammenarbeit beide Verhandlungsseiten maßgeblich. Objektive Ausprägungen, die die Attraktivität des potentiellen Kooperationspartners steigern sind bspw. Marktanteil und lokale Unternehmenspräsenz, Kundenbeziehungen, Konzentrationsgrad, internationales Netzwerk usw.[672]

Ist der Bieterkreis ausgewählt, werden die potentiellen Auftragnehmer auf Grundlage der zusammengestellten Ausschreibungsunterlagen zur Angebotsabgabe aufgefordert. Nach Ablauf der Angebotsfrist werden alle eingegangenen Angebote geprüft und bewertet. Obwohl das Kostenargument vor allem für private AG von großer Bedeutung ist, versucht die GEFMA durch Verordnungen und Richtlinien die Qualität der angebotenen Leistung in den Fokus der Angebotswertung zu rücken. Gem. VOB, VOL und GWB ist jedoch letztendlich das wirtschaftlichste Angebot zu wählen.

Ausschreibungsunterlagen

Die Ausschreibungsunterlagen dienen dazu, die Bieter über die technischen, qualitativen und rechtlichen Bedingungen der geforderten Leistung zu informieren.[673] Darüber hinaus wird in den Verdingungsunterlagen die Basis für das

---

[670] Vgl. ebenda, S. 91.
[671] Vgl. Preugschat, F., a. a. O., S. 367.
[672] Vgl. Hellerforth, M. (2004), S. 92.
[673] Vgl. Busch A./Rösel W., S. 21.

12.2 Vergabeprozess bei Facility Management-Dienstleistungen

später einzugehende Vertragsverhältnis begründet. Um eventuellen Konflikten und allen unkalkulierbaren Risiken vorzubeugen, sind alle Leistungen gem. § 9 Abs. 1 VOB/A, VOL/A eindeutig und erschöpfend zu beschreiben, so dass alle Bewerber die Beschreibung im gleichen Sinne verstehen und ihre Preise sicher und ohne umfangreiche Vorarbeiten berechnen können.

Beim Versand der Vergabeunterlagen ist vor allem darauf zu achten, dass sie vollständig sind. Sie bestehen gem. § 10 Abs. 1 VOB/A, VOL/A aus dem Anschreiben und den Verdingungsunterlagen. Das Anschreiben ist die Aufforderung des Auftraggebers an die Bieter zur Angebotsabgabe. Die Verdingungsunterlagen bestehen i. d. R. aus der Leistungsbeschreibung, dem Leistungsverzeichnis oder Leistungsprogramm einschließlich der notwendigen Pläne sowie den Vertragsbedingungen.

Bei der Ausschreibung von FM-Dienstleistungen können die zugrunde liegenden Vertragsbedingungen sehr umfangreich sein, da es sich bei FM-Verträgen um keinen eigenständigen Vertragstyp handelt. Es handelt sich i. d. R. um einen gemischten Vertrag. Die rechtlichen Grundlagen können von den Vertragspartnern frei gewählt und gestaltet werden, was jedoch ein umfassendes rechtliches Wissen erfordert. Aus diesem Grund empfiehlt es sich, juristischen Rat einzuholen.

Leistungsbeschreibung

Die Leistungsbeschreibung ist der wichtigste Bestandteil der Verdingungsunterlagen. Darüber wird sie wichtigster Bestandteil des späteren Vertrages, da sie die Grundlage der Leistungserstellung und der Preisermittlung darstellt.

Es werden drei Arten von Leistungsbeschreibungen unterschieden:

1. Leistungsbeschreibung mit Leistungsprogramm
2. Leistungsbeschreibung mit B.I.L.D-Methode (vgl. GEFMA-Richtlinie 733)
3. Leistungsbeschreibung mit Leistungsverzeichnis

Bei einer Leistungsbeschreibung mit Leistungsprogramm handelt es sich um einen umfassenden Wettbewerb. Dem Anbieter wird ausschließlich eine allgemeine Leistungsbeschreibung zur Verfügung gestellt, anhand der das Angebot ggf. einschließlich Ausführungs- und Ablaufpläne zu erstellen und abzugeben ist. Die Erstellung eines Leistungsprogramms erfordert beim Anbieter eine planerische Kompetenz sowie einen enormen zeitlichen Aufwand. Darüber hinaus wird die Vergleichbarkeit der Angebote erschwert. Aus diesem Grund sollte diese Form nur in Ausnahmefällen angewandt werden.[674]

Eine Leistungsbeschreibung anhand der B.I.L.D-Methode wird im Rahmen einer Vergabe des kompletten immobilienspezifischen Prozesses an ein Dienstleistungsunternehmen angewandt. Diese Art der Leistungsbeschreibung gewährt den Anbietern Freiheiten in ihrer Fachkompetenz und Kreativität, ermöglicht aber dennoch eine einheitliche Strukturierung des Leistungsumfangs. Alle Leistungen eines Teilprozesses werden grundsätzlich in vier Gruppen unterteilt.

---

[674] Vgl. Busch A./Rösel W., S. 27f.

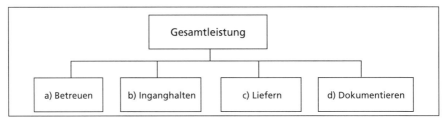

Abb. 160: Bestandteile der B.I.L.D-Methode

Leistungsbestandteil ist die gesamte Betreuung der Teilprozesse, die Inganghaltung der Maschinen, Ausrüstungen, Anlagen und Einrichtungen, die Lieferung eines messbaren Ergebnisses an den Verbraucher sowie die Erbringung von Nachweisen über alle übertragenen Aufgabenbereiche.

Das Leistungsverzeichnis wird auch als so genanntes Pflichtenheft oder Lastenheft bezeichnet. Bei einer Leistungsbeschreibung mit Leistungsverzeichnis wird jede einzelne Leistung (Position) genau beschrieben und die dazugehörige Menge festgelegt. Abb. 161 zeigt beispielhaft die Gliederung eines Leistungsverzeichnisses. Diese Art der Leistungsbeschreibung ermöglicht einen Preiswettbewerb mit hoher Rechtssicherheit bezüglich Qualität und Umfang. Probleme während der Ausführung und der Abrechnung können vorweg weitestgehend minimiert werden. Darüber hinaus kommt es erfahrungsgemäß zu wenigen Leistungsänderungen.[675]

Eine umfassende Leistungsbeschreibung beinhaltet neben der Bestimmung der Hauptpflichten eine Beschreibung der in den Preisen enthaltenen Neben-

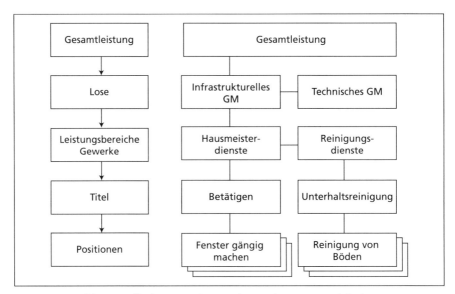

Abb. 161: Gliederungsschema eines Leistungsverzeichnisses

---

[675] Vgl. ebenda, S. 21f.

12.2 Vergabeprozess bei Facility Management-Dienstleistungen

pflichten, wie z. B. die Mitwirkungspflicht des Auftragnehmers, Lizenzen und Schutzrechte, Kosten für die Flächennutzungen, Maschinen, Geräte, Material und Energie, soweit sie der Auftragnehmer nicht kostenlos bereitstellt.

Eine allgemeine Leistungsbeschreibung wird grundsätzlich vorangestellt. Dazu gehören Übersichts- und Lagepläne, Nutzungsangaben zum Gebäude, Gebäudeart und Größe sowie eventuell Angaben über Ver- und Entsorgungsleitungen. Ein wichtiger Aspekt ist, dass die einzelnen Leistungsbereiche klar voneinander getrennt sind, aber dennoch keine Bedarfslücken entstehen.

Leistungsänderungen

Es ist nicht ungewöhnlich, dass vor oder während der Ausführungsphase unvorhergesehene Änderungen eintreten. Derartige Arbeiten werden dann auf Grundlage der bestehenden Vereinbarungen angeboten. Bei Mengenmehrungen und Mengenminderungen werden Vergütungsanpassungen vorgenommen.[676] Nachträge sind Regelleistungen, die zum Vertragsabschluss nicht im Leistungsumfang des Auftragnehmers enthalten waren.[677] Sie erfordern eine separate Vergütung. Aus diesem Grund verursachen Nachträge häufig Probleme bei der Leistungsabrechnung sowie der Einhaltung der vereinbarten Termine. Dies macht die Notwendigkeit von sorgfältig erarbeiteten Ausschreibungsunterlagen deutlich.

12.2.4 Durchführung der Vergabe

Mit Versendung der Angebotsunterlagen an den Anbieterkreis beginnt die Angebotsfrist. Die Angebotsfrist ist die Zeit, die dem Bieter zur Verfügung steht um die vom AG erhaltenen Ausschreibungsunterlagen zu prüfen, sich für oder gegen eine Angebotsabgabe zu entscheiden und das Angebot gegebenenfalls zu bearbeiten und einzureichen. In Abhängigkeit vom gewählten Vergabeverfahren und den sich daraus ergebenden Bestimmungen gelten unterschiedliche Angebotsfristen.

12.2.4.1 Eröffnungstermin

Bei Ausschreibungen der öffentlichen Hand findet nach Beendigung der Angebotsfrist ein Eröffnungstermin, die sogenannte Submission statt. Die Submission dient der Feststellung, ob alle Angebote ordnungsgemäß verschlossen und gekennzeichnet fristgerecht eingegangen sind. Die Angebote werden in Gegenwart der anwesenden Bieter oder deren Bevollmächtigten geöffnet und verlesen. Mit dem Verlesen der Angebote ist das Zurücknehmen des Angebotes nicht mehr möglich und die Bindefrist gem. § 19 VOB/A und VOL/A beginnt. Preisverhandlungen sind in diesem Fall nicht zugelassen. Aus diesem Grund wird dieses formale Verfahren im privaten Bereich seltener angewandt.

---

[676] Vgl. Rotermund, U., o.S.
[677] Vgl. Busch A./Rösel W., S. 40.

12 Ausschreibung und Vergabe von Facility Management-Leistungen

12.2.4.2 Prüfung der Angebote

Gem. § 23 ff. VOB/A und VOL/A sind die eingegangenen Angebote formal, rechtlich, technisch und preislich zu prüfen. Die Angebote müssen die Vollständigkeit aller geforderten Angaben, Unterlagen sowie eine rechtsverbindliche Unterschrift des Anbieters aufweisen.

Technisch sind die Angebote auf Alternativen zur ausgeschriebenen Leistung und eventuelle Vorbehalte gegenüber der ausgeschriebenen Leistung zu prüfen. Die Preise müssen rechnerisch richtig sein. Mit Hilfe eines Preisspiegels, wie in Abb. 162 dargestellt, können die Angemessenheit der Preise festgestellt und die Angebote verglichen werden.

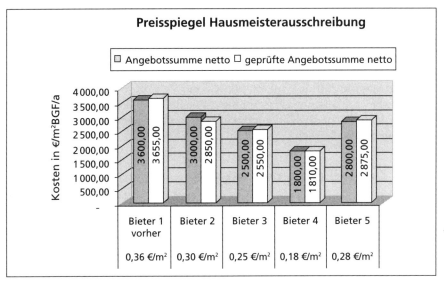

Abb. 162: Beispiel Preisspiegel Hausmeisterausschreibung

12.2.4.3 Wertung der Angebote

Die Wertung der Angebote umfasst einen Vergleich und eine Gegenüberstellung aller Angebotspreise. Der niedrigste Angebotspreis ist nicht entscheidend. Bei der Wertung der Angebote kommt es vor allem darauf an, dass diejenigen Bieter ausgewählt werden, die für die Erfüllung der einzugehenden vertraglichen Verpflichtungen die notwendige Sicherheit bieten. Dazu gehören die erforderliche Fachkundigkeit, Zuverlässigkeit sowie eine ausreichende technische und wirtschaftliche Leistungsfähigkeit. Die Preise dürfen nicht zu hoch und nicht zu niedrig sein. Es ist das wirtschaftlichste Angebot mit einem angemessenen Preis zu wählen. Die Methoden und Kriterien der Angebotswertung sind gem. § 25 VOB/A, VOL/A sowie §§ 16, 24 VOF festgelegt. Ist eine Wertung der Angebote nicht möglich, kann u. U. die Ausschreibung sogar aufgehoben werden.

12.2.4.4 Verhandlungen mit den Bietern (Vergabeverhandlung)

Gem. den Allgemeinen Vergabebedingungen sind Verhandlungen mit den Bietern über eventuelle Preisänderungen im Zeitraum der Angebotsöffnung bis zur Zuschlagserteilung grundsätzlich unstatthaft. Im privaten Bereich sind solche Verhandlungen jedoch durchaus üblich. Im Rahmen einer Vergabeverhandlung können Verständnisfragen zu den Massengrundlagen, zum Leistungsverzeichnis und zur Preiskalkulation geklärt und Missverständnisse zwischen AG und AN bereinigt werden. Bei größeren Ausschreibungsvolumina kommt es nicht selten zu mehreren Vergabeverhandlungen bis die Leistungsanforderungen des AG in den Angeboten adäquat berücksichtigt sind. Die Festlegungen in den Vergabeverhandlungen werden i. d. R. im Vergabeprotokoll festgehalten und später bei der Formulierung des FM-Vertrags berücksichtigt.

12.2.4.5 Zuschlag und Auftragserteilung

Der Zuschlag sollte grundsätzlich auf das wirtschaftlichste Angebot erfolgen. Die Zuschlags- und Bindefrist beträgt gem. § 19 VOB/A, VOL/A max. 30 Kalendertage. Die Zuschlagserklärung muss dem Bieter jedoch vor Ablauf der Frist zugehen und nicht berücksichtigte Bewerber sind zu informieren. Anschließend wird die Auftragserteilung öffentlich bekannt gegeben.

12.3 Vertragsgestaltung von FM-Dienstleistungen

Facility Management umfasst die Planung, Bearbeitung und Nutzung einer Immobilie mit dem Ziel der Ertragssteigerung, der Senkung der Bewirtschaftungskosten und der effizienten Nutzung. Um diese Ziele erreichen zu können werden verschiedene Verträge abgeschlossen. Grundsätzlich ist ein Vertrag ein zweiseitiges Rechtsgeschäft, das durch die Annahme eines Angebots zustande kommt. D.h. der Auftraggeber erklärt dem Bieter, dass er sein Angebot annimmt. Einer besonderen Form bedarf es dazu nicht. Aus Beweisgründen ist jedoch die Schriftform zu empfehlen.

12.3.1 Vertragsarten

Ein Facility Management-Vertrag ist als solcher nicht im Gesetz geregelt und kann auch keinem der „klassischen" Vertragstypen zugeordnet werden. Vielmehr ist er als typengemischter Vertrag anzusehen, der in Abhängigkeit der zu erbringenden Leistung zusammengesetzt und angepasst wird.[678] Abb. 163 zeigt die möglichen Gestaltungsformen eines Facility Management Vertrages.
Beispiel: Ein FM-Dienstleister wird mit der Übernahme der gesamten Speiseverpflegung beauftragt. Dazu gehören alle Leistungen, die für eine Verpflegung der Mitarbeiter notwendig sind, bauliche Aufwendungen für die Küche,

---

[678] Vgl. Schneider, H. (2004), S. 297ff.

12 Ausschreibung und Vergabe von Facility Management-Leistungen

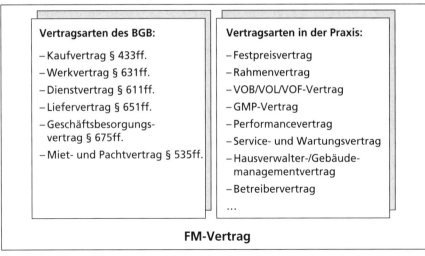

Abb. 163: Übersicht zu möglichen Arten eines FM-Vertrages

Lagerung und Speiseräume, Bereitstellung von Küchenpersonal, Lebensmittel und sonstigem.

Hier kommen Elemente des Werkvertrags, Kaufvertrags, Liefervertrags und Dienstvertrags zusammen. Darüber hinaus wird für die Räumlichkeiten ein Mietvertrag geschlossen. Gem. dem so genannten Absorptionsprinzip gelten die jeweiligen rechtlichen Regelungen der dominierenden Vertragsart innerhalb eines gemischten Vertrages. Ist kein dominanter Vertragstyp zu erkennen sind die entsprechenden Bestimmungen, gem. dem Kombinationsprinzip, direkt oder analog den jeweiligen Gesetzesregelungen zu entnehmen.

Bei FM-Verträgen, deren Leistungsumfang die Errichtung und den Einbau der erforderlichen Einrichtungen beinhaltet, kommt i. d. R. das Werkvertragsrecht zur Anwendung. Je nach Vereinbarung ist u. U. auch die VOB/B und VOB/C zu beachten. Soweit der Einbau unentgeltlich ist, können Elemente des Auftragsrechts gem. § 662 ff. BGB erforderlich sein. Darüber hinaus bildet das Auftragsrecht bei Regelungen zum Betrieb der Einrichtungen die rechtliche Grundlage. In gemischten Verträgen ist darauf zu achten, dass Leistungen, Leistungsausschlüsse, Zahlungspflichten, Verantwortungen, Gewährleistung, usw. besonders sorgfältig beschrieben werden.

12.3.1.1 Verträge auf Basis des BGB

Kaufvertrag: Unter den Verträgen des täglichen Lebens ist der Kaufvertrag gem. § 433 ff. BGB der am häufigsten vorkommende Vertrag. Der Verkäufer und der Käufer treffen Vereinbarungen zur Übertragung einer Sache. Der Verkäufer verpflichtet sich zur fristgemäßen, mängelfreien Lieferung sowie zur Übertragung des Eigentums und zur Annahme des Kaufpreises. Der Käufer ist zur Abnahme des Kaufgegenstandes und zur Bezahlung des vereinbarten Preises verpflichtet.

Werkvertrag: Die Besonderheit eines Werkvertrages gem. § 631 ff. BGB liegt in der Verpflichtung des Auftragnehmers zur Herbeiführung eines bestimmten Erfolgs. Als Gegenleistung ist der AG erst bei Erfolgseintritt zur Zahlung der vereinbarten Vergütung verpflichtet. Der AN hat u. U. Anspruch auf eine Bezahlung nach Fortschritt des Werkes. Ist im Vertrag die Erbringung von Bauleistungen vereinbart, wird der Werkvertrag auch als Bauvertrag bezeichnet.[679] Als Gesetzesgrundlage dient je nach Vereinbarung das BGB oder die VOB/B. Bei mangelhafter oder nicht rechtzeitiger Erfüllung haftet der AN ohne Vorliegen eines Verschuldens.

Dienstvertrag: Ein Dienstvertrag gem. § 611 ff. BGB liegt vor, wenn die Leistung von Diensten jeder Art gegen eine Vergütung vereinbart ist. Im Gegensatz zum Werkvertrag besteht beim Dienstvertrag lediglich die Verpflichtung zum geschuldeten „Tätigwerden". Diese Vertragsform ist in der Praxis vor allem beim Arbeitsvertrag von Bedeutung. Es besteht grundsätzlich eine Vergütungspflicht, auch wenn deren Höhe nicht vereinbart ist. Darüber hinaus besteht für den Auftragnehmer keine Gewährleistungspflicht. Eine Schadensersatzpflicht kann nur bei schuldhafter Pflichtverletzung geltend gemacht werden.

	Dienstvertrag	Werkvertrag
Vertragspartner	Dienstverpflichteter/ Dienstempfänger	Unternehmer/Besteller
Vertragsgegenstand	Leistung von Diensten ohne Ausrichtung auf einen best. Erfolg	Herbeiführung eines best. Erfolgs oder Werkes
Regelung	BGB	BGB oder VOB
Vergütung	nach Zeit	nach Wert der Leistung

Abb. 164: Vergleich zwischen Dienst- und Werkvertrag

Liefervertrag: Ein Vertrag über eine Lieferung ist ein Werklieferungsvertrag. Ein Werklieferungsvertrag liegt vor, wenn der AN das Hauptmaterial zur Verarbeitung selbst beschafft. Da dieser Vertrag dem Kaufvertrag sehr ähnlich ist, gelten meist die Vorschriften des Kaufvertrages allein oder in einigen Fällen mit den Vorschriften über den Werkvertrag kombiniert. Ist der Wert der beschafften Materialien wesentlich geringer als der Wert der Arbeitsleistung, dann gelten die Vorschriften über den Werkvertrag. Im Rahmen einer Ausschreibung sind gegebenenfalls die Bestimmungen der VOL anzuwenden.

---

[679] Vgl. Grabener H./Sailer E., S. 390f.

12.3.1.2 Verträge auf Basis VOB, VOL und VOF

Die Verdingungsordnungen spielen im Zusammenhang mit FM-Verträgen i. d. R. nur dann eine Rolle, wenn die Leistungen im Rahmen einer Ausschreibung vergeben werden. Bei Aufträgen, die Bauleistungen beinhalten, wird die VOB/B häufig ergänzend in die Vertragsunterlagen eingebunden, da für diesen Bereich keine vergleichbaren Regelungen bestehen. Die Vertragsbedingungen der VOL sind überwiegend auf Kauf- und Werklieferungsverträge ausgerichtet. Jedoch eignen sie sich nicht als Vertragsgrundlage von Dienstleistungsverträgen. Für die VOF sind keine eigenständigen Vertragsbedingungen festgelegt. Kommt es zur Anwendung der VOF auf einen Vertrag, kann dies wiederum zur Geltung der VOL führen, wenn die zu vergebende Leistungen beschreibbar sind.[680]

12.3.1.3 Verträge besonderer Art

Dienstleistungsvertrag: Als Dienstleistungsaufträge werden laut Gesetz gegen Wettbewerbsbeschränkungen alle Aufträge bezeichnet, deren Leistungsumfang weder Lieferungen noch Bauleistungen beinhaltet und nicht anhand eines Verfahrens vergeben werden. Darüber hinaus definiert § 99 Abs. 6 GWB alle öffentlichen Aufträge, deren Vertragsgegenstand sowohl den Einkauf von Waren als auch die Beschaffung von Dienstleistungen umfasst, als Dienstleistungsaufträge. Voraussetzung ist, dass der Wert der Dienstleistungen den Wert der Waren übersteigt. Außerdem wird eine Kombination aus Dienstleistungen und Bauleistungen bei öffentlichen Auftraggebern auch als Dienstleistungsauftrag bezeichnet, wenn die Bauleistungen im Verhältnis zu den Dienstleistungen als Nebenpflichten zu betrachten sind.

Festpreisvertrag: Der Festpreis ist ein vertraglich vereinbarter Preis für eine endgültig fertig gestellte Leistung.[681] Bei der Vereinbarung eines Festpreisvertrages darf der Auftragnehmer keine zusätzlichen Forderungen gegenüber dem Auftraggeber geltend machen, d. h. Mehr- oder Minderleistungen bleiben unberücksichtigt. Ein Kalkulationsirrtum geht zu Lasten des Auftragnehmers. Nur in Ausnahmefällen kann eine Änderung der Summe oder der vertraglich vereinbarten Leistungen u. U. im beiderseitigen Einvernehmen durch eine Vertragsänderung erfolgen. Darüber hinaus können Preise einzelner Leistungen, deren Leistungsumfang nicht endgültig festgelegt werden kann, unter Vorbehalt vereinbart oder sogar gänzlich herausgenommen werden. Somit wird deutlich, dass bei Vereinbarung eines Festpreisvertrages klare Leistungsdefinitionen unerlässlich sind.

Open Book Vertrag: Bei einem „Open Book Vertrag" legt der Dienstleister dem Auftraggeber sämtliche Kosten offen dar. Dies ist besonders bei Verträgen mit Generalunternehmer oder Generalübernehmer notwendig. Alle Vereinbarungen die GU oder GÜ mit Subunternehmen treffen, sind für den Auftraggeber transparent zu machen. Dieser zahlt die Kosten einschließlich eines im Vertrag vereinbarten Aufschlags.

---

[680] Vgl. Schneider, H. (2004), S. 385f.
[681] Vgl. Grabener H./Sailer E., S. 155.

12.3 Vertragsgestaltung von FM-Dienstleistungen

Rahmenvertrag: Rahmenverträge werden bei langfristigen Vertragsbindungen zwischen den Kooperationspartnern vereinbart. Es handelt sich dabei um ein wiederkehrendes Schuldverhältnis. Ohne die ständige Verpflichtung zur konkreten Leistungserbringung kommt es zu einer zeitlichen Aneinanderreihung von Einzelverträgen.

GMP-Vertrag: Der „Garantierte Maximalpreisvertrag" (englisch „Guaranteed Maximum Price") kommt bei angelsächsischen Firmen schon seit den 1990er Jahren zu Anwendung. Grundgedanke dieser Vertragsart ist die partnerschaftliche Zusammenarbeit zwischen Auftraggeber und Auftragnehmer im Vertrag zu verankern und das Risiko der Kostenüberschreitung zu verringern.

Der GMP-Vertrag kann mit einem Pauschalpreisvertrag, der mit einem Generalunternehmer oder Generalübernehmer geschlossen wird, verglichen werden.[682] Der Vertragspreis wird in einen festen Pauschalanteil und einen variablen Teil („direkte Kosten") aufgegliedert. Letzterer beinhaltet sämtliche Leistungen, die insbesondere ein Generalunternehmer nicht selber ausführt, sondern an Subunternehmer vergibt.

Die Besonderheit des GMP-Vertrages besteht darin, dass der AN in die Planung mit eingebunden wird und die Leistungen wiederum gemeinsam mit dem AG an die Subunternehmer vergeben werden. Bis zum Vertragsende wird somit das Bestreben, die direkten Kosten zu minimieren, aufrechterhalten. Der AN kann keine höhere Summe als den Maximalpreis berechnen. Eventuelle Einsparungen sind nach einem vertraglich vereinbarten Schlüssel zwischen AG und AN zu verteilen.

Arbeitnehmerüberlassungsvertrag: Zweck eines Arbeitnehmerüberlassungsvertrages ist die Überlassung geeigneter Mitarbeiter des Auftragnehmers für den Auftraggeber. Die Mitarbeiter werden in den Arbeitsprozess des Auftraggebers integriert, der diese nach seinen betrieblichen Erfordernissen einsetzt. Dem AN obliegt keine Verantwortung für das Arbeitsergebnis. Die Weisungsbefugnis und die Fürsorgepflicht liegen allein beim AG, dessen Weisungen keine werksbezogenen Ausführungsanweisungen im Sinne des §645 BGB sind. Der Arbeitnehmerüberlassungs-Vertrag unterscheidet sich wesentlich vom Werkvertrag.[683]

Um die Vertragsinhalte eines Arbeitnehmerüberlassungsvertrages zu umgehen, wird vom Vertragspartner häufig die Bezeichnung „Werkvertrag" verwendet. Es handelt sich dabei um einen Scheinwerkvertrag, der rechtlich dem Arbeitnehmerüberlassungsvertrag gleichzusetzen ist.

Freier Mitarbeitervertrag: Freie Mitarbeiterverträge kommen bei freien Berufen als selbständige Dienstleister, wie z.B. Architekten oder Rechtsanwälte, zur Anwendung. Es handelt sich um eine eigenständige Vertragsart, die weder Bestimmungen des Arbeitnehmerüberlassungvertrages noch des Arbeitsvertrages beinhaltet.

---

[682] Vgl. Grabener H./Sailer E., S. 167f.
[683] Vgl. Schneider, H. (2004), S. 299f.

Franchising: Bei Franchising handelt es sich um einen Dauerkooperationsvertrag zwischen einer Stammfirma (Franchisegeber) und einer selbstständigen Firma. Der Franchisegeber bringt die Geschäftsidee ein, übernimmt die Organisation, die Kontrolle des Vertriebs sowie die Lieferung der Maschinen. Der Franchisenehmer trägt das Geschäftsrisiko und die unternehmerische Verantwortung. Eine zu enge Einbindung in betriebsorganisatorische Geschäftsabläufe sowie eine starke rechtliche Bindung des Franchisenehmers an den Franchisegeber können zum Tatbestand der „Scheinselbstständigkeit" führen.[684] Dies kann zu einer Mitverantwortung für nicht entrichtete Sozialleistungen führen.

12.3.1.4 Vertragskonstellationen im Facility Management

Betreiberverträge: Bei Betreibermodellen schließt der Eigentümer oder Vermieter einer Immobilie mit einem „Betreiber" einen Vertrag über die Erbringung von Dienstleistungen gegenüber den Unternehmensmitarbeitern oder gegenüber den Mietern. I. d. R. liefert der Betreiber unentgeltlich die gesamten erforderlichen Dienstleistungen. Der Betreibervertrag kommt vor allem bei Großobjekten zur Anwendung. Bspw. bietet der Vermieter neben der bloßen Vermietung der Räumlichkeiten ein umfangreiches Servicepaket an. Dies beinhaltet z. B. die Reinigung der Büroräume, den Sicherheitsdienst und die Speiseverpflegung. Der Vorteil liegt darin, dass der Vermieter gegenüber seinen Mietern für die Art und Qualität der Leistungserbringung nicht verantwortlich ist.

Hausverwalter- und Gebäudemanagementverträge: Ein Verwaltervertrag umfasst eine Vielzahl verschiedener Bewirtschaftungsleistungen. Aufgabe des Auftragnehmers ist es, alle diese Leistungen zu koordinieren sowie das Gebäude zu „managen". Dieses umfangreiche Aufgabengebiet erfordert eine genaue Definition der zu erbringenden Leistungen. I. d. R. erfolgt eine Trennung zwischen kaufmännischer und technischer Verwaltung.

Instandhaltungs-, Wartungs-, Inspektions- und Instandsetzungsverträge: Die Begriffe Instandhaltung, Wartung, Inspektion und Instandsetzung sind in der Literatur nicht eindeutig definiert, da zu dieser Thematik keine eindeutige Rechtsprechung vorliegt. Aus diesem Grund empfiehlt es sich bspw. die Definitionen der DIN 31051 und der VDMA 24186-0 zu übernehmen. Ein diese Begriffe betreffender Vertrag setzt sich aus den Elementen des Dienstvertrages gem. § 611 ff. BGB und des Werkvertrages gem. § 631 ff. BGB zusammen. Der Dienstvertrag regelt die Leistungen für den Service und die Instandhaltung. Instandhaltungsverträge enthalten sowohl werkvertragliche als auch dienstvertragliche Elemente. In Abhängigkeit des Vertragsschwerpunktes ist die jeweils gültige Rechtsvorschrift anzuwenden. Bei Inspektions- und Wartungsleistungen wird das Dienstvertragsrecht angewendet. Die Wartung ist auf die Bewahrung des Ist-Zustandes und der Verlangsamung des Abnutzungsvorganges ausgerichtet. Aus diesem Grund liegt kein vertraglich geschuldeter Erfolg vor. Bei Instandsetzungsmaßnahmen soll ein festgestellter Schaden behoben werden. Folglich findet bei der Instandsetzung vertraglich das Werkvertragsrecht Anwendung.

---

[684] Vgl. Grabener H./Sailer E., S. 163.

12.3 Vertragsgestaltung von FM-Dienstleistungen

Beispiel: Ein Unternehmen bereitet für seine Büroimmobilie die Ausschreibungsunterlagen für die Vergabe der Energieversorgung vor. Der Leistungsumfang beinhaltet u. a. die Instandhaltung, Wartung, Inspektion und Instandsetzung der erforderlichen Anlagen. Für eine genaue Kostenkontrolle sind die Einsätze des Anbieters anhand folgenden Schemas genau zu protokollieren.

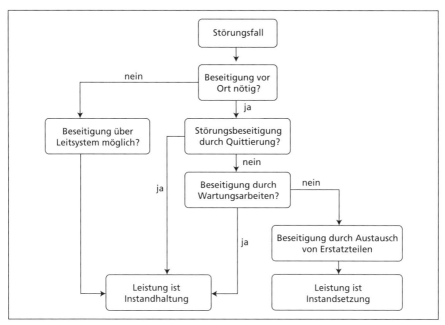

Abb. 165: Abgrenzung von Instandhaltung und Instandsetzung bei Betriebsstörungen[685]

Contracting: Contracting ist eine besondere Form des Outsourcings. Contractingverträge werden zwischen dem Eigentümer einer Immobilie (Contractingnehmer) und einem Contractor geschlossen. Ein Contractor ist ein auf Energieeinkauf, Energieanlagen bzw. Anlagenbetrieb spezialisiertes Unternehmen. Der Contractor ist vertraglich verpflichtet alle in diesem Zusammenhang entstehenden Investitionskosten zu übernehmen, die wiederum durch eine periodische Contracting-Fee refinanziert werden. Auf Grundlage eines Vertrages stellt der Contractor die Jahresabrechnung.

Beispiel: Der Eigentümer einer großen Büroimmobilie betreibt die Wärmeversorgung nicht selbst, sondern nimmt dafür die Dienste des kommunalen Energieversorgers oder einer privaten Betreiberfirma in Anspruch. Für den Eigentümer fallen keine Kosten für Investition, Betrieb und Wartung der Heizung, Brennstoffbevorratung, etc. an. Er zahlt dafür eine Contracting Fee an den Contractor. Die Contracting Fee wird wiederum im Rahmen der Nebenkostenabrechnung auf die Mieter umgelegt. Dabei ist jedoch zu beachten, dass

---

[685] Vgl. Rotermund, U., o. S.

nach geltender Rechtsprechung der Mieter der Umlage von Investitionskostenanteilen im Rahmen des Contracting vorher zustimmen muss.

Im Rahmen eines Performance-Contracting-Vertrags, eines so genannten Optimierungsvertrags, verpflichtet sich der Auftragnehmer zur Investition und zum Betreiben der Anlagen. Es gibt zwei Möglichkeiten der Vertragsvereinbarungen. Im Erfolgsbeteiligungsvertrag werden die Investitionskosten des Auftragnehmers einschließlich eines Gewinnanteils aus den Einsparungen bezahlt, die der Auftraggeber aufgrund der Investition generiert. Bei einem Erfolgsgarantievertrag übernimmt der Auftraggeber die Investitionskosten des Auftragnehmers. Gleichzeitig verpflichtet sich der AN zu einer vertraglich definierten Mindesteinsparung. Kann der AN diese Verpflichtung nicht innerhalb eines bestimmten Zeitraumes erfüllen, muss er dem AG den Differenzbetrag vergüten.[686]

Energielieferungsvertrag (Energieliefer-Contracting): Der Energielieferungsvertrag ist derzeit die erfolgreichste Form des Contractings und eignet sich sowohl für den Neubau als auch für den Bestandsbau. Der Gebäudeeigentümer beauftragt einen Anlagenbauer oder ein Energieversorgungsunternehmen (Contractor) mit der Vorfinanzierung, der Errichtung und dem späteren Betrieb der energietechnischen Anlagen. Dabei bleibt der Contractor Eigentümer der neuen Anlage. Er liefert dem Contractingnehmer Energie über einen vertraglich festgelegten Zeitraum, zu einem festgelegten Preis und einer Mindestabnahmemenge. Das Eigentum an der Anlage geht an den Contractingnehmer über, sobald die Refinanzierung der Investition über das Entgelt für die bezogene Nutzenergie erfolgt ist (vgl. GEFMA-Richtlinie 124).

Der Vorteil für den Contractingnehmer liegt darin, dass er mit der Lieferung der Nutzenergie die Erwartung eines energieeffizienten Betriebs mit preiswerter Energie verbindet und ein auf seine Bedürfnisse zugeschnittenes Anlagenmanagement erhält. Weiterhin wird er nicht mit den hohen Investitionskosten belastet. Der Contractor ist für den vereinbarten Zeitraum von 10 bis 20 Jahre für Investitionen und den Betrieb der energietechnischen Anlagen verantwortlich und kann durch die Erbringung einer großen Bandbreite an Leistungen seine Wertschöpfung steigern.

Da der Contractor in einer fremden Immobilie in eine energietechnische Anlage investiert, die normalerweise zum Gebäude und somit dem Gebäudeeigentümer zuzurechnen ist, muss es für ihn eine Form der Absicherung geben. Eine Möglichkeit wäre die Absicherung der Investition als Dienstbarkeit durch eine Eintragung ins Grundbuch. Oder die energietechnischen Anlagen werden z. B. als Scheinbestandteile definiert, um Eigentum eines Dritten sein zu können.[687]

Einsparcontracting: Die seltene Form des Einsparcontractings findet ausschließlich im Bestandsbau (industrieller und kommunaler Bereich) Anwendung. An den im Zuge des Energiemanagements neu geschaffenen Anlagen erwirbt der Contractingnehmer das Eigentum. Der Contractor finanziert die Anlagen vor und übernimmt die Wartung und Überwachung der installierten

---

[686] Vgl. Schneider, H. (2004), S. 386f.
[687] Vgl. Oesterle, E. (2004), a. a. O., S. 152f.

12.3 Vertragsgestaltung von FM-Dienstleistungen

Systeme während der gesamten Vertragslaufzeit. Er entwickelt nach eingehender Analyse des Objektes ein energiesparendes System und liefert dies dem Eigentümer auf eigene Rechnung. Beide schließen einen Erfolgsbeteiligungsvertrag ab. Der Contractor erhält vom Contractingnehmer für eine bestimmte festgelegte Zeitdauer eine vertraglich vereinbarte Vergütung in Form eines Fixbetrages oder gem. der erzielten Energieeinsparung.

In beiden Fällen muss jedoch geregelt sein, wie Nutzungsänderungen, Wettereinflüsse, Maßnahmen des Auftraggebers in Eigeninitiative usw. in der Erfolgskontrolle rechnerisch bereinigt werden (vgl. GEFMA-Richtlinie 124). Bei einem derartigen Modell trägt der Contractingnehmer keine technischen und finanziellen Risiken. Durch den Wegfall von Aufgaben wie z. B. Planung, Erstellung und Betrieb ergeben sich für ihn Entlastungen.

Der Markt für Facility Management

13

13.1 Einführung

Bei dem Markt für Facility Management-Dienstleistungen handelt es sich nicht nur um einen noch relativ jungen, sondern auch um einen nach wie vor dynamischen und stetig wachsenden Markt. Derzeit wird der Markt für Facility Management in Deutschland je nach Quelle auf 50 bis 55 Milliarden € beziffert. Was den Markt für FM-Dienstleistungen dabei so attraktiv macht ist der konstante Cashflow, von dem Anbieter profitieren können, in Verbindung mit einer relativ geringen Kapitalbindung und einem niedrigen Marktrisiko.

Das Wachstum des FM-Marktes hält trotz oder gerade wegen der in den vergangenen Jahren wirtschaftlich schwierigen Situation in Deutschland kontinuierlich an. Grund dafür sind u. a. die EU-Osterweiterung, die neue Märkte öffnet, die Erschließung von neuen Kunden und Immobilienarten für das FM, die ständig steigende Nachfrage der Nutzer nach qualitativ besseren und neuen Dienstleistungen, die Zunahme der technischen Komplexität der Immobilien, die Erweiterung des Serviceangebots sowie eine Verlagerung von internen auf externe Dienstleistungen im Facility Management.

Fest steht jedoch auch, dass die einstige Euphorie über die zweistelligen Wachstumsraten der Anfangsjahre mittlerweile vorbei ist und der Preiswettbewerb zunehmend härter wird, denn einige Anbieter erkaufen sich mittlerweile über sinkende Preise zusätzliche Marktanteile. Dabei ist zu beachten, dass die Schere zwischen Unternehmen mit starken Zuwächsen und denen mit Umsatzrückgang aufgeht. Der Wettbewerb am Markt verschärft sich und vor allem die großen Unternehmen am Markt erzielen ein überdurchschnittliches Umsatzwachstum. Die großen Unternehmen der Branche steigern ihre Umsätze zudem auch durch Akquisition kleinerer Unternehmen. Häufiger werden auch Fusionen und Kooperationen, um die gegebene Marktpositionen zu stärken und auszubauen.

13.2 Struktur des Marktes für Facility Management in Deutschland

13.2.1 Marktvolumen und Teilmärkte

Das Marktvolumen für FM-Leistungen in Deutschland mit ca. 50–55 Mrd. € im Jahr 2005 beinhaltet sowohl die intern erbrachten Leistungen, als auch die Leistungen, die ausgelagert und von externen Dienstleistern erbracht wurden. Da der Begriff Facility Management von Anbietern und Experten in der Praxis nicht einheitlich verwendet wird und zahlreiche verschiedene Dienstleistungen diesem Markt zugeordnet werden können, gibt es auch Experten, die von einem Marktvolumen von über 400 Milliarden € ausgehen. Diese Zahlen beinhalten den gesamten Lebenszyklus eines Gebäudes in den auch das jährliche Bauvolumen mit eingerechnet wird. Im Allgemeinen jedoch wird das Marktvolumen weitaus niedriger beziffert. Dabei ist zu berücksichtigen, dass bei einem Leistungsvolumen von ca. 55 Milliarden € etwa 46% bis 48% im Bereich der innerbetrieblichen Leistungen anfallen und ca. 52% bis 54% im Bereich der fremd vergebenen Leistungen.[688]

Zu beobachten ist aktuell eine Entwicklung, bei der sich diese Anteile langsam immer weiter in Richtung der externen Anbieter verschieben und immer mehr Leistungen ausgelagert werden. Im Bereich der extern erbrachten Dienstleistungen nehmen die integrierten Service-Leistungen stark an Bedeutung zu. Das Marktvolumen dieser integrierten Facility Management-Dienstleistungen liegt heute bereits bei ca. 5 Milliarden € oder 10% des Gesamtvolumens und wächst weitaus schneller als der Gesamtmarkt für FM. Dabei werden den Nachfragern bzw. Kunden alle notwendigen Facility Management Dienstleistungen aus der Hand nur eines Anbieters angeboten. Wie der amerikanische Markt zeigt, gehört den extern erbrachten, integrierten FM-Dienstleistungen die Zukunft. In den USA betragen diese extern erbrachten, integrierten FM-Dienstleistungen aus einer Hand heute ca. 40% des Marktes. Wenn sich diese Entwicklung auch in Deutschland durchsetzt, wonach es zurzeit aufgrund der Wachstumsraten in diesem Teilbereich durchaus aussieht, kommt es zu steigenden Anforderungen für die deutschen Facility Management-Dienstleistungsunternehmen.

Traditionell lässt sich der Markt für Facility Management in drei Bereiche aufteilen. Dabei handelt es sich um das Technische Gebäudemanagement, das Infrastrukturelle Gebäudemanagement und das Kaufmännische Gebäudemanagement. Vom gesamten Marktvolumen umfasst das Infrastrukturelle Gebäudemanagement ca. 47%, das Technische Gebäudemanagement ca. 40% und das Kaufmännische Gebäudemanagement ca. 13%. Dabei ist zu beachten, dass sich diese Marktanteile ständig verändern. Beim infrastrukturellen Segment bedeuten allein die Reinigungsdienste schon das halbe Marktvolumen. Neben dem Teilsegment der Gebäudereinigung beträgt auch der Bereich Gebäudetechnik einen großen Umsatzanteil. Trotzdem ist eine Entwicklung am Markt zu beobachten, die zu einer Verringerung der Anteile von einfachen, handwerklichen Dienstleistungen hin zu einer Erweiterung des Anteils von höher qualifizierten Diensten und Managementleistungen im Facility Management führt.

Eine Segmentierung des Marktvolumens nach den Nachfragern der Facility Management-Dienstleistungen führt zu dem Ergebnis, dass die Industriebetriebe und die Telekommunikationsbranche in Deutschland mit 33% Marktanteil das Hauptsegment des Marktes darstellen. Die öffentliche Hand mit Ländern und Kommunen macht derzeit 24% der Nachfrage aus, es ist jedoch zu erwarten, dass dieser Anteil in den kommenden Jahren weiter wachsen wird. Weitere bedeutende Nachfrager sind die Banken und Versicherungen mit 17% Marktanteil, die Krankenhäuser, Anstalten und Heime mit 14%, die

---

[688] Vgl. Helbling Management Consulting, Facility Management Marktbericht.

13.2 Struktur des Marktes für Facility Management in Deutschland

Handelsunternehmen im Land mit 7% und die sonstigen Nachfrager mit 5% Marktanteil.

Die Entwicklung des Marktvolumens wird durch zahlreiche Faktoren positiv bzw. negativ beeinflusst. Zu einer Bedarfserweiterung führen Faktoren wie der Umstand, dass Facility Management einen immer größer werdenden Kreis von Nutzern und somit neuen Kunden erreicht. Des Weiteren werden die Gebäude in Deutschland immer dienstleistungsintensiver und der Grad der Technisierung steigt weiter an. Ein zusätzlicher Faktor, der das Marktvolumen steigen lässt, ist die Entwicklung neuer Dienstleistungsprodukte im Bereich des Facility Management. Eine Reduktion erfährt das Marktvolumen z.B. durch den Abbau von Blind- und Mehrfachleistungen, den Verzicht auf überflüssige FM-Dienstleistungen, die Nutzung von Rationalisierungspotenzialen und den wettbewerbsbedingten Verfall der Preise am deutschen Facility Management-Markt.[689]

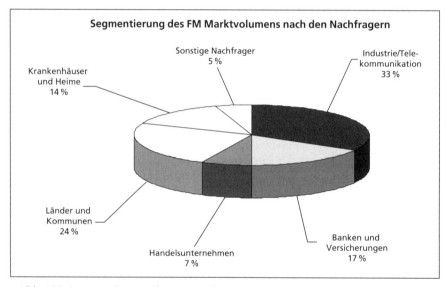

Abb. 166: Segmentierung des FM Marktvolumens 2005 nach den Nachfragern[690]

13.2.2 Besonderheiten des Marktes für FM-Dienstleistungen

Eine der Besonderheiten des Facility Management-Marktes liegt darin begründet, dass die gesamte FM-Branche keine Industrieprodukte herstellt, sondern Dienstleistungen für Kunden erbringt. Dienstleistungen sind jedoch immer ein besonderes Wirtschaftsgut. Im Vordergrund steht zum einen die Zufriedenheit

---
[689] Vgl. Schneider, H. (2004), S. 447.
[690] Vgl. Lünendonk-Studie, 2005.

der Nutzer mit der erbrachten FM-Dienstleistung und zum anderen der tatsächliche finanzielle Nutzen, den das Facility Management für den Eigentümer einer Immobilie hat. Hieraus leitet sich ein Zielkonflikt ab, denn Eigentümer, Nutzer und FM-Dienstleister in einer Immobilie bzw. Liegenschaft haben unterschiedliche Sichtweisen auf das erbrachte Facility Management und jeder verfolgt andere Primärinteressen.

Demnach steht der Facility Manager stets in einem besonderen Spannungsfeld zwischen den Interessen des Eigentümers nach Kostensenkung und Kostenoptimierung, sowie der des Nutzers einer Immobilie nach möglichst effektiven Arbeiten. Die Besonderheit des Marktes für FM-Dienstleistungen liegt darin, dass die Facility Management-Unternehmen die Zufriedenheit sowohl der Nutzer wie auch der Eigentümer im Blickfeld haben sollten, um ihre Kunden dauerhaft zufrieden zu stellen. Dabei müssen sie auch gewinnbringend arbeiten, um am hart umkämpften Markt für FM-Dienstleistungen als Unternehmung zu überleben. Folglich müssen Facility Management-Firmen ständig nach Lösungsansätzen suchen, wie dieses Spannungsfeld der Interessen, möglichst zur Zufriedenheit aller, bearbeitet werden kann.

Eine weitere wichtige Besonderheit, die am FM-Markt für Dienstleistungen berücksichtigt werden muss ist die Tatsache, dass die Kunden beim Vertragsabschluss und dem Einkauf von FM-Leistungen dem Anbieter ein großes Vertrauen entgegenbringen müssen. Der Kunde kann erst im Nachhinein bewerten, ob sein Vertrauen gerechtfertigt war und die geordete Dienstleistung seinen Anforderungen und Wünschen entsprochen hat.[691] Folglich ist der Ruf für ein Facility Management-Unternehmen sehr wichtig und die Firmen müssen stets versuchen, sich einen guten Ruf zu schaffen bzw. zu erhalten. Um das Vertrauen der Kunden in das eigene Unternehmen und seinen Ruf zu stärken, kann es manchmal sogar Sinn machen, gewisse Dienstleistungen im Rahmen von Gesamtverträgen zu niedrigeren Konditionen anzubieten. Damit sollte in der FM-Branche nicht Gewinnmaximierung sondern Vertrauensbildung im Vordergrund stehen, denn am Ende entscheidet vor allem die Zufriedenheit des Kunden über neue Aufträge. Relevant für die Vertrauensbildung ist dabei die richtige Balance zwischen Qualität und Preis der Dienstleistung.

13.2.3 Wettbewerbssituation

Die Wettbewerbssituation am deutschen Markt für Facility Management verschärft sich zusehends und die Euphorie über die zweistelligen Wachstumsraten der Anfangsjahre des FM in Deutschland hat sich mittlerweile gelegt. Das Umsatzwachstum lag im Jahr 2005 nur noch bei 5,5 Prozent und ein Viertel aller Unternehmen musste sogar Umsatzrückgänge hinnehmen. Einer der Gründe dafür ist, dass die deutschen Facility Management-Unternehmen immer mehr auf das Angebot integrierter Service-Leistungen am Markt setzen. Durch diese

---

[691] Vgl. Ahlers, F.-P./Frieden, W./Hasler, A., Facility Management – Kosten oder Qualität?, S. 22.

13.2 Struktur des Marktes für Facility Management in Deutschland

Entwicklung werden in Zukunft den Nachfragern und Kunden alle Dienstleistungen für ihre Unternehmen aus einer Hand angeboten. Dieser Trend, der für die Nutzer und Eigentümer durchaus positiv ist, hat für viele kleinere Anbieter vor allem den Effekt, dass die Anforderungen an sie stark ansteigen. Es ist absehbar, dass in wenigen Jahren Unternehmen den Markt dominieren werden, die in der Lage sind, den Kunden integrierte Service-Leistungen anzubieten.[692]

Alle diese Unternehmen mit ganzheitlichem Dienstleistungsangebot haben i. d. R. eines gemeinsam: Sie haben von Anfang an in einem Teilbereich eine absolute Kernkompetenz, z. B. im Infrastrukturellen oder Technischen Gebäudemanagement. Auf den anderen Feldern des Facility Managements verfügen sie jedoch kaum über Erfahrungen und kompetente Mitarbeiter. Da der Wettbewerb jedoch von den Unternehmen zunehmend das Komplettangebot verlangt, sind die Firmen gezwungen, sich die fehlenden Kompetenzen irgendwie zu erwerben. Dies gelingt meistens nur über den Zukauf von qualifizierten Fachkräften, die in der Lage sind, eine entsprechende Abteilung auf- bzw. auszubauen. Somit kommt es im Bereich des Facility Management zunehmend zu Mitarbeiterfluktuationen und einem steigenden Wettbewerb der Unternehmen um qualifizierte Fach- und Führungskräfte.

Da jedoch diese integrierten Komplettangebote i. d. R. nur von größeren Unternehmen bewältigt werden können, verschärft sich dadurch auch die Wettbewerbssituation für kleine und mittlere Facility Management-Unternehmen. Ihnen fehlen oftmals die notwendigen Personal- und Managementkapazitäten, um ein solches Komplettangebot zu entwickeln und anzubieten. Die Folge dieser Entwicklung wird sein, dass zahlreiche kleinere FM-Unternehmen in den kommenden Jahren verschwinden werden oder gezwungen sind, sich zu spezialisieren und eine Dienstleistung zu entwickeln, die sonst keiner zu vergleichbaren Konditionen anbieten kann. Auch innovative Dienstleistungen und interessante Marktnischen könnten ein Schlüssel zum Überleben für die kleineren Marktteilnehmer sein. Kleinere und regional agierende Dienstleistungsunternehmen haben zudem den Vorteil, dass sie operativ oftmals schneller sowie effizienter agieren können als Großunternehmen im Bereich des FM und i. d. R. eine bessere Dienstleistungsqualität anbieten.[693] Die kleineren und lokalen Anbieter haben also nach wie vor durchaus Chancen und Vorteile am Markt, sie müssen sie nur eventuell effektiver nutzen als bisher.

Am deutschen Facility Management-Markt bestimmen Baukonzerne und klassische Infrastrukturdienstleister die Spitze des Branchenrankings. Die einen haben ihre Servicesparten erheblich ausgebaut, die andern bieten bereits seit Jahren mehr als nur Reinigungsdienste an. Alleine die drei Baukonzerne Bilfinger Berger, Hochtief und Strabag hatten 2008 zusammen fast 2,9 Mrd. Euro FM-Umsatz. Die drei führenden aus den Infrastrukturservices kommenden Anbieter – Dussmann, WISAG und Compass – bilanzieren zusammen nahezu

---
[692] Vgl. Lünendonk-Studie, 2005.
[693] Vgl. Kröger, H., Neuordnung im FM-Markt, in: Immobilienwirtschaft, 2005 Nr. 6, S. 50.

13 Der Markt für Facility Management

das gleiche Volumen. Damit bringen diese sechs Firmen über die Hälfte des für die Top 25 FM-Unternehmen notierten 10 Mrd. Umsatz.

Noch in den 90er Jahren, als sich auch hierzulande das Facility Management zu profilieren begann und die Konturen eines abgrenzbaren Marktes sichtbar wurden, wollten viele andere Unternehmen ebenfalls in den Markt einsteigen. Ausgegliederte Serviceorganisationen von Industriekonzernen und Staatsbetrieben, große Anlagenbauer, sogar die Töchter von Bankkonzernen und anderen Finanzdienstleistern positionierten sich am Markt als FM-Anbieter. Die meisten dieser Firmen sind heute vergessen. Ganz anders die ehedem aus

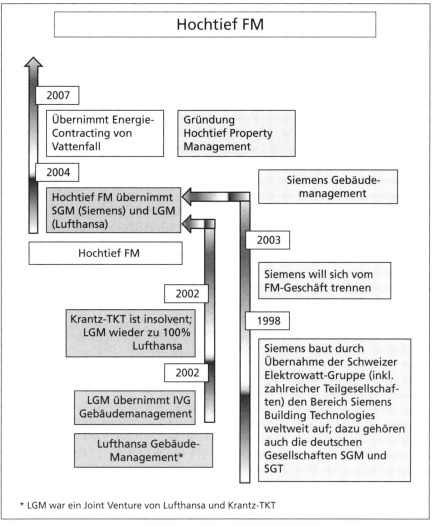

Abb. 167: Entwicklung Hochtief FM[694]

---

[694] Vgl. Immobilienzeitung 36/2009, S. 12.

13.2 Struktur des Marktes für Facility Management in Deutschland

der Gebäudereinigung kommenden – und bis heute überwiegend familiengeführten Dienstleister wie Dussmann, WISAG, Piepenbrock, Klüh, Zehnacker, Gegenbauer, Schubert oder Dr. Sasse. Durch eine über viele Jahre sukzessiv verfolgte, nur in Einzelfällen kurzzeitig unterbrochene Wachstumspolitik haben sich diese Unternehmen zu Topadressen für Gebäudeservices entwickelt.

In der hart umkämpften Spitzengruppe der FM-Branche konnten sie sich schließlich einen Platz sichern, weil sie entsprechende Risiken eingingen und unternehmerischen Mut bewiesen. Durch ansehnliche Übernahmen und vor allem durch den Aufbau und Zukauf von technischem Know-how positionierten sich die ehemaligen Reinigungsfirmen als hunderte Millionen Euro Umsatz schwere FM-Komplettanbieter. Die drei führenden Baukonzerne Bilfinger Berger, Hochtief und Strabag verfolgten eine andere Strategie, wobei ein vierter Konzern – Holzmann – im Grunde genommen dafür den Grundstein setzte. Die Frankfurter verkündeten als erste, neben ihren Bau-Sparten den neuen Unternehmensbereich Dienstleistungen zu etablieren. Die einschlägige Holzmann-Tochter HSG rangierte mehrere Jahre weit vor den FM-Einheiten der Wettbewerber aus Mannheim und Essen. Diese zogen nach. Hochtief FM landete 2004 den wichtigsten Coup im damals beginnenden Konkurrenzkampf, als binnen weniger Monate die FM-Gesellschaften von Lufthansa (LGM) und Siemens (SGM) übernommen wurde. Auf einen Schlag stieg der Umsatz um mehr als drei Viertel. Bilfinger Berger wurde ebenfalls durch zwei, wenngleich Jahre auseinander liegende, Akquisitionen zur anerkannten und heute das Lünendonk-Umsatzranking anführenden FM-Größe.

Der entscheidende Anfang wurde 2002 mit der Übernahme besagter Holzmann-Gesellschaft HSG gemacht; der Schlussstein wurde mit dem Umzug von M+W Zander unter das Dach des Mannheimer Konzerns gesetzt. Mit diesem Coup verdoppelte sich das Volumen der FM-Tochter HSG, die jetzt als HSG Zander firmiert.

Den kürzesten Weg ging Strabag. Sie sicherten sich 2008 mit der Übernahme der Telekom-Tochter DeTe Immobilien nicht nur eine gute FM-Adresse, sondern auch eine wahrlich solide Ausgangsbasis – fast eine Milliarde Euro Umsatz. Dass der FM-Markt in Bewegung bleibt, ja vor einer Zäsur steht, scheint unzweifelhaft. Die Krise generiert auf der Nachfrageseite (v. a. in der Industrie) neue Herausforderungen. Die Leistungskette Asset-, Property- und Facility-Management verändert sich. Es wird mehr Outsourcing erwartet, ebenso wie weitere Zukäufe durch die führenden Unternehmen der FM-Branchen.[695]

In der Lünendonk-Studie 2011 „Führende Facility Management Unternehmen für infrastrukturelles und technisches Gebäudemanagement in Deutschland", in welcher 59 FM-Unternehmen u. a. zur Wettbewerbssituation am deutschen Facility Management-Markt befragt wurden, erhielt die Einschätzung, dass in fünf Jahren jedes zweite Unternehmen nicht mehr selbstständig am Markt existieren wird, eine überdurchschnittlich zustimmende Bewertung. Dies ist ein weiterer Beleg dafür, dass der Verdrängungswettbewerb in Deutschland

---

[695] Vgl. Immobilienzeitung 36/2009, S. 1.

13 Der Markt für Facility Management

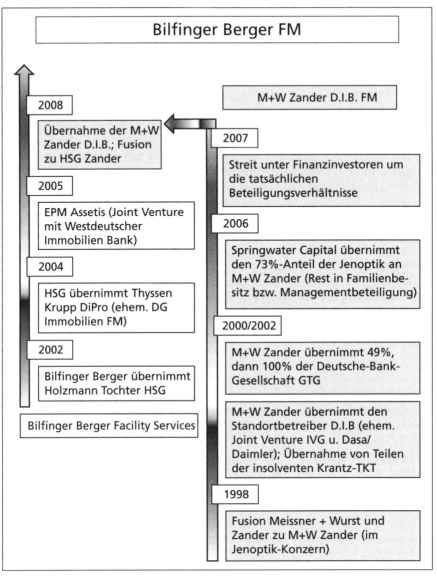

Abb. 168: Entwicklung Bilfinger Berger FM[696]

an Stärke zunimmt und es einen deutlich spürbaren Konsolidierungsprozess am Markt gibt.

Die Alternative zum Abwerben von Mitarbeitern und dem Aufbau eigener neuer Abteilungen im Unternehmen zur Erweiterung der Kernkompetenz ist der Zukauf ganzer Unternehmen oder die friedliche Fusion mit der Konkurrenz. Dies führt dazu, dass in Deutschland zurzeit verstärkt beobachtet werden

---

[696] Vgl. Immobilienzeitung 36/2009, S. 12.

13.2 Struktur des Marktes für Facility Management in Deutschland

kann, dass sich nicht nur kleinere und lokale FM- Dienstleistungsunternehmen sondern auch große Firmen zusammenschließen oder sich gegenseitig übernehmen. Dies hat im wesentlichen zwei Konsequenzen, zum einem gibt es aktuell ein günstiges Klima für die Veräußerung von Facility Management-Dienstleistungsunternehmen, zum anderen kommt es zu einer verstärkten Konzentration und es entwickeln sich neuerdings Anbieter mit einem enorm großen Potenzial.

Die Wettbewerbssituation der großen Anbieter wird auch durch den Umstand zusehends verbessert, dass sich viele Immobilieneigentümer von ihren Betreiberrisiken am besten gänzlich verabschieden wollen und dieses Bedürfnis kann von großen Anbietern sehr viel besser bedient werden als von kleinen. Auch der Umstand, dass Facility Management ein Geschäft auf Vertrauensbasis ist spricht dafür, vermehrt größere und bekannte Unternehmen zu beauftragen, die sich einen Namen gemacht haben. Schließlich spricht auch das oftmals bessere Preis-/Leistungsverhältnis für die großen FM-Konzerne.

Zu beachten ist auch, dass sich einzelne große Anbieter über niedrige Preise steigende Marktanteile erkaufen, um ihren Umsatz zu steigern und schneller als die Konkurrenz am Markt zu wachsen. Denn durch sinkende Wachstumsraten im Bereich des Facility Managements sind größere Umsatzsprünge nur noch durch den Zukauf von Marktanteilen möglich. Immer mehr Tochterunternehmen großer Industriefirmen, die einst als FM-Dienstleister verselbstständigt wurden, bieten vermehrt ihre bisher ausschließlich intern erbrachten Dienstleistungen auch extern an und verdrängen damit traditionelle Familienunternehmen, die – zum Teil noch durch die Gründer geführt – in den nächsten Jahren vor der Schwierigkeit stehen werden, wie es angesichts der sich verschärfenden Wettbewerbssituation in Zukunft weiter gehen soll. Bei einer sich ständig verschlechternden Wettbewerbssituation könnte manch ein alteingesessener Unternehmer die Lust verlieren, sich täglich um den Fortbestand seines Lebenswerks bemühen zu müssen.

Darüber hinaus sind in Deutschland Fusionen und Zukäufe aller Anbietertypologien zu beobachten.[697] Viele Unternehmen versuchen auch durch Kooperationen und Joint Ventures mit anderen Marktteilnehmern ihr Angebot zu erweitern. Zudem ist zu beobachten, dass sich der Wettbewerb verschärft, da ausländische FM-Anbieter beginnen, den deutschen Facility Management-Markt, welcher der zweitgrößte in Europa ist, für sich zu entdecken. Gleichzeitig ist jedoch auch zu beobachten, dass deutsche Unternehmen verstärkt im Rest Europas aktiv sind, um sich ihren Markt zu erweitern und neue bzw. steigende Umsätze zu generieren. Durch verstärktes Wachstum im Ausland sind diese Unternehmen in der Lage, ihre Wettbewerbssituation auch auf dem deutschen Markt zu verstärken und der Kampf um die beste Wettbewerbsposition wird zusehends europäisiert. Diese Entwicklung geht jedoch in beide Richtungen und im Moment sind die ausländischen Investoren und Unternehmen in der Offensive.

---

[697] Vgl. Lünendonk-Studie, 2011.

Problematisch ist diese Entwicklung insbesondere für deutsche Arbeitnehmer, die in niedrigeren Einkommensklassen arbeiten, denn ihnen droht die Gefahr, in Zukunft noch stärker durch insbesondere osteuropäische Arbeitnehmer ersetzt zu werden. Ein bekanntes Beispiel für den europäischen Wettbewerb in diesem Zusammenhang ist die Verdrängung der deutschen Wäschereien durch polnische Betriebe. So wird z. B. die Wäsche der großen Berliner Hotels quer durch Ostdeutschland gefahren, weil die Wäschereien in Polen auf kostengünstigere Arbeitskräfte und Rahmenbedingungen zurückgreifen können, so dass die höheren Transportkosten mehr als ausgeglichen werden. Ähnlich verhält es sich auf dem Facility Management-Teilmarkt für Gebäudereinigungsarbeiten. So werden deutsche Arbeitnehmer im Bereich des operativen FM ohne bessere gesetzliche Regelungen angesichts eines harten Preiskampfes zusehends zu den Verlierern der Europäisierung des Wettbewerbs am Facility Management-Markt.[698]

13.2.4 Gewinnmargen

Die Wettbewerbssituation im Facility Management hat sich in den letzten Jahren zusehend verschärft und das Wachstum des Marktes für FM-Dienstleistungen hat sich leicht abgeschwächt. Gleichzeitig drängen immer mehr Unternehmen an den Markt. Unter diesen Entwicklungen leidet die Höhe der Gewinnmargen in Deutschland. Weil es zurzeit immer mehr Anbieter gibt, können die Kunden die Preise drücken. I. d. R. liegen die Gewinnmargen für Dienstleistungen im Facility Management bei 2 bis 5 Prozent. Gewinnmargen von über 5% sind selten und aktuell schwer zu realisieren. Allerdings gibt es bei den Gewinnmargen erhebliche Unterschiede zwischen den einzelnen Unternehmen und Dienstleistungen der Branche. Problematisch ist die Situation z. B. vor allem für Betriebe, die Reinigungsdienste anbieten und die bei Erstaufträgen eine reine Kostendeckung ohne Gewinn akzeptieren.

Sinken die Gewinnmargen unter zwei Prozent, so werden Umstrukturierungen im betroffenen Unternehmen notwendig. Oftmals ist dann eine Senkung der Lohnkosten oder aber eine Erhöhung der Produktivität vonnöten. Je niedriger die Gewinnmargen im Facility Management sinken, desto größer wird der Rationalisierungsdruck in der Branche. Da die FM-Unternehmen Dienstleister sind, müssen sie manchmal auch kleinere Serviceleistungen umsonst leisten um das Vertrauen bei den Kunden aufzubauen. Gut beraten sind Facility Management-Unternehmen, wenn sie langfristige Verträge abschließen, da auf diese Weise der Umsatz und die Gewinnmargen der Betriebe langfristig abgesichert werden und eine bessere planerische Sicherheit erlangt wird.

---

[698] Vgl. Kröger, H., a. a. O., S. 50.

13.2 Struktur des Marktes für Facility Management in Deutschland

13.2.5 Marktrisiken

Facility Management-Unternehmen betreiben für ihre Kunden oftmals große Gebäudekomplexe mit teilweise anspruchsvoller Technik. Diese Technik wird immer anfälliger, teurer und aufwändiger. Problematisch wird es für die FM-Dienstleister, wenn die Auftraggeber verlangen, dass sie einen Teil der Risiken der Leistungserbringung übernehmen und abdecken bzw. versichern. FM-Unternehmen müssen dann für Personen-, Sach- und Vermögensschäden sowie Produktionsausfälle die Haftung übernehmen und diese kostenaufwändig versichern.

Ein Beispiel für die hohen finanziellen Risiken, die ein FM-Dienstleister im Schadensfall tragen muss, war der Brand des Düsseldorfer Flughafens vor einigen Jahren. Prinzipiell ist es für den Kunden günstig, wenn er einem Facility Management-Dienstleister einen Teil des zuvor von ihm getragenen Risikos dauerhaft übertragen kann. Für die Anbieter jedoch sind Haftungs- und Versicherungskosten nicht nur ein Teil der Dienstleistung sondern auch ein zusätzliches Marktrisiko. Hinzu kommt für die Anbieter von FM-Dienstleistungen auf dem deutschen Markt ein systematisches Risiko (Marktrisiko), welches jedoch für alle Facility Management-Unternehmen am Standort Deutschland gleich ist und mit der wirtschaftlichen Gesamtentwicklung verknüpft ist.

13.2.6 Internationaler Marktvergleich

Bei einem Vergleich der internationalen Märkte für Facility Management-Dienstleistungen muss insbesondere die USA berücksichtigt werden. Im Vergleich zu Deutschland fällt auf, dass es in den USA einen Markt für FM schon sehr viel länger als in Europa, insbesondere in Deutschland, gibt. Früher als in Europa entstand bei großen amerikanischen Unternehmen durch ihre transkontinentale Ausrichtung mit vielen Standorten das Bedürfnis, auch mit den Unternehmensimmobilien ökonomisch umzugehen und von ihnen einen Beitrag zur Wertschöpfung zu erhalten. Diese Umstände, verbunden auch mit Faktoren wie dem produktionstechnisch bedingten gesellschaftlichen Wandel und dem informationstechnologisch bedingten Fortschritt, haben in den USA früher als in Europa oder Japan zur Entwicklung eines Marktes für Facility Management-Dienstleistungen, die zur Kosten- und Produktivitätsoptimierung von Gebäuden beitragen, geführt.

Im Gegensatz zu Deutschland, wo die Eigentümer der Immobilien die wichtigsten Auftraggeber für Facility Management-Dienstleistungen sind, geht in den USA ein Großteil der Aufträge vom Management eines Unternehmens, d. h. von den Nutzern aus. Folglich stehen in den USA die Nutzerinteressen stärker im Fokus als in Deutschland und die amerikanischen FM-Anbieter versuchen, weit stärker als in Deutschland, nachfrageorientierte Gesamtkonzepte zu entwickeln.

Eine bedeutende Rolle auf dem amerikanischen Markt kommt dem Benchmarking zu. Das Benchmarking liefert Kennzahlen, die dazu verwendet werden können, eigene Stärken und Schwächen zu erkennen und somit die eigene Organisation zu optimieren. Die IFMA hat in Kooperation mit den Facility

Management-Unternehmen in den USA ein Benchmarkingsystem geschaffen, das als Grundlage aller Verbesserungsbestrebungen dient. Weitere Organisationen, die sich mit Benchmarking für Facility Management beschäftigt haben, sind die „Building Owner Management Association", die „Society of Industrial and Office Realtor" und das „Institute of Real Estate Management".[699] Dies hat dazu geführt, dass es mittlerweile möglich geworden ist, für nahezu jede Tätigkeit im Facility Management Kennzahlen anzuführen und den eigenen Dienstleister daran zu messen. Somit hat sich die Transparenz für den Nutzer der Facility Management-Dienstleistungen auf dem amerikanischen Markt wesentlich erhöht.

Des Weiteren gibt es deutliche Unterschiede in der Marktstruktur zwischen den USA und Deutschland. Während in Deutschland noch die intern erbrachten Dienstleistungen in Verbindung mit den im Rahmen des Outsourcing ausgelagerten und somit extern erbrachten, einzelnen Dienstleistungen den Markt dominieren und der Bereich der extern erbrachten, jedoch voll integrierten FM-Dienstleistungen erst in der Entstehung ist, nimmt genau dieser Bereich in den USA mit ca. 40 % Marktanteil bereits eine dominante Stellung am Markt ein. Die intern erbrachten Dienstleistungen haben einen Marktanteil von ca. 35 % und die extern erbrachten Dienstleistungen, die heute in Deutschland noch dominant sind, haben in den USA nur noch einen Marktanteil von ca. 25 %.[700] Genau dieser Vergleich zeigt, wohin die Entwicklung auch in Deutschland gehen könnte.

Ein weiterer wichtiger internationaler Markt für Facility Management-Dienstleistungen befindet sich auf den britischen Inseln. Dort hat sich Facility Management ebenfalls früher als in Deutschland durchgesetzt. Der Markt für FM in Großbritannien hatte 2005 ein geschätztes Volumen von 121 Milliarden € erreicht.[701] Somit macht der britische Markt für FM mehr als die Hälfte des gesamten europäischen Marktvolumens aus und ist mehr als doppelt so stark wie der deutsche FM-Markt, und das obwohl die deutsche Wirtschaft insgesamt stärker ist als die Großbritanniens. Dies verdeutlicht, dass der deutsche Markt für Facility Management-Dienstleistungen nicht nur im internationalen sondern auch im europäischen Vergleich noch am Anfang steht.

Nach Großbritannien und Deutschland folgen Frankreich, Italien und Spanien als weitere wichtige europäische Märkte für Facility Management-Dienstleistungen. Gemeinsam haben diese fünf großen europäischen FM-Märkte ein Volumen von über 220 Milliarden €. Auffällig ist, dass sowohl der französische Markt mit Wachstumsraten von 12 % in den letzten Jahren, wie auch der italienische Markt mit durchschnittlich 11 % Wachstum, sich schneller entwickeln als der deutsche Markt für Facility Management-Dienstleistungen.[702] Auch im gesamteuropäischen Vergleich sind Industrie und Handel nach wie vor die wichtigsten Kunden für Facility Management-Unternehmen. Dieser Kundenkreis macht noch immer 43,6 % der europäischen Nachfrage aus, auch wenn seine Bedeutung sukzessive abnimmt.

---

[699] Vgl. Gondring, H. (2004), S. 513.
[700] Vgl. Krimmling, J. (2005), S. 13.
[701] Vgl. Marktbericht Interconnection Consulting Group, Wien 2005.
[702] Vgl. ebenda.

13.2 Struktur des Marktes für Facility Management in Deutschland

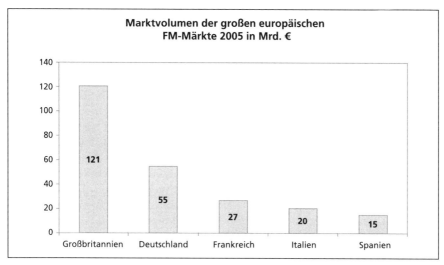

Abb. 169: Marktvolumen der großen FM-Märkte 2005 in Europa[703]

Genau wie in Deutschland sind auch in Europa die Kunden der öffentlichen Hand und des Gesundheitswesens die am schnellsten wachsenden Nachfragergruppen. Ein Trend hin zu immer mehr Public Private Partnership Projekten ist in ganz Europa zu erkennen und die defizitären Kostenstrukturen in diesen Bereichen lässt für die kommenden Jahre ein zweistelliges jährliches Wachstum erwarten. Der Kostendruck auf öffentliche wie auch private Unternehmen und die zunehmende Weiterentwicklung und Optimierung der Facility Management-Dienstleistungen wird dafür sorgen, dass auch der Markt für andere externe und interne FM-Dienstleistungen in den nächsten Jahren weiter wachsen wird.

Der Markt für Facility Management-Dienstleistungen in Osteuropa steht noch in den Anfängen. Je nach Quelle kann mit einem Marktvolumen zwischen 1,1 und 2,5 Milliarden € gerechnet werden. Das Marktforschungsunternehmen Interconnection Consulting Group prognostizierte jedoch ein Marktwachstum von 24,8 % im Jahre 2005. Der Grund für die hohen Wachstumsraten liegt zum einen im hohen Nachholbedarf der osteuropäischen Unternehmen im Bereich FM und zum anderen darin begründet, dass FM in Westeuropa bereits erprobt wurde und dementsprechend ohne große Veränderungen in Osteuropa übernommen wurde. Die Tschechische Republik und Polen weisen ein ähnlich starkes Marktvolumen auf, jedoch wächst der polnische Markt für FM mit über 35 % am schnellsten, gefolgt vom Marktvolumen in Ungarn, das zurzeit mit ca. 30 % im Jahr steigt.[704] Auch in kleineren Ländern wie Slowenien und der Slowakei wächst der Markt noch mit 15–20 % im Jahr. Die sehr hohen Wachstumsquoten in Osteuropa sind Beleg für die Gründerjahre des FM im Osten, die Ursprünge des Facility Managements jedoch sind in ganz Europa die gleichen. Auch in

---

[703] Vgl. ebenda.
[704] Vgl. Marktbericht Interconnection Consulting Group, Wien 2005.

Osteuropa beginnen einzelne Firmen, wie z. B. Reinigungsbetriebe, sich zu Komplettanbietern zu entwickeln. Viele Entwicklungen sind in West- und Osteuropa identisch, die Facility Management-Märkte befinden sich jedoch in unterschiedlichen Entwicklungsstadien.

Weltweit führt der nach wie vor anhaltende Globalisierungsprozess dazu, dass Facility Management insbesondere auch bei internationalen Großkonzernen an Bedeutung, aber auch an Komplexität zunimmt. Da zahlreiche Unternehmen mittlerweile an mehreren Standorten weltweit präsent sind und dort Waren bzw. Dienstleistungen produzieren, steigen die Anforderungen für die Facility Manager ständig weiter an. Problematisch ist dabei vor allem der korrekte Umgang mit den international sehr unterschiedlichen rechtlichen Rahmenbedingungen. Die transkontinentale Ausrichtung mit vielen Standorten und vielen Mitarbeitern, welche eine große Anzahl von Liegenschaften notwendig machte und die sich immer schneller verändernden Märkte waren in den USA einst ein Hauptgrund für die Entstehung des Facility Managements als unabhängige Disziplin. Mittlerweile ist dieses Phänomen global geworden und intensiviert die Bedeutung des Facility Managements für moderne Konzerne.

13.3 Anbieter und Nachfrager von Facility Management-Dienstleistungen

13.3.1 Strategische Ausrichtung der FM-Dienstleister

Die strategische Ausrichtung der Facility Management-Unternehmen muss sich programmatisch eng an den konkreten Bedingungen des Marktes in Deutschland orientieren. Wichtig für die Anbieter ist die Aneignung von Fähigkeiten, die sie in die Lage versetzen, die Tendenzen und Entwicklungen am Facility Management-Markt frühzeitig zu erkennen und ein Problemverhalten zu entwickeln, das den ständig notwendigen Veränderungs- und Anpassungsprozessen förderlich ist.[705] Entscheidenden Einfluss auf diese Fähigkeit haben die Organisationsstrukturen und die Managementsysteme der Unternehmen. Facility Management-Dienstleistungsunternehmen benötigen daher eine flache Aufbauorganisationen und ein kooperativ orientiertes Management, um möglichst flexibel und kundennah am Markt operieren zu können.

Gleichzeitig wird dadurch eine Steigerung der Mitarbeitermotivation erreicht, die für ein hohes Serviceniveau und damit den Erfolg der Unternehmung unverzichtbar ist. Die strategische Ausrichtung der FM-Dienstleister muss auch berücksichtigen, dass gerade im Wertschöpfungsprozess für Facility Management-Dienstleistungen den Informationen, dem Wissen und der Erfahrung der Mitarbeiter als strategische Ressource eine bedeutende Rolle zukommt. Folglich muss das Unternehmen alles tun, um das Wissen als Motor und entscheidende Größe für den Erfolg des Unternehmens ständig zu mehren und zu

---

[705] Vgl. Zehrer, H./Sasse, E. (Hrsg.) (2005), S. 33.

13.3 Anbieter und Nachfrager von FM-Dienstleistungen

aktualisieren. Dies beinhaltet insbesondere auch die Bereitschaft und Fähigkeit zur Einführung moderner Informationssysteme, der ständigen Fortbildung der Mitarbeiter durch Seminare und andere Fortbildungsmöglichkeiten sowie zu rascher Übernahme erfolgreicher und konkurrenzfähiger Produkte und Dienstleistungen.

Des Weiteren müssen die Unternehmen im operativen Bereich eine auf geringe Kosten und hohe Leistungen in Verbindung mit guter Qualität hin optimierte Prozessorganisation für jeden Teilbereich und jede Dienstleistung entwickeln und kontinuierlich weiter verbessern. Der Weg von der Vision zur Prozessorganisation wird für die FM-Unternehmen vom notwendigen finanziellen Erfolg rund um die Liegenschaften und Gebäude bestimmt. In unmittelbarer Abhängigkeit vom wirtschaftlichen Umfeld des Unternehmens und den aktuellen Wettbewerbsbedingungen gilt es nachfrageorientiert die relevanten Wertgeneratoren zu bestimmen, zu welchen im eigenen Unternehmen die spezifischen Fähigkeiten geschaffen werden können, um daraus strategische Kernprozesse zu entwickeln, die in kundenorientierten Prozessorganisationen die Umsetzung der Vision ermöglichen.[706]

In dem sich zunehmend verstärkenden Konzentrationsprozess am Facility Management-Markt wird es außerdem immer wichtiger, über ein möglichst ganzheitliches Leistungsangebot zu verfügen, um keine Umsatzanteile an andere Unternehmen bzw. Konkurrenten zu verschenken. Die Kunden der Gegenwart wünschen komplette Leistungsangebote aus einer Hand. Auch für kleine und mittlere Unternehmen bedeutet dies, im Rahmen ihrer Gesamtstrategie, für solche Bedürfnisse der Kunden ein entsprechendes Angebot und eine passende Organisationsform zu entwickeln.

Alternativ kann es insbesondere für kleine FM-Unternehmen aber auch sinnvoll sein, sich auf eine besonders interessante Marktnische zu konzentrieren und sich somit durch Spezialisierung dem großen Wettbewerb nahezu zu entziehen. Immer wichtiger wird auch die strategische Ausrichtung auf den globalisierten Markt, ohne dabei bei der Ausführung der Führungsprozesse der Unternehmen den Kontakt zu den Kunden und dem Umfeld, in welches das Unternehmen eingebettet ist, zu verlieren.

13.3.2 Unternehmensgröße und Geschäftsfelder von FM-Anbietern

Traditionell lassen sich die Unternehmen am deutschen Facility Management-Markt in drei Gruppen einteilen. Die erste Gruppe sind die Komplettanbieter, die voll integrierte FM-Leistungen anbieten. Dabei handelt es sich in Deutschland meist um größere Unternehmen.

Die zweite Gruppe sind die Modulanbieter, welche einzelne, modulare FM-Leistungen im technischen, infrastrukturellen und kaufmännischen Facility Management anbieten. Die dritte Gruppe sind die spezialisierten, meist

---

[706] Vgl. Zehrer, H./Sasse, E. (Hrsg.) (2005), S. 34.

kleineren Einzelgewerkanbieter, welche nur einzelne FM-Leistungen wie z. B. Catering für Seminare und Tagungen oder einfach nur eine Dienstleistung wie Fassadenreinigung anbieten. Für diese drei unterschiedlichen Leistungsebenen wird häufig auch der englische Ausdruck „Tiers" (übersetzt „Rang" oder „Ebene") verwendet. Bei den Systemanbietern wird folglich von „First Tiers", bei den Modulanbietern von „Second Tiers" und bei den Teilanbietern von „Third Tiers" gesprochen.[707]

Wenn von Facility Management-Unternehmen die Rede ist, so sind meist System- bzw. Modulanbieter gemeint. Die Palette der FM-Firmen reicht jedoch von großen Unternehmen mit mehreren 100 Millionen € Umsatz im Jahr und Tausenden von Angestellten (Konzerne wie WISAG, Bilfinger Berger FM, Dussmann oder Hochtief FM) bis hin zu kleinen familiären Handwerksbetrieben mit nur wenigen Angestellten, die ganz unten in der Dienstleistungshierarchie stehen.

13.3.3 Struktur, Ziele und Präferenzen der Kunden auf dem Markt für Facility Management

Die ersten und oftmals auch entscheidenden Kunden für Facility Management-Dienstleistungen sind die institutionellen Investoren. Investoren begreifen Immobilien in erster Linie als Kapitalanlage, die der Werterhaltung und der Erzielung einer Rendite zu dienen haben. Um diese Ziele zu erreichen, greifen Investoren u. a. auf Facility Manager zurück. Diese sorgen für eine Werterhaltung der Immobilien durch technisches FM und dienen gleichzeitig dazu, Nutzer für die Immobilie zu gewinnen bzw. zu halten. Nutzer für die Immobilie zu finden ist für den Investor von entscheidender Bedeutung, denn nur durch diese kann ein Investor Erträge durch Mieteinnahmen erlangen.

Speziell der Markt für Büroimmobilien hat sich in Deutschland seit Mitte der neunziger Jahre zunehmend vom Vermieter- zum Mietermarkt entwickelt. Von dieser Entwicklung haben die Facility Management-Unternehmen profitiert, denn die Nutzer machen ihre Entscheidungen für oder gegen einen Standort von der Übereinstimmung ihrer Anforderungsprofile mit den Gebäudeeigenschaften abhängig. Vor diesem Hintergrund wurde es für Investoren immer wichtiger, Gebäude anzubieten, die den Anforderungen der Mieter voll entsprechen. Von großer Bedeutung ist daher eine hohe Nutzungsflexibilität des Gebäudes. Um diese zu gewährleisten, greifen Investoren immer öfter auf die Dienste von Facility Managern zurück, die bereits in der Planung und beim Bau der Gebäude dazu beitragen können, eine hohe Nutzungsflexibilität zu gewährleisten.

Was Investoren zudem zu wichtigen und zentralen Kunden der FM-Branche macht, ist die Notwendigkeit, dem Nutzer einen gewissen Service zu bieten, um hohe Mieten realisieren zu können und ihn an das Objekt zu binden. So übernehmen Investoren für ihre Nutzer das Flächenmanagement, das Umzugs-

---

[707] Vgl. Ahlers, F.-P./Frieden, W./Hasler, A., S. 22.

13.3 Anbieter und Nachfrager von FM-Dienstleistungen

Die 25 führenden Facility Management-Unternehmen in Deutschland im Jahre 2010
(Bedingungen: Mehr als 60% des Umsatzes aus Facility Management-Leistungen und mehr als 66% des Umsatzes durch externe Aufträge)

Rang	Unternehmen	Umsatz 2010 in Mio. €
1	Bilfinger Berger FS	997,0
2	Strabag PFS	860,0
3	DB Services	730,0
4	Compass Group	664,0
5	Dussmann	630,0
6	WISAG Facility Service	583,0
7	Hochtief FM	572,0
8	Vinci Facility Services	428,0
9	Sodexo	405,0
10	Cofely	390,0
11	Gegenbauer	380,9
12	Klüh	365,5
13	ISS	346,0
14	Piepenbrock	333,0
15	Kötter	303,0
16	Schubert	241,1
17	Götz	228,8
18	Johnson Controls IFM	140,0
19	Lattemann & Geiger	133,0
20	RGM	128,4
21	Dorfner	119,7
22	Sauter FM	115,0
23	Dr. Sasse	111,0
24	W.I.S. Sicherheit + Service	106,0
25	Bockholdt Gruppe	79,9

Abb. 170: Die Top 25 FM-Anbieter nach Umsatz in Deutschland[708]

management, Sicherheitsdienste oder sogar Reinigungsdienste. Für all diese Dienstleistungen des infrastrukturellen Gebäudemanagements brauchen die Investoren professionelle Facility Manager, die diese Dienstleistungen möglichst kostengünstig und mit hoher Qualität anbieten. Darüber hinaus können Facility Manager den Nutzern Dienstleistungen ohne Bezug zum Gebäude anbieten. Dies sind z. B. Empfangsdienste, Druck- und Botendienste sowie Kopier- und Cateringdienste.

Je größer ein Immobilienbestand ist, umso wichtiger werden für den Investor auch die Bewirtschaftungskosten, die er den Nutzern zumuten kann. Die sogenannte zweite Miete wird in Zeiten steigender Energiekosten immer wichtiger und die Möglichkeit der Senkung umlagefähiger Verwaltungs-, Betriebs- und Instandhaltungskosten schafft neuen Raum für mögliche Mieterhöhungen, die der Investor realisieren kann ohne den Nutzer zu verlieren. Aus dieser Sicht heraus besteht für den Investor eine weitere Notwendigkeit, die Dienste eines Facility Managers in Anspruch zu nehmen, denn dieser kann die Kostenstruktur einer Liegenschaft oder eines Gebäudekomplexes senken bzw. optimieren.

---

[708] Vgl. Lünendonk-Studie, 2010.

Diese Punkte machen den Investor zum ersten und direktesten Kunden der Facility Management-Unternehmen, wenn es darum geht, möglichst viel Umsatz und Gewinn zu erzielen.

Insbesondere Unternehmen der Wohnungswirtschaft haben schon früh die Möglichkeiten eines erfolgreichen Facility Managements erkannt und entwickelten besondere Investorenmodelle, die eine weitgehende Übertragung der Verwaltungsverantwortung auf FM-Dienstleister beinhalten. Diese Investorenmodelle zeichnen sich aus durch eine durchgängige Planung von Investitionen, Betriebskosten und Wiederverkaufswerten für die gesamte Nutzungs- oder Lebensdauer der Immobilien. Hinzu kommt eine ausgeprägte Kundenorientierung zur Verbesserung der Vermietbarkeit der Wohnanlagen und zur Steigerung der erreichbaren Miethöhe.[709]

Der zweite wichtige Kreis von Kunden für die Facility Management-Dienstleister neben den Investoren bzw. Eigentümern eines Gebäudes sind dessen Nutzer. Für die Nutzer einer Immobilie ist es von primärer Bedeutung, dass sie durch das Facility Management eine optimale Entlastung von den alltäglichen Aufgaben im Betrieb einer Immobilie erhalten, um sich voll und ganz auf ihr Kerngeschäft konzentrieren zu können. Des Weiteren zählen vor allem ein gutes Preis-Leistungsverhältnis bei den angebotenen Dienstleistungen, der Erhalt der Funktionsfähigkeit der Immobilie für den Nutzer, eine hohe Flexibilität der Anbieter, gute Qualität der Dienstleistung und ein guter Service sowie möglichst geringe Kosten bei der Nutzung der Immobilie zu den wichtigsten Kriterien.

Die Bereitschaft der Kunden von Facility Management-Dienstleistungen zu einem aktiven Outsourcing wird in Deutschland immer größer. Desto umfangreicher jedoch das Outsourcing von Dienstleistungen wird, desto größer werden auch die Anforderungen, die die Nutzer an die externen Dienstleister stellen. Viele Unternehmen präferieren und forcieren mittlerweile eindeutig das Outsourcing von FM-Leistungen. Der Grund hierfür liegt an den Unternehmen, die sich stärker als bisher auf ihr Kerngeschäft konzentrieren wollen, der Kostendruck ständig weiter wächst und viele komplexe FM-Dienstleistungen nur noch mit erheblichem Aufwand bzw. gar nicht mehr intern erledigt werden können. Außerdem haben viele Manager erkannt, dass die Unternehmen im englischsprachigen Ausland betriebswirtschaftliche Erfolge durch das Outsourcing erreicht haben, die nunmehr in Deutschland nachgeholt werden sollen.

Eine Segmentierung der Kunden und Nachfrager von Facility Management-Dienstleistungen nach Branchen führt zu dem Ergebnis, dass die Industrieunternehmen für die Anbieter von FM- Dienstleistungen die wichtigsten Kunden sind. Eine besonders starke Nachfrageentwicklung nach FM-Dienstleistungen gibt es dabei in der chemischen und pharmazeutischen Industrie. Weitere wichtige Kunden sind die Banken und Versicherungen in Deutschland sowie die öffentliche Hand mit Ländern und Kommunen. Vor allem deren Bedeutung als Kunden wird in den kommenden Jahren noch stark zunehmen. Ebenfalls eine Gruppe von schnell wachsenden Nachfragern sind die Krankenhäuser, Anstal-

---

[709] Vgl. Schneider, H. (2004), S. 454.

ten und Pflegeheime im Land (Stichwort Healthcare Management). Hinzu kommen Kunden aus Bildungseinrichtungen wie z. B. Schulen, Universitäten und Fachhochschulen sowie Freizeiteinrichtungen wie z. B. große Schwimmbäder oder Freizeit- bzw. Vergnügungsparks. Außerdem sind noch die Handelsunternehmen und die Telekommunikationsbranche als Kunden zu nennen. Die Kunden von Facility Management-Dienstleistungen sind damit fast in jedem Bereich des Wirtschaftslebens anzutreffen.

13.3.4 Ausblick auf neue Kunden und Geschäftsfelder

Die Zukunft am Facility Management-Markt gehört zweifelsohne dem neuen Geschäftsfeld der integrierten Service Leistungen. Mit dem Ausbau ihrer Leistungsportfolios versuchen die Anbieter von FM-Dienstleistungen den Anwendern alles aus einer Hand zu bieten. Durch die integrierten Service-Angebote haben es die Verantwortlichen auf Kundenseite in Zukunft nur noch mit einem Ansprechpartner zu tun. Aufgabe der Kontaktperson im FM-Unternehmen ist es, sämtliche Leistungen aus den Bereichen technisches, infrastrukturelles und kaufmännisches Facility Management zu koordinieren und zu optimieren. Im Klartext bedeutet dies sowohl Zuständigkeit für das Funktionieren des Reinigungsdienstes, des Energiemanagements aber auch des Controllings und des Vertragsmanagements. Dieses Komplettpaket wird voraussichtlich zum am schnellsten wachsenden Geschäftsfeld im Facility Management werden. Bereits heute wird es von den Kunden immer stärker nachgefragt und wurde nicht umsonst in der Lünendonk-Studie 2005 „Führende FM-Unternehmen für integriertes und technisches Gebäudemanagement in Deutschland" zum wichtigsten Zukunftstrend gewählt.

Ein weiteres neues Geschäftsfeld ist das Healthcare-Management, das sich zunehmend zu einem wichtigen Marktsegment entwickelt und dazu beiträgt, dass das Facility Management den Bereich der Kliniken und Pflegeanstalten noch weiter als wichtigen Kundenkreis für sich gewinnt. Aufgrund der steigenden finanziellen Belastungen im Gesundheitswesen, u. a. durch die Einführung fallbezogener Pauschalen zur Finanzierung von Krankenhäusern, stehen die deutschen Kliniken mehr denn je unter einem finanziellen Druck.[710] Sie müssen sich in Zukunft mehr als Wirtschaftsunternehmen verstehen und Kosten reduzieren bzw. optimieren, um wirtschaftlich erfolgreich zu sein. Dies führt dazu, dass Facility Management in den Pflege- und Heilanstalten mehr und mehr als Managementaufgabe ernst genommen wird.

Hinzu kommt ein zunehmender immobilienspezifischer Investitionsstau von mehreren Milliarden € im Jahr aufgrund von abnehmenden öffentlichen Fördergeldern. Auch diese Entwicklung stärkt die Rolle des Facility Managements bei der Erhaltung der vorhandenen Substanz und der Eroberung des Geschäftsfelds. In den vergangenen Jahren haben FM-Dienstleister den Markt für Healthcare-Management in den Kliniken erschlossen und durch neue, detaillierte und optimierte Prozessabläufe sowie strukturelle Veränderungen zur

---

[710] Vgl. Lennerts, K. (2004), Prozessoptimiertes FM im Krankenhaus, S. 18ff.

Kostenkontrolle an deutschen Kliniken beigetragen. Gleichzeitig wurde dieses Geschäftsfeld ausgebaut, wobei sich dieser Ausbau künftig noch verstärken wird. Um diesen Trend fortzusetzen und zu unterstützen, hat u. a. die Universität Karlsruhe (TH) in Zusammenarbeit mit der GEFMA mehreren Kliniken und Industriepartnern aus diesem Bereich, wie z. B. der HSG oder Dr. Sasse Gebäudedienste GmbH, in den letzten Jahren mit Untersuchungen zur Optimierung von Prozessen in Krankenhäusern und der Entwicklung einer standardisierten FM-Verrechnungsmethodik die Stellung des Healthcare-Management und des FM an den Krankenhäusern etabliert und gestärkt.

Eine weitere wichtige Zukunftsperspektive für das Facility Management in Deutschland ist der Bedarf, den die öffentliche Verwaltung in Deutschland heute bereits hat und in Zukunft verstärkt entwickeln wird. Dass ein Bedarf für FM besteht, zeigen z. B. die sehr hohen Baufolgekosten. Sie liegen z. B. bei Schwimmbädern bei ca. 20 % der Baukosten im Jahr, bei Krankenhäusern und Pflegeheimen bei ca. 25 % und bei Schulen oder Kindergärten bei ca. 30 % der Baukosten im Jahr. Baufolgekosten in dieser Höhe wären bei Objekten der Wirtschaft undenkbar. Die Entscheidungsträger der öffentlichen Verwaltung und insbesondere der Politik verhalten sich in Bezug auf Facility Management oftmals widersprüchlich. Einerseits fordern sie eine schlanke öffentliche Verwaltung und die Überführung von Dienstleistungen in privatwirtschaftliche Formen um Kosten zu sparen. Gleichzeitig unterlassen sie es jedoch, die dafür notwendigen Voraussetzungen zu schaffen und bremsen dadurch die Entwicklung in diesem Teilmarkt stark ab. Der Bedarf an Facility Management-Dienstleistungen für die öffentliche Hand ist geprägt von einem späten Einstieg in das FM, die Behinderung von Planung und Umsetzung durch Gesetze, politische Einflussnahme, eine geringe Flexibilität und Kostenverantwortung der öffentlichen Hand. Versuche zur Konservierung alter und verkrusteter Strukturen durch Gründung von Eigenbetrieben und hohe Versorgungsansprüche für Beamte, die bei Übernahmen von Betrieben in die freie Wirtschaft wechseln sollen[711], kommen verstärkend hinzu.

Trotz all dieser Probleme sind die Länder und Kommunen wichtige neue Kunden für die Facility Management-Dienstleister und der Bedarf an Dienstleistungen ist angesichts der oftmals leeren Kassen und viel zu hoher Ausgaben noch größer, als zu vermuten wäre. Das Facility Management kann entscheidend dazu beitragen, Bau-, Betriebs- und Verwaltungskosten der öffentlichen Hand zu senken. Durch neue Ideen und Produkte (Stichwort PPP) kann FM dazu dienen, den Ländern und Kommunen wieder finanziellen Spielraum zu verschaffen und sie somit als Kunden dauerhaft zu binden. Die Bürger könnten ebenfalls von mehr FM bei Ländern und Kommunen profitieren. Denn zum einen weisen die privaten Dienstleister oftmals eine weitaus höhere Kundenorientierung auf und durch eine sinkende Staatsquote könnten Schulden abgebaut und Steuern gesenkt werden.

---

[711] Vgl. Schneider, H. (2004), S. 455.

13.4 Produkte und Vergütungen im Facility Management

13.4.1 Produktschwerpunkte, Produktstruktur und Produktdifferenzierung

Das Facility Management hat zahlreiche Produkte und Dienstleistungen rund um die Planung, den Bau, die Bewirtschaftung, die Modernisierung bzw. den Abriss von Immobilien entwickelt. Die Produktschwerpunkte des Facility Managements liegen jedoch eindeutig in der Gebäudebewirtschaftung und der Unterstützung des Kerngeschäfts der Kunden. Die Palette der Produkte und Dienstleistungen die dabei auf dem Markt angeboten werden ist nahezu unbegrenzt. Die Produktpalette reicht bis hin zu Sportangeboten und Kinderbetreuung im verwalteten Objekt. Eine Strukturierung der Produktpalette lässt sich am besten anhand des Lebenszyklus einer Immobilie durchführen.

Dieser Lebenszyklus, und somit auch die von Facility Management-Unternehmen angebotenen Produkte, beginnt mit der Planung einer Immobilie. Um die zukünftigen Betriebskosten bei der Nutzung einer Immobilie gering zu halten, ist es unverzichtbar, bereits bei der Planung der Immobilie einen Facility Management-Experten hinzuzuziehen. Folgende Dienstleistungsprodukte bieten FM-Unternehmen bei der Planung einer Immobilie an:

- Planung der technischen Gebäudeausstattung
- Auswahl der geeigneten Baumaterialien
- Senkung der zukünftigen Betriebskosten durch optimale Fassaden- und Raumgestaltung
- Einsatz von Gebäude-Simulationen zur Erfassung der zukünftigen Kosten
- Koordinierung der Architekten, Fachplaner und Ingenieure
- Planung unter Berücksichtigung der Nutzerinteressen
- Betriebsfreundliche Planung der wartungsintensiven Bereiche
- Senkung der Planungskosten

Die nächste Stufe, in der Facility Management-Unternehmen ihre Produkte anbieten ist der eigentliche Bau der Immobilie. Auch wenn es hier weniger Betätigungsfelder für FM-Firmen gibt, so werden doch folgende Produkte angeboten:

- Vergabe und Ausschreibung von Bauleistungen
- Kontrolle der Bau- bzw. Herstellungskosten und der beteiligten Firmen
- Koordinierung der verschiedenen Ingenieure und Architekten
- Sicherstellung eines zeitlich reibungslosen Ablaufs
- Umsetzung der Anforderungen der Architekten und Fachplaner
- Logistische Versorgung der Baustelle

Hauptsächlich aktiv wird der Facility Manager jedoch erst mit Fertigstellung der Immobilie und Beginn der Bewirtschaftung. Die Nutzungsphase des Gebäudes ist das eigentliche Betätigungsfeld des Facility Managers und stellt die operative Ebene des FM dar. In diesem Bereich werden mit Abstand die meisten Produkte angeboten. Aufgrund der Vielzahl der Produkte macht eine Differenzierung nach Kaufmännischem, Technischem und Infrastrukturellem Gebäudemanagement Sinn.

Unterschiedlich werden die Dienstleistungen des Facility Managements im Bereich des Flächenmanagements strukturiert. Manche Experten zählen sie zum Bereich des Infrastrukturellen Facility Management und manche strukturieren sie als unabhängigen Teilbereich des FM während der Planungs- bzw. Nutzungsphase. Das Leistungsbild des Flächenmanagements wird in der Richtlinie 130 der GEFMA genau abgebildet.[712] Das Flächenmanagement ist eng mit dem Infrastrukturellen Gebäudemanagement verzahnt und die Facility Management-Unternehmen bieten folgende Dienstleistungen an:

- Optimierung der genutzten Flächen
- Management der noch verfügbaren Flächen im Hinblick auf Nutzung oder Verwertung
- Steigerung der Flexibilität der Flächennutzung und Gestaltung
- Umzugsmanagement
- Ausstattung der Flächen mit Möbeln
- Überwachung der Flächenbelegung

Bei der Modernisierung eines Gebäudes kann das Facility Management wieder ähnliche Dienste wie beim Planungs- und Bauprozess der Immobilie anbieten. Im Idealfall verfügt das FM-Unternehmen im Vorfeld einer Modernisierung über alle relevanten Daten eines Unternehmens, so dass die Modernisierung bzw. die Sanierung möglichst schnell und günstig abgewickelt werden kann. Kommt es zum Leerstand einer Immobilie, so bieten Facility Management-Unternehmen selbstverständlich auch ein Leerstandsmanagement für das betroffene Objekt an.

Am Ende des Lebenszyklus einer Immobilie steht ggf. der Abriss. Auch hier bieten Facility Management-Unternehmen noch Produkte an. Dies sind Dienstleistungen wie:

- Umweltschonende Entsorgung der Baustoffe
- Wiederverwertung des Baumaterials
- Wiederverwertung der technischen Anlagen
- Organisation der Abrissarbeiten

Neben diesen Produkten und Dienstleistungen, die sich nach dem Lebenszyklus einer Immobilie bzw. nach der klassischen Aufteilung in Kaufmännisches, Technisches und Infrastrukturelles Gebäudemanagement sowie Flächenmanagement strukturieren lassen, haben die FM-Dienstleistungsunternehmen auch komplett neue Produktpakete in ihr Angebot aufgenommen. Dies ist insbesondere das Healthcaremanagement, welches die klassischen FM-Leistungen auf die Bedürfnisse von Krankenhäusern zugeschnitten hat, um auch deren

---

[712] Vgl. Gondring, H. (2004), S. 490.

13.4 Produkte und Vergütungen im Facility Management

Effizienzsteigerungspotentiale zu nutzen und Prozesse im Gesundheitswesen zu optimieren.

Eine weitere neue Bereicherung für die Produktpalette des Facility Management sind die Public Private Partnership-Modelle (kurz: PPP), welche dazu dienen, durch eine partnerschaftliche Zusammenarbeit zwischen öffentlichem und privatem Sektor, die Kosten für die Bereitstellung von öffentlicher Infrastruktur zu senken. Des Weiteren ist auch noch das „Computer Added Facility Management" (kurz: CAFM) als Produkt zu nennen, das den Gesamtprozess des FM in einer Immobilie auf strategischer Ebene umfasst und entscheidend unterstützt, indem es alle relevanten Daten der Immobilie, der technischen Anlagen in dem Objekt, ihre Betriebs- und Verwaltungskosten sowie ihre Ausstattung in einem Computersystem erfasst. Das CAFM dient dem Facility Manager dazu, die richtigen strategischen, operativen und planerischen Entscheidungen für die optimale Betreuung eines Gebäudekomplexes zu treffen, in dem es ihm als Datenbasis für seine Entscheidungen zur Verfügung steht.

Schließlich ist auch noch das Contracting als neues FM-Dienstleistungsprodukt zu nennen. Als Contracting-Dienstleistungen kommen die Bereitstellung von Wärme, Kälte, Strom, Licht, sonstiger Energie und Wasser in Betracht. Die Aufgabe der Bereitstellung und/oder Einsparung wird dabei im Rahmen des Contractings an ein darauf spezialisiertes Unternehmen der FM-Branche übertragen, das dann eigenständig und gewerblich Contractingprojekte durchführt. Charakteristisch für Contracting-Modelle ist, dass der Contractor die Energieerzeugungsanlagen entweder neu errichtet oder eine bereits bestehende Anlage übernimmt. Die mit der Bereitstellung verbundenen Aufgaben wie Konzeption, Finanzierung, Erstellung, Betriebsführung, Instandhaltung bis hin zur Abrechnung mit dem Kunden bzw. den Mietern übernimmt alle der Contractor. Dabei verfolgt er das Ziel, die vorhandenen Einspar- und Rationalisierungspotentiale zu mobilisieren, um dadurch Gewinne zu erzielen. Die erheblichen Anfangsinvestitionen holt das Contracting-Unternehmen im Laufe der Vertragslaufzeit nach und nach wieder herein. Positiver Nebeneffekt ist oftmals eine Modernisierung und damit verbunden die Schonung der Umwelt. Der Kunde hat den Vorteil, dass er sich voll auf das Kerngeschäft konzentrieren kann und keine technischen Anlagen unterhalten muss, er von fachkompetenter Betreuung durch den Contractor profitiert, die Effizienz seines Unternehmens gesteigert wird und seine Kosten besser planbar bzw. transparenter werden. Hauptvorteil für den Kunden ist jedoch, dass er sich den Bezug von Strom, Wärme oder Wasser ohne massive eigene Investitionen sichern kann.[713]

13.4.2 Vergütungsstruktur von FM-Dienstleistungen am deutschen Markt

Die Vergütungs- bzw. Preisstruktur in einem Facility Management-Vertrag muss sich immer streng an der Leistungsvereinbarung orientieren. Sie gehören spiegelbildlich zusammen und unzureichende Leistungsvereinbarungen

---

[713] Vgl. Gondring, H. (2004), S. 883.

führen oftmals zu intransparenten Preisvereinbarungen. Um Streitigkeiten zu vermeiden, sollte schon vor Vertragsbeginn eine lückenlose Leistungs- und Vergütungsbeschreibung erstellt werden. Ist das in Einzelfällen nicht möglich, dann muss zumindest geregelt sein, auf welcher Basis die noch fehlenden Preise zu vereinbaren sind. Die Verträge für einfache Einzeldienste des FM haben i. d. R. kurze Laufzeiten, etwa von einem Jahr. Dafür werden in der Praxis Festpreise vereinbart. Mit wachsenden Vertragslaufzeiten werden die Festpreise zunehmend durch andere Vergütungsfestlegungen ersetzt, die über verschiedene zeitliche Anpassungsmechanismen verfügen.[714]

Für die Vergütung von FM-Dienstleistungen am deutschen Markt gibt es zahlreiche verschiedene Vergütungsmodelle. Zunächst gibt es die Vergütung nach Erfolg, bei der der Kunde den vollen Preis erst zahlen muss, wenn der vereinbarte Erfolg eingetreten ist, selbst wenn er zuvor einen Teil der Vergütung als Abschlagszahlung leisten muss. Bei der Vergütung nach Zeitaufwand werden die erbrachten Facility Management-Dienstleistungen nach gewissen Stunden- oder Tagessätzen vergütet. Bei dieser Vergütungsart ist ein gewisses Vertrauensverhältnis zwischen Kunde und FM-Anbieter vonnöten. In der Praxis werden außerdem oftmals Pauschalpreise z. B. für Wartung und Instandsetzung der technischen Anlagen oder Dienstleistungen wie Renovierungsarbeiten vereinbart. Zudem gibt es das Modell der Vergütung nach Bereitstellung, wonach Flächen, Geräte oder Dienstleistungen nur vergütet werden müssen, wenn sie auch tatsächlich genutzt werden.

Die Abrechnung der Vergütung von regelmäßig wiederkehrenden FM-Leistungen erfolgt in Deutschland überwiegend monatlich, entweder nach erfolgter Leistung oder in Form einer zuvor vereinbarten Abschlagszahlung. Unregelmäßig benötigte Einzelleistungen werden dagegen nach Erbringung und Abnahme, meist in Form einer Sammelrechnung fällig. Die Rechnungen sollten sich dabei, zur besseren Prüfbarkeit, wie die vorher vereinbarten Leistungsverzeichnisse aufbauen. Da FM-Dienstleister oftmals einen erheblichen Vorfinanzierungsaufwand haben, müssen diese bei Vertragsabschluss unbedingt darauf achten, dass die eingeräumten Zahlungsziele möglichst kurz sind.

13.4.3 Ausblick auf neue Produkte im Bereich FM

Eine ganze Reihe neuer Produkte, die das Facility Management direkt betreffen liegen im Bereich „Public Private Partnership". PPP-Projekte gibt es mittlerweile in einigen Formen, im Kern jedoch beinhalten alle, dass der Staat mit seinen Ländern und Kommunen Aufgaben und Objekte an Privatunternehmen vergibt, in der Hoffnung, dass diese eine gewisse Dienstleistung kostengünstiger und effizienter erbringen können. Die Entwicklung dieses Bereichs wurde vor allem durch die angespannte finanzielle Situation vieler Länder und Kommunen in den letzten Jahren unterstützt. Der Staat kann mit keinen zusätzlichen Einnahmen mehr rechnen, muss jedoch trotzdem investieren, um zu verhindern, dass es zu wachsenden Investitionsstaus kommt. Das Facility Manage-

---

[714] Vgl. Schneider, H. (2004), S. 343ff.

13.4 Produkte und Vergütungen im Facility Management

ment profitiert von dieser Entwicklung und hat zahlreiche neue Produkte entwickelt. Deutschland's europäische Nachbarländer haben innerhalb der vergangenen Jahre bereits eine eigene PPP-Kultur entwickelt. Bis zu 20 % der öffentlichen Investitionen werden dort bereits durch Public Private Partnership Projekte realisiert. Die Kosten können bei diesen Projekten um bis zu 20 % niedriger sein als bei rein öffentlichen Lösungen.[715]

So bieten z. B. die privaten Dienstleistungsunternehmen mittlerweile den Bau, die Modernisierung und den Betrieb von Einrichtungen wie Brücken und Tunneln, Krankenhäusern, Bibliotheken, Schulen, Schwimmbädern, Gefängnissen oder auch kulturellen Einrichtungen an. Verträge zwischen den Unternehmen und den Dienstleistern laufen dabei über einen Zeitraum von mehreren Jahrzehnten. Für Kommunen bedeutet die Vergabe von Großaufträgen wie z. B. die Vergabe der Verwaltung von mehreren Schulen eine immense finanzielle und verwaltungstechnische Erleichterung. Tatsächlich haben bisher die größten und bekanntesten deutschen PPP-Projekte im Schulbereich stattgefunden. Für die Laufzeit der Verträge erkaufen sich die Kommunen Ruhe vor eventuell anstehenden Reparaturen und Modernisierungen und können sich wieder auf ihre Kernaufgaben konzentrieren. Private Unternehmen handeln i. d. R. ergebnisorientiert und führen Reparaturen nicht erst dann durch, wenn der Stadtkämmerer es zulässt. Gleichzeitig sind Privatunternehmen oftmals in der Lage, durch innovative Maßnahmen das Nutzerverhalten zu verbessern und sie verfügen über eine bessere Markt- und Fachkenntnis.

Um auf Dauer als neues Produkt für die Facility Management-Unternehmen und vor allem für die Länder und Kommunen in Deutschland interessant zu sein, muss die öffentlich-private Partnerschaft einen absoluten Kostenvorteil bei konstanter Qualität oder einem Qualitätsvorteil bei konstanten Kosten für die öffentliche Hand bringen. Da die Verwaltungen kaum über Erfahrungen mit PPP verfügen, benötigen sie zunächst noch die Unterstützung externer Berater. Langfristig muss jedoch ein internes Beteiligungs- und Projektcontrolling aufgebaut werden, um die öffentliche Verwaltung durch das Dickicht aus PPP, Teilprivatisierungen und Privatisierungen zu führen. Um langfristig als Produkt interessant zu sein, müssen PPP-Projekte und Verträge transparent gestaltet werden und sich vor allem für die öffentliche Hand und auch die Facility Management-Unternehmen rechnen.[716]

Beispiele für erfolgreiche PPP-Projekte zwischen Kommunen und FM-Unternehmen sind die PPP-Verträge zwischen dem Kreis Offenbach und der SKE GmbH bzw. der Hochtief AG über die Betreuung von über 90 Schulen für 15 Jahre. Allein für diese beiden Verträge liegt das Investitionsvolumen bei knapp 800 Millionen €. Die Stadt Frankfurt am Main hat der Müller-Altvatter GmbH für 20 Jahre die Betreuung für das Bildungszentrum Ostend übertragen. Die Stadt Gladbeck und der Kreis Unna haben mit der Hochtief AG bzw. der Bilfinger Berger AG für 25 Jahre Verträge zur Verwaltung und Betreuung

---

[715] Vgl. Financial Gates GmbH, Hypo Vereinsbank, Oppenhoff & Rädler, KPMG, PPP – Ein Stimmungsbarometer, Erfolgsfaktoren und Hindernisse aus Sicht öffentlicher Finanzentscheider, S. 4.
[716] Vgl. Financial Gates GmbH, et al., S. 22.

ihrer Rathäuser geschlossen. Das Investitionsvolumen dieser beiden Verträge liegt bei je 20 Millionen €. Die Städte Rostock und Lübeck haben bereits in den 90er-Jahren PPP-Verträge über Tunnelprojekte mit Facility Management-Unternehmen bzw. Bauunternehmen abgeschlossen. Diese Verträge laufen sogar 30 Jahre und haben ein Investitionsvolumen von 160 bzw. 220 Millionen €.[717] Diese Beispiele zeigen, dass PPP-Projekte in Deutschland möglich sind und sich die Produktidee anfängt durchzusetzen.

---

[717] Vgl. ebenda, S. 25.

DV-Unterstützung im Facility Management

14.1 Einführung

Die Disziplin Facility Management hat sich parallel zu ihrer spezifischen DV-Unterstützung herausgebildet.[718] Sie hat ihren Ursprung in einer Zeit, in der bereits umfangreiche Softwarelösungen und DV-Systeme auf Unternehmensebene entwickelt und eingesetzt wurden. Diese Systeme sind in ihrer Anpassung und Weiterentwicklung einer ständigen Dynamik unterworfen. Um eine maßgeschneiderte Software- und Systemunterstützung für das Facility Management abbilden zu können, muss auf die sich kontinuierlich verändernden Rahmenbedingungen Bezug genommen werden. Darüber hinaus sind die Anforderungen, die ein solches System originär zu erfüllen hat, von größter Bedeutung und bedürfen daher einer Beschreibung. Dafür sind die Aufgaben und Ziele der übergeordneten Instanz, des Facility Managements, dem eine mögliche Unterstützung durch ein Computer Aided Facility Management System (CAFM-System) lediglich als Werkzeug dient, genau zu definieren. Die derzeit verwendeten Systeme, die noch nicht lange eingesetzt werden, müssen einer Wirtschaftlichkeitsbetrachtung unterzogen werden. Eine DV-Unterstützung im Facility Management macht grundsätzlich und ihrer Ausdehnung nach nur Sinn, wenn ein wirtschaftlicher Bezug hergestellt werden kann.

Der Einsatz des computergestützten Facility Managements beinhaltet umfangreiche Planungs- und Vorbereitungsmaßnahmen. Zu Beginn der Planungsphase kann der tatsächlich entstehende Nutzen im Verhältnis zum Investitionsumfang nicht abgeschätzt werden, da sich sowohl der Kostenumfang als auch der Nutzen erst in der Konzeptionsphase, nach vielen erbrachten Leistungen, abschätzen lassen. Das bedeutet, Kostensenkungspotenziale müssen nicht nur durch den Einsatz von CAFM generiert werden, sondern innerhalb des Systems selbst erschlossen werden. Hierbei sind sowohl die Unternehmen als Anwender, als auch die Softwareanbieter gefragt. Letztere werden sich in Zukunft stark den Qualitäts- und somit Leistungsverbesserungen bezüglich der Standardsoftware widmen müssen. Kann diese in ihren Grundfunktionen erweitert werden, lassen sich kostenintensive Individualanpassungen vermeiden.

Für die Möglichkeit einer effizienten Aufbereitung und Strukturierung der FM-Daten müssen seitens des Facility Managements schon während der Planungsphase Datenstandards eingeführt werden. Die Zukunftschancen von CAFM-Produkten sind als positiv zu bewerten, da die Konkurrenz wie ERP-Systeme die Vorteile der flexiblen Gestaltung noch nicht aufholen konnten und bei einer nicht vorbelasteten Ausgangssituation, die besteht wenn eine äußerst umfangreiche ERP-Lösung bereits im Unternehmen verwendet wird, die CAFM-Systemlösung i. d. R. die günstigere Alternative bietet. Da die stra-

---

[718] Vgl. Marchionini, M./Hohmann, J./Prischl, P., Zum Verhältnis von Facility Management und CAFM, in: May, M. (Hrsg.), IT im Facility Management erfolgreich einsetzen – Das CAFM-Handbuch, Berlin Heidelberg 2004, S. 5–18, hier: S. 11.

tegischen Aufgaben im Facility Management weiter zunehmen werden, wird auch die Etablierung des CAFM weiter zunehmen.

14.2 Inhalte und Ziele des Datenmanagements

Das Datenmanagement dient der Unterstützung aller FM-relevanten Prozesse. Es ist ein Werkzeug, dem sich die einzelnen Bausteine des FM bedienen, um möglichst effiziente Prozesse zu generieren. Das Datenmanagement hat die vom FM benötigten Informationen zu liefern, Prozesse zu unterstützen und Bestandsdaten über den Lebenszyklus von Objekten hinweg zu sichern.[719] Welche diese relevanten Prozesse sind, gilt es herauszuarbeiten und in eine darstellbare Struktur zu fassen, um dadurch alle notwendigen Daten, den jeweiligen Prozessen zuzuordnen und definieren zu können. Jeder einzelne Prozess kann, insofern dieser separat darstellbar ist, durchleuchtet werden. Zudem werden Schwachstellen erkannt, können verbessert und in sich als Einheit optimiert werden. Vorraussetzung der Anwendung von computergestützter Verfahren im Facility Management für die effizientere Unterstützung der Arbeitsprozesse, sind umfangreiche und aktuelle Daten über die Facilities, z. B. Areale, Gebäude, Anlagen und Ausrüstungen sowie technische Ausstattungen und die hierfür bestehenden Serviceleistungen.[720]

Es muss eine genaue Selektion der notwendigen Daten vorgenommen werden. Alle Daten stehen im Dienst der zu liefernden Informationen, die wiederum im Blick auf ihren betriebswirtschaftlichen Bedarf untersucht werden müssen, um deren Wertigkeit bestimmbar zu machen. Die benötigten Informationen werden als Produktionsfaktoren verstanden. Daher sollten auch nur jene Daten eingespeist und verwaltet werden, die in den spezifischen Gebäudelebenszyklusphasen von tatsächlicher Bedeutung sind. Der Nutzen durch Kosten-, Zeit- und Ressourceneinsparung oder die Verbesserung von Wettbewerbssituation und Erweiterung der Geschäftsfelder sind dem Aufwand gegenüberzustellen, der durch die Erfassung, Umwandlung und Aktualisierung der Informationen entsteht.[721]

Entlang des Lebenszyklus der Gebäude ist der Datenaustausch bzw. die Datenweitergabe aus den vorangehenden Phasen an die Folgenden zeitnah zu gewährleisten. Kann dies nicht umgesetzt werden, liegen die Wirkungen von möglichen längeren Planungsdauern und redundanten Datenerfassungen auf der Hand. Eine Idealvorstellung, die sich aus den angeführten Ursache- und Wirkungsprinzipien ableiten lässt, ist eine integrierte Grundlagenermittlung,

---

[719] Vgl. Klimek, Facility Management und Daten-Informationen, in Facility Management 5–6/2004.
[720] Vgl. Reinecke, W./Böhm, G., Anwendungsfelder, in: May, M. (Hrsg.), IT im Facility Management erfolgreich einsetzen – Das CAFM-Handbuch, Berlin Heidelberg 2004, S. 19–35, hier: S. 19.
[721] Vgl. Jedlitzke, M./Hohmann, J./Redlein, A./Reinecke, W., IT-Grundlagen für Facility Manager, in: May, M. (Hrsg.), IT im Facility Management erfolgreich einsetzen – Das CAFM-Handbuch, Berlin Heidelberg 2004, S. 101–121, hier: S. 101.

14.2 Inhalte und Ziele des Datenmanagements

Datenerfassung und Weiternutzung aller Planungsergebnisse über den gesamten Lebenszyklus aller Objekte.[722]

14.2.1 Inhalte des Datenmanagements

Die komplexen und umfangreichen Aufgaben des Datenmanagements erfordern die Untersuchung von folgenden Grundlagen:[723]

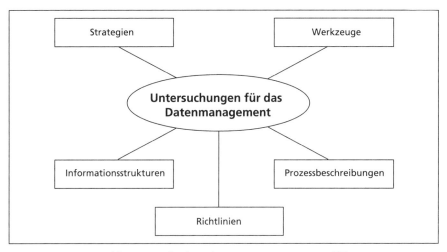

Abb. 171: Aufgaben des Datenmanagements[724]

Die zentrale Aufgabe des Datenmanagements ist die Erfassung, Aufbereitung und Auswertung der verschiedenen Daten. Grundsätzlich können zwei verschiedene Arten von Daten vorab unterschieden werden. Es gibt alphanumerische Daten, die in Datenbanken angelegt und verwaltet werden, sowie graphische Daten, die i. d. R. in Form von Plänen vorliegen und mittels CAD bearbeitet werden. Dabei entfällt der bedeutend größere Anteil der Datenmenge auf die alphanumerischen Daten und der zu betreibende Aufwand, diese in Form einer Bestandsaufnahme zu implementieren, ist entsprechend umfangreicher und kostenintensiver. Die verwendungsfähigen Daten müssen in einem entsprechenden DV-System nutzer- und ergebnisorientiert verwaltet werden. Um ein solches System zu entwickeln muss ein so genanntes Datenmodell erstellt werden. In diesem werden die einzelnen Datenbestände zueinander in Bezug gesetzt. Die am häufigsten angewandte und am besten bewährte Datenhaltung der alphanumerischen Daten erfolgt in relationalen Datenbanken. Die Daten werden in Form von Tabellen verwaltet und die verwendete Methode basiert auf dem Relationen-Modell, entwickelt von E. F. Codd Ende der 60er Jahre.

---

[722] Vgl. Nävy, J. (2002), S. 22.
[723] Vgl. Schneider, H. (2004), S. 141.
[724] Vgl. ebenda.

14 DV-Unterstützung im Facility Management

Die wesentlichen Herausforderungen mit denen sich das Datenmanagement von Beginn an auseinandersetzen muss sind im Folgenden aufgeführt:[725]

- Datenmanagement Richtlinien
- Strategische Bewertung der Daten
- Inhalte (Identifizierung, Klassifizierung, Lokalisierung)
- Art der Daten (Bestandsdaten, Prozessdaten)
- Standards (Informationen, Strukturen, Austausch)
- Qualität (Datentiefe, Redundanzen)
- Erfassung (Bestandsdaten, Prozessdaten)
- Import und Export
- Sicherheit (Verantwortung, Zugriffsberechtigung, Kontrolle)
- Wirtschaftlichkeit (Erfassung, Pflege, Aufbewahrung)
- Lebensdauer (Datenträger, Software/Hardware, Datenerhaltungsplan)
- Archivierung (Art, Dauer, Ort, Kosten, Reduzierung der Menge)

Die Richtlinien beziehen sich auf den Umgang mit Daten. Hierbei werden Normen aufgestellt, wie bspw. Pläne und Dokumente ausgearbeitet werden müssen. Eine strategische Bedeutung kommt den Daten zu, die einer Entscheidungsfindung dienen, wie bei einer Abwägung bezüglich einer Verkaufsoption eines Objektes. Eine eindeutige Identifizierbarkeit, Klassifizierung und Lokalisierung von Daten muss gewährleistet sein. Innerhalb eines Ordnungssystem, das idealerweise, sofern vorhanden, branchentypisch definiert ist, erfolgt die Identifizierbarkeit durch den Primärschlüssel, die Klassifizierung durch einen Sekundärschlüssel, der eine übergeordnete Gruppe beschreibt und die Lokalisierung durch einen einheitlich bestimmten Standard (vgl. Abschnitt 14.3.2).

Die Datenarten werden aufgegliedert in Bestands- und Prozessdaten, wobei die Bestandsdaten i. d. R. unverändert bleiben und somit als statische Größe zu betrachten sind, während Prozessdaten einer stetigen Veränderung unterliegen, die jedoch in der Frequenz erhebliche Unterschiede aufweist. Durch gesetzliche oder behördliche Vorschriften kann sich der Zeitraum, über den die Daten im Zusammenhang mit Qualitätsmanagement und Betreiberverantwortung verfügbar sein müssen, verlängern.[726]

Ein weiteres wichtiges Kapitel stellen die Datenstandards dar, die in Form von Informationsinhalten, Datenformatierung und Systemschnittstellen auftreten. Die Inhalte der Informationen sind mit dem alltäglichen Sprachgebrauch zu vergleichen, wird den verwendeten Worten eine andere Definition beigemessen, so führt dies zu Missverständnissen. Demzufolge müssen Sachlagen identisch formuliert sein. Die Datenformatierung ist entsprechend zu behandeln, da eine Kompatibilität auf dieser Ebene vor Mehrfachbearbeitung bewahrt. Die Schnittstellenstandards gewinnen zunehmend an Bedeutung, da der Datenaustausch zukünftig nicht mehr ausschließlich intern stattfindet, sondern immer mehr mit Externen verstärkt gefragt und auch notwendig sein wird.

---
[725] Vgl. ebenda, S. 139.
[726] Vgl. Schneider, H. (2004), S. 149.

Die Gewährleistung einer angemessenen Datenqualität ist ein kostenintensives Unterfangen, da die Aufnahme der Bestandsdaten mit erheblichem Aufwand verbunden ist. Sowohl die technisch als auch wirtschaftlich notwendige Erfassungstiefe sind genau abzuwägen. Redundante Datenerfassung, die je nach System nicht vollständig ausgeschlossen werden kann (vgl. Abschnitt 14.4), ist aus Kosten- und Übersichtlichkeitsgründen dauerhaft zu vermeiden.

Handelt es sich um ein Projekt von großem Umfang, so kann die Erfassung aller planmäßig notwendigen Daten vor der Inbetriebnahme des einzuführenden Datenverwaltungssystems zu viel Zeit in Anspruch nehmen. Eine Selektion der zuerst erforderlichen Daten ist zu treffen und unverzüglich zu integrieren. Die weiteren Daten werden parallel zur Inbetriebnahme eingespeist.

Sowohl der Import, als auch der Export von Daten, graphisch wie alphanumerisch, ist unter wirtschaftlichen Aspekten nur möglich, wenn sie in normierter Form aufbereitet sind. Die Datensicherheit im FM erstreckt sich im Wesentlichen auf die Prävention von Datenverlusten und der Koordination eingeschränkter Systemzugriffsmöglichkeiten in Verbindung mit Zuteilung der unterschiedlich notwendigen Zugriffe innerhalb des Gesamtsystems.

Daten werden i. d. R. im FM länger als 5 Jahre benötigt. Bereits zu Beginn der Datenerfassung müssen Lösungen bezüglich der Haltung von Daten über längere Zeiträume ausgearbeitet und die regelmäßige systemtechnische Wartung eingeplant werden.[727] Daraus ergibt sich ein weiteres nicht unerhebliches Aufgabengebiet, die Datenarchivierung, die ihrem Umfang nach hohe Kosten verursacht. Um die Datenarchivierung möglichst effizient zu gestalten ist eine weitgehende Reduzierung der Menge notwendig, da eine schnelle Auffindbarkeit der Informationen ansonsten nicht gesichert werden kann.

14.2.2 Ziele des Datenmanagements

Im Zuge einer geschaffenen Transparenz in Form von qualifizierten Informationen durch ein sinnvoll gestaltetes Datenmanagement lassen sich geforderte Ziele auf Unternehmensebene erreichen.

Die Planungsvorgänge werden deutlich optimiert und unterstützen eine schnelle und sichere Entscheidungsfindung. Dadurch ergeben sich enorme Einsparungspotenziale. Betriebskosten können gesenkt werden, eine Verbesserung der Arbeitsplatzbedingungen zieht eine höhere Arbeitsleistung nach sich, der Flächenbedarf wird durch genaue Dokumentation und Analyse des Ist- und Sollzustands mittels DV-Unterstützung reduziert und die Belegung der Räume ökonomisiert, etc. Der Hauptvorteil der Datenvernetzung aus den verschiedenen Abteilungen liegt in einer gemeinsamen Nutzung der Informationen. Sind gemeinsame Schnittstellen vorhanden kann eine redundante Datenerfassung vermieden werden und die Pflege, also die Aktualisierung der vorhandenen Daten wird auf ein Mindestmaß begrenzt. IT verbessert die kooperativen Unternehmensprozesse, insbesondere so genannte Routinevor-

---

[727] Vgl. Schneider, H. (2004), S. 141.

gänge, auch bekannt als Workflowprozesse, wie Auftragsbearbeitung, Bestellungen und Ressourcenplanung oder Prozesse, die eine bessere Gruppenarbeit ermöglichen, wie bspw. Terminvereinbarungen, gemeinsame Bearbeitung von Dokumenten, schnelles Übermitteln von Arbeitsergebnissen oder Abhalten von Besprechungen.[728]

14.3 Anforderungen an Datenerhebung, Datenpflege und Datenauswertung

Bereits in der Planungsphase eines geeigneten IT-Systems, welches auch ein CAFM-System darstellen kann, muss für die Nutzungsphase die Datenerhebung, die Datenpflege und die Auswertung der Daten besonders beleuchtet werden. Der Umfang der selektierten Daten bildet das Fleisch des Systems und die Struktur bildet das Knochengerüst.[729] Übersteigt der Umfang der Datenerfassung die tatsächliche Notwendigkeit, so wird ein System auf Dauer träge. Redundante Datenerfassung, die u. U. bewusst gewählt wird und somit bei dieser Erläuterung ausgeschlossen werden kann, erfordert auch die jeweilig mehrfache Pflege, die erhöhte Kosten verursacht, zeitpunktbezogen zu Nichtübereinstimmungen führen kann und somit unrichtig arbeitende Prozessausführungen zur Folge hat. Eine aussagekräftige Datenauswertung basiert auf der Annahme der Richtigkeit ihrer Zusammensetzung.

Der Aufbau der Datenbasis, also der einzugebenden Bestandsdaten, ist ein besonders kostenintensiver Bestandteil der Datenverarbeitung, daher sollte die Genauigkeit der Erfassung von Bestandsdaten nicht die höchste realisierbare Präzision besitzen, sondern diejenige, die für die spätere Bewirtschaftung und Umplanung gerade ausreicht.[730]

Eine Aussage bezüglich des geschätzten Umfangs der auflaufenden Kosten, die durch Daten entstehen, soll an dieser Stelle getroffen werden: „Das wertvollste und teuerste einer IT-Lösung sind die Daten. Die Kosten werden zu 70–80 % durch Orgware[731] und Daten bestimmt."[732]

Anhand dieser Dimension werden einem auch die Folgen für den weiteren Umgang, während des Bestehens eines solchen implementierten Systems, vor Augen geführt. Eine Entscheidung im Hinblick auf die ausführenden Personen der Datenerfassung ist zu treffen, sowohl interne Mitarbeiter, als auch externe Dienstleister können hierfür in Betracht gezogen werden, eine Mischung ist gegebenenfalls auch praktizierbar. Entscheidungsgrundlage ist hierbei der

---

[728] Vgl. Jedlitzke, M. et al., a. a. O., S. 102.
[729] Vgl. Krimmling, J. et al (2005 a), S. 9.
[730] Vgl. Nävy, J. (2002), S. 241.
[731] Unter Orgware wird die Abbildung von Rahmenbedingungen für den IT-Einsatz verstanden, dargestellt in Organisationsstrukturen, Datengrundlagen, Vorschriften, inklusive aller Unterlagen und Methoden, damit Hard- und Software effizient genutzt werden kann (Vgl. Def. Jörn Krimmling, Technisches Gebäudemanagement).
[732] Vgl. Krimmling, J. et al (2005 a), S. 41.

14.3 Anforderungen Datenerhebung/Datenpflege/Datenauswertung

Umfang. Weiterhin ist zu ermitteln, ob eine vertikale oder horizontale Informationsdichte zu Beginn bevorzugt wird. Da beide Verfahren Vor- und Nachteile besitzen, ist hier keine allgemein gültige Empfehlung möglich, sondern spezifisches Abwägen gefordert. Beim vertikalen Ansatz werden die Daten bezüglich der einzelnen Liegenschaften detailliert erfasst, jedoch benötigt die gesamte Erfassung aller Liegenschaften erheblich mehr Zeit, als bei der horizontalen Methode, die erst einmal die Grunddaten erfasst.

Technische Unterlagen	Öffentlich-rechtliche Unterlagen	Wirtschaftliche Unterlagen
• Baupläne (Grundrisse, Schnitte, Fassaden) • Technische Bestands- und Revisionspläne • Umbaupläne • Berechnung der Nutzflächen • Berechnung der Baumassen • Bau-/Umbaugenehmigung • Stellplatznachweis • Geprüfte Statik • Beschreibung der technischen Anlagen (Hersteller, Kapazität, Modell, Baujahr, Wartungsunterl.) • Messprotokoll Schornsteinf. • Firmenliste Baufirmen, Umbaufirmen, Wartungsfirmen	• Aktueller Grundbuchauszug • Veränderungsnachweise für noch nicht eingetragene Vorgänge • Auszug aus dem Baulastenverzeichnis bzw. Negativbescheinigung • Kopie der Bescheinigung über Erschließungskosten • Angaben zu baurechtlichen Beschränkungen oder Auflagen aus dem B-Plan • Angaben zu unerledigten behördlichen oder baubehördlichen Auflagen • Angaben zu lfd. Verfahren bzw. Einsprüchen • Akt. Bodenrichtwertauskunft • Akt. Katasterauszug	• Mietverträge, Nutzungsvereinbarungen, Nachträge • Angaben zu Mietanpassungen • Untermietverträge • Ggf. Erbbaurechtsverträge • Ggf. Unterlagen zu Betriebs- und Bewirtschaftungskosten • Angaben zu Grundsteuern und Grundbesitzabgaben • Angaben zu Kontaminierung/ Altlasten • Wartungs- und Objektmanagementverträge • Versicherungspolicen für das Gebäude • Gutachten/ Wertermittlungen

Abb. 172: FM-Datenbasis bei Übernahme von Bestandsobjekten

Eine ordnungsgemäße Datenpflege sichert permanent die Richtigkeit der zu verwendenden Informationen. Der Umgang mit der Datenpflege sollte zu einem frühstmöglichen Zeitpunkt geplant werden. Im Fall einer Vernachlässigung der Pflege können bereits kurze Zeit nach der Einführung zur Verwendung keine gesicherten Aussagen über die Aktualität einer großen Anzahl von Daten getroffen werden. Dieses Problem ist besonders bei Grundrissplänen zu beobachten, innerhalb der ersten zehn Monate nach der Bestandsaufnahme wurden an 1,9 % der BGF geometrische Änderungen durchgeführt. Sind Daten in redundanter Form gespeichert, die keine einseitige Verknüpfung zueinander haben und somit Änderungen im vorangestellten Datenbaustein nicht automatisiert im Nachgestellten angepasst werden, so muss eine vorgenommene Änderung im anderen System zeitnah manuell oder per Datenimport sichergestellt werden.

Die Prozesse der laufenden Datenpflege lassen sich gem. GEFMA-Richtlinie 430 wie folgt gliedern:

14 DV-Unterstützung im Facility Management

- Aktualisierung der Bestandsdaten
- Ergänzung von Zustands- und Prozessdaten
- Aktualisierung der Zustandsdaten
- Aktualisierung der Prozessdaten

Die Datenauswertung stellt letztendlich die Position dar, in deren Dienst die beiden vorangegangenen Punkte stehen. Die Auswertung soll Ergebnisse liefern und stellt den wesentlichen Nutzen eines DV-Systems dar. Ziel ist dabei die Erschließung von Kostensenkungs- und Nutzensteigerungspotenzialen. Diese können durch eine verbesserte Transparenz in allen Bereichen erreicht werden, wobei die Hauptvoraussetzung hierfür eine fundierte Informationsverarbeitung ist.

Die Instrumente der Datenaufbereitung dienen als Basis für die Datenauswertung. Dabei muss definiert werden, welche Instrumente benötigt werden. Raum- und Gebäudedaten sollten in digitalisierter Form vorliegen. Dabei werden die Papierbestandspläne in CAD-Dateien übertragen. Zur Archivierung von Dokumenten wird ein Dokumentenmanagementsystem verwendet. Die Datenauswertung wird anhand von Listen, Berichten, Diagrammen etc. vorgenommen. Im Facility Management sind die strategischen Methoden zur Datenauswertung die SWOT-Analyse, die zur Einschätzung der gegenwärtigen und zukünftigen Situation verwendet wird, das Benchmarking, wobei hier eine Unterteilung in internes und externes Benchmarking erfolgt und die Balanced-Scorecard-Analyse. Die Kennzahlenanalyse ist als ein Beispiel einer operativen Methode zur Auswertung ergänzend erwähnt. Eine Verlässlichkeit der daraus resultierenden Ergebnisse kann nur durch ein funktionierendes geographisches Informationssystem und ein Data Warehouse, das als zentraler Datenpool fungiert, abgeleitet werden.

14.3.1 Analyse der Systemanforderung

Eine der größten Herausforderungen stellt die Entscheidung bezüglich der Erstellung der spezifischen Software dar. Denn bereits bei dem Aufbau der Software wird der Rahmen des späteren Nutzeffekts weitgehend festgelegt. Diese Aussage bezieht sich sowohl auf die fachspezifischen Funktionen, als auch auf die Möglichkeit bereits bestehende IT zu integrieren.

Grundsätzlich können im Hinblick auf die Softwarearchitektur vier verschiedene Ansätze unterschieden werden:[733]

1. Hostanwendungen sind Softwarelösungen, die mittels Terminals bedient werden. Über die Terminals wird auf die Software zugegriffen, die auf einem entsprechend eingerichteten Computer hinterlegt ist. Als problematisch zeigt sich in der Praxis eine große Herstellerabhängigkeit durch zu spezielle verwendete Betriebssysteme. Für FM eignet sich dieser Ansatz nicht und ist nahezu ohne Bedeutung.

---

[733] Vgl. Jedlitzke, M. et al., a. a. O., S. 107.

14.3 Anforderungen Datenerhebung/Datenpflege/Datenauswertung

2. Desktopanwendungen sind Einzelplatzsysteme. Sie benötigen für ihren Einsatz keine Netzwerkverbindung und die genutzte Datenmenge beschränkt sich folglich auch auf die direkt implementierte. Für Prozessüberlagerungen innerhalb verschiedener Arbeitsstätten wäre ein solches System ausgeschlossen.
3. Mit den Client-Server-Anwendungen wird ein System verwendet, das komplexen Inhalten gerecht werden kann. Alle gemeinsam benötigten Komponenten, wie Daten und Programmteile zur Steuerung und Logik, werden zentral auf einem Server hinterlegt. Die Clients bedienen sich ihrer bedarfsentsprechend. Vorteile bestehen hinsichtlich der Vermeidung von Redundanzen bei der Installation und Pflege der Software, die Hardwareressourcen der Clients werden geschont und die Kommunikation mit Fremdsoftware ist über integrierte Schnittstellen möglich.
4. Die Anwendung mittels verteilter Objekte stellt eine Erweiterung der Client-Server-Anwendungen dar. Die Softwarekomponenten werden als Objekte im Netzwerk verteilt. Die Objekte sind nicht mehr abhängig von einem Betriebssystem und sind also allgemein plattformunabhängig. Eine Softwareerweiterung wird durch diese Eigenschaft erheblich erleichtert. Als problematisch zeigen sich die allgemein steigenden Anforderungen an die Standardisierung der Kommunikationsschnittstellen und die höheren Anforderungen an Rechnerleistung und Netzverfügbarkeit. Zweifelsohne gestaltet sich dieser Ansatz bisweilen in seinen Nachteilen zu komplex, jedoch beinhaltet er auch großes Potential für die Zukunft. Der Einfluss des Internets wird weiter wachsen und Entwicklungen innerhalb dieses Ansatzes fördern.

14.3.2 Datenstandards

Die Schaffung von Datenstandards ist ein aktuelles Thema, dessen Prozess noch lange nicht abgeschlossen sein dürfte. In diesem Bereich liegt ein großer Umfang an Wirtschaftlichkeitspotential brach. Innerhalb eines Unternehmens ist auf verschiedene Standards für das Datenmanagement nicht zu verzichten.

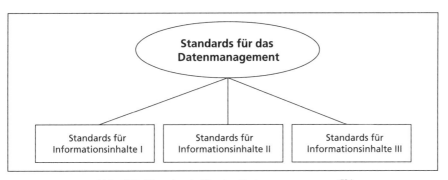

Abb. 173: Standards für das Datenmanagement[734]

---

[734] Vgl. Schneider, H. (2004), S. 149.

14 DV-Unterstützung im Facility Management

Die Standards für Informationsinhalte bilden eine wichtige Grundlage für eine unmissverständliche Kommunikation. Jeder zu verwendende Begriff muss mit einem allgemein gültigen Inhalt definiert sein. So ist bspw. der Begriff „Wartung (Maßnahmen zur Verzögerung des Abbaus des vorhandenen Abnutzungsvorrats)" anhand dieser Zuordnung zu verwenden. Aus der jeweiligen Erläuterung können sich weitere notwendige detaillierte Definitionen ergeben, die ebenfalls den entsprechenden Richtlinien zu entnehmen sind. Nicht alle Begriffszuordnungen sind in Gesetzen oder feststehenden Normen erfasst. Diese Begriffe müssen im Unternehmen selbst oder besser noch unternehmensübergreifend, in Form von Kollaborationen wie der IAI (Industrie Allianz für Interoperabilität), die 1995 in den USA gegründet wurde, definiert werden. An der Aufgabe, die computergestützte Bauplanung, Bauausführung und Gebäudeverwaltung in eine weltweit gültige und einheitliche Objektsprache aufzugliedern, arbeiten mehr als 650 Firmen.

Im Falle eines Informationsaustausches mit Externen ist dieser Standard ebenso Grundvoraussetzung wie unternehmensinterne Standards. Der Vorteil liegt in der Vermeidung der mehrmaligen Datenerfassung, die mit erheblichen Kosten, einem enormen Zeitaufwand und möglichen höheren Fehlerquoten verbunden ist. Standards für Datenformatierung können den Austausch von Informationen in der Weise unterstützen, dass eine einheitlich notwendige Softwareanforderung ermittelt werden kann. Ist die Formatierung unterschiedlich, ist es

---

Datenstandard

Die verbindliche Vorgabe eines Datenstandards seitens des Bauherrn an die Projektbeteiligten stellt eine einheitliche Struktur und Qualität der Daten sicher, die von den Projektbeteiligten an den Bauherrn nach Abschluss der Planungs- und Bauphase übergeben werden.

1. Allgemeine Vorgaben
- Projektverantwortlicher
- Eingesetzte Programme
- Dokumentation
- Bestandsdokumentation nach Projektabschluss

2. Projektbezogene Vorgaben
- Projektgliederung
- Begriffe
- Erstellung CAD-Daten
- Datenablage
- Koordinatensystem
- Achsbezeichnungen
- Raumcodierung
- Raumbezeichnungen
- Geschossbezogene Flächenarten
- Geschossübergreifende Flächenarten

3. Dateibez./ Datenaustausch
- Bestandteile des Dateinamens
- Bauteil
- Ebene
- Fachsparten
- Projektphase
- Index
- Dateierweiterung / Format

4. Vorgaben alphanum. Daten
- Bestandteile des Geräteschlüssels
  - Bauteil
  - Mietbereich
  - Ebene
  - Raumachse
  - Gewerk
  - Anlagen Nummer
  - Datenpunktart
  - Kürzel Beschreibung
  - Lfd. Nummer

5. Vorgaben graph. Daten
- 3D-/2D-Modell
- Layerstruktur
- Blöcke
- Texte
- Bemaßung
- Objekteigenschaften
- Modellbereich
- Papierbereich
- Farben
- Linientypen
- Schraffuren
- Maßstäbe
- Externe Referenzen (Xref)
- Polygone / Attribute

Abb. 174: Datenstandard – Dokumentationsvorgabe für Projektbeteiligte

14.3 Anforderungen Datenerhebung/Datenpflege/Datenauswertung

möglich, dass die Systeme nicht kompatibel sind und eine Übertragung der Daten von User zu User mittels EDV ausgeschlossen werden muss. In diesem Fall steht entweder eine kosten- und zeitintensive Umformatierung oder eine manuelle Eingabe zur Disposition.

Ein weiterer geforderter Standard bezieht sich auf die Systemschnittstellen. Eine übereinstimmende Strukturierung der Daten und vordefinierte Datenschnittstellen müssen für die reibungslose Verständigung zwischen Organisationseinheiten und Systemen vorliegen.[735] Werden diese einheitlichen Voraussetzungen geschaffen, können alle am Lebenszyklus einer Immobilie beteiligten Dienstleister und Bauausführende über den gesamten Prozess, beginnend mit der Entwurfsplanung bis hin zum Abriss, ihre Daten austauschen. Die einzelnen Abläufe können vereinfacht, beschleunigt, kostenreduziert und hinsichtlich ihrer Qualität verbessert werden.

14.3.3 Vernetzung mit anderen Datenbeständen

Im Hinblick auf die Verwendung von Daten müssen die verschiedenen Datenquellen (Datenbanken, Strukturierte Daten, Dokumente, graphische Komponenten, Fotos) und Software-Komponenten miteinander verknüpft werden. Alle Daten eines Objekts, bspw. eines Raums, müssen für eine Einsichtnahme und Auswertung verfügbar sein. Dies geschieht über die Integrationsebene. Sie erstellt quellenübergreifend die Beschreibung des Objekts. Finanzielle Daten werden üblicherweise aus kaufmännischer Software exportiert, Größenangaben eines Objekts stammen aus infrastrukturellen Datenbanken, Technische Ausstattungen z. B. aus einem XML-basierten Inventarmodell, die Verträge aus dem Mietbereich oder Serviceleistungen aus eingescannten Dokumenten und ein allgemeiner Objekteindruck kann über ein Foto vermittelt werden.[736]

Daten, die in einem System verwendet werden, jedoch nicht ursprünglich auf dieses zurück zu führen sind und darin gepflegt werden, müssen über Schnittstellen zueinander verbunden werden. Besonders wichtig ist diese Verknüpfung bei „Bewegungsdaten" (vgl. GEFMA-Richtlinie 410), deren Austausch ständig erfolgt. Im Facility Management gibt es viele Daten, die nicht originär in dieser Disziplin generiert werden und doch einen hohen Nutzenpotential für diesen Bereich darstellen. Die Systeme, die diese Informationen liefern, werden als „Partnersysteme" bezeichnet.

In einem CAFM-System gibt es zwei verschiedene Möglichkeiten für den Austausch von Daten, die erste und häufiger angewandte Möglichkeit wird über eine Schnittstellenintegration mit speziellen Schnittstellenprogrammen durchgeführt. Das Programm hat die Aufgabe, die Daten am Ursprungsort oder in einer Transferdatei auszulesen, dann die Daten im Zielsystem an Hand eines vorgegebenen Regelwerks zu prüfen. Die Daten werden am Zielort eingelesen

---

[735] Vgl. ebenda, S. 151.
[736] Vgl. Koch, S./May, M./Redlein, A./, CAFM-Systeme, in: May, M. (Hrsg.), IT im Facility Management erfolgreich einsetzen – Das CAFM-Handbuch, Berlin Heidelberg 2004, S. 151–174, hier: S. 168.

und abschließend wird Rückmeldung über den Transfer erstattet. Ggf. muss ergänzend die Löschung von temporären Transferdateien vorgenommen werden.

Die zweite Möglichkeit des Austausches ist der direkte Zugriff auf Datenbanken. Daraus ergeben sich folgende zwei Vorteile: 1. die Umgehung der Datenredundanz und 2. die Reduzierung von Schnittstellenprogrammen. Eine sinnvolle Abwägung lässt sich an Hand sich ergebender Nachteile nicht ausschließen. Die CAFM-Software muss entsprechend modifiziert werden, um die Integrität und Datenkonsistenz des Gesamtsystems zu gewährleisten.

Bezüglich der Klassifizierung der Schnittstellen muss gem. GEFMA-Richtlinie 410 Folgendes unterschieden werden:

- **Offline- bzw. Batch-Schnittstellen** tauschen ihre Daten zu festgelegten Zeitpunkten oder Ereignissen aus.
- **Online-Schnittstellen** ermöglichen einen Direktzugriff und vermeiden dadurch die redundante Datenhaltung. Zusätzlich kann eine direkte Verarbeitung erfolgen.

Eine weitere Untergliederung der Schnittstellen nimmt Bezug auf die Richtung der Datenübertragung. Unidirektionale Schnittstellen sind zugleich Einbahnstraßen und Sackgassen ohne Wendemöglichkeit. Die bidirektionale Eigenschaft lässt den Gegenverkehr zu, wodurch sich die Systeme gegenseitig bedienen können. Die Aktualisierung kann synchron oder asynchron erfolgen. In der Praxis hat sich überwiegend die Festlegung eines herrschenden Systems durchgesetzt, auch im Fall einer eingerichteten Bidirektionalität.

Für eine CAFM-Software stellen die möglichen Schnittstellenausprägungen eine hohe Anforderung dar. Je nach Umfang, der sich von einer integrierten Lösung über eine abteilungs- bis hin zur unternehmensübergreifenden Lösung steigert, erweist sich die Einbeziehung unterschiedlicher Sichtweisen als unerlässlich. Besonders gilt dies für die Auswertungen, die Datenpflege sowie die administrativen Zwecke. Gerade im Falle der Vermeidung von Redundanzen in Punkto Datenhaltung kann es zu Zugriffskonflikten kommen (vgl. GEFMA-Richtlinie 410). Notwendige Verfügungen über abteilungsübergreifende Daten stehen im Zielkonflikt mit Sicherheitsauflagen, nicht nur hinsichtlich der internen Unternehmensebene, sondern auch im Blick auf mögliche externe Zugriffe. Wenn Verwender eines Systems aus einem anderen, nicht ihrer Abteilung unterstellten System Daten abrufen, bedürfen besonders sensible Daten, die nicht für eine externe Einsicht bestimmt sind, einer außerordentlichen Sicherung. Am stärksten betroffen ist die Datenübertragung über das Internet, hierbei sind entsprechende Sicherungsmechanismen zu veranlassen.

14.3.4 Integration ergänzender Softwarelösungen

Zu Beginn dieses Punktes soll der Begriff „Software" definiert werden. Die Gesamtheit aller verwendeten Computerprogramme eines Computersystems stellt die Software dar. Eine Unterteilung erfolgt in System- und Anwendungssoftware, wobei Systemsoftware zur Steuerung der Hardware-Komponenten dient

14.3 Anforderungen Datenerhebung/Datenpflege/Datenauswertung

und Anwendungssoftware zur Lösung von Fachaufgaben verwendet wird.[737] Betriebssysteme sind ein typisches Beispiel für die Systemsoftware. Einige Beispiele für Anwendungssoftware sind die CAFM-Software, CAD-Software, Kaufmännische Software und Office-Produkte wie Word, Excel etc. In einem Unternehmen, in dem bestehende Software eingesetzt wird und zur Unterstützung des Facility Managements ergänzende Softwarelösungen implementiert werden sollen, müssen diese dem System angepasst werden. Die Herausforderung beim Aufbau eines CAFM-Systems besteht häufig in der angemessenen Kombination und Integration der erforderlichen CAFM-Softwarekomponenten auch verschiedener Hersteller. Da sich das Facility Management nicht nur mit der Ausführung regelmäßig wiederkehrender Aufgaben befasst, sondern auch stetig mit der Anpassung an sich ändernde Anforderungen beschäftigt, muss die Softwareunterstützung flexibel gestaltbar sein.[738]

Die Schaffung einer brancheneinheitlichen Lösung der Software ist ein nicht umsetzbarer Ansatz. Der umfassende Leistungskatalog des Facility Managements ist unternehmensspezifisch so unterschiedlich, dass allein dieser Umstand eine solche Möglichkeit ausschließt. Ein weiterer Aspekt ist, dass die IT-Systeme, die im Facility Management vorgefunden werden, auch individuell ausgearbeitete Systeme sind. Sogar im Fall einer kompletten Neukonzeption des IT-Systems wird es immer eine Individualausarbeitung geben, da eine allgemein gültige Vorgabe nicht existiert.

Die meisten CAFM-Systeme basieren heute auf Datenbanken. Die graphischen Komponenten spielen in diesen Systemen nur eine untergeordnete Rolle. Für

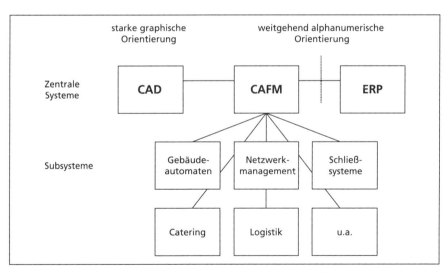

Abb. 175: CAFM im Umfeld ergänzender Software

---

[737] Vgl. Jedlitzke, M./Hohmann, J./Redlein, A./Reinecke, W., IT-Grundlagen für Facility Manager, in: May, M. (Hrsg.), IT im Facility Management erfolgreich einsetzen – Das CAFM-Handbuch, S. 101–121, hier: S. 105.
[738] Vgl. Schneider, H. (2004), S. 167.

die Unterstützung der Prozesse im Facility Management sind die graphischen Informationen unverzichtbar und müssen daher integriert werden. Um die notwendigen Daten aus den CAD-Systemen für das CAFM nutzbar zu machen, kann entweder ein reduziertes CAD-System in das CAFM-System integriert werden, das Zugriff auf das externe CAD-System hat, oder die erforderlichen graphischen Daten können in eine relationale Datenbank übernommen werden.

Zu Beginn der Entwicklung von CAFM-Systemen wurden diese als Insellösungen konzipiert. Die Insellösungen konnten aber nicht alle Funktionen abdecken. Dieses Problem hat sich bis heute nicht vollständig lösen können. Einfach handhabbare bidirektionale Schnittstellen zu ERP-Systemen und qualifizierte Integrationen von Bürosoftware, technischen und kaufmännischen Subsystemen sind noch nicht entwickelt.[739]

Wird der Einsatz einer neuen CAFM-Software geplant, so kann in bestimmten Fachbereichen die Verwendung zusätzlicher Softwareprodukte nicht ausgeschlossen werden. Diese Fachapplikationen sind für spezielle Teildisziplinen vorgesehen, die nicht in die Standardsoftware integriert werden können. Beispiele hierfür sind das Personalwesen, die Gebäudeautomation und einige kaufmännische Bereiche, wie die Objektbuchhaltung und das Vertragsmanagement. Sowohl für die Wahl der CAFM-Software, als auch für die Wahl der ergänzenden Softwaresysteme ist die Schnittstellentechnologie entscheidend, da eine reibungslose Kommunikation, je nach den definierten Eigenschaften, zwischen den verbundenen Systemen sichergestellt werden muss. Ausreichend Standardschnittstellen, um alle möglichen Fachapplikationen mit dem System zu verbinden, sind in CAFM-Systemen i. d. R. nicht vorhanden. Fehlt im spezifisch vorliegenden Fall eine Standardschnittstelle, so muss die Einrichtung spezieller Schnittstellen sowie deren zugehörige Schnittstellenprogramme vorgenommen werden (vgl. Abschnitt 14.3.3). Die Einführung von paralleler Software sollte ausschließlich zeitgleich mit der Einführung eines Gesamtsystems erfolgen, wenn sie unumgänglich mit diesem in Verbindung steht, da ansonsten sowohl finanziell als auch zeitlich die Gesamtsystemeinführung negativ beeinflusst wird. In jedem Fall muss ein später erwarteter Wunsch zur Erweiterung bereits in der Planungsphase berücksichtigt werden.

14.3.5 Umsetzung in ein Informationsmanagement

Gem. GEFMA-Richtlinien muss das Facility Management Transparenz in Unternehmensbereichen schaffen, in denen häufig weder klare Ziele noch Fakten existieren. Durch Verfolgung dieses Anspruchs können fundierte Unternehmensentscheidungen getroffen werden (vgl. GEFMA-Richtlinie 100–1). Transparenz kann nur erreicht werden, wenn ein umfassendes Informationssystem aus dem CAFM-System generiert werden kann. Dadurch muss definiert werden, welcher Umfang an Informationen benötigt wird. Qualifizierte Informationen setzen eine detaillierte Prozessabbildung voraus. Eine Beschreibung der ge-

---

[739] Vgl. Schneider, H. (2004), S. 174f.

genwärtig und in absehbarer Zeit benötigten Daten, sowie die Form und der Inhalt der Auswertungen müssen bestimmt sein. Bei Abbildung der einzelnen Prozesse in einem Modell, können untergliedert die notwendigen Informationen lokalisiert werden. Die Daten müssen vollständig, richtig, kontinuierlich und konsistent sein. Bezüglich des gesamten Systems muss Klarheit bestehen, ob die Anforderungen an ein Informationssystem, das in der Lage sein muss, Prozesse abzubilden, erfüllt werden. Neben den vorhandenen Datenbankmanagementsystemen (DBMS), die für die Verwaltung und Manipulation von Daten genutzt werden, sind für das Management und die Ausführung von Prozessen sogenannte Workflowmanagementsysteme (WFMS) unentbehrlich. Im Gegensatz zu den bisherigen Anwendungsprogrammen, die aufgrund der Programmhierarchien nur die Lösung von Einzelaufgaben bewerkstelligen konnten, können Workflowmanagementsysteme der erforderlichen Prozessunterstützung gerecht werden.[740]

Um eine Optimierung der Prozesse zu erreichen, ist ein Soll-Ist-Vergleich notwendig. Aus diesem Vergleich können Maßnahmen abgeleitet werden, die dem angestrebten Sollzustand untergeordnet sind. Zielsetzung eines Informationsmanagementsystems ist die Umwandlung von Informationen und Wissen in Nutzen. Für die Umsetzung sind folgende Eigenschaften von Bedeutung:

- Das System muss datenbankgestützt sein;
- Daten müssen objektorientiert abrufbar sein;
- Die zu integrierenden Systeme müssen über Schnittstellen verbunden sein;
- Eine Verwaltung der Daten muss sichergestellt sein;
- Die Daten müssen in unterschiedlichen Zusammenhängen abrufbar sein, da die unterschiedlichsten Gruppen von Nutzern verschiedene Auswertungen abrufen.

Strategischen Einfluss gewinnt das System durch Integration in das Managementinformationssystem (MIS). Für die Unternehmensführung bildet dieses System eine Basis zur strategischen Entscheidungsfindung.

14.4 CAFM-Systeme

Ein CAFM-System kann aus einer in sich abgeschlossenen CAFM-Software oder einer Kombination aus verschiedenen Software-Werkzeugen bzw. standardisierter oder individueller Software bestehen. Das CAFM-System muss dabei bei Bedarf über vordefinierte Schnittstellen an die Unternehmenssoftware, Datenbanken und Gebäudeautomationssysteme verbunden werden können.

---

[740] Vgl. Quadt, M./Görze, R., Geschäftsprozesse im Facility Management und ihre Abbildung in der IT, in: May, M. (Hrsg.), IT im Facility Management erfolgreich einsetzen – Das CAFM-Handbuch, Berlin Heidelberg 2004, S. 37–79, hier: S. 60.

14 DV-Unterstützung im Facility Management

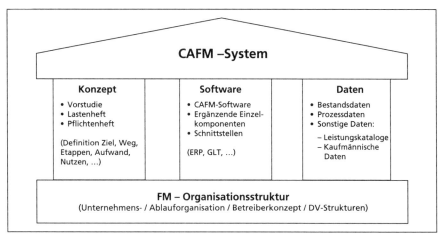

Abb. 176: Basis des CAFM-Systems[741]

In der fortschreitenden Entwicklung von ganzheitlichen Konzepten für das Facility Management sind CAFM-Systeme nahezu ein unverzichtbarer Bestandteil geworden. Um die Entstehung dieser Systeme vorzustellen, muss auf der Zeitachse nicht weit zurückgegangen werden. In den sechziger Jahren wurden nur sehr einfache, jedoch die ersten ihrer Art in Betrieb genommen. Sie wurden durch CAD-Graphiken und nur zu einem geringfügigen Teil durch Datenbanken unterstützt. Zur damaligen Zeit wurde die Disziplin des Facility Managements, im Gegensatz zum heutigen Selbstverständnis, noch nicht einmal definiert oder gar ihr Nutzenpotential erahnt. Die anfänglichen Inhalte des CAFM haben sich parallel zu den Inhalten des Facility Managements herausgebildet.

Im folgenden Zeitabschnitt haben die Entwicklungen der im Grunde übergeordneten Disziplin eine fortschreitende Unterstützung durch spezielle IT-Werkzeuge vorangetrieben. Der ursprüngliche Vorsprung der IT-Entwicklung konnte nicht weiter gehalten werden. Gegenwärtig definieren das Facility Management und die ihr übergeordneten Instanzen, wie die Führungsebene eines Unternehmens, die Anforderungen an CAFM-Systeme. Während die zu Anfang angebotenen Systeme hauptsächlich auf Flächenfunktionen beschränkt waren, sind inzwischen Erweiterungen wie Servicemanagement und eine stärkere Berücksichtigung strategischer Funktionalitäten durch die Verschmelzung von Facility Management und Immobilienmanagement notwendig und auch verfügbar.[742] Von Beginn des Lebenszyklus an, d. h. bereits in der Planungsphase eines Gebäudes, sollte das Informations- und Wissensmanagement vorbereitet werden, um sämtliche Daten über und für die Immobilie, angefangen bei der Planung bis hin zur Verwaltung, sammeln, erfassen und strukturieren zu können. Diese Informationen bzw. das Wissen und die Erfahrung können entsprechend aufbereitet und für spätere FM-Prozesse oder auch für andere

---

[741] Vgl. Marchionini, M. et al., a.a.O., S. 6.
[742] Vgl. Schneider, H. (2004), S. 167.

14.4 CAFM-Systeme

Projekte genutzt werden.[743] Nach dem heutigen Entwicklungsstand von CAFM-Systemen kann auf Grund ihrer verschiedenen Plattformen eine Unterteilung in drei Modelle erfolgen:[744]

Das erste Modell basiert auf CAD und kommt überwiegend bei Projekten zur Anwendung, die einen hohen Anteil an vielfältigen Graphiken erfordern. Dies ist der Fall wenn bauliche Aktivitäten im Mittelpunkt stehen. Da dieses Modell im Facility Management praktisch keine Rolle spielt, wird an dieser Stelle auf eine detaillierte Beschreibung verzichtet. Das Modell auf der Basis von Datenbanken ist das am weitesten verbreitete. Da es verschieden gestaltete Datenbanken gibt, muss eine Entscheidung für eine bestimmte Datenbankbasis getroffen werden. Große Unterschiede bestehen in den Nutzungen und Abhängigkeiten von den jeweiligen Datenbankfunktionalitäten. Alle Datenbanktypen besitzen Vor- und Nachteile, die präzise, angelehnt an den spezifischen Facility Management-Prozess gewichtet werden müssen.

Die relationale Datenbank (RDB) legt die Daten unverknüpft in Tabellenform an. Eine Verknüpfung erfolgt durch die Abfrage, dabei werden die einzelnen Tabellenfelder in einer bestimmten vorgegebenen Reihenfolge miteinander verbunden. Als problematisch erweist sich die Standardisierung der Abfrage, die eine beliebige Änderung der Verknüpfung grundsätzlich ausschließt. Auch eine spätere Veränderung der einzelnen Verknüpfungen lässt sich nur aufwändig durchführen. Für eine effektive Verwendung ist daher bei der Erstellung des zugehörigen komplexen Datenmodells gewissenhaft auf die Richtigkeit der relationalen Beziehungen, sowie der Verknüpfungsanordnung und -reihenfolge zu achten.

Der Stand der Softwareentwicklungen von CAFM-Systemen, die auf relationalen Datenbanken basieren, kann den stetig wachsenden Anforderungen des Facility Managements, hauptsächlich durch die fehlende Möglichkeit der Objektorientierung, nicht mehr gerecht werden. Aus der Anwendungserfahrung, sowohl im Facility Management als auch in anderen Unternehmensfunktionen, haben sich in der Vergangenheit andere Standarddatenbanken, die als relationale objektorientierte Datenbanken (OODB) bezeichnet werden, entwickelt. Einer notwendigen Verbindung von Graphik und Alphanumerik wird hier entsprechend Rechnung getragen. Jedoch steht exakt dasselbe Problem, das auch bei relationalen Datenbanken nicht überwunden werden kann – die nicht beliebig änderbaren Verknüpfungen – dieser Lösung entgegen. Die Ursache ist hierfür der anhaltend zu stark ausgeprägte relationale Bezug.

Eine Lösung dieses Problems erfolgt durch einen rein objektorientierten Ansatz. Eine objektorientierte Datenbank (OODB) erfasst die jeweiligen alphanumerischen und graphischen Daten und verknüpft diese innerhalb des Systems, im Gegensatz zu einer relationalen Datenbank, die eine Kombination erst durch die spezifische Abfrage ermöglicht. In einer objektorientierten Datenbank werden alle Daten in einer gemeinsamen Datenbank gespeichert, wobei die Daten über eine Benutzeroberfläche dem Objekt entsprechend, d. h. nicht in Tabellen,

---

[743] Vgl. Krimmling, J. et al (2005 a), S. 11.
[744] Vgl. Schneider, H. (2004), S. 169ff.

sondern der ursprünglichen Form nach, eingegeben und abgelegt werden können. Erweiterungen und Veränderungen sind dabei nach Belieben möglich. Eine Abfrage der Daten hat nicht über festgelegte Masken zu erfolgen, da der Zugriff nicht unbedingt standardisiert ist, sondern ist über die in Explorern vorhandenen Strukturen möglich.[745]

Ausgehend von diesen überragenden Eigenschaften einer solchen Lösung, müsste sie gänzlich überzeugen. Die ersten Erfahrungen bei den Erprobungen hatten jedoch ergeben, dass das System bei einem hohen Datenaufkommen nicht stabil genug war und die Abfragungen innerhalb des Systems unbefriedigende Ergebnisse lieferten. Weiterhin gestaltete sich der Datentransfer in Verbindung mit anderen Systemen als problematisch. Zwischenzeitlich gibt es auf dem Markt Systeme, die diese Schwächen überwunden haben. Relationale und objektrelationale Datenbanksysteme bilden aktuell im Gegensatz zu objektorientierten Datenbanksystemen die überwiegende Basis von CAFM-Software.[746]

Das dritte Modell liefert einen völlig neuen Ansatz. Die datenbankunabhängige CAFM-Software mit Middleware nimmt eine Trennung zwischen dem CAFM-Objektmodell und den eigentlichen Datenbankstrukturen vor. Die Middleware-Ebene fungiert als virtuelles Betriebssystem und sorgt dafür, dass Informationen aus verschiedenen Softwaretypen untereinander kompatibel sind und damit ein objektorientierter, direkter Datenaustausch stattfinden kann. Die Middleware steht dabei zwischen einer Anwendung und einem Datenbankmanagementsystem, einem Betriebssystem oder einem Netzwerkbetriebssystem, wobei es sich beim CAFM meist um ein Datenbankmanagementsystem handelt.[747]

Die Middleware ist eine Softwareergänzung, die auf dem physischen Datenmodell aufbauend ein logisches Datenmodell abbilden kann, das eine völlig neue Verknüpfung der Daten ermöglicht. Datenbanken werden nur als ein Medium, das Daten speichert, benötigt. Die jeweilige Datenmodellierung erfolgt völlig unabhängig von den Möglichkeiten des untergeordneten Datenbanksystems, daher kann eine objektorientierte Modellierung auf der Basis von relationalen Datenbanken umgesetzt werden. Die Aufgaben der Middleware sind u. a.:[748]

- Die Datenbanken werden miteinander verbunden, dadurch ist eine permanente Datenkonsistenz in allen Systemen sichergestellt.
- Wird in einem Programm ein Prozessschritt ausgeführt, sendet dieses eine Nachricht an die Middleware, die daraufhin automatisch die notwendigen Schritte einleitet. Die zu erledigenden Maßnahmen können der inhaltlichen Interpretation der Nachricht entsprechend darin bestehen Daten zu holen, Daten zu verarbeiten und zu manipulieren oder Daten in allen von den Änderungen betroffenen Tools entsprechend zu aktualisieren.
- Anpassungen durch Parametrisierung an die unternehmensspezifischen Bedürfnisse sind i. d. R. ohne Programmieraufwand zu bewältigen.

---

[745] Vgl. Schneider, H. (2004), S. 171.
[746] Vgl. Jedlitzke, M. et al., a. a. O., S. 109.
[747] Vgl. Schneider, H. (2004), S. 173.
[748] Vgl. Jedlitzke, M. et al., a. a. O., S. 114.

14.4 CAFM-Systeme

- Vereinfachte Handhabung zeigt sich bei der Implementierung neuer Softwareversionen, sogenannten Releasewechseln, da nur eine Schnittstelle, nämlich die zur Middleware selbst, neu konfiguriert werden muss. Dies gilt ebenfalls für Erweiterungen, die ausschließlich eine Anpassung der Systemlogik und des Datenaustausches voraussetzen.

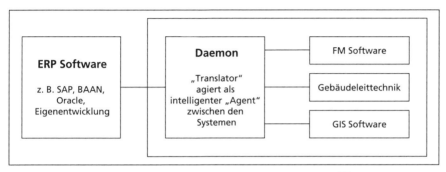

Abb. 177: Beispiel eines Middleware-Konzepts[749]

14.4.1 Erstellung eines Anforderungsprofils

Für den erfolgreichen Einsatz eines CAFM-Systems müssen einige allgemeine sowie unternehmensspezifische Anforderungen definiert werden. Nach der GEFMA-Richtlinie 400 dient eine CAFM-Software der Unterstützung von FM-Prozessen von der Objektplanung bis hin zur Verwertung, d. h. während des gesamten Lebenszyklus. Unter Berücksichtigung von individuellen Betreiberkonzepten und Organisationsstrukturen muss die CAFM-Software den Anwender bei der Abwicklung von Mehrschrittaufgaben unterstützen können. Für eine erfolgreiche Implementierung und einen Nutzeneffekt sollte die CAFM-Software zum Projekt- bzw. Gebäudekonzept passen. Die Auswahl des geeigneten Software-Produkts darf jedoch, trotz der Vielzahl angebotener Software am Markt, nicht der Fokus einer Systemeinführung werden, vielmehr entscheidet oft die Qualität des Konzepts über den Nutzen, Erfolg oder Misserfolg eines Projektes.[750]

Das Konzept muss auf das geplante Einsatzgebiet, die zu unterstützenden Prozesse und den hieraus entstehenden Nutzen angelegt werden. Der Nutzen liegt in der Optimierung der Prozesse. Aus diesen FM-Prozessen ergeben sich letztlich die Anforderungen, die ein CAFM-System erfüllen muss.[751] Die Aufgaben, die den einzelnen Personenkreisen (FM-Team, Verwalter, Eigentümer, Call-Center, interne und externe Dienstleister, Nutzer, Interessenten usw.) innerhalb eines CAFM-Systems zukommen, müssen aufgestellt werden. Nach

---

[749] Vgl. ebenda, S. 114.
[750] Vgl. Weber, B. et al., S. 199.
[751] Vgl. Koch, S. et al., a. a. O., S. 152.

Fertigstellung dieses Profils können Aussagen bezüglich der Modellierung der Systemtechnik getroffen werden.

Im Bezug auf die Gesamtanforderungen lassen sich zwei verschiedene Ansätze unterscheiden, der ganzheitliche und der iterative:

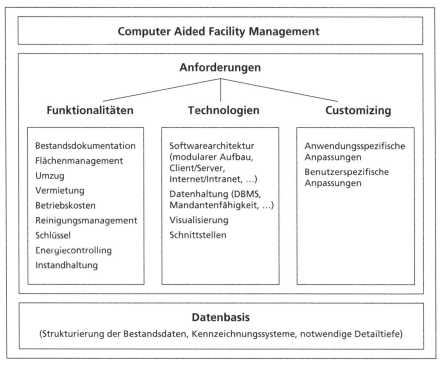

Abb. 178: Anforderungen an eine CAFM-Software[752]

Im *ganzheitlichen Ansatz* werden Ausschreibungen bzw. sogenannte Lasten- oder Pflichtfelder erstellt, die alle Systemanforderungen an das CAFM-System beschreibt. Beinhaltet sind dabei alle ausführlich definierten Prozesse für sämtliche Personenkreise, die an einem Projekt beteiligt sind. Bei der Einführung des CAFM wird dann das System als Gesamtheit mit allen detaillierten Anwendungen und Prozessschritten eingeführt.

Im Gegensatz dazu werden im *iterativen Ansatz* die Prozesse nach Priorität beschrieben und zusammengefasst. Die Prozesse, die relevant für die Einführung, d. h. die erste Phase des CAFM-Systems sind, werden so schnell wie möglich umgesetzt, während die nachfolgenden Phasen dabei vorerst außer Acht gelassen werden. Erst nach der erfolgten Einführung und der daraus resultierenden

---

[752] Vgl. Weber, B. et al., S. 200.

14.4 CAFM-Systeme

Ergebnisse werden, erneut nach Priorität, die nächsten Phasen bzw. Prozesse für den Systemaufbau determiniert.[753]

Der Vorteil des ganzheitlichen Ansatzes ist, dass ein geschlossenes Konzept erarbeitet wird und dadurch sowohl die Funktionsweise, als auch die gesamten Aufwände abgeschätzt werden können. Der zweite Ansatz kann diesen Ansprüchen keine Rechnung tragen, erspart jedoch eine aufwändige Ausarbeitung, die mit erheblichen Vorleistungen verbunden ist und sich durch einen entsprechend weitreichenden Planungshorizont ohnehin als zu unpräzise erweisen kann. Unter betriebswirtschaftlichen Gesichtspunkten kann dem zweiten Ansatz Vorrang eingeräumt werden, da Input zu Output in einem zeitlich näheren Bezug steht und damit von Beginn an berechenbarer ist. In der Praxis gilt es eine Entscheidung entsprechend dem vorliegenden Einzelfall zu treffen, da die Voraussetzungen auf Unternehmensebene unterschiedlich sind.

Eine Anforderungsdarstellung in Form eines Lastenhefts wird als übergeordnetes Modell erstellt. Darin enthalten sind die Beschreibungen der potentiellen Anwender des Systems aus der Perspektive der zu beschreibenden Einsatzszenarien. Die Aufführung kann verbal oder in graphischer Form von Flowcharts geschehen. Das Lastenheft dient der Übersicht der technischen und wirtschaftlichen Anforderungen an das System. Der regelmäßige Umfang der zu behandelnden Abschnitte des Lastenhefts lässt sich wie folgt charakterisieren:[754]

- Hardware, Netzwerk, Arbeitsplätze,
- Betriebssystem und Grundsoftwareanforderungen,
- Anforderungen an Software für einzelne FM-Module (z. B. Umzugsmanagement, Energiemanagement, Instandhaltungsmanagement usw.),
- Systemabhängige Dienstleistungen,
- Systemunabhängige Dienstleistungen, d. h. die FM-Prozesse,
- Schnittstellen zu anderen Hard- und Softwareprodukten und
- Sonstige Anforderungen

Da dem Lastenheft lediglich die Instanz für eine grobe Darstellung von Prozessabläufen untergeordnet wird, muss auf eine weitere detaillierte Zerlegung in Form des Pflichtenhefts verwiesen werden. Das Pflichtenheft dient inhaltlich der konkreten Umsetzung der aus den im Lastenheft definierten Anforderungen. Das Pflichtenheft enthält folgende Bestandteile: [755]

---

[753] Vgl. Koch, S. et al., a. a. O., S. 153.
[754] Vgl. Krimmling, J. et al (2005 a), S. 44.
[755] Vgl. ebenda, S. 44f.

14 DV-Unterstützung im Facility Management

- Fortgeschriebene Funktionsbeschreibungen der wichtigsten Prozesse,
- Erläuterungen zu geplanten Datenbankstrukturen,
- Detaillierte und angepasste Beschreibungen der Software,
- Vorläufige Softwaredokumentationen,
- Bespiele für Parameterlisten und Textbibliotheken,
- Vorschläge zu Masken und Berichten,
- Programmierungskonzepte aller Schnittstellen,
- Datenblätter der einzusetzenden Komponenten,
- Fortgeschriebene Übersichten, Grundrisse und Aufstellungspläne,
- Ablaufdiagramme für Programme (Workflow für FM-Prozesse) und
- Fortgeschriebene Realisierungstermine

Nach der GEFMA-Richtlinie 420 dient das Pflichtenheft der Erfassung derjenigen Aufgaben, die bei der Anwendung von Informationstechnologien als Prozessunterstützung einen Nutzen für den Anwender darstellen.

Eine professionelle Computerunterstützung fordert eine priorisierte Auswahl der im Folgenden benannten Schwerpunkte:

- Ein schneller und gesicherter Zugriff auf digitale Bestandsdaten muss gewährleistet sein.
- Die Optimierung im Umzugs- oder Flächenmanagement kann durch die Erarbeitung von Nutzungs- und Raumkonzepten erfolgen.
- Werterhaltung und Wertsteigerung von Gebäuden und technischen Anlagen erfordern sowohl eine geeignete Instandhaltungsorganisation, als auch Strategien für wertsteigernde Instandsetzung und Modernisierung.
- Das Energiecontrolling stützt sich auf die gesicherte Erfassung, um zeitnah auf Verbrauchsabweichungen reagieren zu können.
- Die Überwachung der Kosten des Immobilienbetriebs wird durch Festlegung entsprechender Kennzahlen realisiert.
- Für die Vergabe von infrastrukturellen Leistungen ist eine präzise Mengenermittlung notwendig.
- Managemententscheidungen zur Budgetplanung basieren auf gesicherten Basiskennziffern.
- Das Immobilienportfoliomanagement lässt sich durch eine Unterstützung des CAFM-Systems besser steuern.

Bei der Erstellung eines Rahmenkonzepts für das CAFM-System müssen die Anforderungen an die einzelnen CAFM-Module bestimmt werden. Inhaltlich beziehen sich diese auf deren Funktionalitäten und Prozessunterstützung, die notwendigen Schnittstellen zur IT-Systemumgebung, sowie der eventuellen Systemplattform und einzusetzender Technologien.

14.4.2 Wahl der richtigen Module

CAFM-Software ist üblicherweise in Form von Modulen aufgebaut, wobei die Module anwenderfreundlich nach Themen strukturiert sein sollten. Auf diese Weise müssen nur die jeweils benötigten Module lizensiert werden.

Um sich für ein CAFM-Softwaresystem zu entscheiden, ist eine Grundvoraussetzung die Bestimmung der sofort einzusetzenden Module und die möglichen später benötigten Module, die bei dem Anbieter der Software auch erhältlich sein sollten. Bei einem späteren Bedarfsfall ohne die Gewährleistung der Verfügbarkeit kann es zu kostenaufwändiger Einzelprogrammierung kommen, die durch eine vorangegangene umfassende Bedarfsanalyse, über einen entsprechenden Zeithorizont, ausgeschlossen werden kann. Auch der Funktionsumfang der Module von verschiedenen Herstellern ist i. d. R. nicht identisch. Die benötigten Funktionen der im Konzept bestimmten Module sollten ebenfalls vom Nutzer vorgegeben werden.[756]

Nachfolgend sind die Kernfunktionalitäten, die im Facility Management durch CAFM-Software-Module unterstützt werden sollen, aufgelistet:

- Bestandsdokumentation,
- Flächenmanagement,
- Umzugsmanagement,
- Vermietungsmanagement,
- Betriebskostenmanagement,
- Reinigungsmanagement,
- Schlüsselmanagement,
- Energiecontrolling,
- Instandhaltungsmanagement.

Diese Aufzählung kann unter Verweis auf die GEFMA-Richtlinie 400 durch die Medienverbräuche, das Vertragsmanagement und das Controlling ergänzt werden. Die Effizienz des Gesamtsystems gründet auf Aufbau und Qualität der Bestandsdokumentation aller implementierten Module. Das Modul der Software für das Flächenmanagement besitzt eine Schlüsselstellung im CAFM, da sich der überwiegende Teil der ablaufenden Prozesse in Räumen und daher auf Flächen abspielt.[757]

14.4.3 Leistungsspektrum gängiger CAFM-Systeme

Die Abb. 179–180 liefern eine Übersicht der aktuellen Leistungen, die ein gängiges CAFM-System bieten kann und die im konkreten Angebot tatsächlich erfüllt werden. Die Übersichten sind sowohl entsprechend der Dar-

---

[756] Vgl. Schneider, H. (2004), S. 211.
[757] Vgl. Reinecke, W./Böhm, G., a. a. O., S. 21.

14 DV-Unterstützung im Facility Management

Firma	Software	Internet	Anlagen-buchhaltung	Projekt-management	Aufgaben-verwaltung	Budget-verwaltung	Dokumentenman.	AVA-Unterstützung	Vertrags-verwaltung	Qualitäts-sicherung	Benchmarking	FMA/CAFM-Beratung	CAFM-Implement.	Hardware	Daten-erfassung	FM-Dienst-leistung	ASP	Zert. GEFMA RL 444
acadGraph CAD Studio	G-Info	www.acadGraph.de		x	x	x	x		x	x	x	x	x	x	x	x	x	
APERTURE	Aperture 9	www.aperture.de		x	x	x			x	x	x	x	x		x		x	
ARCADIS	VIDASnet V 500	www.arcadis.de		x	x	x	x	x	x	x	x	x	x		x	x	x	
ARCHIBUS	ARCHIBUS 19	www.archibus-fm.de		x	x	x	x	x	x	x	x	x	x	x	x	x	x	x
Archikart	ARCHIKART 4.3.0	www.archikart.de			x		x		x			x	x						
AT+C EDV	ATC-FM.7	www.atc-systeme.de	x	x	x	x	x	x	x	x	x	x	x	x	x	x	x	x	x
Axxerion	Axxerion	www.axxerionfs.de	x		x	x	x	x		x	x	x	x						
Bentley	Bentley Facilities 8.11	www.bentley.de		x	x	x	x	x	x	x	x	x	x	x	x	x	x	x	
BFM	KeyLogic Q4-2010	www.key-logic.de		x	x	x	x	x	x	x	x	x	x		x	x		x	
Byron	Byron/BIS 4.8	www.byron.ch		x	x	x	x	x	x	x	x	x	x		x				
Cideon	CIDEON CAFM Suite	www.CAFMSuite.dom	x	x	x	x	x	x	x	x	x	x	x	x	x	x	x	x	
Com In	com.TRADENET 4	www.comin.info		x	x	x	x	x	x	x	x	x	x	x	x		x	x	
conject	confect FM	www.conject.com			x	x	x		x	x	x	x	x	x	x	x	x	x	x
EBCsoft	VITRIcon 3	www.ebcsoft.de	x	x	x	x	x	x	x	x	x	x	x	x	x	x	x	x	x
eTask	Etask 2.1	www.etask.de			x	x	x		x	x	x	x	x	x	x				
FaciWare	FaciPlan 2010	www.faciware.com		x	x	x	x	x	x	x	x	x	x	x	x	x	x	x	
FMCD	VIOLA 4.11	www.fmcd.eu		x	x	x	x	x	x	x	x	x	x	x	x	x	x	x	x
iffm	iffmGIS 12	www.iffm.eu	x	x	x	x	x	x	x	x	x	x	x	x	x		x		x

14.4 CAFM-Systeme

Firma	Software	Internet	Anlagenbuchhaltung	Projektmanagement	Aufgabenverwaltung	Budgetverwaltung	Dokumentenman.	AVA-Unterstützung	Vertragsverwaltung	Qualitätssicherung	Benchmarking	FMA/CAFM-Beratung	CAFM-Implement.	Hardware	Datenerfassung	FM-Dienstleistung	ASP	Zert. GEFMA RL 444
IMS	IMSware 2011	www.imsware.de		x	x	x	x	x	x	x	x	x	x	x				x
infas enermetric	FM-Tools 5.70	www.infas-enermetric.de		x	x	x	x	x	x	x	x	x	x		x		x	
INFOMA	newsystem kommunal	www.infoma.de	x	x	x	x	x	x	x	x	x	x	x	x	x	x	x	x
Keßler Solutions	FAMOS 3.9	www.kesslersolutions.de		x	x	x	x	x	x	x	x	x	x				x	
KMS	GEBMan 4.0, 2010	www.gebman.com	x	x	x	x	x	x	x	x	x	x	x		x	x	x	x
Loy & Hutz	visual FM 10.0	www.LoyHutz.de	x		x	x	x	x	x	x	x	x	x	x			x	x
N+P	SPARTACUS FM	www.spartacus-fm.de		x	x	x	x	x	x	x	x	x	x				x	x
NEMETSCHEK Allplan	Allplan Allfa 2011	www.nemetschek.de	x	x	x	x	x	x	x	x	x	x	x		x	x	x	x
OneTools	One Tools Mod. 2011 (V14)	www.onetools.de	x	x	x	x	x	x	x	x	x	x	x	x	x	x	x	x
pit	pit-FM 2011	www.pit.de	x	x	x	x	x	x	x	x	x	x	x		x		x	
Planon	Planon Enterpr. Sol. 2011.A	www.planon-fm.de		x	x	x	x	x	x	x	x	x	x	x	x	x	x	x
SMB	MORADA 4.0	www.smbAG.de	x	x	x	x	x	x	x	x	x	x	x		x		x	x
sMotive	sMotive Web Portal 9.3	www.smotive.de			x	x	x	x	x	x	x	x	x		x	x	x	x
speedikon	speedikon FM 5.0	www.speedikonfm.com		x	x	x	x	x	x	x	x	x	x	x	x	x	x	x
syskoplan	IFMS 2.6	www.syskoplan.de			x	x		x	x	x	x	x	x		x	x	x	x
Voigtmann	PROLIS EAM 2.x	www.prolis-eam.vom		x	x	x	x	x	x	x	x	x	x	x	x	x	x	x

Abb. 179: Leistungsspektrum CAFM-Systeme I (allgemeine Aspekte)[758]

[758] Vgl. GEFMA-Richtlinie 940, Marktübersicht CAFM-Software 2011.

14 DV-Unterstützung im Facility Management

	Firma	acadGraph CAD Studio	APERTURE	ARCADIS	ARCHIBUS	Archikart	AT+C EDV	Axxerion	Bentley	BFM	Byron	Cideon	Com In	conject	EBCsoft	eTask	FaciWare	FMCD	iffm
	Software	G-Info	Aperture 9	VIDASnet V 500	ARCHIBUS 19	ARCHIKART 4.3.0	ATC-FM.7	Axxerion	Bentley Facilities 8.11	KeyLogic Q4-2010	Byron/BIS 4.8	CIDEON CAFM Suite	com.TRADENET 4	confect FM	VITRIcon 3	Etask 2.1	FaciPlan 2010	VIOLA 4.11	iffmGIS 12
kaufmännisches GM	Personalbuchhaltung				x			x	x				x						
	Finanzbuchhaltung				x			x	x				x						
	Betriebskosten			x	x	x	x	x	x		x			x	x	x	x		
	Hausverwaltung			x	x	x	x	x	x		x			x	x	x	x		x
	Portfoliomanag.	x	x	x	x				x		x	x		x	x	x	x	x	x
	Objektbewertung	x	x	x	x	x		x			x	x	x	x	x	x	x	x	x
	Liegenschaft	x	x	x	x	x	x		x	x	x	x	x	x	x	x	x	x	x
	Raumreservierung	x	x	x	x	x	x	x	x	x	x	x	x	x	x	x	x	x	x
infrastrukturelles GM	Parkraum	x	x					x	x	x		x	x			x	x	x	x
	Fuhrpark	x	x					x	x	x	x	x		x		x		x	x
	Empfangsdienst	x	x		x			x	x	x	x			x			x		
	Brandschutz	x	x		x			x	x	x	x	x	x	x		x	x	x	x
	Fluchtwege	x	x	x	x			x	x	x	x	x	x	x	x	x	x	x	x
	Objektschutz	x			x	x		x	x	x	x	x	x		x				x
	Schließverwaltung	x	x	x	x			x	x	x	x	x	x	x	x	x	x	x	
	Entsorgung	x	x	x	x			x	x	x	x	x	x	x	x			x	x
	Winterdienste	x	x	x	x			x	x	x	x	x	x	x	x				x
	Reinigungsflächen	x	x	x	x	x		x	x	x	x	x	x	x	x	x	x		
	Umzugsplanung (graph.)	x	x	x	x			x	x	x	x	x		x		x	x	x	x
	Belegungsplanung	x	x	x	x			x	x	x	x	x		x	x	x	x	x	x
	Flächenanalyse	x	x	x	x			x	x	x	x	x		x	x	x	x	x	x
	Flächendokum.		x	x	x	x		x	x	x	x	x		x	x	x	x	x	x
Technisches GM	Anlg. stellen						x		x	x		x		x			x		x
	Anlg. überwachen		x	x	x			x	x	x		x		x	x	x	x		x
	Gewährleistung	x	x	x	x			x	x	x	x	x	x		x	x	x	x	x
	Mängel / Historie	x	x	x	x			x	x	x	x	x	x	x	x	x	x	x	x
	Lagerverwaltung	x		x	x			x	x	x		x	x	x	x	x	x	x	x
	Betriebsdokument.	x	x	x	x			x	x	x	x	x	x	x	x	x	x	x	x
	Instandhaltung		x	x	x			x	x	x	x	x	x	x	x	x	x	x	x
	Energie	x		x	x			x	x	x	x	x	x	x	x			x	x
	Leitungen/Kabel		x		x			x	x	x		x	x		x	x	x	x	x
	Komm./Netzverw.		x		x			x	x	x	x	x	x		x	x	x	x	x
	Gebäudedokum.	x	x	x	x	x		x	x	x	x	x	x	x	x	x	x	x	x

14.4 CAFM-Systeme

Kategorie	Funktion	IMSware 2011	FM-Tools 5.70	newsystem kommunal	FAMOS 3.9	GEBMan 4.0, 2010	visual FM 10.0	SPARTACUS FM	Allplan Allfa 2011	One Tools Mod. 2011 (V14)	pit-FM 2011	Planon Enterpr. Sol. 2011.A	MORADA 4.0	sMotive Web Portal 9.3	speedikon FM 5.0	IFMS 2.6	PROLIS EAM 2.x
kaufmännisches GM	Personalbuchhaltung						x										x
	Finanzbuchhaltung		x	x		x	x	x							x	x	x
	Betriebskosten	x	x		x	x	x	x		x	x	x	x	x	x	x	
	Hausverwaltung	x	x	x	x	x	x	x		x	x	x	x	x	x	x	
	Portfoliomanag.	x	x	x	x	x	x	x		x	x	x	x	x	x	x	
	Objektbewertung	x	x	x	x	x	x	x		x	x	x	x	x	x	x	
	Liegenschaft	x	x		x	x	x	x		x	x	x	x	x	x	x	
	Raumreservierung	x	x			x	x	x	x	x	x	x	x	x	x		
infrastrukturelles GM	Parkraum	x	x		x		x	x	x	x	x	x	x	x	x		
	Fuhrpark	x	x		x		x			x	x	x	x	x	x	x	
	Empfangsdienst	x	x		x		x	x	x	x	x	x	x	x	x		
	Brandschutz	x	x		x	x	x	x	x	x	x	x		x	x	x	
	Fluchtwege	x	x		x	x	x	x		x	x	x	x	x	x	x	
	Objektschutz	x	x		x		x		x	x	x	x	x	x	x		
	Schließverwaltung	x	x	x	x	x	x	x	x	x	x	x	x	x	x		
	Entsorgung	x	x			x	x	x	x	x	x	x	x	x	x		
	Winterdienste	x	x		x		x	x	x	x	x	x	x	x	x		
	Reinigungsflächen	x	x		x	x	x	x	x	x	x	x	x	x	x		
	Umzugsplanung (graph.)	x	x			x	x	x	x	x	x	x	x	x	x		
	Belegungsplanung	x	x		x	x	x	x	x	x	x	x	x	x	x		
	Flächenanalyse	x	x	x	x	x	x	x	x	x	x	x	x	x	x	x	
	Flächendokum.		x	x		x	x	x	x	x	x		x		x	x	x
Technisches GM	Anlg. stellen				x		x		x		x				x		
	Anlg. überwachen	x	x		x		x	x	x	x	x		x		x		
	Gewährleistung	x	x		x	x	x	x	x	x	x		x		x	x	
	Mängel / Historie	x	x	x	x	x		x		x	x	x	x		x	x	
	Lagerverwaltung	x	x		x	x	x	x	x	x	x	x	x	x	x	x	x
	Betriebsdokument.	x	x	x	x	x	x		x	x	x	x	x	x	x	x	
	Instandhaltung	x	x	x	x	x	x	x	x	x	x	x	x	x	x	x	x
	Energie	x	x	x	x	x			x	x	x	x	x		x	x	x
	Leitungen/Kabel	x	x	x	x	x		x		x	x	x	x		x		
	Komm./Netzverw.	x	x		x	x	x		x	x	x	x	x		x		
	Gebäudedokum.	x	x	x	x	x	x	x	x	x	x	x	x		x	x	x
Firma	**Software**																
IMS																	
infas enermetric																	
INFOMA																	
Keßler Solutions																	
KMS																	
Loy & Hutz																	
N+P																	
NEMETSCHEK Allplan																	
OneTools																	
pit																	
Planon																	
SMB																	
sMotive																	
speedikon																	
syskoplan																	
Voigtmann																	

Abb. 180: Leistungsspektrum CAFM-Systeme II (spezifische Aspekte)[759]

[759] Vgl. GEFMA-Richtlinie 940, Marktübersicht CAFM-Software 2011.

stellung, als auch dem Inhalt der GEFMA 940: Marktübersicht CAFM-Software 2011 entnommen. Bei Interpretation der Leistungsmerkmale der einzelnen CAFM-Systeme ist jedoch zu beachten, dass es sich dabei um Angaben der jeweiligen Software-Hersteller handelt. Ein Aussage zu Art und Qualität der Leistungserfüllung in den einzelnen Funktionsbereichen kann daher nicht objektiv getroffen werden.

14.4.4 Spektrum der FM-Prozesse, die eine CAFM-Unterstützung erfordern

Die meisten im Facility Management ablaufenden Prozesse lassen sich in der CAFM-Software nicht in gleicher Weise wie in der Realität abbilden und nicht alle Prozessbeteiligten haben Zugriff auf das CAFM-System. Die Prozesse bzw. Prozessschritte, die im CAFM abgebildet werden können, unterscheiden sich durch eine reine Dokumentationsmöglichkeit und eine Unterstützung durch die Softwarefunktionalität.[760]

Im Detail sind die zu unterstützenden Prozesse unternehmensbezogen nicht einheitlich zu erfassen. Allerdings lassen sich in der Breite allgemeine Prozessstandards beschreiben. Die Prozesse, die eine Schaffung eines solchen Standards zulassen, sollen hier abgebildet werden. Die daraus resultierende Basis kann allgemein gültig im Bereich des Facility Managements angewendet werden. Bei der individuellen Prozessgestaltung kann auf dieser Basis wertvolle Zeit gespart und somit auch unnötig entstehende Kosten vermieden werden.

Führungsprozesse, bei denen FM-Systeme Einfluss nehmen können, sind der Teil, der vom Immobilienmanagement maßgeblich bestimmt wird. Der Unternehmenserfolg wird durch eine Unterstützung der Kernziele gesteuert. In besonderem Maße erfolgt dies bei Commercials[761] und Immobilienfonds, deren Hauptgeschäftsfeld darin besteht, Immobilienmanagement zu betreiben. Dem Portfoliomanagement kommt hierbei eine besondere Bedeutung zu, da es ein strategisches Instrument ist und der Entscheidungsfindung auf Managementebene dient.

Marketing und Vertrieb von Immobilien gewinnen bei Großkonzernen zunehmend an Bedeutung, da die finanziellen Reserven einen beachtlichen Umfang darstellen und eine Nutzung dieses gebundenen Kapitals bedeutendes Potential schafft. Da Facility Management eine Optimierung der Prozesse rund um das Objekt beinhaltet, kann das Marketing und der Vertrieb allein durch diese Voraussetzung positiv unterstützt werden.

Eine Beleuchtung der *Zentralen Prozesse* wird für mehrere Kernaufgaben und Teile der Bewirtschaftung, wie Instandhaltung, verlangt. Der *Beschaffungsprozess* nimmt immer größere Ausmaße an, da die Leistungen rund um ein Gebäude zunehmend weniger über eigenes Personal abgewickelt werden. Tangiert wird sowohl die Beschaffung von Dienstleistungen wie auch von Materialien,

---

[760] Vgl. Quadt, M./Görze, R., a.a.O., S. 69.
[761] ebenda, S. 38.

14.4 CAFM-Systeme

die regelmäßig wiederkehrend (Serviceleistungen wie Instandhaltungen von technischen Anlagen, Catering, Sicherheitsdienste, Empfang etc.) oder von einmaliger Erbringung (Installation von technischen Anlagen, Modernisierung etc.) gekennzeichnet sind. I. d. R. ist dieser Prozess mit der Ausschreibung, Vergabe und Abrechnung der Fremdleistung verbunden.

Im Bereich des *Rechnungswesens* muss eine Unterteilung in *internes Rechnungswesen*, das den Bereich des *Controllings* in dieser Betrachtungsweise präsentiert und in *externes Rechnungswesen* erfolgen. Durch die erworbenen Daten aus dem Controlling, hinsichtlich der Kosten und Erlöse, kann anhand einer objektspezifischen Erfassung eine genaue Objektzuordnung erfolgen. Bei einer direkten Kostenzuordnung sind Auswertungen z. B. nach Flächennutzungsarten und Standorten leicht ausführbar. Werden zusätzlich Profitcenter-Strukturen genutzt, so sind mögliche Auswertungsperspektiven individuell anwendbar. Innerhalb des externen Rechnungswesens ist eine flexible Abbildung der Unternehmensstrukturen notwendig. Eine Verbindung zwischen den Funktionen des Rechnungswesens und den immobilienspezifischen Prozessen muss abgeleitet werden können.

Das *Bauprojektmanagement* umfasst Neubaumaßnahmen und umfangreiche Umbauausführungen. Nach der Grundlagenermittlung, wie Art und Maß der baulichen Nutzung, wird die Bauplanung durchgeführt. Daraus resultiert ein Leistungsverzeichnis der umfassenden Baumaßnahmen. Diese müssen ausgeschrieben und beschafft werden. Das Bauprojektmanagement ist für die Durchführung der Bauausführung mit Verweis auf die Terminplanung und die Erfüllung der Plankosten verantwortlich. Sowohl Netzplantechniken als auch eine gekoppelte Budgetverwaltung erleichtern diesen, nur in seltenen Fällen stringent nach der Planung umsetzbaren, Prozess.

Im Facility Management wird eine Vielzahl an Verträgen geschlossen, der überwiegende Teil ist den Abteilungen Vermietung/Anmietung und Instandhaltung/Service-Dienste untergeordnet.

Die Bestandteile des *Vertragsmanagements* sind bspw. Vertragslaufzeiten, Verlängerungsoptionen, Mietkonditionen und Mietanpassungsverfahren. Das Vertragsmanagement ist ein unverzichtbarer Inhalt der Bewirtschaftung von Immobilien. CAFM kann besonders hinsichtlich der organisatorischen Tätigkeiten eine sinnvolle Unterstützung bieten.

Im Vertragsmanagement werden die nachfolgenden Daten erfasst:[762]

- Laufzeit von/bis,
- Kündigungstermin,
- Verlängerungsoptionen,
- Optionen,
- Adressen von Vertragspartnern,
- Standort und Verteiler des Vertrages,
- Leistungsinhalte des Vertrages

---

[762] Vgl. Reinecke, W./Böhm, G., a. a. O., S. 23.

14 DV-Unterstützung im Facility Management

Für die effiziente Bewirtschaftung ist auch das *Geschäftspartner-Management* nicht von geringer Bedeutung. Geschäftsbeziehungen erstrecken sich weitestgehend über längere Zeiträume, da wiederkehrende Leistungen Bestandteil des Vertrags sein können und/oder mehrere Verträge der gleichen oder verschiedener Art, auf verschiedene Objekte bezogen, sowohl gleichzeitig als auch über sich unterschiedliche Zeiträume erstreckend, bestehen können. Eine zentrale Verwaltung der Partnerdaten in einer Datenquelle mit einer direkten Zuordnung zu anderen Objekten, wie Gebäuden oder Verträgen, erscheint als notwendig.

Die im Bereich des *Flächenmanagements* notwendigen Stammdaten liefern eine wesentliche Grundlage für die Bewirtschaftung von Immobilien. Angaben zu Flächenmaßgrößen, Flächenart und der jeweiligen Nutzung müssen ständig miteinbezogen werden. Die hauptsächlich zu unterstützenden Prozesse mittels CAFM sind folgende:[763]

- Flächenstrukturanalyse (z. B. nach DIN 277 (NN 1987): Hauptnutzfläche, Nebennutzfläche, Funktionsfläche …),
- Flächenbelegungsanalyse (flächen-, zeit- und raumteilig),
- Flächenbelegungsplanung (Größe, Geometrie, Anordnung),
- Flächennutzungsanalyse (z. B. Belegungs- und Nutzungsgrad),
- Flächennutzungsoptimierung (Variantenbildung, -bewertung),
- Interne Flächenkostenverrechnung (z. B. für Reinigungskosten),
- Mietflächenverwaltung (Mieter, Mietverträge, Nebenkosten nach Mietflächen),
- Ermittlung spezifischen Flächenbedarfs (z. B. Grundfläche je Büroarbeitsplatz)

Die auf das Flächenmanagement selbst aufbauenden Prozesse sind die *Belegungsplanung*, die *Einrichtungs- und Ausstattungsplanung* und das *Umzugsmanagement*. Erstgenanntes zielt auf eine optimale Auslastung der zur Verfügung stehenden Flächen ab. Visualisierungen bieten diesem Aufgabengebiet meist notwendige Unterstützung. Eine enge Verbindung zum Umzugsmanagement ergibt sich aus der Tatsache, dass durch Umzüge Flächen neu belegt werden müssen. Der zweite Prozess beinhaltet die Planung der Ausstattung von Büros, Teeküchen, sanitären Anlagen, Konferenzräumen und Empfangsbereichen, um einige Beispiele zu nennen. Um hier ebenfalls eine optimale Flächenausnutzung zu ermöglichen, werden Visualisierungstools in Form von CAD verwendet. Ein direkter Einfluss wird durch die geschaffenen Einrichtungsstandards auf die Mietkonditionen ausgeübt. Das Umzugsmanagement kann in zwei Teilprozesse gegliedert werden, auf die Umzugsplanung folgt die Umzugsdurchführung. In der Planung ist festzulegen, wer, wann und wohin umzieht. Die Durchführung erstreckt sich von der logistischen Planung über die zu erbringenden Dienstleistungen bis hin zur Abrechnung des Umzugs.

Alle Maßnahmen, die eine ordnungsgemäße *Betriebsführung der technischen Anlagen* ermöglichen, lassen sich wie folgt gliedern:

---

[763] Vgl. ebenda, S. 21.

14.4 CAFM-Systeme

Inspektionen müssen in regelmäßigen Zeitabständen durchgeführt werden. Sie dienen der Wahrung des Sollzustands, indem der Istzustand dokumentiert wird und bei Abweichungen vom Sollzustand entsprechend interveniert werden kann, um diesen wiederherzustellen. Die gesetzlichen Prüfvorgaben, wenn vorhanden, müssen eingehalten werden. Durch eine *Integration der Gebäudeleittechnik* können sowohl Störmeldungen (bspw. von Geräten) aufgezeichnet und übermittelt und Zugangskontrollsysteme gesteuert, als auch brandschutzrelevante Aufgaben bewältigt werden. Das *Energiemanagement* beeinflusst die Bewirtschaftungskosten eines Gebäudes. Erhebliche Einsparungen lassen sich durch eine sinnvolle Steuerung erzielen. Der Einsatz von neuen Methoden kann zur Erstellung von sogenannten Energiebilanzen verwendet werden. Eine maximale Transparenz über den Verbrauch und die Kosten muss erreicht werden. Die Auswertungen in diesem Bereich beziehen sich auf die Verbrauchsentwicklung und dienen einer möglichst frühen Erkennung von Schwankungen. Durch die in der CAFM-Software hinterlegten Informationen wie z. B. Flächen und den dazugehörigen Nutzern, können die Daten auch für Benchmarking und Kennzifferberechnungen verwendet werden.[764]

Das Segment *Sicherheits- und Schließmanagement* wird in zwei Bereiche unterteilt. Der erste befasst sich mit sicherheitsrelevanten und technischen Aufgabenstellungen. Eine Verbindung mit dem Gebäudeautomationssystem wird als sinnvoll erachtet. Die technischen Prozesse entsprechen überwiegend den Prozessen der Instandhaltung und Instandsetzung. Der zweite Bereich umfasst die Verwaltung von Schlüsseln und Schließkarten. Die Zuordnung von Mitarbeitern zu den entsprechenden Flächeneinheiten wird in einem Verwaltungssystem erfasst. Die zur Verwendung kommenden Schließelemente selbst müssen ebenfalls verwaltet, das heißt lokalisiert, bestellt, zugeordnet und ausgegeben werden.

Der Prozess des *Instandhaltungsmanagements* ist von erheblicher Bedeutung, da hier ein großer Kostenblock verursacht wird. Für die Instandhaltung eines Gebäudes samt technischer Anlagen und die damit zusammenhängende Abwicklung, Terminierung und Koordination wird die IT mehr benötigt als für viele andere Anwendungen.[765] Neben Instandhaltungsmodulen innerhalb einer CAFM-Software können klassische Instandhaltungsmanagementsysteme einer Unterstützung dienen. Werden beide Systeme integriert, kann ein Optimum dadurch erreicht werden, dass die Objekte sowohl mittels CAFM-Gebäudestruktur, als auch nach klassischer Anlagenstruktur, z. B. nach VDMA 24186 (NN 1996b) abgebildet werden können.[766] Eine Unterteilung erfolgt hier in die *störungsbedingten Instandhaltungen* und in *geplante Instandhaltungen*, die aufgrund von Wartungsplänen durchgeführt werden müssen. Betroffen können technische Anlagen in oder am Gebäude sein, sowie das Gebäude selbst.

Ein weiterer wichtiger Prozess ist das *Mietmanagement*, durch die erzielten Mieten werden immobilienbezogene Erlöse generiert. Das Mietmanagement umfasst die *externen und internen Vermietungen*, die *Anmietungen*, die *Nebenkos-*

---

[764] Vgl. Reinecke, W./Böhm, G., a. a. O., S. 26.
[765] Vgl. ebenda, S. 27.
[766] Vgl. ebenda, S. 27.

tenabrechnungen, die *Mietbuchhaltung*, in der die Verträge verwaltet werden und die *Leerstandsverwaltung*. Alle angeführten Aufgabenfelder sind Teilprozesse des Mietmanagements. Besonders die Leerstandsverwaltung kann durch eine computergestützte Immobilienstammdaten- und Vertragspflege zu einem hohen Return on Investment (RoI) führen. Die vorhandenen Flächen können in vermietbar und vermietet, mit den entsprechenden Zeiträumen, die den Verträgen zu entnehmen sind, aufgeteilt werden.

Services stehen mit dem Mietmanagement in einem engen Zusammenhang, zu erbringende Dienstleistungen beziehen sich auf die vermieteten bzw. vermietbaren Flächen. Da ein Teil der Dienstleistungen auch bei Leerstand erbracht werden muss, können die dafür anfallenden Kosten nicht auf einen Mieter umgelegt werden. Typische infrastrukturelle Dienstleistungen sind das *Reinigungsmanagement, Postdienste, Catering, Sicherheitsdienste, Telefondienste* und *Pflege der Außenanlagen*. Da die Dienstleistungen zunehmend von externer Hand erledigt werden, muss organisatorisch die Prozesseinheit der Ausschreibung, Vergabe und Abrechnung optimiert werden.[767]

Für eine Unterstützung der aufgezählten Prozesse mittels eines CAFM-Systems sind technische Anforderungen an dieses System zu erfüllen. Die wichtigsten Anforderungen der modernen Informationsverarbeitungen sind nachfolgend aufgeführt:[768]

Das *Workflowmanagement* dient der Steuerung und Ablaufkontrolle von Prozessen, die auch in der IT-Abbildung als Workflows bezeichnet werden. Sowohl die zeitlichen, die logischen, als auch die an eine Auswertung verknüpften Abfolgen müssen koordiniert werden. Ein Workflowmanagementsystem (WFMS) basiert auf zwei wichtigen Komponenten. Die Modellierungskomponente beinhaltet die Definition der zu unterstützenden Prozesse. In der Laufzeitkomponente erfolgt die Umsetzung der definierten Prozessunterstützung. Die Prozessdaten werden an die aufeinander folgenden Aktivitäten weitergeleitet und die zu erfüllenden Aufgaben werden den verantwortlichen Mitarbeitern zugeteilt. Um durch diese Methode für die Prozessunterstützung im Facility Management einen hohen Nutzwert zu erzielen, sollte ein integriertes WFMS konzipiert werden. Ein klassisches WFMS in Verbindung mit CAFM-Systemen hingegen kann die notwendige Verflechtung von Applikationslogik und Prozesslogik nicht erfüllen. Der Zusammenhang zwischen Daten und Prozessen kann hierbei nicht hergestellt werden.[769]

Die Unterstützung einer *Zeitraumverwaltung und Historisierung* erfüllt bei einem CAFM-System eine unerlässliche Grundvoraussetzung. Prozesse lassen sich nur mittels Definitionen von Zeiträumen darstellen und die darin zu verwendenden Daten müssen ebenfalls zeitraumbezogen erfasst sein. Sowohl bezüglich der Objekte selbst müssen Zeiträume erfasst sein (Vertragslaufzeiten jeglicher Art), als auch Zeitpunkte für durchzuführende Prozessschritte (Instandhaltungsmaßnahme, Erstellung der Nebenkostenabrechnung etc.) bestimmt sein.

---

[767] Vgl. Quadt, M./Görze, R., a.a.O., S. 40ff.
[768] Vgl. ebenda, S. 58ff.
[769] Vgl. ebenda, S. 78.

Durch eine Zeitraumverwaltung wird auch die Erstellung von Historien im Blick auf die Objekte möglich. Auf dem Markt für CAFM-Software werden bereits Lösungen angeboten, die vollständige Historien von graphischen und alphanumerischen Daten erstellen können.

Eine *einheitliche Datenhaltung* setzt voraus, dass die wesentlichen Teile des Datenbestands auf einer Datenbank im zentralen IT-System verwaltet werden. Die Daten, die für die Abarbeitung der einzelnen Prozessaufgaben notwendig sind, müssen in einer gemeinsamen Datenbank, ggf. sogar mit sämtlichen Dateien von allen Programmen eines CAFM-Systems, vorliegen, um eine durchgängige Prozessbearbeitung zu gewährleisten.[770] Für dieses Erfordernis lassen sich drei verschiedene Lösungsansätze beschreiben:[771]

Der erste Ansatz sieht eine getrennte Datenhaltung mit prozessorientierten, direkten Zugriffen auf die Daten anderer Programme vor. Der Vorteil einer redundanzfreien Datenhaltung wird sowohl von hohen Programmanforderungen, bspw. der Verwendung einer Middleware, von problembehafteten Programmabhängigkeiten (sich äußernd durch eine Nicht-Verfügbarkeit) als auch von Performanceschwankungen, ausgelöst durch Programme mit geringer Performance, weit nach unten korrigiert. Diese Nachteile können entscheidend gegen den Einsatz einer solchen Lösung sprechen.

Um die Nachteile zu verhindern hat sich ein weiterer Ansatz herausgebildet. Bewusst gesteuerte Redundanzen und die Vorhaltung eines Datenservice, der den automatischen Abgleich der Daten zeit- oder ereignisgesteuert organisiert, haben neben diesen Vorteilen den Nachteil, dass nach einer Zugriffsunterbrechung Änderungen der Daten nicht abgeglichen werden und somit verloren gehen können.

Die Bereitstellung eines Data Warehouse (DWH) ist das aufwändigste und pflegeintensivste Lösungssystem. Darin werden alle Daten durch einen gemeinsamen und zentralen Datenpool zur Verfügung gestellt. Dieses System kann andere Systeme entlasten, da Auswertungen und Abfragen über das DWH abgewickelt werden können. Die wesentlichsten Gründe für eine Einrichtung sind:

- Ein System wird mit mehreren Programmen verbunden,
- Die Datenbasis von mehreren Programmen wird gleichzeitig benötigt,
- Die zu verbindenden Datenmengen sind sehr umfangreich,
- An die Auswertungen werden hohe Anforderungen gestellt (Systembelastung).

14.4.5 Vorteile und Potenziale im CAFM

Durch eine höhere Qualität der Informationsbereitstellung und -verarbeitung profitieren die Prozesse im FM, da den immer komplexer werdenden Zusammenhängen, sich äußernd in der Vielfalt und Struktur, nur in dieser Weise Rechnung getragen werden kann.[772]

---

[770] Vgl. Quadt, M./Görze, R., a.a.O., S. 63.
[771] Vgl. ebenda, S. 64ff.
[772] Vgl. Krimmling, J. et al (2005 a), S. 15.

14 DV-Unterstützung im Facility Management

Heutzutage kann nahezu jede Standardsoftware die Basisfunktionen, Prozesse und Strukturen verarbeiten, die für das Facility Management erforderlich sind. Durch den ständigen Fortschritt der Technik, wachsende Anforderungen der Systemnutzer und mehr Konkurrenzanbietern auf dem Markt werden CAFM-Systeme jedoch laufend weiterentwickelt. Verknüpfungen mit Internetplattformen, anderen Systemen oder weitere Funktionen sind die hauptsächlichen Weiterentwicklungen. Trotzdem werden sich die Anbieter künftig noch vermehrt an den Kundenwünschen orientieren müssen um konkurrenzfähig zu bleiben. Durch eine computergestützte Steuerung von Prozessen können Kostensenkungen, Qualitätsverbesserungen durch Prozessbeschleunigung, Verbesserung der Prozesstransparenz und der Prozessdokumentationen als Vorteile identifiziert werden.[773] Der Einsatz von CAFM-Lösungen ermöglicht systemübergreifende Auswertungsmöglichkeiten, wodurch eine ganzheitliche Betrachtung bereichsübergreifend untermauert wird.

Ein weiteres Potenzial begründet sich in der Ausweitung der Nutzbarkeit von CAFM-Systemen über die FM-Abteilungen hinaus, denn an den FM-Prozessen sind auch viele Interne und Externe beteiligt, die auf CAFM bis heute noch keinen Zugriff haben. Die Einbindung dieser Personengruppen, z. B. Eigentümer, Verwalter, Dienstleister und Nutzer, wird eine große Herausforderung darstellen.

Die derzeitig angebotenen CAFM-Systeme sind weitgehend auf operative Funktionen ausgerichtet. Das FM muss sich z. B. in Verbindung mit dem Portfoliomanagement verstärkt strategischen Aufgaben widmen, daher werden sich die CAFM-Anbieter zunehmend mit der Unterstützung des strategischen Managements befassen müssen.[774] Für die Einbeziehung einer notwendigen Strategie-Wirkungskette bietet sich das CAFM-Consulting an.[775]

Auch die Integration von Systemen muss weiter vorangetrieben werden, da die Prozesse in einem nicht unerheblichen Umfang systemübergreifend ablaufen. Im Bereich der Daten ist die geforderte Integration grundsätzlich in einem weitaus zufriedenstellenderen Maß erfolgt als in der Systemintegration. Wenn sichergestellt werden kann, dass ein Systemwechsel vermeidbar ist, hat dies eine erhebliche Leistungssteigerung zur Folge. CAFM-Systeme werden nicht umhin kommen, mehr die Funktionen eines Integrators und Steuerers auszufüllen.[776]

Neuere CAFM-Systeme sind auf eine hohe Flexibilität ausgerichtet. Durch Precustomizing[777] kann der individuelle Anpassungsbedarf reduziert werden. Diese Systeme können günstiger angeboten werden als vergleichbare Systeme,

---

[773] Vgl. Schneider, H. (2004), S. 175f.
[774] Vgl. ebenda, S. 176.
[775] Vgl. Warner, T./Hohmann, J./Marchionini, M./Prischl, P., in: May, M. (Hrsg.), IT im Facility Management erfolgreich einsetzen – Das CAFM-Handbuch, Berlin Heidelberg 2004, S. 219–232, hier: S. 231.
[776] Vgl. Schneider, H. (2004), S. 177.
[777] Precustomizing: Voreinstellung einer Software auf die Belange besonderer Kundengruppen.

die einen hohen Individualanpassungsprozess erfordern. Das Precustomizing wird mittels Templates[778] durchgeführt.[779]

Nachfolgend werden die Vorteile, die ein CAFM-Einsatz in der Praxis bringt, vorgestellt:[780]

- Verhinderung von Informationsverlust über die Lebenszyklusphasen der Immobilie hinweg
- Verknüpfung und einheitliche Anwendung von heterogenen Altdaten
- Verringerung der Kosten für Beschaffung und Pflege von Daten
- Bestimmung zuverlässiger Entscheidungsgrundlagen in begreiflicher und nachvollziehbarer Form
- Verminderung von Entscheidungsprozessen
- Zusammenführung von Prozessen (z. B. Raumbelegung und Anlagenbuchhaltung)
- Qualitätsförderung von Arbeitsresultaten
- Kostentransparenz zur Senkung der Kosten(z. B. Instandhaltungsaufwand)
- Bessere Ausschöpfung von betrieblichen Ressourcen (z. B. Flächenoptimierung)
- Zugriff auf alternative Lösungsansätze in Form von Unternehmenssimulationen (z. B. Büro- und Arbeitsplatzgestaltung mit Einbeziehung der EU-Richtlinien und damit verbundener Rechtssicherheit)

14.4.6 Nachteile und aktuelle Problemstellungen im CAFM

Noch heute ist die Eingliederung von Subsystemen (kaufmännisch und technisch) oder gängiger Bürosoftware in ein CAFM-System nicht, oder nur bedingt, möglich, ebenso verhält es sich mit bidirektionalen Schnittstellen zu ERP-Systemen.[781] Grundsätzlich erweisen sich die direkte eins zu eins-Abbildung und Umsetzbarkeit der FM-Prozesse im CAFM-System als unmöglich. Die Gründe hierfür sind zum einen, dass nicht alle Prozessschritte durch Software unterstützt werden können und zum anderen, dass nicht alle Prozessbeteiligten Zugang zum System haben, bedingt durch fehlende technische Voraussetzungen, durch die Organisationsstruktur oder durch Sicherheitsanforderungen des Anwenders.[782]

Die häufigsten Probleme bei der Einführung von CAFM sind gekennzeichnet durch:[783]

---

[778] Template: Gerüst von voreingestellten Funktionalitäten.
[779] Vgl. Schneider, H. (2004), S. 182.
[780] Vgl. May, M., CAFM Success Stories, in: May, M. (Hrsg.), IT im Facility Management erfolgreich einsetzen – Das CAFM-Handbuch, Berlin Heidelberg 2004, S. 233–314, hier: S. 250.
[781] Vgl. Schneider, H. (2004), S. 175.
[782] Vgl. Quadt, M./Görze, R., a. a. O., S. 69.
[783] Vgl. May, M., a. a. O., S. 177.

- das fehlende Know-how in Bereichen des Nutzens, der Umsetzung, der Einführungsstrategie etc.,
- die ineffiziente Prozessgestaltung, z. B. bezüglich der Koordination,
- unzulängliche Eigenschaften der vorhandenen Ausgangsdaten (z. B. Heterogenität, Inkonsistenz),
- fehlende Standards,
- hohe Anfangsinvestitionen, denen kein realer Erlös gegenüber gestellt werden kann,
- Änderungen von bestehenden Strukturen, Abläufen und Arbeitsweisen, die ein aufwändiges Reengineering nach sich ziehen.

Updates und Installationen neuer Versionen können zu Problemen hinsichtlich funktionsfähiger Schnittstellen führen, Schnittstellen zu anderer Software oder DV-Systemen könnten durch einen Update-Vorgang bspw. außer Betrieb gesetzt werden.[784] Die Umsetzungsphase sollte einen nicht zu langen Zeitraum in Anspruch nehmen, da ansonsten der Erfolg der Einführung durch sich verändernde Ziele und Aufgabenstellungen, sowie eine Zunahme der Projektkomplexität, gefährdet wird.[785] Der wirtschaftliche Nutzen eines CAFM-Systems wird oftmals bezweifelt, was von erheblichem Nachteil ist. Letztendlich sollte beachtet werden, dass ein CAFM-System einen wirtschaftlichen Nutzen bringen muss, der über den Kosten der Einführung liegt.[786]

14.4.7 DV-Systeme im Vergleich

Eine Konkurrenz zu CAFM-Systemen bietet die Erweiterung von ERP-Systemen.[787] Seit die Anforderungen an CAFM-Systeme sich auf wirtschaftliche Bereiche, wie die Kostenrechnung und das Controlling, ausgeweitet haben, können die ERP-Systeme sich dies zu nutzen machen. Sie unterstützen ohnehin die kaufmännischen Funktionen des Kerngeschäfts der jeweiligen Unternehmen. Die technischen Anforderungen für die FM-Unterstützung müssen von ERP-Systemen mit abgedeckt werden. Da bei der FM-Unterstützung mittels DV ein hoher Grad an Flexibilität, entgegen der Standardisierung, von großem Nutzen ist, sind die Voraussetzungen für einen ERP-Einsatz nicht optimal. Der hohe Grad an zu erfüllender Standardisierung von ERP-Systemen ist ein großer Nachteil für FM-Funktionen. Anforderungen des Facility Managements an die Systeme sind flexible Anpassungen an den (praktischen) Anwendungsfall ohne die jeweiligen Nachprogrammierungen zu benötigen, da diese weitere Kosten verursachen. Daran knüpfen die heutigen Entwicklungen von ERP-Systemen durch eine Änderung der Systemtechnik an. Für viele Unternehmen, die bereits mit ERP-Software in anderen Bereichen arbeiten, ist eine Erweiterung auf FM-Ebene durch entsprechende modulare Ergänzungen der bestehenden Software von Vorteil. Dieser Umstand unterstützt die Argumentationsweise

---

[784] Vgl. Warner, T. et al., a. a. O., S. 226.
[785] Vgl. ebenda, S. 226.
[786] Vgl. ebenda, S. 229.
[787] ERP: Enterprise-Resource-Planning.

von ERP-Anbietern. Diverse Schnittstellenprobleme treten bei einer solchen Lösung nicht auf, da ein einheitliches Basissystem die Anforderungen des FM integrieren kann.

			ERP			CAFM		
		Funktionen	1990	2000	2005	1990	2000	2005
Allg. Unternehmensführung		Anlagebuchhaltung		☑	☑	☒	☒	☒
		Finanzbuchhaltung	☑	☑	☑	☒	☒	☒
		Kostenrechnung	☑	☑	☑	☒	☒	☒
		Controlling	☑	☑	☑	(☑)	(☑)	(☑)
		Materialwirtschaft	☑	☑	☑	☒	☒	☒
		Instandhaltung	☑	☑	☑	☒	(☑)	(☑)
FM		Liegenschaftsmanagement	☒	☒	☑	☒	(☑)	☑
		Technisches Gebäudemanagement	☒	☒	(☑)	☑	☑	☑
		Objektplanung	☒	☒	☒	☑	☑	☑
		Objekterstellung	☒	☒	☒	☑	☑	☑
		Objektmanagement	☒	☒	(☑)[1]	☑[2]	☑	☑
		Objektbetrieb	☒	(☑)[1]	(☑)[1]	☑[2]	☑	☑
		Objektrückbau	☒	☒	☒	☑	☑	☑
		Flächenmanagement	☒	☑[1]	☑[1]	☑	☑	☑
		Flächenplanung	☒	☑[1]	☑[1]	☑	☑	☑
		Nutzungsanalysen	☒	☑[1]	☑[1]	☑	☑	☑
		Umzüge	☒	☑[1]	☑[1]	☑[2]	☑	☑
		Möbel und Betriebsmittel	☒	☑[1]	☑[1]	☑[2]	☑	☑
		Kaufmännisches Gebäudemanagement	☒	☑	☑	☒	☑	☑
		Management der allgemeinen Dienste	☒	☑	☑	☒	☑	☑
		Gebäudeabhängige Dienste	☒	☑	☑	☒	☑	☑
		Gebäudeunabhängige Dienste	☒	☑	☑	☒	☑	☑
		( ) Teilfunktionen	1) alphanumerische Lösungen, graphische Komponenten über CAD/CAFM-Kopplung			2) weitgehend graphisch orientierte Lösung		

Abb. 181: Entwicklungstrends von ERP- und CAFM-Software[788]

Eine FM-Unterstützung auf ERP-Basis bietet sich für Unternehmen, die bisher ihre DV nicht über dieses System abbilden, nicht an, da die Anschaffungs- und Betriebskosten weit über denen einer CAFM-Lösung liegen. Weiter konnte bisher auch nicht das Maß an Flexibilität erreicht werden, wie es CAFM-Systeme liefern.[789]

---

[788] Vgl. Schneider, H. (2004), S. 189.
[789] Vgl. ebenda, S. 188f.

14 DV-Unterstützung im Facility Management

Im Folgenden sollen die Nachteile des Einsatzes von ERP-Software mit CAFM-Funktionen dargestellt werden:[790]

- Anpassung an die Bedürfnisse einzelner Nutzer,
- Hohe Kosten für Customizing und Schulung,
- Schulungen sind oft sehr umfangreich, da die Vermittlung des Basiswissens viel Zeit in Anspruch nimmt,
- Hohe Laufkosten des Systems,
- Hoher Aufwand bei Releasewechsel,
- ERP-Berater haben meist Schwierigkeiten beim Zusammenspiel mehrerer Module und die Folge kann eine unzureichende modulübergreifende Systemanpassung sein.

Im Zuge der Globalisierung ist bezüglich der Systemwahl nicht mehr nur auf deutsche System-Anbieter zu verweisen. Derzeit liegt der überwiegende Marktanteil von CAFM-Lösungen bei deutschen Anbietern. Die weiteren Entwicklungen sind vorerst nicht abzusehen, jedoch werden zunehmend die nationalen Rechtsregeln und technischen Standards durch die Vereinheitlichungen auf europäischer Ebene (Europäische Union) ersetzt.[791] Das Anbietergefüge wird sich dann stark verändern und länderspezifische Lösungen werden an Bedeutung verlieren. Der internationale Vergleich von Systemlösungen wird zunehmen.

14.4.8 Vorgehensweise bei einer CAFM-Einführung im Unternehmen

Ziel dieses Punktes ist es, einen Katalog von zu erfüllenden Voraussetzungen zu verfassen, um eine funktionierende CAFM-Einführung und Nutzung im Unternehmen zu ermöglichen. „Die Anschaffung einer CAFM-Software bedeutet nicht automatisch die wesentlich komplexere Einführung des CAFM, da für dessen Einführung als Gesamtheit ausführliche Voruntersuchungen, strategische Konzepte, Strukturvorgaben und Zielstellungen notwendig sind."[792]

Abb. 182 beschreibt die grundsätzliche Vorgehensweise bei einer CAFM-Einführung.

Einige wichtige Punkte aus der Konzeptionsphase bezogen auf die Prozesse sollen zur Betrachtung herausgegriffen werden. In der Konzeptionsphase muss die Prozessanalyse vor allem dem Erkennen von Schwachstellen dienen. Bestehende Informationsdefizite müssen abgebaut werden und Teilprozesse optimiert werden. Die Zielprozesse für den CAFM-Einsatz müssen definiert werden und hinsichtlich ihrer Wichtigkeit und ihres Nutzenpotenzials analysiert und entsprechend berücksichtigt werden.

---

[790] Vgl. Schneider, H. (2004), S. 197f.
[791] Vgl. ebenda, S. 187.
[792] Vgl. May, M. et al., a.a.O., S. 175.

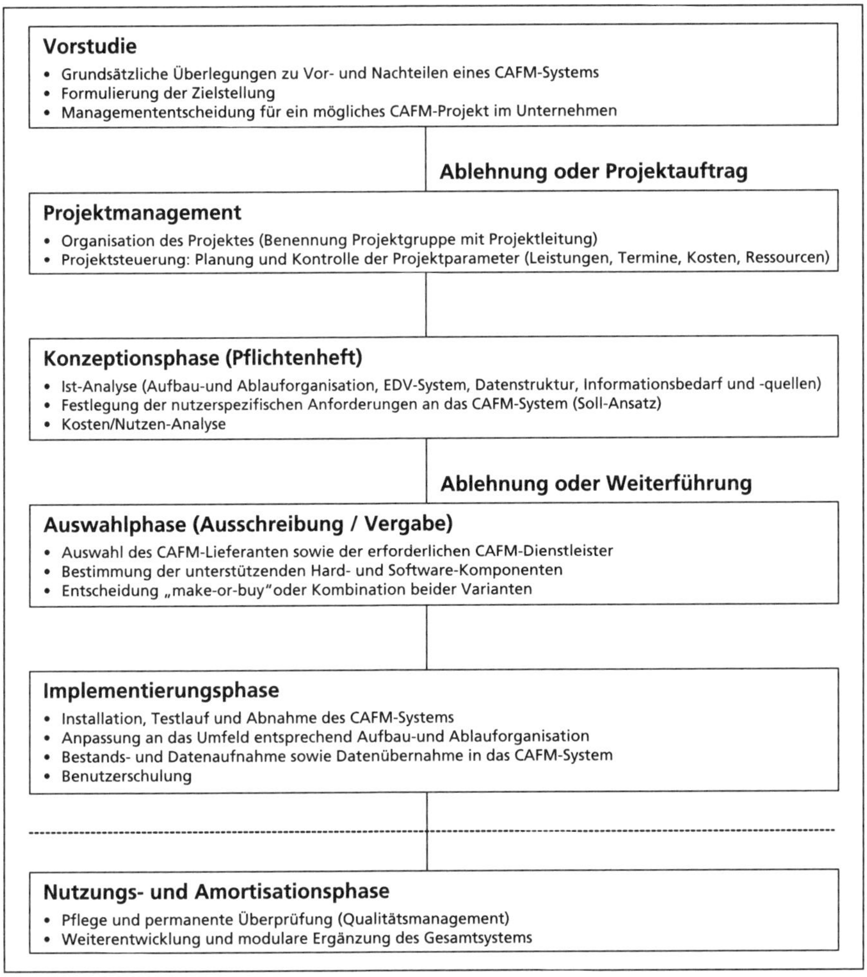

14.4 CAFM-Systeme

Vorstudie
- Grundsätzliche Überlegungen zu Vor- und Nachteilen eines CAFM-Systems
- Formulierung der Zielstellung
- Managemententscheidung für ein mögliches CAFM-Projekt im Unternehmen

Ablehnung oder Projektauftrag

Projektmanagement
- Organisation des Projektes (Benennung Projektgruppe mit Projektleitung)
- Projektsteuerung: Planung und Kontrolle der Projektparameter (Leistungen, Termine, Kosten, Ressourcen)

Konzeptionsphase (Pflichtenheft)
- Ist-Analyse (Aufbau-und Ablauforganisation, EDV-System, Datenstruktur, Informationsbedarf und -quellen)
- Festlegung der nutzerspezifischen Anforderungen an das CAFM-System (Soll-Ansatz)
- Kosten/Nutzen-Analyse

Ablehnung oder Weiterführung

Auswahlphase (Ausschreibung / Vergabe)
- Auswahl des CAFM-Lieferanten sowie der erforderlichen CAFM-Dienstleister
- Bestimmung der unterstützenden Hard- und Software-Komponenten
- Entscheidung „make-or-buy" oder Kombination beider Varianten

Implementierungsphase
- Installation, Testlauf und Abnahme des CAFM-Systems
- Anpassung an das Umfeld entsprechend Aufbau-und Ablauforganisation
- Bestands- und Datenaufnahme sowie Datenübernahme in das CAFM-System
- Benutzerschulung

Nutzungs- und Amortisationsphase
- Pflege und permanente Überprüfung (Qualitätsmanagement)
- Weiterentwicklung und modulare Ergänzung des Gesamtsystems

Abb. 182: Vorgehensweise bei der Einführung eines CAFM-Systems[793]

Die Konzeptionsphase umfasst weit mehr als die reine Betrachtung von Prozessen. Die Optimierung von Prozessen ist jedoch ihrem Umfang nach der wesentlichste Teil der Konzeptionsphase. Weitere wichtige Voraussetzungen, die einer Analyse bedürfen, sind die Unternehmensstrategie, die FM-Organisation, die CAFM-Anwender, das IT-Umfeld und die FM-Datenbasis. Daraus lässt sich ein CAFM-Rahmenkonzept erstellen, dessen Umsetzung in Form eines Stufenplanes, der auf Basis des Rahmenkonzepts detailliert erfasst werden kann, erfolgt. Eine Wirtschaftlichkeitsbetrachtung kann aufgrund der Konzeption zur Einführung durchgeführt werden.[794]

---

[793] Vgl. May, M. et al., a.a.O., S. 176.
[794] Vgl. May, M. et al., a.a.O., S. 178ff.

14 DV-Unterstützung im Facility Management

Die Auswahlphase befasst sich im Wesentlichen mit der zum Konzept passenden Softwarelösung. Vor einer Ausschreibung muss abgewogen werden, ob auf bestehende Softwareangebote am Markt zurückgegriffen werden kann, oder es sinnvoller erscheint, eine individuell maßgeschneiderte Lösung anfertigen zu lassen.

Der klassische Ansatz für die Wahl der Software ist:

- Analyse von Struktur und Ablauforganisation,
- Analyse von Daten und Auswertungsanforderungen
- Bedarfsdefinition,
- Entwicklung eines Bewertungskatalogs, Prüfung von Systemalternativen,
- Marktuntersuchung,
- Ausschreibung der Software,
- Prüfung von Angeboten und Anbietern,
- Bewertung der Preise,
- Untersuchung der Wirtschaftlichkeit,
- Worst-Case-Analyse,
- Vergabeentscheidung und Systemkauf,
- Vorbereitung der Systemeinführung,
- Testbetrieb,
- Produktivsetzung des Systems.[795]

Bei der Implementierung stehen der Umgang mit der Software, sowie deren Administration und die Bedienung der implementierten Schnittstellen im Vordergrund. Der Schulungsumfang für die Anwender muss festgelegt werden. Es gilt Informationsverluste zu vermeiden, um einen sicheren Umgang mit dem System zu erreichen. Die Durchführung eines Pilotprojektes bietet sich hierfür an. Die Ziele eines Pilotprojektes sind, die Unterstützung von Prozessen mittels IT-Werkzeugen und die Anpassbarkeit der Software zu demonstrieren, den notwendigen Unterstützungsumfang festzulegen, die Verwendungsfähigkeit der Daten zu prüfen, die notwendige Datennacherfassung zu ermitteln, die Integration in die umliegenden IT-Systeme zu überprüfen und Entscheidungsvorschläge für die weitere Vorgehensweise daraus ableiten zu können.

Die Systemnutzung umfasst die Pflege und den Ausbau. Die Aktualität und Konsistenz der Daten muss gewährleistet sein und bedarf einer organisierten Pflege. Für eine Qualitätssicherung sind geeignete Controllinginstrumente einzusetzen. Der Ausbau ist die planmäßige Erweiterung des Systems mit Modulen sowie die Integration von bestehenden IT-Werkzeugen.[796]

---

[795] Vgl. Schneider, H. (2004), S. 200.
[796] Vgl. May, M. et al., a.a.O., S. 188ff.

14.5 Bewertung der Kosten-/Nutzen-Relation von FM-Systemen

Durch IT-Erweiterungen im Facility Management fallen diverse Investitionskosten an, die in der Wirtschaflichkeitsprüfung der CAFM-Einführung beachtet werden müssen. Aufgrund dieser Prüfung scheitern viele CAFM-Einführungen bereits in der Konzeptionsphase.[797] Kosteneinsparungen allein können den Nutzen von CAFM-Systemen nicht abbilden, da der Inhalt von Managementkonzepten wesentlich mehr umfasst. Die Betrachtung der gesamtwirtschaftlichen Effekte einer Investitionsentscheidung erscheint als notwendig. Als problematisch erweisen sich die zu häufig misslingenden Einführungen von CAFM-Systemen, denn um eine aussagekräftige Kosten-/Nutzen-Relation von CAFM durchführen zu können müssen erfolgreiche Implementierungen stattgefunden haben. Ein System das sich in der Praxis nicht bewährt hat kann hierfür keine Basis liefern.

Eine geeignete Messgröße zur Bestimmung der Wirtschaftlichkeit ist der Return on Investment (RoI), der eine statische Methode (ohne Abzinsung) darstellt. Der zu erwartende Gewinn wird mit dem Investitionsvolumen ins Verhältnis gesetzt. Daraus resultiert der prozentuale Anteil des Gewinns an einer Investition, also der RoI. Bei Kaufentscheidungen für Computersysteme hat sich der RoI bewährt. Er sollte jedoch nicht als alleinige Entscheidungsgrundlage dienen, da durch ihn keine Aussagen über mögliche Risiken der Investition und über die Größenordnung der Rückflüsse gemacht werden können.

Die Investitionsrechnung kann auch über die Kapitalwertmethode (Net Present Value), die eine dynamische Methode ist, erfolgen. Die Summe aller Ein- und Auszahlungen werden auf den Zeitpunkt bezogen durch eine Diskontierung berücksichtigt. Um die Erwartungshaltung der Investoren mit einzubeziehen ist eine weitere Messgröße zu integrieren. Eine Kennzahl, die versucht den Shareholder Value miteinzubeziehen, ist der Economic Value Added (EVA), entwickelt und eingeführt von der Unternehmensberatungsfirma Stewart. Der Gewinn eines Unternehmens wird in Beziehung zu Fremd- und Eigenkapitalkosten gesetzt.[798] Ein Mehrwert für die Aktionäre wird nur geschaffen, wenn ihre Erwartungen an den Gewinn übertroffen werden.

Für das RoI-Modell mit oder ohne Einbindung von EVA müssen für die Einführung des CAFM-Systems sogenannte Treiber identifiziert werden. Treiber sind die Potenziale, die durch die Investition geschaffen werden. Der GEFMA Arbeitskreis CAFM hat 17 Treiber identifiziert.[799]

Folgende ROI-Treiber wurden bei der Einführung von CAFM-Systemen identifiziert: Instandhaltung, Reinigung, Nutzungsgrad, Leerstand, Corporate-Identity-Beitrag für das Unternehmen, Standardisierung, Transparenz, Umzug, Integration, Service-Desk, Sicherheits- und Schließmanagement, Vertragsma-

---

[797] Vgl. Quadt, M./Görze, R., a.a.O., S. 84.
[798] Vgl. ebenda, S. 85.
[799] Vgl. ebenda, S. 87.

nagement, Beschaffung und Outsourcing, Mieter-/Nutzer-/Nebenkostenabrechnung, Verkaufsunterstützung, Energie- und Umweltmanagement, Portfoliomanagement/Immobilienbewertung.[800]

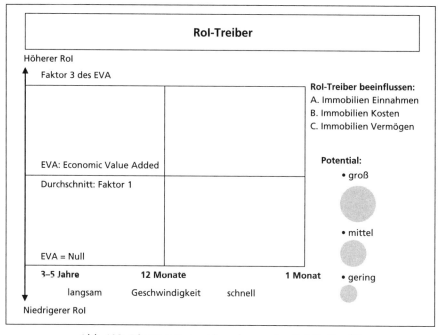

Abb. 183: Diagramm zur Einordnung der RoI-Treiber[801]

Durch die genaue Zuordnung des jeweiligen Potenzials im Bezug auf das Volumen können die Treiber in einer Matrix eingeordnet werden. Im Diagramm befinden sich die Treiber mit einem hohen und schnellen RoI überwiegend oberhalb der Hauptdiagonalen. Die Treiber lassen sich in vom FM prozessabhängige und -unabhängige Kostenpotenziale unterteilen. Prozessunabhängige Potenziale werden durch die Transparenz, den Nutzungsgrad, die Standardisierung, die Integration sowie den geleisteten CI-Beitrag geschaffen. Der höchste Return on Investment kann erzielt werden, wenn IT-Werkzeuge für die Treiber „Leerstand" und „Immobilien-Portfoliomanagement" eingesetzt werden (vgl. Abb. 184).[802]

Grundsätzlich ist in der Praxis am konkret zu bewertenden Fall zu berücksichtigen, inwieweit die hier aufgeführten Treiber das Spektrum abdecken und das gewichtete Potenzial ggf. verändert werden muss.[803]

---

[800] Vgl. ebenda, S. 88ff.
[801] Vgl. ebenda, S. 87.
[802] Vgl. Quadt, M./Görze, R., a.a.O., S. 91.
[803] Vgl. ebenda, S. 94.

14.5 Bewertung der Kosten-/Nutzen-Relation von FM-Systemen

Die Einordnung der RoI-Treiber kann auf drei verschiedenen Methoden basieren. Die erste Methode geschieht an Hand einer willkürlichen Festlegung. Die eigenen Einschätzungen der Anwender sind dabei maßgebend. Der Vorteil dieser Methode liegt in dem geringen zu betreibenden Aufwand, wobei sich der daraus ergebende Nachteil einer hohen Irrtumswahrscheinlichkeit durch die Hinzuziehung eines Experten verringern lässt.

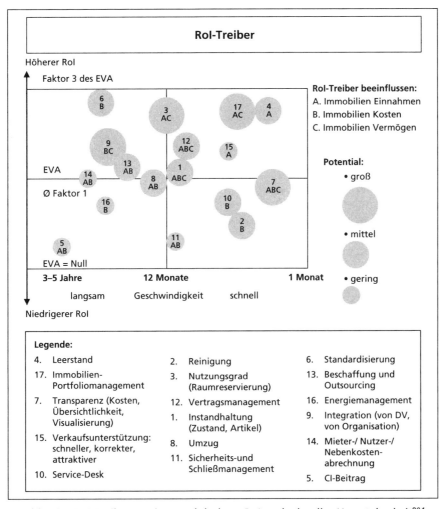

Abb. 184: RoI-Treiber sortiert nach hohem RoI und schneller Umsetzbarkeit[804]

Wird eine quantitative Ermittlung vorgezogen, die der zweiten Methode entspricht, erfolgt eine Wirtschaftlichkeitsanalyse, die zu einer exakten unternehmensspezifischen Ermittlung der Treiber führt. Der zu absolvierende Aufwand liegt weit über dem der ersten Methode.

---

[804] Vgl. ebenda, S. 90.

Die dritte Methode ist die Delphi-Methode. Diese Vorgehensweise bezieht die beteiligten Personen und Gruppen am CAFM in der Weise mit ein, dass eine Befragung hinsichtlich der Einordnung erfolgt. Die einzige wissenschaftliche Methode stellt die quantitative Ermittlung dar.

Literaturverzeichnis

Ahlers, F.-P./Frieden, W./Hasler, A.: Facility Management – Kosten oder Qualität, Handwerkskammer Hannover, 2006

Albert, K.: Strategisches Flächenmanagement, in: Zehrer, H./Sasse, E. (Hrsg.): Facility Management Handbuch, Landsberg am Lech 2005

Arnold, M./Wagner T. (2007): Die kapitalisierte Immobilie, in: Zeitschrift Immobilienwirtschaft, 2007/03 Nr. 3, S. 34–36

Bach, H. (1999): Immobilien Fachwissen von A–Z, 3. Auflage, Schwedeneck 1999

Balck, H.: Die Immobilie als Prozess-Reengineering von Immobiliendienstleistungen, in: Schulte, K-W./Pierschke, B. (Hrsg.) (2000): Facilities Management, Köln 2000

Barthauer, M./Büchner, G. (2009): Ökologische Nachhaltigkeit als Entscheidungskriterium bei der Immobilienanlage, in: Kapitalanlage mit Immobilien (Hrsg. Brunner, M.), Wiesbaden 2009, S. 313–326

Baumunk, H., Schröder, D. in: Weber, E./Baumunk, H. (Hrsg.): IFRS Immobilien. Praxiskommentar der wesentlichen immobilienrelevanten International Financial Reporting Standards, 2. Aufl., Köln 2009

BDO Deutsche Warentreuhand AG (Hrsg.) (2005): Praxishandbuch Real Estate Management, Stuttgart 2005

Beck. M. (2005), in: BDO Deutsche Warentreuhand AG (Hrsg.), Praxishandbuch Real Estate Management, Stuttgart 2005

Beuttler, M., (2001) in: Gondring, H./Lammel, E. (Hrsg.) (2001), S. 894

Beyerle, T. (2010): Nachhaltigkeit und Immobilienbewertung, in: Ökonomie vs. Ökologie – Nachhaltigkeit in der Immobilienwirtschaft? (Hrsg. Rottke, N.), Köln 2010, S. 243–257

Bogenstätter, U.: Der Lebenszyklus eines Gebäudes, in: Kippes, S./Sailer, E. (Hrsg.) (2005), Immobilienmanagement, Stuttgart 2005

Bosch, M.: Infrastrukturelle Prozesse des Gebäudemanagements, in: Zehrer, H./Sasse, E. (Hrsg.) (2005): Handbuch Facility Management, 3. Aufl., Landsberg/Lech 2005

Brauer, K-U.: Einführung in die Immobilienwirtschaft – Einordnung der Immobilienwirtschaft in die Wirtschaftswissenschaften, in: BDO Deutsche Warentreuhand AG (Hrsg.), Praxishandbuch Real Estate Management, Stuttgart 2005

Braun, H.-P. (2004): Dokumentation des Gebäudebestandes, in: Braun, H-P. et al (Hrsg.) (2004): Facility Management – Erfolg in der Immobilienbewirtschaftung, 4. Auflage, Berlin/Heidelberg/New York 2004, S. 43–52

Braun, H-P. et al (Hrsg.) (2004): Facility Management – Erfolg in der Immobilienbewirtschaftung, 4. Auflage, Berlin/Heidelberg/New York 2004

Busch A./Rösel W.: AVA-Handbuch, 5. Aufl., Wiesbaden 2004

Dettmer, H./Eisenstein, B./Hausmann, T. u. a. (2005): Managementformen im Tourismus, 1. Aufl., München 2005

Diederichs, C. J. (2006): Immobilienmanagement im Lebenszyklus-Projektentwicklung, Projektmanagement, Facility Management, Immobilienbewertung, 2., erweiterte und aktualisierte Auflage, Berlin, Heidelberg 2006

Dörlich, H. J. (2008): Erfolgreich Betriebskosten senken – Einsparpotenziale für Mieter, Eigentümer und Verwalter, (Hrsg.: Deutsches Institut für Normung e.V.), 1. Aufl., Berlin/Wien/Zürich 2008

Dütz, W./Jung, H. (2004): Arbeitsrecht, 9., neu bearb. Auflage, München 2004

Literaturverzeichnis

Ehrlich, J.: Sicherheitsdienste – Objektsicherheitstechnik, in: Erbslöh, F. D./Galonska, J. (Hrsg.) (2000): Facility Management – Praxishandbuch für integriertes Immobilienmanagement, Köln 2000

Engel, R., u. a.: Der Einfluss von Modernisierungskosten auf Nutzungsdauer, Ertragswert und Immobilienrenditen; Herleitung einer Rendite-Risiko-Analyse (Teil 1), in: GuG – Grundstücksmarkt und Grundstückswert, Zeitschrift für Immobilienwirtschaft, Bodenpolitik und Wertermittlung. 2005 Nr. 6

Erbslöh, F. D./Galonska, J. (Hrsg.) (2000): Facility Management – Praxishandbuch für integriertes Immobilienmanagement, Köln 2000

Erk, W. (2004): Kostenrechnung und Controlling, Wiesbaden 2004

Feyerabend, F.-K./Grabatin, G. (Hrsg.) (2002): Facility Management – Praxisorientierte Einführung und aktuelle Entwicklungen, 2. Aufl., Friedberg 2002

Financial Gates GmbH, Hypo Vereinsbank, Oppenhoff & Rädler, KPMG (Hrsg.): PPP – Ein Stimmungsbarometer, Erfolgsfaktoren und Hindernisse aus Sicht öffentlicher Finanzentscheider, Frankfurt 2005

Födisch, K.: Sicherheitsdienste, in: Erbslöh, F. D./Galonska, J. (Hrsg.) (2000): Facility Management – Praxishandbuch für integriertes Immobilienmanagement, Köln 2000

Frese, E. (Hrsg.) (1992): Handwörterbuch der Organisation, 3., völlig neu gestaltete Aufl., Stuttgart 1992

Frensch, S./Stock, A. (2009): Steigert Nachhaltigkeit den Wert von Immobilien?, in: Ernst & Young Real Estate Trends, Ausgabe 34, S. 10–12

Friedrichs, K. (2000): Integrale Gebäudeplanung, in: Schulte, K-W./Pierschke, B. (Hrsg.) (2000), Facilities Management, Köln 2000

Fröhlich, P. J.: Hochbaukosten-Flächen-Rauminhalte, Wiesbaden 2004

Frosch, E./Hartwig, G./Renner, G.: Facility Management von Kliniken, Universität Göttingen 2005

Galonska J./Erbslöh F. (2000): Facility Management, Praxishandbuch für integriertes Immobilienmanagement., o. O. 2000

Gänßmantel, J./Geburtig, G./Schau, A. (2005): Sanierung und Facility Management – Nachhaltiges Bauinstandhalten und Bauinstandsetzen, Wiesbaden 2005

Ghahremani, A.(1998): Intergrale Infrastrukturplanung – Facility Management und Prozessmanagement in Unternehmensinfrastrukturen, Berlin/Heidelberg 1998

Giljohann-Farkas, K./Pfleiderer, G. (2008): DEGI Research – ImmobilienFOKUS, Green Building oder „Green Wash"?, Oktober 2008

Glauche, U. (2003): Nachhaltiges Bauen und Facility Management, in: Zeitschrift Facility Management 2003 Nr. 7–8

Glauner, J.: Finanzmanagement – Die Bedeutung des Facility Managements innerhalb der Immobilienwirtschaft in: Lutz, W. (Hrsg.) (1997), Handbuch Facility Management, 1. Aufl., Landsberg/Lech 1997

Gondring, H. (2004): Immobilienwirtschaft. – Handbuch für Studium und Praxis, München 2004

Gondring, H. (2007): Risiko Immobilie, München 2007

Gondring, H. (2009): Immobilienwirtschaft – Handbuch für Studium und Praxis, 2. Auflage, München 2009

Gondring, H./Wagner, T. (2010): Real Estate Asset Management – Handbuch für Studium und Praxis, München 2010

Gondring, H./Lammel, E. (Hrsg.) (2001): Handbuch Immobilienwirtschaft, Wiesbaden 2001

Gondring, H.: Corporate-Real-Estate-Management. Ein Immobilien-Management-Ansatz für Non-Property-Unternehmen, in: Corporate-Real-Estate, FINANCE/ConVent Jahrbuch 2004, Frankfurt 2003

Grabatin, G (2002): Anwendung der Prozesskostenrechnung bei Facility Management, in: Feyerabend, F.-K./Grabatin, G. (Hrsg.) (2002): Facility Management – Praxisorientierte Einführung und aktuelle Entwicklungen, 2. Aufl., Friedberg 2002

Grabener H./Sailer E.: Immobilien-Fachwissen von A–Z, 7. Aufl., Kiel 2004

Graubner, C.: Life Cycle Costs-Lebenszykluskosten, in: Zehrer, H./Sasse, E. (Hrsg.): Facility Management Handbuch, Landsberg am Lech 2005

Grunwald, A./Kopfmüller, J. (2006): Nachhaltigkeit, Frankfurt am Main 2006

Grünert, L.: Wertorientierte Steuerung in der Nutzungsphase betrieblicher Immobilien, Wiesbaden 1999

Gutenberg, E.: Unternehmensführung. Organisation und Entscheidungen, Wiesbaden 1962

Haller, P. (2003): Facility Management – Erfolg in der Immobilienbewirtschaftung, 4. Aufl., Böblingen/Norderstedt/Gerlingen 2003

Heinz, T. (2002): Was ist Facility Management? – Versuch einer Definition, in: Feyerabend, F.-K./Grabatin, G. (Hrsg.) (2002): Facility Management – Praxisorientierte Einführung und aktuelle Entwicklungen, 2. Aufl., Friedberg 2002

Helbling Management Consulting (Hrsg.): Facility Management in Deutschland – Status und Perspektiven, Marktstruktur 2000, München 2000

Hellerforth, M. (2000): Controlling von Facilities-Management-Prozessen, in: Schulte, K-W./Pierschke, B. (Hrsg.) (2000): Facilities Management, Köln 2000

Hellerforth, M. (2001): Facility Management: Immobilien optimal verwalten, Freiburg/Berlin/München 2001

Hellerforth, M. (2002): Optimierung erwünscht!, in: Facility Manager, 2002 Nr. 5

Hellerforth, M. (2004): Outsourcing in der Immobilienwirtschaft, Heidelberg 2004

Hellerforth, M. (2006): Handbuch Facility Management für Immobilienunternehmen, Freiburg/Berlin/München 2006

Hellerforth, M. (2004a): Outsourcing. Partnerwahl mit System, in: Immobilien Wirtschaft – Das Fachmagazin für Management, Praxis und Recht, 2004 Nr. 4

Henzelmann, T. (2000): Energiemanagement, in: Schulte, K-W./Pierschke, B. (Hrsg.) (2000): Facilities Management, Köln 2000

Henzelmann, T.: Nachgerechnet: Immobilienvermögen vernichtet Werte, in: Immobilienzeitung 2006, Nr. 6

Herzog, K.: Lebenszykluskosten von Baukonstruktionen, Darmstadt 2005

Herzog, R.: Outsourcing des Facility Managements: nur eine kurzfristige Modeerscheinung?, in: Corporate-Real-Estate, FINANCE/ConVent Jahrbuch 2004, Frankfurt 2003

Heyden, F.: Immobilien-Prozessmanagement, Frankfurt am Main 2005

Hoffmann, F. (1992): Ablauforganisation, in: Frese, E. (Hrsg.): Handwörterbuch der Organisation, 3., völlig neu gestaltete Aufl., Stuttgart 1992

Homann, K.: Immobilien-Management – Ein erfolgspotenzialorientierter Ansatz, in: Gondring, H./Lammel, E. (Hrsg.) (2001), S. 380

Horn, L.: Ausschreibung und Vergabe durch die öffentliche Hand, in: Usinger, W. (Hrsg.): Immobilien Recht und Steuern, 2. Auflage, Köln 1999

Huch, B. et al. (2004): Rechnungswesenorientiertes Controlling, 4. Aufl., Heidelberg 2004

Jedlitzke, M./Hohmann, J./Redlein, A./Reinecke, W.: IT-Grundlagen für Facility Manager, in: May, M. (Hrsg.): IT im Facility Management erfolgreich einsetzen – Das CAFM-Handbuch, Berlin Heidelberg 2004

Joos-Sachse, T. (2004): Controlling, Kostenrechnung und Kostenmanagement, 3. Aufl., Wiesbaden 2004

Kahlen, H.: Facility Management Entstehung Konzeptionen Perspektiven, Berlin/Heidelberg 2001

Karbach, A. (2002): Energiemanagement als Teil des technischen Gebäudemanagements, in: Feyerabend, F.-K./Grabatin, G. (Hrsg.) (2002): Facility Management – Praxisorientierte Einführung und aktuelle Entwicklungen, 2. Aufl., Friedberg 2002

Kaufmann, C. (2003): Entwicklung und Umsetzung von Strategien für das Management betrieblich genutzter Immobilien, Dissertation, ETH Nr. 14989, Zürich 2003

Keller, N./Weber, E. (2009): Immobilien des Sachanlagevermögens (IAS 16), in: Weber, E./Baumunk, H./Pelz, J. (Hrsg.) (2009): IFRS Immobilien: Praxiskommentar der wesentlichen immobilienrelevanten International Financial Reporting Standards, 2. Aufl., Köln 2009

Kemfert, C. (2010): Bewertung von Klima- und Energiepolitikstrategien in der Immobilienwirtschaft, in: Ökonomie vs. Ökologie – Nachhaltigkeit in der Immobilienwirtschaft? (Hrsg. Rottke, N.), Köln 2010, S. 55–64

Kinzer, C-M.: Finanzmanagement – Die Bedeutung des Facility Managements innerhalb der Immobilienwirtschaft, in: Lutz, W. (Hrsg.) (2003): Handbuch Facility Management, 2. Aufl., Landsberg/Lech 2003

Kippes, S./Sailer, E. (Hrsg.) (2005): Immobilienmanagement – Handbuch für professionelle Immobilienbetreuung und Vermögensverwaltung, Stuttgart 2005

Kittner, M. (Hrsg.) (2005): Arbeitsrecht: Handbuch für die Praxis, 3., überarb. und aktualisierte Auflage, Frankfurt am Main 2005

Klimek: Facility Management und Daten-Informationen, in: Facility Management 2004 Nr. 5–6

Klinger, F./Müller, M. (Hrsg.): IAS/IFRS & Immobilien, Berlin 2004

Knuf, H./Krupicka, W.: FM bei E.ON, in: Zeitschrift Facility-Management, 2004 Nr. 3

Koch, H.-J./Schürmann, J. (Hrsg.) (2005): Das EG-Umweltrecht und seine Umsetzung in Deutschland und Polen, 1. Auflage, Baden-Baden 2005

Koch, S./May, M./Redlein, A.: CAFM-Systeme, in: May, M. (Hrsg.), IT im Facility Management erfolgreich einsetzen – Das CAFM-Handbuch, Berlin Heidelberg 2004

Koch, M. (2010): Ein internationales Gebäudebewertungssystem für Nachhaltigkeit: Mögliche Anwendungen für Immobilieninvestoren und -nutzer, in: Ökonomie vs. Ökologie – Nachhaltigkeit in der Immobilienwirtschaft? (Hrsg. Rottke, N.), Köln 2010, S. 157-174

Kofler, G. (2010): Energieeffizienz als Markenzeichen der Green Economy, in: Ökonomie vs. Ökologie – Nachhaltigkeit in der Immobilienwirtschaft? (Hrsg. Rottke, N.), Köln 2010, S. 363–378

Kosiol, E.: Organisation der Unternehmung, Wiesbaden 1962

Krimmling, J. (2005): Facility Management. Strukturen und methodische Instrumente, Stuttgart 2005

Krimmling, J. et al (2005a): Technisches Gebäudemanagement – Instrumente zur Kostensenkung in Unternehmen und Behörden, 2. Aufl., Rennigen 2005

Krimmling, J. (2008): Facility Management – Strukturen und methodische Instrumente, 2. Aufl., Stuttgart 2008

Krimmling, J. (2010): Facility Management. Strukturen und methodische Instrumente, 3. Aufl., Stuttgart 2010

Kröger, H.: Neuordnung im FM-Markt, in: Immobilienwirtschaft, 2005 Nr. 6

Küpper, M. (2006): Energieeffiziente Planung lässt sich genau quantifizieren, in: Immobilienzeitung 2006 Nr. 6

Literaturverzeichnis

Landgraf, D./Rohde, C. (2010): Nachhaltigkeit und Immobilienfinanzierung, in: Ökonomie vs. Ökologie – Nachhaltigkeit in der Immobilienwirtschaft? (Hrsg. Rottke, N.), Köln 2010, S. 223–242

Landgraf, D. (2010): Responsible Property Investments: Ein Erfahrungsbericht aus den USA, in: Ökonomie vs. Ökologie – Nachhaltigkeit in der Immobilienwirtschaft? (Hrsg. Rottke, N.), Köln 2010, S. 113–132

Lang, R.: Catering, in: Erbslöh, F. D./Galonska, J. (Hrsg.) (2000): Facility Management – Praxishandbuch für integriertes Immobilienmanagement, Köln 2000

Lennerts, K. (2004): Prozessoptimiertes FM im Krankenhaus, in: Zeitschrift Facility-Management 2004 Nr. 11–12

Lochmann, H.-D./Köllgen, R. (Hrsg.) (1998): Facility Management. Strategisches Immobilienmanagement in der Praxis, Wiesbaden 1998

Losch, W.: Umzugsmanagement, in: Lutz, W. (Hrsg.) (2003): Handbuch Facility Management, 2. Aufl., Landsberg/Lech 2003

Losch, W. (1997): Handbuch Facility Management – Gebäudebewirtschaftung und Dienstleistungen, (Hrsg.: Lutz, W.), 2. Aufl., Landsberg/Lech 1198

Lünendonk – Studie (Hrsg.): Führende Facility Management Unternehmen für infrastrukturelles und technisches Gebäudemanagement in Deutschland, Bad Wörishofen 2004, 2005

Lutz, W. (2003a), Gebäudereinigung, in: Lutz, W. (Hrsg.) (2003): Handbuch Facility Management, 2. Aufl., Landsberg/Lech 2003

Lutz, W. (Hrsg.) (2003): Handbuch Facility Management – Gebäudebewirtschaftung und Dienstleistung, 2. Aufl., Landsberg/Lech 2003

Lützkendorf, T. (2007): Schwarze Zahlen mit „green buildings", in: Karlsruher Transfer, Nr. 36, S. 34-38

Lützkendorf, T./Lorenz, D. (2007): „Green Buildings" – nur umweltfreundlich oder auch wirtschaftlich und wertstabil?, in: Immobilien-Banking, 6. Ausgabe, Berlin, S. 58–68

Marchtaler, A.: Die Rolle des Architekten bei der lebenszyklusorientierten Planung, in: Kippes, S./Sailer, E. (Hrsg.) (2005): Immobilienmanagement, Stuttgart 2005

May, M. (Hrsg.): IT im Facility Management erfolgreich einsetzen – Das CAFM-Handbuch, Berlin Heidelberg 2004

May, M.: CAFM Success Stories, in: May, M. (Hrsg.): IT im Facility Management erfolgreich einsetzen – Das CAFM-Handbuch, Berlin Heidelberg 2004

Metzner, S. (2002): Immobiliencontrolling. Strategische Analyse und Steuerung von Immobilienergebnissen auf Basis von Informationssystemen, Norderstedt 2002

Metzner, S./Erndt, A. (2002): Moderne Instrumente des Immobiliencontrollings. DCF-Bewertung und Kennzahlensysteme im Immobiliencontrolling, Sternenfels 2002

Michalski, M. (2005): Arbeitsrecht, 6., neu bearb. Auflage, Heidelberg 2005

Najork, E. N. (2009): Rechtshandbuch Facility Management, 1. Aufl., Heidelberg/London/New York 2009

Naumann, G. (2005): Benchmarking als Instrument zur Bewertung von Immobilieninvestitionen, in : EIPOS (Hrsg.) Immobilienwirtschaft, Wissenschaftliche Schriftenreihe, Band 1, Dresden 2005

Naumann, G.: Benchmarking im Facilities Management, in: Schulte, K.-W./Pierschke, B. (Hrsg.): Facilities Management, Köln 2000

Nävy, J. (2002): Facility Management – Grundlagen, Computerunterstützung, Systemeinführung, Anwendungsbeispiele, 3. Aufl., Solingen 2002

Nävy, J. (2006): Facility Management – Grundlagen, Computerunterstützung, Systemeinführung, Anwendungsbeispiele, 4. Aufl., Berlin/Heidelberg 2006

Niesslein, G./Lechtape, B.: Facility Management, in: Schäfer, J./Conzen, G. (Hrsg.): Praxishandbuch der Immobilien-Investition, München 2005

Oesterle, E. (2004): Energiemanagement bei Hochbauten – Strategie und Controlling, in: Braun, H-P. et al (Hrsg.) (2004): Facility Management – Erfolg in der Immobilienbewirtschaftung, 4. Auflage, Berlin/Heidelberg/New York 2004, S. 109–154

Olfert, K.: Investition, 9. Aufl., Leipzig 2003

Oppitz, V.: Liegenschaftszins und wirtschaftliche Nutzungsdauer – ein Berechnungsvorschlag, in: GuG – Grundstücksmarkt und Grundstückswert, Zeitschrift für Immobilienwirtschaft, Bodenpolitik und Wertermittlung. 1999 Nr. 3

Pellens, B./Füllbier, R. U./Gassen, J (2004).: Internationale Rechnungslegung. IFRS/IAS mit Beispielen und Fallstudie, 5. Aufl., Stuttgart 2004

Pfnür, A. (2001): Organisation des Immobilien-Managements in Großunternehmen, in: Gondring, H./Lammel, E. (Hrsg.) (2001), S. 410–441

Pfnür, A.(2004): Modernes Immobilienmanagement, 2. Aufl., Berlin 2004

Pierschke, B. (2000): Hierarchische Eingliederung und Organisation des Facilities Managements, in: Schulte, K.-W./Pierschke, B. (Hrsg.): Facilities Management, Köln 2000, S. 402–421

Pierschke, B. (2001): Die organisatorische Gestaltung des betrieblichen Immobilienmanagements, Köln 2001

Pierschke, B. (2005): Facilities Management, in: Schulte, K.-W. (Hrsg.) (2005): Immobilienökonomie Band 1 – Betriebswirtschaftliche Grundlagen, 3., vollst. überarb. und erw. Aufl., München; Wien 2005

Plitzkat, R.: Sicherheitsdienste, in: Lutz, W. (Hrsg.) (2003): Handbuch Facility Management, 2. Aufl., Landsberg/Lech 2003

Preugschat, F.: Immobilien-Management, Corporate Real Estate Management, in: Gondring, H./Lammel, E. (Hrsg.) (2001), S. 355–371

Preuß, N./Schöne, L. (2003): Real Estate und Facility Management – Aus Sicht der Consultingpraxis, Berlin/Heidelberg 2003

Puls, C. (2009): Green Buildings, Hamburg 2009

Quadt, M./Görze, R.: Geschäftsprozesse im Facility Management und ihre Abbildung in der IT, in: May, M. (Hrsg.): IT im Facility Management erfolgreich einsetzen – Das CAFM-Handbuch, Berlin Heidelberg 2004

Rast, R. (2009): Energieeffizientes Bauen: Wirtschaftlichkeitsüberlegungen und Klimaschutz, in: Kapitalanlage mit Immobilien (Hrsg. Brunner, M.), Wiesbaden 2009, S. 295–312

Redmann, R. (2000): Gebäudemanagement – Transparenz schaffen, Kosten optimieren, München 2000

Reinecke, W./Böhm, G.: Anwendungsfelder, in: May, M. (Hrsg.): IT im Facility Management erfolgreich einsetzen – Das CAFM-Handbuch, Berlin Heidelberg 2004

Riegel, G. W.: Ein softwaregestütztes Verfahren zur Prognose und Beurteilung der Nutzungskosten von Bürogebäuden, Dissertation, Darmstadt 2004

Rotermund, U.: Ausschreibung von Gebäudemanagementleistungen. Manuskript des Management Circle, Kompaktwissen Facility Management, München/Düsseldorf 2006

Rottke, N. (Hrsg.)/Reichardt, A. (2010): Nachhaltigkeit in der Immobilienwirtschaft: Implementierungsstand und Beurteilung, in: Ökonomie vs. Ökologie – Nachhaltigkeit in der Immobilienwirtschaft, Köln 2010

Sasse, E.: Lebenszykluskosten, in: Zehrer, H./Sasse, E. (Hrsg.) (2005): Facility Management Handbuch, Landsberg am Lech 2004

Schäfer, J./Conzen, G. (Hrsg.): Praxishandbuch der Immobilien-Investition, München 2005

Schäfers, W.: Strategisches Management von Unternehmensimmobilien, Köln 1997

Literaturverzeichnis

Schaub, G. (2001): Arbeitsrecht von A–Z, 16., überarb. Auflage, München 2001

Schierenbeck, H. (2005): Bilanzierung von Immobilien im Spannungsfeld kontinentaleuropäischer und internationaler Rechnungslegungsvorschriften, in: Francke, H. H./Rehkugler, H. (Hrsg.): Immobilienökonomie und Immobilienbewertung, München 2005

Schierenbeck, H.(2003): Grundzüge der Betriebswirtschaftslehre, München 2003

Schmieder, M.: Facility-Management – Grundlagen und Methoden, in: Gondring, H./Lammel, E. (Hrsg.) (2001), Handbuch Immobilienwirtschaft, Wiesbaden 2001

Schneider, H. (2004): Facility Management – planen, einführen, nutzen, 2., überarb. und erw. Aufl., Stuttgart 2004

Schneider, H. (2008): Nachhaltige Investments gehören ins Depot, in: Platow Prognose 2009 – Die Zukunft nachhaltig gewinnen (Hrsg. Schirmacher, A./Mahlmeister, F.), Wiesbaden 2008, S. 10-24

Schulte, K.-W. (Hrsg.) (2001): Immobilienökonomie Band 2 – Rechtliche Grundlagen, München 2001

Schulte, K.-W. (Hrsg.) (2005): Immobilienökonomie Band 1 – Betriebswirtschaftliche Grundlagen, 3., vollst. überarb. und erw. Aufl., München; Wien 2005

Schulte, K-W./Pierschke, B. (Hrsg.) (2000): Facilities Management, Köln 2000

Schulte, K-W./Bone-Winkel, S. et al. (Hrsg.) (2004): Handbuch Immobilien Investitionen, 2., vollständig überarb. Aufl., Köln 2005

Schulte, K-W./Schäfers, W. (Hrsg.) (2004): Handbuch Corporate Real Estate Management, 2., aktualisierte und erw. Aufl., Köln 2004

Schwan, S.: Energiemanagement, in: Zehrer, H./Sasse, E. (Hrsg.): Facility Management Handbuch, Landsberg am Lech 2005

Schwind, S.: Untersuchung kritischer Erfolgsfaktoren von Outsourcingprozessen im Facility Management am Beispiel der Instandhaltung, 4./5. Modularbeit 2003 über Europäisches Institut für postgraduale Bildung an der TU Dresden (EIPOS), 2003

Soboll, M.: Integriertes Facility Management, in: Lutz, W. (Hrsg.): Facility Management Jahrbuch 2002/2003, S. 126–140, hier S. 125

Stadloeder, P.: Implementierung des Facility Management in der Planungsphase, in: Kippes, S./Sailer, E. (Hrsg.) (2005): Immobilienmanagement, Stuttgart 2005

Statistisches Bundesamt (2010), Statistisches Jahrbuch 2010, Wiesbaden 2010

Steger, J. (2001): Kosten- und Leistungsrechnung, 3. Aufl., München/Wien 2001

Stürmer, M. (2005): Umgang mit Unternehmensimmobilien – Corporate Real Estate Management, in: BDO Deutsche Warentreuhand AG (Hrsg.), Praxishandbuch Real Estate Management, Stuttgart 2005

Ulbricht, T. (2005): Facility-Management und Bewirtschaftungsstrategien von Immobilien, in: BDO Deutsche Warentreuhand AG (Hrsg.): Praxishandbuch Real Estate Management, Stuttgart 2005

Usinger, W. (Hrsg.): Immobilien Recht und Steuern, 2. Auflage, Köln 1999

Viering, M.: Probleme und Gestaltungsmöglichkeiten des Outsourcings, in: Schulte, K.-W./Pierschke, B. (Hrsg.) (2000): Facilities Management, Köln 2000

Voß, R. (2000): Facilities Management, in: Schulte, K.-W./Pierschke, B. (Hrsg.) (2000): Facilities Management, Köln 2000

Wagner, T. (2005a): Wertorientiertes FM – Auch im Betrieb lässt sich der Wert erhöhen, in: Immobilienzeitung 2005, Nr. 21

Wagner, T. (2005b): Warum ausländische Investoren eigene Verwalter mitbringen, in: Zeitschrift Immobilienwirtschaft, 2005/06 Nr 12/1

Wagner, T. (2006a): Was ist Asset Management? – Der Asset Manager-Übersetzer zwischen Investor und Verwalter, in: Zeitschrift Immobilienwirtschaft 2006 Nr. 4

Literaturverzeichnis

Wagner, T. (2006b): Wege aus dem Low-Budget/Low-Performance Dilemma, in: Zeitschrift Immobilienwirtschaft 2006 Nr. 9

Warner, T./Hohmann, J./Marchionini, M./Prischl, P.: Zum Verhältnis von Facility Management und CAFM, in: May, M. (Hrsg.), IT im Facility Management erfolgreich einsetzen – Das CAFM-Handbuch, Berlin Heidelberg 2004

Weber, E./Baumunk, H. (Hrsg.): IFRS Immobilien. Praxiskommentar der wesentlichen immobilienrelevanten International Financial Reporting Standards, München/Unterschleißheim 2005

Wellner, K.(2003): Entwicklung eines Immobilien-Portfolio-Management-Systems – Zur Optimierung von Rendite-Risiko-Profilen diversifizierter Immobilien-Portfolios, in: Pelzl, W. (Hrsg.): Reihe: Immobilienmanagement, Band 3, Norderstedt 2003

Werner, G.-W.: Instandhaltungsmanagement, in: Zehrer, H./Sasse, E. (Hrsg.): Facility Management Handbuch, Landsberg am Lech 2005

Wöhe, G. (2010): Einführung in die Allgemeine Betriebswirtschaftslehre, 24. Aufl., München 2010

Wolf, J. (2002): Umweltrecht, München 2002

Yudelson, J. (2008): The Green Building Revolution, Washington 2008

Zechel, P. (2002): Faciltiy Management in der Praxis – Herausforderungen in Gegenwart und Zukunft, 4. Aufl., Renningen-Malmsheim 2002

Zechel, P. (2005): Faciltiy Management in der Praxis – Herausforderungen in Gegenwart und Zukunft, 5. Aufl., Renningen 2005

Zehrer, H./Sasse, E. (Hrsg.) (2005): Handbuch Facility Management, 3. Aufl., Landsberg/Lech 2005

Zirnig, D. (2009): Corporate Social Responsibility – Definitorische Abgrenzung, Instrumente und betriebswirtschaftliche Erfolgswirkungen, Hamburg 2009

Internetquellen:

Baumeister, U. (2009): Ohne FM keine OP - Facility Management gewährleistet effiziente Prozessabläufe in Kliniken, http://www.openpr.de/news/326091.html, Abruf: 01.03.2012.

BMU (2008), URL: http://www.bmu.de.

DGNB (2008), URL: http://www.gesbc.org.

FINNAIR (o.J.), http://www.finnair.com/finnaircom/wps/portal/Lounge-Services/de_CH, Abruf: 17.06.2010.

Fraport AG (o.J.), http://www.fraport.de/cms/default/rubrik/16/16441.sicherheitsleistungen@55.htm, Abruf: 17.06.2010.

Göcke, A. (2004), http://www.buchhandel.de/WebApi1/GetMmo.asp?MmoId=4584717&mmoType=PDF

HOCHTIEF AG (o.J.), http://www.reports.hochtief.com/gb06/cnt_150.jhtml, Abruf: 25.06.2010.

Köchlin, K. (2004): Ist der Einsatz von Facility Management im Krankenhaus notwendig? http://www.karsten-koechlin.de/projekte/fm/facility_management_im_krankenhaus.pdf, S. 8, Abruf: 01.03.2012

Kötter GmbH & Co. KG (2007): Flughafensicherheit fordert Qualität und Flexibilität, http://www.bdws.de/cms/DSD/1-2-07/04.pdf, Abruf: 01.03.2012.

Lindenberg, C. (2010), URL: http://www.dasinvestment.com.

Nachtweh, C. (2010), URL: http://www.dasinvestment.com.

Pex, S. (o.J.), URL: http://www.energiesparclub.de.

Schäfer, H./Lützkendorf, T./Gromer, C./Rohde, C. (o.J.): Abschlussbericht zum Projekt ImmoInvest – Grundlagen nachhaltiger Immobilieninvestments, URL: http://www.bwi.uni-stuttgart.de/fileadmin/abt3/Abschlussbericht.pdf, Abruf: 31.05.2010

Stein, D. (o.J.), http://www.fraport.de/cms/innovationsprojekte/dokbin/321/321674.mobisl.pdf, Abruf: 17.06.2010.

Vanguard AG (o.J.): Der Schlüssel zu erfolgreichem Instrumenten-Management, http://www.vanguard-healthcare.com/mm/VANGUARD_Instrumentenmanagement_DE_1207.pdf, Abruf: 01.03.2012.

Stichwortverzeichnis

A

Ablauforganisation 385
Abschlagszahlungen 401
Abschreibungen 344
Abwartestrategie 150
Activity Based Accounting 105
Adressaten des Jahresabschlusses 340
AGI (Arbeitsgemeinschaft Industriebau) 47
AHO (Ausschuss der Verbände und Kammern der Ingenieure und Architekten für die Honorarordnung e.V.) 47
AIG (Arbeitsgemeinschaft Instandhaltung und Gebäudetechnik) 16, 44
Airport Cities 208
Airport Retailing 214
Alarmverfolgung 185
Allgemeine Darstellung des Lebenszyklus 263
Allgemeine Vergabebedingungen 429
Alternativ zulässige Methode 350
AMEV (Arbeitskreis Maschinen- und Elektrotechnik staatlicher und kommunaler Verwaltungen) 48
Anlagenoptimierung 157
Anlagevermögen 72, 341
Annuitätenmethode 276
Anschaffungs- oder Herstellungskosten 342
Anwendung mittels verteilter Objekte 477
Arbeitnehmerüberlassungsvertrag 433
Arbeitsfläche 232
Arbeitsschutzgesetz 59
Arbeitsschutzrecht 58
Arbeitsschutzverordnungen 60
Arbeitsstättenverordnung 60
Asset Management 15, 27
ATGA (Institut für Facility Management und Technische Gebäudeausrüstung) 134
Aufbauorganisation 379
Aufgaben des Datenmanagements 471
Auftragserteilung 429
Aufwand 357
Ausführungsplanung 265
Ausgabe 357
Auslagerungspotentiale 404
Auslagerung von Dienstleistungen 387
Ausschreibung für FM-Dienstleistungen 420
Ausschreibungsbasis 418
Ausschreibungsformen 421
Ausschreibungsunterlagen 424
Auszahlung 357

B

BAB (Betriebsabrechnungsbogen) 97
Balanced Scorecard 123
Barvermögen 72
Barwert der Investition 364
Bauordnungen 62
Bauphase 288
Bauprojektmanagement 497
Baustellenverordnung 60
Beeinflussbarkeit der Bewirtschaftungskosten 284
Beendigung eines Mietverhältnisses 84
Beizulegender Zeitwert 350
Belegungsplanung 220, 498
Beleuchtungssysteme 188
Benchmarking 11, 21 f., 114, 125
Benchmarking-Ansätze 131
Benchmarking-Methoden 126, 350, 354
Benchmarking-Pool 134
Benutzerfläche 232
Berechnung der Lebenszykluskosten 278
Berichtspflichten 123
Berichtswesen 122
Beschallungssysteme 188
Beschränkte Ausschreibung 417
Bestandsaufnahme 375
Bestands- und Prozessdaten 472
Best-of-Class-Rating 311
Best Practice 125
Betankungsdienst 210
Beteiligungsgesellschaft 394
Betreiben 144
Betreibermodell 55
Betreiberverantwortung 56
Betreiberverträge 434
Betriebsabrechnungsbogen 97
Betriebsbuchhaltung 89
Betriebsergebnis 101
Betriebsführung 23
Betriebsführung der technischen Anlagen 498
Betriebskosten 74
Betriebskostenmanagement 119
Betriebskostenverordnung 74
Betriebskostenvorauszahlungen 75
Betriebssicherheitsverordnung 61

Betriebsübergang gem. § 613a BGB 402
Betriebsübernahme gem. § 613a BGB 402
BetrKV 53
Bettenaufbereitung 200
Bewegungsdaten 479
Bewertungshierarchie 355
Bewirtschaftungskosten 74
Bewirtschaftungsleistungen 20
Bidirektionale Eigenschaft 480
Bieterauswahl 423
Bilanz 72
Bilanzierung nach HGB 340
Bilanzierung nach IFRS 347
Bilanzierungs- und Bewertungsgrundsätze 341, 348
Bilanzierung und Bewertung bei betrieblich genutzten Immobilien 349
Bilanzierung und Bewertung bei zum Verkauf bestimmten Immobilien 348
B.I.L.D-Methode 425
Bildschirmarbeitsverordnung 60
Biostoffverordnung 61
Boarding Support 214
Bodenschutzgesetz 67
Bottom-up-Verfahren 117
Brandschutz 63, 186
BREEAM (Building Research Establishment Environmental Assessment Method) 313
Brutto-Grundfläche 226, 248
Bruttorauminhalt 248
Buchwert einer Immobilie 346
Budgetierung 115
Build and operate 326
Build and sell 326
Building Owner Management Association 452
Büroarbeitsplatz 231
Bürodienste 23
Büroflexibilität 243
Büroformen 234
Business Club 242

C

CAD (Computer Aided Design) 481
CAD-Dateien 476
CAD-Systeme 482
CAFM 159, 481, 488
CAFM-Einführung 506
CAFM-Software 481
CAFM-Software-Module 491
CAFM-System 86, 420, 479, 482 f.
Cashflow 31, 359
Cashflow-Rendite 357
Catering 174
Churn-Rate 7
CI-Beitrag 510

Clearingstelle 398
Client-Server-Anwendungen 477
Community Investing 311
Computer Aided Facility Management (CAFM) 159, 481, 488
Contracting 435, 463
Contracting-Modelle 159
Controlling 21 f., 111
Controllingprozesse 117
Cook & Chill 175
Cook & Freeze 175
Corporate Citizenship 309
Corporate Real Estate Management 21, 26, 336
Corporate Social Responsibility (CSR) 308
Corporate Sustainability (CS) 309
Cost-Benefit-Relation 269
Cost-Center 392
Cost Driver 106
Cost Model 354
CREM 21, 26, 336

D

Data Warehouse (DWH) 501
Datenarchivierung 473
Datenarten 472
Datenaufbereitung 476
Datenauswertung 476
Datenbankmanagementsysteme (DBMS) 483
Datenbankunabhängige CAFM-Software 486
Datenerfassung 471
Datenformatierung 472
Datenkonsistenz 480
Datenmanagement 470
Datenmanagement (CAFM) 53
Datenpflege 475
Datenqualität 473
Datensicherheit im FM 473
Datenstandards 472, 477
DATEV-Kontenrahmen 91
DCF-Kalkulation 366
DCF-Methode 297
DCF-Verfahren 355
Deckungsbeitrag 100
Deckungsbeitragsrechnung 100
Delphi-Methode 512
Desinfektionsdienst 199
Desksharing 246
Desktopanwendungen 477
Deutsches Gütesiegel Nachhaltiges Bauen 315
Deutsches Institut für Normung e.V. 16
DGNB (Deutsche Gesellschaft für nachhaltiges Bauen) 315

Diagnosis Related Groups 195
Dienstleistungsvertrag 432
Dienstvertrag 431
Dimensionen der Nachhaltigkeit 301
DIN 18 960 92
DIN 276 91, 258
DIN 277 53, 131, 226
DIN 4543-1 231
DIN 15221-1 15, 17 f., 45, 49
DIN 18103 187
DIN 18960 22
DIN 18960-1 131
DIN 31051 142, 145
DIN 32451 142
DIN 32736 16, 18, 44 f., 49, 143, 151, 153, 159 f., 162, 168, 219
DIN EN 13306 149
Diplom Facility Manager 9
Direct Costing 100
Divisionalorganisation 381
DKIN (Deutsches Komitee Instandhaltung) 48
Dokumentation 151
DRG (Diagnosis Related Groups) 195
Durchführung der Vergabe 427
DV-Dienste 23
DV-Dienstleistung 169, 190
Dynamische Amortisationsrechnung 279
Dynamische Investitionsrechenverfahren 273
Dynamische Lebenszykluskostenanalyse 259

E
Easy Pass 213
Economic Value Added (EVA) 509
Economies of scale 381
Eigenkapital (EK) 73
Ein-/Auszahlungen 359
Einführung eines CAFM-Systems 507
Eingliederung des FM in die Unternehmensorganisation 379
Einheitliche Datenhaltung 501
Einnahmen/Ausgaben 357, 359
Einperioden-Investitionsrechenverfahren 270
Ein-Personen-Büro 238
Ein-Personen-Zellenbüro 240
Einrichtungs- und Ausstattungsplanung 498
Einsparcontracting 159, 436
Einzahlung 357
Einzel-/Generalvergabe 414
Einzelgewerkanbieter 456
Einzelkosten 95
Einzelkostenrechnung 103
Einzelleistungsträger 414

Elektronische Steuerung Bettenaufbereitung 200
ELSBett 200
Empfangs- und Pförtnerdienste 193
Energiebilanz 67
Energiecontrolling 155
Energieeffizienz 317
Energieeffizienz von Bestandsgebäuden 306
Energieeinsparungen 158
Energieeinsparverordnung (EnEV) 67, 306
Energielieferungsvertrag (Energieliefer-Contracting) 436
Energiemanagement 23, 153, 499
Energieverbrauch 157
EnEV 67, 306
Entsorgen 172
Entsorgungsdienste 193
Entstehungsphase 259, 265, 283
Erfolgsfaktoren für die Einführung von FM 377
Erhaltungsaufwand 343
Erneuerbare Energien 302
Erneuerbare-Energien-Wärmegesetz (EEWärmeG) 307
ERP (Enterprise-Resource-Planning) 481
ERP-System 86, 482, 504
Ertrag/Erlös/Aufwand 357, 359
Ertragswert 356
Ertragswertverfahren 337 f.
Europäische Normung 46
Externes Benchmarking 127
Externes Outsourcing 391, 406

F
Fachkraft FM 9
Fachwirt FM 9
Facility Management 3, 6, 8, 10 ff., 17, 30, 32, 47
– Abriss 293
– Aus- und Weiterbildung 8
– Begriffsbestimmung 17
– Deutschland 11
– Dienstleistungen 85
– Einbeziehung 32
– Entwicklung 6
– Frankreich 12
– Großbritannien 11
– Grundstein 3
– Holland 12
– Nutzungsphase 289
– Organisation 371
– Realisierung 288
– Regelwerke 47
– Schwerpunkt 30
– USA 10

- Verkauf 293
- Verträge 402
- Vorteile 17
Facility Manager 7
Fahrzeugkontrollen 185
Fair Value 350, 355
Fair Value Model 354
Festpreise 401
Festpreisvertrag 432
Fiktive Abnahme 399
Finanzanlagen 354
Finanzbuchhaltung 73, 89
First Tiers 456
Fixkosten 90
Fläche 225
Flächenbedarf 249
Flächenbelegungsgrad 249
Flächenbestimmungen 233
Flächencontrolling 247
Flächendefinitionen 225
Flächeneffektivität 220
Flächenkennzahlen 248
Flächenmanagement 17, 24, 49, 53, 219, 498
Flächennutzungsgrad 249
Flächenproduktivität 220
Flächenumlage 79
FLM (Flächenmanagement) 30
Fluggastabfertigung 210
Flugplatz 207
Flugzeugabfertigung 208
FM-Datenbasis 475
FMI (Facility Management Institute) 4, 42
FM-Komplettanbieter 447
FM-Kostenrechnung 376
FM-Leistungsbild während der HOAI-Phasen 285 f.
FM-Tochtergesellschaft 394
FM-Vertrag 430
Folgebewertung 350
Formen des Outsourcing 390
Förmliche Abnahme 399
Franchising 434
Free-Cashflow 360
Free-Cashflow-Rendite 362
Freie Bewegungsfläche 232
Freier Mitarbeitervertrag 433
Freihändige Vergabe 417
Fuhrparkmanagement 194
Führungsprozesse 496
Fund Management 25
Funktionale Ausschreibung 421
Funktionalorganisation 380

G
GAB (Gebäudeabrechnungsbogen) 97

Ganzheitliches Dienstleistungsangebot 445
Gärtnerdienste 169
Gärtnereidienstleister 192
Gebäudeabrechnungsbogen 97
Gebäudedienste 23
Gebäudelebenszyklus 267
Gebäudemanagement 18, 25
Gebäudereinigung 175
Gebäudesicherheit 187
Gefahrenmeldeanlagen 187
Gefahrstoffverordnung 61
GEFMA 4, 18, 39, 52 f., 77, 219
GEFMA Arbeitskreis CAFM 509
GEFMA-Richtlinie 100 40, 49, 91, 173, 219
GEFMA-Richtlinie 100-1 15, 219
GEFMA-Richtlinie 100-2 143, 160, 174
GEFMA-Richtlinie 124 153
GEFMA-Richtlinie 130 220, 226
GEFMA-Richtlinie 190 66
GEFMA-Richtlinie 195/2 234
GEFMA-Richtlinie 200 91, 93
GEFMA-Richtlinie 210-1 77
GEFMA-Richtlinie 400 491
GEFMA-Richtlinie 410 479
GEFMA-Richtlinie 420 490
GEFMA-Richtlinie 650-2 36
GEFMA-Richtlinie 700 34
Geld- und Wertdienste 194
Gemeinkontenrahmen 91
Gemeinkosten 95
Generalkontraktor 395
Generalübernehmer 415
Generalunternehmer 414
Gepäckabfertigung 210
Geräte- und Produktsicherheitsgesetz 64
Gesamtkapitalrendite 360
Gesamtkostenverlauf der Investitionsalternative 292
Geschossfläche 227
Geschossflächenzahl 248
Gesellschaft für Immobilienwirtschaftliche Forschung e.V. (gif) 48, 78
Gesetzliche Unfallversicherung 65
Gewährleistungsfrist 162
Gewässerschutz 68
Gewerberaummietvertrag 82
Gewinnmargen 450
Gewinnrücklagen 351
Gewinn- und Verlustrechnung 72
Gewinnvergleichsrechnung 271
Gliederungsschema eines Leistungsverzeichnisses 426
GM 30
GM in Krankenhäusern 197
GMP-Vertrag 433
Green Building 304

Stichwortverzeichnis 527

Green-Building-Fonds 327
Grenzkontrollschalter 212
Grenznutzen-Grenzkosten-Kalkül 269
Großraumbüro 235, 238
Ground Handling 208
Ground Services 208
Grundflächendefinition 226
Grundflächenzahl 248
Grüne Immobilienfonds 327
Gruppenbüro 238
GS-Zeichen 64

H
Hauptpflichten 398
Hauptprozesse 107
Hausmeisterdienste 169
Hausrecht 188
Hausverbot 188
Hausverwalter- und Gebäudemanagementverträge 434
Healthcare-Management 459
Heizkostenverordnung 74
Herstellkosten 98
Historisierung 500
HOAI-Phasen-Modell 262
Horizontale Gliederung 384
Hostanwendungen 476

I
IAI (Industrie Allianz für Interoperabilität) 478
IAS 1.7 348
IAS 2 348
IAS 16 350
IAS 16.6 349
IAS 16.29 350
IAS 16.37 351
IAS 16.39 351
IAS 16.40 351
IAS 16.41 353
IAS 40 335
IAS 40.5 350
IFMA (International Facility Management Association) 4, 16, 18, 42
IFRS 335 ff.
IGM 30
Immissionsschutz 66
Immobench 132
Immobilienbewertung 221
Immobilienkennwerte 221
Immobilienkostencontrolling 111
Immobilien-Lebenszyklus 116, 255, 257
Immobilienmanagement 24
Immobilienrendite 356
Industriekontenrahmen 91
Informationsinhalte 472
Informationsmanagement 159

Infrastrukturelles Gebäudemanagement 16, 23, 49, 167
Inspektion 146
Instandhaltung 23, 145
Instandhaltungscontrolling 116
Instandhaltungsmanagement 149, 499
Instandhaltungsstrategie 150
Instandhaltungsziele 148
Instandsetzung 147
Instandsetzungszyklen 268
Institute of Real Estate Management 452
Integrale Polyzyklen Modell 263
Integration der Gebäudeleittechnik 499
Integrationsgrad 405
Integrierte Grundlagenermittlung 470
Integrierte Komplettangebote 445
Integrierte Service-Leistungen 444, 459
Internationale Normung 46
Internationale Vergabeverfahren 417
International Financial Reporting Standards (IFRS) 347
Internes Benchmarking 126
Internes Outsourcing 391, 406
Interne Struktur des FM 379
Interne Zinsfußmethode 274
Investitionsrechnung 269

J
Joint Ventures 449

K
Kalkulation 98
Kalkulatorische Rechnung 359
Kapitalintensität 405
Kapitalwertmethode (Net Present Value) 273, 509
Kaufmännisches Facility Management 71
Kaufmännisches Gebäudemanagement 16, 49, 52
Kaufvertrag 430
Kautionsrückgabe 84
Kernkompetenzen 404
Key-Report Office 133
KGM 30
Klimaschutz 67
Kliniken 195
Know-how-Intensität 405
Kombibüro 241
Kommunikationsdienste 171
Komplettanbieter 455
Komplettvergabe 395
Konsolidierungsprozess 448
Konstruktions-Grundfläche 227
Kontenrahmen 72
Konzentrationsprozess 455
Konzeption 265

Kopier- und Druckdienstleister 191
Kopier- und Druckereidienste 170
Kosten 357
Kostenartenrechnung 90
Kostenbegriff nach der DIN 258
Kosten im Hochbau 258
Kostenkennzahlen 248
Kostenmanagement 221
Kostenrechnung 376
Kostenstellenrechnung 90, 96, 99
Kostenstellenstruktur 94
Kostensteuerungsinstrumente 20
Kostenträger 94
Kostenträgerrechnung 90
Kostenträgerstückrechnung 98
Kostenträgerzeitrechnung 99
Kostentreiber 106
Kosten- und Leistungsrechnung 19, 22, 89
Kostenvergleichsrechnung 271
Krankenhäuser 195
Kündigungsfristen 87

L

Lastenhandhabungsverordnung 61
Lastenheft 426, 489
LCCA (Life-Cycle-Cost-Ansatz) 258
Leadership in Energy and Environmental Design 314
Lebensdauer der verschiedenen Gebäudebestandteile 267
Lebensspanne des Gebäudes 268
Lebenszyklus 257
Lebenszyklusbetrachtung 257, 261
Lebenszykluskosten 257 f.
Lebenszykluskostenberechnung 260
LEED (Leadership in Energy and Environmental Design) 314
LEED-Standard 322
Leistung 357
Leistungsabnahme 398
Leistungsänderungen 427
Leistungsbeschreibung 398, 425
Leistungsprogramm 425
Leistungsvergabe nach Losen 413
Leistungsverzeichnis 426
Liefervertrag 431
Life-Cycle-Costs-Ansatz 257 f.
Linearer Lebenszyklus 260
Linieninstanz 384
Logisches Datenmodell 486
Loungeservice 213
Luftfrachtabfertigung 210
Luftpostabfertigung 210
Luftverkehr 206
Luftverkehrsgesetz 207
Lünendonk-Studie 2010 457

Lünendonk-Studie 2011 447

M

Make-or-Buy-Entscheidung 389
Make-or-Buy-Frage 387
Management-buy-out 395
Managementinformationssystem 483
Marketing 22
Marketing und Vertrieb von Immobilien 496
Markowitz, Harry M. 27
Marktrisiken 451
Marktvolumen für FM-Leistungen 441
Massenbezogene funktionale Ausschreibung 421
Matrixinstanz 384
Matrixorganisation 383
Mehr-Personen-Zellenbüro 240
MF-0 228
MF-G 229
MF-G 1 229
MF-G 2 229
Middleware 486
Middleware-Konzept 487
Mietenbuchhaltung 73
Mieterlöse 360
Mietfläche 78
Mietflächenrichtlinien 228
Mietkaution 83
Mietmanagement 221, 499
Mietobjekt 83
Mietvertrag 82
Mietvertragsdaten 82
Mietzins 83
MIS (Managementinformationssystem) 483
Möbelfunktionsfläche 232
Modernisierung 23, 160
Modulanbieter 455

N

Nachhaltige Immobilien 304, 317
Nachhaltigkeit in der Immobilienwirtschaft 301, 304
Nachträgliche Herstellungskosten 342
Nationale Vergabeverfahren 417
Nebenpflichten 398
Negativer Wissenstransfer 408
Negative Screening 311
Netto-Cashflow-Rendite 337
Netto-Grundfläche 227, 250
Neubewertungsrücklage 351
NFMA 4
Nicht offenes Verfahren 418
Non-Aviation 214
Non Property Companies 32
Normnummer 46

Notstand 190
Notwehr 189
Nutzenoptimierung 35
Nutzfläche 227, 250
Nutzungsdauer 261
Nutzungskostencontrolling 117
Nutzungsphase 259, 266

O
Objektbuchhaltung 22, 74
Objektiv messbare Qualitätskriterien 422
Objektorientierte Datenbank (OODB) 485
Offenes Verfahren 417
Öffentliche Ausschreibung 417
Öffentlicher Auftraggeber 415
Öffentliche Verwaltung 460
Office Service Charge Analysis Report 131
Offline- bzw. Batch-Schnittstellen 480
Ökologische Nachhaltigkeit 302
Ökonomische Nachhaltigkeit 303
Online-Schnittstellen 480
Open Book Vertrag 432
Operativer Cashflow 360
Operatives Controlling 114
Optimierungspotenziale 111
Optimization 326
Organisationspflicht 56
OSCAR (Office Service Charge Analysis Report) 131
Outsourcing 387
Outsourcing durch Fremdvergabe 395
Outsourcingentscheidung 387
Outsourcing-Maßnahme 409
Outsourcing-Modell 388
Outsourcing-Vertrag 387, 396

P
Pagatorische Rechnung 359
Pagatorischer Kostenbegriff 258
Parkraumbetreiberdienste 170
Parkraummanagement 193
Partnersysteme 479
Patientenbegleitservice 205
Performancekennzahlen 247
Personenschutz 185
Persönliche Schutzausrüstungen 61
Pflichten der Vertragspartner 398
Pflichtenheft 426, 489
Physisches Datenmodell 486
Planung einer FM-Maßnahme 374
Planungsbeteiligte 32
Planungsphase 265, 284
Planungsprozesse 118
Portfoliokennzahlen 247
Portfolio Management 25
Postdienste 170

Poststelle 191
Preisgleitklauseln 401
Preisklauseln 84
Primärenergieverbrauch 306
Primärstruktur eines Gebäudes 268
Principal-Agency-Konflikt 135
Principal-Agent-Ansatz 340
Private Finance Initiative 11
Produktorientierte Struktur 382
Profit-Center 391
Prognosemethoden zur Ermittlung von Nutzungskosten 280
Projektdatenbank 86
Projektentwicklungsphase 282
Projektleitung 375
Projektpate 375
Projektplanung 372
Projektteam 374
Property Companies 33
Prozessablauf Einführung FM 378
Prozesshierarchien 105
Prozesskostenrechnung 105
Prozessmanagement 377
Prozessorganisation 385
Public Private Partnership (PPP) 11, 460, 463 f.
Public Real Estate Management 29
Pushback 213

Q
Qualitätskriterien 34
Qualitätsmanagement 22, 34, 54

R
Radiofrequenz Identifikations-Chips (RFID) 201
Rahmenbedingungen der Organisation des FM 373
Rahmenvertrag 433
RDB (Relationale Datenbank) 485
Real Estate Asset Management 25
Real Estate Management 24
RealFM e.V. 42
Realisierungsphase 288
Rechnungswesen 497
Recyclingfähigkeit 303
Redundante Datenerfassung 474
Regelwerke 39
Regionalorganisation 382
Reinigung 202
Reinigungsdienst 210
Reinigungsmanagement 220
Reinigungs- und Pflegedienste 170
Reisestelle 192
REITs 28
Relationale objektorientierte Datenbanken (RA-C) 230, 485

Relationen-Modell 471
Rendite 31
Renditeorientierte Ausrichtung im Facility Management 356
Rentabilitätsrechnung 272
Rental Area of Commercial Premises 230
Rentenbarwertfaktor 273 ff.
Report 122
Responsible Property Investment 310, 312
Return on Investment (RoI) 336, 509
Revierdienst 184
Richtlinie der gif (MF-G) 78, 228
Richtlinien 41
ROI-Treiber 509
Rückabwicklung 403

S
Sale-and-Lease-back-Verfahren 32
Sanierung 162
Schließsystem 203
Schnittstellenintegration 479
Schnittstellenstandards 472
Schriftform 82
Schuldhafte Pflichtverletzung 400
Screening 326
Second Tiers 456
Sekretariatsdienst 191
Sekundärstruktur 268
Selbsthilfe 189
Selbstkosten 98
Selection 326
Service-Level-Agreement 420, 422
Serviceorientierung 33
Shareholder Engagement 311
Shareholder Value 32, 336
Short List 424
Sicherheitsdienst 170, 182, 211
Sicherheits- und Schließmanagement 499
Socially Responsible Investment (SRI) 308, 310
Society of Industrial and Office Realtor 452
Software 480
Soll-Ist-Abweichungsanalyse 110
Sous Vide-Verfahren 201
Soziale Dienste 23
Soziale Nachhaltigkeit 303
Speiseversorgung 201
Spezialisierungsvorteile 381
Stakeholder 340
Standard for Calculating 229
Statische Amortisationsrechnung 272
Statische Investitionsrechenverfahren 270
Statistische Verfahren 280
Stellfläche 232

Sterilgutversorgung 199
Steuerungsprozesse 118
Stille Reserven 346
Stillschweigende Abnahme 399
Strategische Planung 21, 112
Strategisches Controlling 112
Strategisches Facility Management 21
Strategische Zielstellungen 20
Streifendienst 184
Subjektive Qualitätskriterien 422
Submission 427
Sustainable Building 304 f.
Switching Costs 407
SWOT-Analyse 113
Systematisches Risiko 451
Systemschnittstellen 479

T
Teambüro 238, 242
Technisch-analytisches Verfahren 281
Technische Funktionsfläche 227
Technische Infrastruktur 51
Technische Lebensdauer 261
Technische Normen 39, 45
Technische Nutzungsdauer 267
Technischer Arbeitsschutz 58
Technisches Gebäudemanagement 16, 23, 49, 51, 141
Technisch-statistische Prognosemethode 280
Teil-/Einzelvergabe 395
Teilkostenrechnung 99
Teilprozesse 107
Telefonzentrale 190
Terminüberwachung 376
Tertiärstruktur 268
TGM 30, 141
Third Tiers 456
Top 25 FM-Anbieter 457
Top-down-Verfahren 117
Total Quality Management 34
Total Return 337
Totalübernehmer 415
Totalunternehmer 415
Transponderschließung 203
Transportdienst 205
Treiber der Immobilienrendite 366
Treibhauseffekt 302
Triple-Bottom-Line-Ansatz 301

U
Übergabeprotokolle 403
Umlaufvermögen 72, 341
Umstellungskosten 407
Umweltschutz 66
Umzugsdienste 171
Umzugsmanagement 177, 220, 498

Stichwortverzeichnis

Umzugsplanung 178
Unfallverhütungsvorschriften 65
Unfallversicherungsträger 65
Unidirektionale Schnittstellen 480

V
Variable Kosten 90
VDI 2067 93
VDI (Verein deutscher Ingenieure) 48
VDMA 24186 44, 146
VDMA 24196 44, 143
VDMA 24198 44
VDMA (Verein Deutscher Maschinen- und Anlagenbau e.V.) 16, 19, 43, 52, 54
Verbindlichkeiten 73
Verdingungsordnung für Leistungen (VOL) 416
Verfahren der Investitionsrechnung 270
Vergabeprozess bei Facility Management-Dienstleistungen 413
Vergaberichtlinien der EU 418
Vergabestrategie 413
Vergabe- und Vertragsordnung für Bauleistungen (VOB) 415
Vergabeverfahren 416
Vergabeverhandlung 429
Vergütungsvereinbarungen 401
Verhandlungsverfahren 418
Verjährung 162
Verjährungsfristen 400
Verkehrsfläche 228
Verkehrswegefläche 232
Verpflegungsdienst 168, 174
Versorgen 172
Verteilungsschlüssel 78
Vertikale Gliederung 384
Verträge auf Basis VOB, VOL und VOF 432
Vertragsdauer 87
Vertragsfreiheit 77
Vertragsgestaltung von FM-Dienstleistungen 429
Vertragsmanagement 497
Vertragsoptimierung 158
Vertragspflichten für Auftraggeber und Auftragnehmer 399
Vertragsrahmen 396
Vertragswesen 22
Verursachungsprinzip 89
Verwertungsphase 268, 293
Vollkostenrechnung 95
Vollständiger Finanzplan (VoFi) 276
Vorbeugensstrategie 150
Vorfelddienst 210
Vorläufige Festnahme 190

W
Waren- und Logistikdienste 171
Wartung 146
Wäscheversorgung 202
Werkvertrag 431
Wertänderungsrendite 337, 366
Wertorientiertes Facility Management 335
Wettbewerbssituation 444
Winterdienste 171
Wirkfläche 232
Wirtschaftliche Nutzungsdauer 261, 267
WoFlV 53
Wohnraummietrecht 82
Workflowmanagement 500
Workflowmanagementsysteme (WFMS) 483

Z
Zahlungsüberschuss 359
Zeitplanung 376
Zeitraumverwaltung 500
Zellenbüros 234, 239
Zentralarchiv 192
Zentrale Prozesse 496
Zielkongruenz 36
ZSVA (Zentrale Sterilgut-Versorgungs-Abteilung) 199
Zurechnungsprinzip 90
Zuschreibungen 344
Zustandsstrategie 150
Zutrittskontrolle 185
Zweidimensionale Organisationsform 384
Zwei-Personen-Zellenbüro 240
Zyklisches Modell der GEFMA 263